宁夏大学

NINGXIA UNIVERSITY

1958

宁夏大学

年鉴2024

Almanac of Ningxia University for 2024

《宁夏大学年鉴》编纂委员会 编

黄河出版传媒集团
宁夏人民出版社

图书在版编目(CIP)数据

宁夏大学年鉴. 2024 / 《宁夏大学年鉴》编纂委员会编. -- 银川：宁夏人民出版社，2024.11. -- ISBN 978-7-227-08071-8

Ⅰ. G649. 284. 31-54

中国国家版本馆 CIP 数据核字第 2025FH9066 号

宁夏大学年鉴 2024　　《宁夏大学年鉴》编纂委员会　编

责任编辑　周淑芸　刘　艺
责任校对　陈　浪
封面设计　段　韬
责任印制　侯　俊

黄河出版传媒集团
宁夏人民出版社　出版发行

出 版 人　薛文斌
地　　址　宁夏银川市北京东路 139 号出版大厦(750001)
网　　址　http://www.yrpubm.com
网上书店　http://www.hh-book.com
电子信箱　nxrmcbs@126.com
邮购电话　0951-5052106
经　　销　全国新华书店
印刷装订　宁夏银报智能印刷科技有限公司
印刷委托书号　(宁)0031256

开本　880 mm × 1230 mm　1/16
印张　32.75
字数　730 千字
版次　2024 年 11 月第 1 版
印次　2024 年 11 月第 1 次印刷
书号　ISBN　978-7-227-08071-8
定价　169.00 元

《宁夏大学年鉴(2024)》特约撰稿人

（按姓氏笔画排序）

丁洁华	丁维凡	于光建	门建新	马　艾	马　辽	马　品	马　骏
马　萍	马　瑜	马正亮	马廷喜	马兆明	马建宏	马树华	马彩梅
王　柳	王　恒	王　鹏	王　蔚	王　潇	王巧伟	王志霄	王宏武
王若溪	王松磊	王彦仓	王晓燕	王惠方	王智勇	王新谱	井慧敏
车　进	尹　娟	尹军利	邓光存	田　佳	付泰森	付晓晨	冯　奎
冯　蛟	冯　燚	冯淑萍	冯璐璐	吕　恺	吕海军	朱学军	朱海燕
任　磊	任永胜	任克亮	刘　艳	刘　斌	刘东平	刘永刚	刘国强
刘美玲	刘前进	刘振宇	刘鸿雁	刘登川	孙　莉	孙　悦	孙建军
苏　洁	苏宇静	杜维民	李　浩	李　斌	李　瑾	李文华	李正东
李治涛	李学武	李胜刚	李海波	李海燕	杨　宁	杨　军	杨　琼
杨术明	杨茂胜	杨俊峰	肖功国	吴　岩	吴　楠	吴佳辉	吴金华
何彦平	汪文帅	张　宁	张　艳	张　超	张　惠	张　强	张　翼
张加琦	张亚红	张守荣	张培松	张鹏飞	陈　婕	陈　楠	陈　燕
陈军胜	陈君飞	陈晓敏	武林波	罗进德	金风霞	金桂琴	周永军
周学忠	周肃梅	周凌燕	郑燕玲	赵　军	赵　阁	赵凤萍	赵永军
赵亚峰	郝洪涛	柳松洁	钟艳霞	拜发奎	段晓阳	俞智彬	姚永昊
贺生斌	贺海明	秦泗海	袁桂红	贾述道	党锐锋	倪　彬	徐　建
高　媛	高鹏翔	陶子越	曹　楠	曹志杰	曹嘉碧	龚旭峰	常海波
梁　滨	梁非凡	彭　伟	葛志军	蒋佳佳	韩　勇	程纲越	程明杰
程胜利	奥海玮	曾　华	强巧丽	雷小梅	雍　莉	蔡　蓓	蔡荣之
谭亚云	翟　伟	潘　瑞	潘一贤	燕宁娜	衡　亮		

编辑说明

一、《宁夏大学年鉴(2024)》是由学校年鉴编纂委员会主持编纂的综合性资料工具书和史料文献。

二、本年鉴以马列主义、毛泽东思想、邓小平理论、“三个代表”重要思想 、科学发展观和习近平新时代中国特色社会主义思想为指导，客观记述学校各领域、各方面的发展情况 。

三、本年鉴上迄2023年1月1日,下止2023年12月31日。

四、根据时代特点和宁夏大学特色,本年鉴采用分类、条目编纂法,以综述、专载为纲,以大事记为经,以党的建设、群团组织、对外合作交流、发展规划与学科建设、师资队伍建设、人才培养、科学技术研究、学生工作、学校管理、教学科研、教育服务与保障、附属单位等类目为纬,较为全面系统地记述全校各领域 、各单位的情况,并附统计资料。

五、本年鉴分类目、分目和条目,其中各分目之首一般设“概况”条目 ,集中记述各系统 、各领域的总体情况;分目以黑体字标识;分目下设条目,以【】号为标识。条目为主要信息载体和基本撰稿形式。

六、本年鉴采用规范语体文记述,直叙其事,文字力求严谨、简练。单位名称和专用名词在第一次出现时用全称,之后用简称。人物称谓直书姓名,必要时冠以职务。

七、《宁夏大学年鉴(2024)》在编委会的指导下,由宁夏大学办公室(法制工作办公室)组织编写,得到了校领导、各单位的大力支持与帮助,在此谨表示最诚挚的谢意。

2024年11月

宁夏大学校训

尚德　勤学　求是　创新

尚德——

《论语》:“君子哉若人！尚德哉若人！”崇德向善,志存高远。情怀高洁,人格健全。

勤学——

《韩诗外传》:“孟子惧,旦夕勤学不息。”专心致志,自强不息。兼收并蓄,融会贯通。

求是——

《汉书》:“修学好古,实事求是。”追求真理,崇尚科学。穷本溯源,辨伪存真。

创新——

《周书》:“创新改旧,方始备焉。”奋发有为,革故鼎新。敢为人先,追求卓越。

宁夏大学校徽

校徽色值 100　55　90　30

校徽外形为圆形，校徽中的“宁夏大学”四字的字体采用建校初期使用的毛体，充分体现宁夏大学的办学历史。中心图案形寓“宁大、人文”四字，从左至右看似汉字“宁大”二字，从上至下看又似“人文”二字。“人”与“文”字形代表人文、人本、文化、文明的理念，同时体现教育以人为本、为人民服务的宗旨。图形中三重笔画的“人”字形含“三人行，必有我师”之意。“宁”字形还表明学校所在地宁夏。校徽取墨绿色为底，象征着勃勃生机与欣欣向荣，与生生不息的“沙枣树精神”相呼应。校徽中心图形动感较强，形似奔跑者。给人以昂扬向上、奋力拼搏的印象，体现宁大人脚踏实地、志存高远、不畏艰难、团结奋进、努力实现跨越式发展的精神面貌。

宁夏大学校歌

我们是年轻的大学生

陈育宁词程牧曲

朝气蓬勃的进行曲

宁夏大学历史沿革

宁夏大学始建于1958年9月15日。1997年12月，宁夏大学与原宁夏工学院、银川师专（含宁夏教育学院）合并；2002年2月，与宁夏农学院合并，组建了新的宁夏大学。2004年12月，成为教育部与自治区人民政府共建高校。2008年9月，进入“211工程”高校建设行列。2017年9月，入选“双一流”高校建设行列。2018年3月，成为部区合建高校。

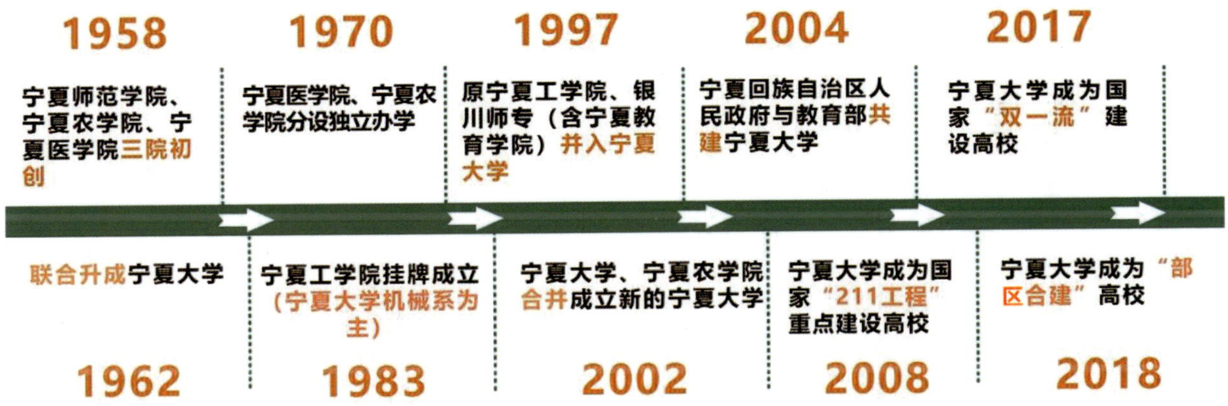

2 月 17 日，校党委书记李星荣获何梁何利基金科学与技术创新奖

3 月 19 日，与盐池县人民政府签订校地合作框架协议

3 月 21 日，举办传达学习贯彻全国两会精神会议

3 月 21 日，召开 2023 年全面从严治党工作会

3 月 21 日，成立地理信息、奶业、文化旅游 3 个现代产业学院

4 月 1 日，举办 2023 届毕业生校园春季“双选”洽谈会暨“宏志助航计划”招聘会

4 月 4 日,“开学第一课”之课程思政原创音乐剧《我要找到你》上演

4 月 8—9 日,举办第八届教职工乒乓球比赛

4 月 13 日，召开学习贯彻习近平新时代中国特色社会主义思想主题教育动员部署会

4 月 18—19 日，校党委副书记、校长彭志科带队赴郑州大学交流调研

4 月 20 日，校党委常委班子学习贯彻习近平新时代中国特色社会主义思想主题教育集中学习读书班开班

4 月 21 日，校党委副书记、校长彭志科出席云南大学建校 100 周年暨创新发展大会，并与中国科学院院士、云南大学校长方精云座谈交流

4 月 29 日，机械工程学院执行院长张波荣获 2023 年全国五一劳动奖章

5 月 8 日，中央团校党委书记倪邦文（左六）一行来校调研

5 月 9 日，举行宁夏国际中文教育协作联盟成立大会暨揭牌仪式

5 月 12 日，校党委书记李星讲授主题教育专题党课

5 月 12 日，校党委副书记、校长彭志科讲授主题教育专题党课

5 月 15 日，在全区科学技术奖励大会上，宁夏大学 13 项科研成果获表彰奖励，获批 4 个创新团队

5月23日，校党委副书记、校长彭志科一行赴中国电信股份有限公司宁夏分公司调研并签署战略合作框架协议

5月24日，召开全校学部、学院、书院干部任职宣布暨工作推进会

5 月 24 日，教育部党组成员、副部长吴岩（左三）来校调研

5 月 24 日，校领导参加第十二届教职工趣味运动会

5 月 25 日，举办宁夏大学与中房实业集团有限公司战略合作签约暨“校友说”主讲嘉宾授牌仪式

5 月 29 日，召开 2023 届毕业生就业工作推进会暨“百日冲刺”专项行动启动会

6月2日，上海交通大学代表团来校访问并召开对口合建第十七次联席会议

6月9日，由自治区党委宣传部、自治区文明办、自治区文旅厅、自治区财政厅联合举办，宁夏大学承办的“音乐传递思想　艺术致敬时代”——学习贯彻习近平新时代中国特色社会主义思想主题教育音乐党课活动拉开帷幕

6 月 10 日，宁夏数学基础学科研究中心在宁夏大学正式揭牌

6 月 17 日，校领导与 2023 届毕业生代表座谈

6月17日，中共中央党校（国家行政学院）国际战略研究院副院长赵磊在贺兰山论坛作主题教育专题辅导报告

6月17日，举办建校65周年“校友校庆”主题活动暨全国校友创新创业论坛

6 月 20 日,举行 2023 年毕业典礼暨学位授予仪式

6 月 21 日，举办宁夏高校专业类课程思政教材研究基地成立大会暨首届全区高校教材建设论坛

6 月 25 日,内蒙古大学党委书记刘志彧一行来校调研

6 月 25 日,由中国社会科学院民族学与人类学研究所、宁夏大学、厦门大学、陕西师范大学主办的中国民族研究社团第四届联合学术大会召开

6 月 27 日，教育部发展规划司一级巡视员张泰青(右三)一行来校调研

7 月 5 日，召开学部、书院工作交流研讨会

7 月 15 日，召开“双一流”建设中期自评暨化学工程与技术学科整改自评专家评议会

7 月 24 日，九三学社中央副主席、北京市政协副主席、中国科学院院士刘忠范（右三）一行来校调研座谈

8 月 18 日，召开中国物理学会 2023 年秋季学术会议

8 月 16—20 日，由中国社会科学院农村发展研究所、贫困问题研究中心，宁夏大学联合主办的“反贫困理论创新”国际研讨会、中国国外农业经济研究会 2023 年会暨学术研讨会召开

8 月 20 日，西北师范大学校长王占仁(左二)一行来校座谈交流

8 月 22 日，学校教师在第三届全国高校教师教学创新大赛中斩获佳绩

8 月 26 日，华东理工大学党委副书记、校长轩福贞一行来校调研

9 月 6 日，自治区人大常委会副主任白尚成（左三）来校调研实验室安全工作

9月7日，自治区副主席马宗保（右二）来校调研安全生产、基础设施建设和“双一流”建设工作

9月13日，65周年校庆校友书画作品展开幕

9月14日，庆祝建校65周年原创史诗舞台剧《沙枣树·根与魂》首演

9月15日，举行《宁夏大学赋》勒石揭幕仪式

9月15日，举行建校65周年庆祝大会暨2023级新生开学典礼

9月15日，举行庆祝建校65周年暨2023年迎新生文艺晚会

9 月 17 日，举行 2023 级本科生军训汇报科目表演暨总结表彰大会

9 月 22 日，举行中阿大学联盟交流机制研究院成立大会

9 月 26 日，举行建校 65 周年校庆系列丛书首发仪式暨古文献保护展示中心、古文献特藏库揭牌仪式

9 月 27 日，召开 2023 年科学技术创新与哲学社会科学高质量发展大会

10 月 12—14 日，在学校第四十九届田径运动会开幕式上杭州第 19 届亚运会男子马拉松冠军、2022 届校友何杰作经验分享

10 月 16 日，校党委书记李星一行赴天津大学访问交流

10月24日，举行宁夏生态环境综合行政执法实战实训基地揭牌仪式

12月3—6日，学校学子在中国国际大学生创新大赛(2023)上获得1金2银6铜

12 月 13 日，召开本科教学工作会议

12 月 16 日，成立宁夏“东数西算”人工智能与信息安全重点实验室

12 月 26 日,举行 2023 年度荣休教职工座谈会

12 月 29 日,举行 2024 新年音乐会

目 录

学校综述

2024 The Almanac of Ningxia University

夏 （钟子杰 摄）

宁夏大学2023年发展综述

2023年，在自治区党委、政府的坚强领导和教育部的精心指导下，宁夏大学领导班子团结带领全校师生，以习近平新时代中国特色社会主义思想为指导，以加强党的建设为引领，全面贯彻落实党的二十大、自治区第十三次党代会精神，聚焦学校第七次党代会确定的目标任务，团结奋斗、踔厉奋发，推动各项事业取得新进展、实现新突破。

一、旗帜鲜明抓党建，为学校高质量发展提供坚强政治保障

一是政治建设持续深化。严格落实党委常委会第一议题制度，及时跟进学习习近平总书记重要讲话和指示批示精神，全面学习贯彻党的二十大、自治区第十三次党代会精神，先后召开党委理论学习中心组学习会13次，切实做到以习近平新时代中国特色社会主义思想武装头脑、指导实践、推动工作。深入开展学习贯彻习近平新时代中国特色社会主义思想主题教育，以“五个贯穿五个做到”高点站位统筹推进主题教育，深化构建“1+4+N”组织指导格局，统筹部署“5311”理论学习，着力开展“十个一”活动，以高质量的主题教育成效推动解决制约学校发展的难题，充分发挥党委在办学治校中的把舵定向作用，为办好人民满意的教育提供坚强政治保证。严格落实党委领导下的校长负责制，严格按照“三重一大”制度研究重大事项，充分发挥党委“把方向、管大局、作决策、抓班子、带队伍、保落实”重要作用。全年召开党委常委会会议25次、校长办公会议19次，切实做到集体研究决定、依法依规决策、科学民主决策。二是干部队伍建设不断加强。严格执行干部选拔任用工作全程纪实，全年提拔处级干部73名、科级干部153名，轮岗交流处级干部151名、科级干部86名，完成62名干部的任职试用期满考核工作。强化干部教育管理，线上线下相结合举办5个处级干部专题培训班，选派22名干部外出培训学习，遴选27人到地方党政机关、企事业单位和学校党群行政部门挂职锻炼，随机抽查、重点查核领导干部个人有关事项如实报告率达到93.67%，完成354本处级干部人事档案的专项复核工作；制定出台管理干部岗位工资绩效补差暂行办法，有效解决部分干部未兑现相应管理岗位工资待遇问题，努力营造干部想着工作、组织想着干部的良好氛围。三是基层组织基础不断夯实。圆满完成37个中层党组织换届工作，“双带头人”教师党支部书记配备率达100%，实现专职组织员对中层党组织业务指导全覆盖。立项培育“双带头人”教师党支部书记工作室5个，学校和1个学院、5个党支部作为“示范高校”“标杆院系”“样板支部”获准参与全国高校“双创”评选，1个研究生样板党支部、2个研究生党员标兵参与全国党建“双百”评选，进一步强化了党建示范引领作用。新发展党员1032人，组织155名基层党支部书记参加各级线上线下培训，不断提升党员党性修养，进一步增强了党务干部工作能力。立项校级党建理论研究课题15个，上报区级党建课题成果8个，党建论文获区级比赛二等奖3个、三等奖2个，进一步提高

了党建研究工作质量。四是思想政治工作持续强化。推动落实学校党委关于新时代加强和改进思想政治工作的实施方案，充分发挥开学季、毕业季教育，主题党团日和“易班·宁大”网络思政阵地等作用，坚持把社会主义核心价值观融入育人全过程，进一步强化了学生思想政治引领。完成《宁夏大学赋》，展演“沙枣树精神”主题舞台剧，开展学术、文化、校友三大主题校庆系列活动，形成协同联动的校史育人工作机制。加强习近平新时代中国特色社会主义思想概论教研室建设，坚持把习近平新时代中国特色社会主义思想“三进”工作不断引向深入。获批教育部大中小学思政课一体化共同体建设牵头高校，立项22项全区大中小学校思想政治工作质量提升工程项目，与银川市军事博物馆、红寺堡区移民博物馆建立“大思政课”教学实践基地，与南开大学等14所高校建立“大思政课”实践教学共同体，进一步推动构建了“大思政”育人格局。五是宣传思想文化、意识形态与安全稳定工作不断强化。深入开展庆祝建校65周年文化校庆系列活动，打造原创史诗舞台剧《沙枣树根与魂》，红色原创舞蹈《如果你不是英雄》获全区学生舞蹈展演高校原创作品一等奖。管好用好学校微信公众号、“学习强国”官方号等新媒体，实行宣传橱窗电子化，积极发挥校园广播站日常宣传作用，不断巩固壮大主流思想舆论。借助“舆情秘书服务系统”加强舆情监测，建成舆情研究中心推动舆情动态分析工作，舆论引导、舆情应急处置机制不断健全。持续加强涉密文件、载体、人员管理以及保密教育，织密“人防、物防、技防”三位一体安全网络。贯彻落实自治区安全生产“1+37+8”系列文件精神，扎实开展天然气、房屋建筑物、实验室、消防、交通等重点部位安全隐患大起底大排查大整治，有效消除安全隐患，维护校园安全稳定。六是统一战线、群团、离退休工作水平不断提升。以铸牢中华民族共同体意识为主线，围绕《中华民族共同体概论》宣讲、民族团结进步月系列活动深入开展民族团结进步教育工作，1人荣获全区民族团结进步模范个人称号，2人荣获铸牢中华民族共同体意识教育教学优秀成果一等奖，我校荣获铸牢中华民族共同体意识教育教学优秀成果征集优秀组织单位。出台学校党外代表人士队伍建设规划(2023—2028年)，多渠道促进党外代表人士“双岗建功”，4项咨政报告被国家民委、全国政协、区政协采纳，2人荣获“全国归侨侨眷先进个人”称号，1人获民进中央青工委“议政信息榜样奖”。调整设置基层团组织，深化书院学生会组织建设，面向广大团员和青年深入开展学习贯彻习近平新时代中国特色社会主义思想主题教育，学校共青团改革实现创新发展。不断加强教职工民主管理和工会基层组织建设，获评全国五一劳动奖章1人、自治区级劳模创新工作室1个、自治区“最美巾帼奋斗者”1人、全国模范职工小家1个，我校工会获评全国“职工之家”红旗单位。用心用情用力做好老干部工作，2个基层关工委获评全区关心下一代工作先进集体，10人获评全区关心下一代先进个人，宁夏老年大学宁夏大学分校在全区首批星级老年大学评定中获得“三星级老年大学”称号。

二、凝心聚力促发展，“双一流”建设和“部区合建”开创新局面

一是人才培养质量持续提升。召开本科教学工作会议，为学校本科教学的新发展、新跨越开好局、起好步。获批第二批国家级一流本科课程3门。7个专业通过教育部师范类专业第二级认证，专业建设标准化、专业认证制度化建设进一步推

进。获批自治区课程思政示范课程10门，开展2期课程思政教学工作坊活动，课程思政教学质量不断提高。35门课程入选国家智慧教育公共服务平台，首次建立10门双语在线课程，培育数字化教材100本，数字化课程建设不断强化。汉语言文学、英语、数学与应用数学、体育教育4个自治区级卓越教师班实现实体化招生，选拔20余名优秀本科生赴上海交通大学、福州大学访学，人才培养模式不断优化。继续深化研究生分类培养模式改革，深化招生计划管理改革，着力构建从招生到学位授予的全过程质量保障体系，实施以一级学科为主体的学科建设责任机制、以一级学科为导向的资源配置机制，研究生培养质量稳步提升。学生创业实践项目斩获第十六届全国大学生创新年会"最佳创业项目"，在中国国际大学生创新大赛获1金2银6铜，学校成为全区唯一连续3年获得金奖的高校，学校创新创业教育取得骄人成绩。本科新生最低录取分数超过当地录取分数线100分省份达到12个，本科生源质量逐年提升。2023年，学校毕业生初次毕业去向落实率达到87.72%，获评高校毕业生就业考核工作优秀等次及全区就业工作典型示范高校，为区域经济社会发展提供了有力人才支撑。二是高水平师资力量持续加强。主题教育中，校领导围绕"高层次人才引育"进行选题，深入24个单位调研，着力破解高层次人才发展的瓶颈，英才齐聚促发展的局面加速形成。4名优秀专家学者依托我校成功入选"长江学者奖励计划"，高层次人才引进取得新突破。引进153名博士，较上年增长5%；新增1个博士后科研流动站、2个自治区人才小高地，7人入选中国科学院"西部之光"人才培养计划，学校人才结构不断优化。出台绩效工资改革方案、专业技术二级岗位聘用管理实施方案、管理干部岗位工资绩效补差暂行办法等制度规定，完成全校2620名教职工绩效岗位聘任，对250名未兑现财政工资的管理干部收入进行适当补差，对358名专任教师实施准聘，完成338人专业技术岗位聘用中期动态调整，支持30名青年教师赴国内外高校访学研修、攻读博士，人才发展环境不断优化。学校教师在第三届全国高校教师教学创新大赛获一等奖1项，斩获该项大赛宁夏首个一等奖。通过健全完善师德师风制度规定、评选表彰立德树人奖、为荣退教师和教龄35周年老教师颁发纪念牌，尊师重教氛围日益浓厚。三是科学研究综合实力持续提高。召开2023年科学技术创新与哲学社会科学高质量发展大会，为今后一个时期学校科研工作指明了努力方向。获批各级各类科研项目856项，科研立项经费达到2.84亿元；96项国家自然科学基金获立项资助，立项数量创历史新高。签约建设3个校企联合创新体，成功获批自治区首个基础学科研究中心、1个人工智能与信息安全重点实验室、4个创新团队，科技创新平台、团队布局不断优化。学校以第二完成单位首次在国际顶级期刊*SCIENCE*发表研究论文，1项国家社科基金重大项目以优秀等级结项，多项成果入选《国家哲学社会科学成果文库》，出版著作46部，形成60余篇咨政研究报告，完成科技成果转化项目45项，获得职务知识产权445项，科研成果产出丰硕。中阿大学联盟交流机制中方研究院在学校挂牌成立，主办或承办中国物理学会2023年秋季学术会议等10余场高端学术会议、论坛等活动，扩大了学校的学术影响力。四是社会服务能力持续增强。组建成立葡萄酒与园艺学院、食品科学与工程学院等直接支撑重点产业发展的相关教学单位，挂牌成立地理信息、奶业、文化旅游等3个现代产业学院，葡萄酒现代产业学院和枸杞现代产业学院成功获批自治区级现代产业学院，为自治区“六新六特六优”产业发展提供全方位、多层次的人才培养体系支撑。宁东煤炭高效利用与绿色化工学科创新引智基地获批“高等学校学科创新引智计划”，实现学校、自治区此类创新引智基地“零”的突破，有力支撑宁东基地高质量发展。选派6名干部组成第五轮驻村工作队开展驻村工作，集中采购对口驻村帮扶点农产品开展消费帮扶，助力乡村全面振兴样板区建设。高标准参与宁夏高等研究院建设，高起点筹建黄河“几字弯”资源与生态安全全国重点实验室，着力开展黄河“几字弯”资源和生态安全研究，努力为黄河流域生态保护贡献力量。充分发挥中华民族共同体研究院作用，围绕铸牢中华民族共同体意识积极开展咨政研究，承担多项国家和自治区重大重点项目，多项研究成果先后被省部级以上领导批示或被相关部门采纳，为自治区民族团结进步事业提供有力支撑。五是对外合作交流持续深化。与上海交通大学等5所对口合建高校实现了校级主要领导互访全覆盖，同中国海洋大学等国内3所高校建立密切合作关系，国内校际合作交流关系不断加强。在与5个地级市建立深度合作关系基础上，与自治区市场监管厅、银川市西夏区、盐池县等地方政府(部门)和中国联通、宁夏中房、宁夏电科院等企业建立合作关系，校地(企)“5+N”交流合作深入推进。与英国哈德斯菲尔德大学等国外大学开展实质性合作，积极同约旦大学等高校建立合作联系，成功承办2023年丝绸之路文化遗产保护与利用国际产学研用合作研讨会，学校正式成为“一带一路”语言教育文化组织联盟成员，成立宁夏国际中文教育联盟、中阿大学联盟交流机制中方研究院等全新合作平台，持续加强孔子学院建设，国际交流合作开创新局面。六是全面深化改革持续推进。成立守正书院等7个书院，组建人文与民族学部等9个学部，成立教师教育学院等8个学院，开启以学院为“中心体”、学部和书院为两翼的“一体两翼”的新架构体系。完成师生服务中心撤改及学术期刊中心的机构改革，进一步提升服务师生能力和学术期刊办刊水平。出台党群行政部门(机构)编制方案、学部内设机构工作指引，促进管理效能进一步提升。完成学校第二轮“双一流”建设中期自评工作、学校2022年度自治区“双一流”建设项目绩效考核工作，召开学校学科建设及学院高质量发展交流研讨会，开展学院定专业、学科、学位点及科研平台“四定”工作，促进学校学科建设提档升级。紧抓机遇争取宁夏大学新工科人才培养与创新研究基地项目建设，努力从改革创新中赢得学校发展先机。七是综合保障水平再上新台阶。截至2023年11月30日，实现总收入16.99亿元，同比增收1.09亿元，实现创收1715.7万元，资金保障有力增强。未来教室(3.7万平方米，宁大建校以来的最大单体建筑）和文萃校区19#学生公寓项目建成投入使用，新农科人才培养与创新研究院项目(3.8万余平方米)完成建设内容，朔方校区1#学生公寓、怀远校区2#学生食堂项目获批立项，启动校史馆建设，大型基础设施建设取得重大进展。入库纸质书41863册、电子书98万册，图书资源建设进一步加强。完成教师画像系统一期建设工作，强化信息化系统建设归口管理，推进校园网络扩容，为师生提供更为便捷的网络与信息化服务。推进教学管理服务数字化建设，打造集成化智慧教学运行中心，完成29个学部、学院、书院及相关单位房屋调整和搬迁工作，规范采购1.4亿余元资产，切实保障教学、行政管理正常运转。

三、持之以恒正风肃纪，风清气正政治生态更加巩固。

一是管党治党政治责任压紧压实。组织召开2023年全面从严治党工作会议，制定学校全面从严治党党风廉政建设和反腐败主要任务分工方案，全面安排部署学校2023年全面从严治党工作。召开2次党委常委会会议专题研究全面从严治党工作，研究解决突出问题。二是监督质效全面提升。扎实开展教育领域侵害群众利益不正之风专项治理和形式主义官僚主义专项整治工作，推动教育领域侵害群众利益不正之风问题、形式主义官僚主义问题全部立行立改。围绕2023年开展政治监督工作实施方案要求，对学部、书院、学院开展政治监督，通过谈话提醒、列席会议、备案报告等方式进行常态化监督。对2个基层党组织开展常规巡察、12个基层党组织开展巡察整改“回头看”、4个基层党组织开展巡察整改专项督查，有效推动解决基层党组织建设问题。成立学校审计委员会，加强领导干部经济责任审计，工程项目实现全过程跟踪审计。三是“三不腐”一体推进深入开展。组织开展廉政警示教育月活动，召开警示教育大会85场次，开展廉政警示教育活动110场次，引导党员干部和广大师生远离红线、守住底线。办理问题线索21件，办结19件，全年运用“四种形态”处理20人。在后勤保障部设立二级纪委，在其他各党组织设立纪检委员，健全完善纪检监督机制。

四、坚持不懈学法用法，依法治校能力水平不断提升。

一是法治工作队伍建设不断加强。配齐法制办相关人员，建立健全由法制机构人员、校内专家、外聘律师组成的法律顾问队伍，落实律师坐班制度，每周定期为师生提供法律咨询服务。二是依法治理工作有效推进。召开第二十五次学生代表大会和第二次研究生代表大会，依法保障学生参与学校治理。下大力气开展依法治校示范校创建工作，推动学校各项工作沿着法治轨道持续健康发展。三是法制宣传及时跟进。充分利用教职工政治理论学习、普法讲座等线下平台和官微、官网等线上平台，认真学习“八五”普法重点知识；牢牢把握“12·4”宪法日等重要节点，开展形式多样的普法宣传活动，营造尊法、学法、守法、用法的良好氛围。

专载

2024 The Almanac of Ningxia University

冬 （钟子杰 摄）

在 2023 年全面从严治党工作会议上的讲话

党委书记　李　星

（2023 年 3 月 23 日）

今年是全面学习贯彻党的二十大精神的开局之年，是实施“十四五”规划承上启下的关键之年，也是宁夏大学建校 65 周年，持续深入做好全面从严治党工作，具有特殊的重要意义。今天，我们召开 2023 年全面从严治党工作会议，主要是以习近平新时代中国特色社会主义思想为指导，全面贯彻落实党的二十大精神，深入学习贯彻二十届中央纪委二次全会精神，认真贯彻落实自治区第十三次党代会、自治区纪委十三届二次全会和教育部全面从严治党工作会议精神，总结成绩、分析形势、明确任务，研究部署 2023 年学校全面从严治党工作。

刚才，我和志科同志分别与二级单位代表签订了党风廉政建设责任书，我也与相关学院签订了意识形态工作责任书。运生同志通报了学校违纪违法案件，并代表学校纪委、监察专员办公室作了党风廉政建设工作报告，总结了学校 2022 年党风廉政建设工作，明确了今年的工作方向和主要工作任务，党建工作报告和意识形态工作报告也发到了大家手中，请大家认真学习领会，抓好贯彻落实。下面，我讲 3 个方面的意见。

一、把思想政治建设摆在首位，切实把好思想的“总开关”

思想领先是最具优势的领先，思想领导是最根本的领导。要坚持思想引领，将政治理论学习贯穿始终，引导党员干部真正掌握马克思主义的思想理论武器，将政治信仰融入情感之中、内心深处，形成个体自觉、集体记忆。

一是要坚决落实深入学习宣传贯彻党的二十大精神这项首要政治任务。突出深刻领悟和坚决捍卫“两个确立”这一重大理论创新成果，自觉坚持以习近平同志为核心的党中央集中统一领导和以习近平新时代中国特色社会主义思想为指导，树牢“四个意识”、坚定“四个自信”、坚决做到“两个维护”。要聚焦学深悟透、聚焦教育培训、聚焦宣讲宣传，领导干部带头学原文、悟原理、讲党课、谈体会，以学习宣传党的二十大精神为主题，广泛开展内容丰富、形式多样的学习培训活动，多角度、多形式、多层次准确领会党的二十大精神实质。

二是要在全体党员中深入开展好主题教育。要按照党中央、自治区党委部署，以县处级以上领导干部为重点深入开展主题教育，推动全体党员特别是党员领导干部坚定拥护“两个确立”、做到“两个维护”。党中央、自治区党委作出部署后，要精心组织实施，认真抓好落实，确保取得实效。

三是要切实提高党内政治生活质量，营造良好政治生态。近年来，校党委每年都对学校政治生态认真细致地进行分析研判，党内政治生活得到持续加强和规范。要持续增强党内政治生活的政治性、时代性、原则性、战斗性，严格政治纪律和政治规矩，加强党内政治文化的浸润滋养。压实基层党建责任，抓实基层党组织的组织生活，精心设计“三会一课”、主题党日的内容和方式，增强组织生活会和民主评议党员的针对性、实效性。注重运用巡视巡察、审计等成果，加强闭环管理和评估问效，充分发挥党内政治生活的“熔炉”作用，切实提高党内政治生活质量。

二、落实新时代党的建设总要求，着力健全全面从严治党体系

立足新时代中国特色社会主义的实际，立足加强党的建设面临的新情况新问题，我们要以党的政治建设为统领，以坚定理想信念宗旨为根基，以调动全体党员积极性、主动性、创造性为着力点，全面推进党的政治建设、思想建设、组织建设、作风建设、纪律建设、制度建设，进一步健全全面从严治党体系。全面从严治党体系的构建是一项全局性、开创性工作，也是一项系统工程，需要着眼全局、统筹兼顾，需要各方协同、久久为功。

政治建设、思想建设刚才我已经强调过了。组织建设方面，重点是要加强基层党组织建设。基础不牢，地动山摇。随着学部制、书院制改革的推进，首先要厘清学部、学院、书院基层党组织的关系，明确各自职能。进一步完善领导体制、运行机制，充分发挥中层党组织作用，严格落实理论学习中心组制度，坚持政治理论学习，加强师德师风、学术道德、校风学风建设，强化师生思想政治引领。同时，要加强基层党支部标准化规范化建设，持续深入推进教师党支部书记“双带头人”培育工作，严格开好“三会一课”、主题党日、组织生活、谈心谈话等，确保基层党支部教育党员、管理党员、监督党员有力。党委组织部在扎实组织好教育部全国党建示范高校、标杆院系、样板支部培育创建申报工作的同时，进一步健全从示范高校、标杆院系、样板支部、先锋党小组到模范党员“五位一体”的党建示范体系，最大效能发挥各级党组织和党员队伍作用。要锻造过硬干部队伍，注重选用政治过硬、对党忠诚、业务精湛、敢于担当的干部，加大干部交流力度，激发干部队伍活力。

作风建设方面，今年，自治区纪委监委将在全区开展5个专项整治活动，即形式主义官僚主义专项整治、教育领域侵害群众利益不正之风专项治理、纪检监察系统深化重复举报治理和业务范围外信访事项化解专项活动、乡村振兴领域腐败和作风问题专项治理、国有企业“靠企吃企”专项治理。涉及我们学校的重点是形式主义官僚主义专项整治和教育领域侵害群众利益不正之风专项治理。开展专项整治工作是贯彻落实中央八项规定精神、深入推进作风建设的重要内容，是推动中央和自治区党委决策部署贯彻落实的必然要求。刚才运生同志也通报了学校近年来查处的一些典型案例，从通报来看，形式主义、官僚主义问题依然存在，有的无视中央八项规定这个铁规矩，心存侥幸，八小时之外肆意放纵，酒驾醉驾、作风奢靡、道德败坏，影响恶劣。我们一定要提高政治站位、增强政治自觉，把思想和行动统一到党中央、自治区党委的决策部署上来，切实增强责任感和使命

感，推动专项整治工作各项任务落地见效。学校纪委要认真履行监督执纪问责职责，督促指导学校各部门各单位高质量开展好专项整治活动，通过专项整治切实改进工作作风，确保两个专项整治工作取得预期目标。

纪律建设方面，每年 3 月 23 日是自治区“廉洁从政警示日”，全区领导干部廉政警示教育周活动也将同步开启。学校层面上，我们要继续开展好“廉洁从政警示教育月”活动，认真研究制定活动方案，组织开展好警示教育、主题党日、专题学习、廉政风险排查、廉政谈心谈话等，加强组织领导，聚焦“关键少数”，确保警示教育活动取得实实在在的效果。

制度建设方面，要全方位扎紧制度笼子，用制度治党、管权，用完善的制度推动全面从严治党向纵深发展，增强全面从严治党的系统性、创造性、实效性。要全力推进全面从严治党工作制度化、规范化。进一步健全学校全面从严治党各项制度规定，构建务实管用、符合高校特点的制度体系。执行制度贵在严格，重在落实。要增强责任意识，落实好全面从严治党主体责任和监督责任。学校和各二级单位班子成员都要严格履行 “一岗双责”，定期检查指导分管领域、分管部门全面从严治党工作，推动廉政建设各项制度落实落细。

三、提高一体推进“三不腐”能力和水平，强化监督执纪问责

一体推进不敢腐、不能腐、不想腐，不仅是反腐败斗争的基本方针，也是新时代全面从严治党的重要方略。我们要严明纪律规矩，严肃执纪问责，深化标本兼治，一体推进“三不腐”机制。一是要加大“不敢腐”的震慑。要紧盯招标采购、基建维修、经费审批、招生招聘等关键岗位、重点环节，始终保持高压态势，坚决惩治违规违纪行为，对不收敛、不收手的毫不手软，坚决杜绝。二是要加强“不能腐”的引导。从自治区教育系统以及学校通报的一些案例看，一些党员干部之所以违规违纪甚至违法，是因为对党规党纪不了解、不掌握。要引导广大干部师生自觉学习党章、党规、党纪，知道自己能干什么、不能干什么，不碰红线、远离底线。要把党规党纪作为必修课，关口前移，挺纪在前，健全制度笼子，深化源头治理，不断压缩权力设租、寻租空间，抓深抓实抓细各项规章制度和党纪国法落实。三是要强化“不想腐”的自觉。加强校园廉洁文化建设，充分用好廉政党课、廉政谈话、廉政测试、参观廉政教育基地等阵地与载体，发掘优秀传统文化、革命文化、社会主义先进文化中的廉洁因素，引导党员干部把稳思想之舵、筑牢信仰之基，培育党员干部的政治气节和政治风骨，自觉增强纪律规矩意识，夯实党员干部“不想腐”的根基。

同志们，全面从严治党永远在路上，只有进行时，没有完成时。目前，学校正处于“十四五”规划的实施关键期、第七次党代会目标的中盘攻坚期、“双一流”建设的跨越发展期，做好学校全面从严治党工作责任重大、使命光荣。全校党员干部、师生员工要更加紧密地团结在以习近平同志为核心的党中央周围，以一往无前的奋斗姿态、永不懈怠的工作状态真抓实干、攻坚克难，不断增强担当作为的政治责任，以全面从严治党新成效，奋力开创西部一流大学建设新局面。

在学习贯彻习近平新时代中国特色社会主义思想主题教育动员部署会上的讲话

党委书记　李　星

（2023 年 4 月 13 日）

尊敬的孙韩文副组长，指导组各位领导，同志们：

今天，我们召开宁夏大学学习贯彻习近平新时代中国特色社会主义思想主题教育动员部署会，主要是认真学习贯彻习近平总书记在中央主题教育工作会议上的重要讲话精神和党中央决策部署，贯彻落实梁言顺书记在全区主题教育工作会议上的讲话精神和自治区党委对主题教育的安排部署，并对学校开展主题教育进行动员部署。自治区第九巡回指导组专程来学校进行指导，一会儿孙韩文副组长还要作指导讲话，我们要高度重视、认真学习、抓好落实。下面，我就深入推动、扎实抓好学习贯彻习近平新时代中国特色社会主义思想主题教育讲三点意见。

一、深入学习贯彻习近平总书记重要讲话精神，深刻认识主题教育的重大意义，以高度的政治责任感和使命感扎实开展好主题教育

在全党深入开展学习贯彻习近平新时代中国特色社会主义思想主题教育，是党中央为全面贯彻党的二十大精神、动员全党同志为完成党的中心任务而团结奋斗所作出的重大部署，是深入推进新时代党的建设新的伟大工程的重大部署。在党中央学习贯彻习近平新时代中国特色社会主义思想主题教育工作会议上，习近平总书记从战略和全局高度深刻阐述主题教育的重大意义，明确提出主题教育的总要求和目标任务，对主题教育各项工作作出全面部署，具有很强的政治性、思想性、指导性，为全党开展主题教育提供了根本遵循，是一篇马克思主义纲领性文献。我们要认真学习领会、坚决贯彻落实，切实把思想和行动统一到习近平总书记重要讲话精神上来，统一到党中央重大决策部署上来。前期，学校召开学习贯彻习近平新时代中国特色社会主义思想主题教育准备工作调研座谈会，广泛听取意见，为学校谋划开展主题教育做了“前置”的调研准备，学校党委理论学习中心组也进行了专题学习，深刻领会习近平总书记在中共中央政治局第四次集体学习和中央主题教育工作会议上的重要讲话精神，以及梁言顺书记在全区主题教育工作会议上的讲话精神，校党委常委会会议也研究审定了学校开展主题教育的实施方案，为做好全校主题教育做了充分准备，确保学校主题教育精准对标不偏向、规定动作不走样、自选动作有特色。核心凝聚力量，旗帜指

引方向。我们要切实提高政治站位，认真贯彻落实党中央和自治区党委的决策部署，紧密结合宁夏大学高质量内涵式发展的实际以及“双一流”建设和“西部一流大学”建设的实际，以高度政治责任感和使命感，扎实开展好主题教育。

第一，从坚定拥护“两个确立”、坚决做到“两个维护”的政治高度深刻领会主题教育的重大意义

实践充分证明，“两个确立”是国家富强、民族复兴、人民幸福的“定盘星”和“压舱石”，“两个维护”是保证党团结统一、坚强有力的关键所在，必须倍加珍惜、坚定维护、长期坚持。学校各级党组织、党员干部要充分认识到，开展主题教育，就是要聚焦学习贯彻习近平新时代中国特色社会主义思想这一根本任务，汲取强大精神力量，并自觉运用贯穿其中的马克思主义立场、观点、方法推动落实工作，统一思想、统一意志、统一行动，做到心往一处想、劲往一处使，凝聚起团结奋斗的强大力量。我们要紧扣立德树人根本任务，自觉把主题教育作为检验学校“西部一流大学”建设成效的大课堂、大熔炉，从思想上正本清源、固本培元，不断提高政治判断力、政治领悟力、政治执行力，深刻领悟“两个确立”的决定性意义，增强“四个意识”、坚定“四个自信”、做到“两个维护”，高高举起“总书记怎么说、我们就怎么做”的鲜明旗帜，始终在思想上政治上行动上同以习近平同志为核心的党中央保持高度一致。

第二，从以党的创新理论凝心铸魂、推动落实党的二十大精神的维度深刻领会主题教育的重大意义

党的二十大擘画了以中国式现代化推进中华民族伟大复兴的宏伟蓝图。学校各级党组织、党员干部要充分认识到，开展主题教育，是以党的创新理论凝心铸魂、推动落实党的二十大精神的内在要求。党的二十大报告首次将教育、科技、人才一体部署，深刻阐明了高校作为教育、科技、人才的结合点，在全面建设社会主义现代化国家新征程中的基础性、战略性支撑作用。我们要发挥学校优势，汇聚教育、科技、人才创新合力，通过主题教育把稳思想之舵、厚植信心之基、凝聚团结之力、彰显实干之效，奋力谱写宁夏大学高质量发展新篇章，在全面建设社会主义现代化国家、全面推进中华民族伟大复兴中展现宁大担当、作出宁大贡献。

第三，从以落实立德树人根本任务、推动学校高质量发展的维度深刻领会主题教育的重大意义

当前，学校高质量发展还有很多难关要过，比如，我们的“双一流”建设“成色”仍然不足，办学空间仍不能满足教学科研发展需求，学生住宿、餐饮等生活保障仍存在一定短板，发挥学科优势服务自治区铸牢中华民族共同体意识示范区建设方面还需要争先领跑。这些都需要我们有等不起的紧迫感、慢不得的危机感、坐不住的责任感，需要我们切实增强担当精神，牢牢把握立德树人根本任务，抢抓“双一流”建设和“部区合建”新契机，坚持特色发展、创新发展和高质量发展，确保2025年把宁夏大学建设成为区域特色鲜明、服务地方能力突出的西部一流大学。各级党组织、党员干部要学思想、见行动，按照学校第七次党代会确定的发展目标和学校“十四五”事业发展规划，牢牢把握高质量发展这个首要任务，提升立德树人、干事创业的真本领，提振锐意进取、担当有为的精气神，聚焦“以‘三全育人’为核心的立德树人育人主线”和“以‘双一流’建设为核心的‘部区合建’发展主线”，保持“拼”的精神、“实”的干劲，以新气象新担当新作为主动服务和融入“三区建设”，实现宁夏大学从“层次提升”到“质量提升”的新跨越，走好新征程高质量发展的新路子。

第四，从以纵深推进全面从严治党、激励干部担当作为的维度深刻领会主题教育的重大意义

学校各级党组织、党员干部要深刻认识到开展主题教育是纵深推进全面从严治党、激励干部担当作为的重要举措。当前，我校管党治党重部署轻落实的现象、党建工作重形式轻内容的现象依然存在，抓党建促高质量发展的作用发挥得还不够充分。我们要突出这些问题导向，接受政治体检，打扫政治灰尘，纠正行为偏差，坚决落实“讲诚信、懂规矩、守纪律”重要要求，不断查不足、找差距、明方向，不断增强自我净化、自我完善、自我革新、自我提高的能力，着力打造风清气正的校园政治生态，为学校实现高质量发展提供坚强保障。

二、全面准确贯彻落实党中央、自治区党委部署要求，确保主题教育在宁夏大学取得实实在在的成效

按照党中央和自治区党委关于本次主题教育的实施意见，学校党委制定了《关于在全校深入开展学习贯彻习近平新时代中国特色社会主义思想主题教育的实施方案》，对开展主题教育作出了详细安排，我校主题教育从4月开始，8月基本结束。学校各级党组织、党员干部要把握目标要求、高标准高质量开展好主题教育，要按照党中央、自治区党委部署要求，把“学思想、强党性、重实践、建新功”的总要求不折不扣落实好，努力在以学铸魂、以学增智、以学正风、以学促干方面取得实实在在的成效，要全面把握、深刻理解其中的精神实质和逻辑关系，要坚持目标导向和问题导向相统一，把开展主题教育同贯彻落实党中央、自治区党委的各项决策部署结合起来，同推动学校中心工作结合起来，充分发挥主题教育的正向牵引作用，着力解决理论学习、政治素质、能力本领、担当作为、工作作风、廉洁自律6个方面的问题，实现凝心铸魂筑牢根本、锤炼品格强化忠诚、实干担当促进发展、践行宗旨为民造福、廉洁奉公树立新风5个方面的目标要求。这次主题教育不划阶段、不分环节，各级党组织、党员干部要把理论学习、调查研究、推动发展、检视整改、建章立制5项重点措施有机融合、一体推进。在主题教育中，既要坚决落实党中央、自治区党委的“规定动作”，也要创新实施具有高校特色的“自选动作”，要坚持“规定动作不折不扣、自选动作有声有色”，要把人才培养、科学研究、社会服务、文化传承与创新、国际交流与合作等职能职责有机融合、贯穿始终，准确把握、坚决落实主题教育的总要求、目标任务和重点措施，着力在真学实干上下功夫，把各项工作抓实抓细、抓出成效。

第一，凝心铸魂，将强化理论学习贯穿始终，做到入脑入心

本次主题教育，就是要用习近平新时代中国特色社会主义思想凝心铸魂，必须要原原本本学、深入系统学，要用好党的二十大报告、党章、《习近平著作选读》、《习近平新时代中国特色社会主义思想专题摘编》等学习材料，反复、深入、跟进学习习近平总书记关于教育的重要论述以及考察宁夏重要讲话和指示批示精神，要坚持自觉主动学、领导带头学、专题系统学和联系实际学，深入学习领会习近平新时代中国特色社会主义思想的科学体系、精髓要义、实践要求，熟练掌握习近平新时代中国特色社会主义思想的世界观、方法论和贯穿其中的立场观点方法，增强攻坚克难能力，从纷繁复杂的矛盾中抓住“牛鼻子”，用理论这把金钥匙打开工作实践这扇门。各级党组织要按照中央统一部署和自治区党委的具体安排，第一时间对主题教育

进行安排部署，面向全体党员干部，开展多形式、多层次、全覆盖的集中理论学习教育，坚持学思践悟，切实学懂弄通做实习近平新时代中国特色社会主义思想。学校各级党委理论学习中心组也要列出专题，灵活运用专题学习、专题党课、红色探访等形式开展研讨、交流体会，带头落实好“第一议题”和“双随机”学习交流机制，以领学带学促学，积极推动基层学，做到全覆盖、无遗漏。各级党组织、各单位要充分发挥学校的平台优势、学科优势、人才优势，围绕主题教育的目标、要求、任务等方面深入开展研究阐释，推出一批有分量的研究成果，撰写高质量的理论文章和调研报告，帮助广大党员干部全面准确理解主题教育的重大意义。

第二，求真务实，将大兴调查研究贯穿始终，做到走深走实

学校各级党组织要组织广大党员干部，特别是领导干部主动把脚步“沉”下去、把身子“扑”下去，深入教学、科研一线，运用党的创新理论研究新情况、解决新问题。要紧紧围绕落实党中央决策部署和习近平总书记重要指示批示精神，推动学校事业高质量发展，实行问题大梳理、难题大排查，在调查研究中加深对党的创新理论的理解，使调查研究的过程成为理论学习向实践运用转化的过程，成为转变作风、增进师生感情的过程，成为提高履职本领、增强责任担当的过程；要精准确定题目，聚焦“双一流”建设、深化综合改革、提升人才培养质量、服务“三区建设”等方向确定调研课题，坚持小切口解决大问题；要改进调研方式，采取“两深一直”的方式，深入基层、深入师生、直插现场，扎实开展“七进一交友”，主动进班级、进课堂、进宿舍、进食堂、进社团、进讲座、进网络，与学生交朋友，做好实地调研，推动解决一批学校发展所需、改革所急、师生所盼的问题；要注重成果运用，处级以上领导班子成员要每人每年至少牵头1个课题开展调研，并形成高质量的调研成果，要把调研成果转化为加快推动学校高质量发展的具体对策和具体举措，不能只调查研究、不解决问题；要力戒形式主义、官僚主义，要紧密结合学校和本单位实际，紧扣两条发展主线，坚持深化改革、立德树人、突出特色、人才强校、立足地方、以人为本、对外开放七项重点任务，开展大调研、大走访、大排查活动，多到困难多、师生意见集中、工作打不开局面的地方和单位调研，防止作秀式、盆景式、蜻蜓点水式调研，办公室要统筹协调校领导调研活动，领导小组办公室要统筹协调相关职能处室调研，坚决防止扎堆调研、多头调研、重复调研，不给基层增加负担。

第三，学用结合，将推动高质量发展贯穿始终，做到提速提质

理论的价值在于指导实践，学习的目的在于应用。在主题教育中，要以“学习”为先，更要以“贯彻”为重。各级党组织要结合实际，聚焦学习贯彻习近平新时代中国特色社会主义思想和党的二十大精神，聚焦自治区第十三次党代会确定的“12345”思路目标和战略任务，聚焦学校第七次党代会确定的“一个目标”“两条主线”和“七项重点任务”，有计划、有步骤组织开展理论研讨、思想交流等活动，引导党员干部在悟深悟透中强化责任担当、坚持问题导向、探索发展新路，找准加快学校高质量发展的实现路径。要深入实施党建领航、学科融聚、人才强基、育人铸魂、治理赋能“五大工程”，深化构建从示范高校、标杆院系、样板支部、先锋党小组到模范党员“五位一体”的党建示范体系，最大效能发挥各级党组织和党员队伍作用，不断夯实党建引领的工作基础。要深化推动学科专业供给侧结构性改革，坚持学科专业与产业需求精准对接、人才引育与产业发展精准对接、科技创新与战略需求精准对接，进一步优化学科组合，新建、重组、调整学科专业和相关学院，培养地方主导产业急需的高素质应用型人才，着力激发学科专业内生动力。要坚持外引内培相结合，积极培育和引进专业拔尖人才，带动高水平教学科研团队建设，构建“引育用留评”五位一体人才工作新模式。要持续推进习近平新时代中国特色社会主义思想和党的二十大精神“三进”工作，成立“五育”工作委员会，进一步构建完善德智体美劳“五育并举”的人才培养体系。要围绕自治区“六新六特六优”产业，深化“5+N”政产学研用全面合作格局，在校地、校企合作框架基础上，相关部门、学院跟进落实合作内容，全面提升服务地方经济社会发展能力。要坚持高水平开放办学，加强国际国内合作，深化构建国内“5+N”的校际合作格局。要以综合改革为牵引，通过学部制和书院制改革，与学院共同构建“一体两翼”治理格局，进一步优化治理体系，激发办学活力。这些工作，都是我们高质量发展的关键所在，要重点贯彻到主题教育任务之中。

第四，刀刃向内，将抓好检视整改贯穿始终，做到聚力聚效

要发扬刀刃向内的自我革命精神，坚持边学习、边对照、边检视、边整改，坚持把问题整改贯穿主题教育始终，对检视出的问题，能改的马上改，一时解决不了的，要盯住不放、一抓到底，不能纸上谈兵、久拖不决，防止形成“堰塞湖”，让师生员工切实感受到解决问题的实际成效。各级党组织和党员干部要找准查实问题，系统梳理调查研究发现的问题、学校高质量发展中的难点、焦点、重点问题和师生反映强烈的问题，结合巡视巡察、审计监督发现的问题，重点要结合正在开展的纠治形式主义官僚主义与侵害群众利益不正之风专项治理工作中发现的问题，列出问题清单，采取台账式管理、项目化推进、销号式考核的方式进行集中整治，动真碰硬、务求实效；党员、干部要从政治、思想、能力、作风、纪律等方面进行党性分析，深入开展“六对标六检视”，找准问题症结，着力从思想根源上解决问题。主题教育结束前，各党委、党总支、直属党支部领导班子要开好民主生活会，各党支部要召开专题组织生活会，党员、干部特别是领导干部要把自己摆进去、把职责摆进去、把工作摆进去，开展好批评和自我批评，不断增强党内政治生活的政治性、时代性、原则性、战斗性。

第五，常态长效，将健全规章制度贯穿始终，做到增智增效

制度具有管全面、管根本、管长远的作用。我们要坚持“当下改”与“长久立”相结合，对主题教育中学习贯彻习近平新时代中国特色社会主义思想的好做法好经验，及时以制度形式固定下来。对反复出现的问题，也要注重从制度上找原因、靠制度来补短板，真正把好的制度总结出来、建立起来、推行下去。要建立巩固深化主题教育的长效机制，健全学习贯彻党的创新理论的制度机制，推动各级党组织和广大党员干部把学习贯彻习近平新时代中国特色社会主义思想作为“常修课”“终身课”，坚持不懈抓下去，确保常态长效。

三、加强对主题教育的组织领导，推动各项任务落到实处

教育是国之大计、党之大计。高等教育肩负着为人民服务、为中国共产党治国理政服务、为巩固和发展中国特色社会主义制度服务、为改革开放和社会主义现代化建设服务的重大任务。学校开

展主题教育，是深入学习贯彻习近平新时代中国特色社会主义思想，全面贯彻党的教育方针，落实立德树人根本任务，奋力推进“双一流”建设和“西部一流大学”建设的具体实践。各级党组织要高度重视、精心组织，以“五贯穿五做到”深化落实好学校主题教育的各项工作安排，确保主题教育高起点开局、高标准推进、高质量落实。特别是新成立的学部、学院、书院党组织，要把此次主题教育作为检验组织凝聚力、战斗力、向心力的“试金石”，要以高质量的主题教育成效赢得广大师生的认可和信赖。

一是要切实压牢领导责任。学校党委主题教育领导小组及其办公室要加强工作领导和示范，各成员单位要履行职能作用，加强工作协同，形成整体合力。全校各级党委要切实扛起主体责任，主要负责同志要切实履行第一责任人职责，领导班子成员履行“一岗双责”，亲自谋划、靠前指挥、督促指导，把主题教育谋划好、组织好、落实好。

二是要切实做好示范引领。学校党委常委会及领导班子成员要以身作则、率先垂范，带头加强理论学习、开展调查研究、解决发展难题、检视整改问题。领导干部要领学带学促学，带头上讲台、讲党课，当好主题教育的示范者、引领者、带动者，推动形成上级带头、领导示范、层层落实的格局。

三是要切实强化督促指导。学校党委主题教育领导小组要多向自治区党委第九巡回指导组请示、汇报，并按照指导组要求，抓好工作落实。同时，校党委常委会及领导班子成员也要按照“一岗双责”要求，指导抓好联系分管部门（单位）的主题教育，做到到位不越位、指导不包办。要针对不同问题、不同特点，量身定做接地气、有疗效的自选动作，防止“一刀切”。

四是要切实抓出教育成效。要聚焦学校西部一流大学建设，把准着力点，选准切入点，坚持围绕中心、服务大局，把开展主题教育同推动学校中心工作结合起来，推动党员干部将焕发出来的学习、工作热情转化为攻坚克难、干事创业的强大动力。要坚决反对形式主义，不对写读书笔记、心得体会等提出硬性要求，不随意要求基层填报材料，严格控制简报数量，严格控制网络平台载体痕迹管理。对开展主题教育消极对待、敷衍应付、搞形式主义的要严肃批评，对走形变样、问题严重的按照规定追究责任。

五是要切实营造良好氛围。要充分发挥校园网、“两微一端”及学习强国号的宣传主平台作用，深入宣传阐释开展主题教育的重大意义、目标要求、进展成效，及时总结主题教育可复制可推广的好经验好做法好成果，形成比学赶超、争先进位的浓厚氛围。同时要加强正面引导，强化舆论监督，坚决防止“低级红”“高级黑”，营造良好舆论氛围。

自治区党委巡回指导组的督促检查和工作指导是我们做好主题教育的重要保证。自治区党委第九巡回指导组办公地点设在我校，我们具有天然的联络优势，我们要全方位、全过程支持配合指导组开展工作，主动向指导组各位领导学习请教，严格落实指导组的工作安排和各项要求，真正做到同题共答、同频共振，确保学校主题教育达到预期目标、取得良好效果。

同志们，以今天的会议为标志，我校主题教育正式启动。让我们更加紧密地团结在以习近平同志为核心的党中央周围，坚持以习近平新时代中国特色社会主义思想为指导，充分认识开展这次主题教育的重大意义，以高度的政治责任感和历史使命感，积极投身到主题教育中来，抓好主题教育的各项任务，站位宁夏大局、展现宁大担当，为把宁夏大学建成区域特色鲜明、服务地方能力突出的西部一流大学而努力奋斗，信心百倍主动投身全面建设社会主义现代化美丽新宁夏的火热实践，为全面建设社会主义现代化国家、全面推进中华民族的伟大复兴作出新的更大贡献。

在学部、学院、书院干部任职宣布暨工作推进会上的讲话

党委书记　李　星

（2023 年 5 月 24 日）

今天，我们召开学部、学院、书院干部任职宣布暨工作推进会，集中开展学部、学院、书院新任处级干部宣布活动，这是深化综合改革、推动高质量发展进程中一件具有重大意义的大事，因为我们开启了以学院为“中心体”、以学部和书院为两翼的“一体两翼”新治理格局，迎来了人才培养和科学研究平台融为一体、教学科研融合发展、学科专业布局更加优化的高质量发展新阶段，全面开启服务地方经济社会发展和“三区建设”的新篇章。我们也正朝着“学生专心学习、教师精心育人、职员用心服务、人人舒心生活”的大学追求而奋力迈进！

学部、学院、书院“一体两翼”新治理格局的构建，是我们坚持立德树人，全面推动“三全育人”的必然选择，也是深化推动“部区合建”发展，全面提高学校“双一流”建设水平的必然选择，更是走特色发展、创新发展、高质量发展，全面推动西部一流大学建设的必然选择。大家可以看到，学校第七次党代会以来，我们锚定“一个目标”，坚持“两条主线”，推进“七项重点任务”，以综合改革促进高质量发展，不断增强创新活力，激发内生动力，提升治理能力，提高办学水平，学校内涵式发展、高质量发展取得了明显成效，全校各项事业发展稳中推进、稳中提质、稳中趋优。一是推动依法治校制度改革，做好顶层设计，纲举目张，修订完善党委领导下校长负责制的议事规则和配套制度，坚持民主集中制，健全“三重一大”配套制度，积极探索以党委领导、校长行政、教授治学、民主管理为基本框架的现代大学治理结构，高效能的现代大学治理体系初步构建；二是坚持“以本为本”，不断强化人才培养的中心地位，深化推进教学改革、教育评价改革、教学科研单位融合改革、学生管理运行机制改革，不断优化专业布局、深入加强创新创业教育，推动本科生和研究生培养质量不断提升，人才培养彰显新成效；三是持续推动学科群“高峰”建设和学科“高原”建设，推动学科专业供给侧结构性改革，结合自治区产业发展结构和布局，及时调整学科专业布局，成立材料与新能源学院、葡萄酒与园艺学院等一批与自治区“六新六特六优”产业直接关联的教学科研单位，为自治区产业发展及时提供人才供给保障，学科建设迈上新台阶；四是认真落实党管人才要求，不断深化岗位分类聘任和分类评价改革、人员总量试点改革、专业技术岗位聘任改革、人才引进方式改革、绩效工资改革，坚持引培并举加速聚才、着眼长远发展大力育才、推行全员竞聘精准用才、强化党委领导尽力留

才，构建形成“引育用留评”五位一体人才工作新模式，师资队伍建设实现新跨越；五是坚持聚焦国家战略需要，瞄准“三区建设”及自治区“六新六特六优”产业需求，抢抓东西部合作机遇，不断健全科研体制机制，深化提升承担重大科研项目的能力，持续推进高质量科技创新团队建设，深入打造区域科研创新高地、科技成果转化高地，科研服务地方能力显著增强；六是成立后勤保障部，积极引入后勤社会化服务机制，深化推动后勤改革，不断加强智慧校园建设、平安校园建设和校园规划建设，全力改善民生，综合服务保障能力显著增强；七是坚持对外开放，深化国内、国际对外合作交流，纵深推进校地、校校两个“5+N”全面合作格局建设，加强中外合作办学项目建设，不断强化与15个国家和地区的32所高校（科研机构）的实质性合作，构建形成全方位、多层次、宽领域、高水平开放办学的格局，高层次开放办学水平显著提升。以上进步都是我们各级领导干部、教职员工在各自岗位上辛苦付出取得的，需要我们认真总结、梳理，更需要我们盯准目标、把准方向，凝心聚力、继续作为。当前，高等教育形态正在深刻重塑，有较多的不确定性，挑战和机遇并存，面对新一轮教育变革和发展，学校也正处于爬坡过坎之时，我们如何抓住机遇，突围而出、找准赛道、行稳致远，实现高质量发展，是摆在我们面前的重大课题。我们要坚持好两个导向：目标导向和问题导向，进一步发挥学校的优势与特色，扬长避短，在竞争激烈的高等教育现实中努力实现快速发展、高质量发展。坚持目标导向，就是要毫不动摇地坚持学校第七次党代会确立的目标定位，把学校建设成为“区域特色鲜明，服务地方能力突出的西部一流大学”，这是我们全体宁大人的不懈追求。坚持问题导向，就是要认真落实学校第七次党代会提出的“两条主线”和“七项重点任务”的战略部署，补短板、强弱项。坚持目标导向和问题导向相结合，不只是学校层面的事情，各项工作、各单位的工作，都要坚持目标导向、问题导向，尤其是要落实在今天我们在座的各位领导干部身上。一所大学的治理能力，首先是人的能力，最关键的是领导干部谋事创业的能力。今天，我们宣布了学部、学院、书院干部的任命，刚才，志科校长就学校推行综合改革的目的意义和学部、学院、书院的架构体系、职责定位、权责边界等作出了详细解读，提出了明确要求，就绩效工资改革情况作了说明，我完全赞成。对各级领导干部能力的考验，就是体现在各级领导干部要凝心聚力、担当作为、实干争先，继续以高质量发展开创西部一流大学建设的生动局面上。下面，结合学校高质量发展和干部队伍建设，我再强调四点。

第一，加强学习强本领，不断提高办学育人能力

习近平总书记指出：“我们党依靠学习创造了历史，更要依靠学习走向未来。”具体到我们学校也是这样，学习是我们宁大人与生俱来的优秀品质。65年前，我们宁大的初创者白手起家，没有办学经验，大家通过学习，才办好了学、教好了书、育好了人。正是靠着一代代宁大人不间断地学习，才成就了今天的宁大。如今，面对“双一流”建设和“部区合建”的新契机，我们还必须要依靠学习走向未来。一是要进一步学习政治理论。各级领导干部要立足学习贯彻习近平新时代中国特色社会主义思想主题教育，全面系统学习习近平新时代中国特色社会主义思想，切实增强用习近平新时代中国特色社会主义思想的世界观和方法论来分析和解决学校的现实问题、引领学校事业发展的能力，切实将学习成效转化为落实党中央和自治区

党委决策部署、推动学校西部一流大学建设的工作实效。二是要虚心学习。我们在西部一流大学建设的过程中面临着许多问题和考验，但是“只要信心不滑坡，办法总比困难多。越是困难的时候，就越要坚定信心”。现阶段，各级领导干部要有兼容并蓄的胸怀境界，有创新开放的气度心态，虚心向走在前列的高校学习。同样作为Z14高校，只要他们有成功的治理经验，我们就要虚心学习，同时也要吸取他们发展过程和办学治校中的教训，处理好学习借鉴和结合学校实际消化吸收再创新的关系，在学习创新中坚定办西部一流大学的信心、定力和底气。三是要进一步加大对各级领导干部、教师的培训力度。眼界比知识更重要，见识比学识更实用。各单位、各部门要积极鼓励和支持大家对外学习交流，让广大教师不断提升对科技前沿和国家重大战略需求的把握能力，让广大干部不断深化对西部一流大学办学规律的认识，让全体宁大人的格局、眼界、谋略、情商、见识更开阔，不断提高推动学校高质量发展的能力。

第二，敢于斗争勇担当，当好攻坚克难排头兵

习近平总书记强调：“中华民族伟大复兴，绝不是轻轻松松、敲锣打鼓就能实现的，实现伟大梦想必须进行伟大斗争。”对学校来说，建设西部一流大学就是我们共同的事业，同样也需要敢于斗争的精神作支撑。老一辈宁大人的担当，书写了宁大的历史、成就了今天的事业。现在，历史的接力棒已经传到了我们手里，我们各级领导干部就必须身扛千斤担、使出万钧力，担负好建设西部一流大学的责任。一是要继续解放思想，以领导干部的责任担当深化综合改革。各级领导干部要坚持“跳出宁大思考宁大”，我们现在学部、学院、书院“一体两翼”治理格局的布局，就是跳出原有治理格局体系之上的再改革，是全面提高学校“双一流”建设水平、高水准完成学校“十四五”规划的具体行动，我们有理由相信，这一改革会为我们今后若干年的发展奠定良好的治理格局。我们各级领导干部也要继续打破旧思想旧思维，勇于突破现状，与时俱进，要聚焦国家重大战略需求和自治区经济社会发展需求，走出校门和政府、企业、社会进行对接，争取更多的发展资源，努力使我们的学科专业与自治区产业需求精准对接、人才引育与产业发展精准对接、科技创新与战略需要精准对接。二是要识大体、顾大局、观大势。当前，我们改革工作将进一步向“深水区”挺进，一些重点改革任务肯定会涉及多个部门多个领域，也肯定会触动一部分人的既得利益，一些尖锐的矛盾问题也会冒出头来。我们各级领导干部要从大局出发，从我们建设西部一流大学的目标出发，坚决服从和维护学校全局整体利益、根本利益，以实际行动理解改革、支持改革、参与改革。三是要强化斗争精神。斗争不是为了一己私利的“争斗”，而是为了事业发展的拼搏奋斗。在工作上，我们各级领导干部要同阻碍学校事业发展的旧思想旧观念斗争、同制约学校改革发展的困难挑战斗争、同“只关心自我成长、不关心学生成才，只考虑个人利益、不关心甚至损害学校利益的人和现象”斗争。在生活中，要同自己的思维惯性惰性斗争、同社会上各类消极腐败现象和不良风气斗争，努力将斗争成果转化为学校实实在在的发展成果。

第三，驰而不息抓落实，推动发展工作提质增效

习近平总书记反复强调：“如果不沉下心来抓落实，再好的目标，再好的蓝图，也只是镜中花、水

中月。”最终能否顺利实现建设西部一流大学的目标，关键取决于我们抓落实的态度、速度和力度。一是要进一步营造抓落实的浓厚氛围。在学校主题教育动员部署会上，我们对“五位一体”党建示范体系建设、学校“双一流”和“部区合建”建设、“五育并举”的人才培养体系建设、人才队伍建设、高水平的科研团队建设、学科专业供给侧结构性改革、“5+N”政产学研用全面合作格局的跟进落实，以及学生管理、后勤保障与服务等推动学校高质量发展的具体举措再次作了部署要求，各级领导干部要聚焦学校高质量发展的关键，发挥“头雁”效应，坚持以身示范引领抓落实，不仅要亲自抓、带着干，也要勇挑“重担子”、敢啃“硬骨头”，要瞄着问题抓落实、迎着困难抓落实、踏着矛盾抓落实，让学校高质量发展的工作任务落下去、实起来。二是要进一步提高善抓落实的能力。今年学校工作任务中有不少“硬骨头”，比如说，当前正在开展的绩效工资改革。同时，现在已进入5月，留给我们的时间也非常紧。处非常之时、干非常之事，须用非常之策，才可取非常之功。要对照今年的重点工作任务，高质量完成学校全年目标任务，全校上下一定要有“等不起的紧迫感、慢不得的危机感、坐不住的责任感”，必须要增强忧患意识、底线意识、竞争意识、一流意识，必须要以敢闯敢试的改革精神和敢创一流的进取精神，谋新招、探新路，必须要注重区分轻重缓急，做好科学编排，把握好节奏，讲究方法，加强协作，切实提高工作效率。

第四，提升统筹发展和安全的能力，推动实现工作发展和工作安全的良性互动

习近平总书记强调，“安全和发展是一体之两翼、驱动之双轮，安全是发展的保障，发展是安全的目的”。推动学校高质量发展，建设好西部一流大学必须围绕发展和安全作为，统筹推进好高质量发展和高水平安全。各级领导干部要不断提升统筹发展和安全的能力，要把安全摆到学校发展的全局中去思考、去谋划、去捍卫，以安全促发展，以发展保安全，不断夯实学校高质量发展的根基，增强改革发展的安全性稳定性。一是要以“争先领跑”的意识推进学校高质量发展。今年以来，我在多个场合提到“当前全国各校都进入了‘拼发展’的模式”，特别是在疫情防控“乙类乙管”之后，各高校都是铆足了干劲，各出奇招促发展，我们的压力很大、任务很重，各级领导干部必须要盯紧治理体系、人才培养体系、师资队伍体系、学科发展体系、科技服务体系、综合保障体系和开放办学体系的建设，解放思想、打开脑洞，拿出“四渡赤水出奇兵”的奇招高招，找到推动学校高质量发展的“金钥匙”，实现学校“层次提升”“质量提升”的新跨越。二是要以“时时放心不下”的责任感抓高水平安全。我们讲胆子要大，步子要稳，其中步子要稳就是要统筹考虑、全面论证、民主决策、科学决策，学校各领域的改革紧密联系、相互交融，任何一个领域的改革都会牵动其他领域的改革，所以说，面对学校改革过程中产生的问题以及各类安全稳定问题，都需要我们各级领导干部要以“时时放心不下”的责任感和“睁着一只眼睡觉”的警觉性抓安全、防风险、护稳定，坚持治标治本相结合、当前长远相兼顾，坚决落实重大安全风险研判防控工作机制，持续深化维护政治安全，深入做好学生思想政治教育工作，强化构建师德师风建设长效机制，常态化开展安全风险排查，努力穷尽问题隐患，以高水平安全保障高质量发展，努力创造稳定的发展改革环境，让师生充分享受到综合改革带来的红利，努力把我们的学校建设成“宁静的育人家园、活跃的学术社区、典雅的文化殿堂”。

同志们,面对推进学校西部一流大学建设、推动高质量发展的更高要求,各级领导干部应该以什么样的理想和抱负、以什么样的使命和担当、以什么样的精神和状态、以什么样的标准和视野,去奋力创造新的业绩、新的辉煌?是否围绕学校第七次党代会确定的发展目标进行了工作思考和谋划?有没有推动高质量发展的担当与作为?需要我们深刻地进行自我检视。我们处在一个大有可为的时代,享受着新时代赋予我们的红利,面临的机遇很多,面对的困难和挑战也不少。如果没有担当作为,就难以战胜前进道路上的困难和挑战,导致各项事业止步不前,甚至走下坡路,高质量发展就无从谈起。在推进学校西部一流大学建设、高质量发展攻坚克难的关键时期,我们要凝心聚力、担当作为、实干争先,以抢时间、抢机遇的奋斗姿态,以高质量发展开创建设西部一流大学的生动局面,努力把宁夏大学打造成为塞上江南骄子摇篮、贺兰山下科技重镇、黄河套西文化高地。

锚定重点抓落实 凝心聚力谋发展
以笃行实干深化推进西部一流大学建设的生动局面

——在干部理论素养提升及业务赋能培训班上的讲话

党委书记 李 星

（2023 年 8 月 24 日）

同志们：

为期 4 天的干部专题培训班，今天就要结束了，新学期各项工作也就要正式开始了。从各方面反映情况来看，这次干部专题培训班取得了预期的效果。大家聚焦学校高水平开放办学、高质量内涵式发展的关键，着眼于西部一流大学建设的焦点难点问题，认真学习、深入思考、广泛交流，谈认识、讲体会、提建议，进一步提高了认识、明晰了工作思路、强化了责任使命，取得了相互启发、共同提高的良好效果。

在新学期开学之前，我们集中时间召开干部专题培训班，除进一步提升各级领导干部办学治校的工作能力之外，还在于进一步统一思想和认识，明确任务和目标，凝聚力量和共识，步调一致，精准发力，坚决完成好下半年各项工作任务。下面，结合学校高质量发展和干部队伍建设，就深化做好下半年的重点工作，我再讲四点意见。

一、认清形势，在切实增强工作责任感上再下功夫

很多同志、老师都感觉这次假期过得很快、很充实，有的同志甚至整个假期都没有休息。我们说，为了事业发展而忙碌，为了学校的明天而付出，是值得的，是有意义的。这些辛劳和忙碌会成为每一位亲历者宝贵的记忆，成为“宁大故事”中精彩的一页。有付出就有收获，上半年，我们同心同力、爬坡过坎、闯关突围，虽然干得很辛苦，但是走得很稳健，交出了一份令人满意的成绩单。回首对照 2023 年重点工作，上半年工作有进展有亮点有成效，下半年工作时间紧任务重难度大，但总体来看，我们有信心有动力有底气。从外部环境看，在加快建设教育强国的战略背景下，教育优先发展的地位更加突出，实现全面建设社会主义现代化美丽新宁夏对高质量高等教育的要求也更加迫切，教育部和自治区党委、政府等对学校的支持力度也前所未有，我们处在加快发展的大好时期。从内部条件看，学校综合改革更加深入，适应西部一流大学建设的体制机制正在完善；人才培养、学科建设、高层次人才引育、科研平台建设和民生工程等都取得了新进展新成效，党员干部履职能力也进一步提升；等等。这些都是我们加快事业高质量发展的信心和底气。整体而言，一方面，我们要保

持“乱云飞渡仍从容”的战略定力，保持沉着冷静、从容淡定的姿态，按年度工作要点坚定不移地推进各项工作；另一方面，更要认清形势，切实增强做好工作的使命感责任感紧迫感，想尽一切办法、克服一切困难，义无反顾、奋勇向前，高质量完成年度工作任务，奋力推进西部一流大学建设。

二、突出务实，在党员干部队伍作风建设上再下功夫

良好的工作作风与精神状态是干事创业的前提。有些问题，表面上看是“工作之困”，实质上是“作风之弊”。当前，在推动重点工作落实的过程中，我们部分党员干部工作作风不过关、不过硬，与高质量发展要求不相适应，还存在坐而论道，说得多、干得少，想法多、行动少的情况；面对繁重任务和困难问题时，有的干部担当意识不强，雨过地皮湿，就是不落实；在学部、学院、书院“一体两翼”新治理格局推进的过程中，我们有些党员干部还存在瞻前顾后、优柔寡断、推诿扯皮、不谋工作、躺平的思想。以上种种现象，体现出的是我们有些党员干部在作风上和综合素质上还是有所欠缺，学校将基于“两个专项整治”，大力整治形式主义和官僚主义，抓实党员干部作风建设，鼓励广大干部担当作为，在其位谋其政、任其职尽其责，发扬钉钉子精神，切实把各项工作抓细抓实、抓出成效。同时，学校将进一步强化对各级干部的激励与约束，持续整治“庸懒散软慢”问题，对执行力不强、落实不到位、工作不在状态的干部，对作风不实损害发展、工作不力影响发展的干部，坚决予以追责问责，让调和免成为常态；对能落实会落实善落实、既能干实事又能干成事的干部，将大胆选用、委以重任，让抓落实者有舞台、有地位、得实惠。对于党员干部强化作风建设，务实抓工作，我还想强调：一要立足全局，不能只想着本部门的利益，该服从的时候要服从、该配合的时候要配合，要有一盘棋的意识和宽广的胸襟。二要立足长远，不能计较一时之利，要有“功成不必在我”和“功成必定有我”的胸怀担当和长远眼光。三要立足实际，建立长效机制，要从实际情况出发，不能简单照搬照抄、复制克隆，不图“高大上”、不搞“花架子”，我们现在最需要的就是真正“接地气”、真正扭住问题、各个击破，通过解决实际问题，补短板、见成效，形成高质量整体发展效应。

三、狠抓落实，在推动重点工作落地生根上再下功夫

习近平总书记多次强调“一分部署，九分落实”，要求“广大党员特别是党政主要负责同志扑下身子、狠抓落实”。学校2023年重点工作落地生根，变成现实成效，不是喊出来的、等出来的，而是干出来的、拼出来的。关于重点工作，各级领导干部、各单位要对照2023年度工作要点和工作实际再深入梳理、对照落实，我就不再一一强调，我着重从如何发力抓落实上再强调一下。一是以学促干抓落实。学习是做好工作的基础和前提。干好工作首先要对工作熟悉，知道干什么、怎么干、怎样才能干好，这就要求我们要在学习上下功夫。在前段时间主题教育调研时，我发现一些领导干部对自己分管的工作不清楚，一问到具体的工作就“慌”，还要再问身边的其他人，就更不用说怎么干、怎么才能干好了。在座的各位都是各单位各部门的骨干，都是“关键少数”，一定要带头深入学习、深入思考，特别是要抓住主题教育这一关键契机，深入学习贯彻习近平新时代中国特色社会主义思想和党的二十大精神，注重学用结合、知行合一，把新思想新部署新要求转化为工作思路方法，

转化为推动学校事业高质量发展的生动实践。各单位各部门也要深入学习、深刻领会，找准目标、加强顶层设计，谋划具体目标和任务，真正做到以学促干抓落实。要加大对各级领导干部、教师的培训力度，尤其学习借鉴外来经验，走出去、请进来，我经常讲“眼界比知识更重要，见识比学识更实用”，要通过学习交流，让全体宁大人的“格局、眼界、谋略、情商、见识”更开阔，让广大干部、教师不断在学习中深化对西部一流大学办学规律的认识。二是完善机制抓落实。好的机制能有效提升工作成效，要重点完善三种机制。第一是完善台账管理机制。各单位各部门要在上半年工作的基础上，对重点事项进行全面梳理，建立工作台账，逐项明确责任人、工作措施、完成时限等内容，确保各项工作可考核、可督查、可问责。有的单位已经建立台账了，但还存在任务分解不合理、责任目标不清楚、完成时限不固定等问题，不能成为一笔糊涂账。列入2023年工作要点的，特别是那些尚未完成的重点任务，要尽快建立台账，明确工作目标和实现效果，压实责任、全力推进。希望各单位各部门以高度负责的态度，建立健全工作台账，打牢抓落实的基础。第二是完善定期督办通报机制。前年，学校就修订了重点工作任务督办落实办法。办公室、党委巡察(督查)办公室要加大力度，对年度工作要点中的重点任务、学校会议决议事项、重点工作等定期提醒、跟踪督办，重实地、察实情、见实况，通过督办形成一个实施、检查、监督、反馈、改进的管理闭环，推动各项工作有始有终、善作善成。要做好工作通报，定期把一些工作拿出来晒一晒、比一比、问一问、查一查，切实推动各项工作落地落实。第三是完善问责机制。问责是推动工作的利器，动员千遍，不如问责一次。要建立健全结构完善、运转协调、执行有力、权责明晰的问责机制，对那些重点工作推动不力、推诿扯皮不负责任的，要对照工作台账，坚持有责必问、问责必严，真正使追责问责成为常态，以责任落实倒逼工作落地。三是聚焦问题抓落实。抓落实必须坚持问题导向，只有敢于正视问题、善于发现问题、科学分析问题、勇于解决问题，并通过研究和解决一个个具体问题，才能把学校各项事业不断推向前进。就目前来讲，在学校高质量发展的过程中，存在不少问题和困难。比如，高层次人才数量不足，学校长远发展缺乏后劲；科研成果数量虽然逐年攀升，但高质量标志性成果偏少；办学空间仍不能满足教学科研发展需求，学生住宿、餐饮等生活保障仍存在一定短板；服务地方经济社会发展水平并不突出；等等。这些问题的存在，有客观原因，也有主观原因；有历史条件的制约，也有发展过程的阵痛。现实的“题”需要务实地“解”，对于我们各级领导干部来说，第一，要以顾大局的品格来抓问题的解决。具体到我们学校，大局就是学校的高水平开放办学、高质量内涵式发展，各级领导干部要聚焦学校第七次党代会提出的“一个目标”“两条主线”“七项重点任务”，以海纳百川、放眼国际的视野格局，深化综合改革，全力化解问题，实现学校从“层次提升”到“质量提升”的新跨越。第二，要以强烈的机遇意识、责任意识来抓问题的解决。成功的大学必须应对社会的变革，抓住新机遇。我们经常说要抢抓“双一流”建设和“部区合建”的新契机，这个新契机就是我们的机遇，各级领导干部要增强机遇意识、责任意识，在“双一流”建设和“部区合建”上多用心、多思考，多做加法、少做减法，多干实事、少务虚功。第三，要以与时俱进的思维来抓问题的解决。针对工作中存在的问题，我们各级领导干部要行动起来、主动出击，不能坐在办公室等着问题解决，要走出校门和政府、企业、社会进行对接，要把问题的解决和服务自治区经济社会发展需求相结合，争取更多的发展资源，努力使我们的学科专业与自治区产业需求精准对接、人才引育与产业发展精准对接、科技创新与战略需要精准对接。

四、强化底线，在统筹安全和发展的能力上再下功夫

安全和发展就是“0”和“1”的关系。安全稳定是前提、是基础，没有安全稳定一切都无从谈起。前段时间，兴庆区富洋烧烤店发生燃气爆炸事故；在教育领域，齐齐哈尔第三十四中学体育馆发生坍塌事故，这些事故造成多人伤亡，令人痛心，教训深刻，我们一定要高度重视，举一反三，把安全工作挺在最前面，以“时时放心不下”的责任感抓实抓细工作落实，确保校园安全和师生生命财产安全。一是要深入学习贯彻好自治区党委安全生产“1+37+8”系列文件。在“1+37+8”系列文件中，我们涉及多数，各级领导干部、各单位要把学习贯彻安全生产“1+37+8”系列文件作为当前和今后一个时期的首要任务，要灵活运用各种载体形式，组织师生员工深入学、深入体会，广泛开展研讨，确保将文件精神传达到每一名师生员工。同时，各单位要结合校园安全工作的实践操作实际，对准“1+37+8”系列文件“准星”，做好文件解读，制定实化、细化、具体化的工作规程，引导广大师生学习安全知识，掌握安全技能，从源头上防风险、除隐患、保安全，推动师生员工安全意识全面增强、隐患防治全面加强，从学校高质量发展的全局上、根本上、长远上全面提高安全生产能力和水平。二是要细化安全工作任务，扛责尽责抓落实。各级领导干部、各单位要在前期校园安全风险隐患排查、整改整治工作基础上，对照“1+37+8”系列文件，继续全面深入查找漏洞死角，组织开展“回头看”，逐一梳理任务清单，确保风险隐患不留盲区、校园安全万无一失。各单位主要负责同志要履行第一责任人责任，对学习宣传贯彻“1+37+8”系列文件情况负总责、直接抓，其他班子成员要立足分管领域抓好校园安全工作任务的组织实施，切实履行好“一岗双责”。我还要强调一点，安全是相对的、不安全是绝对的，我们虽然做不到“零风险”，但要做到“零容忍”，我们将坚持失责必问、问责必严，对不担当不作为、不落实假落实、屡推不动的“一票否决”，对失职渎职造成事故的更是要以“零容忍”的态度予以问责。三是要提升统筹发展和安全的能力。学校工作性质特殊，校园安全与政治安全、意识形态工作、网络阵地管理、实验室管理、国际教育交流合作、人身财产安全等各方面都紧密联系、错综交织，要素多、链条长，必须坚持统筹发展和安全，树立底线思维，筑牢安全防线。各级领导干部、各单位各部门在抓工作落实中一定要深刻认识统筹发展和安全的内在统一性，把安全摆到工作落实的全局中去思考、去谋划、去捍卫，以安全促发展，以发展保安全。特别是当前我们的综合改革已经进入“深水区”，任何一个领域的改革都会牵动其他领域的相应改革，面对学校改革过程中产生的问题以及工作落实过程中产生的各类安全问题，都需要我们各级领导干部尽最大努力、以极大的责任感抓好、抓实、抓细，确保安全与发展同步推进、同向发力、同频共振，以高水平安全保障高质量的工作落实，努

力创造安全稳定的发展环境。

同志们，下半年是完成全年目标任务的攻坚时期、关键时期，时间紧、任务重，希望每一位同志都能站在政治和全局的高度，坚定信心、鼓足干劲，讲政治、抓落实、敢担当、善作为，种好自留地、守好责任田，推动学校西部一流大学建设各项事业不断取得新进展新成效，使我们宁夏大学的明天变得更加美好。

深化综合改革　激发办学活力
奋力推进学校治理体系和治理能力现代化

——在宁夏大学2023年春季学期重点工作部署会上的讲话

校　长　彭志科

（2023年2月22日）

同志们：

今天的会议，是疫情防控进入新阶段后学校召开的第一次大会，既是全年重点工作的部署会，也是新一年工作的动员会，目的是部署工作、明确目标、凝心聚气，动员全体干部教师以“开年就开跑”的新气象，彰显“起步即冲刺”的新作为。

岁序更替，华章日新。刚刚过去的2022年，是极为不易、极不平凡的一年，也是全校上下迎难而上、苦干实干的一年。这一年，学校全体教职员工凝心聚力、攻坚克难、逐浪前行，一体化推进“大部制”“学部制”“书院制”改革，着力优化体制机制大环境；科学推进教学科研机构和学科专业供给侧结构性改革，着力打造教学科研大平台；系统推进人事制度和绩效工资改革，着力释放师资队伍大能量；前瞻性推进科技创新平台建设，着力融入产业发展大战略；高效能发挥高端人才优势特长，着力带动研发能力大提升；全方位推进学校全年重点工作，着力提升各项工作大发展。通过一年的努力，学校在育人方式、办学模式、管理体制、保障机制等方面推行了一批标志性、引领性的改革举措，取得了一定成效。但受疫情影响，我们2022年的部分既定目标任务还没有完成，一些工作还没有达到预期效果，还需要我们在新的一年里持续推进。

刚才，各位校领导结合分管工作，系统梳理了学校2023年的重点工作，工作很具体，目标很明确，任务也很艰巨，各单位要按照本次会议的部署要求和2023年学校工作要点，在校党委的领导下，认真抓好各项工作任务的推进落实。要认真总结、全面诊断已部署的各项改革任务落实情况，系统梳理当前工作中存在的问题和短板，深入分析问题症结、提出改进办法，扎实推进各项工作取得实效。

2022年，学校提出的一个高频词应该就是综合改革，给大家留下最深刻的印象应该也是综合改革。那么，我们为什么要实施综合改革，综合改革的目的是什么？

教育部2023年工作要点中所列的9个重大项目之一就是实施“高等教育综合改革战略工程”，指出要“加快解决制约高等教育高质量发展的重大问题，以体制机制新动能加快改革进程，全面提升高校自主创新能力和高质量发展能力，助力开辟新领域新赛道，主动塑造新动能新优势”。目前，很多高校的内部治理体系面对新时代教育改革发展的新要求和日益复杂的内部治理事务，表现出日趋明显的窘境，功利化的治理理念、碎片化的治理结构和落后的治理方式都一定程度上表现出与时代发展和社会需求的背离。到宁夏大学工作以来，我始终认为宁夏大学在原始积累、政策红利、各类资源、地理区位等方面都有着得天独厚的优势。但大家也能够感受到，近些年，学校在建设发展中还是遇到了一些坡、一些坎，特别是在治理结构、人事制度、人才培养机制、科研体制、资源配置上受到的制约日益增强，这些问题实质上是学校在转向高质量内涵式发展过程中所必须经历的瓶颈。当然，这些问题不是宁大独有，很多高校都面临这样的问题。但宁夏大学作为地方性综合大学，更是“双一流”建设和“部区合建”高校，应该也必须对自己有着更高的要求。我们既要有鉴往知来的历史感、优胜劣汰的危机感，更要有抢抓机遇的紧迫感和敢于担当的使命感。因此，改革是破解学校深层次矛盾和推动学校高质量发展的必然选择。

有些同志会想：“我对改革是认可的，可为什么要一下子全面铺开，不能一点一点地来？”去年年初，我们提出书院制改革、机构设置改革、绩效工资改革等单项改革举措，但我们在制订改革方案的过程中，随着深入调研、思考、探索、论证，随着各种新机遇的出现和新问题的暴露，我们越来越发现，学校的很多事情是牵一发而动全身的，如果没有配套的制度、环境、资源保障，就某一个单项改革举措，是很难达到改革预期成效的。如果不全面深化综合改革，在发展模式上有所突破，就很难摆脱当前传统的相对封闭、粗放、资源投入型的发展模式，人才培养质量和科技创新能力将很难再有新的全面提升。因此，我们必须通盘考虑，通过全面深化综合改革，破除更深层次的体制机制障碍，从而推动学校各项工作、各个方面、各个环节相互配合、相互补充、相互支撑，最终形成更加成熟、定型的发展格局，这就迫切需要我们从单项改革转变为综合改革，从增量改革推进到存量改革，从表层改革深化到深层改革。所以，我们全面深化综合改革的目的，就是要充分激发办学活力，进而推进学校治理体系和治理能力现代化，最终推动学校各项事业高质量发展。

当前，学校已经站在了一个全新的起点上，学校的综合改革也进入了“攻坚期”和“深水区”，面对新方位、新使命、新要求，我们要认清形势、抢抓机遇、真抓实干，要在思想上突破藩篱，进一步解决身体已经进入新时代、思想和观念还停留在过去时的问题，以解放思想促改革，用思想解放抢先机。

一是要凝聚上下齐心、全员参与、攻坚克难的高度共识。深化综合改革，提升内在驱动力是关键。任何成功的改革从来都是上下左右的通力合作和紧密配合的结果，都是大家广泛参与、集体同心攻坚的结果。我们必须科学分析、深刻认识当前学校存在的短板和弱项，努力克服改革动力不足、缺乏有效措施、不敢或不愿打破常规的想法和做法，在全校上下凝聚起综合改革的高度共识，形成深化综合改革的强大合力。

二是要坚持系统设计、整体推进、重点突破的改革路径。深化综合改革，要坚持顶层设计和摸着石头过河相结合，整体推进和重点突破相促进的原则，理出重点、形成清单，明确时间表、路线图，形成完整的改革方案，拿出突破性的思路和举措，加强统筹、多措并举、以点带面、扎实推进。让学校的体制机制更加灵活、政策制度更加科学、资源配置更加高效、考核激励更加有效，全面激发办学活力，赋能办学动力。

三是要形成上下联动、各方协同、稳中求进的工作机制。综合改革是一项涉及长远、牵动全局的重大任务，具有系统性、艰巨性和长期性的特点，避免综合改革的碎片化，是全校上下、各个部门、学院都要直面的问题。要进一步完善抓改革落实的工作机制，建立健全调研制度、调度制度、统筹制度、督办制度，加强政策配套、协同推进，坚持改革力度、发展速度、师生可承受程度的统一，确保各项改革部署落地生根，取得实效。

我们要在总结学校2022年综合改革和在重要领域、关键环节上取得的成果经验的基础上，聚焦2023年学校重点工作，遇事不绕道、遇难不退缩、迎着困难上、奔着问题去、顶着压力干，对改革发展中的突出问题，知重负重、知难克难、知险化险，用“铁肩膀”挑起“重担子”，着力构建与建设特色高水平大学和现代大学制度相匹配的制度体系及运行机制。

在这里，我想强调一下，尽管学校的综合改革千头万绪，但我们也要清醒地认识到，随着综合改革的持续深入，学校在各方面都会发生较大的变化，我们要充分协调好党委和行政的关系，学校和学部、学院、书院的关系，教学与科研的关系，教师与学生的关系，中心工作与后勤保障的关系等各方面关系，使各办学要素有机统一、形成合力，实现治理体系和治理能力的现代化。

关于今年学校的重点工作，刚才各位分管领导已经作了详细的部署安排，我还想强调几点：

一是体制机制方面。目前，学校有29个学院和1个书院，每个学院都面临着党建、行政、教学、科研、学生管理等复杂的工作事务，加之行政人员力量薄弱，学历、年龄、结构参差不齐等因素，导致学院无法保证有充足的时间精力投入到教学科研和人才培养中。为了避免机构职能交叉、设置重叠、权限冲突、多头管理等情况，学校决定推行学部制和书院制改革，将行政事务性工作集中到学部，将学生教育管理工作集中到书院，形成党委行政—教学科研—思政教育的耦合协调机制和学校—学部—学院—书院的纵向治理与横向协作机制。学部制、书院制的改革实施方案经过多次论证研究，已经印发。根据学校的学科方向，为了更好地促进学科交叉融合和学术创新，我们将成立9个学部、7个书院，同时配套调整筹建10个新的学院。调整成立后，我们面临的首要重点任务就是明确功能定位，厘清职责边界，理清工作思路，迅速开展工作（我要说明一下，成立学部的初衷是将行政事务性的工作从学院剥离出来，保证学院将全部精力投入到教学科研和人才引进工作中，学部的定位是服务性机构，而不是学院的上级管理机构，这一点大家要有一个清晰的认识）。学部要尽快探索、完善、建立职责清晰、分工协作、权责一致、运转高效、保障有力的内部治理和服务体系，形成用制度管权、用制度管事、用制度管人的机制，从而达到释放发展动能、激发办学活力的目的。学院要进一步规范和发挥各工作组的作用，调动青年教师参与学院工作的积极性，切实提高自我管理、自我服务效能，不断深化内涵式发展、创新型发展、特色化发展、可持续发展和高质量发展。书院要在学生工作委员会的指导下，在汲取博雅书院经验的基础上，平稳有序做好学生从学院到书院的过渡。要积极探索构建“一站式”学生社区综合管理模式，进一步提升围绕学生、关照学生、服务学生的工作质量。要通过开展学生综合素质提升计划等，教育引导学生德智体美劳全面发展。同时，学校将把师生服务中心的职能分解到学部和书院，学部服务教师，书院服务学生，各司其职，各负其责（我要强调一点，学部、书院的成立和新学院的调整组建还需要一些时间，在成立调整到位之前，各学院的干部教师仍然要立足本职工作，扎实履职尽责，特别是领导干部，要坚决杜绝等待观望、推诿责任、消极应付的心态，既要抓好当下工作的正常运转，也要做好改革工作的推进落实，要以“等不起”的紧迫感、“慢不得”的危机感、“坐不住”的责任感，知责于心、担责于身、履责于行）。

二是科研能力方面。教育部2023年工作要点中指出，要“围绕地方经济发展打造区域创新中心，围绕行业产业发展打造产业技术中心，探索建设一批高质量、有特色的创新研究院，推动高校分类发展，形成定位鲜明、结构合理、功能完备的高等教育区域布局，服务国家区域经济发展”。去年，雨浦主席同意将怀远校区金波湖东侧约270亩土地划拨给学校。学校也在谋划建设“区域创新中心”，积极打造科技联合创新体，思路和方案得到了自治区、银川市领导及发改委、科技厅等相关单位的高度认可。这些都说明，宁夏大学有条件也有能力在科技创新领域闯出一片新的天地。今年，学校将召开全校科研工作会议，加快建设以国家级、自治区级实验室为龙头的科技创新力量，充分发挥学校教学科研和仪器设备平台优势作用，聚焦自治区“六新六特六优”现代产业布局，进一步完善建立有组织的科研组织模式，强化与科研院所、企业、产业的深度融合，着力在组织策划、基金申请、项目申报、科研平台建设和分析测试中心改革等方面寻求新突破，努力建设一批契合国家战略和区域经济发展需要的学科方向和生长点，努力打造创新能力突出、形态多样、定位清晰的科技创新主体，着力激发学校产出高质量科技创新成果的内生动力。

三是师资人事方面。去年，学校历时一年多研究推动绩效工资改革，制定绩效工资改革方案和多个配套制度方案，建立与分级分类管理相适应的绩效评价体系和内部质量监控体系，加强目标管理和考核评估，以期形成以提高知识价值为导向，鼓励标志性成果产出的科学分配机制。前天，校长办公会研究通过了《〈关于进一步支持优秀青年教师成长成才的实施意见（试行）〉的补充规定》，在特设“准聘”高级专业技术职称和鼓励支持青年教师提升学历学位方面给予了更大的支持力度。今年，学校将持续在高端人才引进、人才招聘、博士后培养等方面下大力气，持续扩大优秀青年人才规模，依托绩效管理系统和考核系统进一步强化人才工作目标责任制考核激励与约束，形成以人才引领学科、以学科集聚人才的倍增效应。我要特别强调，在注重高层次人才引进的同时，也要高度重视青年教师的培养和锻炼，各相关职能部门和学院要为青年教师的成长创造条件，生活上多关心，业务上多指导，支持他们勇于承担各种教学科研任务，支持他们走出校门经受历练，帮助他们尽快成为学校发展的支柱。

四是人才培养方面。教育部将于今年印发《普通高等教育学科专业设置调整优化改革方案》，打造特色优势学科专业集群。事实证明，我国的高等教育结构类型正在发生重大变化，已经从相对单一的结构向多元多样化办学结构转变，也就是说学科专业并不是越多越好、越全越好，重要的是在特、在强。去年，我们优化学科组合，新建、重组、调整多个学科专业，组建多个新学院，建立专业预警动态调整机制，制定学位管理、学籍管理、招生管理、教材管理、班主任工作管理等制度办法，着力巩固人才培养中心地位。我在不同场合多次强调要坚持“两个融入”，即学科建设必须融入区域经济建设和行业科技进步，教师的成长发展必须要融入主流学术圈，只有真正地融入，才能激发学科专业的活力，才能提高教师的育人水平，才能为学生的培养提供广阔的成长舞台和优质的师资保障。今年，学校将召开全校人才培养工作会议，对人才培养模式、人才培养方案、教学质量评估、学科专业设置等作进一步科学研判、调整优化，努力把学校传统的优势学科专业做强，把国家战略和地方发展急需的学科专业做精，把新兴交叉融合的学科专业做实，不断提升人才培养与经济社会发展需求的匹配度。同时，我们要举全校之力，集中优势资源力量，对标博士学位点建设标准，苦下内功、凝练特色、精准发力，力争在今年的博士点申报中取得重大突破。

五是组织管理方面。去年，我们对全校所有党群行政部门、教学科研单位、直属附属单位的岗位设置和编制数量进行了仔细梳理，按照控制编制总量、调整编制类别、优化编制结构的原则，按类别优化结构、按任务核定编制、按发展调整优化，严格定编、定岗、定职责。今年，我们将结合个人年度考核方案修订，推动“三定”工作落实，按照平等竞争、择优聘任、严格考核、合约管理的原则，合理配置人力资源队伍，逐步建立起激励、竞争、淘汰机制，努力实现专任教师、党政管理人员、专业技术人员三支队伍协调发展。同时，我们将进一步改革后勤管理模式，积极推行后勤服务社会化改革，走企业化管理的道路，逐步建立靠市场驱动的运行机制，实现从“管”向“服”、从“管”向“治”的转变，把工作重心切实转移到服务师生、服务发展上来，以点带面全面带动校园服务质量的提升。

六是文化建设方面。今年是学校建校65周年，我们还要承办5000人规模的中国物理学会2023年秋季学术会议，举办沪宁科技合作论坛等重大学术活动。一定要精心谋划、有机融合、突出特色、整体推进。良好的校园文化环境是我们对外塑造良好形象的重要外在体现，要以校庆和系列重要活动为载体，结合校园整体规划，扎实推进校园功能定位、房屋资源调配、楼宇装修与场地改造等工作，加快推进校史馆建设、人文社科基地建设、基础设施建设、校园维修改建等项目的实施，通过提升校园精细化治理水平，为宁夏大学打造一张亮丽的“名片”，为全校师生提供更加便利、优美、舒适的校园文化环境，让师生员工的获得感、幸福感、归属感更加充实、更有保障、更可持续。

同志们，路虽远，行则将至；事虽难，做则必成。宁夏大学的发展已经到了“人到半山路更陡”的关键一程，我们要把握战略机遇、与时间赛跑，增强竞争优势、同强者过招，汇聚强大合力、为发展赋能，坚持把破解制约发展的体制机制障碍作为发力点，破除思维定式和路径依赖，切实打通深化综合改革落地“最后一公里”，全面优化学校治理的组织形态，持续释放办学活力，全力推动学校各项事业取得新突破，奋力开创学校高质量发展新境界！

谢谢大家！

统一思想 坚定信心 明确任务 勇担使命
坚决打胜学校综合改革攻坚战 交出全面深化改革高分报表

——在学部、学院、书院干部任职宣布暨工作推进会上的讲话

校 长 彭志科

（2023 年 5 月 24 日）

今天，我们隆重召开新任干部任职宣布暨工作推进会，主要任务是：集中宣布学部、学院、书院新任干部，深入贯彻落实校党委决策部署，进一步统一思想认识，明确目标任务，发扬实干精神，进一步增强改革意识、树立危机意识、强化责任意识，坚决打胜学校综合改革攻坚战，努力交出全面深化综合改革高分报表，为加快推进学校高质量发展奠定坚实基础。

去年以来，按照学校第七次党代会确定的目标任务，全校上下围绕“一个目标”“两条主线”“七项重点任务”，结合学校发展过程中面临的机遇与挑战，在校党委的统一领导下，学校在原有改革举措基础上，奋力推动综合改革向更大范围、更宽领域、更深层次发展。一年多来，学校全体教职员工开拓创新、积极作为，在深化综合改革、推动事业发展上创造了优良业绩，探索了成功经验，呈现出亮点纷呈、竞相发展的良好局面。一年多来的工作扎实推进，一年多来的成绩有目共睹，这是校党委高度重视、坚强领导的结果，是全校上下不懈奋斗的结果。在此，请允许我向把舵定向、起锚领航的党政领导班子表示衷心的感谢，向团结协作、合力攻坚的有关部门和领导干部表示诚挚的谢意，向服从大局、维护大局的广大教职员工表示由衷的敬意！

关于学校“为什么要实施综合改革、综合改革的目的是什么”这两个问题，我在今年年初的重点工作部署会上已经与大家作过交流。今天又有很多新任干部走上了领导岗位，我还想再与新任干部交流一下，也是对老干部统一思想、统一行动的一次再统一。

简单来说，面对国家对高等教育的战略规划和教育改革发展的新要求，高质量发展是新时代高等教育的必然选择和根本路径，要想解决制约学校高质量发展面临的重大问题，就必须全面提升学校的自主创新能力和高质量发展能力，以体制机制新动能加快高质量发展进程；就必须改变传统的相对封闭、粗放、资源投入型的发展模式，在创新型发展上有所突破；就必须从单项改革转变为综合改革，从增量改革推进到存量改革，从表层改革深化到深层改革。唯有综合改革，才能助力

学校在全国高等教育主赛场上开辟新领域新赛道，才能助力学校在促进地方经济社会发展中塑造新动能新优势，才能彻底激发学校办学活力进而推动学校各项事业高质量发展。

目前，学校的综合改革已经全面铺开，我们面临的问题已经不再是为什么要改的问题，而是怎么改好、怎么改成功的问题，是如何进一步推动综合改革平稳落地，如何深化综合改革的实践成果，更好发挥综合改革的撬动效应，最大限度释放综合改革红利的问题。这些，才是我们面临的紧迫而又现实的问题！

邓小平同志说过："没有一点闯的精神，没有一点冒的精神，没有一股子气呀、劲呀，就走不出一条好路，走不出一条新路，就干不出新的事业。"历史是发展的，历史也是公正的，历史从来都眷顾那些与时代同行的奋进者、直面挑战的勇敢者、善作善成的实干者。所以，我们在推动学校综合改革过程中也必须要有一股闯劲、一股拼劲、一股干劲、一股韧劲。改革路上并不总是布满鲜花和掌声，往往伴随许多荆棘和质疑。什么是改革者？改革者就是明知山有虎、偏向虎山行，不惜拎着"乌纱帽"干实事的人。我们要敢做前人没有做过的事情，敢做别人不敢做的事情，要在关键时刻豁得出去，切不可在患得患失中错失改革机遇。

当前，学校以学院为主体，以学部、书院为两翼的"一体两翼"架构体系已基本形成。之前已任命的学部、学院、书院领导干部及今天宣布任职的干部就是我们这项改革的"领头雁"，是学部、学院、书院改革的关键力量、核心力量。我在不同场合讲到，我们推行的学部制、书院制改革，从目前来看，在全国尚属首创，是我们结合宁大实际探索高质量发展的创新模式、特色模式、独有模式，是属于我们的"宁大模式"。这种模式没有现成的经验和路径可复制、可借鉴，需要我们以"摸着石头过河"和大胆探索、勇于实践的精神去闯、去拼。我们所探索的新模式是否能为全国高等教育探索出一条新路径、新思路，成败在各位、关键也在各位。这就要求大家要把思想和精力聚焦到这项改革上来，进一步提高认识水平，加大工作力度，既当好改革的组织者，更要当好改革的施工队；不仅要当好改革的促进派，更要当好改革的实干家。要说到做到、立言立行，实实在在解决问题，一步一步往前推，真正做到干在实处、改到实处。

"学部制""学院制""书院制"改革落地已经整两个月了，这两个月里，相关单位党员领导干部积极主动在改革中发挥示范引领、以上率下作用，着力落实主体责任，厘清责任链条，扎实推动工作，取得了一定成效，但还存在责任边界不清、工作机制不顺、内部沟通不畅等问题。这就要求学部、学院、书院的领导干部们要切实担当起该担当的责任，要在打通关节、疏通堵点、激活全盘上花大力气、下大功夫，亲力亲为抓工作，扑下身子抓落实，多谋实招硬招、多出管用的招，坚决挑起一方改革的重任。

对于学部、学院、书院之间的关系，以及三者与职能部门之间的关系，我已经多次强调过。借今天的机会，还想再明确一下。学校推行学部制和书院制改革，是针对学校行政人员力量薄弱、编制紧缺，机构职能交叉、设置重叠，管理权限冲突、多头管理等问题推行的一项重大改革。目的是通过改变原有模式，将行政事务性工作集中到学部，将学生思想教育管理工作集中到书院，形成党委行政—教学科研—思政教育的耦合协调机制和学校—学部—学院—书院的纵向治理与横向协作机制，探索一条与高等教育发展和人才培养需求相适应的新路径，进而提升学校治理体系和治理能力现代化水平，为学校高质量发展构架起坚实有力的“四梁八柱”。学部的主要职责是建立起职责清晰、分工协作、权责一致、保障有力的内部治理体系，着力促进学科交叉融合，为学院和教师做好服务保障工作。学院的主要职责是不断深化内涵式发展、创新性发展、特色化发展和高质量发展，集中精力做好教学科研和人才引育工作。书院的主要职责是提升围绕学生、关照学生、服务学生的工作质量，做好学生思想政治教育和服务管理工作。各职能部门的主要职责是聚焦业务内容，作好顶层设计和工作统筹，协调处理好学部、学院、书院之间的关系，切实推动学校各项工作稳步高效落地落实。四方各司其职、各负其责、密切配合、协同推进。

经多次梳理论证，学校已经印发了《学部内设机构工作指引》，明确了学部内设机构的工作职责和学院、书院要承担的工作内容，也许还有所疏漏，但整体上表述的基本工作原则就是：教师的事情找学部，学生的事情找书院。学部和书院，特别是学部要把工作做精做细，要充分考虑每件事在推进过程中尽可能地在不麻烦学院、不打扰学院的前提下做好。这种机制已经尽可能地在行政事务上对学院进行了减负，所以学院没有理由再做不出成绩。学院要努力把复杂的事情做简单，要聚焦学院学科专业发展，瞄准关键核心工作，在教学科研、人才引育方面取得新突破。我强调一点：没有上级职能部门的要求，原则上学部不能给学院发通知、发文件。各职能部门也要适应发展需求，要着力帮助引导学部、学院、书院建立起职责清晰、运行高效的工作运行机制。比如在布置工作、印发通知时，必须就工作内容明确责任单位、工作权责、责任边界，避免含糊不清、责任不明、多头负责、推诿扯皮的情况出现。上次院长例会上，本科生院在安排招生和转专业工作时就做了很好的示例。

这里，我还想再强调四点：一是学校的改革是一项综合配套的系统工程，学部、学院、书院改革与“三定”工作、校园规划、房屋资源调配、绩效工资改革、创收经费管理、二级单位考核等改革举措密切相关。改革推进过程中会涉及工作人员岗位调整、办公场地搬迁、资产设备迁移、经费拨付、考核办法修订等多项工作。目前，一些学部、书院的场地正在紧张改造建设，一些新成立的学院还没有完全独立，一些工作人员面临岗位选择与调整，这些一方面需要时间，另一方面更需要大家的配合和支持。希望全体教职员工能够以学校的事业为重，以改革发展大局为重，放眼长远发展，服从组织安排，正确对待进退留转，迅速投身改革大潮。二是学部的定位是服务性机构，不是学院的上级管理部门，学院也不是学部的下属单位，学部的内设部门是学部组成学院的共享机构，不是学部的专属机构，这一点大家一定要有一个清晰的认识。学部、书院的主要服务对象是老师和学生，要尽可能地做好服务保障工作，尽快理顺运行机制，探索建立优质高效的服务保障体系，要朝着让老师、同学们“最多跑一次”的工作目标而努力。学校正在制定考核方案，学部的每一位领导干部、工作人员都要接受学院班子和教师的考核，工作做得怎么样，不是自己说了算，而是由服务对象说了算。三是这次干部调整人员多、范围广，目的是努力做到人岗相配，充分激发干部干事创业的积极性，决不能再抱着“不干不出错、越干错越多”“为了不出事、宁愿不干事”和“新官不理旧账”“另起炉灶翻烧饼”的思想，我们允许在推动改革过程中有波折、有坎坷，但决不允许不推动改革、不服从改革，只要符合学校党委决策部署精神、有利于改革创新和事业发展、按程序进行决策、没有牟取私利，大家就放手去干。四是我们的校领导班子基本上都联系了一个学部及其组成学院和所对应的书院，一部分校领导还担任了学部的部长，足以说明校党委对这项工作的重视程度。在此，也希望我们的校领导和学部部长能够扑下身子靠前指挥、高位推进，深入一线察实情、谋良策、破难题、促发展，扎实推进改革任务落到实处。

借这个机会，我还想就绩效工资改革作一些说明，提几点要求。

绩效工资改革是事关学校全体教职员工切身利益的大事，也是事关学校未来一个时期发展进步的大事。我们推行绩效工资改革的目的就是为了打破传统“论资排辈”“身份定薪”，解决“平均主义大锅饭”“干好干坏一个样”“干多干少都拿钱”等问题，逐步建立“优绩优酬”“能上能下”的绩效工资分配和岗位聘任机制，形成以增加知识价值为导向的分配机制，鼓励标志性成果产出，从根本上激发人才队伍的内生动力和创新活力。

从2021年10月启动绩效工资改革工作以来，学校坚持目标导向、系统思维和分级分类评价激励的原则，采用大类统一评价，严格运用评价结果，组织了多次大范围的讨论和政策解读，方案也通过了去年11月的教代会。今年3月，在绩效填报系统一期开发结束后，绩效改革工作进入实施阶段。从近期各位校领导调研反馈的情况和目前成果填报情况来看，绩效工资改革中还存在以下两个主要问题：一是对形势和政策的理解还有待深入。在谋划指标内涵、研究改革操作时，有些部门和学院没有把职责“摆进去”思考，没有从改革的大局出发分析问题，没有及时宣传引导广大教师推动改革。有位校领导说起绩效改革必要性时提到一个现象：考核时每位教师都是合格的，但学校的“双一流”建设却被黄牌警告了，这是为什么？从目前的填报数据来看，近3年的重点任务和个人突破任务得分情况不容乐观，有很多人甚至是0分。我们做了大量工作，但都填不到“双一流”建设的指标中，这就是被亮黄牌的根本原因。近期的教学成果奖公布了，我们的成绩如何？看到结果时，我们宁大人应该坐不住了吧？还能挺直腰杆说我们是宁夏唯一一所“双一流”建设高校吗？我们的基础本来就薄弱，如果再不抓紧改革，继续在温水里煮着、在井底坐着，到时别说跑起来，能平躺着就不错了。二是基本的管理水平还有待提高。从今年3月学校启动绩效填报工作，直到4月底系统关闭，还有单位和个人没有完成数据填报。我带着几个部门仔细梳理审核了大家填报、审核的数据，发现了很多问题。比如：一篇文章既申报教改论文又申报科研论文，一本书既申报教材又申报专著，一项人才计划既申报人才类项目又申报纵向项目。原因主要有三个方面：一是牵头审核部门没有做好填报指引和指导，指标项到底指向什么成果、核算的标准是什么，没有明确告诉老师。二是二级单位普遍存在审核把关不严的情况，审核过程中存在随意性，比如1分/万元指的是宁夏大学负责的经费，但审核成了合同经费，还有项目级别认定不准确等问题。三是科研系统、教务系统、人事系统、研究生管理系统等原有系统数据缺乏维护造成已审核的信息成果抓取不准确，需要通过辅助申报入口进行填报，导致集中审核出现了很多麻烦。

上周我带着几个部门梳理审核指标时，已经明确了下一步的工作思路。关于指标项，如确有必要修订的指标，汇总后每年年底进行动态调整，个别校级指标，如果各单位认为有必要，经研究可设计在单位绩效中进行分配。这里补充说明一下，我们在设计指标项的过程中，已经尽可能地平衡了教学和科研、文科和理工科、基本和突破等方面的关系。但是部分老师仍然反映，绩效指标重科研轻教学，重理工农轻人文，我只想说一点，根据学校现在的财务状况，如果没有科研的支撑，我们的绩效就发不出来，关于这一点，计划财务处最了解。关于成果填报，仍坚持“应填尽填”的原则，一方面给学校“双一流”建设和“部区合建”等工作提供一份完整准确的数据基础，另一方面也为校党委决策首聘方案提供精准到人的测算依据。各牵头审核部门已经梳理了各项指标的填报指引和要求，今天会再开一次系统，希望各单位认真组织、仔细研究，提高填报质量。近期配合绩效改革的工作还有很多，为了保障今年的绩效核算工作，评教系统、科研系统、教务系统等数据源的平台更新开发需在 7 月底以前完成，学校的各类校级奖励相关办法也亟须修订，各学部、学院、书院要认真研究、吃透政策、推动落实，各位新任干部和教职员工也要立足岗位、尽己所能、积极建言，团结协作推动改革落地见效。

同志们，改革就像煎中药，只有到了一定火候才有药效。例如，我们的绩效工资改革、人才培养模式改革、科研体制机制改革、房屋资源统筹调配等改革举措，都需要一段时间去等待“药效”发挥。和所有改革一样，学校推行的各项改革举措也一定会有一个阵痛期，一段时期内会在一定程度上对现有工作造成一些影响，也会对个别人的利益造成影响。但度过了这个阵痛期，我相信我们的改革举措会让大家看到好的效果，也会让大家在学校的变化发展中受益，更会让大家挺直腰杆自信地说宁夏大学是名副其实的“双一流”建设高校！希望大家能够坚定信心、保持耐心，发扬钉钉子精神，把既定的改革部署进行到底，对一些实践证明行之有效的改革举措，坚持坚持再坚持、深化深化再深化，步步为营、久久为功。

这里我要特别强调两个基本原则：一是要坚持稳中求进的工作原则。不稳难言进，有进才更稳。稳中求进是治国理政的重要原则，也是做好各项工作的方法论。稳中求进，不是无所作为，不是不敢作为，而是要在把握好度的前提下奋发有为。要按照守住底线、突出重点、完善制度、引导预期的思路，深入细致做好工作，深入细致研判形势，深入细致防患未然。二是要坚持内涵式发展的工作原则。质量决定生存，我们要真正把内涵式发展作为筹划工作、推进工作、检查工作的重要原则，把工作思路、政策措施、条件资源从外延转到内涵上来。要保障进度服务质量，硬件软件相互匹配、同步提升，不做超越阶段的事，不做违背规律的事，不做政绩冲动的事，不求急功近利，不求轰动效应，不求表面之功。

“末大必折，尾大不掉”的古训告诉我们：倘若思想不统一，人心涣散，大家各行其是，这种“大”就极易招致问题。能不能“统一思想、统一意志、统一行动”是事关学校事业发展的关键因素，从根本上来说就是团结问题。我们要坚决防止和反对个人主义、分散主义、自由主义、本位主义，要时刻保持清醒和坚定，在共同理想、共同精神、共同价值引领下凝聚全校上下的干事创业力量，敢于在自我革命中清扫思想灰尘、除去行为之垢，把“严”和“实”的要求贯穿抓落实、促发展的全过程。我们坚信，当前大家正在努力破解的难题终将成就学校未来高质量发展的高分答卷！

同志们，再英明的决策、再宏伟的蓝图、再远大的计划，没有落实，都是纸上谈兵、画饼充饥、空中楼阁。我们接下来的任务和要求就是落实落实再落实。是不是抓落实、会不会抓落实、能不能抓落实，不仅仅是工作作风的问题，更是党性原则的问题、组织观念的问题，是党员干部的水平问题、能力问题。希望大家以此次会议为新的起点，转变作风，扑下身子抓落实；鼓足干劲，振奋精神抓落实；加强学习，提高本领抓落实；创新方法，完善机制抓落实；严明纪律，步调一致抓落实。当一个实实在在的好干部，靠前指挥，带头实干，以自己的模范言行立规矩、树标杆，示范带动全校广大教职员工，坚决打赢学校综合改革攻坚战，努力交出全面深化改革高分报表，全力推动学校各项事业取得新突破，奋力开创学校高质量发展新局面！

勤学笃实　追求卓越

——在宁夏大学2023年毕业典礼暨学位授予仪式上的讲话

校　长　彭志科

（2023年6月20日）

亲爱的2023届毕业生同学们：

大家好！

6月的校园处处洋溢着收获的喜悦，也弥漫着离别的愁绪。这段时间，我看到同学们身着学位服与朝夕相伴的师长、同窗和好友一起拍照留念，一起走红毯，一同参加毕业晚会，这是你们共溯美好时光的相互追忆。我看到马玉山院士与毕业生们的合影，这是师长送给你们真挚的祝福与期许；我看到同学们在毕业季心愿树留言板上留下的誓言与寄语，这是你们对自己未来的期盼和对大学生活的不舍；我看到毕业季青春市集上同学们留下的台灯和书籍，这是你们求学路上带不走的惦念和回忆；我看到毕业纪念礼物中以学校标志性建筑为元素设计的书签，这是你们多年以后翻开书本还能回想起大学读书时光的印证与纪念。今天，学校举行隆重的毕业典礼，是母校送给2023届4656名本科生和2195名研究生最为庄重的仪式和最为厚重的礼物。在此，我代表校党委李星书记、学校全体教职员工，向每一位顺利毕业、即将开启人生新篇章的同学们表示热烈的祝贺！

每一届毕业生都有各自难忘的成长经历，你们的求学记忆尤为特殊。前几天，我请办公室和教学运行保障部作了一个统计，2020年至2022年这3年时间里，你们这一届毕业生在校期间有595天处于学校全封闭或半封闭管理状态，占你们在校时间的三分之二；有196天都在上网课，占你们应接受教学时间的三分之一。这3年里，“我的宁夏”政务App和健康码成了你们手机里最常用的软件，你们渐渐习惯了戴口罩、做核酸，也渐渐适应了少外出、不聚集，疫情成为大家学习、科研和生活中的最大变量。作为校长，在疫情防控期间，我与你们共同度过了一段“闭关修炼”的时光，我能够深切地体会到这段时间里你们学习和生活的不易，也能真切地感受到你们的委屈和遗憾。但让我欣慰的是，你们始终以顾全大局、团结进取的精神和克服困难、乐观积极的韧劲在逆境中茁壮成长！借此机会，我要感谢你们在疫情期间的付出与担当，更要感谢你们对学校不尽完美的理解和包容！我相信，那段时光里一个个心手相连的感人瞬间和同甘共苦的点滴片段，也将成为值得你们一生珍藏的回忆。

同学们，定格青春，你们收获了什么？今天的毕业典礼将是你们人生中的一个重要里程碑，站在这个里程碑前，你们是否问过自己这几年里到底收获了什么?我想,每个同学都会有属于自己的答案。在这里,我想和在座的同学们分享3位同学的故事,这3位同学就坐在你们中间,他们的故事也许会让你们重新审视自己的大学、自己的青春。第一个故事的主人公是数学统计学院的秦娟娟同学,来自红寺堡区的她,自大一入学就给自己立下了“不与他人攀比物质上的优越,只和别人在成绩上一较高下”的学习目标。为了克服紧张不敢当众讲话的心理障碍,她参加了无数次志愿服务活动,并主动担任数学小老师给学弟学妹们讲授高数课程,从声带不受控制地颤抖到帮助同学们冲破高数的难关,她在自我突破的过程中帮助了他人也成就了自己,以专业总分第一名的优异成绩考取了我校计算数学专业研究生,她用坚持告诉我们“人生没有白走的路,每一步都算数”。第二个故事是机械工程学院杨晓丽同学的故事,英语一直是她学习中的“老大难”问题,对室友来说很简单的听力短文,她花一两个小时还是听不明白。为了实现保研的梦想,她一有空就背单词,一得闲就听英语,终于如愿以偿通过了英语六级考试,直博中国科学院光电技术研究所的录取通知书是她努力付出的最佳见证。第三个是国际教育学院罗飞同学的故事,从孟加拉国来到中国、来到宁夏,最吸引罗飞的不是怀远市场的美食,而是怀远校区的图书馆。从早上7点图书馆开馆到晚上10点半闭馆,他每天第一个来,最后一个走。对中国文化的热爱、对知识的渴求和勤奋刻苦的精神帮助他顺利通过了汉语五级考试,并被评为“阅读之星”,今年9月他将继续在我校攻读硕士研究生。

青春各有不同,但每个人都一定有属于自己的精彩。在上周五的毕业生代表座谈会上,保送至上海交通大学的杨迎新、考取中国社会科学院大学的张清华、即将到华南农业大学从事博士后研究工作的李振凯、到米兰理工大学留学的王涵、已入职浙江中控公司的戴婷婷、考取石嘴山市选调生的罗宜恒等同学结合在校期间的收获分享了自己的感悟,也为学校的建设发展提出了很好的建议。从你们的发言中我看到了同学们在宁大的努力与坚守,看到了你们的勇气与坚毅,也看到了你们的收获与蜕变。在这里,我也希望在座的每一位同学,在你们满怀期待、即将开启人生新篇章的时候,请慢一点,回头看看,复盘一下自己的青春,有哪些是自己没有尽力而为的,有哪些是自己拼尽全力所得的。希望你们在整理行囊的时候,记得带上党和国家寄予青年的殷切期望,牢记习近平总书记的谆谆教诲,立志做有理想、敢担当、能吃苦、肯奋斗的新时代好青年;希望你们站在校门口离别母校的一刻,记得带上在一代代宁大人心中生生不息、薪火相传的“沙枣树精神”,让“尚德、勤学、求是、创新”的校训常伴你左右。希望你们始终保持“人生在勤,不索何获”的清醒认识,砥砺“博观而约取,厚积而薄发”的学习品格,增强“吾生也有涯,而知也无涯”的求知精神,练就“不鸣则已,一鸣惊人”的真本领、硬功夫,在火热的实践中担当起时代的重任。

同学们,青春起航,你们想拥有什么?今天之后,大家将有一个新的身份,叫“宁大校友”。接下来我还想和大家分享两位校友的故事。上个月,在一次校友活动上,一位校友结合他的人生经历、所见所感分享了一些感悟,他说:“能够有所成就的人,不一定是那些特别聪明的人,也绝非那些愚钝的人,能够有所成就的,往往是那些天赋虽然平平,但却有着超乎常人的坚韧与执着,专注于目标、一心一意奋勇向前的人,首尾不懈的人。”面对这些优秀的人,他告诉自己,必须要“升级”自己,让自己变得优秀起来,于是他坚持每天写一篇微博，每天读书一小时，每天运动一小时，十年如一日的“三个一”让他爱上了阅读与思考，减掉了一身的赘肉，登上了珠峰，并带领企业不断追求卓越、追求极致，用实际行动诠释了优秀企业家的责任与担当。他就是宁夏中房实业集团有限公司董事长，你们1981级中文系的学长方陆。另外一位校友的成果大家应该从学校的新闻上看到过，今年，学校以第二完成单位在国际学术期刊《科学》上发表了首篇SCIENCE论文，这篇论文的第一作者叫张会丽，是我校2015级草学专业的博士研究生，她用13年的时间，完成了专升本、考硕、硕转博的三级跨越，目前正以博士后的身份就职于中国科学院遗传与发育生物学研究所。为了在实验中观察种苗的细微变化，验证实验数据的小误差，她在泥泞、冰冷的水田里一泡就是一整天，在平罗、同心、平吉堡的试验田里她一待就是大半年。在这个过程中，有很多次她都想过放弃，甚至有过退学的想法，但总觉得内心还有点不甘，于是她抹干眼泪，坚持了下来。她说：“‘板凳甘坐十年冷’的坚守是她流过眼泪后的倔强，对科学研究的穷追不舍和严谨求精的科学家精神是她今天取得一点点成绩最好的回馈。”

追求极致是一种追求完美、追求卓越的精神，是一种不满足于现状、凡事都要做到更好地“精益求精”的态度，是这个浮躁社会中最为难得的精神品质。两位校友的故事告诉我们，在一些人追求效率至上和实用主义，追求短平快和利益最大化的同时，也有很多人在这个喧嚣的时代，默默努力，追求完美，对自己不妥协、不放弃，所以他们活出了属于自己的极致人生。同他们一样，宁夏大学也在不断挑战、不断突破、不断探索建立高质量发展的“宁大模式”。这两年，学校全方位、系统性推进综合改革，着力提升治理体系与治理能力现代化水平，深度融入地方经济社会发展和主流学术圈，努力在全国高等教育主赛场上开辟新领域新赛道。在软科中国大学排名中，我们从2018年的第296名跃升至今年的第149名，提升了147名，这是学校与你们共同成长的见证。事实证明，生活和发展的真相，从来都不只有鲜花和掌声，还会有荆棘与坎坷。奋力奔跑的路上，你会看到最美的风景，也会遇到许多困难和挑战。但是，请相信，你们所克服过的困难、战胜过的挑战都将是你拥抱明天、赢得未来最大的底气。母校也将和你们一起，坚持追求卓越，坚定追求极致，努力做最好的自己！母校也永远是你们坚强的后盾，会一直在身后为你们加油助威！

同学们，明天是二十四节气中的夏至，至者，极也，是“极致”的意思，意为炎炎夏日已经开启，自然万物也到了生命力最旺盛的时刻。对于你们而言，今年的夏至也是你们开启人生新征程的起点，是你们追寻极致人生的开始。在今后的人生路上，希望你们始终坚持真学、勤学、深学、善学，脚踏实地、行稳致远，努力追求至善至美的人生境界，坚守至诚至真的人生态度，践行至精至微的人生目标，极致而卓越地、酣畅而淋漓地享受健康生活、塑造品质人生，正如这个热烈奔放的夏天一样，要热就热出个样子，要闯就闯出个名堂！不要怕，即便最终人生不能极致绽放，也必定精彩纷呈！

谢谢大家！

同心同德　同向同行
向着建设一流大学的光荣梦想奋勇前行

——在宁夏大学建校65周年庆祝大会暨2023级新生开学典礼上的主旨演讲

校　长　彭志科

（2023年9月15日）

尊敬的各位来宾、各位校友，亲爱的老师们、同学们：

大家上午好!

65年岁月峥嵘、筚路蓝缕,65年凝心聚力、弦歌不辍,65年秉烛觅索、桃李芬芳。在这奔涌前行、聚力奋进的65年岁月征程中,我能与在座的各位一同参与其中,与有荣焉,幸甚至哉,同时也倍感使命艰巨、责任重大。

刚才,李星书记带领我们回顾了宁夏大学65年坚韧不拔、革故鼎新的峥嵘岁月,回首65年的发展历程，我们能够深深感受到宁夏大学所走的路,是一条紧随中国高等教育发展的变迁之路,是一条矢志不渝、笃行不怠的育人之路,是一条立足地方、服务社会的特色发展之路。65年,积淀的是宁夏大学行稳致远的长度、追求卓越的高度、人文荟萃的厚度，不变的是浇筑于祖国西部这片荒漠戈壁里锐意进取、开拓创新的精神品格。这些在磨砺中沉淀下来的宝贵精神财富,是我们穿越风雨、历久弥新的精神密码,也是我们披荆斩棘、赓续前行的不竭动力,流淌在宁大人的血脉中,激励着一代代宁大人前赴后继、一往无前。65载一路走来，每一位宁大人的名字都值得被铭记，每一点努力都值得被尊重,每一份支持都值得被感恩。每一位宁大人以自己的努力和奉献，点亮了宁夏大学历史长河的璀璨星空。借此机会,让我们把最热烈的掌声献给每一位努力拼搏的宁大人！献给每一位关心支持学校建设发展的宁大校友和社会各界的朋友们!

习近平总书记强调:“在强国建设、民族复兴的新征程,我们要坚定不移推动高质量发展。”面对这一时代主题，高等教育既面临着自身实现高质量发展的目标愿景，又担负着服务国家高质量发展的历史使命，必须紧紧抓住大有可为的历史机遇,顺应时代、守正创新、引领发展,坚定走好高质量发展之路。这就要求我们必须转变发展方式，正确处理好规模与效益、数量与质量、整体与局部、眼前与长远的关系,着力增强科技创新能力、提升治校办学效能、服务国家战略需求与地方经济社会发展，切实提升学校与经济社会发展的耦合程度,实现学校发展与现代化建设的同频共振。

当前，宁夏大学“教学为主型大学”的属性还没有完全改变，面对国家对教育强国建设的战略规划和中西部高等教育振兴的战略要求，面对自治区经济社会发展和对科技人才的渴求，面对“标兵越跑越快，追兵越来越近”的压力，面对宁大师生对自身发展的美好需求，我们必须加快学校从“教学为主型大学”向“教学科研并重型大学”转变的步伐，实现从“地方赛道”向“国家赛道”的转轨升级。

近几年，学校坚持深度融入地方经济社会发展，坚持主动融入国内外主流学术圈，深度参与国家战略和区域发展战略，以深化新时代教育评价改革为牵引，围绕学校治理体系和治理能力现代化建设，在人才培养、学科建设、体制机制、科研创新、服务地方等领域全面推进综合改革，取得了显著成效。如此大范围、多领域的综合改革在全国高校来说并不多见。我们的书院制、学部制等改革举措受到兄弟高校和社会各界的关注，我们的科研联合创新体、区域创新中心建设等创新思路也得到教育部，自治区党委、政府和有关单位、企业的认可。这些都源自我们对改革的自信，这种自信来自学校党委的坚强领导，来自领导班子的科学决策，来自全体师生的躬身入局、挺膺担当。

习近平总书记指出：“没有特色，跟在他人后面亦步亦趋，依样画葫芦，是不可能办成功的。”我也一直坚持一个理念：概念可以借来，但模式一定是自己的。我们所推行的改革并非生搬硬套、闭门造车，而是我们顺应高等教育高质量发展之路的时代要求，响应教育强国建设的时代号召，勇担区域经济社会发展的责任使命，结合宁夏大学实际探索出的创新模式、特色模式、独有模式！前几天，我对各学部、学院进行了调研，在与干部教师的交流中，能够明显地感受到，大家已经对改革的愿景和目标达成了共识，这也更加坚定了我们对学校改革的信心。事实证明：对宁夏大学而言，改革是历史发展到今天的必然选择，是大势所趋、发展所需！对宁大人而言，改革是实现我们更高向往、更高追求的主要路径，是民心所向、众望所归！

改革只是手段，改革的最终目标是发展！那么未来的宁大应该以什么样的面貌呈现在世人面前？宁大的未来应该是什么样子？我认为，未来的宁大应该是一所创新、开放的大学，是一所绿色、智慧的大学，是一所高效、安全的大学。未来的宁大校园，应该有一批乐教爱生、甘于奉献，以“躬耕教坛、强国有我”为志向和抱负的“大先生”；有一批敢想敢为、善作善成，以“青春之我”践行“强国有我”铮铮誓言的青年学子；有一批追求真理、勇攀高峰，敢啃、能啃“硬骨头”的拔尖领军人才；有一批政治素质过硬、业务能力精湛，能够推动学校不断前进发展的专家型管理精英。未来的宁大，应该是一所充满朝气、健康向上，有着浓郁文化底蕴和优美育人环境的高品质校园；是一所高效务实、管理科学，有着完善治理体系和一流治理能力的现代化校园；是一所公平公正、风清气正，有着令社会尊重、让群众满意，拥有广泛美誉度的有声望的大学；是一所立足地方、面向全国，有着服务国家战略和区域经济发展强大支撑力的一流研究型大学。

实现这一愿景和目标，需要一代代宁大人的接续奋斗！这里，我有四点思考与大家分享。

一是要坚守大学精神，让我们的精神与时代精神、民族精神同频共振。对于宁夏大学而言，65年并不短，但与国内上百年的著名学府相比，我们还很年轻。对我们而言，“尚德、勤学、求是、创新”的校训和“不怕困难、不畏风寒、根深叶茂、本固枝荣”的“沙枣树精神”共同构成了宁大精神的内涵体系，这是学校坚持正确办学方向、不断凝聚精神力量的直观体现。面向未来，我们必须坚持赓续文脉、弘扬传统，在守正中创新，在创新中守正，让宁大的独特精神气质与时代精神、民族精神同频共振。

二是要坚守使命担当，把我们的使命与国家前途、民族复兴紧密相连。我们要牢牢抓住人才培养这个核心点，牢牢抓住学科建设这个立足点，牢牢抓住科技创新这个突破点，牢牢抓住师资队伍这个关键点，把学校打造成为塞上江南骄子摇篮、贺兰山下科技重镇、黄河套西文化高地，把我们的使命担当同国家前途命运、民族复兴的伟大目标结合起来，切实以教育之力厚植人民幸福之本，以教育之强夯实国家富强之基。

三是要坚持服务社会，将我们的发展与国家战略、区域发展深度融合。我们要着眼全局看发展，立足服务促发展，要坚持开放办学，主动面向世界科技前沿、面向经济主战场、面向国家重大需求、面向区域发展办学。要以有组织的科研提升重大攻关创新能力，在人才培养、科研攻关、成果转化、人文建设等方面，加强校地、校企合作，增强学校服务国家战略和区域经济社会发展的贡献力，为全面建设社会主义现代化国家增添教育新动能。

四是要坚持内涵式发展，让我们的未来与教育现代化、中国式现代化同步推进。我们要找准自身办学的定位与角色，坚持走内涵式发展和特色化发展之路，从理念、体系、制度、内容、方法、治理现代化上实现发展破局。要做到适应形势、转变理念，做到健全制度、依法治校，形成健全、规范、统一的制度体系。要做到科技赋能、数字转型，运用数字化、智能化手段推动信息技术与教育的深度融合，奋力走好中国式现代化高等教育之路。

老师们、校友们、同学们，时代的音符中跳动着发展的旋律，实现宁夏大学高质量发展，进入全国一流大学行列需要一代又一代宁大人为之奋斗！希望我们全体宁大人能够同心同德、同向同行，以敢为人先的魄力在改革中求突破，以赶超一流的姿态在机遇中赢未来，以双倍的速度奋力奔跑，向着建设一流大学的光荣梦想奋勇前行，以矢志不渝的拼搏奋斗和热血担当，创造属于宁夏大学的新辉煌！

这里，我想特别给2023级全体新同学说几句话。今天是宁夏大学建校65周年庆典，也是学校送给大家的一场特殊的欢迎仪式，相信你们能从校庆的氛围中感受到宁大精神的厚重，从师生和校友代表的分享中体会到宁大文化的深沉。你们这一级同学是幸运的，因为你们将见证宁夏大学转型升级的历史。

当前，宁夏大学正处于综合改革的关键期，我们所做的事情大致可以归纳为几个关键词，就是：转变、融合、开放、创新。我想这几个词也同样适用于初入大学和继续深造的你们。希望你们在今后的学习生活中，也能紧随学校改革发展的步伐，不断认识自我、提升自我，超越自我。

希望你们能够转变学习方式。大志非才不就，大才非学不成。学习是一个系统性的进阶过程，无论处于哪个阶段，都要把学习当作精神追求、生活习惯和社会责任。希望你们能够尽快适应学习阶段、学习环境、学习方式的变化，主动从“要我学”向“我要学”转变，从“被动学”向“自主学”转变，从“只读有字书”向“既读有字书，也读无字书”转变。要对未知领域和所学专业充满渴望和兴奋，善于向课堂学、向同学学、向老师学、向实践学，充分运用学校的育人资源，在各类平台与挑战中接受淬炼，通过学习让优秀蜕变为卓越，焕发出更为绚烂瞩目的青春光彩。

希望你们能够强化融合发展。新时代需要的是视野更广、格局更大的复合型人才，这就要求同学们在深耕专业之外，还要广泛涉猎其他领域的知识，做到博采众长、交融并蓄。学校推进的学部制改革，就是把拥有相同、相近学科的学院进行梳理重组，促进学科交叉融合。书院制改革的目的一方面是集中育人力量和资源“一体化”“一站式”做好思想政治教育和服务管理工作，更重要的是给大家提供更优越的学习环境和成长舞台，让同学们通过不同学院、不同学科、不同专业间同学的相互交流，让你们在交叉中互通有无，在融合中共同发展。

希望你们能够坚持包容开放。大学生活不仅是一段探索未来的个人修行，更是一段集体生活的“沉浸式”体验。来到大学，你们离开了父母包容的“小家”，来到了有众多兄弟姐妹的“大家”，你们将体验来自五湖四海优秀同学不同的思维模式、生活习惯、个性爱好的相互碰撞。面对多元和差异，要涵养容人度事的胸怀，以开放的心胸、包容的气魄去享受大学多姿的色彩，去展现生命多彩的质感。要记住，吹灭别人的灯，并不会让自己更加光明，在命运与共的今天，唯有团结合作、共享机遇，才能走共赢之路，只有靠近光、成为光，才能创造属于自己更加光明的未来！

希望你们能够养成创新精神。中华民族伟大复兴的中国梦绝不是轻轻松松、敲锣打鼓就能实现的，仅在科学研究领域，就还有很多原始创新的难题需要解决，还有很多“卡脖子”的技术需要攻克。大学是推动创新的重要主体，青年是科技创新的生力军，储备知识、汲取经验是创新的基础，发现问题、敢于探索是创新的动力，勇攀高峰、创造未来是创新的目标。无论是本科生还是研究生，希望你们都能够以求真为目的，夯实宽厚的学术根基，树立强烈的创新意识，培养强大的思辨能力，培育格物穷理的创新精神，用创新书写无愧于时代、无愧于国家、无愧于自己、无愧于未来的人生华章。

青春葵藿向阳开，奋斗韶华向未来。希望你们在今后的日子里，和所有宁大人一道，继承发扬宁大精神和文化，立德修身、志存高远，勤学上进、乐观向上，用青春和智慧续写宁夏大学的新篇章！

老师们、校友们、同学们，“凯歌而行，不以山海为远；乘势而上，不以日月为限”。让我们以建校65周年为新的起点，以更高远的历史站位、更深邃的战略眼光，仰望星空，脚踏实地，让宁夏大学以绝对的实力成为实至名归的一流大学，早日以著名学府的身姿屹立于中国高等教育之林！

谢谢大家！

宁夏大学2023年工作要点

2023年是全面贯彻落实党的二十大精神的开局之年，是落实自治区第十三次党代会部署、实施“十四五”规划的关键一年，也是宁夏大学建校65周年。学校的总体工作思路是：以习近平新时代中国特色社会主义思想为指导，深入学习贯彻党的二十大精神，全面贯彻落实习近平总书记关于教育的重要论述和视察宁夏重要指示批示精神，深刻领悟“两个确立”的决定性意义，增强“四个意识”、坚定“四个自信”、做到“两个维护”，认真落实自治区第十三次党代会精神和自治区党委、政府决策部署，全面落实学校第七次党代会确定的目标任务，坚持稳中求进工作总基调，坚持和加强党对学校工作的全面领导，全面贯彻党的教育方针，落实立德树人根本任务，以深化改革为动力，以“双一流”建设、“部区合建”为抓手，求真务实、苦干实干，推动各项工作高质量发展，以优异成绩为加快建设“教育强国”、全面建设社会主义现代化美丽新宁夏贡献学校力量。

一、坚持和加强党对学校工作的全面领导

1. 深入学习宣传贯彻党的二十大精神。把学习宣传贯彻党的二十大精神作为贯穿全年的首要政治任务，扎实开展学习贯彻习近平新时代中国特色社会主义思想主题教育，持续深入推进党的二十大和习近平总书记视察宁夏重要讲话和指示批示精神“大学习、大讨论、大宣传、大实践”活动。深入开展党建理论研究阐释，适时举办学习贯彻党的二十大精神系列培训班、学习班，分期分批对党员干部进行系统培训、深度培训。在全校大兴调查研究，发现问题解决问题，推动学校高质量发展。

2. 突出抓好党的政治建设。坚持和落实好校党委常委会会议“第一议题”学习制度，及时跟进学习习近平总书记重要讲话和指示批示精神。坚持和完善党委领导下的校长负责制，严格执行党委常委会会议议事规则等制度，切实发挥好学校党委把方向、管大局、作决策、抓班子、带队伍、保落实重要作用。进一步加强校院两级党委理论学习中心组学习、教职工政治理论学习，提升政治能力、增强政治素质、站稳政治立场。

3. 持续加强党的基层组织建设。以贯彻落实全区“组织工作落实年”各项任务为契机，结合“学部制”“书院制”改革，建立健全基层党组织，完善各级党组织议事决策制度，加强党组织标准化规范化建设，积极创建全国党建工作示范高校、标杆院系和样板支部及全国高校“双带头人”教师党支部书记工作室，力争打造一批党建示范品牌、自治区级“五星级基层党组织”。优化党组织书记抓党建述职评议考核制度，推动各级党组织书记把抓党建作为第一要务。加强党员日常教育管理，强化校院两级党校建设，提高发展党员工作质量，扎实推进抓党建促乡村振兴。

4. 强化意识形态、民族团结教育。制定铸牢中华民族共同体意识教育、创建铸牢中华民族共同体意识示范单位实施方案，加强铸牢中华民族共同体意识教育体系建设、示范单位创建。组织召开宣传工作质量提升研讨会，建立上下联动的新媒体矩阵管控集群，进一步提升内外宣传工作质量。办好意识形态工作专题培训班，结合综合改革完善学校意识形态工作责任制，进一步压实工作责任。加快推进舆情研究中心实体化运行，与自治区有关部门建立联防联控工作机制。修订学校精神文明建设考核指标，认真谋划、打牢基础，为申报第三届全国文明校园作好准备。借助国家安全教育日、国际禁毒日、国家宪法日等重要时间节点，持续开展形式多样、内容丰富的法治宣传教育活动。

5. 纵深推进全面从严治党。召开全面从严治党工作会议。按照自治区统一安排部署，开展形式主义官僚主义专项整治、侵害群众利益不正之风专项治理，以实实在在的工作成效为学校发展提供优良作风保障。聚焦学习贯彻党的二十大精神、学校“双一流”建设等重点任务落实情况及各单位“一把手” 和领导班子履职情况开展政治监督，压紧压实管党治党主体责任。始终坚持严的基调不动摇，一体推进不敢腐、不能腐、不想腐，坚决整治各种损害师生利益的腐败问题。精准运用“四种形态”，坚持“三个区分开来”，激励干部敢于担当、积极作为。坚决贯彻落实中央八项规定及其实施细则精神和自治区党委“八条禁令”要求，加强廉洁文化建设，持续强化警示教育。加强纪检监察干部队伍建设。对已完成巡察的 13 个单位开展巡察整改“回头看”、4 个单位开展巡察整改专项督查，优化督办机制，加强重点工作督办。

二、扎实落实立德树人根本任务

6. 加强和改进学校思想政治工作。推进落实学校关于新时代加强和改进思想政治工作实施方案，开展好“开学第一课”等主题教育活动。持续推进习近平新时代中国特色社会主义思想“三进”工作。坚持把党的二十大精神、“四史”教育、爱国主义教育、理想信念教育、社会主义核心价值观教育作为日常思政教育重要内容，不断创新网络思政工作，助力学生成长成才。以课程思政教学研究中心为依托，积极构建“国家+自治区+学校+学院”四级课程思政体系，强化优秀课程思政案例示范带动。有效发挥教育部大中小学思政课一体化共同体建设牵头高校作用，积极推进思政课改革创新，用好社会大课堂、大资源平台，构建大师资体系，构建“大思政课”格局，为深入推动全国大中小学开展思政课一体化理论研究和实践探索提供工作平台、实践经验、理论支撑和决策咨询。

7. 促进学生身心健康全面发展。积极参加全国第一届学生(青年)运动会和自治区第十六届运动会，举办学校第十七届全面健身校园体育文化节和第四十九届田径运动会。开展学生心理健康状况普测，组织好“心理健康月”系列活动，做好心理咨询与辅导、危机排查与干预工作，加强心理健康教育教学、宣传。开展志愿服务活动，强化劳动教育实践，开展劳动教育系列活动。

三、坚定推进各项重点任务落实落地

8. 组织实施好建校 65 周年庆祝活动。围绕“文化校庆、学术校庆、校友校庆”，广泛组织动员全体师生、广大校友参与校庆工作，深入挖掘学校历史资源，高标准建成新校史馆，推出以“沙枣树精神”舞台剧为主的“四个一”工程校园文化品牌项目，做好65周年校庆校史系列丛书编研工作，大力改善校容校貌，进一步提升学校影响力。

9. 深入推进“双一流”建设和“部区合建”。积极争取国家发改委、教育部、自治区的政策支持，力争民族学、草学两个学科成为国家“双一流”建设重点学科，“生态与草畜”学科群纳入“部区合建”优势特色学科群建设行列。持续加大民族学学科群、化学工程与技术学科群建设力度，努力产出更多高水平标志性成果，提升服务地方产业和区域经济社会发展能力。精心组织办好学科建设工作交流会，总结经验，分析不足，进一步明确发展目标和突破路径。精准安排“中地”“双一流”建设、贴息贷款项目任务，强化预算管理和进度考核，支持有显示度的成果产出。对标对表“双一流”建设评价指标做足准备工作，确保顺利通过“双一流”建设复验。

10. 全面推进体制机制改革。深化“书院制”改革，打造“一站式”学生社区综合管理模式。实施“学部制”改革，全力推动学科交叉，提升学校学科建设效能。制定出台绩效工作改革方案，推动改革落实落地。落实“三定”方案，规范机构人员设置。推动后勤管理模式等改革。

11. 着力提高教育教学质量。适时召开人才培养工作会议、学生工作会议。探索构建师范专业全学段STEM人才培养体系，继续实施“六卓越一拔尖”2.0培养计划，实现“卓越教师培养班”招生。启动体育教育等4个师范类专业和土木工程等6个工科专业的认证申请工作。积极申报符合新工科、新农科、新文科的学科交叉专业，做好专业预警和动态调整。充分运用国家智慧教育公共服务平台，开展第五批“互联网+教育”在线开放课程、数字化教材建设培育工作，加强虚拟教研室建设，开展克隆班、慕课西行同步课堂活动，构建推广线上线下相结合的混合教学模式。持续加强学位点建设，力争博士点、硕士点实现新突破。修订《研究生学籍管理办法》，制定有关研究生提前毕业、学位论文保密、外聘导师管理等规章制度，继续实施研究生教育质量提升计划，建设研究生优质课程、专业学位研究生教学案例库等，扎实做好研究生分类培养工作。深化以课程体系、教学内容为核心的预科教育教学改革，提高预科教育质量。按照“管办分离”要求，规范有序开展非学历继续教育，服务全民终身学习，切实提升高等学历继续教育人才培养质量。立项1000项大学生创新创业训练计划项目，开展100项学科竞赛，组织好挑战杯、中国国际“互联网+”大学生创新创业大赛等赛事校赛、区赛，加强“双创”师资培训，让学生在“双创”实践中成长成才。

12. 持续做好招生工作。创新方式方法，加大本科招生宣传力度，优化本科招生指标，用好跨省协商机制，提高本科生生源质量。健全博士研究生硕博连读与申请、考核工作机制，稳步提升博士研究生生源质量。完善国际学生研究生教育趋同化管理机制，建设国际教育云平台，力争实现音体美专业国际学生“零”的突破。

13. 扎实做好毕业生就业工作。准确把握2023届毕业生就业工作面临的形势，加强统筹谋划、强化协同联动，以“四精准一平台”就业工作机制为基础，以“五包一”包抓机制为抓手，加强日常就业指导培训，开展访企拓岗，发挥好校园招聘主渠道作用，做好重点群体就业帮扶，促进毕业生更充分更高质量就业，确保完成自治区2023届毕业生就业相关指标任务。

14. 努力提高学生工作能力。在学工委成立德育、智育、体育、美育、劳育5个专业委员会，促进学生德智体美劳全面发展。加强书院制育人路径探索实践。坚持资助与育人并举，规范资助资金管理。加强学生国防教育和军事技能训练，鼓励引导适龄大学生报名应征入伍并做好入伍、退役学生帮扶工作。依托辅导员素质能力大赛和专题培训，建设学习型、研究型学工队伍，提高学工队伍综合素养。

15. 持续提升科研创新、社会服务水平。适时召开科研工作会议。紧扣自治区“三区”建设、“六新六特六优”产业发展和社会需求，开展“科研质量年”“成果落地年”活动，积极申报国家、自治区重大、重点研发计划，完成国家重点实验室重组，推动国家基金立项再上新台阶、科研经费持续递增，力争在科技进步奖、自然科学奖、技术发明奖、教育部人文社科优秀成果奖和国家重要科技奖项方面实现新突破。优化创新平台（基地）、团队布局，建设宁夏数学中心，完成全校各级各类建设期满创新平台和创新团队年审工作。实施学校文科振兴计划，建设文科学术成果展馆。建设宁夏大学技术转移服务中心，打造“学校—科研院—项目组—运营机构（科技园发展有限公司）”四级服务模式，推动科技成果转化扩量提质。持续支持国家大学科技园建设，努力将其打造成区内领先、西北示范的科创中心。组建宁夏大学乡村振兴研究院，力争与2—3个县（区）实现横向项目立项。优化学术期刊工作制度和出版流程，推进期刊融合出版工作，不断提高学术质量、编校质量和影响力。持续开展教育、文化、智力、科技、消费扶贫，扎实做好巩固拓展脱贫攻坚成果同乡村振兴有效衔接有关工作。充分发挥阿拉伯国家研究省部共建协同创新中心、自治区高校新型智库等社科平台在服务决策咨询、产业发展方面的作用。

16. 大力推动对外交流合作。纵深推进校地、校校“5+N”合作交流格局，增强服务经济社会发展能力。推进与盐池县、西夏区、中国海洋大学、国家能源集团宁夏煤业有限责任公司、中国联通宁夏分公司、中国移动宁夏分公司、宁夏银行等合作协议签署落实。持续开展“丝绸之路产学研用国际联合导师培养研究生”“宁夏大学—上海交通大学—新西兰梅西大学‘三兄弟合作伙伴’”和“美国密苏里州立大学联合培养专业研究硕士双学位”等国际化能力提升项目，积极探索与英国布鲁奈尔大学联合培养博士研究生，执行好与澳门大学、澳门科技大学师生交流研修项目。推进教师外出访学、进修、学术交流等项目（派出10个月以上），增聘3—5名语言类、专业类外籍教师。出台孔子学院管理办法，加强迪拜大学孔子学院建设，召开新一届孔子学院理事会，深化与迪拜大学交流合作。

四、全力厚植推动高质量发展的根基

17. 打造一支堪当学校发展重任的干部队伍。聚焦“政治过硬、适应新时代要求、具备领导现代化建设能力”要求，以推进“双一流”建设和“部区合建”、服务保障“学部制”“书院制”改革为着力点，选准用好领导干部，选优配强领导班子。认真落实自治区常态化培养选拔优秀年轻干部若干措施，健全完善优秀年轻干部日常发现、跟踪培养、适时使用、从严管理机制，以战略眼光抓好后继有人这一根本大计。把干部能力建设摆在更加突出位置，持之以恒加强思想淬炼、政治历练、实践锻炼、专业训练，有组织、有计划地把干部放到乡村振兴、助企发展、巡察督办等岗位挂职锻炼，全面提升推动高质量发展本领、服务群众本领、防范化解风险本领。修订中层领导干部选拔任用工作实施办法、任职试用期干部考察办法、二级单位年度工作考核办法，认真落实《推进领导干部能上能下规定》及自治区实施细则，加大调整不适宜担任现职干部力度，突出加强对“一把手”和领导班子的监督，做深做细做实日常管理监督，推动形成担当作为、干事创业的政治生态和良好氛围。

18. 培养引进一批高素质专业化人才。坚持把党的全面领导贯穿人才队伍建设全过程和各环节，建立人才政治把关机制，强化党组织对人才引进、评奖评优、人才计划推荐等事项的政治把关。以高层次人才队伍建设为核心，在“才聚宁夏1134行动”指引下，全面实施“人才队伍建设145计划”，推进落实“两校三地”建设任务。建立“111工作机制”，即做好2023年人才招聘方案编制实施、办好第二届贺兰山青年学者论坛、开好每月一次人事人才工作推进会。突出学院在人才引育中的主体作用，力争引进博士150名左右、实现“长江学者”“杰青”“万人计划”引育新突破。健全落实校、院领导分级联系高层次人才制度，完善学校党委领导下的人才薪资待遇、子女入学、配偶安置、住房保障、科研服务第一时间协调落实机制，积极为人才发挥作用创造宽松和谐的环境。

19. 建设一支爱岗敬业、爱国奉献的师资队伍。大力弘扬尊师重教传统，持续开展师德师风教育培训，引导广大教师坚定理想信念、厚植爱国情怀、涵养高尚师德。制定出台专业技术二级岗位评聘管理暂行办法，开展专业技术二级岗聘任工作。扎实推进高级专业技术职称“准聘”工作，鼓励支持青年教师攻读博士学位，助力优秀青年教师成长成才。组织开展各类教师教学类竞赛、新入职教师培训等项目，提高教师专业技能。修订完善教师个人年度考核方案，充分调动广大教师的工作主动性和创造性。

五、持续优化综合服务保障能力

20. 做好统一战线、群团、离退休工作。落实学校党外代表人士队伍建设规划，组织开展各民主党派、无党派人士、统战团体及党外代表人士教育培训，着力打造党外知识分子示范点，持续加强各民主党派、统战团体自身建设。加强教职工民主管理和“二级双代会”建设，开展“模范教职工之家”“劳模及名师工作室”创建活动，常态化开展多种教职工文体活动，做好困难教职工帮扶救助、福利保障和节日慰问等工作。出台加强和改进新时代学校共青团工作、切实增强共青团思想政治引领实效的实施意见，实施两级团组织书记履职能力提升行动，深化“第二课堂成绩单”制度、学生会组织改革，推进学生社团品牌化、精品化发展。出台关于加强新时代关心下一代工作委员会工作、加强新时代离退休人员党的建设工作实施意见，强化关工委建设，推动离退休人员服务工作提质量上水平。

21. 提升财务、资产、基础设施等管理服务水平。牢固树立“过紧日子”思想，深化学校综合预算改革，盘活用好资金，多举措做好开源节流，启动学校成本核算工作。大力开展经济责任审计、工程跟踪审计，持续推进审计整改落实，强化审计结果运用。依法依规做好招标采购工作，开展实验室安全专项行动“回头看”，实施学生实验室、公寓、食堂维修改造项目。做好怀远校区金波湖东侧270亩新增建设用地作为区域创新中心的规划建设工作。完成房屋资源调整配置工作。积极申报“高校国家知识产权信息服务中心”，做好图书馆各项服务工作，进一步规范中卫校区图书馆运行。推进“一网通办”流程服务、数据分级安全管理体系化建设，提升校园信息化建设水平。打造西部一流教学综合楼（未来教室），确保7月投入使用。完成新农科人才培养与创新研究院项目建设，加强实验农场现代农业示范基地建设，确保文萃校区19#

学生公寓开工建设并于 2023 年秋季学期投入使用。持续加大宁夏大学附属中学、附属小学建设力度，推动学仕园及宁夏大学附属中学棚户区改造项目落实落地。

22. 持续打造安全稳定和谐校园。认真落实“乙类乙管”下疫情防控措施，聚焦“保健康、防重症”，坚决守住校园疫情防控防线。推进“平安校园建设”，常态化开展保密教育、安全教育、应急演练，加强治安、消防和交通管理，构建人防、物防和技防并重的安全保障体系。严格落实 24 小时政务联合值班，加强风险隐患排查整治。

党的建设

2024 The Almanac of Ningxia University

鸟瞰金波湖 （黄二宁 摄）

纪检监察工作

【概况】 2023年,纪委、监察专员办公室在自治区纪委监委和学校党委的领导下,坚持以习近平新时代中国特色社会主义思想为指导,积极主动围绕中心、服务大局,依规依纪依法监督执纪问责,坚持严的基调,坚定不移正风肃纪反腐,深入推进党风廉政建设和反腐败斗争,推动学校政治生态和育人环境不断净化优化,为学校各项事业高质量发展提供了坚强保障。

政治学习。依托学习贯彻习近平新时代中国特色社会主义思想主题教育、纪检监察干部队伍教育整顿、"学习强国"平台、"第一议题"制度、举办"读书班"等载体,及时跟进学习习近平总书记重要讲话和指示批示精神、《习近平著作选读》和中央、自治区重要会议精神等内容。坚持深学习、实调研、抓落实,全年组织集中学习96次、专题学习8次、微党课4次、交流研讨16次、课题调研10次,驰而不息筑牢纪检人员思想防线,切实增强开展纪检工作的政治自觉、思想自觉、行动自觉。

全面从严治党。协助校党委召开2023年全面从严治党工作会议,签订党风廉政建设责任书,制定全面从严治党反腐败主要任务分工方案,明确工作责任,做到任务有部署、责任有分解、落实有人员,确保党风廉政建设责任一级抓一级,有力推动学校党风廉政建设,不断实现不敢腐、不能腐、不想腐一体推进的战略目标。提示校领导安排听取2023年分管联系单位党风廉政建设主体责任和"一岗双责"落实情况汇报,明确具体要求,对存在苗头性、倾向性问题的干部进行提醒谈话,全方位推动主体责任和"一岗双责"落实。协助校党委召开党风廉政建设专题会议,听取纪委查办问题线索及违纪违法案件信访分析报告、校领导履行"一岗双责"情况的汇报,审定党委、纪委履行全面从严治党主体责任和监督责任情况报告,持续夯实和推动校党委履行全面从严治党政治责任。

政治监督。建立健全"三围绕三结合三完善"长效机制,扎实推进政治监督具体化、精准化、常态化。严格落实2023年开展政治监督工作实施方案中明确的3个方面14项具体任务要求,聚焦学校"十四五"规划、"部区合建""双一流"建设,围绕开展主题教育、纠治形式主义官僚主义、教育领域侵害群众利益不正之风专项治理、落实自治区党委十三届四次全会安排部署等重点工作做深做实政治监督,对学校9个学部、8个书院、34个学院开展政治监督,把政治监督落实到具体人、具体事上,推动学校事业发展提速提质、成势见效。深入贯彻落实中共中央关于"一把手"和领导班子监督工作意见以及自治区党委、学校党委要求,紧盯关键人、严把关键处、管住关键事,加强对领导干部特别是"一把手"的监督,下发提示函21份,督促校领导按照工作要求对岗位调整的领导干部开展任前廉政谈话60余人次,推动"一把手"和领导班子成员认真履责。

日常监督。坚持把纪律挺在前,充分发挥纪委"显微镜""探照灯"作用,聚焦"关键少数",紧盯关键环节,找准监督切入点,采取列席会议、备案报告、现场监督、谈话提醒、明察暗访等方式进行常态化监督,及时发现并纠正温差、落差、偏差,推动整章建制、狠抓制度执行。规范审慎为962人次出具党风廉政意见回复,健全完善廉政档案,对13名领导干部和教职工婚丧报备情况进行了审核监督。

纠治"四风"。紧盯中秋、国庆、春节等节假日,通过OA、短信、微信等方式,提醒领导干部落实主体责任，紧绷廉洁之弦，抓早抓小。围绕贯彻落实中央八项规定及其实施细则精神、纠治隐形变异“四风”等情况开展监督检查，坚决整治贯彻落实打折扣、做选择、搞变通和“一刀切”“层层加码”等问题，深入整治工作过度留痕、检查考核过多过频等问题。

制度体系建设。构建学校纪检监察全覆盖监督体系，根据学校“学部制”“书院制”改革实际，制定二级党组织设立纪委和纪检委员的工作方案，在后勤保障部设立二级纪委，在其他各党组织设立纪检委员。着力加强内部管理监督，完善内控机制，强化全过程监督。修订完善制度9项，新建《宁夏大学纪检监察干部打听案情过问案件说情干预情况报告登记备案规定》《宁夏大学纪检监察干部8小时外活动监督管理办法（试行）》2项制度，切实发挥制度管根本、利长远作用。持续健全完善与组织、人事、审计、巡察等部门的常态化协作配合机制，召开联席会议2次，加强监督信息整合分析共享，形成纪检监察监督与其他各类监督贯通融合、协同高效的“一盘棋”监督格局。

【2023年“领导干部廉政警示教育月”活动】 制定2023年“领导干部廉政警示教育月”活动实施方案，严格落实“六个一”活动安排，全校各单位共召开警示教育大会85场次，开展廉政警示教育活动110场次，传阅《忏悔警示录》90余人次，对新任职处级领导干部65人进行集体廉政谈话和党纪法规知识测试，组织233名处级领导干部到自治区廉政警示教育中心接受警示教育，督促党员干部引以为戒、醒悟知止。

【开展教育领域侵害群众利益不正之风专项治理和形式主义官僚主义专项整治工作】 扎实开展教育领域侵害群众利益不正之风专项治理和形式主义官僚主义专项整治工作，及时制定工作方案，成立专项整治工作领导小组和督导检查组，建立工作台账，压实各方责任，加强统筹谋划。通过召开动员部署会、工作推进会，下发工作提示函，发放征求意见表，设置意见箱，公布举报电话等方式，接收各类问题投诉23个，推动解决群众“急难愁盼”问题21个。收集到教育领域侵害群众利益不正之风问题253个、形式主义官僚主义问题792个，全部制定整改措施，按照计划落实整改任务。坚持“当下改”与“长久立”相结合，全校各单位新制定各类制度267项，修订完善制度172项。

【纪检监察干部队伍教育整顿】 制定《宁夏大学纪检监察干部队伍教育整顿实施方案》，坚持纪委书记办公会“第一议题”学习制度和晨读晚学1小时读书制度，制定学习计划表，采取“双随机”研讨交流16次，开展谈心谈话3次。深入开展多轮次的问题检视，共检视干部身上各类“常见病”38项，填写自查事项报告表，制定整改措施，对症开方抓药，推动教育整顿走深走实。扎实推动纪检干部教育培训力度，举办纪检干部培训班1期，积极组织纪检监察干部参加各种线上线下培训学习15次和以干代训4人次，积极参与自治区纪委监委调研课题和校级调研课题4项，结合主题教育调研活动形成调研报告1篇，持续提升纪检监察干部的理论水平和工作能力。

（撰稿人：王巧伟　审稿人：李正东）

办公室工作

【概况】 2023年，在校党委和行政坚强领导下，办公室认真学习贯彻习近平新时代中国特色社会主义思想，坚持立德树人根本任务，紧密围绕学校中心工作，坚持“快、稳、严、准、细、实”工作标准，积极发挥统筹协调、参谋助手、督促落实、服务保障等职能作用，以高质量“三服务”工作促进学校内涵式高质量发展。

常规工作。提前谋划，科学编制学校每周工作安排，严格执行学校党委常委会会议、校长办公会议议事规则，“三重一大”制度规定，强化决策调研论证程序规范，高标准完成18次书记办公会议、24次党委常委会会议、19次校长办公会议组织保障工作，编印28份党委常委会会议纪要、21份校长办公会议纪要，根据年度工作要点及学校重要决策安排，组织召开校领导务虚会4场，下发重点工作任务督办通知单10余份。准确及时办理各级各类来文4066份（同比增长3.22%），其中线上收文2728份，涉密文件、不公开文件1338份（同比增长30.66%），做到每份文件有登记、有落实、有反馈，实行全程动态追踪，坚持快速高效无差错处理。严格执行校内发文流程和各环节责任，高质量处理以学校党委、纪委、行政名义及办公室名义制发的文件800余份，制发贺信、唁电、函件等100余份。

校庆工作。牵头制定《宁夏大学65周年校庆筹备工作方案》，紧密围绕学术、文化、校友三大主题，确定33项重点活动（项目），组织召开筹备工作例会、推进会及专题会等10余场，高质量组织实施建校65周年庆祝大会暨2023级新生开学典礼、新年音乐会等大型活动，与其他校庆工作组密切配合，向校内外充分展示了学校发展成果和办学特色。

信息工作。起草报送自治区党委、政府、政协和有关领导关于恳请大力支持“双一流”建设有关建议报告、党委述职述责述廉述法报告、党委履行全面从严治党主体责任报告、政治生态分析研判报告等重要文稿材料20余份，多份专报得到自治区领导批示。收集整理素材并精心制作校情报告PPT与宣传册，在重要场合使用PPT50余次，发放宣传册1000余本。累计公开信息179条，形成宁夏大学2022—2023年信息公开报告，提高学校办学治校透明度。出版完成2020、2021、2022《宁夏大学年鉴》共190余万字的编纂工作，全面翔实记录学校各年度发展历史。向教育部和自治区党委、政府上报约稿信息158篇，构建信息工作四级审核把关工作机制，作为典型代表在教育部办公厅组织的专题工作视频会上分享经验，李雪洁同志被授予自治区督查和信息工作先进个人称号。全年维护人员数据312人次，确保机构改革期间公文流转体系框架完备。重新设计制作办公室网站，师生查询时更加便捷方便。

法务信访工作。设置书记、校长信箱，严格执行“线上+线下”接诉即办机制，全年处理完成各类信访投诉件275件，全部做到有件必应、按时办结。严格执行《宁夏大学合同管理办法》，审查合同、制度文件2268份，完成诉讼及仲裁案件7件，无差错高标准完成合同审核和诉讼仲裁。协调律师参加学校各部门会议10余次，为学校处理各类法律事务、防范风险提供坚实保障。探索形成律师每周到校坐班制度，为师生提供各项专业法律服务，获得全校师生一致好评。牵头组织的自治区依法治校示范校创建验收工作顺利通过，学校依法办学治校水平得到自治区评审专家一致好评。

保密工作。按照教育部、自治区保密局要求，完成教育部有关会议室分会场建设、机要室改造。组织开展2023年保密宣传教育月活动，组织参评的1部创意文案分别获全国二等奖、自治区优秀奖，1部宣传海报获自治区优秀奖，1名选手获全区高校保密主题演讲比赛一等奖，学校获 2 次优秀组织奖，切实有效营造全校师生学保密、知保密的浓厚氛围，进一步夯实学校保密工作根基。

服务保障工作。按照学校主要领导要求，为阶段性梳理总结学部、学院、书院在改革运行中的问题和需求，组织班子成员开展学部、学院、书院专项调研，及时分析掌握的情况、取得的经验、存在的主要问题，牵头召开学部、书院工作交流研讨会，调整部院工作例会制度，敦促各单位更新思想理念、转变工作模式，在不断探索、总结中发展和完善改革经验举措。牵头制定接待方案，并组织实施教育部部长怀进鹏，副部长孙尧、吴岩，自治区党委书记梁言顺，自治区主席张雨浦、政协主席陈雍等 18 名副部级以上领导同志来校调研指导，以及中央统战部、宣传部和教育部来校考察等重大活动的统筹联络及接待服务工作。接待上海交通大学、陕西师范大学、华东理工大学等 15 所兄弟高校来校交流。与各职能部门协同配合，周密做好干部教师大会、"开学第一课"、第四十九届田径运动会开幕式、科研大会等 31 次校内重要活动的组织协调等工作。

基础工作。举办全校 2023 年综合办公室业务培训班，通过专题辅导、分组研讨、政策宣讲等方式，进一步增强各单位综合办公室工作效能，推进规范化、专业化建设，全面激活学校工作的"中枢神经"。制定实施《宁夏大学印章管理办法》，规范和加强学校各级各类印章的管理和使用，共完成用印 11000 余次，申请法人和事业单位法人证书复印件 600 余人次，新制、更换印章 101 枚。制定《办管会议室服务管理办法》，全年保障各级各类会议 1387 场次，均做到对接及时、保障到位。及时跟进学校机构和办公用房调整工作，腾挪邮政代办点，分发各类期刊、报纸 80 万份，档案、信函 3 万余份，为校内各单位新装座机、移机、串分机、维修线路等 815 部(处)，印制、发放学校固定电话和移动电话通讯录并进行信息化采集工作。修订《宁夏大学公务用车管理暂行办法》，进一步规范学校公务用车使用、管理，优化校内公务活动用车保障机制。

自身建设。坚持党建工作和业务工作互融双促，探索形成领导班子碰头会制度，常态化召开干部工作交流会，围绕"学部制""书院制"等重点改革任务开展主题教育专项调研，办公室全体积极参加全区"办公室大讲堂"培训，精心组织全校各单位综合办公室业务培训班，全面增强办公室成员，特别是领导班子的政治理论素养，能够对学校的重要决策、重大部署做到提前研究、超前谋划。同时，根据党员人事变动情况，及时按照程序召开支部党员大会，配齐配强支委会。发展党员 1 名，吸纳入党积极分子 1 名。组织开展内容涵盖党课讲授、专题研讨、现场教学等多种形式的各类理论学习实践活动 12 次，不断提升能力素质、夯实理想信念根基。不断夯实意识形态工作责任制，持续强化党风廉政建设，加强党员日常教育管理监督，认真落实形式主义官僚主义专项整治与侵害群众利益不正之风专项治理工作部署，从工作职责、制度机制等方面，开展自查自纠，时刻绷紧思想之弦。全年办公室党员干部没有出现违纪违法行为，没有出现一起意识形态风险问题。

【主题教育】 按照校党委部署，研究制定《关于在全校深入开展学习贯彻习近平新时代中国特色社会主义思想主题教育的实施方案》《关于在全校开展专题调研的工作方案》等重要文件，协助校领导制订调研计划和开展调研活动。严格按照主题教育"学思想、强党性、重实践、建新功"的总要求，精心制订办公室党支部年度学习计划，举办主题教育读书班，坚持集中学习研讨与个人经常性学习相结合，充分利用“三会一课”、主题党日、“学习强国”平台等载体，用马克思主义中国化时代化的最新成果武装头脑，教育引导办公室全体成员把学习作为安身立命之本，把捍卫“两个确立”、做到“两个维护”作为最高政治准则和根本政治规矩。同时，聚焦学校重点任务和中心工作，突出问题导向和目标导向，发挥校级领导联络员工作职能，协助学校领导班子深入基层、深入师生、深入一线调研187次，听取意见建议，研究破解学校高质量发展的瓶颈，推动解决师生员工“急难愁盼”问题。

【安全稳定工作】 全年组织召开校园安全稳定会议13次。协助校党委、行政开展校园安全大督查，编印配发《自治区党委十三届四次全会生产安全“1+37+8”系列文件汇编》，订立应急预案13个，协调做好国务院、自治区“四防”督导组等实地安全检查工作组接待工作5次。修订《宁夏大学24小时政务联合值班管理办法》，增强值班管理的效能。在全国、自治区两会等重要时间节点，完成日报告、零报告，以“时时放心不下”的责任感，确保学校各项事业安全有序推进。

（撰稿人：杨俊峰　审稿人：秦泗海）

组织工作

【概况】 2023年，党委组织部、机关党委在校党委的坚强领导下，始终将学习贯彻习近平新时代中国特色社会主义思想摆在首位，结合学校“部区合建”和“双一流”建设发展需要，聚焦主责主业，彰显使命担当，奋力书写新时代组织工作新答卷。

基层组织建设。扎实开展学习贯彻习近平新时代中国特色社会主义思想主题教育，构建“1+4+N”布局模式，统筹制定1个实施方案、4个实施办法、若干任务清单。派出9个小组先后5批次下沉联系单位调研督导，为主题教育定好“路线图”和“标尺线”，主题教育开展情况受到自治区巡回指导组高度肯定。配合学校“一部两院”改革，指导37个中层党组织及时规范召开党员大会，做好党组织换届工作的组织和指导工作。立项培育“双带头人”教师党支部书记工作室5个，组织开展中层党组织书记抓党建述职评议考核工作，及时整顿后进基层党组织，推动基层党组织建设全面过硬。汇聚党建研究工作合力，立项党建理论研究课题15个、自研课题21个，上报区级党建课题成果8个，参加区级各类征文评比获二等奖3个、三等奖2个，强化党建示范引领作用。

党员队伍建设。选配配强“双带头人”教师党支部书记，配备率达100%。为全校中层党组织配齐专职组织员，实现专职组织员业务指导全覆盖。组织1312名新党员参加网络培训班，组织64名基层党支部书记、91名学生党支部书记参加各级线上线下培训班。完成全年1032个新党员指标的党员发展工作。常态化开展党员组织关系转接与排查、党内统计与信息化管理、历史党员事务处理等工作。

乡村振兴。坚持从全面建设社会主义现代化国家和实现第二个百年奋斗目标的高度，扎实推进巩固拓展教育脱贫攻坚成果同乡村振兴有效衔接，持续做好教育部明确的定点帮扶西吉县和自治区党委明确的定点帮扶南坪村、三和村的工作。选派6名驻村干部、6名“振兴乡村教育”支教研究生、2名挂职干部下点帮扶，2023年学校获评全区驻村帮扶工作先进单位，帮扶案例入选第六届省属高校精准帮扶典型案例(排名第一)。

机关党建。扎实开展主题教育,深入推进机关党的政治建设。“关键少数示范”。校领导深入机关所在党支部讲授专题党课8次,充分发挥“头雁效应”。“支部学习规范”。各支部采用领导干部读书班、专题课、研讨会、分享会等“四学并举”的方式,一体推进理论学习、调查研究,推动发展,检视整改。“实践活动广泛”。组织机关党员干部沿着总书记足迹开展实践调研,深刻感悟总书记思想伟力。持续推进机关党支部标准化规范化建设,严格落实组织生活制度。创新性开展机关党支部主题党日优秀案例评比活动,选树优秀案例10个。开展经常性纪律教育,建设风清气正的政治机关。

【构建党建示范体系】 总结凝练党建工作思路,以党建工作示范高校、“标杆院系”、“样板党支部”、先锋党小组和模范党员“五位一体”的组织体系为主线,以加强基层党组织标准化规范化建设和党建工作项目化为抓手,深入实施党建领航、学科融聚、人才强基、育人铸魂、治理赋能“五大工程”,将教工党建“育人楷模工程”和学生党建“金种子工程”贯穿始终,争创“五个一流”目标,即一流党建引领、一流学科创建、一流人才培养、一流专业建设和一流治理体系,持续推动学校基层党建工作提质增效。

【推进党建示范创建和质量创优】 对标全国党建“双百”“双创”“双带”建设任务,开展有组织的项目申报,先后召开5次申报研讨会,1个“示范高校”、1个“标杆院系”、5个“样板支部”被自治区教育厅推荐参与全国高校“双创”评选。1个研究生样板党支部、2名研究生党员标兵参与全国党建“双百”评选。1个教师党支部书记工作室参与全国“双带”评选。

(撰稿人:杜维民　审稿人:张　惠)

宣传思想工作

【概况】 2023年,党委宣传部在校党委、行政的坚强领导下,以学习贯彻习近平新时代中国特色社会主义思想为主线,认真贯彻党的二十大精神和自治区第十三次党代会精神,全面落实全国宣传思想文化会议精神,履行承担使命任务,紧紧围绕学校第七次党代会确立的目标任务和学校中心工作,以建校65周年为契机,坚持守正创新,强化使命担当,不断提升宣传思想文化工作科学化、规范化、制度化水平,为全面推进学校“一体两翼”综合改革和高质量内涵式发展提供坚强思想保证、强大精神力量和有利文化条件。

意识形态方面。结合学校“学部制”“书院制”改革,进一步明确了9个学部党委、8个书院党委和35个学院党总支的意识形态责任,压实主体责任。认真梳理清查了2021年以来各项论坛358起,建立了底数台账,加强对学术活动的管理。持续对各单位新媒体平台进行审核与监测,严格执行“三审三校”制度,对网络舆情、学校网站群的敏感词及风险外链进行24小时监测,规范网上信息传播秩序。推动马克思主义学院培育基地内涵式建设高质量发展。圆满完成中宣部及专家进校考核协调对接工作。

理论学习情况。抓好校党委理论学习中心组工作。通过集体学习、交流研讨、专题调研和个人自学等方式,带头落实“第一议题”和“双随机”学习交流机制,全年开展中心组学习13次、随机交流发言34人次。每月安排学习内容,引导全校教职工以集体学习与个人自学、研讨共学与实践促学、线上学习与线下学习相结合的方式，充分利用“学习强国”App等学习平台开展学习。扎实开展理论宣讲。先后邀请韩庆祥、杨振斌、张锦、赵磊、周少清、杨鸿胜等专家学者和英雄楷模为全校师生作理论宣讲和专题辅导报告。举办习近平新时代中国特色社会主义思想和党的二十大精神专题讲座80余场次。

校园文化建设工作。以建校65周年为契机，组织撰写《宁夏大学赋》，打造“四个一”工程，出品原创史诗舞台剧《沙枣树·根与魂》，通过宁大师生、校友的文艺表演，讲述宁夏大学的奋斗史、光辉史。将环境体验与人文情怀相融合，在贺兰山校区协同开展百花园和文苑广场项目，建设文化长廊和标志“沙枣树精神”的现代雕塑，为全校学生打造美育教育和爱校荣校的涵育场域。新建12块电子屏和2块天桥屏，用以替代传统的海报橱窗，发挥户外电子大屏色彩鲜艳、主题鲜明、更新便捷的优势。完成校庆专题网站设计和宁夏大学官网设计改版，以全新的形象和细致的服务理念展示宁夏大学的新风貌。

宣传工作。建设好“一网两微四号一报”和校园广播的宣传阵地，明确“一体两翼”宣传职责界定，对各单位网站管理员、通讯员开展集中培训，严把舆论导向。一年来，宁夏大学官网共刊发各类新闻稿件1300余篇，出版8期《宁夏大学报》。宁夏大学微信公众号粉丝数12万人，阅读量1万+的图文29篇，阅读总量138.2万人次。官方微博26万粉丝，阅读总量2600万次。官方抖音号播放总量达221万次。围绕学习贯彻习近平新时代中国特色社会主义思想主题教育、65周年校庆、“双一流”建设和“部区合建”、人才工作、综合改革等重点工作，开展全方位、多层面的策划与宣传，共组织外媒报道120余次(篇)，其中《光明日报》专题报道学校开展学习宣传贯彻党的二十大精神活动情况，《中国教育报》、新华社《瞭望》周刊、宁夏电视台“时代答卷·面对面”节目组对校党委书记李星和校长彭志科作了专访。

【原创史诗舞台剧《沙枣树·根与魂》】 9月14日，经过编创排演团队和参演师生历时半年的精心排练与反复打磨，庆祝建校65周年原创史诗舞台剧《沙枣树·根与魂》在文萃校区大学生活动中心成功首演。该剧参演人员来自学校在职教职工、离退休教师、校友和学生，共分《贺兰晴雪》《激情似火》《书山有路》《国家栋梁》《信仰的力量》5个篇章，讲述了1958年，为响应党和国家号召，北京师范大学、中国人民大学等高校的几十名应届本科生、研究生，挥别大城市，毅然奔赴祖国西北，来到银川，在一片飞沙走石的戈壁滩上，栽下第一棵沙枣树，也种下了他们创建宁夏第一所高校的青春与梦想的故事。

【《宁夏大学赋》】 以建校65周年为契机，制定文化校庆方案，认真组织开展系列庆祝活动。以“四个一”工程为核心，在学校层面开展系列主题宣传教育活动。9月15日，作为建校65周年献礼，《宁夏大学赋》经过一年多的撰写修改如期完成。赋文集中凝练了宁夏大学的历史渊源、文化传统和办学成就，展现了一代代宁大人筚路蓝缕、携手共进的奋斗心路。

(撰稿人：彭　伟　审稿人：李　瑾)

统一战线工作

【概况】 2023年，党委统战部坚持以习近平新时代中国特色社会主义思想为指导，在校党委的正确领导下，全面贯彻落实党的二十大精神，以开展主题教育为契机，认真落实自治区党委十三届四次、五次全会精神，牢牢把握大团结大联合工作主题，以铸牢中华民族共同体意识为主线，着力深化理论武装、夯实共同思想政治基础、纠治官僚主义和形式主义，全面提升统战工作建设质效。

铸牢中华民族共同体意识工作。着力做好民族宗教工作。扎实组织2023年民族团结进步月系列活动，深入推动各单位开展民族团结进步教育工作；首次围绕《中华民族共同体概论》在全校开展20多场宣讲；组织申报第十一批全国民族团结进步示范单位和全区铸牢中华民族共同体意识示范校；织牢织密抵御宗教渗透网格，着力加强校园意识形态阵地建设。根据全区民族宗教工作“四防”常态化督查督导要求，建立学校民族宗教工作自查台账，梳理13条问题，制定整改措施，并逐条完成整改落实。完成上级部门“防范邪教破坏抵御境外基督教渗透和非法宗教活动排查”等工作，加强校园涉民族宗教领域意识形态阵地建设。

思想政治建设。指导督促各民主党派、无党派人士和党外知识分子深入开展“凝心铸魂强根基团结奋进新征程”主题教育。组织83名党外知识分子骨干赴延安、红旗渠开展“凝心铸魂强根基团结奋进新征程”主题教育学习培训班；推荐100余人参加国家级、自治区级理论学习班及调研活动；协调各民主党派、统战团体组织主题教育外出学习考察活动30多次；承接中央统战部、教育部、自治区党委统战部、各民主党派中央和区委会等，以及上海交大、山东大学等各兄弟高校来校调研交流23次。

党外代表人士队伍建设。出台《宁夏大学党外代表人士队伍建设规划（2023—2028年）》，按组织协调、社会服务、科学研究、建言献策、人才培养五大类，以及优秀、骨干、后备3个梯队初步确定一支73人的党外代表人士队伍，并将其中50人确定为校领导联系对象，布局打造层次合理、分布均衡、衔接有序的党外代表人士队伍，保证使用上有梯队、选择上有空间。在铸牢中华民族共同体意识宣讲团、凌云社宣讲团的基础上，再打造“小石榴”宣讲团；在书院成立“我在宁夏有个家”石榴籽少数民族辅导员工作室。

民族团结创建。完成全区铸牢中华民族共同体意识示范校申报工作，被自治区教育厅授予首批全区铸牢中华民族共同体意识教育示范校、铸牢中华民族共同体意识实践教育基地称号；完成第九批全区民族团结进步模范单位和模范个人的推荐评选工作，1人荣获全区民族团结进步模范个人称号；评选推送全区铸牢中华民族共同体意识教育教学成果征集作品，2人荣获铸牢中华民族共同体意识教育教学优秀成果一等奖，学校荣获铸牢中华民族共同体意识教育教学优秀成果征集优秀组织单位称号。

【党外代表人士“双岗建功”】 加强提案议案培育，提交30多项提案，4项被自治区政协采纳，2项被列为自治区政协重点督办提案；4项咨政报告被国家民委、全国政协、自治区政协采纳，1项调研报告获国家民委社会科学研究成果奖二等奖；完成自治区政协第051号、371号提案协办。推荐2人参加全国归侨侨眷大会，2人荣获全国归侨侨眷先进个人称号；1人获民进中央青工委“议政信息榜样奖”，1人作为民进中央10位优秀会员代表之一在北京等地开展先进事迹宣讲，13人获得各民主党派区委会表彰。

【台联侨联工作】 组织学校师生与32名台湾大

学生开展联谊交流；指导侨联完成1项全国侨联“讲好中国故事”主题项目，向世界华人华侨宣传宁夏。

（撰稿人：高鹏翔 审稿人：柳松洁）

巡察督查工作

【概况】 2023年，学校巡察督查工作坚持以习近平新时代中国特色社会主义思想为指导，严格贯彻落实党中央、教育部和自治区党委关于全面从严治党工作要求，强化政治理论武装，提高政治站位，坚持问题导向和目标导向，紧紧围绕学校中心工作，开展政治巡察和专项工作督查督办。

常规巡察工作。开展了对原葡萄酒学院党委及图书馆党总支的常规巡察。5月16日，第二巡察组向图书馆反馈了巡察意见。6月5日，第一巡察组向生命与食品学部、农林与生态学部、食品科学与工程学院、葡萄酒与园艺学院、励行书院、润泽书院反馈了关于对原食品与葡萄酒学院党委的巡察意见。

巡察工作“后半篇文章”。2023年上半年，组织开展并完成了对第七届党委已经巡察的经济管理学院党委等12个基层党组织的巡察整改“回头看”，下半年组织开展了对阿拉伯学院党委等4个基层党组织的巡察整改专项督查。通过巡察整改“回头看”及专项督查，对照巡察反馈意见，逐条检查被巡察单位落实巡察整改方案、推动问题整改、完善体制机制、以巡促改、以巡促建、以巡促治情况，杜绝整改不彻底、不深入、不扎实、举一反三不够、反弹回潮等问题。

制度建设。对照中央和自治区党委巡视巡察制度体系，借鉴自治区巡视以及教育部直属高校巡视巡察工作做法，总结学校近年来巡察工作经验，对《中共宁夏大学委员会巡察工作规程（试行）》进行修订，进一步规范巡察工作流程和操作规范，切实提高巡察工作水平。

督查工作情况。按照学校党委、行政安排部署，党委巡察（督查）办公室聚焦学校重点工作任务，依据《宁夏大学重点工作任务督办落实办法》相关规定，坚持采取“四不两直”督导检查方法，开展校园安全工作、毕业生就业督导、原后勤集团账务并入学校、国际交流中心大楼固定资产核转、校内单位工作职责划分以及年度未完成重点工作任务等13项专项督查，开展24小时联合值班情况检查1项常规督查。通过督查，形成专项督查报告9份，下发安全工作督办单3份，提出意见建议18条，有效促进学校党委、行政相关决策制度落实落地，重点工作任务提质增效。

强化政治监督。为进一步压紧压实巡察整改政治责任，推动巡察整改任务落实落地，做好巡察工作“后半篇文章”，2023年4月初至6月中旬，校党委派出12个巡察组分别对经济管理学院党总支、民族预科教育学院党总支等12个基层单位党组织开展巡察整改“回头看”；9月下旬，校党委派出4个督查组分别对阿拉伯学院党总支、美术学院党总支等4个基层单位党组织巡察整改情况进行专项督查。巡察整改“回头看”和专项督查工作结束后，各巡察组和督查组及时向被巡察单位进行了意见反馈。

【2023年巡察整改“回头看”动员部署会】 3月28日，校党委召开2023年巡察整改“回头看”动员部署会，校党委常委、纪委书记、党委巡察工作领导小组副组长周运生，校党委常委、组织部部长张立杰，校党委常委、宣传部部长高永兴出席会议，会议由张立杰主持。动员部署会上，周运生做

巡察“回头看”动员讲话，党委巡察（督查）办公室主任井惠敏宣读《关于开展巡察整改“回头看”的通知》，党委巡察工作领导小组成员、巡察组成员及被巡察单位党组织负责人参加会议。

【“一巡六改”】 在学校机构改革及学科调整后，对原食品与葡萄酒学院的巡察整改工作涉及相关的2个学部、2个学院和2个书院共6家单位。为确保整改任务和责任不因机构改革悬空，党委巡察（督查）办公室按照巡察工作领导小组要求，将巡察反馈范围扩展到生命与食品学部等6个单位，按照各自职能明确整改任务和要求，并分别进行反馈。这种“巡察一家、六家整改”的方式，不仅确保了巡察整改落实落地，而且有效发挥了相互联动、相互促进的更大效应，对促进6家单位进一步落实学校机构改革要求、厘清任务、明晰职责发挥了很好的推动作用。

（撰稿人：吴金华　审稿人：井惠敏）

群团组织

2024 The Almanac of Ningxia University

金波湖 （钟子杰 摄）

工会工作

【概况】 学校工会有工作人员9名，设有分工会46个、直属工会小组29个，工会会员3016人。

党建与思政工作。认真学习宣传贯彻党的二十大精神和自治区第十三次党代会精神，加强对职工的思想政治引领，扎实开展学习贯彻习近平新时代中国特色社会主义思想主题教育，自觉学习宣传贯彻《习近平关于工人阶级和工会工作论述摘编》和中国工会十八大会议精神，协助自治区总工会举办相关的座谈会和宣讲会，举办两期工会干部专题培训班，购买发放《论述摘编》170本。坚持全面从严治党，严格落实意识形态工作责任制，加强工会干部的廉洁自律教育，严格履行“一岗双责”，强化党支部的战斗堡垒作用，严格按照“两个专项整治”要求完成了相关的整改工作。

智慧工会系统建设。实现经费报销、会费收缴、爱心基金捐款的电子化，及时补缴2016—2018年欠缴的上届工会经费10万元。制定学部、学院、书院工会工作指引，指导23个基层工会组织完成换届改选或补选，加强对基层工会的指导和考核，表彰36个先进集体、146名优秀工会干部和积极分子。

文体活动。组织教职工乒乓球比赛、教职工校园健步走定向挑战比赛、趣味运动会、书画摄影作品展、桥牌讲座等，参加人数达9000多人次；参加全区教科文卫体系统健步走活动，全区气排球赛获得男子组第一名、女子组第四名和优秀组织奖。

4月8日至9日，由校工会、校体委主办，体育学院协办，教职工乒乓球协会承办的第八届教职工乒乓球比赛在怀远校区体育馆举行。比赛以“迎校庆、增友谊、强体质、促发展”为主题，来自全校29个代表队近300名教职工参加比赛。校党委书记李星，校党委副书记周震，校党委常委、组织部部长张立杰出席开幕式。开幕式由校工会主席孙建军主持。经过两天的激烈角逐，后勤保障部荣获混合团体第一名，图书馆赵明海获男子单打第一名，附属中学东雨欣获女子单打第一名，教育学院、创新创业学院、土木与水利工程学院、民族预科教育学院、外国语学院分获优秀组织奖。

4月26日下午，校工会联合党委宣传部举办“踔厉奋发六十五载、笃行实干建功立业”第三届教职工校园健步走定向挑战比赛活动，首批900余名教职工参加了活动。本次活动主题是深入学习贯彻党的二十大精神和习近平总书记关于工人阶级和工会工作的重要论述，认真开展学习贯彻习近平新时代中国特色社会主义思想主题教育，隆重庆祝宁夏大学成立65周年，增强学校教职工的身体素质和集体凝聚力，促进师德师风建设，活跃校园文化生活，激发广大教职工爱校荣校、努力工作、建功新时代的革命热情。比赛开幕式由校工会主席孙建军主持，校党委常委、宣传部部长高永兴，自治区教科文卫体工会主席赵连瑞等出席开幕式。

5月24日，校工会联合校体委举办宁夏大学第十二届教职工趣味运动会。全体在校校领导参加开幕式，校党委常委、副校长黄河主持开幕仪式。本次趣味运动会共有46支代表队1700多名教职工报名参赛，有陆地冰壶、飞盘九宫格、手忙脚乱、合力筑塔、重走长征路、电臀达人、快乐大冲关7个趣味比赛项目，集趣味性、娱乐性、协作性和竞争性于一体。运动会各参赛项目采用积分制，最终成绩排名以参加各项目取得的积分总和为准。经过激烈争夺，守正书院、体育学院获得一等奖，生命科学学院、化学化工学院、研究生院、科学技术研究院获得二等奖，物理学院、土木与水利工程学院、新华学院、机械工程学院、前沿科学与技术学部获得三等奖。法学院、生命与食品学部、图书馆、信息工程学院、农学院、本科生院、办公室、计财处获得优秀组织奖。

助力消费和乡村振兴工作。动员教职工开展脱贫地区农产品、黄牛肉及硒砂瓜的采购和乡村游活动，总计金额近百万元。6月20下午，学校组织500多名教职工在国际交流中心集中采购固原市原州区炭山乡南坪村的黄牛肉。广大教职工踊跃购买，不到5个小时，600多箱3000多斤黄牛肉销售一空。原州区炭山乡南坪村是学校对口驻村帮扶点，这次集中采购是校党委组织部、校工会共同组织的为助力该村发展集体经济而开展的消费帮扶献爱心活动。

【“职工之家”建设】 推荐物理学院获批宁夏教科文卫体系统模范职工小家，推荐图书馆获批全国模范职工小家，校工会被推荐为全国“职工之家”红旗单位。重视发挥劳模名师作用，新增8个校级创新工作室、1个教科文卫体系统创新工作室、1个区级创新工作室；推荐张波获批全国五一劳动奖章，汪西原获批自治区“最美巾帼奋斗者”；加强劳模劳动工匠精神教育，在新华学院设立劳模文化园并举办开园仪式和劳模进校园报告会。

【职工福利及慰问工作】 举办暑期教职工(78人)大连疗休养活动1次、年终考核优秀人员(10人)疗休养活动1次、工会干部(156人次)区内疗休养及考察活动2次，广泛开展教职工(1900多人次参加)春秋游活动，向自治区总工会申请疗休养补助13万元，策划组织2024年寒假劳模名师工会骨干专题疗休养活动。慰问困难及生病住院职工280多人次，完成1846名教职工健康体检的审核报销，动员组织1200多人次教职工参加团体安康保险、注射宫颈癌疫苗；为26名教职工审核发放爱心互助基金等补助22万多元；重点慰问罹患重病大病女职工9人；及时发放教职工节日福利和生日蛋糕卡，每名会员年均福利达到900元。

【关心关爱教职工】 为115名荣休教职工发放慰问品，举办荣休座谈会；为18名博士子女协调解决入学问题。监督办好教工早午餐，解决中卫、金凤校区职工餐存在的问题。做好计划生育转型服务，主动关心服务学校200多名未婚青年，举办单身青年职工联谊会，有120多人参加活动；对3名生育三孩的教职工进行关怀、慰问；及时发放女职工卫生费和独生子女费；加强对后勤职工和新就业群体的关心关爱，及时吸纳编外用工和劳务派遣人员加入工会组织。

【举办宁夏大学第十届青年教师教学基本功大赛】 4月，由校工会联合人力资源部、本科生院、教学运行保障部举办宁夏大学第十届青年教师教学基本功大赛。全校31个教学单位共选送57名选手参加决赛，通过教学设计、课堂讲授、课后反思3个环节的激烈角逐，经大赛专家评委共同打分和组委会审议，最终许昊等8位老师获得一等奖，刘淑萍等16位老师获得二等奖，王炜晨等22位老师获得三等奖，谢静雯等10位老师获得优秀奖，马克思主义学院等16个单位获得优秀组织奖。

【举办首届后勤职工职业技能大赛】 11月，校工会联合后勤保障部举办首届后勤职工职业技能大赛，380多名职工参赛，拓展了职工技能竞赛活动的新领域和新形式。创新创业学院全晓虎等4名专家及团队分别获得全区职工“五小”创新大赛一、二等奖。

【工会成果】 举办校庆65周年46个基层工会工作成果展，首次迎接自治区人大常委会对学校《工会法》实施情况的执法检查，反映评价优良。撰写调研报告3篇，2篇分获自治区总工会二、三等奖。在自治区总工会开展的基层工会工作满意度网络测评中，学校参加测评的1000多名职工对工会工作表示“非常满意”和“满意”的达到93%。在全区教科文卫体系统28个直属工会考核中连续5年排名第一，获得一等奖。

（撰稿人：门建新　审稿人：孙建军）

共青团工作

【概况】 2023年，学校共青团以习近平新时代中国特色社会主义思想为指导，深入学习宣传贯彻党的二十大精神，学习贯彻习近平总书记关于青年工作的重要思想，在校党委的坚强领导下，落实学校第七次党代会精神，按照“立德树人”根本任务，锚定“双一流”建设，坚持党建带团建，聚焦主责主业，团结带领宁大青年在青春赛道上跑出最好成绩，推动学校共青团工作实现新发展。

思想政治建设。加强学校党委对学校团学组织的政治领导，将共青团、学生组织建设等共青团工作纳入《宁夏大学二级单位年度目标任务考核指标》，实现团的工作和建设在学校党建工作考核中占比达12%，健全党建带团建的工作机制。将共青团工作深度融入“大思政”工作体系，形成1个工作阵地、5个直属工作部门、11个直属职能中心的育人工作格局。

理论武装。纵深推进团员和青年主题教育，学校党委书记李星开展专题调研、听取专项工作汇报并作出工作要求，校党委常委、副校长黄河审阅实施方案，出席全校团员和青年主题教育工作会议并讲话，学校党委主题教育领导小组办公室相关负责人到会指导，各书院党组织分管共青团工作领导同志出席会议，形成党团组织联动有效工作形式。抓实理论学习，为全校810个团支部配发实施方案、学习材料，确保团员和青年主题教育目标任务、总体安排等精准掌握。与银川市西夏区正茂社区、中卫市沙坡头区文昌镇东花园社区等采取校地共建、支部结对、团员报到方式，组织团员和青年深入社区开展实践体验，构建形成“个人思考—集体研讨—实践体验”循环往复、螺旋提高的认知路径。开展电话访谈、问卷调查，深入调研督导，及时准确了解主题教育开展情况，归纳调研工作开展情况，形成书面反馈函7份发至同级党委。充分利用互联网媒体，积极做好宣传工作，高质量完成“青年大学习”，及时推报典型案例，总结好做法，多篇报道获团中央、自治区团委推送。

树新风聚合力。为进一步提高学校治理体系和治理能力现代化水平，融入学校“大学工”“书院制”改革要求，撤销23个学院团组织，下发《关于成立共青团宁夏大学守正书院委员会等团组织的通知》等，设置8个书院团委、1个民族预科教育学院团委、1个附属中学团委，印发《宁夏大学书院团组织建设实施方案（暂行）》，明确书院团委职能定位、部门设置、工作职责、团支部设置等。校团委印发《深化推进宁夏大学班级团支部与班委会一体化运行机制建设的实施方案》，统筹推进党建、团建、班建组织体系建设一体化，完成团支部、班级在组织建制、组织运行、作用发挥以及评议评优方面四个一体化的建设任务。与校党委组织部联合出台《关于全面深化宁夏大学共青团推优入党工作的通知》，落实“两个一般、两个主要”，通过“两个注重”，实现“三个明显提升”，把“推优入党”质量作为团组织履行政治功能的重要检验标准，逐步形成党、团、班组织联合培养教育学生的工作机制。

夯实基础活力。增强团员先进性，组织开展中国青年五四奖章，全国、全区、全校“两红”“两优”评选推报，评选表彰4个五四红旗团委、35个五四红旗团支部、133名优秀共青团干部、285名优秀共青团员。全年召开全校共青团工作专题会议12次，健全政治理论学习制度，完善“第一议题”学习机制，锻造团干部政治素养和理论功底，常态化分级分类开展团学骨干教育培训，提升“青马工程”科学化水平，引导青年在体察国情、服务社会中强健精神素养，磨炼奋斗精神。下发《关于开展2023年度基层团组织书记述职评议的通知》，召开考核评议会，健全考核激励约束机制，充分发挥考核“指挥棒”作用，建立以“述学述职”与“上级考评、团员评议”相结合的考核机制。

深化组织改革。召开第二十五次学生代表大会、第二次研究生代表大会，出台《宁夏大学书院学生会（研究生会）建设方案（暂行）》，修订《宁夏大学院级学生会（研究生会）考核办法（试行）》等10余项规章制度，建立“书院制”背景下的校、院、班三级联动工作格局，100%完成18项改革指标。制定《宁夏大学学生社团年审工作方案》等4项制度，开展社团成立、换届等工作。发挥桥梁纽带作用。秉持“全心全意服务同学”的宗旨，开展“我为同学做实事”精品项目立结项、“塞上青春讲坛”“塞上研华”“模拟政协提案”“宪法小卫士”“民族团结知识竞答”等品牌活动。

文化素质教育。聚焦“双一流”建设，深化梳理校团委与国家大学生素质教育基地办公室协同运行机制，建设学生组织活动阵地7间、超过500平方米，建设学生社团活动阵地5间、超过1000平方米。结合学校65周年校庆、中国物理学会2023年秋季学术会议、消防安全隐患整改等要求，积极推进国家大学生文化素质教育基地综合保障能力提升项目。校团委协助学校书院多部门开展学科竞赛、大型会议、文艺演出等活动60余场，旨在丰富学生校园生活，提升专业技能，规避校园安全隐患。

【中央团校党委书记倪邦文一行来校调研】 5月9日，中央团校党委书记倪邦文一行来校调研共青团工作，并在德勤楼召开高校共青团工作座谈会。校党委书记李星陪同调研，校党委常委、副校长史金龙主持座谈会。

【建立“大实践”育人体系】 夯实“三下乡”“返家乡”社会实践基础，556名同学和95名教师组成的64支团队到达全国13个省级行政区，推出84篇系列推文，深入8个书院团委开展社会实践成果交流宣讲。丰富志愿服务劳动教育新载体。招募986名志愿者完成中阿博览会、国际葡萄酒文化旅游博览会、银川马拉松等自治区大型活动志愿服务，配合完成“12·5”致敬志愿者全区志愿服务交流活动。宁夏日报专题报道《宁夏大学：“高校+社区”志愿服务模式让学生走进基层服务基层》《为梦想播下种子！这场活动成为乡村孩子的筑梦启航之旅》《“志”在一起，“愿”在行动，宁夏大学举办志愿服务交流展传递冬日温情》，中国日报网报道《宁夏大学志愿星火暖寒冬》呈现志愿服务工作的新亮点。常态化完成校内外大型活动志愿者招募，丰富学校劳动教育课程体系，宁夏大学沙枣树志愿者协会获评第十四届中国青年志愿服务优秀组织奖。

【助推拔尖创新人才培养新模式】 完成全校53项学科竞赛通知发布、经费使用报销、成果统计、系统录入等组织管理工作。组织完成宁夏大学第十四届“挑战杯”、全区第十三届“挑战杯”大学生课外学术科技作品竞赛参赛工作。完成学校绩效工资、个人业绩成果、学科竞赛及社会实践审核4000余条。印发《宁夏大学学生学科竞赛管理办法(试行)》,进一步规范学科竞赛管理,全年学科竞赛累计获得国家级奖励258人次、自治区级奖励448人次。

【完善学生综合素质培养评价新体系】 深化“第二课堂成绩单”制度实施,着力构建“思想成长、实践实习、志愿公益、创新创业、文体活动、工作履历、技能特长”七大类别综合素质评价体系,充分发挥“客观记录、融入社会、科学评价、促进成长、服务大局、提升工作”六大功能,印发《第二课堂成绩单制度导航》,最终形成的“第二课堂成绩单”成为学校人才培养评估、学生综合素质评价、社会单位选人用人的重要依据。聚焦“培养拔尖创新人才”目标,推进“第二课堂”精品课程建设和精品课程项目化运行,开展思想引领、文体等“第二课堂”课程9000余个,参与课程近40万人次。

【激发高雅文化、美育育人新功能】 深化学校美育改革,大力提高学生审美与人文素养,打造红色、精品、体育文化等育人项目,举办“建校65周年暨2023年迎新生文艺晚会”“青春歌会”“社团嘉年华”“十佳歌手”等大型校园精品文化活动近100项30万人次,覆盖面超过98%。高质量开展全区大学生艺术展演活动,推荐作品数量和质量、获奖作品数量和质量较往届均有大幅提升,取得了新突破。强化“沙枣花香”大学生艺术团和美育社团建设,排练语言、戏剧、合唱、舞蹈等节目20个,定期开展校园展演。设计制作宁大专属书签、纪念章、新生礼包、手提包等产品,深受广大师生的喜爱。

(撰稿人:高 媛 审稿人:肖功国)

对外合作交流

2024 The Almanac of Ningxia University

湖映德勤楼 （雷慧 摄）

国际合作与交流

【概况】 紧抓“部区合建”和“双一流”建设机遇，积极落实“一带一路”倡议，先后成立宁夏国际中文教育联盟、中阿大学联盟交流机制中方研究院等全新合作平台，学校正式成为“一带一路”语言教育文化组织首届理事单位。圆满完成第三届中国（宁夏）国际葡萄酒文化旅游博览会、第六届中国—阿拉伯国家博览会服务保障工作。承办 2023 年丝绸之路文化遗产保护与利用国际产学研用合作研讨会。

加深交流互访。学校两个中外合作办学项目全部实现本科招生（131 人）。派出 8 名教师赴 QS 排名前 200 海外高校攻读博士学位，派出 25 名研究生、70 名本科生赴海外高校访学交流。聘用外籍教师 11 人。全年办理因公出访团组 8 个 18 人次，执行出访团组 5 个 9 人次。举办各类出国（境）行前培训 12 场，培训师生 121 人次。外派孔子学院骨干教师 1 人、志愿者 2 人，孔子学院注册人数 1000 余人，组织汉语考试 20 次，举办各类文化交流活动 33 次。接待国（境）外专家、学者、合作院校访问团共 20 人次。

推进纵深合作。与英国哈德斯菲尔德大学、澳大利亚墨尔本大学、日本大阪公立大学签署合作协议并开展实质性合作。利用世界大学校长论坛、世界中文大会等重要平台，与约旦大学、埃及苏伊士运河大学、澳大利亚皇家墨尔本理工大学等建立合作关系。

加强项目合作。高水平服务高等教育对外开放战略，中外合作办学、外专引智项目、学生访学交流等方面成果丰硕。与新西兰尼尔森马尔伯勒理工学院开展首轮中外联合办学项目本科招生 46 人，与马来西亚彭亨大学继续开展中外联合办学项目本科招生 57 人；获批“高等学校引智基地”（“111”计划）项目 1 项，资助金额 100 万元；获批国家级引智项目 1 个，资助金额 30 万元。持续开展 “宁夏大学与美国密苏里州立大学联合培养专业研究硕士双学位”项目，深化与日本大阪公立大学的学术交流和师生互派，恢复与马来西亚理工大学、博特拉大学、彭亨大学的学生交流，首次开展与澳门大学、澳门科技大学学生访学交流项目。

增强人才储备。完成自治区农业国际合作项目服务中心遴选农业对外援助项目外派专家储备人选 2 人，科技部国合司“2024 年度中法杰出青年科研人员交流计划”1 项。

国内合作与交流

【概况】 稳步推进对口合作建设及校地（企）合作双“5+N”工作，全力配合完成教育部、自治区政府建设宁夏高等研究院工作。实现与上海交通大学等 5 所对口合建高校校级领导互访全覆盖，在人才培养、师资队伍能力提升、科研合作等方面取得较为显著的成绩。与上海交通大学、中国海洋大学、南方科技大学签署校际合作协议 3 份；与自治区市场监管厅、银川市、西夏区、大武口区（2 份）、盐池县、麻黄山乡签署校地合作协议 7 份；与中国联通、中国电信、宁夏银行、宁夏中房、宁夏电科院、宁鲁石化签订校企合作协议 6 份。

校际合作。与上海交通大学签署《2022—2025 年高质量发展协议》，就两校下一轮对口合建工作举旗定向。协助完成宁夏回族自治区人民政府与上海交通大学签署《战略合作框架协议》。携手华东理工大学、北京化工大学等 20 多所高校，全力推动宁夏高等研究院建设。不断扩大校际朋友圈，与中国海洋大学、南方科技大学签订合作协议，重点在经济学、物理学、信息科学等学科开展合作。与北京语言大学建立密切合作关系，在语言学科、国别与区域研究等领域加强合作。

闽宁协作。与厦门大学、福州大学、福建师范大学等高校共同发起成立闽宁财经学科“大思政”联盟。

政产学研用合作。与对口合建高校开展联合科研攻关10余项；配合选派34名青年博士、管理骨干，赴各地市政府机构和企事业单位挂职锻炼；协助做好22名本科生赴上海交通大学、福州大学访学交流；与红寺堡区深入开展校地合作，累计开展科研合作项目21项，投入经费100余万，专家实地指导基层技术人员100余人次，进行技术升级改造14项、申请专利4项。服务其他校地、校企科研攻关项目325项。

孔子学院

【概况】 2023年，迪拜大学孔子学院（以下简称“迪大孔院”）主动服务国家战略，坚持以内涵式建设为根本，努力提高办学质量和水平；根植当地中文学习需求，创新汉语国际推广模式；优化服务并主动融入迪拜大学和当地社区，努力打造迪拜和谐中文教育生态圈；强调孔子学院文化交流品牌活动，打造语言合作文化新亮点；完善迪大孔院内部管理规章制度，提质增效稳步发展。

中文教学。随着迪拜中文学习需求不断细化，迪大孔院创新汉语国际推广模式，积极拓展下设教学点。2023年，分别与迪拜诺德安达国际学校、迪拜尚马克国际学校、迪拜慈善小学、富查伊拉数字图书馆签订合作协议。为当地中小学、中文教学机构及央企、中资企业提供不同层次、不同种类的定制类中文课程及文化体验类课程。为提高课程培训质量，迪大孔院在教材及教学方法方面都作出积极调整，取得很好的教学效果。通过多种方式和渠道的积极宣传，孔子学院学员人数持续增长，学员规模明显扩大，2023年孔子学院注册学员人数为1007人。学员构成以本地中、小学学生为主，总部教学点学生包括迪拜大学及一定数量的社会人士。

开展合作。2023年9月，迪拜大学孔子学院与阿拉伯酋长国富查伊拉（Fujairah）数字图书馆就未来在富查伊拉地区开展中文教学和文化交流活动达成共识，即将签署合作协议。此次合作将扩大迪大孔院的中文教学服务范围，首次将教学点拓展至除迪拜以外的酋长国，对促进优质中文教育在阿联酋蓬勃发展具有里程碑意义。

汉语考试。2023年，迪大孔院积极进行HSK、HSKK、YCT纸笔考试，鼓励支持教学点及华侨华人培训机构开展汉语考试，并进一步完善下设考场机制。2023年，共举办HSK考试5场，参加考试95人；HSKK考试6场，参加考试33人；YCT考试5场，参加考试68人。除迪拜大学本部考点外，迪大孔院在迪拜“快乐汉语”中文教学机构教学点也开设了考场。2023年，孔院汉考注册总人数196人，其中2023年3月单次汉考人数达到72人，创迪大孔院近年来单次考试人数最高纪录，汉考工作成效显著。

文化与学术。迪大孔院秉持按需定制的原则，精心设计、制定年度文化推广活动方案，2023年，成功主办或协办各类文化交流活动18场次，着力打造迪大孔院品牌特色文化活动的同时，持续创新文化交流活动形式，努力讲好中国故事、传播好中国声音。全年文化活动参与人数近7000人次，较往年文化活动参与人数显著增长。2023年，迪大孔院少儿合唱团应教育部中外语言合作交流中心邀请，代表阿联酋青少年与世界其他国家的青少年一起为第31届世界大学生夏季运动会录制主题推广歌曲。11月，迪大孔院成功承办"中国新征程 世界新机遇"中共二十大精神外国专家学者座谈会。中国驻迪拜总领事馆总领事李旭航莅临迪拜大学向迪大校长、教授及来自阿联酋其他知名大学的专家、学者、学生代表宣讲中共二十大精神，此活动盛况通过央视频、《人民日报》、《海湾报》等多家知名媒体进行报道。此外，迪大孔院与迪拜诺德安达国际学校合作，共同举办2023"欢乐春节"系列庆祝活动，参加在迪拜世博园举行的"欢乐春节"大巡游，受到当地民众的欢迎。6月，迪大孔院开创性地与扎耶德大学孔院合作承办2023"汉语桥"中文比赛阿联酋赛区预选赛系列赛事，并成功在迪拜大学举办总决赛暨颁奖典礼，中国驻阿联酋大使馆大使张益明、阿联酋公共教育机构中文项目主管法蒂玛女士、迪拜大学校长伊萨·巴斯塔基博士等重要嘉宾及400余人出席了本次活动，中外语言交流合作中心、中国驻阿联酋大使馆、CCTV、人民网、CGTN、《经济日报》、新华网及阿联酋阿拉伯语官方报纸《海湾报》等多家主流媒体对此活动进行报道。此外，迪大孔院荣获2023年度国际中文日"HSK短视频大赛"（海外机构）的优秀组织奖。迪大孔院学生胡茵（Nguyen Thi My Huyen）、李媛爱（Alanood AL Ali）分获2023年第22届"汉语桥"世界大学生中文比赛阿联酋赛区总决赛冠、亚军。李媛爱同学代表阿联酋参加了在中国广西举行的2023年第22届"汉语桥"世界大学生中文比赛全球总决赛。这也是迪大孔院成立以来第一次获此殊荣，迪大孔院教师王幽兰、王莉婷分别获得优秀指导教师称号。

其他工作。2023年，为解决孔院教材及教辅用书紧缺问题，迪大孔院主动联系教育部语合中心国际中文教育资源平台，恢复申请自2018年以来未曾领用的汉办赠书权限，争取孔院图书资源建设新途径。迪大孔院2023年申领的第一批赠书已入库。2023年，孔院积极推进国家公派教师派出及志愿者招募工作，迪大孔院已按计划完成1名国家公派教师及2名汉语志愿者教师的选派工作。执行"孔院工作例会"制度、"教学研讨会"制度，积极推行"院长听课"制度，通过制度建设不断加强孔院教学管理水平，逐步提高教学质量。

【中外方交流合作】 2023年，迪大孔院与迪拜大学各部门、院系保持良好合作、协作关系。孔院中方院长应邀参加迪拜大学行政部门主管周例会，务实推进迪大孔院工作。孔院还主动融入并协助迪拜大学举办开展各类文娱活动、国际会议；积极主动协助迪拜大学接待到访中国高校及相关团组；利用自身平台优势及本土资源，积极促成迪拜大学相关部门、学院与迪拜中国学校、迪拜免税集团、华为、中石油中东公司、中建中东公司、中电建中东北非总部等央企、中资企业开展友好交流与合作。5月，孔院成功承办"阿联酋HSK考试中国留学座谈和访问"活动。中国30多所一流大学代表团成员访问迪拜大学并与迪拜大学教学管理团队开展座谈。孔院利用自身平台优势为迪拜大学申请中国教育部对迪拜大学高等教育学历及学位的认证。迪拜大学校长、广大师生员工及孔院下设教学点的学员们为庆祝宁夏大学成立65周年共同录制祝福视频。9月，孔院全体教师首次受邀参加迪拜大学UD Forum活动。2023年初，孔院协调并组织宁夏大学前沿交叉学院与迪拜猎旗国际旅游有限责任公司线上校企合作会议，双方就未来在迪拜开展学生海外实习实践并建立实习实践基地等合作进行了深入的探讨并达成共识。

【孔子学院融入当地】 2023年,迪大孔院积极参与当地教育机构、学校及社区组织的各类文化、教育交流活动,主动融入迪拜华人华侨及当地社区,依托社区的平台和优势,整合社会资源,提升孔院知名度,扎实推进迪拜国际中文教育生态圈协同发展工作。通过丰富多彩的交流活动,孔院分别与中国驻阿联酋大使馆、中国驻迪拜总领事馆、阿联酋妇女联合会、迪拜文教协会、迪拜中国学校、阿布扎比哈姆丹·本·扎耶德学校、阿布扎比亚瑟学校、迪拜慈善小学、迪拜朱美拉国际学校等建立友好协作关系。

【文化宣传】 2023年,通过官方微信公众号、迪大孔院成立12周年纪录片、宁夏大学成立65周年纪录片、大型宣传展板、孔院宣传手册及孔院专属文件袋、传统节日及文化交流活动等多种方式和渠道积极宣传孔子学院,努力讲好孔院故事、树立孔院良好形象。截至2023年10月,迪大孔院微信公众号已推送孔院新闻18次,新闻推送量同比增长100%。

(撰稿人:王　潇　审稿人:赵亚峰)

发展规划与学科建设

2024 The Almanac of Ningxia University

逸夫图书馆 （苏宇静 摄）

发展规划与学科建设

【概况】 2023年,是学校深入推进"双一流"建设的关键之年,也是加快实现"区域特色鲜明、服务地方能力突出的西部一流大学" 战略目标的攻坚之年。聚焦加快推进一流大学和一流学科建设,以开展"双一流"建设中期自评为契机,全面检视"双一流"建设情况,以评促建、精准施策。聚焦"部区合建"工作,坚持以服务求发展,以合作聚合力,让"部区合建"成为学校高质量发展的战略支点。注重发挥学科统领作用,坚持系统性建设学科、特色化打造学科、内涵式发展学科。聚焦激发动力活力,围绕增强能力实力,系统设计,深入推进综合改革,构建形成以学院为中心体,以学部、书院为两翼的"一体两翼"新架构体系。

"双一流"建设工作。学校第二轮"双一流"建设中期自评顺利通过。按照教育部相关工作安排,系统评估学校推进"五大建设任务"和"五大改革任务"的具体做法、改革举措和实际成效,认真做好经验总结、自我诊断、整改落实、专家评审等自评工作,向教育部报送《宁夏大学"双一流"建设中期自评报告》《宁夏大学化学工程与技术学科中期自评报告》及《宁夏大学化学工程与技术学科整改自评报告》,得到教育部孙尧、吴岩等领导的肯定。学校"双一流"和"部区合建"工作主要目标任务实现"时间过半,任务超半",在一些关键领域、重要指标实现新突破。

"双一流"建设数据统计工作。盯紧"双一流"建设监测指标体系,编制《宁夏大学2022年度"双一流"建设监测数据采集填报工作方案》,明确填报任务分工与工作要求,认真分析指标体系内涵,协同相关部门深入挖掘数据, 凝练写实材料的特色优势,多轮审核、反复修改完善填报数据,一个指标一个指标分析,一个指标一个指标落实,确保全面、客观、准确反映学校"双一流"建设成效,顺利完成2022年度"双一流"建设动态监测数据的填报工作。同时,坚持依法统计,认真学习统计政策法规及教育统计调查制度, 准确理解各项统计指标,客观、严谨地做好基础数据的收集、归类、协查、核查,努力提高统计工作质量和水平,高效、按时、准确完成2022年度教育事业综合统计调查表的填报工作。

"部区合建"工作。落实新时代教育评价改革,向教育部报送学校《新时代教育评价改革总结方案》和《宁夏大学部区合建2022年工作总结和2023年工作要点》。8月,教育部"部区合建"工作专项调研组第12组现场对"部区合建"高校大型系列研究设施(平台)建设入校调研指导,依托化学工程与技术学科群和民族学学科群建设的大型装置"煤化工过程全测试系统大型系列研究设施"和大型数据库"西夏文献文物""宁夏非遗"等成果得到教育部专家组的充分肯定。按照教育部要求,立足"部区合建"工作的丰富实践,全面凝练学校办学经验和办学特色,形成可复制、可推广的办学机制和模式, 为中西部高等教育振兴提供理论支持。7月,赴广西大学参加"新时代部省合建高校发展圆桌会议",总结学校"部区合建"工作机制创新、特色经验成效,积极与14所"部省合建"高校交流工作经验,激发创新活力。11月,配合完成教育部专项课题研究调研组的入校实地调研。

学科建设工作。围绕国家战略顶层设计学校学科整体中长期规划。10月,组织召开学校学科建设及学院高质量发展交流研讨会。12月,围绕人才培养、师资队伍、科学研究、社会服务、对外交流与文化传承6个一级指标,开展"定学科方向、定专业、定学科平台、定学位点”的“四定”工作，对接国家和区域战略，对接产业和经济社会发展需求，进一步细化建设任务，压实压细主体责任，为学校整体中长期发展奠定基础。聚焦区域经济社会发展需求优化学校学科布局，多方谋划并挂牌“中阿大学联盟交流机制中方研究院”以支撑区域国别学科建设。围绕建设黄河流域生态保护和高质量发展先行区和西北生态屏障构筑战略，紧抓全国重点实验室重组建设契机，积极参与黄河“几字弯”资源与生态安全国家重点实验室申报建设、林木资源高效生产全国重点实验室重组建设，推进生态与农林学科群整体发展，农业科学进入ESI全球排名前1%的学科。

重大项目。紧盯政府支持宁夏大学新增270亩发展教育用地等重大项目，紧密对接自治区与银川市，完成新工科人才培养与创新研究基地建设规划及建设方案的编制、上报，已积极推进项目立项和土地划拨等工作。

综合改革工作。开启以学院为“中心体”、学部和书院为两翼的“一体两翼”新治理格局。系统推进“学部制”“书院制”改革。深化“书院制”改革，成立8个书院，实现“一站式”学生社区综合管理，有效形成“三全育人”“五育并举”的育人格局；实施“学部制”改革，组建人文与民族学部等9个学部，推进学科交叉融合和服务机构的精简提质，出台《学部内设机构工作指引（试行）》，指导学院、学部和书院“一体两翼”工作衔接；整合资源优化配置，调整组建8个学院，进一步理顺学科建设机制，激发发展活力。深入推进师生服务中心、学术期刊中心、国际教育学院、中卫学部等机构改革。在党群行政部门、教学单位、教辅单位全面开展“三定”，出台《宁夏大学党群行政部门（机构）编制方案》，共调出251个岗位补充到教学科研岗，形成目标明确、权责清晰、制度规范、充满活力、高效科学的现代化基层治理架构。

“双一流”建设项目管理工作。围绕自治区、学校“双一流”建设二期方案中的重点任务，切实将钱用在刀刃上，激发活力，产出效益，在一流学科建设、高水平师资队伍建设、创新拔尖人才培养、科研创新与社会服务、国内外合作交流、公共服务保障体系建设6个领域实施37个项目，建设经费总量1.5亿元，截至2023年底，资金执行率达到100%。同时，委托第三方评估机构对学校2022年度自治区“双一流”建设项目开展绩效考核，通过绩效信息采集、问卷调查、现场评价的方式，全面了解“双一流”建设项目决策、组织实施、政策支持、项目管理、资金管理等决策与管理情况，全面检查34个建设项目实施情况、资金使用情况与绩效目标达成情况。

中央财政支持地方高校改革发展资金项目管理工作。在扎实落实好教育部明确要求的“部区合建”、国家一流学科建设等“规定动作”的同时，坚持扶优扶强与弥补短板相结合，与“双一流”建设专项形成合力，着重解决人才培养、师资队伍建设、科研创新与服务发展、公共服务保障体系等领域的突出问题，编制了《2023年中央支持地方高校改革发展资金项目申请报告》。学校获批中央财政支持地方高校改革发展项目资金20994万元，在学科建设、人才培养、师资队伍建设、科研实践平台建设、国际化办学、公共服务体系建设6个方面安排了15个建设项目。在项目实施过程中，主动承担落地实施、跟踪检查、协调服务等任务，深入了解项目存在的问题，提出解决办法和建议，截至12月31日，资金执行率达到100%。

贴息贷款项目管理工作。用足用好教育部教学科研重大仪器设备采购和配套设施建设专项贴息贷款的政策红利，以推进新工科、新农科、新文科等“四新”建设为引领，谋划一批教学科研、实验实训等重大设备购置和配套设施建设项目，进一步加快学校科技创新体系建设，谋划了主要包括智慧校园及教学实验设备、教学科研仪器及配套设施升级改造、学校数字化转型建设等内容的23个建设项目，签订购置合同总金额为29549.43万元。10月至11月，学校利用开展期中教学检查之际，对各学院实施的贴息贷款项目进行专项检查，进一步督促项目的高质量实施。截至2023年12月31日，已完成27550.68万元资金支付工作，暂未解冻支付金额1998.75万元。全年提交学校各类会议材料63份，参加教育部、自治区及学校会议300余次，处理收到公文101份、信访事件1件，发送各类公文56份，报送约稿2次、信息7次，出台文件7份，向教育部报送报告4份。重大事项处理材料和过程均能做到纸质材料和电子版保存，管理、审批和报送流程合规完整。

【“一体两翼”治理新格局】 通过“学部制”和“书院制”改革，打造形成以学院为中心体、书院和学部为两翼的“一体两翼”新治理格局，学部优化配置资源，致力于为学院提供全方位的行政服务保障，促进学科交叉融合，培养高素质复合型创新人才；书院为学生提供“一站式”事务服务和精细化思想教育管理，成为创新人才培养和加快构建思想政治工作体系的重要载体，进一步深化全员全过程全方位育人格局；学院聚精会神做好人才培养、师资引育、专业与学位点建设及学科与科研平台建设，形成有组织的教学和有组织的科研模式，激发学院办学活力。

【宁夏高等研究院建设规划】 12月14日，教育部和自治区党委、政府在银川召开宁夏高等研究院建设启动推进会。作为教育部批复的教育强国建设规划纲要中的全国首家高等研究院，宁夏高等研究院将以教育部部属高校和地方高水平大学为依托，以宁东能源化工基地为主阵地，结合产业发展、企业需求，建成高层次人才培养与科技创新的试点示范基地、西部领先的高层次人才培养中心、产教深度融合的协同创新中心、适用实用能用的成果转化中心的“一个基地三个中心”，为自治区确定的现代化工、葡萄与葡萄酒、枸杞等“六新六特六优”产业和相关企业提供科技和人才服务。为推动落实宁夏高等研究院组建工作，围绕宁夏产业高质量发展需求，在教育部的指导下，宁夏大学配合自治区教育厅编制《宁夏高等研究院组建方案》，完成《宁夏高等研究院教育教学保障方案》和《宁夏高等研究院章程》，学校计划2024年增加24名博士和42名硕士的专项招生名额。

【学科建设成果】 2023年，教育部发布了全国第五轮学科评估结果，全校有13个学科进入排名榜单，1个学科获B评价，1个学科获B−评价，2个学科获C+评价，9个学科获C−评价。相较于第四轮学科评估增加了5个学科，特别是民族学学科由B−评价上升到B评价，化学工程与技术学科由后70%上升到C+评价。农业科学学科领域首次进入ESI世界排名前1%，这是继化学、工程学学科后，又一个进入国际高水平行列的学科领域，实现了学科建设的重要突破。在上海软科中国大学排名中，学校综合排名从2020年184名上升到2023年149名，学科建设成效不断显现。

（撰稿人：陈君飞　审稿人：周永军）

师资队伍建设

奇云出没 （钟子杰 摄）

人事工作

【概况】 2023年，宁夏大学紧紧围绕自治区推进新时代人才强区战略落实年有关要求，紧盯学校第七次党代会、新一轮“双一流”建设和“十四五”师资队伍建设规划目标任务，不断优化人才发展环境，调整优化人事管理职能，成立人力资源部，配齐配强人才工作力量，强化服务人才、研究问题的能力，为学校综合改革和内涵式发展提供人才支撑。

高层次人才建设工作。在“长江学者奖励计划”遴选工作中，依托学校一次性产生4名人选，在同类高校中位居前列。引进1名区域国别学领域知名专家，学校共有中国工程院院士2人、“长江学者”10人、国家杰出青年科学基金获得者4人、国家“万人计划”人选10人、“四青”人才5人，入选各类省部级以上人才计划人选265人。

博士队伍建设工作。为助力自治区总体实现到2025年至少全职引进1000名高层次人才的工作目标，学校将引才目标从每年引进70名博士，增加到每年引进150名博士，在保证质量的前提下，力争到2025年引进博士超过500名。学校已具有博士学位教师1124人，年度新增超过150人，博士比例较上年增长5%，达到专任教师的60%。

人才评价改革工作。出台《绩效工资改革方案》，打破“论资排辈”“身份定薪”，解决“平均主义大锅饭”“干好干坏一个样”“干多干少都拿钱”等问题，建立“优绩优酬”“能上能下”的绩效工资分配和岗位聘任机制，坚持边改革、边总结、边完善，对绩效评价指标进行修订，对全校2620名教职工进行绩效长聘岗和短聘岗岗位聘任。出台管理岗位工资绩效补差办法，利用绩效工资对250名未兑现财政工资的管理干部收入进行适当补差。出台“准聘”高级专业技术职称制度，对358名专任教师实施准聘。完成338人专业技术岗位聘用中期动态调整，解决职称评聘“能上不能下”“评上聘不上”等困扰多年的问题。支持30名青年教师赴国内外高校访学研修、攻读博士。设立“贺兰山学者”岗位，对优秀的青年人才实施“一人一案”，逐人制订3—5年培养发展计划和考核要求。出台专业技术二级岗位聘用管理实施方案，修订师资培养、人才引进、退休返聘管理办法，人才政策体系不断完善。年度新增1个博士后科研流动站、2个自治区人才小高地，横向课题立项经费达到6000万元，成果转化经费达到843万元，获批自治区级以上重大（重点）科研项目15项、科技创新奖励10个、知识产权240个。国家自然科学基金项目获批立项96项，人才培育效果明显。人才评价改革经验在全区人才工作者培训班大会上作交流，受到普遍关注。

人事人才工作领导小组工作。发挥人事人才工作领导小组作用，教学、科研、人事等11个部门在校党委的领导下统筹开展人才工作，随时解决人才工作难题。严格执行“三重一大”制度，每月至少召开一次校长办公会或党委常委会会议，研究人才工作事项。召开人事人才工作领导小组会议10次，审议博士招聘计划10批204人，通过164人，审定20人辞职（调出）事项，审议、审定各项规章制度11项。落实领导干部联系服务专家人才制度，每名校领导联系2名省部级以上高层次人才，密切学校党委与各类人才之间的联系，拓宽高层次人才建言献策的渠道。

服务地方工作。发挥宁夏示范企业的产业优势和宁夏大学的科技研发设备、人才与技术优势，加快推进自治区化工技术、新材料产业迭代升级和高质量发展，依托贝利特集团、保隆化工集团、华远鑫和集团、泰和新材集团等成立7个校企创新联合体，签订2100万元合作协议，有效推动产学研合作、协同创新。落实学校“5+N”校地合作框架协议，主动贴近地方经济社会发展需要，聚焦服务地方、锻炼人才的双赢目标，探索“编制在宁大，发展在企业”的人才引育模式，选派4名干部、18名青年博士赴自治区五市及宁东基地挂职锻炼，鼓励支持广大人才将论文写在大地上。聘请18位企业导师参与学生培养和课程教学，人才培养模式不断创新。

人才政策宣讲工作。将自治区和学校人才政策列入干部培训、新入职教师培训等必修内容。赴上海交通大学、哈尔滨工业大学等11所国内知名高校开展人才政策宣讲和博士专场招聘，在各项人才政策的叠加作用下，一大批优秀博士选择来校工作，录用比例达到5:1，80%来自区外高水平大学或科研院所。

减负行动3.0工作。成立“支持优秀青年教师成长工作小组”，在团队建设、职称晋升、项目和奖项申报等方面加强统筹、科学设计。推进科研项目管理赋权改革，对各级各类纵向项目，赋予科研人员自主选择和调整技术路线的权利。持续完善“先确权、后转化”模式，完善成果评价激励机制，激发学校科研人员科技成果转化的主动性。

师德师风工作。将师德师风建设贯穿教师队伍建设全过程，坚持对师德违规行为“零容忍”，将严重违反师德师风纪律人员，坚决调离教师队伍。修订《师德失范行为处理办法》、师德学习教育资料汇编，出台《师德违规行为通报曝光制度》，开展全覆盖师德集中学习教育。评选表彰立德树人奖39人，举办新入职教师宣誓仪式，为荣退教师和教龄35周年老教师颁发纪念牌。查处师德违规行为2起、学术不端行为3批共15篇论文。

（撰稿人：李学武　审稿人：谭亚云）

离退休教职工服务工作

【概况】 截至2023年底，全校离退休教职工共计1670人，其中离休干部12人，退休人员1658人。新退休115人，去世61人。离退休人员服务处党委下设1个机关党支部和20个离退休党支部及11个“三缘型”党支部，离退休党员836名，在职党员13名。

党建引领。坚持以党建为引领，牢牢把握为党和人民的事业增添正能量的价值取向，在自治区“银耀宁夏”离退休干部志愿者协会的指导下，以推进“党建+志愿服务”平台为抓手，通过“3个引领、7支队伍、8个平台”建设，搭建服务载体，延伸服务触角，打造服务品牌，面向社会、面向学校、面向大学生，组织老同志深入开展“不忘初心担使命、志愿服务展风采”活动，受到教育部关工委、自治区关工委的表彰。

理论武装。坚持以习近平新时代中国特色社会主义思想为指导，认真开展学习贯彻习近平新时代中国特色社会主义思想主题教育和专项整治工作。各党支部积极组织学习教育，开展“真情慰问老党员，送学上门暖人心”活动，通过送学上门、邮寄学习资料等方式开展学习，确保学习教育全覆盖。着力实施“党建聚力”行动，推动党建工作创品牌提质量，开展“示范党支部”创建活动。选配党性强、威信高、经验丰富、乐于奉献、身体较好的退休教职工党员担任党支部书记和委员，安排在职党员担任联络员协助开展工作，21个党支部全部完成换届选举工作。为17名党龄达到50周年且一贯表现良好的离退休老党员颁发了“光荣在党50年”纪念章。

服务保障工作。为离退休人员发放春节慰问金，订阅报纸杂志27种，为离退休厅级干部发放报刊补贴，“三八”妇女节为离退休女教职工发放慰问品，重阳节走访慰问99名70岁、80岁、90岁老同志，为他们送去生日慰问品。全年开展走访慰问、住院看望、生日慰问、重阳节慰问、生活困难帮扶约900人次。举办2次趣味运动会，参与人数2000余人次。完成老同志的体检及费用报销工作。办理殡葬善后事宜61人次。

关工委工作。根据学校机构改制，成立9个学部关工委、8个书院关工委、前沿交叉学院关工委，保留民族预科教育学院、宁夏大学新华学院、宁夏大学附属中学基层关工委。开展“孝老敬贤月”活动和走访调研工作，成效显著。

老年大学工作。开设课程23门，学员420余人次参加学习。分校制度健全，教学管理规范。依托宁夏大学雄厚的师资力量和先进的教育理念，以优质的教学资源、鲜明的专业特色将老年大学分校建设成为全区具有较高社会声誉的高水平老年大学，受到离退休人员的高度赞誉。

（撰稿人：程纲越　审稿人：贺生斌）

人才培养

2024 The Almanac of Ningxia University

春 （钟子杰 摄）

本科生教育

【概况】 2023年,本科生院深入学习贯彻习近平新时代中国特色社会主义思想和党的二十大精神,聚焦以"三全育人"为核心的立德树人主线和以"双一流"建设为核心的"部区合建"发展主线,主动服务和融入"三区建设",积极推动"一体两翼"机制体系向纵深领域迈进,转变思想、打破固有思维模式,加快形成支持教育教学改革创新合力,不断提升人才培养质量。

专业认证工作。学校共有76个本科专业承担招生、人才培养任务,其中28个专业获批国家级一流本科专业建设点,9个专业获批自治区级一流专业,占专业总数的48.6%。专业认证工作成效显著,2023年学前教育、化学、地理科学、历史学、生物科学、物理学、英语7个专业通过教育部师范类专业第二级认证,体育教育专业顺利通过专家进校考察,14个师范专业共有11个专业(含通过进校考察专业)通过师范类专业认证,通过率为79%。工科专业中机械工程专业等待专家进校考察,计算机科学与技术、过程装备与控制工程、食品科学与工程3个专业通过认证申请。以一流专业建设和专业认证为抓手,进一步推动专业建设标准化、专业认证制度化建设,不断提升专业核心竞争力。

教学成果奖和国家一流课程。2023年,宁夏大学获批3门国家级一流本科课程。针对学校短板弱项,提前谋划,发布《宁夏大学卓越教学团队建设与管理办法》,梳理本科教学的组成要素,以18个成果为标,打造跨高校、跨学院的卓越教师团队,造就一批本科教学团队和教学名师,取得本科教学的特色创新发展新成效,形成一系列标志性教学成果,培养大批适应经济社会发展需求的高素质人才。针对学校国家级一流本科课程数目偏少、质量不高,提前梳理区级一流本科课程,发布国家一流本科课程预申请通知,对选拔的30门课程进行全方位打造,提高一流课程命中率,抢抓最后一批一流课程的机遇。

数字化教材建设。2023年出版教材18部;培育数字化教材100本,其中20余本已完成编辑校对工作;以"宁夏高校专业类课程思政教材研究基地"为示范,切实发挥基地团队的"头雁"效应,与清华大学出版社签署战略合作协议,拟出版20余本专业类高水平课程思政教材,5本教材完成签约出版合同。以5个现代产业学院为依托,与西安交通大学出版社签署战略合作协议,拟出版10本校企双导师制创新规划教材,10本教材已完成出版选题。

人才培养。以"四新"建设为引领,融入学科交叉理念,实现两类"六卓越一拔尖"计划2.0培养班实体化招生。依托2个国家卓越工程师试点专业、8个卓越农林计划试点专业、11个自治区"卓越拔尖人才培养班"项目,设置卓越工程师、卓越农林、卓越新闻、卓越教师等7个卓越班,数学、物理、化学、生物等4个基础拔尖班,建立学生动态分流管理和分类特色发展机制。

招生工作。持续推进招生"阳光工程",加大招生宣传力度,不断优化本科招生模式,生源质量逐年提升。天津、山东、江苏、浙江、湖南、重庆、广东等12个省份最低录取分数超过当地录取分数线100分。其中,高考改革(3+1+2)省份湖南省(选考历史类)录取最高分高于省控线152分,广东省(选考物理类)录取最高分高于省控线148分,山东省(综合改革)录取最高分高于省控线157分。通过规模、结构和布局的调整以及主动跨省协商,学校近5年区外生源比例从25.18%提升至

38.33%，本科生源结构有了较大改善。

访学工作。围绕“双一流”建设和“部区合建”的目标要求，与上海交通大学、福州大学开展本科生“2+1+1”访学项目，选拔20余名优秀本科生赴对方学校学习。

审核评估工作。全面开启2024年审核评估自评自建工作。在院部长会议上对审核评估方案征求意见，通过校长办公会和党委常委会会议审定发布，全面启动自评自建工作，推进上一轮评估的整改报告，召开学院、书院和学部审核评估大会，学校层面推进4个报告的问卷调研，学院层面准备各类档案材料。

教师培养。重点关注新入职教职工、中青年骨干教师、教学管理人员等群体，打造新教师岗前培训、信息化能力培训、课程思政骨干教师专题培训等分层次分类培训体系。通过数字化、新技术为教师专业发展赋能，探索“线上+线下”混合式培训新常态。组织校内培训8次，共计1178人次；校外培训11次，共计3932人次，教师反馈受益匪浅。同时，组织学校骨干教师赴区内外开展教学研讨交流培训7场，促进经验分享和资源共享，提升教师育人水平。组织梳理全校32个教学单位170个基层教学组织，制定本年度教学研究活动方案，包括规定主题活动和自选活动。选派一流基层教学组织负责人及骨干教师参加全国基层教学组织建设专题研讨会。通过交流学习，增进基层教学组织的沟通，加强学校基层教学组织建设能力，提高人才培养质量。教师在第三届全国高校教师教学创新大赛中取得佳绩，获得一等奖和三等奖各1项，学校获得优秀组织奖，实现了在国家级教师教学创新竞赛中的历史性突破，也是宁夏高校首次获得全国高校教师教学创新大赛一等奖。

制度建设。以制度建设为抓手，使本科教育教学的各项工作规范有序。通过修订、制定50余项制度，规范专业、课程、教材、质量评价、招生与学籍管理等各项工作，推动本科教学工作规范有序。

深化产教融合。紧扣自治区“六新六特六优”产业发展需求，深化产教融合，完善协同育人机制。成立宁夏大学葡萄与葡萄酒、枸杞、奶业、地理信息、数字文旅等现代产业学院，构建现代产业学院“四链融合、五院齐驱”新模式。葡萄与葡萄酒、枸杞获批自治区级现代产业学院，推荐葡萄与葡萄酒现代产业学院积极申报国家级现代产业学院。与企业合作申报各类科研项目26项，申请经费1000余万元，形成20余份技术方案，签订6份产业合同，18项实用新型专利得到推广应用；与天津科技大学联合在企业建成3个兼具生产、教学和研发功能校企一体、产学研一体的大型实验实训实习中心和培训基地；与中宁枸杞产业创新研究院打造2个示范性产教融合基地，与企业建立地理信息科学专业实训基地4个，获批教育部创新人才培养实践基地1个、宁夏大学-苍穹数码区域地理大数据联合实验室1个、数字孪生协同中心1个；宁夏大学葡萄与葡萄酒现代产业学院和枸杞现代产业学院成功获批自治区级现代产业学院，宁夏大学葡萄与葡萄酒现代产业学院被自治区教育厅推荐申报国家级现代产业学院，已完成远程答辩。

振兴师范教育工作。师范专业一直是宁夏大学的支柱专业，随着“双一流”建设步伐的加快，师范专业出现弱化。为振兴民族地区师范教育，学校整合师资，成立教师教育学院，统筹推进14个师范专业整体发展；以师范专业认证为突破口，强化OBE理念，规范师范教育，学校投入1407万元，建立教师教育实训中心，强化新时代师范教育中的人工智能、科创实训、心理健康等实践活动；启动汉语言文学、英语、数学与应用数学、体育教育4个自治区级卓越教师班，实现实体化招生，培养卓越的未来教师，为乡村振兴贡献力量。

【本科教学工作会议】 12月13日，召开全校本科教学工作会议，总结回顾过去3年的教育教学工作成绩，表彰教育教学类项目和奖项的获奖个人和团体，针对审核评估、教学成果奖申报、一流专业建设、课程建设开展经验分享，举办教育教学论坛。此次会议进一步明确本科教育工作目标任务，加快推进构建高质量本科人才培养新体系进程，不断提高本科人才培养质量。

【课程思政一体化育人平台】 助力“大思政课”建设，实施“课程思政”与“思政课程”同向同行建设项目，建立“国家+自治区+学校+学院”四级课程思政体系，打造一体化课程思政教学研究平台。10门课程获批自治区课程思政示范课程、教学名师和教学团队；立项建设校级课程思政示范课30门，推进课程思政建设理论研究和教学实践，逐步形成示范体系。

【东西部高校协同赋能高等教育数字化转型专题研讨会】 8月3日，由自治区教育厅支持、宁夏大学主办、超星泛雅集团承办的“东西部高校协同共话高等教育数字化转型”专题会议在宁夏大学国际交流中心召开。来自全国东西部地区30余所高校的教育管理者、教育技术专家和骨干教师齐聚一堂，共同探讨高等教育数字化转型的机遇和挑战。在大会报告阶段，浙江工商大学教授、浙江省高等教育学会秘书长施建祥，宁夏大学教授、本科生院长张亚红，超星泛雅集团课程总监孔鑫凯，山东第一医科大学教授李福荣，宁夏职业技术学院副教授刘仲博，超星泛雅集团副总经理宋瑛等作了主旨报告。本次会议是宁夏大学积极响应国家高等教育数字化转型的倡导，加强与东西部高校沟通与合作的重要举措。通过此次会议，使各高校相互借鉴经验，共同推动高等教育数字化转型发展。

【宁夏高校专业类课程思政教材研究基地成立大会暨首届宁夏高校教材建设论坛】 为推动宁夏高校教材建设高质量发展，6月21日，宁夏高校专业类课程思政教材研究基地成立大会暨首届宁夏高校教材建设论坛在学校召开。自治区教育工委副书记、教育厅党组成员李玮，校党委常委、副校长李建设，清华大学出版社副总编辑、编审孙宇，西安交通大学出版社副总编辑、副社长秦茂盛，北京蓝墨信息技术有限公司董事长靳新出席会议。

【语言文字工作】 举办首届新时代西北地区高校语言文字工作研讨会，加强铸牢中华民族共同体意识学理研究。在第五届全国“诵读中国”经典诵读大赛全国总决赛中，宁夏大学获得大学生组一等奖、留学生组一等奖、教师组三等奖、教师组优秀奖、留学生组优秀奖各1项，是宁夏大学也是宁夏获得的历史最好成绩。为深入学习贯彻习近平新时代中国特色社会主义思想和党的二十大精神，进一步推动乡村振兴，7月21日，“乐享汉语”乡村振兴促进团全体成员抵达西吉县进行线下普通话培训，促进团成员积极与各中小学老师探讨普通话交流及使用中会遇到的各类问题。经过本次培训，所有人员交流颇多、感触颇深、收获满满。利用自治区高教项目投入115万元用于升级改造普通话水平测试站，建设30间独立测试机房和

40个机位的普通话语音学习室，升级普通话水平测试系统，为2万多名学生进行普通话测试服务，2023年被教育部、国家语委评为国家语言文字推广先进集体。

（撰稿人：俞智彬　审稿人：张亚红）

研究生教育

【概况】 研究生教育坚持党对教育事业的全面领导，认真学习贯彻习近平新时代中国特色社会主义思想，持续推进党建与研究生教育管理业务深度融合，以立德树人为根本任务，贯彻新发展理念，切实把党的创新理论转化为推动研究生教育高质量发展的实践和探索。2023年秋季学期研究生在校生人数为7362人，其中博士研究生628人，全日制硕士研究生5158人，非全日制研究生1576人。2023年招录硕士研究生2732名，其中全日制硕士2232人，非全日制硕士500人；招录博士研究生共185人，其中通过"申请—考核"方式录取141人，硕博连读方式录取44人；本年度共授予57人博士学位、2305人硕士学位。选聘博士生导师45人、硕士生导师113人，确定博士生导师招生资格218人，备案硕士生导师招生资格1126人。

学位点申报准备和专项核验工作。以"服务需求、坚持标准、特色引导、资源整合"为原则，成立领导小组、工作专班，共召开20轮申报专题会议，持续凝练学科方向，精心打磨申报材料，不断加强学位点内涵式建设，形成顶层设计清晰、学科特色凸显、资源整合科学的"7+1"学术型和专业型博士点申报梯队及"3+7"学术型和专业型硕士点申报梯队。完成1个博士点、5个学硕点、11个专硕点的专项核验工作。

教育教学改革工作。坚持构建"三全育人"教育格局，深化研究生分类培养模式改革，修订《宁夏大学学籍管理规定》，制定《宁夏大学研究生提前毕业管理办法(试行)》；完成2023版83个研究生培养方案修改制定工作；完成校级"研究生课程思政示范课程建设"立项31项、"双一流"优质课程建设22项、研究生教材建设7项、产教融合示范基地建设项目7项、专业学位案例库建设项目16项、学术论坛项目33项立项。加强全校研究生课程督导和评价，及时发布培养过程预警，强化培养过程质量监控。

【研究生教育治理模式】 构建从招生到学位授予的全过程质量保障体系，进一步建立健全研究生教育体制机制。2023年新修订6个管理文件，与2022年的11个管理文件共同构成较完善的研究生教育管理制度体系。深化招生计划管理改革，招生名额向"双一流"学科、重大科研平台和关键学科领域倾斜，进一步优化教育资源配置。以研究生导师绩效奖励指标为牵引，全年导师资助研究生参加高水平学术会议并作报告或展示墙报达1300余人次。从"严控"和"评优"两个层面提高研究生学位论文质量，提高相似性检测比例标准；评选校级优秀博士论文10篇、优秀硕士论文144篇，打造高质量学位论文的引领示范效应。加强研究生导师队伍建设，严格规范导师遴选标准和招生资格认定，健全导师管理制度，选派86名导师参加自治区级、校级培训。实施以一级学科为主体的学科建设责任机制、以一级学科为导向的资源配置机制，实现资源与任务匹配、权力与责任统一，为学科和学位点内涵式建设提供机制保障。研究生数字化管理提质增效，完成研究生信息系统二期建设验收，初步实现招生、培养、学位授予、导师管理全过程数字化。

【研究生生源质量不断提升】 2023年，努力实现研究生招生规模扩大至近3000人，“双一流”建设高校毕业考生占比达到36.16%。学校博士研究生以硕博连读方式录取的考生占比24%，与2022年相比增长6%；定向生录取比例为12%，与2022年相比降低15%，取得了一定的阶段性成果。

【研究生培养质量稳步提升】 确立“一体两翼、三协同、四提升”的总体发展思路，以研究生教育改革创新系列项目的实施为抓手，完成10本研究生教材编写，录制超过3000分钟时长的课程视频，在超星网络教学平台、智慧树等平台在线建设10余门课程；完成229个专业学位教学案例库建设，其中75个为原创案例；发表14篇教改论文、120余篇学术论文，获得发明专利32项，研究生的文化素养、专业素养、科研创新能力和实践创新能力全面提升。组织农学院、动物科技学院、林业与草业学院、葡萄酒与园艺学院、生态环境学院申报2023年国家级科技小院，成功获批20个国家级科技小院。分别为：宁夏兴庆花卉科技小院、宁夏金凤肉羊科技小院、宁夏西夏奶牛科技小院、宁夏西夏葡萄科技小院、宁夏灵武长枣科技小院、宁夏惠农玫瑰科技小院、宁夏利通葡萄科技小院、宁夏利通苹果科技小院、宁夏利通奶牛科技小院、宁夏红寺堡瓜菜科技小院、宁夏红寺堡枸杞科技小院、宁夏青铜峡奶牛科技小院、宁夏青铜峡辣椒科技小院、宁夏隆德饲草科技小院、宁夏彭阳静原鸡科技小院、宁夏西吉冷凉蔬菜科技小院、宁夏泾源花卉科技小院、宁夏沙坡头西瓜科技小院、宁夏中宁瓜菜科技小院、宁夏海原香水梨科技小院。

（撰稿人：杨 琼 审稿人：车 进）

民族预科教育

【概况】 2023年，民族预科教育学院有教职工44人，其中教授1人，副教授17人，博士4人，在读博士8人，专任教师31人，管理人员13人。

党建与思政工作。学院有教师党员33人。学院党总支深入开展学习贯彻习近平新时代中国特色社会主义思想主题教育，通过开办读书班，坚持读原著学原文悟原理，认真研读党的二十大报告、党章和习近平总书记重要论述精神。严格落实党风廉政建设主体责任、第一责任人责任，切实履行“一岗双责”责任制，签订目标责任书，层层抓好落实。坚持标本兼治，健全完善并出台相关管理制度及防控措施，重新修订《宁夏大学民族预科教育学院制度汇编》。切实做好基层党建工作，严格落实“三会一课”制度，教工第一党支部被列入校级党建工作“样板支部”建设行列。

人才培养。顺利完成2022级学生的教学、管理和结业工作。圆满完成2023级990名新生的招生、报到和入学教育等工作任务。举办预科教育教学节和预科书院文化艺术节，形成课堂内外相辅相成、寓教于乐的预科书院文化。推动德智体美劳全面发展的预科素养课程培养体系建设，开设劳动课、美育课，强化体育健身课。进一步落实预科教育人才培养方案，加强教学管理与运行，推进“互联网+教育”模式，通过更新教材，改革教学方法，分层次构建特色教学模式。预科《大学语文》采用以人文素质教育为中心的专题教学模式，确定“专题模块式”教学及“小组研讨”教学模式，挖掘思政教育内涵；《思想道德与法治》凸显在教学中融入实践，使用“对分易”教学平台，实行对分课堂教学模式；《大学英语》教学发挥智慧教学优势，嵌入慕课、微课等教学形式;《高等数学》采用线上线下混合式教学;《现代信息技术》结合不同目标院校学生进行翻转课堂教学。多措并举抓教风学风建设,推进预科教育教学质量的高质实效。严格执行学校教学质量管理监督制度体系,落实校院两级督导与院领导听课制度,加强课堂教学管理。圆满完成教育部组织的2023年度中国少数民族汉语水平等级考试(MHK)工作。

科学研究工作。2023年,学院立项自治区级项目2项,经费8万元,发表论文7篇。数学教学部入围校级数字教材出版培育项目1项,已进入培育阶段。

【举办第六届书院文化艺术节】 3月至6月,为培养预科学生良好的艺术表达能力,营造高雅的校园文化氛围,展示预科学生的精神风貌,学院举办第六届书院文化艺术节。本次书院文化艺术节包括"民族团结杯"运动会、"民族团结一家人 中华民族一家亲"系列比赛、书院篮球赛以及至善、其正、文质书院系列活动。

【举办第四届教育教学节】 4月至6月,为深入贯彻落实党的教育方针,落实全国教育大会和新时代全国高等学校本科教学工作会议精神,学院举办第四届教育教学节。本次教育教学节开展了名师论教、名家讲坛、课堂教学观摩、教学部风采、学生优秀笔记展、学科知识趣味猜谜等形式多样、丰富多彩的活动。

【"追寻红色记忆 传承延安精神"主题党日活动】 7月1日至3日,学院党总支到革命圣地延安开展"追寻红色记忆 传承延安精神"主题党日活动。活动中,全体党员同志先后参观了宝塔山、延安革命纪念馆、杨家岭革命旧址、枣园革命旧址、西北局旧址纪念馆等红色革命教育基地,并进行现场教学,了解了老一辈无产阶级革命家们在延安艰辛奋斗的历程,对延安精神有了更深刻的领悟。

(撰稿人:陈 婕 审稿人:倪 彬)

留学生教育

【概况】 2023年,全校在读国际学生共131人。全年招收国际学生语言生5人、学历生93人;全年毕业生共计21人,其中本科毕业生18人、硕士毕业生1人、博士毕业生2人。学校为国际学生提供中国政府来华留学奖学金、宁夏回族自治区政府来华留学奖学金、宁夏大学来华留学奖学金。国际学生在宁夏大学接受与中国学生同样的趋同化教育。学校国际学生教育已形成了完整的培养层次,涵盖语言进修生、本科生、硕士研究生、博士研究生。

课程建设。提升来华留学教育教学质量,制定《宁夏大学国际学生本科生通识教育课程设置》《宁夏大学国际学生研究生公共课设置》,明确学校国际学生各专业通识教育模块课程要求,将国际学生教学纳入学校教务平台,真正实现趋同化管理。开设中华文化体验课系列课程(中国鼓、中国舞、书画、中文歌曲、古筝),激发来华国际学生对中华文化的认知兴趣,加强参与积极性与文化认同感。

留学生培养。2023年,来华国际学生招生共计98人(学历生93人,语言生5人),突破历年招生人数。2023年,首次组织国际学生参加第五届中华经典诵写讲大赛"诵读中国"经典诵读大赛,取得1个一等奖、1个优秀奖的好成绩,实现宁夏大学在此项赛事中"零"的突破。2023年,首次组织国际学生参加全国汉教硕士研究生微课大赛，取得1个三等奖、1个优秀奖的好成绩。2023年，首次组织国际学生参加汉考国际举办的全球短视频大赛，取得学习激励奖，学校荣获优秀组织奖。在自治区高校第五届来华留学生汉语大赛中，取得个人一等奖、二等奖，团体一等奖、二等奖，宁夏大学荣获优秀组织奖。在中亚峰会、中阿博览会等重大外交时刻，《中国日报》、新华社、中新社主流媒体采访学校国际学生，多语言、多平台报道，提升了学校国际影响力。

【国际教育巡回展】 4月15日，由教育部留学服务中心主办、宁夏大学国际教育学院承办的2023年英国高等教育文凭项目(SQAAD)教育巡回展暨平安留学行前培训会在国际教育学院举行。巴斯斯巴大学、曼彻斯特城市大学、切斯特大学、德蒙福特大学、密德萨斯大学（伦敦）、考文垂大学、班戈大学、多瑙新城大学及朴次茅斯大学9所国外院校的校方代表、国际教育学院院领导及AD项目200多名学生参加了此次教育巡回展。

【俄罗斯欧亚经济联盟议会大学来校访问】 5月21日至22日，俄罗斯欧亚经济联盟议会大学国际关系中心国际业务主任巴赫婕勒·安娜·尤里耶夫娜、法律系副主任施洛娃·安娜·叶甫根尼耶夫娜在唐风国际教育集团战略合作部总监王彩虹、经理周鲁峰及俄罗斯唐风项目经理谭雅的陪同下，来学院走访座谈，对外合作交流处、本科生院、国际教育学院、美术学院、前沿交叉学院等单位相关负责人参加了座谈。

【秦腔进校园】 4月19日，由宁夏大学国际教育学院主办、宁夏演艺集团秦腔剧院承办的“唱响青春·多彩秦韵”活动在学院中国文化体验中心举行，来自俄罗斯、巴基斯坦、印度尼西亚等21个国家的49名国际学生在现场零距离感受中国秦腔艺术魅力。国际学生不仅体验了戏剧油彩妆造型、穿剧装、戴头饰，欣赏经典剧目，还通过不同戏曲元素以及戏曲表演技巧现场教学体验，轻松愉悦地感知中华优秀传统文化魅力。《中国日报》、新华社、中国新闻网、银川新闻网、直播银川等多家主流媒体采访并报道了此次活动。

【参加2023中国留学论坛】 4月7日，校党委常委、副校长李建设，学院院长刘艳晖在北京参加由中国(教育部)留学服务中心主办的“巩固　深化　提升——开创留学工作新局面”2023中国留学论坛，教育部国际合作与交流司司长刘锦、中国(教育部)留学服务中心主任程家财出席论坛，来自澳大利亚、韩国、新加坡、新西兰、加拿大、美国、塞尔维亚、马来西亚等国家的300余名代表参加论坛。李建设致辞并作主旨发言，围绕项目质量保障体系、人才培养、教学特色、思政教育、校园管理服务等方面向与会嘉宾介绍了宁夏大学开展英国高等教育文凭项目的新举措、新成效、新思路。

【宁夏高校第五届来华留学生汉语大赛】 4月2日，由自治区党委宣传部、自治区教育厅主办，宁夏大学承办，银川市新闻传媒中心协办的“魅力汉语　映像宁夏”——宁夏高校第五届来华留学生汉语大赛在银川电视台演播大厅举行。参赛高校包括宁夏大学、宁夏医科大学、北方民族大学和银川能源学院。学校获得团体赛一、二等奖，个人赛一、二等奖，并荣获优秀组织奖。

【阿拉伯国家国际中文教育工作调研交流座谈会】 9月

21日，由教育部中外语言交流合作中心、自治区教育厅主办，宁夏大学承办的阿拉伯国家国际中文教育工作调研交流座谈会在校召开。教育部中外语言交流合作中心副主任胡志平，自治区教育厅党组成员、副厅长姬元龙，校党委书记李星出席会议，校党委常委、副校长李学斌主持会议。来自全国36所高校的校领导及专家参加了此次座谈会。

（撰稿人：刘美玲　审稿人：韩　勇）

创新创业教育

【概况】 创新创业学院（大学科技园办公室）下设创新创业教育中心、国家大学科技园服务中心2个职能部门。学院有教职工11人，其中教授1人、副教授2人。学院始终坚持以立德树人为根本任务，将创新创业教育改革融入人才培养全过程，通过双创教育、思政元素、专业技能的专创融合，打通"课堂教学、实践训练、项目培育、团队孵化"的全链条教育，着力提升大学生创新意识、创业精神、创新创业的综合素养，打造基于"课程建设、平台搭设、思政融合、人才培养、项目孵化、活动组织、学科竞赛、实践平台"的赋能型育人"宁夏样板"。

课程建设。开设《新媒体营销：实务与案例》《创新与设计思维》等2门创新创业短课，受益学生近5万人；出版《创新创业导论》等数字化教材2部；首批开设"数字化创新创业管理"微专业；建成宁夏大学创新创业综合实训云平台，全面优化"双创" 教育数字化资源库与数字化教学水平；开展"贺兰山–大草原"双创品牌论坛、"企业家说、创新者说、创客说"等品牌活动16次；优选"雏鹰计划"学生30名，进行复合拔尖型人才培养创新。

创新创业教育工作。完成947项大创项目结题验收，本科生完成结项论文65篇、技术专利17项、软件著作权12项；立项1025项，推荐国家级50项，连续3年推荐项目入选国创年会及国创计划重点支持领域项目；建设创新创业"金课"8门、"揭榜挂帅"课题16项，产出研究报告、学术论文18篇；在全国性创新创业教育论坛上发表主旨演讲3次。承办第九届"互联网+"大学生创新创业大赛宁夏赛区总决赛，共组织全校1412个项目、10523人次参赛，获得国赛总决赛1金2银6铜、区赛10金9银20铜；组织学生参加全国大学生电子商务"创新、创意及创业"挑战赛等4项国家级"双创"赛事，共获省部级以上奖励40余项，其中2项入围全国百强，首次获得该赛事国家级铜奖。

战略合作。建设全要素、全流程、全链条生态育人体系，推动基于"产学研融合、校院企联合、就创业联动"的学校—书院—企业"三级联动工作机制。建设校级"双创"基地4个、院级"双创"教育分中心8个、"双创"实践分基地4个、校外企业"双创"基地4个；与专业服务机构、投资机构等20余家单位达成战略合作，与迪拜大学达成共建科创基地战略合作协议。

"四色先锋+四科进校园"活动。在全国率先响应教育部等14部委科技创新赋能基础教育文件精神，联合银川市湖畔中学、小学，联合校内优秀青年博士团队开展"四色先锋+四科（科学、科技、科创、科普）进校园"赋能基础教育公益活动3场。

国家大学科技园工作。成功孵化65家科创型师生团队（企业），培育科创型企业60家，其中国家高新技术企业1家、自治区科技"小巨人"企业1家、科技型中小企业9家；在孵企业发明专利数31件；在孵企业从业人员468人，吸纳应届毕业生就业人数21人；园区企业产值逾1.3亿元。形成 5 万字整改报告、50 余万字附件证明材料，获科技部、教育部评审专家一致高度认可，成功保牌。

【荣誉与奖励】 荣获自治区创新创业教育先进集体奖、优秀组织奖、创新创业教育特殊贡献奖；获批自治区级科技创新团队、自治区科技企业孵化器、自治区级众创空间、自治区级技术转移示范基地等 4 个省级科创平台，成功打造“众创空间+孵化器+加速器”全链条科技成果转移转化服务体系；在中国国际大学生创新大赛全国总决赛上再夺 1 金 2 银 6 铜，连续 3 年夺得宁夏高校唯一金牌；首次入选第十六届全国大学生创新年会创业推介项目展示并斩获“最佳创业项目”，是宁夏高校首次获此殊荣；学院入选中国高校众创空间联盟主席团成员单位，位列中国本科院校创新创业教育指数榜第 83 位，比 2022 年提升 16 位。

（撰稿人：蒋佳佳　审稿人：冯　蛟）

国防教育

【概况】 2023 年，人民武装部(国防教育教学中心)有教职员工 8 名，其中部长(主任)1 名(正处级)，兼任人民武装部直属党支部书记；副部长(副主任)1 名(副处级)，综合(征兵)办公室主任 1 名(正科级)，专职军事课教师 1 名，行政及兼职军事课教师 5 名。主要工作职责为：负责全校学生军事课(包括军事理论课、军事技能训练)的教学组织工作；负责全校学生征兵工作；负责全校国防教育及民兵预备役工作。4 月，根据学校改革发展需要，人民武装部(国防教育教学中心)进行整体搬迁，由怀远校区数学统计学院计算机楼一楼整体搬迁至怀远校区逸夫图书馆西侧三楼。宁夏大学自 1985 年被确定为全国首批学生军训工作试点院校，至 2023 年，已经顺利完成 39 届 10 万余名学生的军事课教学任务。

党建工作。6 月，人民武装部(国防教育教学中心）直属党支部严格按照要求和党组织换届程序进行换届。换届后，设委员 3 名，其中书记 1 名、组织(纪检)委员 1 名、宣传委员 1 名，各委员分工明确，按规定定期召开党支部委员会会议，严格落实“三会一课”和“三重一大”等各项组织生活、理论学习和工作制度。2023 年，党支部共有党员 7 名，组织集体理论学习 11 次、党支部书记讲党课 1 次，开展主题党日活动 2 次，召开组织生活会开展民主评议党员和谈心谈话各 1 次。开展师德师风教育 5 次、廉洁教育 3 次、廉政风险排查 1 次、《民法典》主题宣传月活动 1 次，开展宪法、国家安全、突发事件应对、消防安全、实验室安全、禁毒等方面普法活动 6 次。组织开展国家安全日、民族团结进步教育、爱国主义教育、传统文化教育等主题活动 4 次，开展爱心捐助 2 次、征兵宣传 6 次，光电模拟射击馆服务师生 10 余次，组织新生和全体教师开展消防安全知识普及和战场救护培训 1 次、安全培训和安全检查 10 余次。组织全体教工开展秋游、健步走、传帮带座谈会 4 次。12 月，重点进行党建文化和国防教育阵地建设。

军事课教学工作。军事课由军事理论和军事技能训练(简称“军训”)两部分组成。军事理论教学时数 36 学时，记 2 个学分；军事技能训练为期 21 天，教学时数 168 学时，参训学生必须全程参训且考核成绩合格，获 2 个学分。2023 年，军事理论课教学情况：采用小班授课，课堂施行半军事化管理，教师着军装授课，并坚持在课堂教学中积极融入思政元素，不断优化课堂设计，进一步贯彻落实立德树人根本任务，切实引导青年学生厚植爱国情怀，强化国防观念。2023 年春季学期和秋季学期,完成2022级和2023级共计4900余名学生的军事理论课教学任务。2023级学生军训情况:8月28日至9月17日,在校本部、中卫校区进行2023级本科生4980人军训工作,学校成立国防教育(学生军训)工作领导小组,制订军训计划,认真修订《宁夏大学2023级学生军事技能训练工作手册》,扎实做好军训各项工作,确保为期21天的军训任务顺利完成。

军训汇报科目表演暨总结表彰大会。9月17日,学校在怀远校区田径场隆重举行2023级本科生军训汇报科目表演暨总结表彰大会,校领导李星、彭志科、周震、李建设、刘炎胜、黄河、李学斌、赵晓佳,宁夏军区战备建设局中校参谋曹鹏飞,武警宁夏总队银川支队上校副政治委员史建宁,自治区教育厅体卫艺处二级调研员马希林出席大会。校党委书记李星在人民武装部(国防教育教学中心)部长(主任)、军训团团长张启明的陪同下检阅全体军训方队。军训团进行了分列式表演及科目表演。校党委副书记、校长彭志科代表学校为承训部队授奖牌。校党委常委、副校长李建设宣读《宁夏大学2023级本科生军训工作先进单位及先进个人表彰决定》,为获得6个单项比赛优胜奖、3个先进营、3个优秀组织奖和11个先进连的单位,王玮等30名军训优秀教师、宋金恒等257名军训优秀学生和李双喜等30名优秀教官颁奖。校党委常委、副校长黄河对军训工作作总结讲话。

大学生征兵工作。2023年,人民武装部(国防教育教学中心)把大学生征兵工作列入中心任务。根据全校综合改革实际,学校积极调整学生征兵工作主体,由学院向书院转变,明确职责任务分工,建立沟通指导机制,无缝对接服务需求。人民武装部(国防教育教学中心)积极与西夏区人民武装部和各书院对接,多举措多形式开展征兵宣传,积极营造良好征兵氛围,严格把控征兵各个环节,实行精准动员,努力提高“五率”,创新工作举措,落实优抚政策,确保征兵工作稳步推进。2023年,学校共向部队输送大学生士兵39名,其中毕业生23名。全年累计向69名入伍学生发放入伍奖励金13.8万元,为48名退役学生办理复学及转专业手续。6月6日,学校召开2023年毕业生秋季征兵动员部署会,对秋季毕业生征兵工作作了安排部署,明确任务分工,提出具体要求。校党委常委、副校长黄河,银川警备区动员处上校处长魏鑫出席。2023年,中卫校区作为全区7所兵员精准育苗预征预储试点高校之一,率先成立迷彩青春协会国防军事类社团,按照“社团组织吸纳、培塑国防情怀、引导积极入伍”的要求,采取短期预征和长期预储两种模式,优选预征军事需求对口或专业相近,身体基本符合应征条件,有较强参军入伍意愿、自愿长期留队服役的男性大学毕业生,预储在校生,梯次储备培养,保持学校征兵工作连续性、稳定性,为部队持续输送优质兵员。

【军民融合】 与宁夏军区警备纠察中队签订协议,成为共建单位,开展形式多样的文化活动;为积极适应新时代“一年两次征兵”新要求,认真贯彻落实兵员精准育苗预征预储试点工作要求,学校依托中卫校区博雅书院建立预征预储军事类社团试点,努力构建完善学校国防教育新模式。

【第八届全区军事训练营活动】 由自治区教育厅、宁夏军区战备建设局、中国人民解放军94136部队主办,宁夏大学承办的自治区第八届学生军事训练营活动在校举行,全区29所大中专院校的带队老师、参赛学生,负责协调保障的工作人员和裁判员等170余人参加。5月4日至6日,进行了教练员培训。6月19日,开营仪式在校隆重举行。自治区征兵和学生军训工作领导小组副组长、宁夏军区少将副司令员王同广，自治区政府教育督导室副主任督学杨宝文，宁夏军区战备建设局大校副局长张东华，中国人民解放军94136部队上校副政治委员范东出席。校党委常委、副校长黄河主持仪式。此次全区军事训练营分别从理论学习、技能竞赛、参观见学3个方面进行。6月21日,闭营仪式在学校贺兰山校区文荟楼东报告厅举行，本次比赛选手围绕军事理论、定向越野、无线电测向、轻武器模拟射击、手榴弹投远5项课目同台竞技,按照高校、高中2个类别角逐出团体综合、单项和个人综合、单项共192个奖项。经过4天的激烈比拼,奋勇争夺,学校取得高校组团体综合一等奖、团体单项一等奖2项,个人综合一等奖1人,三等奖2人,个人单项一、二、三等奖各3人的优异成绩,周海鹏被表彰为优秀带队老师,洪毓敏、刘方瑞被表彰为优秀参训学生。

【规范化建设工作】 12月，单位进行党建文化和国防教育阵地建设,对办公场所、库室进行规范改造，建设楼道国防文化长廊，进一步提高人民武装部（国防教育教学中心）正规化建设水平。

（撰稿人:周凌燕　审稿人:龚旭峰）

科学技术研究

2024 The Almanac of Ningxia University

霞光映宁大 （钟子杰 摄）

自然科学研究

【概况】 2023年,科学技术处在学校党委、行政的坚强领导下,在科技部,教育部,自治区党委、政府的大力支持下,以“四个面向”为战略导向,坚定不移实施创新驱动发展战略,开展有组织的科研,为学校“双一流”建设和高质量发展提供强有力的支撑。

组织申报工作。2023年,共组织申报国家及地方各级各类自然科学项目1274项,其中国家自然科学基金599项、重点项目2项、联合基金项目7项、“杰青”1项、“优青”2项、面上项目65项、青年科学基金155项、地区科学基金358项、各类专项9项。共组织申报自治区重点研发计划类项目298项,其中社发领域49项、高新技术领域25项、农村领域99项、软科学16项、引才专项109项。组织申报中央引导专项22项。组织申报宁夏自然科学基金项目364项,其中创新群体项目2项、重点项目62项、优秀青年基金44项、一般项目256项。组织申报2023年科技领军人才培养工程10项。组织申报第七批自治区青年科技人才托举工程41项、其他类型项目10项。

项目立项结果。截至2023年底,国家自然科学基金共96项获得立项资助,其中重点项目1项、面上项目6项、地区科学基金58项、青年科学基金29项、专项2项,直接经费3264万元。共获批自治区重点研发计划农村领域项目19项,获批专项经费3567万元;自治区重点研发计划社发领域项目15项,获批专项经费1510万元;自治区重点研发计划高新领域项目7项,获批专项经费502万元;自治区重点研发计划软科学领域项目5项,获批专项经费23万元。获批中央引导地方项目8项,获批专项经费405万元。获批自治区第八批领军人才项目5项,获批专项经费500万元。获批第七批自治区青年科技人才托举工程14项,获批专项经费42万元。获批宁夏自然科学基金项目211项,获批专项经费2072万元。2023年,完成各级各类项目结题、验收、鉴定248项。其中国家自然科学基金结题60项,自治区科技项目结题、验收188项。

申报立项新突破。2023年,组织各级各类项目申报,无论从数量还是类型等方面均有新突破,特别是国家自然科学基金项目申报,申报数量599项达历史新高,申报类型较往年多样化,首次申报了“杰青”1项。2023年,国家自然科学基金项目立项数量创历史新高,项目资助率实现较快增长,国家自然科学基金项目申报立项的高质量转向趋势明显。2023年,获批重点项目1项,这是学校继2022年以来在该项目类别上再次取得的优异成绩。首次制定详细的宁夏大学国家自然科学基金申报工作指导组实施方案。为提高申报质量,制定自然科学基金申报工作指导组实施方案,成立由80位校内外专家组成的3个申报工作指导组,从选题和形审等方面作了严格的筛查,2023年申报项目中仅有1项形审未通过,取得了显著成效。

【国家自然科学基金项目立项实现新突破】 2023年,国家自然科学基金获得立项资助96项,其中重点项目1项、面上项目6项、地区科学基金58项、青年科学基金29项、专项2项,立项数量创历史新高,项目资助率实现较快增长,国家自然科学基金项目申报立项的高质量转向趋势明显。

社会科学研究

【概况】 2023年,以习近平新时代中国特色社会主义思想为指导,以加强党的建设为引领,以立德树人为根本任务,全面贯彻落实党的二十大、自治区第十三次党代会精神,紧扣"三全育人"和"双一流"建设两条主线,学校哲学社会科学紧紧抓住重大机遇,在科研立项、成果产出、队伍培育、智库研究、基地建设、人才培养、文化传承、创新平台、学科建设、体制机制、评奖表彰、学术社团、服务地方等方面取得了显著成效。学校科学研究及成果评价工作坚持"四个面向",坚持"破五唯""立新标",坚持多元评价与分类评价相结合,推行重要成果或代表性成果评价,树立以质量、绩效、贡献为核心的评价导向,重点评价科学研究活动和科研成果的学术贡献、社会贡献以及对人才培养的支撑等,充分展现了宁夏大学发展办学的新面貌、新突破。

组织申报工作。2023年,人文社科处共组织申报35类659项科研项目。其中,国家级项目218项,部委级项目66项,自治区级项目186项,厅局级项目158项,校级项目31项。截至2023年底,共立项各级各类项目115项。其中,国家级项目17项,部委级项目27项,自治区级项目39项,厅局级项目32项。2023年,人文社科类纵向科研项目立项经费共1065.5万元。其中,国家级项目316万元,部委级项目494.6万元,自治区级项目154.3万元,厅局级项目100.6万元;横向到账经费1505.98万元。

社科项目。李伟教授领衔申报的"中华民族道德生活中的价值认同研究"、冯璐璐教授领衔申报的"阿拉伯文明西传的路径及影响研究(多卷本)"获批国家社科基金重大项目,并完成项目开题。围绕自治区党委、政府中心工作,聚焦自治区重大战略和重点任务开展深入研究,为政府科学决策提供高质量咨询服务工作,全校完成5项课题。共组织申报国家社科基金项目152项,组织完成国家社科基金结项26项,完成国家社科基金工作相关任务。

【社科研究获表彰】 5月,李伟教授申报的《关于宁夏加快建设铸牢中华民族共同体意识示范区的调研报告》荣获国家民委社会科学优秀成果奖(调研报告类)二等奖;11月,文学院胡玉冰教授担任首席专家的国家社科基金重大项目以优秀等级结项。

产业技术开发

【概况】 2023年,横向科研项目数量及经费较往年持续提升,服务行业和区域经济社会发展的能力不断提高,持续扩大与地方政府和企事业单位科技对接交流的广度和深度。

项目及经费情况。签订横向科研项目403项,较上年增长44.44%;合同金额10129.42万元,较上年增长10.30%。其中自然科学类278项,合同金额7765.55万元;社科类125项,合同金额2363.87万元;服务类264项,合同金额5186.57万元;开发类98项,合同金4557.39万元;咨询类41项,合同金额385.46万元。合同金额500万元(含)以上2项,实现历史新突破;30万元(含)—500万元90项;30万元以内311项,较2022年增长66.31%。

平台基地建设

【概况】 2023年，以开展有组织的科研为核心，努力进行制度建设，努力提升指导、服务、协调、监督的部门职能，为全面实现学校科研工作高质量发展而努力拼搏。

国家级创新平台建设。全程参与“部区共建”西北土地退化与生态恢复国家重点实验室培育基地拟申报全国重点实验室的前期论证和申报工作，组织“部区共建”煤炭高效利用与绿色化工国家重点实验室重组工作。

校企联合创新体新型创新平台。对接企业重大需求，签约建设高端绿色化工装备与过程开发联合实验室、宁夏大学—华远鑫和联合研发中心、宁夏大学-维尔铸造材料加工与应用联合实验室，挖掘科技创新发力点。

自治区级创新平台。成功获批自治区首个基础学科研究中心——宁夏数学基础学科研究中心，获批自治区“东数西算”人工智能与信息安全重点实验室，为自治区数字化信息安全发展提供技术支撑。

人才团队建设。获批自治区创新团队4个，分别是自治区装备智能运维与大数据分析创新团队、自治区文旅物流产业数字化关键技术研究创新团队、自治区家禽疫病防控与健康养殖创新团队、自治区粮食作物种质创制与生长调控创新团队。

平台管理。出台《宁夏大学科技创新平台和科技创新团队建设与管理办法》，实行创新平台年度考核制，进一步优化了平台布局。

获批经费情况。2023年，获批各级各类平台经费2100万元。其中获批学校“双一流”科研实践平台建设项目经费创新团队支持经费400万元、应用数学中心建设经费100万元、自治区黄河水联网数字治水重点实验室建设经费100万元；签署高端绿色化工装备与过程开发联合实验室共建协议，获批建设经费1000万元；签署宁夏大学—华远鑫和联合研发中心共建协议，获批建设经费500万元。获批学校“双一流”建设支持科研实践平台建设项目3项，合计金额600万元。

【助力宁夏高等研究院成立】 2023年，全国首个以省区命名的高等研究院——“宁夏高等研究院”获批，这也是教育部批复的教育强国建设规划纲要中的全国首家高等研究院。学校与宁东基地达成校企合作项目21项，涉及科研团队15个，初步核定专项博士生指标22个、硕士生指标32个。

【深化校企合作模式】 2023年，组建校企联合创新体新型创新平台，对接企业重大需求，签约建设高端绿色化工装备与过程开发联合实验室、宁夏大学—华远鑫和联合研发中心、宁夏大学—维尔铸造材料加工与应用联合实验室，挖掘科技创新发力点。

成果转化与奖励

【概况】 2023年，成果转化与奖励办公室充分利用“线上+线下”科技成果推荐平台，组织开展成果转化专场推介活动20余次；参与自治区级以上成果转化专场活动7场；在各类平台发布学校优秀成果123项。主动与中部之光、秦创源、上海技术交易所等国内头部技术转移转化机构合作，借船出海，将学校优质成果转化推向区外市场，进一步拓宽转化渠道。

自治区重大成果转化项目组织申报工作。首

批共组织16个项目参与申报。已成功立项1项，在供给与需求之间架起“立交桥”，实现“学校成果供给源+社会企业需求源”的有效对接。

成果转化金额。2023年，完成科技成果转化项目46项，累计签约转化金额873.34万元，到账金额542.34万元。

新农村发展研究院工作

【概况】 2023年，科学技术研究院助力自治区巩固拓展脱贫攻坚成果，成立乡村振兴研究院，成立宁夏大学新农村发展研究院（红寺堡分院），在基础条件设施条件建设等方面对三和村和南坪村2个扶贫点给予支持，鼓励校内科研人员开展科技下乡服务，在乡村生态环境改善、农产品加工产业、乡村休闲旅游、新农村电商和乡村数字信息化等方面提供助力，为解决好“三农”问题，全力全面推进乡村振兴，加快农业农村现代化，打造宁夏乡村全面振兴样板区贡献力量。

（撰稿人：梁　滨　审稿人：刘振宇）

学生工作

2024 The Almanac of Ningxia University

秋 （钟子杰 摄）

学生思想政治教育与管理

【概况】 2023年，校党委学生工作部（学生处）紧紧围绕以“三全育人”为核心的立德树人根本任务，创新工作方式做好学生管理和服务，促进学生德智体美劳全面发展，开辟新时代学生工作新路径；充分发挥学生工作委员会秘书处的职责及作用，从学校综合改革大局出发，精心设计，统筹规划，与学生工作委员会相关组成单位形成良好工作合力。进一步构建“大学工”管理模式，积极推进以“书院制”为载体的“一站式”学生综合社区管理模式建设，在辅导员及班主任队伍建设、本科生军事技能训练、“两季”教育等工作中取得良好成效。

思想引领。持续构建“1+N”网络思政平台矩阵，依托自治区高校网络思想政治工作中心及“易班”工作平台，通过“沙枣树网络文化工作室”筑牢网络思政育人“云阵地”。将“易班网”和“宁大网络思政”官微与书院“易班”工作站巧妙对接，逐步形成“一阵地双发力三驱动”的立德树人网络思政教育新模式。深入开展马克思主义经典和中华优秀传统文化经典诵读活动，着力打造书香校园。持续开展廉洁教育、“礼敬中华优秀传统文化”“领航计划”“习近平总书记与大学生在一起”“大学生网络文化节”等系列活动。制定《宁夏大学易班工作站考核标准》《网络新媒体平台使用规范》《网络思政中心年度工作制度》等规范；学生作品“奋进新时代，启航新征程——中国特色社会主义进入新时代”获得“领航计划”第七届全国高校大学生思政公开课三等奖；宁夏大学获全区“领航计划”优秀组织奖；《校园——绿色出行》入选2023年高校“礼敬中华优秀传统文化”宣传教育活动“水墨校园”绘画联播遴选名单；学生作品《皮影戏》获第六届全国大学生网络文化节摄影征集活动优秀奖；在教育部“易班”发展评优中，获易班优秀共建高校、易班优质思政内容建设培育项目、优秀迎新工作案例、优秀辅导员、优秀易班工作者等多项荣誉。

日常教育管理。通过安全育人、文化育人、制度育人、典范育人等举措，全方位提升学生管理水平。以春秋两季“开学第一课”为契机，协同宣传部、保卫处、后勤保障部等多部门，紧抓特殊时期和时间节点，开展消防、交通、防恐、防暴、防诈、防溺水和传染病防治等各类培训、讲座和演练，丰富安全教育活动；精心打造“迎新季”“毕业季”方案，以“两季”教育为牵引，以爱党爱国、爱校荣校为主旨，以文化活动为主线，调动书院育人积极性，挖掘文化活动育人功能，将文化育人融入日常管理教育中，实现全过程育人；根据书院制改革需求，及时修订完善各类工作制度，以科学化、标准化的制度为标尺，以严格执行和制度落实为抓手，细化学生工作指引，实现育人工作的规范化。2023年，完成各类奖学金、“三好”“优干”及“优秀毕业生”评选工作，表彰10241人次，发放奖金1657.83万元。通过各类评优评奖，创建典型，树立先进，激励创优，发挥模范引领作用，辐射全体学生德智体美劳全面发展。

学生资助。全年认定家庭困难学生6010人。其中，特别困难学生2354人，一般困难学生3656人。本科生各类奖、助学金共办理16438人次，研究生国家奖、助学金共办理10642人次。高校学生应征入伍服义务兵役国家教育资助共办理82人次，宁夏基层就业学费补偿国家助学贷款代偿毕业生申请工作共办理144余人次，设置勤工助学岗位468个、研究生“助管、助教”岗位304个。暑期开通资助热线，为有需要的学生解答疑惑及新生资助政策咨询、生源地助学贷款申报咨询服务工作，共收到咨询电话923人次。全校生源地信用助学贷款工作，共计完成12416余人次在校学生生源地助学贷款工作。审定通过本科生和研究生20余项奖项的评选及公示工作。

就业指导。2023年，召开全校性的就业工作专题会议、研讨会、调研会等13次，印发《宁夏大学2023届毕业生就业创业工作方案》《关于学院书院学部协同推进就业工作的实施方案》等10余个文件。通过“请进来、走出去”的方式共走访企业298家，开拓就业岗位6000余个。积极举办线上线下相结合的大型校园双选会，小而精、专而优的专场招聘会及直播带岗等活动共521场，参会单位共计1053家，提供岗位3.6万余个。开展简历门诊、面试技巧提升等活动，举办宁夏大学首届就业体验日活动，提升学生就业能力。举办首届全国大学生职业规划大赛，近1.1万名学生报名参赛，通过班赛、院赛、校赛，有效促进学生增强生涯规划意识，科学规划大学生活，提早作好就业准备。加强困难群体毕业生就业帮扶，按时足额为3453名毕业生发放每人2000元的求职创业补贴，共计690.6万元。承担区内4所高校重点群体毕业生“中央专项彩票公益金宏志助航计划”培训，共培训500名学生，其中本校学生400名。针对重点群体毕业生和懒就业、不就业的毕业生，开展“入家访生促就业专项行动”，将岗位和政策送到家。2023届困难学生毕业去向落实率为89.25%，高于学校平均水平。

心理健康咨询。开展“一对一”心理咨询570人次；面向2022级全体新生班级开展“提升大学生国家认同感”朋辈团体心理辅导，面向2023级全体新生班级开展“新生心理适应与班级凝聚力提升”朋辈心理辅导；建立医校合作工作机制，畅通心理危机和精神疾病鉴别、转介、治疗的“绿色通道”，邀请精神科专家会诊21次，服务197人次；帮助学院排查、化解心理危机个案30余例，做到“早预防，早发现，早干预”；做好各级各类学生心理测评工作，上半年完成480名2022级新生心理回访工作，下半年开展2023级本科生、研究生7414名新生的心理健康普测、建档与回访工作，完成严重心理危机“一对一”访谈517人；全年完成共70个新生教学班的《大学生心理健康教育》公共必修课程教学；举办“正青春：青衿之志，履践致远”第十八届“5·25”心理健康教育宣传月系列活动，开展“专家心理讲坛”活动3场，开展心理健康教育讲座6场，与各书院开展心理健康教育活动30余场，与宁夏警官职业学院、宁夏工业职业技术学院开展系列协作活动4场，指导“心成长”服务社开展心理活动35次；组织开展辅导员队伍心理工作能力提升暨“持证上岗”培训，学校37名辅导员参加培训；组织新生心理委员、宿舍信息员参加全国高校心理委员网络慕课学习，有439名同学取得合格证书。

辅导员队伍建设。2023年，在各院选聘577名责任心强、热心学生工作的教师担任本科生班主任；分类定制培训计划，选送辅导员骨干参加教育部、自治区、学校各类各级培训100余人次，组织学工骨干50余人赴教育部高校思想政治工作队伍培训研修中心（华中师范大学）开展暑期培训；实施学工骨干素质提升计划，组织辅导员队伍开展项目申报、理论学习、专题培训、辅导员沙龙等活动，积极申报自治区、教育部思政精品项目；借助数字化平台，持续推进辅导员队伍数字化赋能建设，全校辅导员在高校辅导员队伍能力提升大数据赋能平台注册使用率100%，使用人数、注册使用率在自治区高校中均排名第一；树立典型，全年共有5位辅导员获评学校“立德树人岗位标兵”,1位辅导员获评2023年全区最美高校辅导员,1位辅导员获评2023年全区高校辅导员年度人物,3名学生获评第十八届全区大学生年度人物；以赛促建，承办全区辅导员主题班会展示活动,1位辅导员荣获一等奖,1位辅导员荣获二等奖,学校荣获优秀组织奖。

服务保障。按照书院制建设要求,完成学生公寓的统筹调配和新建公寓的住需保障，基本做到书院学生集中住宿；协同资产处与基建处进行书院办公场所的调配和建设;加大资金支持,指导书院推进学习室、心理疏导室、爱心小屋、党团活动室、自助服务室、公共厨房等功能室建设,增设自助售货机和自助打印机等服务设施；将公寓物业管理服务的监管与考核分配至各书院，使书院的学生日常管理教育与公寓物业管理服务深度融合,无缝衔接,更好地发挥了书院管理服务育人的地位和作用,体现了学校以“书院制”建设推进“一站式”学生社区综合管理模式的建设思路,为学生工作提质增效。以“四精准一平台”就业工作机制为基础,创新学院落实主体责任、书院做好总体统筹、学部提供服务保障的“一体两翼”就业工作模式,紧紧围绕“健全就业责任体系,健全就业市场体系,健全就业指导体系,健全就业帮扶体系,健全就业督查体系”,全力做好毕业生就业工作。

【“一校数品”项目建设】 打造网络思想政治教育工作品牌，每年立项15项思想政治教育精品项目,打造“学霸小讲堂”“课堂笔记大赛”“迎新游园会”“你好,榜样”“寒暑假书香校园”等别具特色的品牌活动;借助“宁夏大学网络思政”“易班·宁大”线上平台,利用网络投票、问卷调查、工作提醒等应用插件,坚持以生为本,聚焦学生在日常生活、学习中面临的新挑战、新问题、新要求,深入学生群体问情问计问需，提升学生与学校沟通的信息化质量与水平。

（撰稿人:曹　楠　审稿人:马正亮）

学校管理

2024 The Almanac of Ningxia University

怀远校区 （苏宇静 摄）

计划财务工作

【概况】 截至2023年底，学校实现收入18.67亿元，完成支出19.1亿元。受2022年新增2.22亿设备购置与更新改造贴息贷款影响，本年度收入、支出分别较上年减少10.67%和14.66%。2023年，实现非税收入3.03亿元，完成预算收入的109%。全校银行贷款余额4.38亿元，专项债余额1.4055亿元。专项资金支付率为91.5%，其中，中央支持地方高校改革发展项目资金支付率达99.64%，“双一流”建设专项资金支付率达99.69%。

经费保障。2023年，计划财务处努力克服经费不足困难，全面统筹经费支持学校“学部制”“书院制”改革。根据改革后各方财权事权划分情况，合理安排资金。贯彻落实自治区党委十三届四次全会精神及学校党委、行政关于加强安全工作相关部署，投入专项经费支持学校安全工作。在收入管理方面，全面推进“线上+线下”学费催缴模式，通过信息技术手段引导学生及时足额缴费，2023年学校学费欠缴率为历史最低。落实《宁夏大学创收管理办法(试行)》，有序推进各单位创收业务工作开展，实现归属学校创收1741.60万元。落实增值税税收优惠政策，提高国产设备增值税退税率，实现国产设备增值税退税296.14万元。

信息化与内部控制建设。构建宁夏大学网上财务审批系统，以安全可靠的电子签章取代物理签章，实现经济业务随时随地审批。将宁夏大学因公出差审批表、会议审批表嵌入学校OA“一网通办”，打破时间、地域限制，大幅提升审批效率。完成财务核算系统与研究生管理系统的对接工作，实现数据共享，提升财务工作效率。进一步加强内部控制建设，压降财务管理风险，修订印发《宁夏大学国内差旅费管理办法》《宁夏大学会议费管理办法》。

师生服务。2023年，计划财务处领导班子带队，分多个工作组，深入多个学部、书院及学院实地调研，进一步摸清各单位在“学部制”“书院制”改革过程中，经费管理、财务报销等方面存在的实际问题和困难，认真听取学部、书院及学院对财务工作的意见和建议，并及时召开专题会议，研究制定解决方案，持续跟进优化服务。计划财务处先后制定《2023年度学部书院资金分配方案》《2023年度国际教育学院公用经费分配方案》等，确保财务管理全力支撑学校体制机构改革。组织开展多场校内科研政策宣讲，邀请自治区财政厅专家到校开展专场科研政策培训，为学校科研工作者答疑解惑。针对科研财务助理和学生报销员开展财务报销业务培训，着力提升两支财务服务队伍专业素养。

财务管理成果。在全校各部门的配合和大力支持下，学校财务管理工作有了质的提升，各项工作得到自治区相关部门的肯定和表扬。其中，预算绩效管理工作在自治区本级部门综合考评中获得优秀等次，2022年部门决算和政府财务报告工作得到自治区财政厅的通报表扬，2023年教育经费统计工作得到自治区教育厅的通报表扬，2023年个人所得税综合所得汇算清缴工作受到西夏区税务局的表扬。在自治区党委组织部举办的全区人才密集单位财务人员服务人才能力素质提升专题培训班上作了题为“线上线下减负增效，助力人才轻装上阵”报告，与全区150余家单位财务人员交流了学校服务高层次人才方面的经验。应邀参加西夏区税务局税企座谈会，与其他市县税务局交流了学校国产设备增值税退税业务经验做法。

(撰稿人：赵凤萍　审稿人：徐　建)

审计工作

【概况】 2023 年，学校审计工作以习近平新时代中国特色社会主义思想为指导，始终坚守初心和使命，聚焦主责主业，深化审计全覆盖，加强审计整改和结果运用，建立健全内部控制制度，助力学校提升治理体系和治理能力现代化水平。

经济责任审计。2023 年，经济责任审计完成 16 项，涉及 24 名领导干部，审计发现问题 186 条，提出审计建议 186 条。

工程审计。2023 年，跟踪审计基建修缮项目共 55 项，报审 6953.69 万元，审定 6521.77 万元，审减 431.93 万元。

科研项目经费审签。2023 年，共完成科研项目经费审签 87 项，项目金额总计 947.95 万元，其中退款 21 笔，合计 9.18 万元。

审计整改工作。推进 2022 年度经济责任审计整改工作，审计发现问题 244 条，已整改 172 条，整改中 50 条，未整改 22 条。

【成立宁夏大学审计委员会】 为充分发挥审计在学校监督体系中的重要作用，推动学校教育事业高质量发展。经 2023 年第四次校长办公会议、第二次校党委常委会会议研究，决定成立宁夏大学审计委员会，负责学校审计领域重大工作的顶层设计、总体布局、统筹协调、整体推进、督促落实。

【审计结果运用推进工作】 为进一步强化学校内部审计工作，发挥好审计监督作用，11 月 3 日，召开审计结果运用推进会。校党委副书记、校长彭志科，副校长赵晓佳出席会议。学校内部审计工作领导小组成员参加会议，审计处处长邵淑宁主持会议。

【来访交流】 6 月 19 日，中南民族大学、北方民族大学审计处一行，来访交流座谈。10 月 10 日，宁夏医科大学审计处处长陈艳辉一行 3 人来校学习交流。邵淑宁处长对兄弟院校的到访表示欢迎，来访代表就审计工作开展充分交流。

（撰稿人：强巧丽　审稿人：马　萍）

资产与实验室管理工作

【概况】 2023 年，按照学校第七次党代会的部署，紧紧围绕立德树人根本任务，聚焦学校建设高质量公共服务体系发展目标，自觉融入学校综合改革进程，凝心聚力，奋力拼搏，积极推进各项工作任务落实。

资产管理工作。切实做好资产管理服务和履约验收工作。严格执行《宁夏大学采购项目履约验收管理暂行办法》，验收入库固定资产 49633.04 万元、无形资产 2630.94 万元。其中，新增房屋构筑物 25176.16 万元，设备 12656 台（件）21282.21 万元（其中 100 万元以上设备 18 台（件），共计 3961.87 万元）；文物陈列品 82 台（件），共计 118.25 万元；图书档案 40206 册，共计 297.25 万元；家具 20941 台（件），共计 2759.18 万元；计算机及软件 404 台（件），共计 2630.94 万元，另有低值品入库 325.36 万元。加强国有资产盘活，依据学校《国有资产盘活工作实施方案》，调剂闲置资产 300 余台（件）。完成处置下账固定资产 2474.32 万元、无形资产 39.24 万元。

政府采购工作。严格规范政府采购，加快信息化建设。调整和规范学校 2023 年采购目录及标准，“政府采购业务审批模块”上线运行，进一步规范了采购流程。综合资金来源和采购方式，全年实施招标采购项目 121 项，预算 15649.89 万元，成交 11450.65 万元；网上直购 285.91 万元；自主采购 2745 万元。

实验室安全管理工作。贯彻落实自治区安全生产“1+37+8”系列文件精神。学校各类实验室共 855 间，实验用房总面积 64718 平方米。其中，教学实验室面积 47451 平方米，科研实验室面积 17267 平方米。全年投入实验室安全建设经费 419 万元。

房屋资源管理工作。融入学校综合改革进程，加快推进房屋资源调配。统筹推进《房屋建筑物安全隐患排查整治实施方案》，拆除 D 级危楼 5 栋；分批次完成 64 栋楼宇安全等级鉴定工作。完成 29 个学部、学院、书院及相关单位房屋调整和搬迁工作，为实施《教学科研用房定额管理暂行办法》奠定了基础。为 2279 名在职职工发放住房补贴 1566.7302 万元。收缴房租 404.29 万元，减免房租 192.07 万元。

制度建设。制定出台制度 4 项：《宁夏大学采购项目履约验收管理暂行办法》（宁大校发〔2023〕1 号），《宁夏大学国有资产管理暂行办法》（宁大校发〔2023〕159 号），《宁夏大学实验室安全分类分级管理办法（试行）》（宁大校发〔2023〕160 号），《宁夏大学实验室安全隐患排查整改督导销号实施办法（试行）》（宁大校发〔2023〕161 号）。废除制度 1 项：《宁夏大学固定资产管理办法》（宁大校发〔2008〕98 号）。

业务轮训工作。为深入推进学院、学部、书院一体化综合改革，健全和完善资产与实验室安全管理体系，举办 4 场次业务轮训，各学部分管业务负责人、资产与实验室管理办公室全体人员和相关学院分管科研实验室负责人及各书院资产管理负责人参加了轮训，主要对国有资产管理、政府采购、实验室安全管理等领域进行了培训。此次业务轮训和研讨交流的开展，进一步增强了资产管理人员和实验室安全管理人员的责任意识，提高了业务能力和管理水平。

资产清查工作。组织开展全校性的资产核查工作，采用抽查、二级单位自查等方式，通过几年多轮资产核查，发现存在因单位调整变动、未及时进行资产处置、资产使用管理不规范等各种历史原因形成和积累的盘亏资产，涉及全校 47 个资产管理单位。根据《行政事业性国有资产管理条例》（国务院令第 738 号），为合法、合规、及时做好盘亏资产的处置工作，制定《关于资产核查中盘亏资产处置的通知》，聘请会计师事务所开展盘亏资产经济鉴证工作。发布《宁夏大学部分盘亏资产赔偿决定》（宁大校发〔2023〕73 号），完成 2 批次计 7418 台（件）盘亏资产处置工作，资产原值1313.07 万元，赔偿 61.8 万元。

（撰稿人：丁维凡　审稿人：朱学军）

保卫与社会治安综合治理工作

【概况】 2023 年，学校安全保卫工作以创建“平安、文明、和谐”校园为目标，按照“预防为主，标本兼治，确保重点，维护稳定，保障安全”的原则，积极探索、创新安全稳定工作机制，建立健全防控体系，深入开展平安校园建设，扎实推进隐患排查整改，深入开展面向全体师生员工的安全防范意识教育、法制教育和自救互救常识教育，确保广大师生从思想上筑牢安全防线。学校应急处置重大突发事件能力显著增强，风险预测预防能力明显提高，师生获得感、幸福感、安全感进一步提升。

政保工作。突出做好群体性突发事件维稳、反恐防暴维稳和网络事件维稳，采取有效措施，预防和防范影响稳定的重大突发事件，做到有组织、有领导、有计划、有检查、有落实。修订《宁夏大学预防和处置突发事件预案》，完善应急机制和队伍建设，提高了快速反应和应对突发事件的能力；主动与辖区公安机关和国家安全部门对接，在重点人员管控方面与校警务室通力合作，提高工作的预见性、主动性和针对性；加强敏感时期的走访调研和对校园内的巡查、突发事件的处理工作；加强信息搜集与上报工作，全年共上报有价值信息2条；组织学校各单位加强国家安全、人民防线教育和反间谍法线上宣传教育，共发放宣传单5000余份，线上宣传推文1篇；参与公安、国家安全部门处理校内师生涉法问题共9起，接待相关部门人员来访20余次。

治安工作。坚持“预防为主、打防并举”的管理方针，进一步完善和落实安全防范体系建设。在政治敏感期及新生入学、学生毕业期定期召开警校会议通报警情，开展治安防范提示。加强保卫人员、门卫、巡逻人员的培训，提高防范能力。探索开展学生参与的治安防控体系建设，实现学校安全工作队伍与师生员工全员群防群治相结合，人防、物防、技防相结合，点、线、面相结合，防、打、管、控一体化，区域上全覆盖、时间上全天候、形式上多元化的校园治安防控新机制。严格落实值班制度，充分发挥监控设备的作用，确保重点要害部位安全。建立保卫干部带班巡查制度，对重点时段、重点地段加大巡逻防控力度。加强校园警务中心建设，建立警、校联动合作机制，开展校园周边环境治理，排查治安隐患，不间断地打击、查处各类侵害师生人身、财产安全的行为和事件。加强对保安、技防维保及值守人员的监管工作。圆满完成上级领导检查调研、大型会议、招聘会、运动会等活动安全保卫工作任务40余次，各类活动执勤150余次，出勤1529人次。

消防工作。与各教学、科研、直属、附属单位签订《消防安全责任书》70份。完成消防安全重大风险隐患排查整治2023行动排查(自查)工作。全年共进行25次全校性消防安全检查，共检查出各类问题隐患807条，完成整改751条。全年更换灭火器1475具、应急灯360个、疏散指示标识352块、消防水带91条，加装疏散标识215块，制作消防标识3000张；全年共组织消防知识培训及演练24场，参演达3000余人次。指导师生注册“全民消防学习平台”，通过平台知识学习，不断提高师生消防安全意识。大力开展灭火救援工作基础建设，通过购置各类消防设备(建设微型消防救援站1座，购置电动消防巡逻车5辆、消防演练帐篷2顶)加强灭火救援演练，不断提高处置突发火灾事故的能力；积极开展消防示范单位创建工作。完成国务院安委会督查组对学校消防安全隐患整改复检工作，完成“智慧安防”三期工程(消防)建设验收工作，安装火报联网摄像机13台，完成8套消防控制系统的并网工作，完成文萃校区12号公寓100台无线烟感器安装，协助西夏区消防救援大队完成对学校数字化消防预案(建筑3D建模)的前期准备工作，完成《宁夏大学消防安全管理办法》《宁夏大学消防应急疏散预案》修订工作，完成全区教育系统各级各类学校消防建筑验收情况排查统计工作。

安全宣传教育工作。为师生推送涵盖34大类、700余门微课的“互联网+大学生安全教育服务”课程，使安全教育做到有过程、有控制、有考核、有结果、有档案；通过多媒体线上宣传等形式及时发布预警信息28次；利用电子屏滚动播放安全宣传提示语12000余条(次)；向学生发放各类安全宣传材料 30000 余份；积极协调公安、辖区派出所、社区有关人员来校举办法制、禁毒、反电信诈骗等讲座，共举办专题教育讲座 8 次，各书院、学院 2400 余名师生代表参加讲座；与贺兰山西路派出所、长城中路派出所、朔方路派出所及校区所在社区加强电诈网络预警劝阻工作。有效劝阻存在被骗风险的在校学生、教职工 900 余人次。2023 年秋季开学后，发放《防范电信网络诈骗安全宣传手册》10000 份；联合辖区派出所指导 6000 余名师生员工（含 2023 级新生）完成“国家反诈中心官方”App 注册工作，及时开启反诈预警。

交通管理工作。规划校园路面交通标识线，其中，黄边线（黄虚线）3997 平方米，白实线 300 平方米，地面导向箭头 140 个，泊位线 264 平方米（120 个车位）；规划消防车通道黄网线 675.5 平方米、消防通道黄框线 62 个；安装车辆限位墩 104 对。采购交通路锥 100 个、铁马移动护栏 100 套、隔离石墩 130 个，在交通事故频发路段设置 170 米减速带。开展校园交通专项整治工作，清理僵尸机动车、非机动车 1500 余辆，协助交警为师生办理电动自行车登记上牌 1100 余辆。

技防工作。严格管理校园技防系统，保证技防视频监控系统的有效运行。完成校园智慧安防三期项目三标段建设及验收工作；将笃行楼及文萃校区 19 号学生公寓楼 243 路监控摄像机视频并入校园监控平台统一管理；为贺兰山校区小北门等部位安装人脸门禁系统，方便师生出入校园；为学校 46 部电梯安装监控摄像机 99 台、交接机 46 台、无线网桥 43 对；为监控平台购置安装校时服务器 1 台，确保监控显示时间与北京时间同步；为师生员工提供监控录像调阅服务 412 次，调阅时长约 400 个小时，为执法部门拷贝录像 25 次，还原事件真相 164 起，找回丢失、遗落财物 144 件次，为调阅人员挽回经济损失 199153 元。

校园禁毒工作。邀请西夏区禁毒委员会工作人员入校为各书院辅导员、班主任开展禁毒教育平台培训，及时组织学生完成禁毒教育平台安全知识学习；组织各书院学生参加反诈宣传暨观看禁毒电影活动；分批次组织 2023 级学生参观禁毒安全警示教育基地，筑牢师生防范毒品意识，切实守护好学生生命与财产安全，努力构建“无毒”校园。

【为群众办实事】 为民服务，解决师生急难愁盼问题。经过调研、实地勘查，申请在贺兰山校区未来教室设置隔离墩 130 个、铁马移动护栏 100 套，怀远校区、文萃校区增设停车位 64 个，进一步规范校园停车秩序，保障正常的教学秩序；在离退休人员活动中心健身活动场地各路口设置固定围栏及隔离石墩，现场解决该处场地被私家车辆占用问题；协调西夏区交警队、辖区派出所为各校区师生电动车办理挂牌，共办理登记挂牌 1100 余辆，进一步提高为群众办实事的效率。商请银川市公安局交通警察分局在文萃校区南门路段安装交通信号灯，确保师生通行安全；针对师生反映的“校园内流浪猫狗较多，存在潜在安全隐患和病毒传播的危害”这一问题，联合西夏区综合执法局等单位开展校园流浪小动物专项治理。对各校区流浪犬只进行抓捕，发放宣传材料并向教职工讲解犬只管理相关法律法规政策，有效治理校园流浪小动物问题；协调网管中心，细化流程，将校外人员入校报备纳入到门禁管理系统，方便校外人员入校。

（撰稿人：赵　阁　审稿人：张守荣）

基建工作

【概况】 2023 年是实施“十四五”规划承前启后

的关键之年，面对学校改革发展和基本建设中心任务，基建处本着认真履职、积极主动、热情服务、廉洁自律的工作理念，坚持求真务实、规范管理、责任到人、服务到位的指导思想，紧密围绕学校中心工作，经过全体职员的共同努力，较好地完成了学校各项基础建设工作任务。

自身建设。开展学习贯彻习近平新时代中国特色社会主义思想主题教育和两个专项整治，组织集中学习 18 次。召开支委会 10 次、党员大会 2 次、组织生活会 2 次，讲党课 3 次，培养党员 1 名。

项目前期工作。2023 年，完成朔方校区 1 号学生公寓、怀远校区 2 号学生食堂项目建议书及可行性研究报告编制、审批及报规等前期准备工作；完成文萃校区 19 号学生公寓项目放验线、取水许可证办理、污水处理费、水资源税和城市配套费核定缴纳，签订档案责任书、工程竣工测量及竣工规划核实等工作；完成新农科人才培养与创新研究院项目高可靠性供电费和城市配套费核定缴纳，签订档案责任书、工程竣工测量及竣工规划核实，办理给排水、供热、供电等入网相关手续；完成教学综合楼（未来教室）项目和文化休闲广场扩建项目竣工规划核实工作；完成 50 项 20 万元以下建设项目的设计、监理、施工、图审、检测鉴定等内容的自主采购谈判工作。

项目施工管理。完成教学综合楼（未来教室）、文萃校区 19 号学生公寓、国家大学生文化素质教育基地维修改造项目、怀远校区兰竹苑餐厅维修改造工程等 17 个项目，贺兰山校区百花园环境改善工程、文苑广场景观提升改造项目及贺兰山校区健身步道及体育场搬迁建设等 3 个校庆项目和文化休闲广场扩建项目，怀远校区怀远楼四至八层楼层维修改造项目，求是书院办公场所改造项目，前沿交叉学院维修改造项目，贺兰山校区学生生活服务中心北侧营业房改造项目，科技楼 A 段三层改建项目，文萃校区德润楼 A 段维修改造工程、德润楼 B 段维修改造工程，怀远楼二、三楼维修改造等 9 个书院“学部制”改革配套项目的建设、竣工验收和工程结算工作；完成两批次 64 栋既有建筑结构安全性鉴定和两批次 Dsu 级建筑物拆除；抓紧建设新农科人才培养与创新研究院项目、文萃校区书院办公场所环境提升项目、哲学与艺术学部办公用房改造项目、教育与社会学部办公用房及法学院、经济管理学院、教师教育学院房屋使用维修改造等项目；完成签订施工、监理、设计、勘察、咨询等合同 113 套，收集整理、登记并发放建设项目资料 118 册，支付 140 笔共计 8421 万元各类资金。

【教学综合楼（未来教室）项目竣工】 6 月 7 日，基建处组织勘察、设计、施工、监理单位进行竣工验收，并邀请银川市建设工程质量监督站对验收全过程进行监督。项目建筑面积 3.7 万平方米，主要建设标准教室、多媒体教室、小互动室、老师休息答疑室、多媒体教学机房、智能化网络远程教室、人防地下室及附属配套设施，工程概算投资 19295.83 万元。项目于 2020 年 8 月 20 日开工建设，设计单位为宁夏建筑设计研究院有限公司，施工单位为宁夏永建建筑工程有限公司，监理单位为宁夏巨正建设监理咨询有限公司。

【文萃校区 19 号学生公寓项目竣工】 9 月 12 日，基建处组织勘察、设计、施工、监理单位进行竣工验收，并邀请银川市建设工程质量监督站对验收全过程进行监督。项目建筑面积 8200 平方米，主要建设 19 号学生公寓 7900 平方米、27 号地下消防水池及水泵房 300 平方米，同步配套场地内道路、硬化铺装、绿化、管网等工程，工程概算投资3857.89万元。项目于2023年3月7日开工建设，设计单位为宁夏建筑设计研究院有限公司，施工单位为宁夏百善建设工程有限公司，监理单位为宁夏巨正建设监理咨询有限公司。

（撰稿人：袁桂红　审稿人：刘　斌）

教学科研

2024 The Almanac of Ningxia University

开学仪式 （钟子杰 摄）

人文与民族学部

【概况】 人文与民族学部成立于2023年3月,服务文学院、民族与历史学院、外国语学院、阿拉伯学院、国际教育学院、体育学院,对应守正书院。杜建录任学部部长,李胜刚任党委书记,咸云龙任常务副部长,刘艳晖、胡玉冰任副部长,白月红任副书记兼副部长。学部下设综合办公室、本科生培养办公室、研究生培养办公室、科学研究与学科建设办公室、资产与实验室管理以及对外合作交流办公室。学部有行政办公人员28人。

综合办公。2023年,学部紧紧围绕学习贯彻习近平新时代中国特色社会主义思想主题教育,以党建工作为引领,统筹推进学部理论武装和综合改革各项工作。党委中心组通过读书班、调查研究、交流研讨等内容,切实提高政治理论学习的质量;选优配强直属党支部书记、委员,2023年发展党员6人;统筹上传学部、学院精神文明建设材料48份;对学部党员教师203人进行信息数据维护、党费收缴、全国党员信息系统的组织关系接收转出;组建学位评定分委员会、筹建学术委员会、教学指导委员会等专门工作机构。强化人事管理与服务,提升综合办公效能。组织职称审核推荐工作18人次,组织各类人才推荐工作9人次;协助各学院向学校报送引进人才7人次;协助学院组织新进博士、备案编制人员考核以及学部劳务派遣人员的考核工作13人次;协调2个报告厅、1个会议室的调度使用,该报告厅面向学校各单位,广泛服务于全校师生,共计提供服务100余次;处理学部及学院的财务报账工作,接收各学院及学部各类报销和制单约118笔。

本科生培养。学部共有专业(含方向)14个,分别为:汉语言文学、历史学、英语、日语、俄语、阿拉伯语、工商管理、会计学、汉语言文学(留学生)、体育教育、运动训练、武术与民族传统体育。2023年,规范本科生培养各项工作流程,制定学籍管理、教学运行、教学质量监控等方面的工作流程图,规范转专业、期末考试、课程排定等工作程序,为学院提供精准的工作指导和服务。本年度协助体育学院完成师范专业认证专家入校评审环节,调取期末考试试卷20余门课程,检查毕业论文50人次,检查实习考核表和实习手册50人次。调研实习基地一次;填报相关案头材料数据1000余条。审核2022级本科生转专业人数109人,审核本科生推免研究生材料人数60人次,保研人数44人次;审核毕业论文开题及成绩558人次。落实教学任务1491门次,排定课程893门;安排期末考试893门课程、监考人员465人次。组织开展2023年教学基本状态数据填报工作,填报数据19000余条;组织选聘学部督导29人,制定督导听课计划890余门;协同学院开展期中教学检查工作2次。落实“四位一体”评价成绩465人次。

研究生培养。学部有一级博士学位点1个、一级学术型硕士学位点4个、专业硕士学位点3个、学科教学专业硕士方向4个。2023年,完成256名学生的学位申请资格审核工作和178名导师的招生资格认定工作。在导师选聘方面,成功选聘18名硕导博导。此外,组织231人次的硕博开题工作,以及318人次的中期考核,确保研究生培养工作的顺利进行。在教学安排方面,排定230门课程,为研究生提供了丰富的学习资源;积极推进博士研究生申请、审核选拔工作,共有125人参与选拔,接收10名优秀推免生,完成选拔硕博连读研究生12人的工作。在数据填报方面,完成学位点导师数据702条的填报工作,为学位点建设提供了数据支持。在优秀学位论文推荐方面，积极推荐13名区级优秀研究生学位论文；改进研究生学术成果认定机制，形成学位授予资格审核“三大件”材料标准，提高了学位授予工作的规范性和效率。在新平台建设方面，厘清学位“申请—审核—授予”业务规律，优化工作流程。此外，完成体育硕士学位授权点的核验工作和研究生培养经费预算，为学位点的发展奠定了坚实基础。

科学研究与学科建设。2023年，学部对应的6个学院共立项8项国家社会科学基金项目，其中冷门绝学1项、重点项目1项、专项项目1项、一般项目3项、西部项目1项、后期资助项目1项。教育部人文社科重点研究基地重大项目立项3项、教育部高校国别和区域研究委托课题立项1项、国家民委民族研究委托项目立项6项、文化和旅游部国家非物质文化遗产保护项目立项1项。宁夏哲学社会科学项目立项12项(年度规划项目9项、青年项目3项)；自治区青年托举人才培养项目立项2项；自治区人民政府重大行政决策咨询研究重点课题立项1项；第六批宁夏新型智库课题2项。横向项目19项。科研经费总量为739万元。发表学术论文58余篇(其中CSSCI论文8篇)，各类型研究报告45篇，出版著作15部(册)，获得各类各级教学、科研、竞技奖28项。主办、承办国内、国际学术研讨会6场，开展各类型学术讲座90余场。

资产与实验室管理。对学部及学院的固定资产进行了全面梳理，加强对闲置资产的盘活和处置，提高了资产的使用效率。为学部及学院采购工作提供良好服务，有序完成学部及学院的资产购置验收入库工作。2023年，完成各学院14个项目资产设备验收入库工作，资产设备验收共计506余万元，盘点资产4100余件。

对外合作交流。努力推进学院在国际学术组织、联盟框架下的各类合作，为学院搭建更广阔的国际合作平台。在校友工作方面，主动配合学院做好校友组织建设及相关活动的服务保障，为校友们提供了温馨的交流平台。协助各学院举办学术会议，为学术交流提供了有力支持。成功组织“学生赴政府间国际组织实习”的国际合作事宜，从各学院遴选68名优秀学生参与其中，为学生提供了宝贵的国际实践机会；组织并协助20多名教师参与服务地方与社会活动，积极投身社会建设。在65周年校庆活动中，向各学院提供26000多条校友数据，为活动的顺利开展提供了有力保障。

【2024年国家社科基金申报动员会】 10月27日，学部召开2024年国家社科基金项目申报动员会。会议由学部部长杜建录主持，各学院主管科研副院长、拟申报2024年度国家基金项目的教师及部分教学科研岗、科研岗教师参会。杜建录部长全面总结了国家社科基金项目申报的基本形势，介绍了国家社科基金项目的种类，分享了自己的相关经验，并深入分析了年度项目申报工作中选题、活页设计和申报书填写的重点和难点。

(撰稿人：张　超　审稿人：李胜刚)

文学院

【概况】 文学院更名于2022年6月18日，其前身为宁夏大学中文系、人文学院。学院设有中国语言文学系(简称“中文系”)1个教学单位。中文系创建于1958年，与宁夏大学同步成长，下设5个教研室：汉语教研室、古代文学与文献教研室、现当代文学教研室、外国文学与文艺理论教研室、语文教育教研室、中学语文教育与写作教研室。经过

65 年的建设与发展，学院在教学科研、人才培养、学科建设等方面均获得了长足进步、取得了突出成绩，形成了务实创新、教学科研相长的优良传统，凝聚了一支严谨治学、潜心钻研的教师队伍，涌现出王十仪（拾遗）、李增林、俞灏东、刘世俊、郭雪六、闫承尧、高葆泰、左民安、朱东兀、王庆同、张海滨、裴世俊等一批优秀教师代表。

人员情况。全院有在编在岗专任教师 45 人，其中教授 13 人、副教授 18 人、讲师 13 人、助教 1 人。高级职称教师占专任教师总数的 69%。博士学位专任教师 25 人，占专任教师总数的 56%。硕导 34 人，占比 77.3%。教学型教师 11 人，教学科研型教师 33 人。国家级重大人才工程入选者 1 人，自治区级人才工程入选者 2 人。宁夏高等院校“教学名师”1 人，自治区“塞上名师”1 人，“塞上文化名家”1 人。

专业情况。学院有汉语言文学 1 个本科专业。该专业 2008 年被评为国家级优势特色专业，2015 年获批自治区“十三五”重点建设专业，2017 年成为学校“西部一流专业”，2019 年成为首批国家级一流专业建设点，2021 年通过教育部师范类专业二级认证。有西北民族地区语言文学与文献二级学科博士授权点 1 个；中国语言文学一级学科硕士学位授权点 1 个，包括文艺学、语言学及应用语言学、汉语言文字学、中国古典文献学、中国古代文学、中国现当代文学、比较文学与世界文学二级学科硕士学位授权点 7 个；学科教学（语文）专业硕士学位授权点 1 个。有国家语言文字推广基地 1 个、自治区人文社科重点研究基地（古文献整理与地域文化研究）1 个、普通话培训测试站 1 个。

学科建设情况。2023 年，按照学校下达的学科建设任务，突出重点，压实责任，多方协调动员，完成了年度工作任务，提升了中国语言文学学科的内涵质量和影响力。资助建设自治区优秀教学基层组织 1 个、省部级一流课程 1 门、校级在线课程 2 门、宁夏大学生原创文学大赛 1 次、院级教学基本功大赛 2 次。高层次人才培养方面，资助宁夏哲学社会科学突出贡献奖获得者 1 人、自治区青年拔尖人才 1 人、自治区级项目主持人 5 人、高水平论文作者 7 人、教师访学 2 人，新聘客座教授 1 人。科研创新与学术交流方面，资助出版学术著作 6 部。

学位点建设情况。全力推动“中国语言文学”一级学科博士学位授权点申报工作；完成一级学科“中国语言文学”、一级学科“教育学”二级方向“学科教学（语文）”人才培养方案修订，建立校、院两级研究生教学质量保障体系；改革学位点方向负责人遴选和管理制度，顺利完成新老交替工作。导师立项校级研究生教育教学改革与创新能力提升计划项目 1 项，结项 3 项。研究生荣获全国“田家炳杯”全日制教育硕士专业学位研究生学科教学（语文）专业教学技能大赛全国优秀教学设计奖；宁夏大学首届全日制教育硕士专业学位研究生“育师蕴英，成长赋能”专业教学技能大赛一等奖 1 项、二等奖 2 项、三等奖 1 项、优秀奖 4 项；获批校级研究生创新项目 4 项，院级自筹经费项目 6 项；推荐评选自治区优秀硕士学位论文 6 篇。

专业建设。完成本专业卓越教师班培养方案与必修课教学大纲的制定与修改、“第二学位”教育部备案、拟停办文秘方向工作。课程建设取得新突破，现代汉语获批自治区级一流课程，1 门课程获批校级“课程思政”示范课程，1 门校级“课程思政”示范课程、2 门“互联网+”在线开放课程顺利结项。师资团队建设取得新成绩。外国文学与文艺理论教研室获批自治区一流教学基层组织，学院获批校级本科教育卓越教学团队 1 个。1 名教师荣获“塞上文化名家”称号。学院荣获宁夏大学第十届“青教赛”优秀组织奖，二等奖、三等奖各1项。1名教师荣获第七届全区高校大学生教学技能大赛、2名教师荣获全区第五届中华经典诵写讲大赛优秀指导教师称号。育人成果显著。1名学生荣获第七届全区高校大学生教学技能大赛一等奖。学生荣获原创文学大赛一等奖、三等奖各1名，入围奖14名。学生获批17项大学生创新创业项目（国家级1项、区级3项）。2名学生荣获全区第五届中华经典诵写讲大赛一等奖，2名获三等奖。

科研平台建设情况。结合“四定”工作，修订文学院虚体科研平台管理办法，凝练学术方向，组建高水平创新团队。胡玉冰教授任首席专家的国家社科基金重大项目“《朔方文库》编纂”以“优秀”等级结项，为自治区首次。获批立项自治区哲学社会科学项目3项、国家社科基金项目结项3项。举办4场学术成果分享与交流研讨会，邀请区内外专家学者开展学术交流。分享近20项论著，充分活跃科研氛围。实现院内优秀学术成果的深度交流，拓宽院内教师研究视野，以达到学术争鸣、思想竞发的效果。

人才培养与师资队伍建设情况。2023届本科毕业生去向落实共174人，毕业去向落实率为86.14%。通过签协议和合同就业占比57.92%，升学占比13.86%，灵活就业占比13.37%，圆满完成学校就业目标任务。学生签约的企业分布行业涉及教育、金融、物流、电力、互联网、文化科技等行业，就业地域符合生源情况，区内区外比例为7:3。2023年，文学院各专业的毕业生就业状况良好，2023届研究生考取公务员及从事教育工作者居多。中国语言文学与学科教学（语文）专业研究生就业率达到90%，2人考取博士研究生。师资队伍建设方面，2023年获评“塞上文化名家”1人，聘请客座教授2人；举行博士招聘面试4次，向学校推荐博士人才7人。

学术交流情况。主办新时代西北地区高校语言文字工作研讨会、中国语言文学学科建设研讨会；承办教育部主办的“宁夏大学国家语言文字推广基地对口帮扶国家乡村振兴重点帮扶县西吉县教师国家通用语言文字能力提升在线示范培训”；邀请王兆鹏、魏坚、周少川等知名专家学者到访学院20余人次，举办博学讲坛活动6场、人文大讲堂2场；邀请杰出校友到访并作报告。资助30余名师生参加国内高水平学术会议。

【《朔方文库》编纂】 2023年，胡玉冰教授担任首席专家的国家社科基金重大项目“《朔方文库》编纂”（批准号：17ZD268）通过结项验收，批准鉴定等级为优秀。该项目为自治区社科界首个以优秀等级结项的国家社科基金重大项目。

【高水平学术报告】 2023年，举办各类学术报告8场、学术成果分享与研讨会4场、杰出校友报告1次。承办新时代首届西北地区高校语言文字工作研讨会、大学生原创文学大赛。承办国家通用语言文字能力提升在线示范培训1次。

【功能党小组建设】 新成立的4个功能党小组，建设成效显著。“乐享汉语”功能党小组的普通话推广工作在区内影响力较大。“传塑育人”功能党小组的读书会在本硕学生中受到普遍欢迎。“引路育人”功能党小组的课堂教学研讨活动高效有力。“服务社会”功能党小组在毕业生就业工作中大有作为。

（撰稿人：刘鸿雁　审稿人：王宏武）

民族与历史学院
（中华民族共同体研究院）

【概况】 民族与历史学院（中华民族共同体研究院）成立于2022年，内含历史系、西夏学研究院（中俄西夏学联合研究所）、回族研究院、文化遗产保护与文旅产业研发协同创新中心、古籍整理研究所和丝路宁夏文创中心等机构，是宁夏大学唯一一个科研教学型学院。学院拥有民族学一级学科博士点、硕士点，中国史一级学科硕士点，人类学二级学科硕士学位点，文物与博物馆学、学科教学（历史）2个专业硕士点和历史学（师范）本科专业。截至2023年底，学院有专任教师52名，其中具有博士学位48人、正高级职称13人、国家级人才工程人选11人次、省部级人才工程人选14人次，是一支由“长江学者”特聘教授领衔的以中青年博士为主的高层次人才队伍。

学科建设情况。学院围绕如何“铸牢中华民族共同体意识”“怎样推进中华民族共同体建设”等根本任务，深入开展各民族共同开拓辽阔疆域、共同书写悠久历史、共同创造灿烂文化、共同培育精神家园、共同传承历史文脉等重大理论和现实问题教学与研究工作。2023年，学科排名与社会影响稳步提升，民族学专业在软科全国最好学科排名第四名，比上年度前进1名。另外，学院顺利通过国家民委中华民族共同体研究基地建设考核，进入下一轮建设。

学位点建设情况。2023年，在既有学位点基础上，学院整合各学科力量和资源，申请中国史一级博士点。学院着力制定和完善学位点规章管理制度，涵盖招生、培养、学位授予、质量监控等环节。围绕社会对人才的需求和专业特点，进一步修正既有人才培养方案，完善课程体系和授课内容，强化实践教学和理论教学的融合，积极探索国际合作培养人才模式，实现学生综合能力的提高。

专业建设情况。2023年，学院在保持原有本科专业——历史学（教师教育）的前提下，新增本科专业历史学（中华民族共同体），设计一套全面而系统的课程体系，遴选优秀教师，鼓励教师们以课程团队的方式进行授课，并于秋季学期开始授课。2023年，历史学（教师教育）专业顺利通过教育部普通高等学校师范类二级专业认证，获得有条件通过结论，进入专业建设的整改阶段。授课教师对标师范专业建设的要求和标准重新编订教学大纲，有效利用数字化教学方式和途径，在此基础上，着力将更丰富的思政资源纳入授课中，实现专业课程与思政元素的有机融合。

科研平台建设情况。学院拥有资源丰富的科研平台，为各专业和学科的繁荣与发展提供了物质层面的支持。2023年，学院先后完成虚拟仿真教学实验室、文博实验室、文创实训室、宁夏云博览馆等平台的搬迁和完善工作，并着手按照规划建设铸牢中华民族共同体意识教育馆；学院内设特色资料中心藏书6万余册、大型文献资料数据库35部以及自建的《西夏文献文物数据库》《贺兰山岩画数据库》，教育部人文社科重点研究基地主办的《西夏学》刊物继续位列CSSCI来源集刊。

人才培养与师资队伍建设情况。2023年，本科生历史学（教师教育）和历史学（中华民族共同体）2个专业招生共69人。本科生历史学（教师教育）专业毕业生人数49人，就业人数43人，就业率87.76%，其中升学10人，升学率为20.41%。2023年，硕士研究生2个一级学硕和2个专硕点招生人数共76人，2023年，民族与历史学院硕士研究生毕业生人数70人，就业人数64人，就业率

91.43%，升学 11 人，升学率为 15.17%。2023 年，博士研究生 7 个二级方向，招生总数为 31 人。2023 年，民族与历史学院博士研究生毕业生人数 9 人，就业 9 人，就业率 100%。2023 年，新入职博士教师 2 人，进一步充实学院的师资队伍。

【2023 丝绸之路文化遗产保护与利用国际产学研用合作研讨会】 12 月 8 日至 9 日，由教育部、自治区政府支持，教育部学校规划建设发展中心、自治区教育厅主办的 2023 丝绸之路文化遗产保护与利用国际产学研用合作研讨会在银川举办。来自俄罗斯、英国、意大利、埃及等国内外 40 余家高校、科研院所、文博单位和文化旅游企业的 90 多名专家学者齐聚一堂，进一步推动丝绸之路文化遗产的保护与利用，凝聚国内外专家学者的智慧与力量，促进丝绸之路文化遗产保护与研究领域的合作与发展。

【第八届西夏学国际学术论坛】 8 月 19 日至 20 日，由教育部人文社科重点研究基地宁夏大学西夏学研究院、中国社会科学院西夏文化研究中心主办，银川西夏陵区管理处、银川西夏陵文化旅游投资有限公司协办的第八届西夏学国际学术论坛暨中华民族共同体视域下西夏学学术研讨会在银川召开，来自俄罗斯、英国、德国、日本等国内外高校、科研院所、文博单位的 130 多位老中青学者参加了论坛。

【中国民族研究社团第四届联合学术大会】 6 月 25 日，中国民族研究社团第四届联合学术大会（2023 年）暨加快构建新时代民族学三大体系建设与深化铸牢中华民族共同体意识理论研究学术研讨会在银川召开，来自包括宁夏大学在内全国多所高校的专家学者和青年学子共聚一堂，探讨如何推动新时代民族研究与中华民族共同体学科体系、学术体系和话语体系建设，铸牢中华民族共同体意识。

【宁夏历史学会第三届会员代表大会暨中华民族共同体形成与发展学术研讨会】 11 月 4 日至 5 日，由宁夏历史学会、宁夏大学民族与历史学院、宁夏大学中华民族共同体研究院主办的宁夏历史学会第三届会员代表大会暨中华民族共同体形成与发展学术研讨会顺利召开，来自宁夏社会科学院、宁夏大学、北方民族大学、宁夏师范学院、宁夏文物考古研究所、宁夏博物馆等单位的 120 余位会员代表参加大会。会议选举产生新一届理事会理事和会长、副会长。与会者就中华民族共同体形成与发展相关议题进行热烈的学术探讨。

【张启龙团队荣获第三届全国高校教师教学创新大赛文科组一等奖】 8 月 18 日至 22 日，第三届全国高校教师教学创新大赛在浙江大学举行，学院张启龙老师及团队（张淑红、白建灵和孙柳）荣获新文科副高组一等奖。本次大赛获奖不仅实现了学校在国家级教师教学竞赛中的历史性突破，也是宁夏高校首次获得全国高校教师教学创新大赛一等奖。同时，宁夏大学也首次荣获该赛事优秀组织奖，实现宁夏高校在该项大赛上新的突破。

【张启龙荣获第六届全国高校青年教师基本功大赛文科组二等奖】 4 月 20 日至 24 日，由中华全国总工会、教育部联合主办的第六届全国高校青年教师教学竞赛决赛在清华大学举行。学院张启龙老师与全国 30 余名文科组参赛选手同台竞技、切磋磨砺，荣获文科组二等奖，取得宁夏文科组选手参加“青教赛”国赛的历史最好成绩，展现了宁夏大学“青椒”的实力和风采！

（撰稿人：马　艾　审稿人：于光建）

阿拉伯学院
（中国阿拉伯国家研究院）

【概况】 阿拉伯学院于2011年9月21日成立。2012年，教育部批准成立区域和国别培育基地阿拉伯研究中心。2016年，自治区批准成立中国阿拉伯国家研究院。共有教职工33人，具有副高以上职称10人，博士17人，95%的教师拥有国外留学或访学经历。

学科建设情况。完成一级学科硕士点“区域国别学”授予点的前期准备和申报工作，积极准备下一轮一级学科“区域国别学”博士点的申报。李绍先为区域国别学的学科带头人，有3个研究团队，下设区域国别学理论与方法、阿拉伯地区国别综合研究和中阿文明交流互鉴3个方向。

专业建设情况。阿拉伯学院（中国阿拉伯国家研究院）设有1个本科专业（阿拉伯语），为国家本科一流建设专业，下设阿拉伯语言、阿拉伯文学、阿拉伯文化3个学科方向。

学位点建设情况。有2个二级硕士研究方向，分别是外国语言文学下设的阿拉伯语言文学和民族学下设的中东研究，1个民族学下设二级博士研究方向——中东研究。硕博点下设阿拉伯语言文学、中东地区安全、中华文化对外传播和中阿经贸合作4个方向。

科研平台建设情况。拥有教育部国别区域研究基地阿拉伯研究中心、教育部阿拉伯国家研究部省共建协同创新中心、中国宁夏大学·摩洛哥哈桑一世大学“一带一路”中国摩洛哥联合研究所。2023年9月，成立中阿大学校长联盟机制交流研究院，11月入选中联部金砖国家智库联盟合作理事单位，入选中阿智库联盟成员单位。

人才培养与师资队伍建设情况。以立德树人为根本，高度重视学生思想政治教育工作，积极探索国际化复合型人才培养模式，选派2名本科生和1名研究生赴阿尔及利亚访学，就业率达到87.5%。引进领军人才1名（中国现代国际关系研究院中东研究所原所长、中国中东学会副会长牛新春研究员），引进1名青年博士。研究院有专职教师36名，已形成梯次比较合理的研究团队。

学术交流情况。主办中阿高校高质量服务中阿合作研讨会，阿拉伯国家大学协会会长、埃及高教部副部长、中埃文化科技友好协会会长、中伊友好协会会长等高校代表参会。承办“贺兰山论坛”4场，先后邀请中国科学院院士张锦、中国社科院研究员周少青、中央党校国际战略研究院副院长赵磊、国务院参事室特邀研究员邱进作专场报告，得到师生一致好评。李绍先、牛新春等参加第十届北京香山论坛、国防大学主办的“巴以冲突问题研究”、在阿布扎比阿联酋政治研究中心举办的“亚洲与中东：介入冲突、竞争与合作之间”研讨会等重要论坛会议40余次，并多次作为会议主持人和主旨演讲嘉宾。同时，李绍先、牛新春为国内外国家级主流媒体提供热点解读评论480余次。

【成为金砖国家智库合作中方理事会理事单位】 11月2日，宁夏大学中国阿拉伯国家研究院成为新一届金砖国家智库合作中方理事会理事单位。金砖国家智库合作中方理事会于2017年成立，中共中央对外联络部是金砖国家智库合作的牵头单位，理事单位来自国内高校、研究机构及企事业单位，主要负责并参与金砖国家合作框架下的学术和智库对话交流与合作，是一种开放的工作机制和平台，研究方向覆盖了政治安全、贸易金融、教育文化、医药卫生、网络科技等金砖国家合作涉及的主要领域。

【中阿大学联盟交流机制研究院揭牌成立】 9月22日，中阿大学联盟交流机制研究院成立大会在学校学术交流中心举行，中国—阿拉伯国家大学联盟交流机制研究院的成立，是贯彻落实习近平主席出席中阿、中海峰会并对沙特进行国事访问的重要指示精神，中阿务实合作“八大共同行动”和全球文明倡议的又一重大举措，是推动“中阿高校10+10合作计划”落地的生动实践。

【2023年度“外研社·国才杯”“理解当代中国”全国大学生外语能力大赛全国总决赛获金奖】 12月7日，由北京外国语大学主办、外语教学与研究出版社承办的2023年“外研社·国才杯”“理解当代中国”全国大学生外语能力大赛全国总决赛在北京落下帷幕。历经校赛、区赛和国赛（两轮）长达3个月的激烈比拼，学院研究生卡哈尔·阿里木（指导教师：冯燚、独乐、梁道远）最终在多语种组全国总决赛中斩获金奖，实现了学校在此项国家级赛事上的新突破。

【国家社科基金重大项目“阿拉伯文明西传的路径与影响研究”开题报告会】 5月20日，区域国别学背景下的文明交往史理论研讨会暨国家社科基金重大项目“阿拉伯文明西传的路径与影响研究”开题报告会在怀远校区召开。国家社科基金重大项目是国家社科基金中层次最高、资助力度最大、权威性最强的项目类别，不仅是人文社科研究领域的标志性指标，还是衡量相关学科研究实力的重要评价指标之一，对于提升学科竞争力和学术影响力均有重大贡献。

（撰稿人：冯　燚　审稿人：冯璐璐）

外国语学院（宁夏大学·岛根大学国际联合研究所）

【概况】 外国语学院前身是宁夏师范学院俄语系，成立于1959年。1973年，建立宁夏大学外语系，设英语本科专业。1997年，与宁夏教育学院、银川师专外语系、宁夏工学院基础部外语教研室合并。2002年，又与宁夏农学院基础部外语教研室合并，成立宁夏大学外国语学院，是宁夏大学规模较大的学院之一。

学科建设情况。2023年，学院外国语言文学学科在软科排名中进入全国前20%，排名第30名，前进了51名。在第三轮国家一流本科专业建设申报中，外国语言文学一级学科新增一项国家级一流本科专业建设点（阿拉伯语）。学院根据学校“四定工作”定位，通过“减招生、减学时、减学分”调整培养方案，主动融入学校教育教学改革整体发展体系。全年共获批国家社科基金重大委托项目1项、国家社科基金年度项目1项、自治区社科基金项目1项、横向课题1项，另有1项国家社科基金项目顺利结项，各类各级项目立项经费再次突破百万元。在商务印书馆、天津大学出版社等权威出版社出版学术专著2部、教材1部，发表C刊3篇。在国家和地方重大外交外事战略需求中，金忠杰教授的1份咨政报告被全国政协采用，2份咨政报告被国家民委采纳，1份咨政报告被列入自治区党办政办联合督办名单。

学位点建设情况。学院有外国语言文学国家一级学科硕士授权点1个，下设3个二级学科专业，分别为英语语言文学专业、外国语言学及应用语言学专业和阿拉伯语言文学专业。设翻译硕士(MTI)专业硕士点1个，分为口译和笔译方向。与人文学院联合申报中国语言文学博士学位点。《基础英语》《翻译》和《大学英语》是自治区精品课程。英语专业翻译团队和大学英语团队为自治区级教学团队，英语语言文学为自治区重点学科和国家级优势特色专业。完成了学位点培养方案修订工作；新增硕导1名；主办2次研究生学术论坛。

专业建设情况。学院有本科专业3个：英语(教师教育)、俄语、日语。2023年，英语专业通过师范类专业二级认证。2023年软科中国大学专业排名中，英语专业排名第88，位列A档，俄语和日语专业位列B档。在英语专业建设上，2023年学院为卓越师范班学生开展促成式英语教学工作坊2期，与宁夏多所名师工作坊合作，将师范生见习、研习与自治区中学英语骨干教师培养相结合。为57名翻译方向学生定制线上实习，举办翻译技术讲座2期。成立俄语专业“四包抓”小组，开展国情大赛、词汇大赛、戏剧表演等俄语专业特色鲜明的系列活动。学院全面推进《理解当代中国》多语种系列教材“三进”工作，将相关课程纳入各语种专业本科及研究生2022版人才培养方案。

科研平台建设情况。2023年，学院围绕自治区级平台“宁夏高级翻译与外宣能力建设小高地”、外国语言文化研究中心、中日联合研究所建设，分别发挥各平台的学术作用，对接学校综合改革与“双一流”建设，整合资源，发挥外语学科语言和研究比较优势，创建“外国文学、外国语言学、高级翻译与国际传播、区域国别学和跨文化与跨学科”等5个科研团队，以及卓越教师人才培养、大学英语和多语种人才培养3个教学团队。

人才培养与师资队伍建设情况。学院有专任教师106人，有教授15人、副教授47人，硕士生导师40人。有硕士研究生及以上学历教师104人，占专任教师总数的98.11%；有海外经历的教师是专任教师总数的5倍。2023年，引进博士2人，教师参加各类培训共计300人次。学院成立5个科研团队和3个教学团队，围绕学院高质量发展开展科研与教学活动，提升教师科研与教学水平。常年聘请美国、英国、日本、韩国、俄罗斯等外籍教师7名。海外引才“百人计划”2人，自治区“五一”巾帼标兵1人，自治区青年拔尖人才1人。2023年，学院有全日制普通本科学生647人、全日制硕士研究生117人、非全日制研究生37人。2023年，完成毕业生初次就业率85%指标任务，突破至90.2%。

学术交流情况。全年举办7次“尚·语博士论坛”，邀请清华大学、上海外国语大学、广东外语外贸大学、四川大学等高校专家在学院“名家讲坛”开展各类学术讲座20余次。2023年，学院成功举办日中国际学术研讨会1次、国际文体学学术研讨会1次；参加国际学术会议2次，参与师生6人；参与国外高水平大学联合培养项目3项；赴国外访学教师4名；6名俄语专业学生赴俄罗斯访学，6名日语专业学生赴日本访学，4名研究生赴美国密苏里州立大学访学。

【承办第九届文体学国际研讨会暨第十三届中国逻辑学会文体学研讨会】 9月16日至17日，由中国逻辑学会文体学专业委员会主办、宁夏大学外国语学院承办的第九届文体学国际研讨会暨第十三届中国逻辑学会文体学研讨会在银川召开，校党委副书记周震致辞。本届研讨会主题为“文体学研究的多元视野”，来自国内高校的130多位师生参加会议。北京大学申丹教授、宁波诺丁汉大学

Derek Irwin 教授、北京师范大学苗兴伟教授、清华大学封宗信教授、南京师范大学辛斌教授、黑龙江大学尚晓明教授等 10 位教授作了大会主旨发言，伯明翰大学的 Michaela Mahlberg 教授、荷兰乌特勒支大学 Michael Burke 教授以视频报告的形式作了主旨发言。大会聚焦文体学研究领域的开拓、研究方法的创新和未来研究趋势的展望等展开研讨。

【“中国式现代化视野下的国际传播能力”研究生学术论坛】 10 月 13 日至 15 日，学院举办“中国式现代化视野下的国际传播能力”研究生学术论坛，校党委副书记周震致辞，四川大学曹明伦教授与叶英教授作了主旨发言。在研讨环节中，北方民族大学外国语学院李林教授及周丽艳副教授受邀对学生论文进行指导，外国语学院全体研究生参加本次论坛。本次论坛为学院研究生搭建了一个开放、共享的学术交流平台，营造了浓厚的学术氛围，在激发学生学习兴趣和潜能、培养学生创新精神及研究能力的同时，有力促进了学生的专业水平发展。

【第二十届日中国际学术研讨会】 11 月 12 日至 13 日，岛根大学、宁夏大学共同主办的第二十届日中国际学术研讨会顺利召开。宁夏大学以线上形式参加了本次研讨会。本届国际学术研讨会围绕“日中粮食生产技术的进展”这一主题开展交流研讨。岛根大学副校长大谷浩和宁夏大学副校长赵晓佳分别在研讨会开幕式致辞，并作“岛根—宁夏”五校合作计划的发言。农学院王彬教授、动物科技学院徐晓锋教授、经济管理学院杨国涛教授、中日国际联合研究所藏志勇副教授分别作学术报告。

【承办首届宁夏翻译人才培养与翻译专业建设研讨会】 11 月 25 日下午，由宁夏翻译协会主办、学院承办的首届宁夏翻译人才培养与翻译专业建设研讨会成功举办。本届研讨会围绕宁夏翻译人才培养、翻译专业建设、服务宁夏翻译事业发展举措、讲好宁夏故事等议题展开，来自宁夏各高校外语院系的专家学者及翻译硕士专业学生代表近 40 人参加本次研讨会。研讨会由宁夏翻译协会副会长杨春泉和秘书长贾文娟主持，宁夏大学副校长、宁夏翻译协会会长赵晓佳致辞。各高校外语专家围绕数字赋能、技术支撑、翻译语料库建设与共享、口笔译师资与实践、翻译沉浸式教学等展开深度交流研讨。

【科研与教学团队启动会暨学科建设推动会】 12 月 6 日，学院召开科研与教学团队启动会暨学科建设推动会。校党委副书记、外国语言文学学科负责人周震参加会议。学院党总支书记朱海燕介绍了学院科研和教学团队人员构成、建设思路、发展目标、研究方向等方面的情况。人文社会科学处副处长刘振宇从新文科建设和国家社科基金角度阐述了科研团队与平台建设的重要性，人文与历史学部部长杜建录从教学科研“双轮驱动”角度肯定了科研团队的创新性与学科发展的必然性。与会领导为团队负责人和咨询专家颁发了聘书。各团队负责人分别作了交流发言。会后，各科研团队及教学团队分别召开专题研讨会，谋划科研团队与教学团队的长远发展。

【自治区党委外事办翻译室党支部与宁夏大学外国语学院党总支联合开展主题党日活动】 12 月 28 日下午，自治区党委外事办翻译室党支部与宁夏大学外国语学院党总支联合开展主题党日活动。外国语学院党总支与自治区党委外事办翻译室党支部在学习相关文件精神后，以“校地共建翻译人才培养”为主题展开业务工作座谈交流。朱海燕代表学院表达了与外事办在“宁夏高校翻译与外宣能力建设人才小高地”建设方面深度合作的意向，双方就下一步人才培养单位和人才使用单位之间加强沟通交流、争取协作共赢达成了一致意见。

（撰稿人：吴　楠　审稿人：朱海燕）

国际教育学院

【概况】 学院设有3个教学工作组：国际中文教学工作组、CSCSE-SQA AD项目（英国高等文凭项目）专业教学工作组和英语教学工作组。有针对国际学生的汉语言文学本科专业、国内学生AD项目的工商管理和会计学3个专业。截至2023年12月31日，有教职工22人，其中教授1人、副教授5人，博士6人，在读博士4人。

专业建设。学院2013年获得苏格兰学历管理委员会（SQA）和中国教育部留学服务中心正式批准，设立SQA高等教育文凭项目中心。项目引进先进的教育理念、教学方法与人才培养模式等优质教学资源，有效推动专业和师资队伍国际化融合，学院SQA AD项目有会计学（英国高等教育文凭项目）、工商管理（英国高等教育文凭项目）2个本科专业。顺利通过5门课程外审、工商管理专业外审、会计学专业外审和系统外审。

人才培养。2023年，招收SQA AD项目本科生61人。SQA AD项目在读本科生248人，应届本科毕业生57人。SQA AD项目中心将英方课程体系与学校培养模式有机结合，努力探索国际化复合型人才培养的新模式：一年级为国际预科课程，小班教学；二、三年级引入英方SQA AD教学课程体系，双语授课；四年级可选择出国获得学士学位或留校继续完成本科阶段课程学习，继续留校学习的学生要完成毕业论文和思政课课程学习。学院申报的“‘新文科’建设背景下国际化人才‘单模式Ⅱ’型培养路径探索与实践”国际化人才培养教学团队获批学校2023年本科教育卓越教学团队。学院积极探索推进“课程思政+国际化人才培养”育人双模式，培养具有国际视野和浓厚家国情怀的新时代新青年。要求教师从教学内容、教学环节方面，根据SQA AD项目人才培养特点和专业能力素质要求科学合理设计教育内容，注重挖掘“课程思政”要素，鼓励教师积极参加学校“课程思政”示范课程立项。

科学研究。2023年，学院立项宁夏哲学社会科学规划项目1项，立项教育部中外语言交流合作中心2023—2024年度国际中文教育协作机制资助项目2项并按时结项。

合作交流。与西安外国语大学、深圳大学、俄罗斯欧亚经济联盟议会大学建立联系。6名教职工参加自治区教育厅举办的全区教育系统学习贯彻习近平外交思想暨来华留学生管理培训。3名教师攻读国外大学博士学位。2023届毕业生共9人赴国外读研。承办阿拉伯国家国际中文教育工作调研交流座谈会。在中国—中亚峰会、中阿博览会等重大外交时刻，《中国日报》、新华社、中新社主流媒体采访学校国际学生，多语言、多平台报道，提升了学校的国际影响力。

（撰稿人：刘美玲　审稿人：韩　勇）

体育学院

【概况】 2023年，学院设有体育教育系、运动训练系、武术与民族传统体育系和大学体育教学部。有教职工64人，其中教授11人、副教授17人，硕士研究生导师22人，博士学位教师8人。全日制在校生632人，其中本科生547人（体育教育专业287人，运动训练专业222人，武术与民族传统体育专业38人）、研究生85人。

学位点建设。学院有民族传统体育文化、学科教学（体育）2个二级硕士学位授权点和体育硕士专业学位授权点，院级研究生实习实践基地8个。研究生学位论文抽检合格率100%，授予38名研究生硕士学位。学科教学（体育）专业沈慧同学的学位论文获评校级优秀硕士学位论文、自治区优秀硕士学位论文。导师获评学校研究生创新项目2项，研究生发表中文核心期刊论文2篇，研究生获评校级科研创新项目1项。

专业建设。学院有体育教育、运动训练和武术与民族传统体育3个本科专业，其中体育教育专业为国家级一流专业建设点。体育教育专业完成了教育部师范专业认证专家进校考察工作。体育教育（小学教育方向）微专业正式开班。《篮球运动》获批教育部第二批线上线下混合式一流本科课程，《武术运动》获批校级双语在线课程建设项目，《体育课程与教学论》《健康教育学》获批校级“课程思政”建设项目。

科研平台建设情况。学院拥有国家级社会体育指导员培训基地、国家级少数民族传统体育示范基地、中国民族民间体育开发研究会人才培养基地、全国学校体育联盟（体育教育）宁夏分联盟主席单位、全国学校体育联盟（武术）宁夏分联盟主席单位、宁夏少数民族传统体育训练基地。宁夏大学体育与健康促进科普基地成功入选全国首批国家级体育科普基地。获批自治区级科研项目2项、厅级科研项目1项，纵向科研经费7.5万元，横向科研经费42.23万元，公开发表学术期刊论文8篇。师生在第一届全国学生（青年）运动会科报会中获奖4项，其中二等奖2项。举办2023年宁夏国家级社会体育指导员培训班，参训人数达200余人。

人才培养与师资队伍建设。学院2023届毕业生初次就业率为94.54%，位列全校第一；本科毕业生升学率19.44%，其中，体育教育专业毕业生升学率达23.68%。获评大学生创新创业项目23项，其中国家级1项、自治区级3项、校级18项、协同项目1项，参与学生109人次。武术与民族传统体育专业孙宇轩同学获得全国第二届体育科普讲解大赛三等奖，体育教育专业王嘉琪同学获得第七届全区高校大学生教学技能大赛艺体幼组（体育）一等奖。新增博士学位教师2人；1位教师获得全区第三届教师教学创新大赛三等奖；2位教师分别获得第二届全国体育教师教学与训练技能展示活动二等奖、三等奖；2位教师获得学校第十届青年教师基本功大赛一等奖；2位教师获得学校第四届教师教学创新大赛二等奖，2位教师获得三等奖。宁夏大学体育与健康科普团队入选“典赞·2023科普宁夏”年度科普团队。

学术交流情况。1月，学院成功承办2022年全国高等学校体育教学指导委员会技术学科组年会。师生37篇学术论文入选第十三届全国体育科学大会，其中，专题报告7篇、墙报交流25篇、书面交流5篇；师生4篇学术论文入选第一届全国学生（青年）运动会科学论文报告会，其中专题报告2篇、墙报交流2篇。陇东学院教育与体育学院王伟院长一行来学院调研，就微专业建设及体育教育专业人才培养相关情况进行交流。2022级研究生贾乙获得赴美国密苏里州立大学访学资格。

【体育文化建设】 学校学生代表宁夏在第一届全国学生(青年)运动会中,获得金牌2枚,第四名3项,第五、六、七名各1项,武术队荣获体育道德风尚奖;在自治区第十四届学生运动会上,学校代表团甲组获得冠军13项、亚军13项、季军11项,丙组获得冠军28项、亚军20项、季军6项,并获体育道德风尚奖和突出贡献奖;学校代表团在自治区第十六届运动会上,共获得冠军24项、亚军16项、季军15项,并获体育道德风尚奖;7名教师代表自治区教育厅参加自治区第十六届运动会,荣获前3名6项。学院承办了学校第四十九届田径运动会。

【荣获全国第一届学生(青年)运动会金牌】 11月,由教育部、国家体育总局、中国共产主义青年团中央委员会主办,广西壮族自治区人民政府承办的全国第一届学生(青年)运动会比赛上,学院2019级运动训练专业学生田凤霞获得女子甲组3000米障碍项目金牌,2023级体育教育专业学生周晓亮获得男子校园组三级跳远项目金牌。

【全国体育教师教学与训练技能展示活动获奖】 5月,由全国高等学校体育教学指导委员会主办的第二届全国体育教师教学与训练技能展示活动在浙江财经大学(下沙校区)闭幕,学院樊琛、刘攀2位教师分别获得二、三等奖。

【入选"典赞·2023科普宁夏"年度科普团队】 12月,由宁夏科协主办的"典赞·2023科普宁夏"揭晓盛典在银川举行,宁夏大学体育与健康科普团队入选"典赞·2023科普宁夏"年度科普团队。

【荣获全区第三届教师教学创新大赛三等奖】 7月,在自治区教育厅主办的全区第三届教师教学创新大赛上,学院张炜教授荣获三等奖。

(撰稿人:马兆明　审稿人:王志霄)

守正书院

【概况】 守正书院于2023年3月成立,服务文学院、民族与历史学院、阿拉伯学院、外国语学院、国际教育学院、体育学院,对应人文与民族学部,闫蓉任书院党委书记、院长,赵永军任党委副书记,何文栋任党委副书记,顾珍、彭飞翔任副院长。书院下设综合办公室、党建思政中心、团委、学生事务管理服务中心、学生就业指导中心、学生心理健康中心。

综合办公。书院有教职工16名(在编在岗14人,驻村1人,挂职1人),其中,副教授4人,讲师9人,助教3人。国家三级心理咨询师、国家创业培训教师1人,全国高校就业创业指导教师培训特聘专家、教育部万人导师库首批优秀创新创业导师、教育部高级就业指导人员、全球职业规划师(GCDF)、生涯教练(BCC)、国家认证生涯规划师1人。全年制定20余项制度,进一步加强制度建设。加强政治理论学习,累计举办读书班、中心组学习、研讨会等20余次。

党建与思政。书院有教师党员16人、学生党员448人,成立11个学生党支部,任命11名学生党支部书记。1个支部成功入选校级研究生"样板党支部"培育创建对象,3个支部被评为校级"样板党支部"。书院立项校级重点课题、自研课题各1项,"领航工程"金宁洋同志赴固原市原州区,投入到乡村振兴驻村工作。邀请郎伟教授、许兴教授担任"守正育人讲坛"授课嘉宾。

团学工作。召开学代会和研代会，成立书院团学组织，完成书院团委、学生会和研究生会改革，改革效果评价良好。定期开展学生骨干培训，不断提高学生骨干的组织力、引领力和号召力。书院报送的典型案例被校团委、自治区共青团宣传报道。书院选送节目《如愿》，在“奋斗者　正青春”——宁夏大学纪念五四运动104周年青春歌会上获得二等奖。2023年，暑期“三下乡”社会实践书院立项9个、校级项目6个，联合清华大学暑期社会实践立项1个；2023暑期“三下乡”社会实践中荣获校级一等奖团队1个、二等奖团队2个、三等奖团队2个、优秀指导老师1人；书院“带砺山河实践团”获评全国大中专学生“三下乡”社会实践优秀团队，获评共青团中央“河小青”创新实践全国二十强示范团队，获评“美丽中国　青春行动”实践专项全国示范团队；书院“乐享汉语推普　助力乡村振兴志愿服务队”获评2023年“推普助力乡村振兴”志愿服务全国优秀团队；书院团委组织700多名优秀学子分别参加了第五届“丝绸之路”宁夏·银川马拉松赛、第三届宁夏贺兰山东麓国际葡萄酒大赛、第六届中国—阿拉伯国家博览会志愿服务，圆满完成了会务接待、翻译等志愿服务工作。自治区外事办、科学技术协会发来感谢信，对书院志愿者表达衷心的感谢和充分肯定。书院社团建设取得可喜成绩，“雨巷“文学社获评2023年全区学生美育社团，S.T滑板社在宁夏滑板高校巡回赛中荣获最佳社团奖。

学生事务管理。书院共有学生3200人(留学生212人)，其中本科生2586人、研究生614人(硕士542人、博士72人)。建立以书院党委、11名党支部书记、428名党员干部和班委、844名各校区宿舍信息联络员为依托的四级网格员工作机制。

学生心理健康服务。积极组织开展守心赋能、正向前行“5·25”心理月主题品牌活动，举行“朋辈引领　青春同行”心理辅导活动，开展“释放压力逐梦青春”等心理健康活动，以“情绪粉碎机”“梦想时光机”“糖果行动”等方式帮助学生释放压力、逐梦未来，强化学生心理健康教育，增强学生心理健康意识，营造积极向上的校园氛围。同时，通过心理健康摄影大赛和中华优秀文化讲座，提升学生审美能力和文化自信，助力学生全面发展，培养积极的生活态度，为实现人生目标奠定坚实基础。

学生就业指导。牵头成立学院、书院、学部就业协调联动小组，定期召开就业工作推进会，专题研究、部署和推进毕业生就业工作，联合学院开展“访企拓岗促就业”专项行动。书院毕业生数量位居全校书院第一，2023届毕业生落实就业去向828人，整体就业去向落实率为90.10%，在全校书院中排名第三。开展两次职业规划大赛，1744名学生参赛，依托自治区级特色生涯工作室开设拾光“生涯小课堂”，开展大赛辅导15场。积极组织学生参加首届全国大学生职业规划大赛校赛，书院获得7金9银8铜及先进集体奖，5名教师获评优秀指导教师。举办2023届毕业生双选会，邀请63家用人单位提供700余个岗位，精准推送2300余个岗位信息。

【书院第一次学生代表大会和研究生代表大会】 6月13日至14日，书院第一次学生代表大会和研究生代表大会在怀远校区怀远楼报告厅隆重召开。书院党委书记、院长闫蓉，校党委学生工作部副部长、学生处副处长郑轶，校团委副书记高媛，书院党委副书记赵永军、何文栋，副院长顾珍、彭飞翔，学校学生会主席团成员雍政、研究生会主席团成员杨丹彤，书院全体辅导员及263名学生代表参加会议。

【启动“领航工程”和“领雁工程”】 6月21日，书院启动并实施了“领航工程”和“领雁工程”，校党委常委、副校长黄河，原副校长刘世俊，校党委常委、组织部部长张立杰，校党委常委、宣传部部长高永兴，校党委学生工作部(学生处)部长(处长)马正亮，校人武部(国防教育教学中心)部长张启明，校团委副书记高媛，人文与民族学部及各学院领导，书院全体班子成员、全体党员、团学骨干代表、学生代表等出席本次活动。书院党委书记、院长闫蓉主持活动。

【守正育人讲坛】 10月18日，邀请郎伟教授、许兴教授担任“守正育人讲坛”授课嘉宾，讲坛受到学生的一致好评。校党委常委、副校长黄河，文学院二级教授、博士生导师郎伟，校党委常委、宣传部部长高永兴，校党委工作部(学生处)副部长(副处长)郑轶，校团委副书记高媛出席活动，书院全体班子成员和全体师生参加了本次活动。

【组建“小石榴”宣讲团】 9月底，组建“小石榴”宣讲团，招募、遴选10名本科生、4名硕士研究生、2名博士研究生，共计16名成员，设计守正“小石榴”形象标识，召开宣讲团成员集体备课会，进行授课内容审核，强化了专题培训。宣讲团于10月18日启动宣讲活动，分阶段、分场次走进班级，讲好民族团结故事，以小事例回答大问题，以小切口传播大故事。已开展21场宣讲，实现了书院师生全覆盖。“小石榴”宣讲团进班级团支部宣讲案例作为团员和上年主题教育典型案例被自治区共青团宣传报道。书院领导班子成员、全体辅导员、党员、各年级学生代表参加宣讲活动。书院党委副书记赵永军主持会议。

【党员大会】 10月25日下午，书院党员大会在怀远楼报告厅顺利召开，本次大会设1个主会场和11个分会场，书院全体党员参加。会议选举产生了守正书院新一届党委委员。大会由书院党委书记闫蓉同志主持。

(撰稿人：雷小梅　审稿人：赵永军)

哲学与艺术学部

【概况】 哲学与艺术学部成立于2023年3月，服务马克思主义学院、新闻传播学院、音乐学院、美术学院4个学院，对应尚德书院。周震任学部部长，李海燕任党委书记，李世举任常务副部长，范映渊、陈宏任、王胜泽任副部长，杨瑞任副书记兼副部长。学部内设综合办公室、本科生培养办公室、研究生培养办公室、科学研究与学科建设办公室、资产与实验室管理办公室、对外合作交流办公室等6个组织机构，设有学术分委员会、学位评定分委员会、教学指导分委员会等3个非常设机构。所服务学院共有10个专业、6个硕士学位点。

综合办公。2023年，扎实开展学习贯彻习近平新时代中国特色社会主义思想主题教育，成立由党委书记担任组长的主题教育工作领导小组，细化学习方案，制定学习清单，以服务学院为调研对象，深入调查研究，不断建立健全制度体系；完成形式主义官僚主义专项整治、教育领域侵害群众利益不正之风专项治理工作；部院共同举办主题党日活动4次；学部教工党支部认真落实“三会一课”、委员选举以及补选支委工作。建立健全基层组织机构。适时召开学部党员大会成立直属教工党支部，召开教职工大会成立学部分工会，并设立学部工会之家，成立由学部、学院领导共同组成的关心下一代工作委员会。积极推动基层组织开展工作，组织全体员工踊跃参加校工会组织的趣味运动会、健步走、秋游活动等，并荣获优秀组织奖。强化基层党建工作。组织召开党政联席会议10次、部院联席会议5次、部院专题会议5次、党委理论学习中心组学习9次、教职工理论学习15次，制定各类制度7个，结转处理公文通知66个，制作28个H5文宣彩页用于学部宣传学习，持续推进学部网站建设工作。做实人事人才工作。协助各学院招聘面试博士18人次，“立德树人”推选3人次，推荐2023年自治区青年拔尖人才选拔6人次，职称评审申报16人次，硕士研究生见习期满考核5人次，劳务派遣合同期满考核4人次。

本科生培养。完成2023年度教育部本科评估的数据收集，审核上传数据132份；协助马克思主义学院录入2023年度教育部全国思政课程平台课程100余门次；完成2024年研究生推免29人；完成2023年度13名本科生转专业资料审核上报以及后续转专业课程调整工作；组织举办学部第一届青年教师教学基本功展示活动，并推荐5名教师参加宁夏大学第十届青年教师教学基本功大赛；组织各学院完成宁夏大学卓越教学团队申报工作，成功立项3项；完成2023—2024学年院级教学督导选聘并安排督导听课200余门次；完成2023年度5门“一院一品”通识教育选修课程申报工作。2023年度安排课程1000余门次（含全校公共课程213门次）；办理调停课手续50余门次；安排院级专业考试56门次，全校思政课程考试18门次（合计学生2.5万人）；协调完成各学院2020级本科生教育实习、毕业实习相关工作；教育部2023届本科生论文上传审核抽检631篇。

研究生培养。完成2023年16名优秀应届本科毕业生免试攻读研究生复试工作；协助学院反复打磨及修改2023年培养方案，并完成上报；做好2023级183名研究生迎新及培养计划制订与执行工作；协助项目负责人完成研究生各类项目近20人次的申报及结题验收等辅助工作；完成2020级164名研究生学位授予工作；配合研究生院做好2020级研究生30人的论文相似度检测、盲审工作；协调研究生优秀学位论文评选服务工作，学部有13名2023届毕业生获得校级优秀学位论文推荐，其中8名获得省级优秀学位论文推荐；做好导师遴选及招生资格认定的服务工作，学部6名新进博士取得2023年硕士生导师资格，87名导师完成2023年招生资格认定；负责组织学部56名导师专家库信息收集和填报工作；学部学位评定分委员会自成立以来共召开5次会议审议研究生相关事宜；完成2个学期全校7门硕士研究生通识教育必修课、2门博士研究生通识教育必修课和学部各学院全部专业课的排课工作。

科学研究与学科建设。为各学院横向课题、纵向课题的申报、审核、签订、立项等过程提供有效服务，省部级课题立项6项，自治区级课题立项22项，厅局级立项6项，国家级立项2项，教育部立项3项。积极协助各学院进行人文社科类、艺术基金类、教育基金类、人才和团队建设。积极推进科研平台及创新联合建设。努力配合各学院进行国家社科基金的申报前动员、跟进申报项目以及申报成功后和项目负责人进行对接等工作。认真协助各学院做好项目的知识产权登记与管理工作。积极配合各学院做好学位点的申报工作。顺利完成科研平台的各项审核工作。按时完成学部教师画像科研类的审核工作，并协助科学研究院完成其他学部相关科研成果审核工作。

资产与实验室管理。全年办理资产卡片信息变动16次。资产办资产配置、移交5批次26件，价值10万元；资产报废处置5批次379件，价值35.8万元；图书报销审核通过2批次121册，价值15054.44元；上架图书1.4万余册，征订报纸杂志110余种，整理装订2022年杂志380余册，移交图书资料3.3万余册，价值325.42万元；办理退休（调岗）教师资产移交业务9人次。全年检查排查实验室8次，指导学院消除隐患6处，组织完善实验室安全管理制度13项，推动实验室落实逐级岗位责任制工作；配发实验室安全防护设备1次，共107件，价值6635元；申领安全器材3批次共184具，其中应急照明灯具6具、干粉灭火器10具、二氧化碳灭火器168个。组织开展实验室安全培训2次，美术学院实验室16名需要进入实验室开展实验的本科生全员参训，开展实验室安全演练1次，全年无实验室安全事故发生。

对外合作交流。2023年，主要完成中宣部、教育部来校考察马克思主义学院建设情况以及马克思主义学院与黄河军事博览园、宁夏移民博物馆完成宁夏大学“大思政课”实践教学基地合作签约、挂牌仪式。完成全区市场监管系统新闻宣传联络员、网评员为期3天的培训班工作；配合新闻传播学院完成自治区市场监督管理厅、大连民族大学文法学院来院调研活动；协助新闻传播学院完成与中国电信宁夏分公司、宁夏元界企业管理有限责任公司举行宁夏直播电商产业研究院座谈会工作。

（撰稿人：周肃梅　审稿人：李海燕）

马克思主义学院

【概况】 2023年，学院设有1个系和6个教研室，分别是思想政治教育系、中国近现代史纲要教研室、毛泽东思想和中国特色社会主义理论体系概论教研室、思想道德与法治教研室、马克思主义基本原理教研室、形势与政策教研室、习近平新时代中国特色社会主义思想概论教研室。学院拥有马克思主义理论学科二级硕士点2个：马克思主义基本原理、思想政治教育硕士点，专业学位二级硕士点1个：学科教学（思政）硕士点。拥有1个本科专业：思想政治教育。学院有3个自治区级平台：马克思主义中国化与民族地区发展研究协同创新中心、宁夏高校特色新型智库马克思主义中国化研究中心、宁夏学校思想政治理论课教师培训基地。学院有教职工67人，教授15人、副教授28人，研究生导师29人，取得博士学位教师35人。

学院党总支设置7个教工党支部，其中“中国近现代史纲要”党支部获批首批自治区高校党建工作“样板支部”创建培育对象，“毛泽东思想和中国特色社会主义理论体系概论”党支部工作室获批首批自治区高校“双带头人”教师党支部书记工作室培育建设对象，学院党总支获批学校首批基层党组织“对标争先”培育创建单位。

学科建设情况。获批“全国大中小学思政课一体化共同体”单位。“全国大中小学思政课一体化共同体”单位负责人为范映渊，涵盖马克思主义基本原理、马克思主义中国化、思想政治教育、中国近现代史基本问题研究4个研究方向。“共同体”坚持问题导向、系统思维，关注理论创新和现实热点，凝聚学科力量，突出理论创新，协同推进学科发展。打造一支思想坚定、教学科研能力强、作风过硬的学科队伍，特别是青年教师骨干队伍。提升教学科研质量，加快马克思主义理论及相关学科建设，逐步形成具有西部先进水平的马克思主义学科群。

专业建设情况。2023 年，学院在本科专业建设上，落实 OBE 理念，修订思想政治教育（师范）专业人才培养方案；持续推进思想政治教育（师范）专业省级一流专业建设，推动以一流本科课程建设、数字化教材建设、“课程思政”建设为核心的“三位一体”专业建设模式；按照师范专业二级认证要求，对思想政治教育（师范）专业评估文件及资料进行系统整理；建立宁夏移民博物馆、宁夏生态环境宣教中心、黄河军事文化博览园 3 个“大思政课”实践教学基地；和中学对接，建立思想政治教育（师范）专业师范生研习、见习、实习制度。

科研平台建设情况。获批国家社科基金项目 1 项：刘攀，“中国共产党推进和拓展中国式现代化的方法论研究”（23CKS017）。获批教育部社科规划项目 2 项：刘莉，“宋代道教雷法研究”（23XJA730002）；曹庆锋，“中华文化认同视阈下的汉文回鹘文《金光明经》异本对勘研究”（23XJAZH001）。获批宁夏社科规划项目 1 项：范映渊，“践行习近平生态文明思想，绘就人与自然和谐共生的宁夏新画卷研究”（23NXZX03）。获评宁夏第四届优秀教育科研成果奖 2 项。

人才培养与师资队伍建设情况。在人才培养上，学院坚持“宽口径、厚基础、重规范、强能力”的培养思路，构建了涵盖本、硕各层次、多类型人才培养体系，搭建了本科师范生技能大赛、研究生教学竞赛、研究生学术论坛、大学生宣讲社团等发展平台，强化培养过程的规范管理和精细指导。落实学校“一体两翼”改革模式，加强对本科生人才培养的专业性和针对性。学院用于本科生培养的经费总计达到 34 万元。2023 年，本科毕业生一次性就业率保持在 85%左右，研究生就业率达到 100%。学生获得各级各类奖励、主持各类科研创新项目 110 余项，公开发表论文数十篇。

师资队伍建设。学校有思政课专职教师 67 名，其中高级职称占比 64%，博士率为 54%，教师队伍结构和质量进一步优化和提升。学院 45 岁及以下青年教师占比 40%，是学院建设的主力军和重要生力军。学院实行青年教师“导师制”，充分发挥思政课名师工作室作用，“结对子”“传帮带”，帮助青年教师快速成长。2023 年，引进博士 4 人，均能迅速投入教学科研工作中。

学术交流情况。8 月，学院在银川协办了由教育部高等学校思想政治理论教学指导委员会中国近现代史纲要课分教指委主办的 2023 年全国中国近现代史纲要课分教指委教学理念与方法研讨会。9 月 8 日，习近平新时代中国特色社会主义思想概论教研室全体教师赴武汉大学，参加武汉大学马克思主义学院和宁夏大学、西藏大学等举办的“手拉手”集体备课会。

【协办“中国近现代史纲要”课分教指委教学理念与方法研讨会】 8 月 7 日，“‘中国近现代史纲要’课分教指委教学理念与方法研讨会”在银川召开。会议由教育部高等学校思想政治理论课教学指导委员会“中国近现代史纲要”课分教指委主办，自治区教育工委、宁夏大学承办，宁夏大学马克思主义学院、宁夏“中国近现代史纲要”课程建设委员会协办。教育部高等学校思想政治理论课教学指导委员会“中国近现代史纲要”课分教指委主任委员、华南师范大学陈金龙教授，副主任委员、清华大学王宪明教授，南开大学教授纪亚光教授等 14 名委员会专家，参与“中国近现代史纲要”

配套课件制作的专家，区内外高校从事“中国近现代史纲要”教学研究的教师代表等近百人参加会议。校党委副书记周震、教育部社科司副司长宋凌云分别致辞。周震向各位专家的到来表示热烈欢迎，对宁夏大学马克思主义学院和马克思主义理论学科建设情况作了简要介绍。在主旨发言环节，12位长期从事“中国近现代史纲要”课程教学与研究的知名学者应邀发言。此次研讨会为上好“中国近现代史纲要”课乃至上好思政课提出了新的要求、提供了有力牵引，也是宁夏大学开展对外学术交流、扩大学术影响力、增强立德树人实效性的重要体现。

（撰稿人：张　艳　审稿人：党锐锋）

新闻传播学院

【概况】 学院设有新闻系、广告系、播音与主持艺术系3个教学单位，新闻学（卓越新闻人才计划）、新闻学（网络与新媒体）、广告学、播音与主持艺术4个本科专业（方向），新闻与传播专业硕士学位授权点1个。学院有专职教师29人，其中教授7人，副教授11人；博士10人，在读博士2人；硕士生导师15人；教师党员21人；有新闻媒体从业经历教师8人，3名教师入选省部级人才工程。学院聘请10名区内外传媒业领军人物和知名高校教授为兼职教授，柔性引进“贺兰山学者”2名。学院有在校本科生435人、研究生111人。

学科建设情况。2023年，学院争取各方支持，积极筹建新闻传播学一级学科硕士点；完成融媒体实验教学中心一期、二期建设，先后建成综合演播室、新闻演播室、广播中心、TED实训室、六特直播实训室、元宇宙实验室、虚拟机房、舆情研究中心等11个实验、实训室，总面积2500余平方米，总投资1500余万元，基本建成自治区最具代表性的人文社科实验和实践教学平台；紧扣国家软实力建设和文化繁荣发展新需求，紧跟新一轮科技革命和产业变革新趋势，支持教师运用学院实验室开设基于媒体融合、人工智能、大数据等新技术应用方面的课程，积极推动现代信息技术与文科专业深度融合。

学位点建设情况。新闻与传播专业硕士学位点有硕士生导师19人（含外聘），其中教授8人，副教授10人，博士13人，入选省级人才工程4人，有10个月以上海外经历4人。学院同时重视业界导师队伍建设，先后分两批选聘《人民日报》、新华社等媒体的业界导师共36人，其中享受自治区政府特殊津贴3人，入选省部级人才工程10人次。学位点主要建设方向为新闻传播理论与实务、视听传播、数字营销传播，在民族地区新闻传播与社会发展、新闻传播理论研究和实务教学方面进行了卓有成效的探索。在2023年国务院学位委员会办公室和教育部新闻与传播专业硕士教学指导委员会组织的核验工作中，本学位点获全票通过、一致好评。

专业建设情况。2023年，学院持续推进新闻学国家级一流本科专业建设点工作，《新闻评论学》课程获批自治区级一流本科课程；卓越新闻人才培养方面，“卓越新闻传播人才培养”卓越教学团队（新文科）获批宁夏大学2023年本科教育卓越教学团队，“卓越新闻传播人才培养模式探索研究”“新范式、新进路：新文科背景下传播学的教学创新”获批自治区高等教育教学改革项目，与信工学院、美术学院合作增设技术应用类课程包，推动新闻传播学类专业改造升级；“课程思政”示范课程及在线开放课程建设方面，完成《影视艺术概论》《品牌学》双语在线课程录制工作，第三批校级

“课程思政”示范课程建设项目《新闻学概论》结项“优秀”；教材建设方面，出版《新媒体营销：实务与案例》（中国人民大学出版社）、《影像的叙说——电影理论与经典》（兰州大学出版社）2部教材。

科研平台建设情况。学院有与武汉大学媒体发展研究中心共建的民族地区传播与社会发展研究中心、与校党委宣传部共建的宁夏大学舆情研究中心、与宁夏广告协会共建的宁夏广告研究所、与自治区市场监管厅共建的宁夏知识产权研究院、与宁夏电信等企业共建的直播产业研究院等。2023年，学院集聚已有科研力量，打造“民族地区传播与社会发展研究中心”科研平台，凝练学科方向，聚焦西部传媒智库和舆情研究中心两个方向开展建设工作；学院主持在研国家级科研项目4项，到账经费76万元；承担国家社科基金重大项目“抗美援朝战争口述资料采录与整理”工作；获批教育部创新基金项目1项、自治区级项目2项；主持厅局级、企业横向合作研究项目11项，横向到账经费170余万元；编辑完成《贺兰山传媒研究》（集刊）首刊，拟于2024年4月出版发行；教师发表论著49篇（部），其中高水平论文（C刊、C扩、北核）6篇。

人才培养与师资队伍建设情况。2023年，学院招收本科生129人，其中区外30人，占新生总人数的23.26%；招收新闻与传播专业硕士研究生66人：推免生（全日制）2人，全日制39人，非全日制25人，其中一志愿报考168人，录取31人，录取比为5.4:1；应届本科毕业生103人，专业硕士毕业生53人。学院依托以新闻实训营、个性化培养、卓越新闻人才培养等为载体的实战化新闻人才培养项目，摸索新型新闻传播人才培养模式；根据专业特点，加强与政府和业界的合作，已与政府机构、媒体、企业签订30余项协议，建立战略合作关系，协同育人。学院组织开展“这里是西部”学生实训，在媒体公开刊登学生作品57篇；与吴忠市红寺堡区合作开展“红寺堡好物高校行”活动，共有230支队伍608个账号总计发布短视频3631条，点击量1492.9万次，点赞量86.4万次，网络直播观看量25.8万人次；立项自治区级以上大学生创新创业训练计划项目5项。2023年，学院引进博士1人，在读博士2人，访学1人，聘请知名学者2人。

学术交流情况。2023年，学院主办“全媒体传播体系与主流舆论新格局青年学者学科交叉创新圆桌论坛”；承办“中国新闻史学会中国特色新闻学研究专业委员会2023年学术年会暨中国特色新闻学与民族地区传播高端论坛”；举办“贺兰山学者暑期工作坊”“从全球到村庄：数字传播时代的乡村振兴暑期班”；邀请知名高校学者和业界专家为学院师生举办现场及线上讲座近10场。

【深化部校共建】 新闻传播学院是按照中央宣传部和教育部的部署要求，由自治区党委宣传部和宁夏大学共同建设。共建工作开展近10年来，在部、校的共同领导下，学院建立健全共建管理机制和运行机制，通过整合资源、增强合力，推动学院基础设施、师资队伍、专业学科建设等各项工作，办学水平、学科水平、社会影响及服务社会的能力逐步提升，共建成效显著。2023年，各类科研经费到账160余万元，实现成果转化到校经费45万元；出版中文专著3部、英文专著1部，主编教材2部，发表学术论文34篇，参与地方立法1部。获批教育部产教融合等项目4项；举办全国性学术会议3次。融媒体实验中心建设。2023年，自治区党委宣传部与学校共建4500平方米的融媒体实验中心成为学院最具代表性的实验和实践教学平台，已初步将其建成与区内各高校新闻传播院系共建共享、与各新闻单位融媒体中心互联互通，融教学研究和新闻传播实践一体化的部校共建开放平台。推进协同育人。2023年，在自治区党委宣传部和学校的大力支持下，学院与行业协会、主流媒体、传媒企业在资源共享、实习实践、人才培养、学术研究等方面进行深度合作，与政府机构、媒体、企业签订30余项协议，建立战略合作关系，助力学生将作业向作品再向产品的转换，探索新的专业能力培养途径，构建起较为完备的政产学研协同育人体系。创新社会服务模式。2023年，学院依托新闻传播实验室，整合政校企优质资源，搭建产教融合创新基地，探索新闻传播学科社会服务体制机制创新模式，服务自治区社会经济发展。反哺全区新闻宣传思想工作。2023年，学院承担全区新闻战线马克思主义新闻观教育培训项目10期，累计培训人员超过3000人次；积极参与区内新闻媒体业务经验总结、新闻奖评选、新闻阅评、新闻课题研究等工作。高校与新闻单位从业人员互聘交流。2023年，持续开展校媒互聘交流工作，媒体资深编辑记者担任学院本科生与研究生导师，为人才培养提供理论和实践双重指导；学院赴媒体挂职教师，积极参与重大活动报道策划、频道改版与新节目研发、舆情分析研判等重要工作，进一步推动自治区新闻教育与新闻实践相互融通、良性互动。

【举办“薪传四十年”系列活动】 紧抓学校新闻传播教育创办40年契机，学院开展“薪传四十年”系列活动：“新闻在路上——四十年四十人”系列访谈历时3个月，采访国内外校友40多人，在宁夏电视台播出访谈节目16期；“我眼中的宁大”新闻摄影展参展人数超过3000人；“校友进课堂”邀请近20位校友为学生举办讲座。

（撰稿人：丁洁华　审稿人：苏　洁）

音乐学院

【概况】 音乐学院始建于1978年，设有2个教学系（音乐学系、舞蹈系）、4个教研室（音乐理论与公共艺术教研室、音乐表演教研室、舞蹈理论教研室、舞蹈表演教研室），有专职教师52名，其中博士后1人，2人入选自治区“塞上文化名家”，1人入选自治区“国内引才312计划”，1人入选宁夏“四个一批”文艺人才，1人入选自治区哲学社会科学文化艺术领军人才培养工程，1人入选自治区青年哲学社会科学和文化艺术人才托举工程。面向8个省市招生，有全日制普通本科生621人、全日制硕士研究生88人。

学科建设情况。学院有国家级一流本科课程1门、自治区一流基层教研室1个，有艺术实践团队11个。合唱团曾2次入选全国大学生艺术展演，并荣获教育部一等奖1项、二等奖3项及优秀作品创作奖；舞蹈3次入围中国舞蹈最高奖“荷花奖”，获第九届“荷花奖”作品银奖；舞蹈作品荣登央视春晚、央视《舞蹈世界》栏目等。针对学院内部设置和机构设置问题，实施音乐学院成立以来最大的改革举措，并迅速推进，为强化团队建设、拓宽教师职业维度、明晰学科发展方向打下坚实的基础。积极推进教学改革，对全院专业理论课程实现小班制教学，同头课教师实现以老带新机制；增设中小学课堂乐器，提高学生职业竞争力。

学位点建设情况。学院有2个本科专业：音乐学与舞蹈表演，以及艺术硕士专业学位（音乐和舞蹈）授予点、中国少数民族艺术（音乐）二级学科硕士学位授予点。学院有国家级一流本科课程1门，自治区一流基层教研室1个，国家大学生创新创业计划7项、自治区13项；有艺术实践团队11个。合唱团曾2次入选全国大学生艺术展演活动现场，并荣获教育部一等奖1项、二等奖3项及优秀作品创作奖；舞蹈3次入围中国舞蹈最高奖“荷花奖”，获第九届“荷花奖”作品银奖；舞蹈作品荣登央视春晚、央视《舞蹈世界》栏目；等等。

专业建设情况。学院设有音乐学(师范)与舞蹈表演(表演、编导)2个专业。音乐学(师范)开设课程有：钢琴、声乐、器乐表演、合唱指挥、钢琴艺术指导、作曲技术理论等；培养目标是能够较好掌握音乐专业教育基础理论、基础知识、基本技能，具有创新精神、实践能力和一定教育研究能力的音乐教育工作者。毕业生在音乐专业及其他文艺工作领域具有较强就业能力、竞争优势和可持续发展的潜力；主要课程为马克思主义基本原理、大学英语、乐理与视唱练耳、多声部音乐分析与写作、钢琴、声乐、中外管弦乐器演奏、中国音乐史与名作赏析、西方音乐史与名作赏析、中国民族音乐(含宁夏民族民间音乐)、外国民族音乐、合唱与指挥、音乐教育导论与教材教法及毕业实习、毕业论文，授予艺术学学士学位。舞蹈表演(表演、编导)主修方向为舞蹈表演、编导。培养目标是能够较好掌握舞蹈专业教育基础理论、基础知识、基本技能，具有创新精神、实践能力和一定教育研究能力的音乐教育者。毕业生在舞蹈专业及其他文艺工作领域具有较强就业能力、竞争优势和可持续发展的潜力；主要课程为马克思主义基本原理、大学英语、芭蕾舞基础训练、中国古典舞基础训练、民族民间舞蹈(含宁夏民间舞蹈)、舞蹈剧目课、中国古典舞身韵、现代舞、中外舞蹈史、舞蹈解剖学、舞蹈编导技法、舞蹈编导理论、舞蹈作品赏析及毕业实习、毕业论文，授予艺术学学士学位。

科研平台建设情况。2023年，完成横向项目4项，到账经费80万元；立项文化和旅游部“专业研究生科研攻关计划”1项；立项宁夏哲学社会科学(艺术学)重点项目1项、青年项目1项，立项全区文艺作品扶持项目1项。学院2023届毕业生就业率达到94.05%，全校排名第二。建成宁夏大学研学采风实践基地1个。获国家发明专利授权2个；建成“宁夏大学卓越通识课程团队”1个，3年内完成通识美育课程16门。立项大学生创新创业项目36项，其中国家级1项、自治区级2项、校级33项。

【打造原创史诗舞台剧《沙枣树·根与魂》】 配合校党委宣传部打造出品原创史诗舞台剧《沙枣树·根与魂》，通过宁大师生、宁大校友的文艺呈现讲述宁夏大学的奋斗史、光辉史。结合主题教育打造红色经典原创艺术作品3部，即红色音乐剧《我要找到你》、红色舞蹈《如果你不是英雄》、红色戏剧《山河志》。

【音舞传递思想】 6月9日，完成由自治区党委宣传部、自治区文明办、自治区文化和旅游厅、自治区财政厅联合举办，宁夏大学承办的“音乐传递思想 艺术致敬时代”——学习贯彻习近平新时代中国特色社会主义思想主题教育音乐党课，并在光明广场精彩演出。本次音乐党课排练历时1个多月，学院的“双带头人”、党员教师、博士等共计160名师生参与创作和演出任务，现场观众近2000人。6月21日，以音乐党课的形式为巡回指导组及全区主题教育观摩团展示宁夏大学主题教育特色和亮点。8月31日，完成区直机关学习贯彻习近平新时代中国特色社会主义思想主题教育成果汇报会演出，学院承担开场和结尾演出任务，本次活动历时3个月,学院11名教师、46名学生参加演出,自治区领导出席观看,宁夏电视台新闻专题播出,各大媒体均有报道。9月15日,参加建校65周年暨2023年迎新生文艺晚会演出，本次晚会80%的节目属于原创，晚会以大思政课形式呈现,从历史、文学、艺术、人文、思政维度讲述宁大发展历史,现场观众1万多人,线上直播近30万人次观看,在社会上反响良好。

【荣誉与奖励】 党员教师陈宏负责的“宁夏大学建校65周年‘爱你的365天’音乐会”视频获“学习强国”全国平台“文化—中国音乐”专栏头条展示,全国总播放量破15万次。党支部书记、“双带头人”高军的原创红色舞蹈《如果你不是英雄》在“学习强国”以及各类平台推送播放,点击量上万次。7名党员教师指导的4部集体作品和3部个人作品在12月7日全区大学生艺术展演中斩获7个一等奖，本次奖项质量和获奖总数再创历史新高。

（撰稿人:姚永昊　审稿人:贾述道）

美术学院

【概况】 学院设有美术系、视觉传达设计系、环境设计系、基础理论部4个教学研究系(部)。拥有美术学(教师教育)、绘画、视觉传达设计、环境设计4个本科专业。拥有美术与书法、设计2个专业硕士学位点,1个中国少数民族艺术二级学术型硕士授权点。设中国画、油画、书法、环境设计、视觉传达设计和中国少数民族美术理论研究6个方向。学院有教职工44人,其中专职教师43人。教师中有教授5人、副教授19人、博士7人、在读博士6人,有自治区青年拔尖人才1人、自治区青年托举人才3人。

学科建设情况。2023年,学院获批主持教育部哲学社会科学重大课题攻关项目“黄河文明图像史料整理与研究”子课题“黄河文明与文物遗址图像志研究”1项;立项国家艺术基金项目“日常生活的图景——新时代中国乡土题材美术作品中的日常生活”1项；自治区哲学社会科学项目1项,艺术学项目2项,教育学项目1项;宁夏黄河文化研究项目2项;主持横向课题5项,到账经费103.72万元。发表论文7篇，其中CSSCI论文1篇;出版著作《须弥山北朝石窟研究》《澳门传统当铺》、教材《行书》。取得外观专利3项;作品、论文获得国家级奖项2项、自治区级奖项13项,宁夏美术馆收藏作品6幅。此外,王胜泽获得由中国包装联合会颁发的“设计事业突出贡献奖”,并获批宁夏大学“王胜泽创新工作室”。

学位点建设情况。2023年，招收研究生35人,其中全日制学术型研究生2人,全日制专业学位硕士生33人。学院艺术硕士学位点对应调整,由原来的艺术硕士(美术、设计)1个学位点对应调整为美术与书法、设计2个专业硕士学位点。完成2023年研究生质量报告、2023年研究生招生专业目录编制等工作,形成培养专业型硕士、学术型硕士的培养体系。举办研究生学术论坛项目1次、研究生学术成果展览1项、优秀论文评选1次,研究生创新项目1项。

专业建设情况。自设立项院级课程思政18门;录制完成慕课《建筑与环艺专题研究》1门;新增校级卓越教学团队“新文科背景下绘画、视觉传达设计、环境设计核心课程图谱教学团队”1个。获批大学生创新创业训练计划项目国家级2项、自治区级6项、校级17项。改造提升雕塑与陶艺教学实训室、中国画教室;为全院教师按学校标准配置办公空间，补充书籍资料300多册。学院重新修订培养方案，优化专业课程体系，开展系列专业认知教育，推广落实班主任工作制和院领导联系班级等制度，学院初次就业率达到93.05%，位居全校第三。

科研平台建设情况。2023年，学院建成“宁夏大学民族学学科群新文科平台民族艺术教学实验中心”与“设计教学实训室”，有宁夏文化与特色产业包装设计研究院、西北民族艺术研究中心、中国书法艺术研究所、建筑文化遗产研究与创新实践工作室4个研究平台。

人才培养与师资队伍建设情况。2023年，招收本科生115人，毕业本科生159人，引进博士1人。学院新增博士生导师1人，新增教授1人。培养教师在读博士1人，达到6人，有1名教师到浙江大学访学。王胜泽当选第八届宁夏美术家协会副主席，郑涛、马桦当选主席团委员，于婧、王骞当选副秘书长，陈博当选理事；杨开飞当选第八届宁夏书法家协会副主席；王艳当选第二届宁夏文艺评论家协会副主席，杨少青当选理事。此外，王胜泽当选中国高等教育学会设计教育专业委员会理事。

学术交流情况。与陕西师范大学、西南大学、四川美术学院等高校开展学术交流，教师参加国内外高水平学术会议并发表学术演讲13次。举办宁夏大学美术学院高质量发展学术研讨会；承办教育部学科竞赛上榜赛事——2023年第16届全国3D大赛宁夏赛区决赛和第十六届中国之星设计奖宁夏赛区决赛，举办“美韵大讲堂”学术讲座17讲。

【国家艺术基金项目】 3月3日，王艳老师立项国家艺术基金项目“日常生活的图景——新时代中国乡土题材美术作品中的日常生活”。该项目是学院首个国家艺术基金项目，为学院在国家艺术基金项目申报与立项方面开创了先河，对美术类学科在后续申报方面起到了开拓性作用。该项目同时具备文化价值和创新价值，从专业角度来看，具有一定的延续性，为学科发展提供新思路。

【哲学社会科学重大课题攻关项目】 王胜泽老师获批主持教育部哲学社会科学重大课题攻关项目“黄河文明图像史料整理与研究”子课题“黄河文明与文物遗址图像志研究”。该项目力求进一步深入解读黄河文明的图像资料，探析其内容、风格及文化含义，以探讨黄河文明的图像叙事结构，丰富黄河文化的研究理论体系。

【承办国家艺术基金巡展项目】 9月2日，在银川美术馆承办《黄河两岸是我家：纪实摄影作品展》。10月12日，学院承办《九曲瓷韵：中原精品陶瓷黄河流域巡展》。巡展向社会大众展示黄河文化的影响力和国际关注度，为深入挖掘黄河文化的时代价值，讲好“黄河故事”，延续历史文脉，坚定文化自信，凝聚了精神力量。

（撰稿人：陶子越　审稿人：马树华）

尚德书院

【概况】 尚德书院成立于2023年3月23日，服务马克思主义学院、新闻传播学院、音乐学院、美术学院4个学院，对应哲学与艺术学部。潘瑞任书院党委委员、书记、院长，余洁、江伟任书院党委委员、副书记，王艳梅、雷丽霞任副院长。有教职工9人、学生2636人（男生663人、女生1973人），其中本科生2126人、研究生510人（学术型研究生411人、专业型硕士研究生99人）；有84个教学班。有中国共产党党员356人(预备党员120人)、10个学生党支部。

育人理念。书院秉承"厚德、雅艺、慎思、躬行"的院训,积极融入宁夏大学构建"通识教育+专创融合+个性化多元教育"的协同发展新格局,探索构建艺术与哲学门类特色的"一站式"学生社区建设体系,在党建引领下,打造集思政教育、美育教育、艺术实践、社会服务于一体的立体化育人品牌活动,促进学生综合素质全面发展。

综合办公。综合办公室负责综合行政、书院建设、对外交流、资产管理、工会工作、导师选聘、师资培训、创新创业教育、劳动教育等工作;制定《中共宁夏大学尚德书院委员会执行"三重一大"制度实施办法》《中共宁夏大学尚德书院委员会议议事规则》《宁夏大学尚德书院党政联席会议议事规则》《宁夏大学尚德书院党委意识形态工作责任制实施细则》《宁夏大学尚德书院党委落实意识形态工作责任制正面清单》《宁夏大学尚德书院党委落实意识形态工作责任制负面清单》《中共宁夏大学尚德书院委员会委员联系党支部工作制度》《宁夏大学尚德书院优秀本科毕业生评定办法》《2023届宁夏大学尚德书院优秀研究生毕业生评定办法》等9个制度。学业导师选聘方面。聘任学业导师1人:新闻传播学院副教授邬志斌。创新创业教育方面。成立校创新创业分中心,完成2023年校级大学生创新创业项目的结题审核及答辩,开展书院学生创新学分的认定、登录及组织创新创业教育。劳动教育方面。2023级学生和2020级学生开设《劳动教育》课程(理论16学时、实践16学时)。荣誉与成果方面。书院获得校优秀基层工会组织、校五四红旗团委、学生军事技能训练工作优秀组织奖、暑期"三下乡"社会实践活动优秀组织单位、宁夏大学"宪法卫士"行动计划杰出组织奖、宁夏大学第三届大学生就业创业大赛优秀组织单位、全国大学生职业规划大赛校赛优秀集体奖等荣誉。1名辅导员获评校级"立德树人"岗位标兵,1个党支部获评校级研究生"样板党支部"创建单位,2个党支部获评校级优秀党支部,10名学生获评校级党员标兵,学生在各类学科赛事中斩金夺银,全年本科生获得国家级、自治区级比赛荣誉226项,研究生119项;学生共发表论文96篇,其中本科生12篇、研究生84篇(北核2篇)。

党建与思政。党建思政中心负责书院学生党建、学生工作队伍建设、思想政治教育、党务系统维护、学风建设,组织学生开展、创作优秀网络文化产品和网络文化建设等工作。通过领导干部读书班、中心组、业余党校培训、主题党日、实践考察、座谈讨论等形式,加强了领导干部、党员及团员青年骨干的理论学习。领导干部完成高质量调研报告5个。征集读原著视频作品41部,与校外单位党建共建活动4次,组织新党员参观宁夏博物馆,组织辅导员参观警示教育基地,举办主题教育应知应会题知识竞赛、《民法典》讲座、普法知识竞赛;音乐本科生党支部在全区高校主题教育互观互促活动中,代表学校介绍经验。组织建设方面。11月1日,召开第一届党员大会,选举产生书院首届党委委员(潘瑞、余洁、江伟、王艳梅、雷丽霞);10个党支部按期换届(思想政治教育本科生党支部、马克思主义原理研究生党支部、思想政治教育研究生党支部、设计学本科生党支部、美术学本科生党支部、美术研究生党支部、新闻传播本科生党支部、新闻传播研究生党支部、音乐本科生党支部、音乐研究生党支部)。基层党支部建设方面。举办支部委员培训班2期、业余党校培训班2期,认真完成专题组织生活会和民主评议党员工作;依据《宁夏大学基层党支部规范化标准化建设指南》，认真落实“五个规范化”和“七个有力”目标任务，有五星级党支部1个（马克思主义基本原理研究生党支部）、四星级党支部2个（思想政治教育研究生党支部、新闻传播研究生党支部）、三星级党支部7个；12月20日，开展党支部书记现场述职考核，加强了党员政治规矩意识教育；表彰校级和书院级党员标兵；加强党支部理论学习，学生党员讲党课已成为主流学习形式；开展集体观影、贺兰山岩画考察、红寺堡区考察等主题党日活动，结合专业特色将主题党日活动融入服务自治区经济发展；规范党员档案管理。阵地建设方面。开通尚德书院微信公众平台（5月12日）、尚德书院网站（7月6日）、尚德书院视频号（12月12日）；在贺兰山校区2号男生公寓二楼建立学生活动室——尚德成长空间，可容纳50人活动。队伍建设方面。辅导员坚持“持证上岗”，积极参加各类培训，专业化职业化水平不断提升，具有国家心理咨询师、全球生涯规划师（GCDF）证书者占89%；公开选聘研究生兼职辅导员13名，培训兼职辅导员2期。

团学工作。书院团委负责共青团建设、团员推优、校园文化、学科竞赛、学生社会实践、志愿服务、学生会、研究生会等。刘利宁为团委书记。组织建设方面。6月11日，召开第一届学生暨研究生代表大会，选举产生第一届学生会委员会、研究生会委员会和主席团，学生会主席团成员为：吴枝腾、杨彤、雷昊，研究生会主席团成员为：马玉潭、谢明月、刘泽慧。12月22日，召开团委、学生会2023年度述职大会。团员和青年主题教育方面。马克思主义理论研习社、凌云宣讲团等16个学生社团先后举办主题宣讲、学长学姐说、艺术作品展等活动，同时开展照亮你的美、妙趣涂鸦等校内志愿服务活动。开展文化大篷车、社区共建等校外志愿服务活动。积极开展暑期“三下乡”等社会实践活动，申报校级社会实践项目35项，立项16项，8项获奖，通过实践调研活动，学生了解国情，加深情怀。学生干部培训方面。组织举办“青年马克思主义者培养工程”骨干培训班1期（11月10日至12月7日）、团干部工作技能培训1期（10月16日）、社团负责人培训1期（10月17日）。开展活动方面。学生会在校运会、各级校园比赛活动中发挥作用，组织参赛，树立良好书院形象，同时举办书院趣味运动会、演讲比赛、辩论赛等学生活动，在校园文化建设中发挥作用。

学生事务管理。书院学生事务管理中心负责学生学业辅导、综合测评、奖惩、学生资助与勤工俭学、学生应急事件处置、综合治理等工作，秦学礼任学生事务管理中心主任。中心主持修订学生综合测评和学业奖学金评定办法，主持完成全年各类奖助学金评定工作，学生对评定工作零投诉。学生事务管理服务中心负责主持完成尚德书院474名2023级学生军训工作，尚德书院获得先进营、队列会操优胜奖、军歌比赛优胜奖、2个先进连的奖项。

学生心理健康。书院学生心理健康中心负责学生心理健康教育与咨询工作，开展个体心理咨询及团体辅导、心理危机预防与干预工作、心理健康教育知识宣传等工作，王艳梅副院长兼任中心主任。基本情况。经校心理中心转介，书院重点关注学生近300人，占学生总数的11.7%，其中辅导员需要重点对接的危机学生15人。书院联系家长，开展治疗和危机干预，建立“一对一”工作台账。宣传教育方面。开展观生涯电影（2期）、心理微电影作品制作（6部）、心理主题绘画（80幅画）、朋辈团体辅导、篮球赛等活动宣传心理健康知识。

学生就业指导。书院学生就业指导中心负责学生职业生涯教育、就业指导，重点单位联络发展，招聘服务，就业质量评价，就业引导实习实践等工作。书院2023届毕业生661人，毕业去向落实率为91.83%，在全校8个书院中排名第一，对应4个学院的就业去向落实率分别为：马克思主义学院90.23%，新闻传播学院89.10%，音乐学院94.05%，美术学院93.05%。主要做法：坚持三方联动会议制度。成立三方联动就业工作领导小组，共召开线上就业工作推进会8次。积极开展就业政策宣讲、榜样宣讲、考研考公经验交流会、面试工作坊、简历工作坊、职场礼仪训练工作坊、征兵宣传等就业指导工作。书院自治区级"成长"生涯工作室开展毕业生个体咨询工作，"一对一" 辅导就业。举办春季双选会，邀请46家用人单位，提供就业岗位600余个，邀请参会单位观摩音乐学院学生艺术实践活动、美术学院毕业作品展、新闻传播学院毕业生实习作品展，让更多用人单位近距离了解书院对应4个学院的毕业生专业能力，现场产生新的用人需求。建立慢就业、懒就业学生台账，及时与家长沟通，与毕业论文指导老师和研究生导师沟通，协同做好学生"一对一"指导工作。开展暑期家访促就业行动，书院领导及辅导员共走访困难就业毕业生12人。开展就业系统培训，做好就业信息自查和互查，辅导员"一对一"指导学生网上上传就业证明材料，并对就业材料真实性进行把关、审核。生涯教育方面。充分发挥课堂"主渠道"作用，加强"生涯规划与就业指导""劳动教育"课程建设，科学设置教学目标，强化辅导员教学技能提升，唤醒学生职业生涯规划意识，讲解国家就业政策，指导学生提升就业技能，树立正确就业观、择业观；积极组织开展宁夏大学第三届大学生就业创业大赛，18名学生获得各类奖项。积极组织开展全国大学生职业规划大赛班赛、校赛、区赛，书院参赛学生占学生总数的46%。举办就业能力提升工作坊，指导学生参赛，建立用人单位评委库并提供给学生，有25名学生获得校赛金奖、银奖和铜奖，有6名学生获得区赛金奖、银奖和铜奖。大赛达到以赛促学、以赛促教、以赛促就总目标，让学生动起来，主动实习实践，推动学风建设。

【党员大会】 11月1日，书院党员大会在贺兰山校区文荟楼东报告厅召开，书院正式党员参加会议。校党委专职组织员、预备党员代表、兼职辅导员代表、团学代表列席。大会由潘瑞主持。会议宣读了校党委《关于中国共产党宁夏大学尚德书院委员会组成人员候选人预备人选的批复》，通过了《大会选举办法（草案）》及总监票人、监票人建议名单以及总计票人、计票人名单。大会选举产生了书院第一届党委委员（按姓氏笔画为序）：王艳梅（女）、江伟、余洁（女）、雷丽霞（女）、潘瑞（女）。

【2023年总结表彰大会暨迎新晚会】 12月10日下午，书院2023年总结表彰大会在大学生活动中心召开。校党委常委、副校长黄河，校党委常委、宣传部部长高永兴，保卫处长张守荣，哲学与艺术学部党委书记李海燕，马克思主义学院党总支书记党锐锋，新闻传播学院党总支书记苏洁，音乐学院院长陈宏，校办公室副主任马芳，校党委组织部副部长张惠，校团委副书记高媛，校党委学生工作部副部长、学生处副处长阿利·热合买提，研究生院副院长常娟，后勤保障部副部长张淑红，书院党委书记、院长潘瑞，党委副书记余洁、江伟，副院长王艳梅及全体辅导员出席本次活动。书院2000多名学生参加大会，大会由书院党委副书记江伟主持。

（撰稿人：王　蔚　审稿人：潘　瑞）

教育与社会学部

【概况】 教育与社会学部于2023年3月23日成立,服务法学院、经济管理学院、教师教育学院。史金龙任部长,吕海军任党委书记,杨国涛任常务副部长,吕耀军、王安全、张逸任副部长,房彦兵任副书记兼副部长。2023年6月15日,学校调整分工,由黄河任部长。学部内设6个办公室:综合办公室、本科生培养办公室、研究生培养办公室、科学研究与学科建设办公室、资产与实验室管理办公室及对外合作交流办公室。学部设有学术分委员会、学位评定分委员会、教学指导分委员会等3个非常设机构。学部有行政办公人员28人。

综合办公。综合办公室工作内容涵盖学部综合事务、基层党建工作、宣传思想工作、统一战线工作、工会工作、人事人才工作、财务工作以及安全稳定工作。2023年,制定出台《教育与社会学部党政联席会议议事规则》等6项规章制度,深入开展学习贯彻习近平新时代中国特色社会主义思想主题教育,强化理论研讨和"三会一课"制度,定期召开学部双周例会,召开班子专题理论学习会8次,开展交流研讨2次,举办党组织书记讲党课4次;制订2023年学部基础能力提升培训计划,开展行政人员基础能力提升培训活动4次;积极鼓励并支持行政人员踊跃参与与工作紧密相关的各类研讨会及进修课程,分2批次派送8名人员到成都、厦门两地参加高校行政人员综合能力提升专题研修班,持续提升学部人员综合素质和业务水平。

本科生培养。组成学院共有专业(含方向)14个,分别为:法学、行政管理、社会学、经济学、金融学、工商管理、会计学、农林经济管理、市场营销、物流管理、小学教育、学前教育、教育技术学、应用心理学、应用心理学(教师心理健康教育)。本科生培养办公室负责法学院、经济管理学院、教师教育学院本科生教学管理和教学服务工作、教育教学审核评估工作、学籍管理工作、教学档案搜集整理与归档工作等。共收集整理近3年教育教学审核评估试卷1650袋,收集、整理近3年毕业论文归档共计1650件,收集整理近3年教师教学档案共计4827件,实习实践基地建设材料归档98件,收集、整理教学大纲1609件并装订成册。2023年,招生605人,推免研究生43人,接收转专业学生87人,本科生培养办公室负责学部2812名学生的学籍管理及考务工作。2023年,组织申报自治区本科高水平建设项目立项3项,其中自治区卓越拔尖人才培养班1项、自治区一流基层教研室建设项目2项;双语课程认定8门,通识教育选修课立项2项。创新教学管理工作。本科生培养办公室工作人员采取纵向管理、横向贯通的方法,分工协作。在试卷检查上,法学院采取期末考试完成后及时进行考试试卷全覆盖检查,发现问题及时处理,保证学生成绩正确率,在期中教学检查时,得到学校领导的认可,拟在全校范围内推广。

研究生培养。组成学院有二级博士研究生培养方向4个、一级硕士学位授权点7个、专业学位授权点6个。学籍管理方面。2023年,研究生培养办公室顺利完成法学院的法律(法学)、法律(非法学)和社会工作,以及教师教育学院教育管理4个专业方向的78名非全日制研究生的报名注册工作;接收2023级全日制研究生报到注册213人,并处理7名硕士生的放弃入学资格申请。导师队伍建设方面。2023年,学部新增12名硕士生导师,并审核通过162名硕士生导师的招生资格认定。新增2名博士生导师(经济管理学院1人、教师教育学院1人)。学位授予方面。2023年,学部研究生培养办公室共完成3批次博士和硕士毕业论文答辩工作,共有6名博士和518名硕士顺利毕业,其中还有1名留学生硕士完成答辩顺利毕业。优秀毕业论文评选方面。11月,研究生办公室配合3个学院完成2023年优秀博士和硕士毕业论文的初审推荐工作。经学院审核推荐,学部上报12篇硕士学位论文参评校级优秀毕业论文,并经学校审议推荐参评区级优秀。全年按照3个学院提交的各项费用明细,完成涉及校外专家评审、专家用车、研究生外出实习实践等各项费用30余万元。

科学研究与学科建设。2023年,组织完成学院各级各类社科、自科类项目申报,包括1个国家级项目和2个自治区级项目,共计30余人次申报;组织完成奖励、专家、征文等材料的收集报送工作,共计40余人次申报;完成各级各类社科、自科项目的中期、最终期管理工作。实时审核组成学院科研系统及教师画像各类科研成果600余条。对科研工作进行分级分类,制作完成2023年科研院发文分类表,科研工作台账表,自科、社科项目申报及过程管理统计表等工作台账。深度学习国家级、自治区级各类项目的经费管理办法条例和《宁夏大学科技管理规章制度汇编(2023)》校级科研管理文件,制作可视化表格随时查阅,"面对面""一对一"精准服务,积极对接学院教师科研需求。

资产与实验室管理。学部办公用房总建筑面积1021平方米,管理对应学院各类资产7594台(件),资产总金额3754万余元。资产管理方面。2023年,教育与社会学部新增固定资产1041.38万元。其中家具387台(件),价值123万元;通用设备1012台(件),价值675万元;无形资产(软件类)132台(件),价值178万元;专用设备11台(件),价值66.4万元。2023年,完成处置下账固定资产214台(件),共计119.2万元;向学校资产处移交固定资产475台(件),共计196万元;完成法学院、教师教育学院3个机房的资产移交;配合校图书馆完成朔方校区原法学院、经济管理学院、教师教育学院的图书资料清查交接工作,共计图书、期刊51044册。实验室建设与安全管理方面。建立实验室安全管理的组织架构与责任体系,成立学部实验室安全工作小组;建立学部、实验室两级管理责任体系,依据"谁使用、谁负责,谁主管,谁负责"的原则,落实分级责任制,确保实验室安全责任层层落实到位;定期开展实验室安全检查,2023年学部实验室安全工作小组共检查实验室安全10次,发现安全隐患41个,已全部整改到位;参与由学校组织的消防安全演练13人次,办公室全体工作人员参加由教育部高教司举办的"高校教学实验室安全与管理培训班"网上学习,考核成绩全部合格;在本科生院的支持下,成立教师教育实训中心,在文荟楼四楼新建12间专门用于师范生培养的实验室,总面积1061平方米,总投资840万元。

对外合作交流。对外合作交流办公室主要负责组成学院国内、国际对口合建,校际合作,校企合作,因公临时出国,师生国际化培养项目等各种信息的统计、登记、汇总、报送,以及校友、教育发展基金工作。9月,协调所属学院开展迎接校庆65周年系列活动;10月,开展国际组织实习生的申请汇总、上报工作;11月,对所属学院对口合建、校企校地合作工作进行摸底调查,建立台账;12月7日下午,中国人寿财险宁夏分公司纪委书记、党委委员孙云一行到访,进行校企合作与毕业生招聘座谈。

【开展铸牢中华民族共同体意识主题党日活动】 9月

20日下午，学部组织教职工在闽宁镇开展铸牢中华民族共同体意识主题党日活动。活动包括参观镇史馆和昌盛光伏科技生态园，了解闽宁镇发展历史和民族团结进步情况。大家深刻感受到中国共产党的思想伟力和民族团结的重要性，表示将紧扣铸牢中华民族共同体意识主线，增强为人民服务的责任感和使命感，为学校发展贡献力量。

【开展基础能力提升培训】 10月至12月，学部针对全体行政人员开展4次基础技能提升培训，培训内容包含PPT制作、摄影技巧、人工智能的办公应用、公文写作、沟通技巧、心理调适等。通过培训，行政人员工作效率和质量得到了显著提升，增强了学部的整体运行效率和服务质量。

【移交原现代教育技术中心影像资料】 完成原现代教育技术中心自建校以来的所有影像资料的整理工作，共整理出教育类光盘和录像带2151套、政经类光盘和录像带1910套、可报废录像带磁带4609套，全部移交校图书馆管理处置。

（撰稿人：梁非凡　审稿人：吕海军）

法学院

【概况】 法学院前身为成立于1958年的政史系，2001年12月成立政法学院，2020年5月更名为法学院。学院有专任教师60人，有博士生导师8人、硕士生导师60人（含外聘），曾入选国家“百千万人才工程”、国务院政府特殊津贴、自治区“塞上英才”、自治区政府特殊津贴、自治区级教学名师、“国内引才312人才”、自治区“四个一批”人才、自治区哲学社会科学文化艺术领军人才培养工程等各1人，获评自治区“313”人才2人、青年托举人才3人。

学科建设情况。学院以“双一流”建设为导向，夯实基础学科，通过内引外联做好学科建设。学院持续推进法学、公共管理、社会学、哲学、民族学5个学科规划建设。

学位点建设情况。2023年，录取研究生新生共220人，较上年增长5%，具体类别包括博士研究生3人、全日制学术型硕士39人，其中，法学专业28人（含推免生1人）、哲学专业11人；非全日制专业型硕士178人，其中，法律专业32人、社会工作专业22人、公共管理专业124人。研究生生源稳步提升，一志愿上线率96%，“双一流”高校生源比达72%，均较上年有所增长。法律硕士和社会工作2个专业学位授权点参加了2023年教育部学位授权点核验工作。4篇硕士学位论文被推荐参加自治区级优秀硕士论文评选，研究生学位论文抽检合格率100%、盲审通过率93%，全日制硕士研究生升学率为7%；围绕就业驱动、培养实践能力、助力学生发展，3个专业硕士学位授权点的毕业生实现100%的高质量就业。

专业建设情况。学院新增校级本科教学卓越团队1项，获批自治区优秀基层教学组织1个（公共管理教研室）。获批自治区级教改项目3项，建设完成校级教改项目3项。顺利完成年度教学质量报告编制工作、新一轮本科教育教学审核评估动员工作、研究生推免工作、教学数据填报工作、卓越法治人才培养班招生宣传、知识图谱教学研讨、各类教育教学培训等重点工作。举办“喜迎二十大　奋进新征程”“人类命运共同体理论的哲学基础和思想创新”“铸牢中华民族共同体意识教育”系列讲座共18场次。学院与隆德县人民政府签订战略合作协议并挂牌产学研基地，与彭阳县法院签署战略合作协议，与盐池县法院签署战略合作协议，与吴忠市中级人民法院签署交流合作协议,与宁夏律师协会签署产学研基地合作协议，与银川市兴庆区人民检察院签署合作协议，与银川运输检察院签署合作协议，推动法学建设不断取得成效。

科研平台建设情况。学院有1个自治区级科研平台：民族发展与区域治理人文社会科学重点研究基地,中国传统文化研究中心、机关事务管理研究中心、知识产权研究院等校级科研平台3个。李伟教授荣获国家民委全国民族工作优秀调研报告二等奖。承办民族伦理学2023年学术年会暨民族伦理与铸牢中华民族共同体意识学术研讨会、新时代民族工作与铸牢中华民族共同体意识的理论与实践高层论坛、新时代人力资源与教学创新实践论坛。2023年，师生出版学术专著8部,在CSSCI等核心期刊发表成果8篇，获批国家社科基金项目2项。刘芳和李伟教授分别获批自治区人民政府重大行政决策咨询研究重点课题1项，为实施依法治区战略和创建铸牢中华民族共同体意识示范区提供重要决策咨询。

人才培养与师资队伍建设情况。学院以专业发展为目标，加强人才队伍建设工作,2023年在外攻读博士4人,分别是西北政法大学的胡晓莉、胡世恩，天津大学的王澍宜和马来西亚国立大学的卢烨,学院博士学位教师(含在读)占专任教师比例为56.25%；研究生导师占专任教师比例为63.93%。2023年,学院青年教师王静前往意大利访学,学业进展顺利,并与相关高校逐步建立长期联系,未来会进一步拓宽访学等交流工作。中青年教师中，具有海外攻读学位经历和国外访学经历的教师已超过20%，师资队伍结构进一步得到优化。12月,有2名法学教师(刘振宇、王丽婷)通过教授职称评审。学院在法学学科方面取得进一步发展。

学术交流情况。行社系教师一行17人赴广东,先后到华南农业大学、中山大学、暨南大学调研交流;法律系7人赴上海,在华东政法大学、复旦大学、上海交通大学等国内高校调研交流8所高校调研学习,就学科建设、科研建设等进行交流座谈，以多元化形式拓宽教师视野，推动成长进步。自治区法学会刘文明处长来院调研座谈,国际儒学联合会徐永吉秘书长一行莅临学校考察调研，自治区人大常委会法工委调研组莅临学院调研基层立法联系点工作。学院应邀参加西北政法大学法律服务中心第四十届换届大会暨39周年庆典,并开展相关交流活动,应邀参加西安交通大学法学院举办的新时代检察研究深度融入共建“一带一路”论坛。

【10名教师入选自治区人民政府法律专家库】 为进一步引领广大法学专家学者积极投身建设更高水平平安宁夏、法治宁夏实践,提升依法决策、科学决策法治化、规范化水平,学院10名教师被选入自治区人民政府法律专家库。其中,胡世恩副教授、何磊博士入选“行政法、法治政府、机关事务管理、征收征用、信访领域法律专家库”,戴新毅教授、朱蓓予博士入选“民商事领域法律专家库”,杨国举教授入选“刑事司法领域法律专家库”,刘芳教授入选“宏观经济、商务投资、公共资源交易、营商环境领域法律专家库”,朱爱农教授、刘振宇副教授入选“民族宗教、民政、退役军人事务领域法律专家库”,张存明老师入选“房地产、建设工程领域法律专家库”,张云雁副教授入选“生态环境、新能源开发与利用领域法律专家库”。

【检校合作】 11月16日，学院与银川市兴庆区人民检察院举行共建校外实习基地、深化检校合作签约暨揭牌仪式，学院党总支书记李治涛、党总支副书记、副院长周学忠，银川市兴庆区人民检察院党组书记、检察长王建军出席签约仪式。11月17日，学院与银川运输检察院共同举行“检校共建”签约暨揭牌仪式，院长吕耀军教授，法学学科、学位点负责人戴新毅教授，副院长陆筱璐副教授，院党总支委员、法律系主任朱蓓予博士，法律系教工党支部书记张弛博士，院方执行主席肖融博士及学院师生代表参加活动。

（撰稿人：周学忠　审稿人：李治涛）

经济管理学院（西部发展研究院）

【概况】 经济管理学院设经济学、工商管理、会计学、农林经济管理4个系。共有专职教师101人，其中教授29人、副教授37人、讲师35人。其中，博士53人、硕士41人、本科7人。国家“百千万人才工程”第三层次人员2人，全国优秀教师1人，自治区社科领军人才1人，自治区青年哲学社会科学和文化艺术人才托举工程6人，自治区教学名师1人。在读本科生1290人、研究生747人、留学生14人。

学科建设情况。理论经济学第五轮学科评估进入C–。学院有经济学国家级一流本科专业建设点、市场营销自治区一流本科专业建设点、区域经济学自治区重点学科、理论经济学自治区西部一流学科建设项目、经济学自治区级产教融合示范专业建设项目、开放战略与区域经济自治区级人文社会科学重点研究基地、会计学自治区特色优势专业和农林经济管理校级重点学科。完成工商管理学、农林经济管理周期性合格评估工作。立项国家自然科学基金4项、国家社会科学基金1项。获批自治区科技重大专项1项、宁夏自然科学基金立项3项、宁夏哲学社会科学规划项目7项、自治区新型智库课题4项。发表学术论文72篇，其中CSSCI期刊16篇、SSCI 7篇，出版学术专著4部。

学位点建设情况。学院有理论经济学、工商管理和农林经济管理3个一级学科硕士学位授权点，工商管理硕士（MBA）、会计硕士（MPAcc）2个专业硕士学位授权点，中国少数民族经济二级学科博士学位授权点。

专业建设情况。学院有经济学、金融学、工商管理、会计学、市场营销、物流管理、农林经济管理等7个本科专业。《面对突发需求的生产资源配置决策虚拟仿真实验》获批国家级一流本科课程；荣获第五届全国高校混合式教学设计创新大赛一等奖；获批教育部产学合作育人项目4项，经济学自治区级拔尖人才培养项目、校级本科教育卓越教学团队各1项。

科研平台建设情况。2016年获批“开放战略与区域经济自治区人文社会科学重点研究基地”，2018年获批“宁夏乡村振兴战略研究中心”。

人才培养与师资队伍建设情况。2023年，招收本科生279人、硕士研究生46人、博士生7人、专业学位研究生213人。在读本科生1290人、硕士研究生108人、专业学位研究生621人、博士生18人。应届本科毕业生363人、硕士毕业生31人、专业学位研究生198人、博士毕业生1人。引进高水平博士4人，外出访学教师3人，国内外在读博士10人。举办建校65周年校庆活动暨经济管理学院会计硕士校外合作导师聘任仪式，聘任13名业界导师；聘请浙江大学管理学院徐维东教授为会计硕士授课。

学术交流情况。承办"反贫困理论创新"国际研讨会、中国国外农业经济研究会2023年会暨学术研讨会,参会587人。承办丝路会计联盟第三届年会,参会324人。主办"闽宁财经学科大思政联盟"第一届年会,福建省7所高校代表参会。主办科技创新助推宁夏现代金融高质量发展研讨会,自治区地方金融监督管理局、自治区科技厅、天津大学等单位90余名代表参会。主办数字经济论坛,电子科技大学等10余所高校参会。暑期组织36名教师赴哈尔滨工业大学(深圳)开展管理学科集体培训学习,组织30名教师赴中国海洋大学开展管理学科集体培训学习。

【宁夏乡村振兴研究中心】 获批的自治区级新型智库——宁夏乡村振兴研究中心,设农业经济与管理、农村发展、自然资源管理3个研究方向。师资团队教师33人,正高职称18人,研究团队中硕士生导师占比100%,博士学位教师占比100%。主要是围绕自治区乡村振兴重大战略开展培训服务、咨询服务和课题研究。骨干教师人均主持1项以上国家级科研项目,人均科研经费20万元,产出了系列科研成果。

【西部发展研究院工作】 西部发展研究院围绕自治区经济社会发展重大现实问题,开展战略性政策研究,资政启民,助力自治区党委、政府及各级部门决策工作。《关于宁夏加强铸牢中华民族共同体意识理论研究的对策建议》等要报获得自治区领导肯定性批示。《我国新型农业经营主体发展现状、存在的问题不足及对策建议》等报送信息被自治区党委办公厅采用。

【"反贫困理论创新"国际研讨会、中国国外农业经济研究会学术研讨会】 8月16日,学院承办的"反贫困理论创新"国际研讨会、中国国外农业经济研究会学术研讨会在银川举行。研讨会以"面向可持续发展目标的反贫困理论创新"为主题,聚焦中国特色反贫困经验和成就的理论认识,展示中国消除贫困成效,共同探索反贫困实践和理论创新。中国国外农业经济研究会2023年会暨学术研讨会围绕"建设农业强国的国际经验和中国探索"主题,共同探讨新常态下我国农业发展与制度创新中的新问题、新领域、新方向。

【丝路会计硕士(MPAcc)联盟第三届年会】 丝路会计硕士联盟是深入贯彻我国西部大开发重大战略,促进新丝绸之路沿线省区会计硕士培养单位合作、沟通、交流和共享的重要平台。7月1日,学院承办的丝路会计硕士联盟第三届年会在银川举行。参加此次年会的专家学者对于会计硕士人才高质量培养的建议对策,不仅推动了成员单位会计硕士专业学位人才高质量培养成果的应用和分享,也传递了宁夏大学会计硕士的培养模式和特色,为推动、促进数智时代会计硕士人才培养工作的高质量发展贡献宁夏大学力量。

【闽宁财经学科大思政联盟倡议会】 4月21日,闽宁财经学科大思政联盟倡议会在福州大学经管学院举行。倡议会提议成立闽宁财经学科大思政联盟,从课堂教学、社会大课堂、大资源平台、大师资建设等方面探索新时代高校财经教育的"大思政"课程建设与合作,实现联盟的高校和研究机构资源共享、优势互补、共同进步。此次会议对推动联盟内高校发展具有重要意义,深化了闽宁教育领域合作,为新时代高校财经教育的思政建设提供了新模式，更是为中国培养高素质财经人才提供了新思路。

【科技创新助推宁夏现代金融高质量发展研讨会】 11月17日，由宁夏大学牵头组织的科技创新助推宁夏现代金融高质量发展研讨会召开。会议围绕AI赋能宁夏现代金融产业创新、金融服务实体经济、防范化解金融风险等问题展开交流研讨，旨在通过加强宁夏现代金融产业领域研究，汇聚宁夏现代金融研究人员，组建东西部、跨省区、校企结合的研究团队，赋能自治区“六新六特六优+N”产业高质量发展。

【耕耘者振兴计划·宁夏乡村治理骨干培训】 8月23日，在西吉县开设宁夏乡村治理骨干培训班。“耕耘者振兴计划”是农业农村部与腾讯合作组织实施的专题培训，旨在贯彻落实党中央、国务院关于全面推进乡村振兴的决策部署，促进我国乡村治理体系和治理能力现代化，主要针对乡村治理骨干和新型农业经营主体人才进行定期培训。耕耘者振兴计划·宁夏乡村治理骨干培训班已举办6期，由自治区农业农村厅指导、腾讯公司主办、宁夏大学经济管理学院承办，由学院东梅教授团队主持开展乡村治理骨干和新型农业经营主体人才培训，培育了一批乡村治理和产业发展能人，起到“培养一个人、带动一个村”的作用，为基层治理、乡村振兴提供强有力的智力支持。

【赴中国海洋大学、哈尔滨工业大学（深圳）暑期培训】 学院28名教师赴中国海洋大学管理学院参加经济管理学科高校教师科研与教学能力提升研讨班，38名教师赴哈尔滨工业大学（深圳）参加管理学科高校教师科研、教研能力提升培训班。通过学习和交流，提升了师资队伍整体的科研和教学能力，加强了与其他高校的沟通交流，为未来合作奠定了良好基础。

（撰稿人：王若溪　审稿人：赵　军）

教师教育学院

【概况】 2023年3月，教育学院（教师教育学院、教育研究院）更名为教师教育学院，有教育系、心理系、教育技术系3个教学单位，有民族心理与民族教育二级学科博士学位授权点1个、一级学科硕士学位授权点2个、二级学科学术硕士授权点7个、全日制教育专业硕士学位授权点3个、非全日制教育硕士点1个，设有小学教育、学前教育、应用心理学、教育技术学等4个本科专业。有教职工64人，其中教授14人、副教授22人。

学科建设情况。引进心理学科紧缺青年博士教师2人，有效改善师资队伍年龄、学历和专业结构。全力推进国家基金申报工作，2023年度立项国家社科基金3项、国家自然科学基金2项、教育部人文社科课题1项，国家社科立项数量和国家自然科学基金立项率均居全校第一。成功举办第六届全国综合性大学教育学科建设会议，邀请十多名“长江学者”特聘教授、50多位教育学院院长及100多名全国知名专家教授参会。完成总投资1400余万元的教师教育实训中心项目方案的招标采购和建设工作，其中申报国家贴息贷款实验室项目4项，共计280万元。

学位点建设情况。2023年，学院依托教育硕士学位点，自主设置“心理健康教育”专业方向，组织学位授权点建设论证和评议，并上报研究生院。10月，心理学一级学位授权点核验，评估内容涉及研究生成果、研究生及导师外出访学、学术交流，科研课题等内容，通过评估有效把握了学位点建设情况。12 月，国务院学位委员会心理学科评议组反馈，本次评估结果为合格，建议“继续授权”。

专业建设情况。学院有小学教育、学前教育、应用心理学、教育技术学 4 个本科专业。其中，应用心理学专业是国家一流本科专业建设点，小学教育专业是自治区西部一流培育专业，小学教育教研室是自治区优秀基层教研室。校级思政课程建设示范项目立项 2 项，校级双语在线课程建设项目立项 1 项。2023 年，大学生创新创业项目立项共 52 项，其中国家级项目 2 项、自治区级项目 8 项、校级项目 42 项，参与学生 221 人。2023 年初，学院进一步修订和完善教育学西部一流学科培育计划，制定《应用心理学师范专业认证方案》，组织论证 2023 版本科人才培养方案，同时反复组织修订 2023 版教育学、心理学硕士研究生人才培养方案。

科研平台建设情况。学院有宁夏教育发展研究中心科研平台，分为宁夏高等教育发展问题研究、宁夏教育信息化发展问题研究、宁夏教师教育发展问题研究、宁夏基础教育发展问题研究、宁夏乡村教育发展问题研究 5 个研究方向，参与教师 38 人，近 3 年参与人员年均到账经费 4.08 万元，主要支撑学院教育学和心理学学科发展。

人才培养与师资队伍建设情况。本科人才培养方面。2022—2023 学年，教师教育学院本科在校生 753 人，按照专业类型划分，其中，小学教育专业 194 人，占 25.39%，学前教育专业 157 人，占 20.55%，应用心理学专业（心理健康教育方向）150 人，占 19.63%，应用心理学专业（人力资源与市场营销方向）122 人，占 15.97%，教育技术学专业 141 人，占 18.46%。研究生人才培养方面。2023 年，学院招录研究生 112 名，包括民族心理与民族教育博士生 8 名、硕士生 104 名（学术型硕士研究生 29 名、专业型硕士研究生 75 名）。2023 年，学院毕业全日制研究生共 160 人，其中博士 3 人、硕士 157 人。9 月，举办首届宁夏大学全日制教育硕士研究生教学能力提升赋能教师成长教学技能大赛。师资队伍建设方面。2023 年，学院引进 2 位博士，提高教师教育学院心理学师资队伍博士比例。组织青年教师基本功大赛，邀请专家细致点评和指导，深入交流教学方法和技巧，提升教职工教学能力。

学术交流情况。2023 年，学院 20 名教师和 13 名学生参加全国教育学和心理学高水平会议，有力推动学院教育学科和心理学科建设步入快车道、新赛道。

【全国第六届综合性大学教育学科建设与发展论坛】 7 月 1 日上午，全国第六届综合性大学教育学科建设与发展论坛在贺兰山校区文荟楼东报告厅隆重开幕，自治区教育厅副厅长吴保军、校党委书记李星先后致辞，香港大学教育学院院长杨锐教授、清华大学教育研究院院长石中英教授等国内 60 余名高校教育学院院长进行了交流发言，200 余名专家学者和研究生参会。此次论坛的主题是“面向教育强国建设的教育学科人才培养体系”，着眼于综合性大学学科建设与发展，讨论了新时代教育学科人才培养体系建设面临的机遇与挑战，对新时代教育学科人才培养体系建设、课程与教学改革、学科人才培养体系建设、教育学专业体系建设进行了探索，与会专家学者就综合性大学一流教育学科建设与人才培养的理念和实践经验展开了充分交流。

（撰稿人：杨　宁　审稿人：拜发奎）

勤学书院

【概况】 勤学书院成立于2023年3月,对应法学院、经济管理学院和教师教育学院,马瑜任书院党委书记、院长,靳永雄、杨扬任党委副书记,常江、王巳卉任副院长。有在校学生3476名(截至2023年12月)。其中,本科生2813人(对应16个专业),学术型硕士研究生340人(对应10个专业方向),专业型硕士研究生250人(对应4个专业方向),博士研究生73人(对应3个专业方向)。

工作理念。书院始终坚持党建引领,把党的领导作为书院建设的动力引擎;坚持一线规则,把"以学生为中心"作为书院建设的价值理念;坚持协同推动,把"全员育人"作为书院建设的重要抓手,秉持"勤学、修德、善思、笃行"的院训,持续推进书院内涵式建设,促进学校综合改革走向深入,形成勤学特色,打造勤学品牌。

综合办公。主要包括综合行政、综合治理、书院建设、对外交流、资产管理、工会工作、导师选聘、班主任管理、师资培训等方面。书院成立后,十分注重提升办公室业务工作水平、质量。积极配合学院、学部开展相关工作,制作书院通讯录,及时主动报送学院、学部和相关职能部门,确保工作沟通便捷顺畅。书院与学校办公室积极沟通,确定书院文件文头版式、发文流程,确保发文处理工作规范有序,已印发《宁夏大学勤学书院网站建设与网络宣传工作管理办法(试行)》《宁夏大学勤学书院新媒体平台发展管理办法(试行)》《中共宁夏大学勤学书院委员会执行"三重一大"制度实施办法》《宁夏大学勤学书院党委会议议事规则(试行)》《宁夏大学勤学书院党政联席会议议事规则(试行)》《宁夏大学勤学书院党委意识形态工作责任制实施细则(试行)》《宁夏大学勤学书院学生请销假管理办法(试行)》;按照密件级别,安排相应分管领导及老师稳妥保管涉密文件、合同、学生信息等重要材料,切实保障信息安全。书院在筹备期间,积极联系学校相关部门配置办公、保障设施,合理规划公共空间,设立谈心谈话室、共享会议室、团学组织服务中心等活动空间,加强师生交流,并设置公用饮水机、学生休息座椅等暖心配置,满足学生个性化学习生活需要。书院精心设计院徽、形象墙、照片墙等文化元素,宣传书院文化,增强学生对书院的归属感。

党建与思政。主要包括学生党建、思想政治教育、学生工作队伍建设、学风建设,组织学生开展、创作优秀网络文化产品和网络文化建设等方面活动。2023年,书院有教师党员14名、学生党员462名(其中预备党员131名),共举办入党积极分子暨发展对象培训班2期,累计培训学员441人次,发展学生党员134名,预备党员转正134名。书院以学习贯彻习近平新时代中国特色社会主义思想主题教育为契机,强化党建引领"一站式"学生社区建设,创新运用以上率下带头学、基层组织持续学的联动机制,把主题教育与实际工作紧密结合。尤其是在书院建设初期,凝聚书院党员力量,发挥基层党组织战斗堡垒作用,确保各项工作平稳过渡。针对主题教育,探索开展体验式、沉浸式组织生活,落细落实主题教育"最后一公里",开展主题教育读书班集中学习22场、专题讲座20余场。书院遵循"党员在哪里,支部就建在哪里;育人工作在哪里,党建工作就覆盖到哪里"的工作思路,在贺兰山校区学生公寓2号楼设立党建活动室,积极探索融合党建引领、党员先锋服务、学生思想政治教育、学业指导、职业生涯规划及就业指导、心理健康咨询等功能,让党组织深入学生学习生活。

书院积极推进规范基层党组织设置，重点培养校级党建工作“样板支部”。经济学本科生党支部自获批学校党建工作“样板支部”培育创建对象以来，严格落实“三会一课”制度长效机制，组建“学生党员红色实践小分队”，与石嘴山市惠农区尾闸镇政府联系，针对尾闸镇不同群体采用创新性的“4+1”精准化宣讲模式，打造“引领力强、发展力强、创新力强、凝聚力强”的学习型党支部，树立标杆榜样，交流先进经验，带动更多学生党支部发挥战斗堡垒作用。此外，书院始终坚持以习近平新时代中国特色社会主义思想为指导，深入学习贯彻习近平总书记关于加强和改进民族工作的重要思想及考察宁夏重要讲话和指示批示精神，以立德树人为根本任务，恪守为党育人、为国育才的教育使命，将铸牢中华民族共同体意识教育浸润式贯穿书院育人全过程，探索建立“一条主线+三个关怀”工作模式，有形搭建各族师生交往交流交融载体，有感做好“润物细无声”的思想政治教育，有效推动创建各族师生共居共学、共建共享、共事共乐的新时代铸牢中华民族共同体意识新格局。

团学工作。主要包括共青团建设、团员推优、校园文化、学科竞赛、学生社会实践、志愿服务、学生会、研究生会等方面。书院始终坚持“党旗所指，团旗所向”的工作理念，以党建工作为基准，将共青团和青年工作纳入书院党建总体格局同规划、同部署、同考核，全力支持共青团建设，团学组织思想引领、桥梁纽带作用得到有效发挥。建立健全组织机构，强化书院党政一把手责任制，书院党委委员、副书记主持团学工作，将团委负责教师和青年教师党支部书记纳入团学工作建设范畴，上下联动，一体化推进思想政治工作总体格局。书院团委自成立以来，探索“1+1+1+N”团学工作新思路，即坚持“一个思想主线”发挥党建带团建引领作用，聚焦“一个中心”坚持立德树人的根本任务，强化“班团一体化”推进疏通服务学生“最后一公里”，发挥“多样平台”的支撑作用，紧密贴合青年学生和时代需求，为学生成长成才搭梯筑台。在深化共青团改革、落实共青团改革评价方面，书院认真完成2023年度共青团基层组织改革评估工作，严格按照评估要点自查自评。在深化学生会(研究生会)等学生组织改革方面，召开勤学书院第一次学生代表大会和第一次研究生代表大会，选举产生第一届学生会、研究生会委员；举办“青马班”1期，培训学员247人；确立工作例会机制，定期分层次、分类别对学生组织成员开展培训，主席团成员一周一会、团学组织两周一会、全体骨干理论学习三周一次；每学期认真开展学生会组织述职评议和考核工作，接受师生监督。在团学组织规范建设方面，全力落实班团一体化机制，注重建章立制，修订《勤学书院学生骨干考核办法》《勤学书院学生骨干德育分加分细则》等制度。在社团建设管理方面，定期召开社团工作建设专题会议，书院微光志愿总队荣获自治区团委“民族团结我践行”百佳社团称号。

学生事务管理。主要包括学生学业辅导、创新创业、综合测评、奖惩、学生资助与勤工俭学、学生应急事件处置等方面。书院秉承以学生为中心的理念，积极构建数字育人矩阵，初步完成学生基本信息数据库建设，根据对学生的基本情况调查制定《宁夏大学勤学书院学生安全管理办法》《宁夏大学勤学书院学生请销假管理办法》《勤学书院突发事件舆情应急预案》等十余项制度，有效保障日常学生事务的有序开展。书院严格落实领导干部“到学生中去”的工作安排，与主题教育相结合，扎实有效推进“七进一交友”，通过调查研究，深入学生、倾听学生，开展“青年·青语·倾诉·倾听”学生座谈会，现已座谈74个班级，覆盖学生2800余名，加强了书院领导、老师与学生的情感交流，实现了师生“零距离”。为服从学校综改大局，配合做好学生宿舍搬迁调整工作，在2020级800余名本科生搬迁至金凤校区前，书院党委高度重视，反复研究搬迁方案，预估各种突发情况，疏导学生情绪，及时解决学生的困难和需求，打好工作“提前量”；搬迁中，书院全体教师深入学生，通过提供搬迁物资、招募志愿者互帮互助、线上自主选择舍友等方式获得了学生的支持与配合，顺利完成了搬迁工作任务，营造了书院团结和谐的氛围。作为学校首批劳动教育实践试点单位，书院选派优秀教师指导学生劳动实践过程，根据学生身心状况科学调配劳动强度和工作时长，落实落细各项安全防护措施，确保实践教育有序开展，受到学校教学运行保障部的肯定，为后续全校劳动教育课程的开展起到示范带头作用，取得实效。此外，书院认真做好对毕业生的价值引领、思想引导、文化传承、身心培育，将文明立校和爱校荣校教育贯穿毕业生思想教育全过程，通过召开一次毕业生座谈会、进行一次宿舍走访交流、开展一次纪律规矩教育、提供一系列毕业指导锦囊，营造温馨美好、积极向上的毕业氛围。同时，认真落实毕业季值班安排，严肃值班纪律，认真履行职责，遇突发情况及时处理，确保毕业生安全离校、文明离校、和谐离校。

学生心理健康。主要包括学生心理健康教育与咨询工作、个体心理咨询及团体辅导、心理危机预防与干预工作、心理健康教育知识宣传等方面。书院以学生心理健康教育为切入点，领导班子牵头，书院心理健康教育中心具体对接，邀请心理学专业教师提供专业指导，成立学生心理健康调研专班，通过线上问卷的形式对全院学生进行测评，认真分析数据，归纳形成调研报告，以“5·25”心理健康教育宣传日活动为契机，有针对性地组织开展各类活动，受到了参与学生的好评。除此之外，书院在微信公众号开辟“心‘勤’指南”专栏，根据学生成长成才规律和重要时间节点，定期发布心理健康小知识，旨在全面培养学生健康的心态和积极的心理品质。书院充分发挥应用心理学专业优势，招募专业学生组建团队，成立书院心理健康中心学生助理团队以及团委下设的心理服务部，以学生团队为依托，有针对性地开展贴近学生、服务学生成长的心理健康类活动。书院精心打造心“勤”团体工作坊，每期招募20人左右，已开展6次线下活动。第一期“社恐出走”、第二期“与爱同行，拒绝焦虑”主题团辅活动圆满收官，同时开展新生班级朋辈辅导活动，收获了参与学生的好评。书院将持续加强与学校心理健康中心的协同，调动心理学专业学生的积极性，努力为其他书院在团体辅导等方面提供专业服务。

学生就业指导。主要包括学生职业生涯教育、就业指导、重点单位联络发展、招聘服务、就业质量评价、就业引导实习实践等方面。书院2023届毕业生1258人，其中本科生664人、研究生594人。就业率为87.28%，从不同学历层次来看，本科生毕业去向落实率81.93%，硕士研究生毕业去向落实率93.27%，博士研究生毕业去向落实率100%。书院按照“四精准”“四个确保”的工作思路，积极对接学院、学部，全力促进毕业生更加充分更高质量就业。安排毕业班辅导员对未就业毕业生就业意向进行精准摸底调查，及时了解毕业生对专业前景与就业形势的认知；准确掌握毕业生的就业意向、就业期望、就业地区、行业选择以及择业时考虑的主要因素、面临的主要困难等信息，并建立台账，为学院开展精准就业指导提供依据。举办2023届、2024届毕业生双选会，定期召开学院、学部、书院就业工作推进会，邀请学院、学部领导、班主任参加2023届毕业生合影、座谈会、欢送晚会，2024届毕业生就业动员会等活动，进一步加强工作互学互鉴，提升协同育人实效，优化工作联动机制，促进学院、学部、书院"一体两翼"协同发展。同时，书院注重加强生涯规划与就业指导，依托"职业生涯规划与就业指导"课程建设，建立起分阶段、全覆盖的大学生职业生涯规划与就业指导体系，努力在培养学生就业意识、就业精神、就业能力等方面积极引导学生。

【建立特聘导师制度】 6月19日，举办中国国际法名家与勤学青年面对面活动。书院依靠学院学科专业特色，逐步完善通识教育培养体系，特邀校内外知名学者、企业家、校友和社会贤达担任特聘导师。聘请4名国内国际法专家担任书院首批特聘导师，助力专业建设和学业发展。

【深化铸牢中华民族共同体意识教育】 9月，"我在宁夏有个家"石榴籽工作室正式成立。书院积极探索具有勤学特色、体现价值引领、贴近学生实际的"一站式"学生社区综合管理服务新模式，将铸牢中华民族共同体意识教育浸润式贯穿书院育人全过程，探索建立"一条主线+三个关怀"工作模式，有形搭建各族师生交往交流交融载体，有感做好"润物细无声"的思想政治教育，有效推动创建各族师生共居共学、共建共享、共事共乐的新时代铸牢中华民族共同体意识新格局。

【强化体育育人成效】 9月23日，第一届"勤学杯"篮球赛拉开序幕。书院成立以来，不断尝试将"体育精神"融入学生思想政治教育当中，举办第一届"勤学杯"篮球赛、第一届"勤学杯"拔河比赛、学院学部书院师生篮球赛等活动，并在学校第四十九届田径运动会上荣获团体总分第二名的优异成绩，展现出顽强拼搏、团结奋进的"勤学"风采，营造出正能量的工作学习氛围。

（撰稿人：付晓晨　审稿人：马　瑜）

数理与信息学部

【概况】 数理与信息学部成立于2023年3月，服务数学统计学院、物理学院、电子与电气工程学院、信息工程学院4个学院，对应求是书院。王青云任学部部长，常海波任党委书记，王旭明任常务副部长，冯锋、孙学宏任副部长，滕秀红任副书记兼副部长。下设综合、本科生培养、研究生培养、科学研究与学科建设、资产与实验室管理、对外合作交流6个办公室。有在编行政办公人员24人，劳务派遣9人。

综合办公。全年召开党政联席会议7次、学部工作会议8次，发出党政联席会议纪要7份，学部发文11份；处理上级来文及通知260余份，报送各类信息材料80余份。协助各学院完成人才招聘、职称申报、各类人才项目申报、财务报销、往来款项催收清理、会议协调及会务服务等工作，起到了桥梁和纽带作用。制定《数理与信息学部工作指南》《数理与信息学部经费使用管理及分配办法》《数理与信息学部印章管理制度》《数理与信息学部夜间值班制度》《数理与信息学部人员考勤及请假管理办法》等10项管理制度并汇编成册，确保学部工作的有序开展。

本科生培养。严格执行学校各项教学管理规章制度，在缺少办公人员的情况下，通过资源整合与优化，高效完成了开学教学检查、期中教学检查、教学任务落实、学生学位审核、排课、成绩录入等教学运行方面的各项工作。组织春秋两个学期的各类考试并负责完成试卷的印刷与装订。按时完成实验数据汇总工作；按时上传学生实习相关数据，及时协调解决工作中的相关问题；按要求完成论文抽查，按时上传学生毕业论文，及时协调解决工作中的相关问题。开展教学基本状态数据采集、审核相关工作；做好本科教学质量报告的汇总，组织评议，上报材料；完成2023年春秋2个学期督导评教、学生评教、同行评价、教学管理人员评价、四位一体综合评价相关工作。协助学部各学院完成2023年本科转专业及优秀本科毕业生推荐免试攻读硕士学位研究生相关工作。依托学部信息化优势，成功搭建数理与信息学部综合管理系统，为4个学院提供毕业论文设计全流程、“一站式”精细化服务，该系统得到了教学运行保障部的高度认可，被列为全校试点。

研究生培养。招生工作方面，对43位博导和185位硕导进行招生资格认定，新增博士生导师12人、硕士生导师25人。全年招收全日制学术型博士研究生35人、硕士研究生351人，其中学术型硕士生104人、全日制专业学位硕士生247人。毕业博士研究生6人、硕士研究生319人。修订2024年硕士和博士研究生招生专业目录。培养工作方面，修订2023版研究生培养方案。评选推荐25篇自治区级、校级优秀博硕士论文；获批2023年度校级研究生创新项目16项、研究生学术论坛项目4项、研究生教育质量提升计划项目9项。学位点建设方面，有数学一级学科博士点，物理学一级学科博士点，数学、力学、物理学、计算机科学与技术、电子科学与技术专业5个一级学科硕士点，电子信息、学科数学、学科物理3个专业硕士学位点；积极推进计算机科学与技术一级学科博士点和能源动力专业学科硕士点申报工作。

科学研究与学科建设。科研项目与经费方面，获批资助科研经费1802.33万元，其中纵向项目85项，经费1615.7万元，横向项目11项，经费186.63万元。国家自然科学基金24项(专项项目2项、青年科学基金10项、地区基金12项)，经费707万元。宁夏自然科学基金40项（重点项目3项、一般项目33项、优青项目4项)，经费306万元。发表论文115篇，出版著作3部，成果鉴定12项，专利授权12项，著作权登记申请68项。组织申报2023年自治区科学技术奖提名6项。学科建设方面，学部以推进学科交叉融合、打破学科之间壁垒、促进不同学科之间的交流和合作为目的，举办2期交叉学科学术论坛。首期以在校教师为重点，14名青年博士教师担任报告人，各学院教师、研究生近300人参加会议；第二期以知名高校的主流学者为重点，7名资深专家担任报告人，包括1名院士、多名“杰青”、“长江学者”在内的40多名校外学者及各学院教师、研究生100多人参加会议。

资产与实验室管理办公室。资产管理方面，严格执行学校资产管理规章制度，合理配置和有效利用资产，积极维护资产安全完整，防止资产流失，提高资产使用效率。房屋管理方面，配合学校资产与实验室管理处对学部、学院房屋数据进行统计、更新和定额管理，2023年改造维修房屋22间，搬迁整合房屋8间；及时做好资产信息和相关账务管理等工作，7月完成原物理与电子电气工程学院资产盘亏赔偿工作，转赔偿款6023.65元；11月初，完成原物理与电子电气工程学院图书资料清点整理移交工作，共整理移交47157册图书；10月从资产与实验室管理处为学部、学院调配设备、家具32件(套)。2023年，学部、学院新入库资产437件(套)。劳保用品发放、家具维修、资产报废处置方面，按时做好学部(学院)劳保用品的统计上报和发放工作，及时做好家具维修工作，2023年报废设备类资产3次，共30件，家具类资产6次，共409件(套)。学部各学院实验管理员除完成基本工作职责，积极参加学校各级各类实验室安全培训和应急演练，遵守学校实验室管理制度和规定，严格落实学院实验室人员准入制度，规范废弃物处置，认真做好实验室安全检查和实验室年度报表等工作，参加各级各类安全、业务培训4次。学部4个学院共137个(间)实验室安全预防有力、责任措施到位，全年无事故发生。消防与安全方面，积极参加学校保卫处组织的消防安全培训及疏散灭火演练，及时更换学部各学院实验室失效的灭火器，按时按标准分发灭火毯47条，按照消防安全要求开通各楼的消防通道等。以学院为主体单位进行采购、登记、入库，学部配合服务。10月，学部组织信息工程学院教务教学平台系统的改造升级招标工作，参加后勤保障部组织的博远楼维修工程招标等工作。

对外交流合作。积极加强与上海交大、天津大学、华东理工大学、厦门大学、陕西师范大学对口合作交流，先后邀请国家基金委、北航等单位的知名专家40余人次，围绕学科建设、人才培养、项目申报、平台支撑等，为各学院作专场报告及"面对面"指导，有力推动各学院之间的交流学习和协同发展；积极鼓励教师赴国内外相关高校，区内市、县(区)各级政府机构及企事业单位挂职，先后有7名教师在区内外单位和高校挂职；大力支持31名学生赴国内外高校访学(含联合培养学生)；与国内外高校，区内政府机构、企事业单位联合申报科研项目7项；持续不断服务自治区地方经济社会发展：校地合作方面，已经和区内3个市、县(区)进行了良好的沟通，并组织与相关企业合作申报自治区重点研发项目；校校合作方面，与国内12所院校建立了良好的联系；校企合作方面，学院先后与区内外10余家企业合作。先后参与中国物理学会2023年秋季学术会议等10余次各类重要学术会议的组织协调。

(撰稿人：雍　莉　审稿人：常海波)

数学统计学院

【概况】 数学统计学院始建于1958年，前身是宁夏师范学院数理系，1959年更名为数学系，1994年更名为数学与电算工程系，1997年开始经过3轮合并，2002年组建数学计算机学院，2016年校内调整成立数学统计学院。学院有专任教师90人，其中教授19人、副教授37人，具有博士学位教师53人；博士生导师19人，硕士生导师38人。国家重点人才计划特聘教授3人，国家杰出青年科学基金获得者1人，教育部普通高校学科教学指导委员会委员1人，1人入选国家"百千万人才"第一、二层次，1人入选国家"百千万人才工程"第三层次，1人入选教育部高校优秀青年教师教学科研奖励计划人员，2人获评全国宝钢优秀教师奖，1人入选自治区新世纪学术技术带头人，1人入选自治区"海外引才百人计划"，1人入选自治区"312人才计划"，2人入选自治区科技创新领军人才，3人入选自治区青年拔尖人才，4人入选青年托举人才，3人获评学校"教书育人楷模"，2人获评"立德树人岗位标兵"。

学科建设情况。学院依托数学一级学科博士点、硕士点、学科教学(数学)专业硕士学位点优势和宁夏高校一流学科(重点建设项目)、基础拔尖班(择优)，对标师范专业认证和国家专业建设标准，持续加大课程建设、教学设备、日常教学、实践教学等方面的经费投入。同时，加强基层教学组织建设，合理设置基层教学组织，设有概率统计理论、经济金融统计、分析学、代数与几何、科学计算、数学建模与数学实验、虚拟教研室等教研室，开展教育教学研究活动。有自治区级重点实验室2个、自治区一流基层教学组织5个、师范专业与非师范专业实习基地29个。

学位点建设情况。学院有数学、力学2个自治区重点学科；有1个一级学科博士点：数学，2个一级学科硕士点：数学、力学。数学学科在全国第五轮学科评估中获得C+的好成绩；积极申报应用统计专业硕士授权点。依托学位点和科研平台建设，通过教学、报告、会议、竞赛、创新项目等提高研究生的学术水平和实践能力，学院"沙枣树小分队"斩获"华为杯"第二十届中国研究生数学建模竞赛全国一等奖。

专业建设情况。学院有3个本科专业：数学与应用数学(师范、卓越教师、基础拔尖人才培养班、金融数学方向)、信息与计算科学和应用统计学。学院所有专业培养方案均遵循数学专业和数学学科的发展规律和拔尖创新人才成长规律。对于学术型人才，实行卓越人才选拔、卓越教师培养班、本科生导师制。2023年，学院与自治区27个中小学合作落实学生实习工作；与联通数字科技有限公司宁夏分公司校企等5家企业签订合作框架协议书。

科研平台建设情况。学院紧密围绕自治区"六新六特六优"产业布局，年度科技创新重点工作得到有效落实。2023年，获批宁夏数学基础学科研究中心、宁夏新型材料与工程技术研究人才小高地，宁夏科学工程计算与数据分析重点实验室通过自治区科技厅组织的绩效评估验收。依托平台建设，学院获批9项国家自然科学基金项目，其中5项青年、3项地区、1项专项项目，资助率高于全国平均水平11个百分点；立项19项宁夏自然科学基金项目，其中2项重点项目，立项经费500余万元；发表高水平论文100余篇，其中中国科学院一、二区25篇。

人才培养与师资队伍建设情况。学院加强对学生创新实践能力的培养，本科生立项自治区级以上大创项目6项；指导本科生发表学术论文8篇；指导本科生参加全国大学生数学建模竞赛等6项学科竞赛，获自治区级及以上奖项150余项。2023年，本科生毕业率98%，学位授予率96%，大英四级通过率90%，考研率17.2%。学院加强师资队伍建设，2023年引进"长江学者"1人、A类人才1人、优秀青年博士7名；新增7名博士生导师、6名硕士生导师。学院组织教师在学校认定的A类出版社出版涉及课程思政的教材3部，立项校级教改项目2项、"课程思政"示范课1项、优秀结题2项；2人获宁夏大学第三届教师教学创新大赛二等奖，2人获三等奖；获批卓越教学团队(数学公共课)1项；参与申报国家级黄大年式教师团队(计算数学黄大年式教师团队)1项；与物理学院、信息工程学院和电子与电气工程学院合建课程思政示范项目建设教学团队1项。

学术交流情况。学院积极组织线上线下各类学术专题研讨会及学术报告会，承办宁夏数学基础学科研究中心第一次学术委员会会议、第十七届全国动力学与控制青年学者学术研讨会、国家天元数学西北中心"图论与复杂网络"主题年活动等重要会议，胡海岩、汤涛、包刚等院士专家出席会议并作报告。邀请魏悦广院士等国内外知名专家来院交流，举办学术报告50余次，资助学院师生参加国际国内学术交流80余次，举办研究生学术沙龙1次。

【宁夏数学基础学科研究中心揭牌】 6月10日，宁夏数学基础学科研究中心第一次学术委员会会议暨宁夏数学基础学科研究中心揭牌仪式在银川举行。中心由宁夏大学、北方民族大学、宁夏师范学院和宁夏医科大学联合共建，旨在建立一支“以国家和地方关键领域的重大需求为导向、以服务地方为核心”的科研团队。

【承办国家天元数学西北中心“图论与复杂网络”主题年活动】 8月20日至23日，由国家天元数学西北中心主办、学院承办的“图论与复杂网络”主题年活动——图算法及其应用研讨会在银川举办。与会人员围绕生物信息学、极值图论、结构图论等多个领域的前沿问题和最新研究成果进行学术交流，举行12场次报告。此次研讨会为从事图论基础研究、图算法以及相关领域研究的专家学者提供了一个相互交流的平台，也促进了西部地区图论研究工作的发展，推动了西部从事图论及算法研究的师生与全国相关领域专家的科研交流与合作。

【第十七届全国动力学与控制青年学者学术研讨会】 7月28日至31日，第十七届全国动力学与控制青年学者学术研讨会在银川召开。会议特邀嘉宾分别作了题为《新型高性能并联机器人设计与控制及其应用》《考虑动力学特性与控制指标的气动外形设计》的报告；同时邀请非线性动力学、随机动力学、神经动力学与智能控制、多体系统动力学、运载装备动力学、转子动力学、微纳系统动力学等研究领域的17位青年学者结合自己的研究方向作了大会报告，充分展示了最新科研成果，与会学者对热点话题展开了深入交流和热烈讨论。

【获批宁夏新型材料与工程技术研究人才小高地】 在国家“百千万人才工程”第一、二层次人选及国家“万人计划”领军人才李星教授，“长江学者”、国家杰出青年科学基金获得者王青云教授的带领下，经过长期科研实践形成了一支结构合理、有稳定研究方向的科研创新队伍。该团队依托宁夏大学数学一级博士点、自治区重点学科、自治区重点实验室等平台，围绕自治区新型材料产业中的基础理论研究，取得了重大创新成果，并于6月获批宁夏新型材料与工程技术研究人才小高地。

【与银川市第二十四中学建立产教融合基地】 在宁夏大学产教研融合研究生联合培养示范基地项目和数学“双一流”学科项目的支持下，学院与银川市第二十四中学联合建设学科教学(数学)专业硕士研究生产教研融合联合培养示范基地。项目建设期为2年，协同培养本专业研究生20名，建成研究生教育实习工作室1间，为本专业研究生顺利开展实习提供了物质保障；协同制定教育实习实施方案和实习计划，有计划地开展校外教学研讨交流、现场改课、两笔字比赛、讲题比赛等活动，对提升学科教学(数学)专业硕士研究生教学能力和科研能力起到了积极作用。

（撰稿人：王惠方　审稿人：任克亮）

物理学院

【概况】 学院设有物理系和基础物理实验中心2个教学单位，物理学(师范)、物理学(应用)和物理学(基础学科拔尖班)3个本科专业(方向)。学院有专任教师48人，其中高级职称26人，博士39人；入选国家“百千万人才工程”1人、教育部新世纪人才1人、宁夏科技创新领军人才1人、宁夏

"国内引才 312 计划"1 人、宁夏教学名师 1 人、宝钢优秀教师 3 人、宁夏青年拔尖人才 1 人、宁夏青年科技人才托举工程 6 人；拥有自治区教学团队 2 个、一流基层教学组织 1 个。

学科建设情况。物理学是学院的主干学科，是宁夏大学化学工程与技术"部区合建"学科群的建设学科，其二级学科凝聚态物理是首批自治区重点学科。2023 年，物理学下设理论物理、凝聚态物理、无线电物理（含光学）和计算物理 4 个学科方向。理论物理团队设有统计物理与复杂系统和粒子与核物理理论 2 个方向，负责人为王旭明教授，团队成员 10 人，其中教授 2 人、副教授 2 人，青年博士 6 人。凝聚态物理方向设有新能源材料与物理团队，负责人为曹志杰教授，团队成员 8 人，其中教授 1 人、副教授 3 人，青年博士 4 人。无线电物理方向设有复杂介质中的电磁波传输团队，负责人为李兴财教授，团队成员 8 人，其中教授 4 人、副教授 1 人，青年博士 3 人。计算物理方向设有计算凝聚态物理和材料设计团队，负责人为马良财教授，团队成员 10 人，其中教授 3 人、副教授 1 人，青年博士 6 人。

学位点建设情况。2023 年，学院拥有物理学一级学科博士学位授权点、物理学一级学科硕士学位授权点和学科教学（物理）教育硕士专业学位授权点。有博士生导师 13 人（外聘院士 1 人、"长江学者"2 人）、硕士生导师 39 人，其中高级职称 26 人，入选自治区级及以上人才工程 11 人，有 10 个月以上海外经历 8 人。物理学学位点实行硕博贯通培养，同设理论物理、凝聚态物理、无线电物理和计算物理 4 个学科方向；学科教学（物理）学位点不区分方向，主要开展中学物理教学方法、模式、评价及实验创新研究，在学生教学实践能力方面与物理学（师范）专业实行本硕一体化培养。

专业建设情况。2023 年，校内调整成立物理学院（宁大党发〔2023〕17 号）。学院持续推进物理学（师范）、物理学（应用）和物理学（基础学科拔尖班）专业建设点工作。物理学专业以"激发兴趣、强化基础、注重实践、德才兼备"为教育教学指导方针，立足宁夏，面向全国，培养有志于从事基础物理教学和科研工作，受到良好职业技能训练，具有创新精神和实践能力的优秀人才。物理学现为国家级一流本科专业建设点，获批自治区级基础学科拔尖人才培养班；拥有自治区级基础物理实验教学示范中心，建有中教法实验室、近代物理实验室等，建成 25 个教学实习基地。

科研平台建设情况。原物理与电子电气工程学院组建的宁夏沙漠信息智能感知重点实验室，下设物理学相关研究方向"多场耦合复杂系统演化及预测"，就复杂流体演化动力学与多相流、超电磁材料特性及应用、大气物理学等相关领域的前沿科学问题开展研究。学院设有磁电性能测量实验室、综合磁性测量实验室、先进能源物理实验室、高分辨多功能 X 射线薄膜衍射实验室、纳米功能材料实验室、薄膜沉积实验室、铁电测量实验室、储能材料与器件实验室、锂电池实验室、超算实验室，以及近代物理实验室，占地总面积超过 1500 平方米，各类实验设备 600 余台，总价值 2000 余万元。2023 年，物理学院积极推进科研平台宁夏物理学基础学科研究中心的建设。

人才培养与师资队伍建设情况。2023 年，物理学专业通过师范专业二级认证，物理学基层教学组织获评自治区级一流教学基层组织，基础拔尖人才培养班国内访学 1 周。本科生参加学科竞赛，获国家级一、二、三等奖分别为 3 项、3 项、6 项，获西北地区三等奖 5 项、自治区一等奖 1 项。获批校级卓越教师团队 1 个。新增博导 5 人、硕导

6人。研究生教育质量提升计划项目结题4项，立项4项。4名学生攻读博士学位，2名学生申请硕博连读；学位论文抽检合格率、盲审通过率均为100%。学科教学（物理）专业研究生获全国学科竞赛一、二、三等奖分别为8项、8项、4项，实验创新奖1项。本专业专任授课教师人数48人，具有高级职称教师34人，占比70.8%；具有硕士及博士学位45人，占比93.8%；博士38人，占比79.2%；具有海外经历7人，占比为14.8%。1人入选自治区青年拔尖人才，2人入选自治区青年科技人才托举工程，引进A类人才1人，引进青年博士4名。

学术交流情况。2023年，学院承办全国或区域学术会议3场，举办院士、杰青学术讲座3场，组织召开有5500人参会的中国物理学会2023秋季学术会议。教师参加国际国内高水平会议40人次，邀请报告3次，线上线下分会场报告5次；国内访学2人。研究生参加国际国内高水平会议81人次，线下作报告3人次。物理学专业研究生参加学术会议41人次，口头报告2人，墙报展示25篇（优秀墙报3篇）；学科教学（物理）专业研究生参加学术会议40余人次（优秀墙报1篇）。

【获奖情况】 2023年，学院获自治区级及以上奖励4项，包括自治区级一流基层教学组织、宁夏教科文卫体工会模范职工小家、第八届“华夏杯”全国物理教学创新大赛暨物理教育与普及研究论坛优秀组织奖，以及第十七届宁夏自然科学优秀学术论文（一等奖3篇，二等奖4篇，三等奖3篇）。个人获自治区级及以上奖励9项，包括宝钢优秀教师1项、第八届“华夏杯”全国物理教学创新大赛暨物理教育与普及研究论坛优秀教师指导奖2项、2023年“田家炳杯”全日制教育硕士专业学位研究生学科教学（物理）专业教学技能大赛优秀指导教师奖2项、2023年中国大学物理教育MOOC联盟典型案例1项、2023年第七届宁夏高校大学生教学技能大赛优秀指导教师奖1项、2023年第十四届“格致杯”物理师范生教学技能展示活动优秀指导教师奖1项、全国大学生物理实验竞赛三等奖1项。

【承办中国物理学会2023年秋季学术会议】 由学院承办的中国物理学会2023年秋季学术会议，有来自国内外各大高校、科研院所的5500余名物理学者现场参加，22000余名物理工作者及学生在线观看了会议开幕式及大会报告。中国物理学会秋季学术会议是中国物理学界规模最大、综合性最强的品牌学术盛会。会议的成功举办，对于加强国内外物理学界学术交流、提高学术水平具有重要意义，为学院进一步夯实基础学科建设、推动学科交叉融合、提升人才培养质量提供了重要契机。

【基础拔尖人才培养】 2023年，学院与西安交通大学物理学院建立交流合作关系，基础拔尖班学生赴西安交通大学开展为期1周的研学活动，通过实地走访体验感受、现场聆听学术报告、师生及生生全面交流等形式，进一步拓宽了学生学术视野，提高了学术素养。同时，学院建立完善的导师制度，为每名基础拔尖班的学生配备1名导师，督促学生尽早进入实验室，参与导师相关课题研究，熟悉科学研究过程，培养科学研究思想。

（撰稿人：曹志杰　审稿人：王　恒）

电子与电气工程学院

【概况】 电子与电气工程学院前身是1976年成

立的宁夏大学电子工程系，1978 年自治区人民政府筹建宁夏工学院，电子工程系划归宁夏工学院，1988 年宁夏工学院电气工程系成立并开始首届计算机及应用专业招生。1997 年，宁夏大学与原宁夏工学院、原银川师专（含宁夏教育学院）合并组建物理与电气信息工程系，2002 年成立物理电气信息学院，2016 年更名为物理与电子电气工程学院，2023 年 3 月校内调整成立电子与电气工程学院。学院下设电子与通信工程系、电气工程及其自动化系，拥有电工电子和信息工程基础教学实验中心 2 个，宁夏沙漠信息智能感知重点实验室 1 个，泛在网络与智能信息技术应用、智慧综治与服务一体化技术研究及应用等自治区科技创新团队 2 个，自治区级教材建设基地 1 个，建有电子与通信专业实验室、电气工程专业实验室、2 个国家级大学生小平科技创新团队等。学院有专任教师 45 人，其中高级职称 34 人，博士生导师 1 人，硕士生导师 28 人，宝钢优秀教师 3 人，具有博士学位 24 人。

学科建设情况。学院坚持实施科研创新战略，通过科研团队建设，取得了一系列丰硕的科研成果，有效推动了学科的整体发展。组建 5 个学科方向鲜明、科研能力突出的科研团队。2023 年，获批国家自然科学基金 6 项，其中地区科学基金 4 项、青年基金 2 项；获批宁夏自然科学基金 6 项、自治区科技攻关（支撑）计划项目 1 项、横向项目 3 项。青年博士万艳妮在电子与电气工程领域顶级期刊 *IEEE Transactions on Smart Grid* 上发表研究成果。“基于人工智能的农业气象遥感关键参数反演技术及应用”斩获 2023 中国国际大数据产业博览会领先科技成果奖。

学位点建设情况。学院建有电子科学与技术一级学科硕士点（自治区重点建设特色优势学科）和电子信息（含新一代电子信息技术、通信工程、控制工程）专业型硕士点。2023 年，学院完成电子科学与技术、电子信息及其 3 个方向的研究生人才培养方案的修订和全国工程专业学位研究生教育指导委员会对电子信息专业型硕士学位点的核验工作，核验结果及意见为建议“继续授权”。组织申报能源动力专业型硕士学位点。新增硕士生导师 6 人（含外聘 3 人）。获评自治区优秀硕士学位论文 3 篇。

专业建设情况。学院建有电子信息工程（卓越工程师培养计划）、通信工程、电气工程及其自动化等 3 个本科专业。电子信息工程专业 2013 年入选教育部卓越工程师教育培训计划，2021 年获批国家一流专业建设点；电气工程及其自动化专业获批 2021 年国家级一流专业建设点。2023 年，学院成功执行完成中央贴息贷款本科生实验室建设项目，为提升教学质量和学生的实践能力提供了有力保障。学院着力加强“课程思政”教学团队的培育工作，形成以“课程思政”为亮点的专业建设工作：依托汤全武教授团队的“课程思政”教材建设，成立了宁夏高校专业类“课程思政”教材研究基地。数理信息融合“课程思政”示范项目建设卓越教学团队荣获宁夏大学首批本科教育卓越教学团队。国家级一流课程（线下课程）《信号与系统》、自治区级课程思政示范课程《信号与系统》、自治区级一流基层教学组织“电子与通信专业基础课教研室”获学校表彰，组织申报《现代通信原理》国家一流课程。

科研平台建设情况。学院拥有自治区重点实验室宁夏沙漠信息智能感知重点实验室和泛在网络与智能信息技术应用自治区级科技创新团队。2023 年，学院继续加强有组织的科研，着力推动服务地方能力水平，深化与六盘山实验室、宁夏高等研究院、国网宁夏电科院的战略合作关系。建立实验室与学院的人才共享机制，围绕六盘山实验室的研究方向，重新凝练学科队伍方向，优化本科、研究生培养方案，使学院学科建设和科技创新能上接天线、下接地气，主动融入推动区域经济社会发展。

人才培养与师资队伍建设情况。2023 年，共招收本科生 166 人、硕士研究生 111 人，其中专业学位硕士研究生 90 人，电子科学与技术硕士点招收 2 名国际留学生。在校本科生 838 人、研究生 244 人。应届本科毕业生 205 人、硕士研究生 111 人。本科生中有 46 名成功升学攻读硕士学位，4 名研究生升学攻读博士学位，2023 届毕业生初次毕业去向落实率达 87.21%，高质量完成学校确定的目标任务。学院引导学生积极参与各类学科竞赛，在全国大学生电子设计竞赛中，荣获全国二等奖 2 项，自治区一等奖 1 项、二等奖 3 项；第十三届 MathorCup 高校数学建模挑战赛中，获得全国一等奖 1 项、二等奖 2 项、三等奖 8 项，并荣获优秀组织单位称号。在中国大学生飞行器设计创新大赛中，学院团队荣获三等奖 3 项，并被授予优秀团队称号；荣获教育部 2023 年 CIMC“西门子杯”中国智能制造挑战赛优秀组织奖。师资队伍建设方面，学院全年引进青年博士 4 名，青年教师宋佳乾在 2023 年全校青年教师教学基本功大赛中荣获工科组第一名，展现了学院青年教师的教学能力和潜力。汤全武荣获学校 2023 年“立德树人”突出贡献奖，汪西原荣获 2023 年自治区“最美巾帼奋斗者”称号。

学术交流情况。学院成功承办中国电工技术学会电力电子专委会第十届一次委员会议暨电力电子技术高峰论坛，邀请中国工程院院士、北京邮电大学教授张平和北京航空航天大学刘刚教授举办学术讲座 2 场，丰富了学术交流的形式和内容。学院组织团队走访调研清华大学、北京邮电大学、北京航空航天大学、北京交通大学及天津大学，进行人才招聘宣讲，在人才引进、科研项目申报、研究生培养、科研项目转化等方面深入拓展合作新领域，学习借鉴先进经验，推进学院高质量发展。学院组织走访区内 4 家地市科技局和 12 家区内外相关行业企业，与合作单位建立产学研合作意向，为后续的科研合作和人才培养奠定了坚实的基础。

【积极参加国内国际比赛】 6 月，学院获得 2023 年第十三届 MathorCup 高校数学建模挑战赛优秀组织单位称号；8 月，获得 2023 年 CIMC“西门子杯”中国智能制造挑战赛优秀组织奖；10 月，学院航空科技创新实践工作室团队获得 2023 年中国大学生飞行器设计创新大赛优秀团队称号。5 月，毛克彪、郭中华、李春树等人获得中国国际大数据产业博览会 2023 领先科技成果奖；8 月，毛克彪、郭中华、李春树等人获得中国遥感优秀成果一等奖。

【成立宁夏高校专业类“课程思政”教材研究基地】 6 月 21 日，依托汤全武教授团队“课程思政”教材建设，成立宁夏高校专业类“课程思政”教材研究基地。基地积极搭建全区高水平高校专业类“课程思政”教材建设研究平台，突出教材质量与特色，充分发挥教材铸魂育人、固本培元的作用，实现“课程思政”教材建设专业化、专门化、专项化和系统化，不断推动学校教材建设高质量发展。

【承办 2023 年中国电工技术学会电力电子专委会第十届一次委员会议暨电力电子技术高峰论坛】 8 月

26 日至 27 日，承办 2023 年中国电工技术学会电力电子专委会第十届一次委员会议暨电力电子技术高峰论坛，邀请院士、“杰青” 举办学术讲座 2 场。来自全国高校、科研机构和工业企业的 150 余位代表参会。校党委常委、副校长李学斌，中国电工技术学会电力电子技术专委会主任委员郭永忠出席论坛开幕式。

（撰稿人：马 辽 审稿人：何彦平）

信息工程学院

【概况】 信息工程学院是宁夏大学为适应高等教育转型发展、满足社会对信息技术人才的需求，在整合全校相关专业和学科优质资源的基础上，于 2016 年 5 月 13 日正式挂牌成立的新学院，2017 年与 NIIT(印度国家信息学院)合作办学。学院有教职工 69 人，其中教授 14 人、副教授 35 人，具有博士学位者 44 人。宝钢优秀教师 2 人，入选中国科协青年托举人才 1 人、宁夏科技创新领军人才 3 人、宁夏科协青年科技人才托举工程 6 人、宁夏青年拔尖人才 2 人、中国科学院“西部之光”青年学者 5 人、中国计算机学会高级会员 8 人、中国人工智能学会青工委委员 8 人，特聘宁夏大学“贺兰山学者”5 人。2022 年 3 月，宁夏大数据智能技术及应用科技创新团队在自治区党委人才工作会议上获得优秀科技创新团队奖项。2023 年 11 月，学院党总支被自治区教育厅命名为宁夏教育系统第四批五星级基层党组织。

专业建设情况。学院有 4 个系部、3 个本科专业（计算机科学与技术专业、网络工程专业、软件工程专业）。2023 年，完成计算机科学与技术专业工程教育认证自评工作，启动网络工程专业工程教育认证申报工作；开设“网络安全”微专业，面向全校首次招生 30 人；出版教材 4 部；新增校企教学实践基地 1 个；获批教育部产教融合协同育人项目 3 项、自治区普通本科高等学校卓越拔尖人才培养班项目 1 项；申报国家一流课程 1 项，获批校级“课程思政”示范课程 1 项；出台《信息工程学院 2024 年推荐优秀应届本科毕业生免试攻读硕士学位研究生实施细则》《信息工程学院推荐本科毕业生免试攻读硕士学位研究生附加项目成绩考核办法》和《信息工程学院 2023 级本科生转专业考核实施细则》等一系列教学管理文件。

学位点建设情况。学院拥有 1 个一级学科硕士点（计算机科学与技术）、1 个专业型硕士学位授权点（计算机技术）。学位点有硕士生导师 49 人、博士生导师 4 人。获批研究生课程案例库建设项目 1 项，荣获第三届“源创杯”创新创意大赛优胜奖 1 项、研究生学术论坛奖项 1 项、研究生创新奖项 6 项。在 2023 年国务院学位委员会办公室和教育部电子信息专业硕士教学指导委员会组织的核验工作中，本学位点全票通过，获得一致好评。

学科建设情况。学院聚焦新质生产力，紧跟学科前沿，依据学科方向构建了计算机软件与理论与计算机应用技术 2 个学科团队，涵盖了分布与大数据分析处理、智能信息处理、大数据智能分析、模式识别与智能计算、信息系统工程、网络空间安全等 6 个研究团队；团队成员担任专业学会执行委员 7 人次。

科研平台建设情况。学院紧密围绕自治区“三区建设”，聚焦自治区“六新六特六优”产业布局，主动融入“东数西算”战略与国家枢纽节点工程建设任务，紧扣数字宁夏战略，着力提高服务区域数字经济发展能力，在智能与安全领域潜心探索，勇闯宁夏“东数西算”基础研究和应用转化创新发展新路，取得了积极成效。11 月 5 日，“东数西算”人工智能与信息安全重点实验室获得自治区科技厅批复组建，围绕农业数字孪生、数字文化旅游、智能健康医疗、生态人工智能、多模态大模型、网络空间安全、材料智能科学及智慧能源优化等优势方向成立内设研究所，组织申报并获批国家自然科学基金项目4项(区域创新发展联合基金1项、青年科学基金项目2项、地区科学基金项目1项)、宁夏重点研发计划项目3项(其中重点项目2项)、宁夏自然科学基金项目10项(其中重点项目2项、优秀青年项目3项)，总立项经费逾600万元。

人才培养与师资队伍建设情况。学生培养方面。硕士生发表高水平学术论文27篇，其中SCI检索6篇、T1类期刊4篇、CCF B类及以上12篇；获批校级研究生创新项目6项；研究生获国家奖学金3人、学业奖学金131人，校级优秀毕业生5人；参加各类学科竞赛国家级获奖13人次、省部级获奖8人次，取得软件著作权41项。建立本科生实习实践基地1个；网络工程卓越工程师培养班获批自治区级卓越拔尖人才培养班。2023届本科生就业率达90.20%，比2022年提升3个百分点；升学率18.39%，比2022年提升7.06个百分点。师资队伍建设方面。组建宁夏大学数字信息服务地方工作专班和专家智库，为政府和相关部门提供决策咨询和科技普及服务。基于对科技创新的前瞻性认知和践行突破学科壁垒、人才引育的决心，在校内组建AI for Science前沿交叉创新团队，重视跨学科合作，积极推动不同学科领域的融合，将计算机科学、数学、自然科学等多个领域的专家汇聚在一起，形成高度跨学科的高层次人才小高地，为学院高层次人才培育带来了新的思维和方法。

学术交流情况。10月28日，承办宁夏“东数西算”人工智能科技攻关青年科学家论坛，同时召开“西部一流”学科高质量发展座谈会；12月7日，协办2023“东数西算”高等教育和算力产业合作峰会，发布枸杞数字孪生信息管理软件系统；12月16日，举行重点实验室揭牌仪式暨第一次学术委员会会议。2023年，邀请清华大学周杰教授、西安电子科技大学公茂果教授、天津大学胡清华教授等开展学术讲座15次；学院师生参加IEEE国际多媒体与展览大会、世界人工智能大会、中国图形图像大会、中国多媒体大会、中国计算机大会等学术会议，约166人次，以学术会议促进学术交流、提升科学研究、提升学位点影响力。2023年，学院主持国际会议2次，承办高水平学术会议2次，师生参加重要学术会议并作报告6次。

社会服务。学院教师刘昊当选共青团宁夏区委兼职副书记，协助分管青少年爱国主义教育、统一战线和民族团结工作，协助联系宁夏青联，突出政治引领。李振东赴吴忠市红寺堡区挂职发改局副局长，张鹏赴石嘴山市挂职发改局副局长，强化校地合作。郭辉、吕鹏远、高锦涛和葛永琪担任企业兼职副总，强化校企合作。通过“政产学研用”协同创新机制服务宁夏“人工智能+教育”“人工智能+文化旅游”等战略和信息化建设，提供技术咨询和决策。学科5名教师参与自治区级重大信息化项目论证和建设10多项，充分发挥了协同机制和智库作用。

【党建工作】 学院党总支坚持以党的政治建设为统领，以五星级基层党组织“标杆院系”创建为抓手，以提升基层组织力为重点，紧扣“五个到位”，对标“七个有力”，完善创新体制机制、激发组织活力，统筹学院党建重点工作和各项任务，不断夯实基层党组织建设基础，提升基层党组织制度化、标准化、规范化和程序化水平,推动党建各项工作取得长足进步。10 月,学院顺利通过自治区教育工委组织的专家评审,并于 11 月被自治区教育工委、教育厅党组命名为全区教育系统第四批五星级基层党组织。

【科研成就】 3 月,学院计算机视觉与医学人工智能实验室在 ICME2023(IEEE International Conference on Multimedia and Expo)收获颇丰,共有 3 篇论文被录用。ICME 是多媒体研究领域旗舰类国际学术会议之一,自 2000 年以来由 4 个 IEEE 分会主办,也是 CCF(中国计算机学会)推荐的 B 类国际会议。投稿的论文经过双盲评审,在审稿人的严格筛选下进行评估。视觉与医学 AI 实验室有 3 篇论文入选 ICME,这是学院青年教师刘昊教授、李振东副教授、莫先副教授,网络与信息管理中心王恒教授以及全体研究生们联合攻关的学术成果。该成果受到国家自然科学基金面上项目、中国科协青年托举人才项目、自治区科技厅重点研发计划、宁夏自然科学基金优秀青年项目、宁夏大学“贺兰山学者”(青年学者)以及中国人工智能学会-华为 Mindspore 学术奖励基金等项目的资助。

3 月,学院吕鹏远副教授(第一/通讯作者)在遥感领域顶级期刊 *IEEE Transactions on Geoscience and Remote Sensing*(中国科学院一区 TOP,IF=8.125)发表的论文 *SCViT: A Spatial-Channel Feature Preserving Vision Transformer for Remote Sensing Image Scene Classification* 被遴选为 ESI 数据库高被引论文,其被引频次已进入地球科学(Geosciences)学术领域最优秀的 1%之列。

【成为 CCF NOI 宁夏赛区组织单位】 6 月,学院被中国计算机学会(CCF)授权,成为全国青少年信息学奥林匹克竞赛(CCF NOI)宁夏赛区组织单位,主要负责宁夏地区信息学奥林匹克竞赛(NOI)系列活动的组织选拔和技术工作,负责开展本地区青少年信息学奥赛普及和培训工作。学院同时还成为宁夏地区 CCF 软件能力认证(CSP)非专业级别的认证组织单位。

【承办宁夏“东数西算”人工智能科技攻关青年科学家论坛】 10 月 28 日,由自治区科学技术协会指导,中国人工智能学会青年工作委员会与宁夏大学数理与信息学部、信息工程学院联合承办,宁夏电子学会、宁夏通信学会、宁夏青年科技工作者协会协办的宁夏“东数西算”人工智能科技攻关青年科学家论坛在学校笃行楼报告厅开幕。

【宁夏“东数西算”人工智能与信息安全重点实验室】 11 月 2 日,自治区科技厅批准依托宁夏大学建设宁夏“东数西算”人工智能与信息安全重点实验室,标志着学院深化落实有组织的科研、转化、创新、发展,高效助推“东数西算”区域战略和国家枢纽节点工程建设,加速实现高水平科技自立自强。

12 月 16 日,宁夏“东数西算”人工智能与信息安全重点实验室揭牌仪式在学校德勤楼举行。自治区科学技术厅党组成员、副厅长桑长清,自治区工业和信息化厅党组成员、副厅长何立颖,自治区发改委二级巡视员罗维杰,校党委副书记、校长彭志科,校党委常委、副校长李学斌,学术副校长王青云出席揭牌仪式。

【2023“东数西算”高等教育和算力产业合作峰会】 12 月 7 日,2023“东数西算”高等教育和算

力产业合作峰会在学校学术交流中心召开。本次峰会由自治区发改委指导，银川能源学院主办，摩尔线程、宁夏大学、北方民族大学协办。会议以“数智闽宁，产教融创”为主题，来自政府、企业、高校和研究机构的代表共同探讨“东数西算”工程的实施进展、政策支持、市场机遇与挑战，以及如何加强高等教育与算力产业的合作，培养高素质人才，推动产业发展。

（撰稿人：孙　莉　审稿人：汪文帅）

求是书院

【**概况**】　求是书院成立于2023年3月，服务数学统计学院、物理学院、电子与电气工程学院、信息工程学院，对应数理与信息学部，武林波任书院党委书记、院长，马彦峰、刘剑任党委副书记，张振霞、李密任副院长。下设综合办公室、党建思政中心、团委、学生事务管理服务中心、学生心理健康中心、学生就业指导中心。有在编教职工14人、学生4320人。

育人理念。书院紧紧围绕立德树人根本任务，着力构建书院制背景下，以创新型复合型人才培养为“体”，以双院协同党建、社区服务党建、区域联动党建、导师帮带党团建为“位”的“四位一体”党建事业融合体系，逐步打造书院“党建引领+五育并举+三全育人”的“一站式”学生社区建设模式。书院以“含弘致远　求是笃行”为院训，秉承文化育人的理念，旨在强调要站在为党育人、为国育才的高度，以实事求是的精神，探求真知、学以致用，彰显书院厚德包容、求知求实、求真求是的文化内涵。

综合办公。明确班子成员和各中心、办公室岗位职责，起草制定《宁夏大学求是书院“三重一大”决策制度与财务制度》《宁夏大学求是书院宣传工作管理办法（试行）》。能力培训方面。邀请校内外就业导师，对书院257名学生干部进行素质能力提升培训。对书院办公楼、“一站式”服务大厅进行文化建设；建立新媒体工作室，开通书院微信公众号和视频号，启用院徽和“含弘致远　求是笃行”的院训。安全稳定方面。严格按照自治区第十三届四次全会精神，组织学习安全生产“1+37+8”系列文件主要内容摘编，开发更新学生信息查询小程序。联系协调方面。密切联系学院与学部，保证部门之间在“书院制”改革初期的协调沟通。组织召开学院、学部、书院班主任工作座谈会，联系学院赴上海、西安等地进行访企拓岗。

党建思政。认真贯彻执行高质量党建引领高质量发展工作思路。强化思想武装头脑，持续加强理论学习。坚持把加强党的政治建设、思想建设作为战略性、基础性工作来抓，多形式、多举措开展书院理论学习。支部共建方面。秉承做好服务、发挥作用的理念，以党建带动班团组织建设为抓手，开展丰富多彩的活动。先后与西夏区玫瑰园社区、兴庆区月牙湖乡滨河家园一村党支部、西夏区正茂社区完成签约，开展支部共建。组织队伍建设。整合原有学院党员，优化党支部建设，选好配强党支部书记，实行学生党支部书记均由政治素养高、业务能力强的辅导员老师担任，并指定书院党委委员联系学生党支部，实现学生支部书记老师全覆盖、支部党员学历层次衔接、学科优势互补、专业特色鲜明的优化整合目标。党建工作亮点方面。将原有4个学院学生党支部特色资源整合，借助原学院“加速度课堂”“爱心社团”“加速服务站”“物电帮学营”“物电就业桥”“电脑维修小卫士”“数学小课堂”“大物我来讲”等平台及服务项目，形成以志愿服务为中心的“一支部一特色”党建品牌。秉着宁缺毋滥的原则，严格按照求是书院党员发展考核量化表、《求是书院党员民主评议量化考核实施细则》、《求是书院分党校培训实施方案》进行严格考察，做到成熟一个发展一个。全年累计开展分党校培训2次、分党校专题党课8讲，参加培训学员389人，发展积极分子270人，发展对象119人，预备党员103人，转正党员78人，学生党员业务培训32人，网络培训50人。严格按照学校、书院工作要求，扎实落实主题教育各项工作任务。制定学习方案督促落实，开展活动巩固成果。党建思政中心对原有学院易班团队进行人员整合，成立书院易班团队，积极对接学校网络思政中心，做好日常工作开展。

团学工作。政治引领方面。引领各团支部深入学习《习近平著作选读》《习近平新时代中国特色社会主义思想专题摘编》《论党的青年工作》等著作，及时跟进学习习近平总书记重要讲话、重要文章，以上率下带动书院各团支部营造理论学习的浓厚氛围。组织各团支部结合党的二十大精神及习近平总书记考察宁夏重要讲话和指示批示精神开展"大学习、大讨论、大宣传、大实践"活动。通过举办书院第一期"青年马克思主义培养工程"培训班，引导和帮助更多大学生成长为中国特色社会主义事业合格建设者和可靠接班人；积极动员书院全体团员和青年通过"青年大学习"网上主题团课、"智慧团建"等平台进行学习。团的基层建设方面。为强化书院团组织标准化建设，积极动员各团支部落实"三会两制一课"、团日活动等组织生活，按时完成团员团费收缴等工作。健全入团积极分子培养机制，做好团员发展工作，2023年新发展团员在智慧团建系统中全部完成录入。结合书院实际，院团委积极做好"推优入党"工作。加强各团支部团员干部的培训和管理。书院于5月31日召开第一届学生代表大会和研究生代表大会，规范了学生组织管理；春秋季学期开展书院全体学生干部培训。校园文化方面。从成立以来，书院团委、学生会、研究生会以加强校园文化建设为工作核心，以加强学生"自我服务、自我教育、自我管理"为工作重点，主办、承办和协办了志愿服务、技能培训、就业指导、思想政治引领、通识教育、心理健康、系列演讲比赛、文体竞赛、社会实践等各类活动，500多名志愿者工作人员参与，覆盖面超8000人次。书院公众号共推送113篇新闻，最高浏览量5593次，粉丝数量从0增长至3286。

学生事务管理。书院推行以宿舍为基本单元的网格化管理模式，探索学生自我管理制度的精准化精细化。开展以"宿舍安全教育与文化建设"为主题的沙龙活动，旨在加强学生公寓安全管理与防范，优化学生服务诉求反馈机制，进一步提高学生的安全防范能力和自律守纪意识，营造公寓的良好育人氛围。通过召开座谈会，进一步加强与学生公寓管理员的沟通，实现"书院宿管双联动"工作模式，也为双方共商共建更好推进"一站式"社区建设工作奠定了基础。

学生心理健康。开展第十八届心理健康教育宣传月活动。包括心理健康知识宣传、"心灵电台"学生自我征集系列文章、主题心理健康教育班会、解压电影观影活动、"心理求助与助人"主题讲座、学生心理工作座谈会、线上心理知识有奖问答比赛等活动。开展关爱考公、考研学生慰问与"乐动心灵·快乐随行"音乐团体辅导活动。11月24日，为书院考研、考公的200名同学准备了200份暖心小礼品。通过"乐动心灵·快乐随行"音乐团体辅导，帮助学生释放情绪，用音乐疗愈自己，以更积极的态度应对期末考试。开展"笔走龙蛇——迎新年·送春联"活动。为推进书院文化建设，弘扬传统文化，临近元旦之际，邀请学校书法老师现场书写赠送春联传递节日祝福和喜庆，参与同学 50 余名。

学生就业指导。为有效推进 2023 届毕业生就业工作，落实“一体两翼”就业工作模式，书院成立求是就业工作专班，院领导、辅导员分别对应不同学院，联系对接推进就业工作。书院、学部、学院自 2023 年 6 月成立就业工作协调联动领导小组，召开就业工作联合推进会 3 次，召开 2023 届毕业生就业工作总结暨 2024 届就业启动会，组织各学院 2024 届毕业生就业工作启动大会，统一思想认识，共谋就业思路、共寻就业资源、共享就业成果，畅通信息渠道，凝聚工作合力。书院邀请 100 余家单位举办秋季双选会，举办宁夏电投集团等单位 80 场次专场招聘宣讲会，借助书院公众号、毕业年级群发布就业信息 300 余条。2023 年，书院通过“请进来、走出去”的方式走访企业 5 家，开拓就业岗位 30 余个。针对考研、考公的毕业生，就业指导中心积极开展相关培训、讲座共 12 场，做到考研考公学生培训全覆盖，帮助毕业生全面提升考试能力和技巧。截至 2023 年底，就业去向落实率为 87.99%，其中本科毕业生 697 人，就业 597 人，平均就业率 85.65%，硕士博士毕业生 322 人，就业 299 人，平均就业率 92.86%。

【第一次全体党员大会】 10 月 28 日，中国共产党宁夏大学求是书院委员会第一次党员大会在怀远校区逸夫图书馆学术报告厅召开。大会审议并通过《中国共产党宁夏大学求是书院委员会党员大会选举办法（草案）》及监票人、计票人建议名单。选举产生求是书院第一届党委委员。召开书院党委第一次全体会议，选举产生书记、副书记人选。

【第一届学生代表大会和研究生代表大会】 5 月 31 日，书院第一届学生代表大会暨研究生代表大会在怀远楼二楼学术报告厅召开。校团委，书院相关领导、辅导员，学校研究生会代表、学生会代表，大会主席团成员及 230 名学生代表参加开幕式。大会按照选举程序，以无记名投票的方式选举产生书院第一届学生会（研究生会）委员会委员和第一届学生会（研究生会）主席团成员。

【首届职业启航嘉年华活动】 5 月 24 日，书院“职引梦想　规划未来”职业启航嘉年华活动在怀远校区凌云广场开幕。开幕式活动以游戏体验互动形式进行，针对大学生职业生涯发展阶段特点，融入游戏体验元素和校外专家指导，通过游戏体验及就业能力提升训练，打造沉浸式职业生涯体验，致力于唤醒大二、大三年级学生的职业生涯发展规划意识，学生参与率达 73.4%。

【秋季双选会】 10 月 11 日，书院在怀远校区金波楼前林荫道举办“就在金秋，职等你来”2024 届毕业生秋季双选会招聘专场。双选会共邀请西安、南昌、兰州、嘉峪关等地近 100 家用人单位，涵盖电气工程、通信工程、计算机、数学与应用数学、物理、机械、化工等多个专业领域，提供 5000 余个招聘岗位，各书院 3000 余名学生参与本次双选会。

【访企拓岗】 联合信息工程学院、电子与电气工程学院赴西安隆基绿能科技股份有限公司、西安软件园开展访企拓岗调研交流。12 月 14 日，在隆基绿能集团总部，双方深入洽谈隆基集团在西部的招聘计划以及硅片事业部招聘要求，并对下一步的校企合作以及联合培养人才计划作进一步交流。12 月 15 日，先后在美林数据有限公司、金蝶软件陕西省分公司进行调研交流。

（撰稿人：刘东平　审稿人：马彦峰）

生命与食品学部

【概况】 学部成立于2023年3月，服务生命科学学院、动物科技学院和食品科学与工程学院，设有基础生物学实验中心，成立学术委员会、学位评定分委员会和教学指导分委员会，对应励行书院。王玉炯任学部部长，张培松任党委书记，苏建宇任常务副部长，蔡正云任副书记兼副部长，刘源、徐金瑞任副部长。学部下设综合办公室、本科生培养办公室、研究生培养办公室、科学研究与学科建设办公室、资产与实验室管理办公室、对外合作交流办公室等6个办公室，基础生物学实验中心承担全校生物学实验工作，为学校人才培养提供服务保障。学部有管理教辅人员29人。

综合办公。学部紧紧围绕《学部内设机构工作指引》，全面开展服务组成学院工作，先后成立直属工会小组、直属教工党支部和共享平台规划与建设工作专班，对学校拟分配学部及组成学院使用的房屋、设备等资源统筹规划，制定学部公共服务共享平台、教学共享平台和科研共享平台规划方案，以实现资源利用最大化。制定《生命与食品学部党委常委会会议议事规则》《生命与食品学部党政联席会议议事规则》《生命与食品学部本科生培养工作实施细则》等25项规章制度并形成文件汇编，使各项工作有章可循，为服务组成学院提供有效依据。

党建与思政工作。重点开展学习贯彻习近平新时代中国特色社会主义思想主题教育、学校2个专项治理、党风廉政建设和教职工理论学习等工作，协助组成学院开展巡察整改督查工作、全国党建工作"标杆院系"申报等各项重点工作，党建各项工作稳步推进。学部党委在2023年度中层党组织书记抓党建工作述职评议考核中获评良好等次。在支部工作方面，赴银川能源学院、宁夏工委纪念馆等地开展"学思想、强党性、重实践、建新功""促进民族团结进步　铸牢中华民族共同体意识"等主题党日活动。

宣传思想工作。充分发挥融媒体的传播力，筹划并建设学部网站，开通学部公众号，强化宣传引领作用，优化设置和推进网络化办公，全面提升对外宣传力度，网站更新信息内容221次，向学校新闻网投稿65篇，被采用发布50篇，微信推文32篇。

工会工作。成立学部工会小组，组织教职工参加学校第十二届教职工趣味运动会，获优秀组织奖；开展爱心基金捐款、庆元旦迎新年、慰问教职工等活动，开展学部学院师生篮球联谊赛3次，为教职工生育、生病住院等申报慰问费、审核报销11人次，爱心互助基金捐款2060元。

人事人才工作。组织博士招聘面试6场，博士试用期满考核3人，劳务派遣人员考核3人，统筹协调教职工退休、返聘、访学进修、学历提升、职称评审和岗位聘任，做好高层次人才推荐和申报等各项事宜。

财务工作。积极沟通，主动协调，严格审核把关，降低报销退单率，高效完成学部和学院办公及差旅费报账，各办公室电话费，其他各项维修、慰问、来访人员经费等费用报销工作。

本科生培养。本科生培养办公室是负责组成学院本科生培养的教育管理部门，办公室辅助学部成立学术委员会、学位评定和教学指导分委员会及相关工作组开展工作。全力配合生命科学学院生物科学（师范）专业通过教育部高等学校师范类二级认证。开展招生工作，常态化做好学籍管理工作、教学研究与教材建设、教学质量监控与评估、教师教学发展与“课程思政”教学研究、教学运行、实验实践、考试等各项工作。

研究生培养。研究生培养办公室是负责组成学院研究生培养的教育管理部门，组织录取博士研究生50人、硕士研究生264人。协助完成2023年度研究生学位申请和授予、论文归档等工作，毕业博士研究生14人、硕士研究生231人。推荐自治区级优秀学位论文15篇、校级优秀学位论文4篇。协助完成生物学博士点，生物学、食品科学与工程硕士点，兽医专业学位硕士点核验工作。新选聘博士生导师11人、硕士生导师14人。认定具有招生资格博士生导师61人、硕士生导师137人。

科学研究与学科建设。科研项目方面，科学研究与学科建设办公室紧紧围绕“加强科研工作力度，加快科研兴校步伐”目标，主动服务，做好有组织科研，发挥学部科研资源整合与学科交叉融合的功能。科研项目与科研活动方面，突出产出管理，认真筛选和组织各类项目申报和成果鉴定等。配合学校科研院完成2023—2024年度国家级和自治区级各类科研项目101项，人才项目及团队项目的申报、立项与结题验收等52项及存档工作，完成2023年各类横向项目的合同存档及登记工作。起草《生命与食品学部科研共享平台规划与建设方案》，优化学部资源配置，提升科研基础设施和科研仪器的使用效益。学科建设方面，锚定“十四五”规划目标任务，突出各学科特色优势，按期完成2022年度“双一流”建设监测数据的采集填报工作，配合生物学“双一流”学科做好项目总结、验收、资料归档、信息报送及数据统计等相关工作。配合完成生物学博士后流动站申报及学位点授权核验工作。持续强化学科建设的基础性、统筹性、系统性、约束性、主体性，不断推进学部内涵式发展建设。

资产与实验室管理。在资产管理工作方面，学部开展资产盘点，截至2023年12月，学部有固定资产12555万元，合计10371件。其中，生命科学学院固定资产6094万元，7128件；动物科技学院固定资产1906万元，1795件；食品科学与工程学院2188万元，1227件；基础生物学实验中心固定资产1333万元，1255件。实验室安全管理方面，制定实验室安全管理制度7项，完善危险化学品类、生物安全类、火灾类、特种设备类等4类实验室安全事故应急预案；成立学部实验室安全协查小组，并对照实验室安全工作开展统筹规划、隐患排查整改、实验室安全信息交互、危险化学品申购、特种设备安全使用等工作，清晰划分安全管理岗位职责；深入推动“1+37+8”系列文件精神走深走实，常态化开展实验室安全风险隐患排查和整治工作，共完成实验室安全隐患排查整改11次；学部专职安全管理人员参加危险化学品安全管理专题培训4人、特种设备主题培训12人，参加消防应急演练26人次、生物安全演练6人次。招标采购方面，对基础生物学实验中心917万元贴息贷款项目进行验收入库，新增虚拟仿真学实验室和智慧显微镜室，实现分子与免疫学、动物生理解剖学、细胞与遗传学等功能实验室的升级改造，切实改善了实验课程教学环境，提升了实验课程教学资源和教学体验水平。

对外合作交流。学部积极主动加强对外交流，密切沟通对接，协助学部及学院开展各类学术交流活动，先后与中国工程院李德发院士、四川大学黄震教授、天津大洋农牧集团开展交流座谈，协助学院开展2023年宁夏食品科学青年学者（研究生）论坛暨枸杞食品科技交流大会、宁夏大学生命科学青年学者（研究生）论坛及各类学术交流活动,做好会务保障工作。

【校企合作】 4月18日,天津大洋农牧集团董事长李峰一行莅临学部交流访问,双方围绕肉牛胚胎扩繁、生态养殖、疫病防治、技术研发等方面进行了广泛深入的交流,就建立高效实质性的校企合作意向达成初步意见。

【专题报告会】 6月3日,举行“学术校庆”首场学术报告会。华南农业大学原副校长、广东省南药产业技术体系创新团队首席专家吴鸿教授作了“新会陈皮的道地性是如何形成的”专题报告。

【访问交流】 6月11日至12日,学部部长王玉炯一行5人赴四川大学生命科学学院、成都邵斯达克大核酸研究院进行访问交流。就加强科研合作,推动硒核酸技术在宁落地,助力自治区畜牧业高质量发展等方面达成共识;就党建与业务融合发展、学科建设、队伍建设、人才培养、毕业生就业等进行深入交流,并就研究生联合培养、人员互访、科研合作等达成合作意向。

【学术报告会】 6月16日至17日,食品科学与工程学院邀请美国夏威夷大学公共卫生学院终身教授、病毒学专家鲁元安到学部、学院进行学术交流,并作了 *Hawaii Life and Public Health* 和“SCI论文写作要点和要求”的精彩报告。

【交流座谈会】 8月25日,中国工程院院士、动物营养与饲料科学专家、中国农业大学教授李德发一行莅临学部调研指导工作并进行交流座谈,对学部实验室运行等工作给予指导。

【共建创新联合体】 9月28日,在自治区人民政府驻上海办事处业务处张文杰处长陪同下,四川大学黄震教授团队来学部访问交流并洽谈合作事宜。双方将通过共建创新联合体,推动产学研深度融合,实现硒核酸检测技术产业化市场化,提升学科建设水平、科技创新能力和人才培养质量,助力自治区“六特”产业发展,更好地服务地方经济社会发展。

【访企拓岗】 6月12日至13日,学部部长王玉炯带领生命科学学院、动物科技学院相关负责人赴成都高新区生物医药相关企业及成都农业科技职业学院等7家单位进行访企拓岗。

【第八届全国大学生生命科学竞赛宁夏赛区决赛】 7月30日,第八届全国大学生生命科学竞赛(科学探究类)宁夏赛区决赛举行,来自宁夏大学、北方民族大学等高校的46支队伍参加了决赛现场答辩,评审专家从实验设计、实验内容、学术水平或应用价值、完成情况、项目的真实性及答辩情况等方面进行了综合评分,经竞赛委员会会议审议,最终评选出一等奖3项、二等奖6项、三等奖16项。

【2023年宁夏食品科学青年学者(研究生)论坛暨枸杞食品科技交流大会】 9月23日,由宁夏大学、中卫市科学技术协会主办,宁夏大学食品科学与工程学院、宁夏中宁枸杞产业创新研究院、宁夏大学枸杞现代产业学院、宁夏食品科学技术学会承办,宁夏大学生命与食品学部等单位协办的2023年宁夏食品科学青年学者(研究生)论坛暨枸杞食品科技交流大会在学校国际交流中心召开。论坛紧扣前沿热点,内容丰富,专业特色突出,

促进了食品青年科研工作者之间的深入交流，有助于青年科研工作者了解学术发展趋势，拓宽研究思路。

（撰稿人：陈　燕　审稿人：蔡正云）

生命科学学院（西部特色生物资源保护与利用教育部重点实验室）

【概况】 生命科学学院成立于2002年，由原宁夏大学生物工程系、宁夏生物技术重点实验室、宁夏农学院生物系组建而成，是宁夏大学重点建设的教学与科研并重的学院。学院设有生物技术、生物科学、生物科学（教师教育）3个本科专业（均为国家级特色专业），设有生物学一级学科博士和硕士学位点、生物学博士后科研流动站，拥有从学士、硕士、博士到博士后完整的人才培养体系。学院拥有西部特色生物资源保护与利用教育部重点实验室、宁夏农业生物技术重点实验室（动物与微生物）、宁夏优势特色作物现代分子育种重点实验室、宁夏饲料工程技术研究中心，以及与宁夏林业研究院股份有限公司、北京林业大学和中国林业科学院共建的林木资源高效生产全国重点实验室等科研平台，科研仪器设备总值达6000余万元，是西部地区生命科学领域高层次人才培养的重要基地。有教师71名（含退休返聘教师3名），其中教授43名，占60.6%，副教授16名，占22.5%，具有博士学位教师53名，占74.6%。

学科建设情况。学院获批纵向科研项目27项、横向科研项目17项，其中国家自然科学基金面上项目1项、地区基金3项、青年基金2项，自治区重点研发计划项目6项，自治区自然科学基金重点项目3项、“优青”项目2项，经费总计1256万元；发表论文154篇，其中中国科学院一区论文7篇、二区论文30篇（top24篇）。出版专著4部，其中A类出版社2部；获授权专利16项，其中发明专利11项、实用新型技术专利5项；制定地方及团体标准和规范3项，成果转化5项；依托中宁杞鑫种业有限公司，获批建设科技小院。

学位点建设情况。学院设有生物学一级学科博士学位点和硕士学位点；获批生物学博士后科研流动站，通过了生物学一级学科博士学位点核验；修订《生命科学学院博士生导师选聘细则》《生命科学学院博士生导师招生资格认定细则》，新增博士生导师5人、硕士生导师8人，生物学一级学科学位点有博士生导师34人、硕士生导师65人。

专业建设情况。学院以建设一流本科专业为目标，积极推进本科教育改革和本科专业建设。2023年，生物科学专业通过师范类二级认证；基础拔尖人才培养卓越教学团队、多学科混合式智慧教育教学应用推广卓越教学团队获批本科教育卓越教学团队；获宁夏大学第三届教师教学创新大赛基础课程组一等奖1项，获课程思政组二等奖1项、三等奖1项，学院获优秀组织奖；获宁夏大学第十届青年教师教学基本功大赛二等奖2项，学院获优秀组织奖；微生物与免疫教研室获批自治区级一流基层教学组织，“师范类专业认证背景下生物科学（教师教育）专业‘三习’的一体化设计研究”及“生物科学基础拔尖人才培养的数字化资源共享与应用实践”获批自治区级本科教育教学改革研究与实践项目，“宁夏回族自治区小学生科学素养评价的实践研究”获批第七届宁夏基础教育教学课题研究项目。学院获批第六批校级“课程思政”示范课程建设项目3项。

科研平台建设情况。2023年，实验室条件建设工作成效显著，新建动物实验中心和生物安全二级实验室，新增实验室面积1350平方米，设备与配套设施总投资2013.66万元。同时，利用学校“双一流”建设经费购置仪器设备20台，价值197.28万元，其中20万元以上大型仪器设备2台。2023年，实验室拥有20万元以上大型仪器79台，总价值3871.85万元，实验室硬件条件和服务能力得到显著提升。

人才培养与师资队伍建设情况。生物科学（师范）专业通过教育部高等学校师范类二级认证，组织生物科学（基础拔尖人才培养班）前往清华大学和北京大学开展为期1周的暑期研学活动，现代生物技术微专业首批19人开班；微生物与免疫学教研室获批自治区级一流基层教学组织，生物学拔尖人才培养虚拟教研室获批自治区教育数字化战略行动“揭榜挂帅”项目。依托生物学课程野外实习虚拟教研室、生物学基础实验课程虚拟教研室等6个教育部虚拟教研室，学院教师参加教研交流100余人次；引进青年“长江学者”1人、优秀青年博士5名，1名教师通过特别推荐晋升教授职称，1名教师通过正常申报晋升教授职称，1名教师通过正常申报晋升副教授职称，3名教师赴国外访学。

学术交流情况。承办生命科学青年学者（研究生）论坛，会议规模200余人，邀请清华大学危岩教授、上海交通大学程金科教授、南京大学李尔广教授、上海交通大学基础医学院副研究员贾浩和天津大学副教授陈成等专家作学术报告；邀请四川大学黄震教授团队到学院开展学术交流；西北农林科技大学陈玉林副校长带领研究生院质量处处长张建刚，动物医学院副院长林鹏飞、靳亚平教授和王勇胜教授莅临学院交流访问；学院副院长李乐带领生物科学拔尖班、工商协同双学位卓越工程师培养班42名师生前往北京开展暑期研学活动。在建校65周年之际，10余名校友重返母校。

【学术交流】 2月28日，自治区政府驻上海办事处邀请四川大学生命科学学院黄震教授一行赴宁与学院就硒核酸生物技术、人畜共患病基础研究项目合作进行深入对接交流，达成初步合作共识。双方期望通过合作，尽快实现硒核酸检测技术产业化市场化，助力自治区畜牧业产业高质量发展。

【西北农林科技大学陈玉林副校长交流访问】 3月15日，西北农林科技大学陈玉林副校长莅临学院交流访问，学院对学科建设、人才培养、创新团队、科研平台、动物胚胎工程实验室建设、硬件条件、人才引进、项目进展等有关情况进行了介绍，陈玉林副校长对灵武奶牛胚胎工程校企合作试验基地及西北农林科技大学以需求导向开展高质量人才培养、项目化管理改革、资源配置等方面的做法和经验进行了介绍，双方围绕宁夏牛羊产业发展开展科研合作、人员互访、研究生培养、打造高精尖团队等方面进行了深入交流。

【举办高水平研讨会】 9月22日，宁夏饲用玉米豆粕减量替代技术研讨会暨“宁夏牛羊日粮豆粕减量替代关键技术研究与示范”项目推进及专家咨询会在学校国际交流中心召开。饲用玉米豆粕减量替代是确保国家粮食安全的重要举措，也是实现畜牧业节本增效养殖的重要途径，已成为畜牧业健康可持续发展的重要抓手。全区奶牛、肉牛、滩羊豆粕减量实用技术缺乏，饲用豆粕减量替代技术瓶颈凸显，本项目的立项研究为宁夏饲用玉米豆粕减量替代提供技术支撑。同时项目的实施对养殖者节本、饲料生产者节料、全行业增效、全社会安全具有重要意义。

【宁夏盐池滩羊产业发展集团有限公司董事长金建仁一行访问交流】 12月25日，宁夏盐池滩羊产业发展集团有限公司董事长金建仁一行莅临学院访问交流并洽谈合作事宜。双方围绕滩羊专用饲料的研发和推广，对宁夏滩羊产业发展中的共性问题和关键技术进行了交流，围绕滩羊产业饲草料加工、繁育技术、品种培育、羊肉精深加工等领域开展深度合作，推动滩羊产业高质量发展。

【宁夏大学生命科学青年学者（研究生）论坛】 为庆祝建校65周年，促进生命科学相关领域青年学者的交流与合作，了解生命科学国际前沿，拓宽青年学者学术视野，5月20日，由自治区科学技术协会支持，宁夏生物学会、生命与食品学部主办，生命科学学院承办的宁夏大学生命科学青年学者（研究生）论坛在学校国际交流中心召开。清华大学危岩教授，上海交通大学基础医学院院长、上海市肿瘤微环境与炎症重点实验室主任程金科教授，南京大学医学院李尔广教授，中国农业大学王超教授，西北大学刘文哲教授应邀参会并作学术报告。本次论坛为生命科学相关领域的优秀青年学者（研究生）搭建了学术交流平台，通过探讨学科热点问题，促进了研究生创新思维和创新能力的提升。

【第八届全国大学生生命科学竞赛（科学探究类）宁夏赛区决赛】 7月30日，第八届全国大学生生命科学竞赛（科学探究类）宁夏赛区决赛举行，来自宁夏大学、北方民族大学等区内高校的46支通过网络评审的参赛队伍参加决赛现场答辩，评审专家从实验设计、实验内容、学术水平或应用价值、完成情况、项目的真实性及答辩情况等方面进行了综合评分，经竞赛委员会会议审议，最终评选出一等奖3项、二等奖6项、三等奖16项。

【生物科学基础拔尖班、工商协同双学位卓越工程师班暑期研学活动】 8月14日至19日，为响应教育部“六卓越一拔尖”计划，进一步推进宁夏大学卓越拔尖人才培养，创新教学模式，提升人才培养质量，生物科学拔尖班、工商协同双学位卓越工程师培养班42名师生前往北京开展暑期研学活动。此次研学活动结合基础拔尖班和卓越工程师班的培养目标设计，将思政教育、专业培养与社会实践相融合，促进学生厚植爱国情怀、增强担当意识、提升专业能力及素养，是落实落细校党委关于学院、学部、书院“一体两翼”综合改革的生动实践。9月6日，在贺兰山校区未来教室109召开生物科学基础拔尖班、工商协同双学位卓越工程师班暑期研学总结交流暨表彰大会。

【现代生物技术微专业开班】 9月20日，现代生物技术微专业在文萃校区民志楼103室举行开班仪式。现代生物技术微专业的课程设置兼顾学生就业及继续深造的实际需求，具有实用性、交叉性和前沿性的特色，将在一年时间里系统培养掌握细胞学和生物大分子基本理论及其研究手段，并具备生物信息收集、分析、挖掘、利用等方面的基本能力。课程设置体现了生物学未来发展的生长点及最新研究技术手段，对畜牧兽医、农林、食品、生态、制药等专业学生继续深造及提升就业质量具有重要意义。

【名师领航工作坊】 11月3日，第一期名师领航工作坊在文萃校区知行楼阶三报告厅举行，农学院顾欣教授受邀作题为《数字化赋能课堂教学创新》的报告。顾欣教授主讲的《农业微生物学》课程是自治区首批确认的一流本科课程（线上线下混合式课程）。11月8日，第二期名师领航工作坊在文萃校区知本楼二楼报告厅举行，学院邀请智慧树网金课总监韩亚潮老师分享“虚拟教研室——知识图谱”建设方案和思路。11月29日，第三期名师领航工作坊在贺兰山校区未来教室一楼报告厅举行，浙江大学“国家级教学名师”吴敏教授受邀作题为《课程建设与人才培养》的报告。

（撰稿人：陈　燕　审稿人：邓光存）

动物科技学院

【概况】 动物科技学院成立于2023年，其前身是宁夏大学农学院动物科学系。1958年农学院、医学院、师范学院成立时，畜牧兽医系是农学院的重要组成部分，1962年三院合并成立宁夏大学，1971年宁夏大学农牧两系与永宁农校合并组建宁夏农学院，1999年畜牧系更名为动物科学系、兽医系更名为动物医学系，2002年宁夏农学院与宁夏大学合并组建新宁夏大学农学院，迄今动物科学系已有65年办学历史。学院有教师45人，其中专任教师44人，教授及研究员21人，副教授11人；教师队伍中拥有教育部本科专业教学指导委员会委员2人、国家现代农业产业技术体系岗位科学家1人、享受国务院政府特殊津贴2人、宝钢优秀教师1人。入选中组部“万人计划”青年拔尖人才2人、国家“百千万人才工程”3人、自治区科技创新领军人才2人、自治区青年拔尖人才2人。2023年，获批宁夏反刍动物营养科技创新团队，共有3个自治区级科技创新团队。

学科建设情况。学院初步构建了“1+2+(8+4)”的畜牧兽医学科教科研团队，即1个学院2个学科（畜牧学和兽医学）12个团队，其中畜牧学科拥有反刍动物营养与健康养殖、饲料资源开发与高效利用、动物生产、奶牛育种、肉牛育种、滩羊育种、家禽育种和牛羊繁育共8个科研、科教团队，兽医学科拥有中西兽药药理学与新制剂研究、兽医生物安全与动物疫病防控技术研究、兽医微生物学与公共卫生研究及动物临床疾病诊疗技术研究共4个科研、科教团队。2023年，获批自治区级科研团队1个（宁夏反刍动物营养科技创新团队）。学科成员担任全国和自治区级行业的学术、技术职务和理事长、副理事长、常务理事及理事15人，国际、国内期刊和杂志编委8人；学科专家科技小院、国家奶牛产业技术体系宁夏大学岗位和自治区家禽产业技术体系首席岗位、国家及自治区重点研发项目带头人及自治区、市、县科技特派员岗位等，赴区内外近30家企业开展校企合作技术服务、社会服务。全年受邀参加农村实用技术现场培训和农村实用人才畜牧养殖培训等近20场次，受众2000余人次。

学位点建设情况。学院有1个一级学科博士学位点、2个一级学科硕士学位点、2个专业硕士学位点，形成专业型硕士、学术型硕士、博士高层次人才的培养体系。兽医硕士学位授权点通过教育部2023年学位授权点专项核验，听取了学位点评议专家组的意见并及时进行深度建设；学院进一步规划在已有基础上力争建设并获批兽医博士学位点（2023—2025年）；新增研究生学习实践基地11个，获批校级产教融合研究生联合培养示范基地建设项目1项[农业硕士（畜牧）]；获批研究生课程案例库建设项目1项（畜牧、畜牧学）、“课程思政”示范课建设项目2项、优质课程建设项目2项、研究生学术论坛项目1项（兽医学、畜牧学）、研究生创新项目2项。

专业建设情况。学院设有动物科学（含卓越

班）和动物医学2个专业，涵盖畜牧学和兽医学2个学科门类。2023年，学院共出版教材4部，其中参编国家规划教材2部；新增校企教学实践基地4个，在建宁夏大学动物医院1座；获批自治区本科人才质量提升项目1项，完成自治区级教改项目1项，获批校级卓越农林人才教学团队建设项目1项，建设双语教学课程1门、自治区级仿真实验课程1门，利用一流本科专业建设经费支持2门“课程思政”改革；动物医学专业学制由4年修改为5年，重新修订培养方案，优化专业课程体系，同时招生增加1个平行班；出台《动物科技学院卓越班分流与增补实施方案》《动物科技学院2024年推荐优秀本科毕业生免试攻读硕士学位研究生工作细则》和《动物科技学院2024年推荐优秀本科毕业生免试攻读硕士学位研究生附加项目考核办法》等一系列教学管理文件。在2024年培养方案调整过程中，确定了动物科学卓越班进行模块化教学，不再单独设置培养方案。

科研平台建设情况。2023年，学院获批各级各类纵向科研项目33项，其中国家自然科学基金3项、自治区科技重大专项3项、自治区自然科学基金重点项目4项、一般项目7项及其他各类自治区级项目16项，总经费1170余万元；横向科研项目6项，共计77万元；在研各类科研项目85项，总经费4347万元；共发表核心期刊以上论文138篇，其中SCI收录一、二区论文24篇；登记和鉴定成果26项，转化成果1项，转化收益共计6.8万元；制定各类行业、地方及团体标准11项，获授权专利3项，获软件著作权9项；获中国发明协会人物奖1项；出版专著教材共5部。新获批自治区级创新团队1个、国家级科技小院5个；完成反刍动物繁殖与胚胎工程研究室建设与牛羊育种大数据服务器的扩容升级。

人才培养与师资队伍建设情况。2023年，学院获批国家级大学生创新创业训练计划项目1项、自治区级大学生创新创业训练计划项目4项，校级和院级大学生创新创业训练计划项目实现高年级全覆盖；本科生获全国专业技能大赛一等奖1项、二等奖2项，全国大学生计算机设计大赛国家三等奖2项，全国大学生电子商务“创新、创意、创业”挑战赛区级三等奖1项，“挑战杯”全区大学生课外学术作品竞赛校级一等奖3项；本科生为第一作者申请获批软件著作权1个，作为重要参与人申请获批专利1项，作为第一作者发表核心期刊论文7篇；应届本科生毕业率100%，授予学位率100%，升学率67.3%（全校排名第二），进入985高校读研的学生占考取硕士研究生的比例为14.2%；2023届毕业生初次就业率为94.2%，位居学校前列。学院应毕业研究生120人，实际毕业106人，获得学位人数106人，学位授予率为88.33%；2023届毕业研究生就业87人、升学6人、待业13人，就业率为87.74%；54名研究生参加学术会议22场次，研究生派出联合培养共计17人；博硕士研究生为第一作者、宁夏大学为第一单位发表论文共计79篇，其中SCI论文25篇；1名博士研究生、2名硕士研究生获得国家奖学金，11名博士研究生和5名硕士研究生获一等学业奖学金，18名博士研究生和21名硕士研究生获二等学业奖学金，83名硕士研究生获三等学业奖学金。学院专任教师中1人晋升为教授，全职引进优秀博士8名，专任教师共44人；新增博士生导师6人（包含校外新聘兼职导师3人），新增硕士生导师4人。新增国家绒毛用羊产业技术体系银川试验站站长1人，新获批创新团队1个，新增享受国务院政府特殊津贴专家2人，成功完成宁夏大学国家现代农业产业技术体系岗位科学家岗位竞聘接替。

学术交流情况。自2023年成立以来，学院承办了中国研究生乡村振兴科技强农+创新大赛——“强国杯”第五届牛精英挑战赛决赛、中国动物学会寄生虫学专业委员会第九届第二次常务委员会暨寄生虫学学术研讨会等高规格国家级赛事会议，协助自治区科技厅承办宁夏肉牛奶牛滩羊产业科技成果供需对接会。先后邀请来自美国宾夕法尼亚州立大学、马里兰大学，中国农业大学等20多所国内外高校和学术科研机构的30位全国知名专家和院士来院进行学术讲座和交流。学院教师带领研究生参加第二十届日中国际学术研讨会线上会议、第二十二次全国动物遗传育种学术讨论会和中国畜牧兽医学会中兽医学分会2023年学术研讨会暨中兽药产品研发与应用研讨会等国内外重要学术会议并作口头报告40人次，9名研究生获汇报交流优秀奖励。

【参加第十一届宁夏品牌大会暨助力宁夏奶产业高质量发展科技论坛】 3月31日，由宁夏科协主办，宁夏品牌研究会、宁夏商标品牌指导站承办的第十一届宁夏品牌大会暨助力宁夏奶产业高质量发展科技论坛在银川举办，全区特色品牌企业及奶产业相关企业200余名科技工作者参加了会议。学院龚振兴研究员和吴心华教授分别以《筑牢养殖生物安全体系，为奶产业高质量发展保驾护航》《高饲养成本下奶牛场经营策略》为题作报告。

【举行校庆系列学术交流活动】 为迎接65周年校庆，学院先后邀请国内外10余位知名学者来校交流。5月25日，西北农林科技大学动物科技学院院长姜雨教授一行来院访问交流。6月9日，美国宾夕法尼亚州立大学柳万生教授来院交流。6月15日，西北农林科技大学曾文先教授、范晓腾副教授一行来院交流。7月16日，国家奶牛产业技术体系首席科学家李胜利教授、吉林农业大学副校长吕文发教授来院交流。8月3日，中国农业大学曹志军教授来院交流。8月25日，动物营养与饲料科学专家、中国农业大学教授、中国工程院院士李德发来院交流。9月4日，中国农科院北京畜牧兽医研究所杜立新教授、王加启研究员莅临指导交流。12月14日，美国马里兰大学宋九洲教授来院交流。

【宁夏固原肉牛科技小院揭牌】 7月21日，宁夏固原肉牛科技小院揭牌仪式在固原市原州区头营镇固原富民农业科技发展有限公司肉牛良种繁育中心举行，宁夏农村专业技术协会副理事长李世茂，农技协顾问、自治区农业农村厅原饲料办主任王建林，固原市原州区科协主席李果仁，固原富民农业科技发展有限公司董事长何学良、副总经理咸海龙，科技小院首席专家、学院马云教授，以及团队魏大为副教授、张令锴博士，固原市畜牧技术推广服务中心张国坪研究员，原州区畜牧技术推广中心王维副主任，吉林大学杨润军教授，中国农科院北京畜牧兽医研究所张路培研究员参加此次活动。

【宁夏西夏奶牛科技小院启动会举行】 9月21日上午，宁夏西夏奶牛科技小院启动会在宁夏农垦乳业股份有限公司奶牛研究所举行。宁夏农垦乳业股份有限公司总畜牧师兼宁夏奶牛研究所所长郝峰，科技小院首席专家、学院教授余永涛，学院副教授淡新刚、临床兽医课题组和宁夏奶牛研究所的相关管理与技术人员出席启动会。

【中国农技协宁夏青铜峡奶牛科技小院揭牌】 11月13日上午,中国农技协宁夏青铜峡奶牛科技小院揭牌仪式在青铜峡市邵岗镇一加禾牧业有限公司会议中心举行，自治区农业农村厅原二级巡视员、宁夏农技协理事长王华,宁夏科普工作队副队长黄建忠，科技小院首席专家、学院马燕芬研究员,吉林农业大学动物科技学院张学峰教授,宁夏一加禾牧业有限公司李华总经理、丁伟场长,宁夏博瑞饲料有限公司鲁宝杰董事长、王德志副总经理，宁夏反刍种性研究科技有限公司研发人员安彦昊、程贺平、窦文丽,以及驻场研究生赵洋、邹月、王淳正、曹佩佩、李梦吉参加本次活动。

【宁夏大学校外教学科研实践基地挂牌】 11月21日下午,宁夏大学校外教学科研实践基地挂牌仪式在宁夏农垦畜牧所、宁夏盐池滩羊产业发展集团有限公司举行,学院郑燕玲书记,励行书院张强书记,学院徐晓锋副院长,宁夏农垦畜牧所、宁夏盐池滩羊产业发展集团有限公司徐军书记,张胜辉总经理,刘自新、徐浙龙、马宝林副总经理,云华总经理助理,梅宁安部长,以及学院教师代表张娟教授、张莉副教授、李兰兰博士和学生代表胡佳欢参加此次活动。

【吴心华教授参加民进全国宣传思想工作会议并作主题教育宣讲报告】 10月11日,民进全国宣传思想工作会议在京开幕，民进中央主席蔡达峰出席开幕式并讲话，副主席王刚出席并主持开幕式。学院临床兽医学教授、民进宁夏大学第三支部主委吴心华教授受邀参加会议，并于12日上午，作为宣讲人参加了民进“凝心铸魂强根基　团结奋进新征程”主题教育“我身边的先进”宣讲报告会。

【专业技能大赛获奖】 10月22日至23日,由中国兽医学院院长联席会、中国兽医协会和教育部动物医学实践教学研究虚拟教研室主办的第七届全国大学生动物医学专业技能大赛在湖南农业大学举行,全国72所高校700多名师生参赛,学院动物医学代表队荣获团体二等奖。10月28日至29日,由教育部高等学校动物生产类专业教学指导委员会指导、动物科学专业技能大赛联盟主办、南京农业大学承办的第四届全国大学生动物科学专业技能大赛在南京举行,全国68所高校代表队同台竞技，学院动物科学专业代表队荣获团体二等奖和单项一等奖。

【中国研究生乡村振兴科技强农+创新大赛——“强国杯”第五届牛精英挑战赛】 8月4日至7日,由教育部学位管理与研究生教育司指导,中国学位与研究生教育学会、中国科协青少年科技中心主办，全国农业专业学位研究生教育指导委员会、中国学位与研究生教育学会农林学科工作委员会联合指导,中国农业大学、宁夏大学承办,国家奶牛产业技术体系、国家肉牛牦牛产业技术体系和国家牧草产业技术体系提供技术支持的中国研究生乡村振兴科技强农+创新大赛——“强国杯”第五届牛精英挑战赛在银川举办，来自全国46所高校的76支参加比赛，学院动物科学专业的奶牛队荣获一等奖,肉牛队荣获二等奖。

【中国动物学会寄生虫学专业委员会第九届第二次常务委员会】 8月12日至15日,由中国动物学会寄生虫学专业委员会主办的中国动物学会寄生虫学专业委员会第九届第二次常务委员会暨寄生虫学学术研讨会在银川召开，会议由学院等单位承办,并得到了宁夏农业与科技行业的支持。中国动物学会寄生虫学专业委员会主任委员、中国农业大学索勋教授，中国动物学会寄生虫学专业委员会副主任委员、沈阳农业大学陈启军教授，首都医科大学诸欣平教授，南方医科大学陈晓光教授，山西农业大学朱兴全教授，吉林大学张西臣教授，河南农业大学张龙现教授，中国动物学会寄生虫学专业委员会秘书长、首都医科大学邹洋主任医师，以及中国动物学会寄生虫学专业委员会常务委员共计30名专家参加本次会议。

（撰稿人：蔡　蓓　审稿人：郑燕玲）

食品科学与工程学院

【概况】 食品科学与工程学院前身为原宁夏农学院食品科学系，已有近40年的办学历史。1985年，原宁夏农学院整合相关师资成立食品科学系，是我国农业高校首批设立的食品专业院系之一。2002年2月，原宁夏农学院并入宁夏大学，食品科学系隶属宁夏大学农学院。2023年3月，食品科学系单独组建成立食品科学与工程学院。学院有教师37人（含返聘教授3人），教授12人，博导6人，硕导37名，有博士学位的占88%，有海外经历教师占20.6%。拥有教育部“长江学者”特聘教授1人，国家有突出贡献中青年专家1名，享受国务院政府特殊津贴2人，国家优秀青年基金获得者1人，自治区领军人才、自治区青年拔尖人才、“贺兰山学者”及宝钢教育教学名师等高层次人才13人。逐步成为西部一流、国内知名的高水平科技创新、高层次人才培养基地。

学科建设情况。食品科学与工程为宁夏优势特色学科，学院与20余家科研院所签订校企协同育人合作协议，强化学生实践实训能力培养。2023年，院长刘源教授被选任为学科带头人，邀请孙宝国、朱蓓薇院士等知名专家学者召开学科发展座谈交流会；获批自治区级产教融合枸杞产业学院1个、现代辣椒产业科技小院1个，新增企业科技副总1人、自治区级科技特派员1人；开展各类技术咨询、技术指导、技术服务30余人次。刘源教授获得中国科学技术协会科技创新奖—杰出青年奖1项，王松磊教授牵头共建“科创中国”青年博士创新服务站入选宁夏科协青年博士创新服务站典型案例，刘敦华教授被银川市科学技术局聘为企业科技副总，在区域行业领域享有较高的知名度与影响力。

学位点建设情况。学院建有食品科学与工程一级学科硕士学位授权点1个，设食品科学、农产品加工及贮藏工程、食品营养与安全3个二级学科方向，有农业硕士（食品加工与安全方向）专业学位授权点1个。2023年，食品科学与工程一级学科硕士点顺利通过教育部核验，申请新增生物与医药、食品与营养2个专业硕士点，布局建设食品科学专业博士点，聘任4名院外硕士生导师，引进国家优秀青年基金获得者1人，新入职博士10人并全部选聘为硕士生导师，导师队伍增加至37人。

专业建设情况。学院有食品科学与工程本科专业1个，为国家级一流专业建设点，已通过专业工程认证工作自评估审核，在校本科生323人；有自治区级黄大年式教学团队1个、自治区一流基层教学组织1个、食品科学与工程第二学士学位1个、教学团队4个、课程组42个、校外实习基地22个、企业产业导师12名，形成“专业教师+企业导师”双师资队伍协同育人模式。2023年，教师先后获校级“青教赛”、教学创新赛二等奖、三等奖各2名，学院获优秀组织奖2项；本科生初次就业率为95.59%，保研率为8.6%，考研升学率为41.2%；

举办第二届宁夏大学生食品科技创新大赛、第五届食品类工程实践实训能力竞赛西部赛区决赛，学生获“挑战杯”等国家级学科竞赛奖励3项、省部级奖励17项，获评省部级优秀指导教师10人次，获自治区优秀组织奖1项。

科研平台建设情况。学院建有自治区特色农产品保鲜加工科技创新团队、自治区农产品生物加工团队、宁夏特色农产品冷链关键技术与智能装备研发人才小高地、宁夏食品微生物应用技术与安全控制重点实验室、国家羊肉加工技术研发分中心、宁夏肉品加工与质量安全控制工程技术研究中心、自治区级枸杞现代产业学院等省部级平台团队。2023年，组建成立食品风味感知、食品营养与健康、传统发酵食品先进制造、植物基食品营养调控与高值化、肉品加工及质量安全控制工程技术、食品保鲜加工与装备、先进食品冷冻冷藏8个科技创新团队，获批国家重点研发计划项目、国家自然科学基金、自治区重点研发计划项目等10余项，到账经费739万元（其中横向到账经费123万元）；授权国家专利18余件，完成成果转化项目2项，登记科技成果26个，制定各类行业、地方及团体标准和规范3项，发表SCI一、二区论文21篇；教师绩效人均分数是全校理工农类平均水平的1.64倍，学院短聘一级岗以上人数占比14.3%。

人才培养与师资队伍建设情况。学院全面贯彻党的教育方针，落实立德树人根本任务，努力构建理论水平高、实践能力强、综合素养好的高层次应用型人才培养体系，不断推进人才培养质量提升。2023年，硕士研究生毕业98人，本科生毕业68人，总体就业率为92.7%，考取博士升学5人，毕业生获评自治区级优秀生3人，获评优秀毕业论文4篇，学生发表高水平论文52篇；教师入选教育部“长江学者”特聘教授1人，1人获评自治区青年拔尖人才期满考核优秀等次。学院不断加强内涵式建设，以工程认证、国家一流专业建设为抓手，提高教师教学水平与本科教学质量；以博士点申报为契机，提高学科的建设水平，为地区经济繁荣作出重要贡献。

学术交流情况。学院承办第三届西北地区食品学院院长论坛和宁夏食品科学青年学者论坛暨枸杞食品科技交流大会，与会人数超过400人；先后邀请中国海洋大学林洪、华东师范大学张鲁嘉、北京工商大学王彦波、泰国清莱皇太后大学Sunantha Ketnawa等博士来院开展学术交流6人次，学院教师外出参加国内外学术会议并作报告19人次；院长刘源教授应邀访问安徽农大茶学国家重点实验室，参加金华火腿品牌建设大会、太太乐鲜味科学研讨会、第一届畜产品品质评价与组学研讨会等作报告4场次，与江苏省市场监管技术创新中心（酒类食品）、华信达健康科技有限公司等10余家单位签署战略合作协议；张惠玲、刘敦华教授团队走访宁夏农林科学院、江南大学生物工程学院、宁夏医科大学公共卫生学院等，开展交流合作，极大提升了学院的知名度与认知度。

【刘源教授获得中国科学技术协会科技创新奖—杰出青年奖】 10月24日，中国科学技术学会第二十届年会在长沙举行，学院院长刘源教授荣获2023年度中国食品科学技术学会科技创新奖—杰出青年奖。刘源教授长期致力于食品风味感知与品质评价研究，是食品风味感知研究的践行者。他紧盯食品风味与感官领域的前沿问题，带领团队用10余年时间深入解析鲜味感知的本源，探明作用机制，系统阐明了以河鲀为代表的中国典型风味食品鲜、香的科学依据，开发了风味评价技术，构建了多维综合风味评价技术体系，建立了食品风味数据库，为实现产品差异化定位、开发具有精准风味口感的产品作出重要贡献，是为“中国风味”提供理论和技术支撑的优秀青年科学家。

【第三届西北地区食品学院院长论坛】 10月13日至15日，由学院承办的第三届西北地区食品学院院长论坛在学校学术交流中心举办。论坛由西北食品学科协同创新联盟主办，旨在加强西北地区食品学院交流合作，强化西部食品学科建设，推动西部食品产业高质量发展。来自宁夏大学、江南大学、南京农业大学、北京工商大学、西北农林科技大学、新疆农业大学、青海大学、甘肃农业大学、内蒙古农业大学等32所高校食品学院的院长、专家教授参加了本次论坛。论坛有力推动了西北地区多校合作交流，提升了食品学科内涵式发展，实现西北地区兄弟院校优秀师资、学术成果、科研平台、服务地方等方面的资源共享。

【2023年宁夏食品科学青年学者(研究生)论坛暨枸杞食品科技交流大会】 9月23日，由宁夏大学、中卫市科学技术协会主办，宁夏大学食品科学与工程学院、宁夏中宁枸杞产业创新研究院、宁夏大学枸杞现代产业学院、宁夏食品科学技术学会承办，宁夏大学生命与食品学部等单位协办的2023年宁夏食品科学青年学者(研究生)论坛暨枸杞食品科技交流大会在学校国际交流中心召开。宁夏科学技术协会副主席邓铁明，校党委常委、副校长李建设出席开幕式并致辞，内蒙古农业大学食品科学与工程学院院长陈永福教授、东北农业大学食品学院隋晓楠教授、马来西亚泰莱大学生物科学学院院长梁韵平博士、中宁县早康枸杞股份有限公司朱彦华董事长、学院院长刘源分别作了主题报告，范艳丽副教授等80余名青年学者还围绕食品营养与健康、食品微生物与发酵、食品加工贮藏与保鲜、枸杞加工技术与食品创新4个专题在分会场作了报告，200余名食品及相关领域青年学者与师生参加了论坛。

【食品学科发展研讨会】 11月27日，学校在德勤楼十楼会议室召开食品学科发展研讨会，校党委副书记、校长彭志科，中国食品科学技术学会理事长孙宝国院士等8位食品学科专家参加会议，发展规划与学科建设处处长倪刚主持会议。孙宝国院士、中国食品科学技术学会常务副理事长邵薇、中国农业大学食品科学与营养工程学院院长廖小军、东北农业大学教授江连洲通过视频连线的方式，就优化人才培养、促进学科专业发展、加强师资队伍建设、发挥学科特色优势、深化国际交流合作等方面，对宁夏大学食品学科发展规划提出指导意见。座谈会现场，教育部高等学校食品科学与工程类专业教学指导委员会副主任刘静波、上海海洋大学食品学院院长谢晶、天津科技大学教授王书军、大连工业大学教授启航围绕拓宽人才引进渠道、扩大师资队伍规模、发扬立德树人精神、凝练团队发展方向、提高学科国际影响、加大学校支持力度等方面，对宁夏大学食品学科发展提出具体意见和建议。彭志科对各位食品学科专家的到来与指导表示感谢，并简要介绍了宁夏大学和宁夏大学建设食品科学与工程学院的背景。

【“华信达”杯第二届宁夏大学生食品科技创新大赛】 12月3日，由自治区教育厅主办，宁夏大学承办，共青团宁夏大学委员会、宁夏大学食品科学与工程学院协办的“华信达”杯第二届宁夏大学生食品科技创新大赛在校举行。校党委常委、副校长黄河出席大赛开幕式并致辞。大赛分为创新组和创业组，共有来自宁夏大学、北方民族大学、银川能源学院、宁夏职业技术学院等高校的46支队伍191名选手参赛，设有产品展演和答辩审评2个环节，参赛项目紧密围绕宁夏葡萄酒、枸杞、牛奶、肉牛、滩羊、冷凉蔬菜等“六特”产业需求，以创新、创意、创造诠释饮食文化的时代特色、美味营养和健康安全，各参赛团队在贺兰山校区未来教室一楼大厅展示创新成果，包括食品创新作品、食品安全检测技术、新型食品包装等。本次大赛为全区高校食品学科学生提供了一个展示创新能力和技能素养的平台，激发了大学生的创新活力，促进了区内高校食品学科师生间的交流合作，增进了兄弟院校之间的深厚情谊，深化了高校创新创业教育改革和学科建设成果，为优秀创新人才培养提供了重要途径。

【刘敦华教授联合申报的辣椒科技小院通过审批】 8月，中国农村专业技术协会发文通知，同意设立195家“中国农村专业技术协会科技小院”，学院刘敦华教授联合申报的辣椒科技小院位列其中。辣椒科技小院设在青铜峡市叶盛镇蒋滩村，依托单位为青铜峡市叶盛广联农业发展专业合作社联合社，共建单位有11家，包括自治区科技厅、自治区人社厅专技处、宁夏科协、宁夏大学、上海交通大学、宁夏农技协、青铜峡市委组织部、青铜峡市人社局、青铜峡市农业农村局、青铜峡市科协、叶盛镇政府。辣椒科技小院设立后，将进一步激发农技协组织发展活力，促进青铜峡市当地农业产业发展和农民科学素质的提升，为壮大村集体经济和农民增收致富带来更高的收益，拓展农民就业渠道，促进集体收入增长，为实施乡村振兴战略作出更大贡献。

【王松磊博士牵头共建“科创中国”青年博士创新服务站入选宁夏科协青年博士创新服务站典型案例】 由宁夏保健学会推荐，学院教授王松磊博士牵头与宁夏尚农生物科技发展有限公司共建“科创中国”青年博士创新服务站（泾源黄牛肉高品质休闲食品开发及技术装备）入选宁夏科协青年博士创新服务站典型案例。创新服务站协助企业开展技术创新与成果转化，突破牛肉真空低温肉制品干燥设备及连续自动化串烤设备关键技术，与企业共同申报专利、制定技术规程标准，推动自治区肉牛产业高质量发展。

（撰稿人：王松磊　审稿人：李文华）

工程与地理学部

【概况】 工程与地理学部成立于2023年3月，服务土木与水利工程学院、地理科学与规划学院和建筑学院，对应励行书院。王忠静任学部部长，陈晓敏任党委书记，刘小鹏任常务副部长，毛明杰任副部长，刘翔未任副书记兼副部长。学部下设综合办公室、本科生培养办公室、研究生培养办公室、科学研究与学科建设办公室、资产与实验室管理办公室、对外合作交流办公室。学部有管理教辅人员24人。

综合办公。学部紧紧围绕《学部内设机构工作指引》，全面开展服务组成学院工作，先后成立直属工会小组和直属教工党支部，对学校分配学部及组成学院使用的房屋、设备等资源统筹规划，并完成房屋维修改造工作。制定《中共宁夏大学工程与地理学部委员会执行“三重一大”制度实施办法》《工程与地理学部党政联席会议议事规则（试行）》《工程与地理学部党委会会议议事规则（试行）》等10余项规章制度，使各项工作有章可循，为服务组成学院提供了有效依据。

党建与思政工作。重点开展学部及学院学习贯彻习近平新时代中国特色社会主义思想主题教育、学校2个专项治理、学部党风廉政建设和教职工理论学习等工作,党建各项工作稳步推进,学部党委在2023年度中层组织书记抓党建工作述职评议考核中获评好等次。在支部工作方面,赴大武口区工业遗址公园、五七干校、铸牢中华民族共同体意识教育馆、自治区政府办公厅政务服务中心等地开展主题党日活动。按期完成所辖3个党总支8个党支部的换届选举工作。

宣传思想工作。充分发挥融媒体的传播力,筹划建设学部网站,强化宣传引领作用,优化设置,全面提升对外宣传力度,网站更新信息内容121次。

工会工作。成立学部工会小组,组织爱心捐款1次(共计700元),探望、慰问教职工及职工直系家属3人次。对特殊群体教师进行帮扶和建档。每逢节假日,学部工会通过微信给每位教职员工送上节日的问候和祝福,大力开展"教职工过生日,学部送祝福"活动,组织学部教职工参加2023年教职工身体检查。获评2023年校级工会先进集体。

人事人才工作。组织招聘面试10场,面试各类专业人才27人,通过18人,同比增长67%。统筹协调教职工退休、返聘、访学进修、学历提升、职称评审和岗位聘任,做好高层次人才推荐和申报等各项事宜。

财务工作。为减少报销退单率,学部起草制定《宁夏大学工程与地理学部经费使用管理办法》,一是明确经费核拨标准,便于学院掌握经费金额;二是明确报销标准和流程,确保师生了解并遵守相关财务规定;三是加强审核力度,确保报销申请的真实性和合规性;四是积极组织师生参加财务培训,帮助师生正确填写报销单据。

本科生培养。统一各学院教学资料,其中包括填报2023年本科生教学质量数据和11个专业的预警数据;制作上传千余条排课任务,调课96次,征订本科生教材133册,申报通识教育选修课2门、双语教学本科生课程5门,处理未在应届毕业生人才培养计划内课程14门,并对1588名学生成绩进行审查,处理非正常学籍学生的成绩问题156人次;学位课程平均绩点警示通知417人,审核应届及延期毕业生毕业人数385人,学位证获得人数373人,挂科人数41人;推免硕士研究生23人,审核转专业学生转入38人、转出68人,打印成绩单2000余次,组织安排国考类监考206人次;对365人次进行55门课程补缓考及成绩录入,对19门课程35人次延期毕业生进行平时成绩评定并安排考试,对399门次课程确定结课形式并作出考试安排,其中公共课考试38门次、专业课126门次,收集整理试卷269份,收集并上传教育部抽检毕业论文数据信息355人次,录入毕业论文各项数据376人次,配合本科生院检查学部24个基层教学组织活动开展情况,组织汇总本科生教学质量工程项目、"四新建设"项目、教学成果等各类项目申报6项,组织教师教学研修等各类培训20余次,上传实习数据38门次5000余条。

研究生培养。2023年,招收全日制学术型博士研究生20人、硕士研究生195人,其中学术型硕士生87人、全日制专业学位硕士生108人。毕业博士研究生8人、硕士研究生154人。修订2023版研究生培养方案和2024年硕士及博士研究生招生专业目录,对40位博导和97位硕导进行招生资格认定,新增博士生导师13人、硕士生导师16人,导师信息采集203人,评选推荐25篇自治区级、校级优秀博硕士论文：获批2023年度校级研究生创新项目9项、研究生学术论坛项目2项、研究生教育质量提升计划项目9项，组织开展土木与水利工程学院第十五届研究生创新学术论坛，参与近1000人次，63人获奖，其中一等奖13人、二等奖21人、三等奖29人。

科学研究与学科建设。2023年，获批教育部人文社会科学研究项目1项、国家自然科学基金项目16项、自治区重点研发计划项目12项、自治区自然科学基金36项；横向项目62项，年度总经费2928.5万元；发表高质量学术论文149篇，申请专利7项，出版著作11部。组织申报2023年自治区青年托举人才培养项目5人、2023年自治区级科学技术进步奖7项、霍英东教育基金会2023年高等院校青年科学奖1项，征集大武口区企业创新需求解决方案6项，征集优秀科普作品3项，新增工程领域评审专家8名，科研成果转化5项，宁夏智库课题项目申报5项。

资产与实验室管理。制定学部资产与实验室管理办公室相关制度10项。已完成资产设备验收入账共计101台(件)，总价值769891元。资产设备报废共计722台(件)，总价值2337382元。实验室安全定期检查4次，不定期抽查5次。查出隐患共73条，形成整改报告9篇。严格执行闭环管理模式，切实杜绝和消除各类安全隐患，全力保障学校教学、科研工作安全有序进行。完成文萃校区知行楼、德润楼、躬行楼、结构大厅、水利大厅及贺兰山校区格物楼的实验室搬迁工作。组织安全教育培训4次。配备灭火器材136件。配合完成土木与水利工程学院工程中心认证1次。

对外合作交流。协助地理科学与规划学院会同青铜峡市政府共建乡村地理野外科学观测研究站1个，协助配合各学院校友参加建校65周年校庆典礼。

（撰稿人：刘登川　审稿人：陈晓敏）

土木与水利工程学院

【概况】 学院始建于1958年，前身为原宁夏农学院农学系农田水利教研室，1978年成立宁夏农学院水利系，并于当年开始本科招生。宁夏工学院建筑工程系成立于1981年，并于1983年招生，1997年宁夏大学与原宁夏工学院、银川师专（含宁夏教育学院）合并后成立宁夏大学土木工程系。2002年，在此基础上与原宁夏农学院水利与土木工程系合并组建了宁夏大学土木与水利工程学院，学院下设土木工程系、水利工程系、交通与工程管理系、建筑与城市规划系。2023年3月，学校进行“学部制”改革，成立新的宁夏大学土木与水利工程学院，原建筑与城市规划系成立为建筑学院。学院有土木工程系、水利工程系、道路桥梁与渡河工程系(原交通与工程管理系)3个系，土木工程、水利水电工程、农业水利工程、道路桥梁与渡河工程、工程管理5个本科专业，均属于工科门类，其中水利水电工程与土木工程专业为国家级一流本科专业建设点。学院有教职工84人，其中专任教师83人，高级职称53人，具有博士学位68人、硕士9人；博士学位教师占专任教师的80.95%。学院有硕士生导师88人、博士生导师31人。

学科建设情况。学院有水利工程和土木工程2个一级学科，水利工程为自治区建设的国内一流学科。学院构建院、系、研究所和科研团队管理模式，成立12个科研团队和9个研究所。学科成员担任全国和自治区级行业学术、技术职务和理事长、副理事长、常务理事及理事16人，国际、国内期刊和杂志编委8人；多名学科成员作为智库专家在各市县和大中专院校专业人才招聘、自治区级和厅局级科研项目评审、工程招投标和工程质量安全评估中多次担任评委；赴区内外近20家企业开展校企合作技术服务社会活动。

学位点建设情况。学院有1个一级学科博士学位点、2个一级学科硕士学位点、1个专业学位硕士点，形成培养专业型硕士、学术型硕士、博士高层次人才的培养体系。土木水利专业学位硕士授权点通过教育部2023年学位授权点专项核验，听取学位点评议专家组的意见并及时进行深度建设；新增研究生学习实践基地5个，获批校级产教融合研究生联合培养示范基地建设项目1项（土木水利）；获批研究生课程案例库建设项目1项（土木水利）、"课程思政"示范课建设项目4项、优质课程建设项目2项、研究生学术论坛项目2项（土木工程、水利工程）、研究生创新项目8项。

专业建设情况。学院原有水利水电工程、土木工程、农业水利工程、道路桥梁与渡河工程、工程管理、建筑学、城乡规划7个本科专业，2023年5月"学部制"改革后，有水利水电工程、土木工程、农业水利工程、道路桥梁与渡河工程、工程管理5个本科专业，均属于工学门类；学院设有水利水电工程、土木工程2个国家级一流本科专业建设点。建有校外实习基地31处（含校企合作单位）；提出的"基于思想链+新工科引导的水利水电工程一流专业创新型人才培养模式及实践" 获宁夏大学教学成果二等奖。2023年，获批自治区级一流本科课程1门、校级"课程思政"课程2门，利用一流本科专业建设经费支持2门院级"课程思政"课程项目的培育；出版高质量教材2部、数字化教材3部；获得自治区级和校级基层教学优秀组织奖各1项。智慧水利专业成功获批全校首批7个微专业之一，并实现2023年秋季招生。

科研平台建设情况。学院有旱区现代农业水资源高效利用教育部工程研究中心1个、宁夏黄河水联网数字治水重点实验室1个、宁夏节水灌溉与水资源调控工程技术研究中心和宁夏土木工程防震减灾工程技术研究中心各1个，有旱区现代农业水资源高效利用教育部"长江学者"创新团队1个、宁夏节水灌溉与水资源调控科技创新团队1个、宁夏留学人员创新创业团队1个。2023年，旱区现代农业水资源高效利用教育部工程研究中心通过教育部工程中心的审核评估。2023年，学院共立项各类科研项目49项，经费1965万元，其中国家自然科学基金11项，省部级项目28项，横向项目32项；发表高水平学术论文106篇；授权专利11项；出版专著、教材6部。

人才培养与师资队伍建设情况。2023年，招收本科生224人、硕士研究生164人（含专硕）、博士研究生48人、专业学位研究生107人。在读本科生904人，全日制在读研究生417人，其中硕士341人、博士76人。获批8项校级研究生创新项目，组织开展学院第十五届研究生创新学术论坛，63人获奖，其中一等奖13人、二等奖21人、三等奖29人。2023年，2人晋升副高职称，2人晋升正高职称，引进人才6人。实施《宁夏大学新入职教师专业导师制培养计划》，落实8位青年教师入职后学院培训阶段任务，提升其政治素养、师德师风水平。组织教师积极申报各类教改项目，本科生"课程思政"2项，自治区高等教育改革项目1项。成功立项国家级大学生创新实验项目4项、自治区级6项、校级50项；大学生创新创业训练计划顺利结题国家级3项、自治区级8项（含建筑学院1项）、校级42项（含建筑学院12项）；获国家级奖项6项、自治区级36项，在国家级比赛中代表宁夏大学获得1项优秀组织奖。

学术交流情况。承办2023智慧水利与低碳能源国际产学研用合作研讨会——盐碱地综合利用与新材料论坛，邀请中国工程院院士康绍忠等22名国内外专家、24名博硕士研究生作专题报告；采用青年博士作报告、邀请国内专家学者作报告的形式，成功承办学院第十五届研究生创新学术论坛，邀请中国工程院院士郑颖人教授、“长江学者”张云升教授、王喜喜教授、吴伟教授、孔亮教授、粟晓玲教授、左其亭教授、何新林教授、景明教授级高工、李强坤教授级高工、武亚军教授、王全君教授、吴斌鑫教授、周振江研究员、刘恩龙教授、廖红建教授、宋晓冰教授等学者，为学院师生作学术报告。

【2023大学生创新创业竞赛获奖】 组织学院2022年大学生创新创业训练计划项目结题答辩共53项(校级42项、自治区级8项、国家级3项)均通过验收，其中获评优秀奖校级4项、自治区级2项、国家级2项、优秀指导教师7人。组织2023年学院大学生创新实验项目97项答辩，其中立项国家级3项、自治区级6项、校级50项。承办自治区级、校级比赛6项。在第八届全国大学生水利创新设计大赛等3项国家级竞赛中获国家级一等奖3项、二等奖5项、三等奖4项，为学校获得优秀组织奖2项。举办第八届宁夏大学生结构设计竞赛校赛和区赛，区赛中学院荣获一等奖1项(第1名)、二等奖1项、三等奖2项，并代表宁夏参加全国大赛。

【2023智慧水利与低碳能源国际产学研用合作研讨会——盐碱地综合利用与新材料论坛】 12月17日，由教育部学校规划建设发展中心主办、宁夏大学承办的智慧水利与低碳能源国际产学研用合作研讨会——盐碱地综合利用与新材料论坛在银川举行。研讨会以“盐碱地综合利用与新材料”为主题，来自国内外水利、土木、新材料等领域的7位知名专家学者就盐碱地综合利用与新材料等方面的国际合作和学术前沿开展线上、线下研讨，共150余人参加。中国工程院院士、农业水土工程学家、中国农业大学教授康绍忠院士作了题为《西北旱区农业节水抑盐机理与灌排协同调控》的学术报告，中国农业科学院逄焕成教授作了题为《盐碱地改良:过去、现在与未来》的报告，马来西亚彭亨大学学者Jacqueline Isabella Anak Gisen作了题为《预测未测量河口的盐水入侵》的报告，澳大利亚弗林斯德大学Huade Guan教授作了题为《基于主成分分析的集中式水化学数据过程特定信息检索》的报告。

(撰稿人:冯淑萍　审稿人:尹　娟)

建筑学院

【概况】 学院成立于2023年，其前身是宁夏大学土木与水利工程学院建筑与城乡规划系，是宁夏地区唯一开设五年制建筑学、城乡规划专业的学院。1983年，原宁夏工学院开办建筑工程专业，1994年开办城镇建设专业。1997年，宁夏大学与宁夏工学院、银川师专合并。1998年，城镇建设专业更名为城市规划系，2012年更名为城乡规划系。2003年，建筑学专业招生。学院有教职工27人，其中专任教师26人，教授9人，副教授11人，博士10人，在读博士2人，全国宝钢优秀教师1人，全国注册建筑师1人，全国注册规划师1人，全国注册设备工程师1人。全国五一劳动奖章1人，自治区青年拔尖人才1人，自治区科技领军人才1人，自治区“国内引才312计划”1人。

学科建设情况。2023年，学院争取各方支持，积极筹建建筑学一级学科硕士点；完成建筑模拟研究中心、古建筑测绘实验室和文化遗产保护与建筑物理实验室、建筑模型与建筑构造实验室、建筑节能与城市生态实验室数字化创新工作室的建设，合计约790平方米；学科紧紧围绕绿色建筑和黄河流域生态保护和高质量发展的核心问题，开展多项具有影响力的研究，初步构建3个科研团队：地域建筑历史与设计理论、西北干旱寒冷风沙区绿色建筑理论与应用、西北干旱区城乡规划设计及其理论。学科成员担任全国和自治区级行业学术、技术职务5人，国际、国内期刊和杂志编委1人，12位教师成为自治区自然资源厅村庄规划编制技术服务队成员。

学位点建设情况。建筑学学科依托土木工程一级学科硕士点、防灾减灾工程与防护工程二级学科硕士点以及土木水利专业学位点，培养与建筑学相关的地域建筑历史与遗产保护、绿色建筑设计与应用、海绵城乡规划、城乡防灾减灾规划、人文地理学等相关方向研究生，就业率为100%。

专业建设情况。学院开办建筑学、城乡规划2个专业。借助专业优势推动学院“特质性、特色性”文化建设，办学环境显著改善。2023年，学院持续推进建筑学自治区级一流本科专业建设点工作，与清华大学、天津大学开展联合教学；组织师生参加“丝路联盟毕业设计”和“西部A10联合毕业设计”竞赛；学院加入黄河流域规划院系联合体。获批教育部协同育人项目2项、校级卓越教学团队建设项目1项。出版数字化教材2部。专业办学突出学术性、实践性强的特点，注重理论与实践紧密结合，荣获各类学科竞赛奖项共35项。其中国家级16项、自治区级6项。专业教学逐步形成课程理论知识、学科专业竞赛、创新创业项目“三位一体”的教学模式。

科研平台建设情况。学院获批自治区自然科学基金以及承担自治区自然资源厅等横向课题共17项，累计进账356万元。发表学术论文21篇，其中高水平论文3篇（SSCI、北核），出版专著1部，授权发明专利2项。与南京国图信息产业公司签订产学研合作协议，成立创新联合体。与隆德县签订战略合作框架协议，成立创新联合体。承担宁夏2023年度乡村振兴战略工作成效第三方评估，为自治区党委、政府在乡村振兴、乡村建设方面考核各级县委、县政府提供了依据。

人才培养与师资队伍建设情况。2023年，学院招收本科生71人，其中区外26人，占新生总人数的36.6%。应届毕业生65人，考研1人，保研3人。获批国家级、自治区级、校级大学生创新创业项目16项，其中国家级1项、自治区级2项、校级13项，实现国家级双创项目零的突破。荣获各类学科竞赛奖项共35项。实现“高校数字艺术设计大赛”“华灿奖”“紫金奖”“东方设计奖”零的突破。承办“高教杯”全国大学生先进成图技术与产品信息建模创新大赛、宁夏大学“微景奇构　筑谐校园”第二届实体空间搭建大赛。建筑学专业初次就业率达到92%。2023年，学院引进国家一级注册建筑师1名，培养国家注册建筑师1名、博士1名，1名教师赴天津大学读博。

学术交流情况。2023年，学院教师参加国内外学术会议31人次，作报告11人次。赴清华大学、南京大学、华中科技大学、西安建筑科技大学等10余所高校访问交流。学院加入黄河流域规划院系联合体，拓宽了学术视野。积极邀请校内外专家开展线上学术讲座活动，包括同济大学、天津大学等专家教授，以及学校梁熠副教授来学院开展教师教学创新大赛经验交流讲座。这些学术交流活动不仅推动了学科发展，也加强了与国内其他高校的合作与交流。

【宁夏大学“微景奇构 筑谐校园”第二届实体空间搭建大赛】 11月11日至12日，由共青团宁夏大学委员会主办，共青团宁夏大学励行书院委员会、建筑学院联合承办的“微景奇构 筑谐校园”第二届实体空间搭建大赛在国家大学生文化素质教育基地隆重举行。

【中国建筑学会副理事长赵琦一行莅临指导建筑学学科建设和专业教育评估申报工作】 11月7日至8日，住房和城乡建设部人事教育司原副司长、中国建筑学会副理事长赵琦与国务院学位委员会学科评议组成员、全国建筑学专业研究生教育指导委员会副主任、全国工程勘察设计大师张伶伶莅临学校，以非正式现场走访和论证会的方式，对建筑学学科建设和专业教育评估申报工作进行指导。

【南京国图信息产业有限公司产学研基地签约授牌仪式】 9月8日，学院与南京国图信息产业有限公司产学研基地签约授牌仪式举行。南京国图信息产业有限公司副总裁顾余庆、西北客户中心呼和浩特分公司总经理张鹏、资源与规划设计院呼和浩特分院院长刘晓飞、人力资源中心经理钱海军、宁夏分公司副总经理邓峰，以及院党总支书记崔明堂，副院长文琦、马冬梅，建筑系主任徐浩，城乡规划系主任王彩君等参加签约仪式。

【建校65周年校庆暨建筑学院首次校友座谈会】 9月15日，在建校65周年纪念日，学院举行首次校友会会议。学院党总支书记崔明堂、副院长文琦、党总支副书记兼副院长燕宁娜、副院长马冬梅、工会主席咸宝林及全院教师出席会议，30余位各级校友代表参加会议，大会由文琦副院长主持。

【第十六届“高教杯”全国大学生先进成图技术与产品信息建模创新大赛获奖】 7月，第十六届“高教杯”全国大学生先进成图技术与产品信息建模创新大赛在山城重庆落下帷幕。在本次大赛的建筑类赛道中，学院2019级城乡规划班袁依七同学荣获个人全能三等奖。通过此次大赛，增强了参赛学生专业素养，促进了学生知识、能力、创新意识全面协调发展。

【2023BICC中英国际创意大赛获奖】 7月，BICC中英国际创意大赛圆满落下帷幕。BICC中英国际创意大赛是由英国透纳当代美术馆、英国华侨华人美术家协会主办，中国海外交流协会（中国）、邓迪大学（英国）承办的一项国际性艺术设计类竞赛，是欧洲设计协会BEDA所认可的国际赛事。在指导教师的带领下，学院李昌霖、周弘毅、张美芸、张驰等多名同学积极参与并取得了较好成绩，获得铜奖4项、优秀奖1项；贺生云、董茜教授获得优秀指导教师奖。

（撰稿人：王晓燕 审稿人：燕宁娜）

地理科学与规划学院

【概况】 地理科学与规划学院是中国西部地区地理学人才培养、科学研究和社会服务的重要基地。1983年7月，在北京师范大学的大力支持下，宁夏大学成立地理系，开始创办地理学科。2000年3月，更名为城市与环境科学系。2002年7月，组建成立资源环境学院。2021 年 6 月，挂牌成立地理科学与规划学院。学院有教职员工 53 人，其中专任教师 51 人，正高级职称 14 人，副高级职称 19 人。2023 年，新引进青年博士 3 名，博士学位教师占 78%。学院党总支部委员会下设地理科学与城乡规划教工党支部、自然地理与地理信息教工党支部 2 个基层党支部。实施“三个三”工程，促进党建业务双向融合，是一支党性强、业务精、素质硬的基层队伍。

学科建设情况。地理科学为国家一流本科专业建设点，地理科学（师范）通过国家师范专业二级认证；人文地理与城乡规划专业拥有人文地理学自治区级重点学科、教学团队、黄大年式教师团队 3 个办学支撑点；地理信息科学为自治区级一流本科专业建设点、自治区普通本科高校高水平本科建设项目（卓越工程师培养班），建设了紧紧围绕立德树人根本任务，实施 SRTP（学生研究培训计划）“三全育人”机制，探索产教融合专业集群跨界创新协同育人模式和实践的全国地理学重要人才培养基地。

学位点建设情况。学院有地理学一级学科硕士授予权 1 个，下设自然地理学、人文地理学、地图学与地理信息系统、旅游开发与管理、国土空间规划二级学科 5 个方向。学院已积极申报地理学一级学科博士学位授权点。

专业建设情况。学院有地理科学、人文地理与城乡规划、地理信息科学 3 个本科专业。其中地理科学为国家一流本科专业建设点，分地理科学（师范）、地理科学 2 个专业方向，地理科学（师范）通过国家师范专业二级认证；地理信息科学为自治区级一流本科专业建设点、自治区普通本科高校高水平本科建设项目（卓越工程师培养班）。

科研平台建设情况。学院建有自治区经济地理与区域发展院士工作站 1 个、教育部国际合作联合实验室 1 个、自治区重点实验室 1 个，以及宁夏大学地理信息现代产业学院 1 个、宁夏沙产业研究院 1 个，2023 年新增宁夏大学青铜峡乡村地理野外科学观测研究站 1 个；院设宁夏地理教师教育研究中心、宁夏北斗与地理信息工程研究中心、宁夏山水林田湖草沙系统治理研究中心、宁夏国土空间规划与治理研究中心等科研机构，建设了省部级—校级—院级“三位一体”创新平台融合拓展的学科群和学术共同体。学院以教育部中阿旱区特色资源与环境治理国际合作联合实验室为抓手，持续推进科普教育基地建设，为提升大学生科学素养，营造更加优良的科普教育环境。

人才培养与师资队伍建设情况。2023 年，招收本科生 122 人、硕士研究生 34 人，在读本科生 510 人、硕士研究生 106 人，毕业生初次就业率达 90.58%。6 月，地理信息科学专业被推荐为自治区卓越工程师培养班专业建设。10 月，地理科学本科专业通过教育部第二级专业认证。有国家“百千万人才工程”第一、二层次国家级人选 1 人，享受国务院政府特殊津贴专家 1 人，全国优秀地理科技工作者 2 人，自治区“塞上英才”1 人，自治区级教学名师 1 人，自治区“312 人才”3 人，自治区“313 人才”2 人，自治区青年拔尖人才 3 人，自治区青年科技人才托举工程 7 人（2023 年新增 1 人），博士生导师 6 人，硕士生导师 39 人，形成了一支以区域地理学、乡村地理学、地理系统模拟、环境地理学为优势学科，以发展地理学为特色学科，以中阿国别与区域地理为特色优势领域（方向）的教学科研团队。

学术交流情况。2023 年，共有 6 位国内专家到学院开展学术交流，举行学术报告会 9 场。

【实习调研】 2月28日，学院2020级地理科学(师范)专业的50名本科生到南华山实习，实习内容包括南华山地质、地貌、气候、土壤与植被等自然特征及山地型城镇特点、发展模式。

8月27日，学院2020级4个专业(方向)本科生前往实习基地——灵武白芨滩国家级自然保护区实习调研。林场的工作人员向同学们介绍了白芨滩国家级自然保护区近几十年的治沙成果。在治沙技术上，通过多年的探索和与沙漠的无数次较量，白芨滩人构建了前沿沙生灌木林、近生活区乔灌混交林、经果林、养殖业、种植业“五位一体”的治沙模式，实现了治沙与致富同步发展。这种治沙模式被国务院确定为促进宁夏经济发展的重点推广模式，这是白芨滩的“治沙奇迹”，也为世界提供了治沙经验。

【本科课程教学经验分享会】 4月19日，学院在德润楼二楼报告厅召开课程教学经验分享会。郑芳老师以《旅游规划与实训课程有效性教学实施与评价》为题，强调要将多种教学方法结合，进行有效性教学；白林波老师从自身对待课程的态度、认真备课和课后反思3个方面分享经验；杨蓉老师以《地理教学论“课程思政”示范课建设经验汇报》为题，指出要强化实践、思政融合。

【成立宁夏大学青铜峡乡村地理野外科学观测研究站】 5月，宁夏大学与青铜峡市人民政府签约共建宁夏大学青铜峡乡村地理野外科学观测研究站。该观测站是自治区首个面向乡村振兴领域的综合性野外科学观测研究站。

【2023年中国地理学会自然灾害风险与综合减灾专业委员会学术年会】 9月14日至17日，由中国地理学会自然灾害风险与综合减灾专业委员会主办，宁夏大学地理科学与规划学院、北京师范大学应急管理部—教育部减灾与应急管理研究院承办的2023年中国地理学会自然灾害风险与综合减灾专业委员会学术年会在学校召开。来自国内各大高校、科研院所的400余名代表参加会议。校长彭志科、中国地理学会副理事长兼秘书长张国友、中国地理学会自然灾害风险与综合减灾专业委员会主任史培军分别致开幕词。中国科学院院士、长安大学彭建兵教授，中国科学院新疆生态与地理研究所陈亚宁研究员，中国科学院西北生态环境资源研究院丁永建研究员，学院侯迎教授作大会特邀报告。

【建院40周年庆典活动】 9月15日，举办地理科学与规划学院建院40周年庆典活动，收到北京大学城市与环境学院、北京师范大学地理科学学部、南京大学地理与海洋科学学院、南京师范大学地理科学学院、兰州大学资源环境学院、西北大学城市与环境学院等16所校外院系的贺信。

【青年教师课堂教学研讨会】 10月18日下午，学院在德润楼二楼报告厅举办青年教师课堂教学交流会。杨军明、施琳娜、王彦伟、刘邓超、代豫杰、牛震敏、熊丹阳、李吉龙、张汉辰、张鑫、韩磊、白一茹等12位40岁以下青年教师，依序以说课形式分享了课堂教学经验。

（撰稿人：杨茂胜　审稿人：陈军胜）

励行书院

【概况】 励行书院服务生命科学学院、动物科技学院、食品科学与工程学院、土木与水利工程学院、建筑学院和地理科学与规划学院6个学院，对应生命与食品学部、工程与地理学部2个学部。张强任书院党委书记、院长，马亮、王兵任党委副书记，马生忠、王娜任党委委员、副院长。有工作人员13人、全日制学生4221人（男生2029人、女生2192人）。其中本科生3013人、研究生1208人（硕士999人、博士209人），共有115个教学班。共有学生党员600人（预备党员172人），15个学生党支部。书院以学生为中心，完成价值塑造、知识传授、能力提升三大任务，培养爱党爱国、崇文重理、追求卓越、胸怀天下的高素质人才，打造理念先进、管理精细、行动高效、育人全面的一流特色书院。紧紧围绕学校书院制育人模式改革，依托书院育人多元化平台，着力凝聚书院青年力量、深化书院育人内涵、培育书院文化品牌、提升实践育人水平，促进学生全面发展。

综合办公。牵头制定出台《中共宁夏大学励行书院委员会会议事规则》《宁夏大学励行书院院长办公会议事规则》《宁夏大学励行书院党政联席会议事规则》《中共宁夏大学励行书院委员会执行“三重一大”制度实施办法》等根本制度6项、《励行书院教职工考勤办法》《励行书院意识形态工作责任制正负面清单》《励行书院校园媒体信息发布“三审三校”办法》等基本制度4项及《宁夏大学励行书院领导联系学生工作制度》等具体制度5项。汇聚集体智慧，牵头拟定院徽、院训、理念、台签、吉祥物和信笺等系列文化项目，运营和维护网站工作，打造书院特色文化。牵头升级改造15号楼和6号楼“一站式”学生社区，优化辅导员工作室、学生活动中心、党建活动室、心理活动中心、多功能室等阵地，构筑师生互动共享的公共空间。编辑24期每周工作推进表、《每周工作动态》；建立书院公文签发审阅机制，共签发文件53份，收文办结归档150余份；组织召开党政联席会22次、教职工政治理论学习会8次，解决各类议题51个，落实各类事务200余项。牵头起草书院各类工作计划、总结等文字材料，做好各类信息的汇总上报工作，汇总撰写重点工作、年度总结等，注重凝练总结各中心意愿和师生呼声的内容，充分发挥“以文辅政”功能。制定出台书院财务报销备案制度，实现财务全链条监控，累计完成各类财务报销150余笔；定期汇总各中心办公所需各类物资，安排专人采购、分发到位。紧盯学校工作部署和书院建设目标，坚持以提高政治站位把准服务方位。举办公文写作与行政办公技能提升专题培训班，对书院750余名师生的公文写作、办公软件应用、宣传及摄影等方面进行专项培训；全年选派教师外出培训16人次，从就业、党建、思政、“一站式”社区服务等方面进行专业培训；面向全校招聘10名兼职辅导员，协助各中心教师开展日常管理、党团建及其他工作；为书院教师调配电脑4台、打印机1部、办公工位6套，以及沙发、桌椅等，安排专人接通办公网络。

党建与思政。将主题教育与书院建设发展紧密结合。明确目标，稳步实施，制定工作方案（计划）4个、任务清单2个，召开工作推进会2次，举办读书班1期、中心组专题学习会7次，开展主题党（团）日活动12次，覆盖15个党支部、115个团支部，计4000余人次。集中调研60学时，收集整理6个方面33个问题、5条意见，解决师生急难愁盼问题13个，形成调研报告12篇；丰富载体，确保实效，依托历史文化资源，开展主题教育实践活动4次，召开专题民主生活会2次，谈心谈话20余人次，15个支部分别召开专题组织生活会和开展民主评议党员工作。制定出台相关规章制度6项，召开第一次党员大会，选举产生第一届党委委员，把好方向，压实压紧工作责任。优化调整 15 个党支部，健全队伍，选好用好支部书记。规范党员发展流程和“三会一课”落实，编制《发展党员指导手册》进行有效工作指引。在公寓楼设置党小组，探索社区党建工作新思路。开设分党校培训班、支委培训班，培训入党积极分子 243 人、发展对象 128 人、支部委员 65 人，领导班子带头讲专题党课 6 次，邀请校内外专家作专题辅导报告 5 场，建设书院网站、微信公众号、社区党员活动室等阵地，开展主题党日、党团知识竞赛等活动 4 次，激发党建活力，提高党员质量。申报校级先进党支部 5 个，获批建设研究生“样板党支部”1 个，评选校级学生党员标兵 18 人，表彰院级优秀共产党员 18 人、优秀党务工作者 15 人、“学习强国”学习先进个人 20 人。树立典型，发挥示范引领作用。“一个巡察两个专项”整体推进，制定专项整治“三个清单”，召开工作推进会 1 次，紧盯问题清单，逐条整改销号，切实以巡察整改成效推动书院高质量发展。在公寓楼设置党小组，选优配强党小组组长；以学生宿舍为阵地，以学生党员接待室为载体，制定学生党员接待制度，制定《文明公约》《值班工作日志》；建立“接诉即办”工作机制，设立学生党员接待信箱和心理咨询信箱；开展主题宣讲、党团日活动，将学生社区打造成学生党建前沿阵地、“三全育人”实践基地和平安校园样板高地。不断塑造、凝练党建工作特色，增强党建思政育人实效。

团学工作。以团员和青年主题教育为契机，加强青年思想武装。以“一站式”学生社区为依托，成立“励行青年说”宣讲团队，构建“人员+阵地+平台”的“三位一体”研学体系，开展主题团日活动 9 次、特色团日活动 2 次。召开 3 次共青团工作推进会和 3 次交流研讨会，举办书院团员和青年主题教育读书班 5 次。在调研方面，书院团委组建 6 个调研组，深入 115 个团支部和 750 个学生宿舍广泛收集意见建议，为书院团委工作提供精准指引。以常态化教育培训为手段，锤炼青年全方位素质。举办书院第一期青年马克思主义者培养工程培训班，参训学员 900 余人次，其中基层团支部成员培训占比超过 60%。召开书院第一届学生代表大会和研究生代表大会，全面落实班团一体化机制，制定《励行书院团委向党组织推荐入党积极分子实施办法(试行)》《书院团委向党组织推荐党员发展对象实施办法(试行)》，经团组织规范程序推优入党比例达 100%。2023 年，完成 243 名入党积极分子、306 名发展对象的选拔推荐工作和 13 名共青团员发展对象的选拔推荐工作，学社衔接率达 100%。举办特色活动 40 余项，在“互联网+”大学生创新创业大赛中，荣获自治区级奖项 12 个、校级奖项 28 个，立项校级“两节”活动 3 项，举办“微景奇构　筑谐校园”第二届实体空间搭建大赛。书院荣获军训宣传优胜报道奖、第四十九届运动会团体总分第三名，在“砥砺奋进新征程”趣味马拉松、模拟政协提案征集活动、“宁创芳华”文创设计大赛中被评为优秀组织单位。开设权“励”信箱专栏，收集学生各类诉求，实现接诉即办。组织年度志愿服务活动共计 118 次，参加人数 3580 人次，志愿服务时长共计 7750 小时。坚持制度先行，制定《励行书院团组织建设实施方案(试行)》等制度 10 余项；坚持从严治团，切实转变工作作风。将学生社团工作纳入书院思政工作和群团工作整体格局。成立社团管理部，完成书院下设的 4 个学生社团注册登记和年审，书院领导班子严格落实“七进一交友”办法，分别联系指导一个学生社团，积极参与社团活动。

学生事务管理。学生事务管理中心高效完成

文萃校区、贺兰山校区2个校区1400余名学生宿舍调整、267名2023级研究生临时住宿和延迟报到工作；协助做好文萃校区、贺兰山校区、金凤校区3个校区迎新和军训工作；为更好地引导新生提升专业认同感、归属感，帮助新生顺利完成角色转变，开展迎新生系列活动及“青年博士说”专业认知教育讲座、新生家长见面会、军训慰问等工作；协助完成1875名同学助学贷款，完成1623名家庭经济困难学生认定、48个勤工助学岗位选拔；评选本硕博各类奖助学金累计1679人次、733.3万元，制定书院奖助学金管理制度4项；评选三好优干178人、先进班集体8个；加强与学院、学部协同育人，高质量完成2023届1013名毕业生安全离校、2022级47名学生转专业以及2024届45名本科生攻读硕士研究生推免工作；扎实开展禁毒、消防、交通和反诈骗等安全教育，举办专题讲座、演练300余场次；组织部分师生分别深入宁夏、新疆等地，走进贫困生家庭，扎实开展2023年暑期资助回访、暖心慰问活动。

学生心理健康。聚焦书院中心工作，立足“励说心语”平台，全方位开展心理健康教育活动。开展书院2023年春季学期“5·25”心理健康教育宣传月系列活动和2023年秋季学期“与心灵相约，与健康同行”系列心理健康活动。书院坚持关注学生的心理健康，组织书院辅导员参加校级心理培训15人次，开展心理讲座4场。建立重点关注学生档案信息，同时推行重点关注学生四级网络“宿舍长—心理委员—辅导员—书院”预警工作机制。落实“四个一”方案，多维度开展特色主题教育活动。每学期认真开展好一次心理摸排、组织好一次心委培训、召开好一场主题班会、完成好一次新生讲座，彰显书院人文关怀。分类开展特色心理主题活动。面向大一新生开展“新生入学教育”之新生心理健康调节讲座活动，面向大二、大三年级开展“学生干部体验式团体素质拓展”，面向大四年级开展“敢问路在何方”——读研心语心理讲座活动；面向全体学生开展“闪闪发光的心理委员”专题培训会、“风筝DIY——手绘并放飞风筝”、“见字如面，纸短情长”母亲节手写信、“心灵传递，健康无界”心理健康贺卡设计、“感心灵·享生活”“励说微感动”线上打卡记录类心理活动。

学生就业指导。2023年，严格落实“一体两翼”就业工作模式，成立就业工作专班，坚持“共担就业责任、共谋就业思路、共寻就业资源、共享就业成果”的工作推进思路，协同学院、学部共同推进就业工作一体化建设。加强毕业生就业数据的报送、统计和分析工作，严格执行就业工作“四不准”规定，建立就业信息通报制度；加强校园招聘市场建设，发挥校园招聘主渠道作用，举办各类专场招聘会、双选会、宣讲会近百场，为毕业生提供就业岗位2000余个；加强职业生涯规划建设，开展就业精准指导，组织举办各类就业能力培训20余场，进入13个未就业毕业生家庭开展入家访生促就业专项行动，摸清重点群体就业意向，做到“帮扶进家，政策到人”。2023届毕业生共1013人，其中本科毕业生606人、硕士毕业生387人、博士毕业生20人。截至年底，2023届毕业生去向落实率为89.84%，其中升学比例为19.25%，书院荣获学校2023年度就业先进单位称号。

（撰稿人：刘　艳　审稿人：张　强）

农林与生态学部

【概况】 2023年3月，农林与生态学部成立，服务农学、林业与草业、葡萄酒与园艺、生态环境4个学院，对应润泽书院，李建设任学部部长，张宁任党委书记，马红彬任常务副部长，钟艳霞、李培富、韩小珍任副部长，虎建华任副书记兼副部长，内设综合、本科生培养、研究生培养、科学研究与学科建设、资产与实验室管理、对外合作交流6个办公室。

综合办公。负责处理上级来文及通知、报送各类信息材料、派遣实习用车、办理电话移机、文件起草等工作。协助各学院完成人才招聘、职称申报、各类人才项目申报、财务报销、往来款项催收清理、会议协调等工作，起到了桥梁和纽带作用。制定《农林与生态学部党委会会议规则》等12项管理制度并汇编成册，确保了学部工作的有序开展。

党建与思政工作。学部有党员14人，选举成立了直属党支部和分工会组织。以铸牢中华民族共同体意识为主线，深入开展民族团结进步月活动。深入开展主题教育，举办读书班、专题学习、研讨会、讲座、讲党课、主题党日、专题民主生活会。全年中心组理论学习12次，教职工学习12次，落实“三会一课”制度，形成领导带头学、个人主动学、支部共同学“三学联动”格局；建立了个人精读、党委领读、专家导读、集中研读“四读”学习机制。完成党费交纳及数据信息报表统计。学部党委在2023年度中层党组织书记抓党建工作述职评议考核中获评较好等次，获基层工会先进集体。

本科生培养。制定2022级本科生大类分流方案和本科生转专业方案，全年招收本科生490人，毕业353人。推荐29名应届本科毕业生免试攻读硕士研究生。获批自治区一流基层教学组织2个、校级3个，自治区卓越拔尖人才培养班1个，校级本科教育卓越教学团队2个。获批自治区“互联网+教育”信息化骨干培训项目2项、宁夏大学第五批“互联网+教育”在线开放课程（双语课程专项）1项、第五批校级“课程思政”示范课程2项。深化卓越农林人才培养计划，增设草业科学专业卓越班。申报国家现代产业学院1个。

研究生培养。全年招收全日制学术型博士研究生43人、硕士研究生526人（学术型硕士生145人，全日制专业学位硕士生356人，非全日制专业学位硕士生25人）。毕业博士研究生6人、硕士研究生317人。修订了2024年硕士和博士研究生招生专业目录及2023版研究生培养方案。评选推荐26篇自治区级、校级优秀博、硕士论文；获批2023年度校级研究生创新项目9项、研究生学术论坛项目5项，研究生教育质量提升计划项目14项。新增中国农技协、教育部和农业农村部13个科技小院。协助完成了农业资源与环境和林业2个学位授权点的专项核验工作。新增博士生导师5人、硕士生导师12人；认定具有招生资格博士生导师31人、硕士生导师194人。

科学研究与学科建设。科研项目与经费方面，获批资助科研经费7309.21万元，其中纵向项目142项，经费5625.81万元；横向项目65项，经费1683.4万元。国家自然科学基金20项(面上项目3项、青年科学基金5项、地区基金12项)，经费687万元。宁夏自然科学基金51项（重点项目7项、一般项目36项、优青项目7项、创新群体项目1项），经费720万元。发表论文207篇（其中SCI论文收录65篇，高被引论文1篇），出版著作7部，完成研究报告4篇，成果鉴定46项，专利授权53项，著作权15项，制定标准18项。组织申报2023年自治区科学技术奖16项。学科建设方面，继续做好草学、园艺学、生态学“双一流”（培育）学科建设；积极推进园艺学、生态学一级博士点和植物保护、林学、资源环境一级学科硕士点申报工作。

资产与实验室管理。修订《农林与生态学部实验室管理制度》等制度。组织实施学生实验室安全准入培训与考核,强化师生安全防范意识;组织消防安全培训、实验室安全培训、特种设备应急演练,建立整改台账,优化实验室环境,消除安全隐患。推进朔方校区新农科大楼办公和实验区规划改造工作。完成本科生实验室建设、农耕园等项目1653台(套)价值1881.2万元的设备验收工作,调拨资产设备200余件(套),报废资产3批次。

对外合作交流。继续与美国密苏里州立大学、俄亥俄州立大学,上海交通大学,南京大学等国内外高校和企业开展合作,与新西兰尼尔森马尔伯勒理工学院合作举办葡萄与葡萄酒工程专业本科教育项目,选派1名教师和3名研究生赴加拿大、美国访学1年;邀请英国约克大学、以色列特拉维夫大学、中国农业大学等国际国内院士、知名专家41人次开展学术交流活动;师生参加学术会议120余人次。在西吉县、宁夏枸鑫种业有限公司成立了科研实践基地,与吴忠市委组织部、红寺堡区、盐池县、鄂托克前旗等开展科技服务活动,开展各类技术培训19次,累计培训人员799次,助力乡村振兴建设。承办全国农林院校研究生教育学术年会暨管理干部研修班,协助举办第三届中法葡萄交流研讨会。

【校地合作】 6月21日,学部和吴忠市委组织部举行校地人才合作协议签约仪式。农学院王锐教授、王亚麒博士分别与同心县农业农村局、宁夏西鸽葡萄种植有限公司签订了“同心县人参果种植技术集成与示范项目”“酿酒葡萄智慧化精准水肥调控项目”,葡萄酒与园艺学院冯美教授与吴忠市利通区农业农村局签订“利通区大青葡萄生产关键技术集成研究与示范项目”,是学部全面落实学校校地合作精神和“才聚宁夏1134行动”的举措之一。

【学术会议】 7月21日至22日,由中国学位与研究生教育学会农林学科工作委员会和全国农业专业学位工作委员会主办、农林与生态学部承办的2023年全国农林院校研究生教育学术年会暨管理干部研修班在银川召开,来自全国47家研究生培养单位的120余人参加会议。大会从40篇入选案例中遴选了10篇具有代表性的优秀工作案例作大会交流报告。

(撰稿人:刘永刚　审稿人:张　宁)

农学院

【概况】 农学院前身为宁夏农学院农学系,始建于1958年9月。1962年9月,宁夏农学院与宁夏师范学院、宁夏医学院合并成立宁夏大学,设农学系。1971年9月,宁夏大学农学系、畜牧系和林学系与永宁农校合并重新组建宁夏农学院,从银川迁至永宁王太堡,独立办学三十一载,农学系为主要系科之一。2002年2月,宁夏农学院与宁夏大学再次合并,组建新的宁夏大学,由原宁夏农学院的农学系、园林系、动物科学系和食品科学系四系组建成宁夏大学农学院。2020年7月,食品科学系从农学院分出。2023年3月,进行“学部制”综合改革,由农学院的农学系独立发展成新的宁夏大学农学院。学院设有学科学位点建设与师资引育、专业建设与本科人才培养、科研与社会服务及对外交流、资产与实验室建设管理4个工作组,有农艺系、作物遗传育种系、农业资源与环境系、植物保护系4个基层教学组织。

基层党建工作。完成学院党总支和基层支部选举,调整优化学院基层党支部设置。围绕学科建设优化调整设置4个教工党支部，选优配强支部委员会成员，重点培养“双带头人”，获批校级党建工作“标杆院系”。落实基层组织制度，不断加强基层支部组织思想建设。完成党总支和支部改选，坚持开展“三会一课”和主题党日活动，落实谈心谈话、民主评议党员和支部书记抓党建述职，不断强化支部组织建设与功能发挥。推动星级党支部建设，开展基层党务工作培训1期，提高基层党建业务能力，建强支部战斗堡垒。在青年博士中培养确定发展对象1名、入党积极分子1名。

学科建设情况。李培富教授、王锐教授、王新谱教授分别为作物学、农业资源与环境、植物保护学科带头人，围绕自治区“六特”产业发展，构建以作物学为龙头，以农业资源与环境、植物保护为两翼的学科布局，确定6个学科方向，组建11个科研团队。有作物学、农业资源与环境、植物保护3个一级学科，其中作物学下的二级学科作物栽培学与耕作学为自治区重点学科，植物营养学、农业昆虫与害虫防治2个二级学科为校级重点建设学科。

学位点建设情况。2023年，新增博士生导师4人、硕士生导师5人，有导师62人(含外聘)。设有作物学、农业资源与环境2个一级学科硕士点，农业昆虫与害虫防治1个二级学科硕士点，农业硕士专业硕士学位点1个（含4个领域：作物与种业、资源利用、植物保护、农村发展）。2023年，招收研究生159人，其中全日制154人、非全日制5人；毕业生140人，其中7人继续深造攻读博士学位，初次就业去向落实率为88.57%。9篇硕士学位论文被评为校级优秀论文，其中6篇被推荐参评自治区级优秀论文。农业资源与环境学位授权点通过国务院学位委员会和教育部组织的专项核验。

专业建设情况。有农学、农业资源与环境、植物保护3个本科专业，其中农学专业为国家一流本科建设专业、国家特色专业、自治区优势特色专业，农学、植物保护专业为教育部首批卓越农林人才培养改革试点专业，农业资源与环境专业为自治区传统特色专业。有教育部虚拟教研室1个、自治区教学团队1个、劳模创新工作室2个、教学示范中心1个、一流基层教学组织1个，有自治区一流本科课程2门、自治区“课程思政”示范课1门、“课程思政”教学名师1人及教学团队1个、自治区精品资源共享课1门、校级“课程思政”示范课3门，有校内农科实践实训基地1个、校外教学科研实践基地14个，有3个二级实验室、7个学科专业实验室。2023年，招收本科生106人，毕业73人。获批自治区级“大创”项目5项，“互联网+”等大赛获奖3项，38人考取硕士研究生，本科升学率达52.05%，初次就业去向落实率为89.7%。

科研平台建设情况。2023年，引进特聘专家1人，获批宁夏粮食作物种质创新与生长调控科技创新团队。确定作物科学研究所、农业资源与环境研究所、植物病虫害绿色防控研究所、乡村振兴与农村发展研究所4个院级科研平台，拟申报农作物高效生产与生长调控重点实验室、作物营养高效与绿色健康生长管理工程技术中心2个自治区级平台。有宁夏优势特色作物现代分子育种重点实验室、优势作物专家咨询服务站；有粮食作物种质创制与生长调控区级科技创新团队1个，参与水稻育种与栽培、小麦育种与栽培、玉米育种与栽培、盐碱地改良与利用等4个自治区级科技创新团队的建设；建有教育部、中国农技协科技小院5个。

学术交流情况。邀请南京农业大学副校长朱艳教授、中国农业大学孙传清教授、中国气象局干旱气候变化与减灾重点实验室张强研究员、华中农业大学植物科技学院刘克德教授等6位知名专家学者，分别围绕“粮食生产力监测预测技术”“21世纪中国干旱气象研究若干进展与展望”“CYP78A：控制作物果实和种子大小的关键基因”等内容开展学术交流活动。参加中国作物学会、中国植物保护学会学术年会等重要学术会议80余人次。

师资队伍。2023年，引进博士5人，有专任教师55人，其中教授22人，副教授、副研究员22人，讲师11人，具有博士学位人员47人，博士人员占比85.5%。2023年，新增自治区“塞上农业专家”1人、自治区科技领军人才1人、全区优秀教师1人、宝钢优秀教师1人、校级立德树人突出贡献奖1人。有国家“百千万人才工程”第三层次人选、教育部“新世纪优秀人才支持计划”各1人，全国五一劳动奖章获得者1人，全国作物学十大教学能手1人，教育部高等学校专业教学指导委员会委员2人，自治区“塞上农业专家”2人，“新世纪313人才工程”1人，自治区科技领军人才1人，自治区五一劳动奖章获得者2人，宝钢优秀教师2人，自治区优秀教师1人，自治区“互联网+教育”十百千万人才培育工程高端教学人才1人；入选自治区青年托举人才工程3人。

【获批自治区科技创新队伍】 2023年，获批宁夏粮食作物种质创新与生长调控科技创新团队。该团队围绕宁夏优质粮食作物开展遗传改良与种质创新、绿色高产栽培与生理调控、智慧农作制度的理论和应用研究，重点解决生产中的可持续高产、资源高效利用与品质同步改善难题。通过生物技术手段，创制耐盐、节水等新种质；通过水肥调控、绿色防控、表型诊断等途径，实现作物生产绿色高效协同发展；通过农机农艺融合、生态循环等技术，构建生态复合型现代农作制度，实现资源的高效利用。

【师资力量建设】 2023年，引进特聘专家1人、青年博士5人，新增博士生导师3人、硕士生导师5人，李培富教授获批自治区“塞上农业专家”，王锐教授获批自治区科技领军人才，顾欣教授获评自治区优秀教师、宝钢优秀教师奖和校级立德树人楷模突出贡献奖。

【数字化教学】 11月15日至16日，由《中国教育信息化》杂志社主办的第二十届教育信息化创新与发展研讨会在深圳南方科技大学召开，顾欣教授通过鸿蒙智慧教室在银川远程分享《宁夏大学未来教室引领教育新未来》主旨报告。顾欣教授多年来一直关注“互联网+教育”的具体应用，在农业微生物学教学中率先开展线上线下混合式教学，通过国家智慧教育公共服务平台，利用数字化技术和工具解决教学问题，良好的时空自由度和在线资源整合，使学习更加便利、快捷，部分解决了传统教学情境中固定时空，忽视学生个性化需求的问题。10月12日，教育部部长怀进鹏在未来教室听取顾欣教授对国家智慧教育公共服务平台应用的介绍。

【全国农林院校研究生教育学术年会】 7月21日至22日，学院联合承办的全国农林院校研究生教育学术年会暨管理干部研修班在银川举办，来自中国农业大学、南京农业大学、西北农林科技大学、中山大学、华中农业大学、贵州大学、西南大学等47家研究生培养单位的120余位代表参加本次会议。会议得到中国学位与研究生教育学会农林学科工作委员会的高度评价，学会给宁夏大学发来了感谢信，提高了学院和学科的声誉，扩大了学院的影响力。

【科学研究与服务地方】 2023年，获批国家自然科学基金5项，其中青年基金2项、地区基金3项；自治区重点研发计划重点项目6项；自治区重大科技成果转化项目1项；自治区自然科学基金13项，其中重点项目1项；自治区级其他项目2项；横向项目17项；立项经费总计1800万元。登记科技成果22项，授权专利6项，审定水稻新品种1个，获植物新品种保护权4项，出版专著3部，发表高质量论文100余篇。受聘为宁夏枸杞现代产业学院理事单位，广泛开展院地院企合作，与盐池县麻黄山乡、宁夏钧凯种业等单位签订基地建设与农业服务合作协议，主动服务地方社会经济发展。10月27日，学院与宁夏钧凯种业有限公司签订院企合作协议。12月15日，在宁夏枸杞现代产业学院理事会成立大会上学院被聘为理事单位。

（撰稿人：王新谱　审稿人：葛志军）

林业与草业学院

【概况】 2023年3月，林业与草业学院由宁夏大学原农学院的草业科学、林学和园林3个学科（专业）组建而成。学院下设师资引育与师德师风建设、学科与学位点建设、专业建设、科学研究与科技服务4个工作组；有草业科学系和园林系2个基层支部、1个分工会、2个基层教学组织。

基层党建工作。中共宁夏大学林业与草业学院总支部委员会成立于2023年3月（以下简称“林草学院党总支”），已完成学院党总支和基层支部选举。设有草业科学系教工党支部和园林系教工党支部。截至2023年底，学院党总支共有35名教师党员，占全院教职工总数的77.8%。全院理论学习11次，党总支理论学习中心组学习10次，开展主题党日活动2次，讲党课5人次；扎实开展主题教育和两个专项整治工作。坚持开展“三会一课”和主题党日活动，落实谈心谈话、民主评议党员和支部书记抓党建述职，不断强化支部组织建设与功能发挥。

专业建设情况。2023年，招收本科生152人，毕业79人。获批自治区级及以上大学生创新项目3项，“互联网+”等大赛获奖3项，48人考取硕士研究生，本科升学率达60.76%，初次就业去向落实率为96.20%。学院有草业科学、林学、林学专业（枸杞方向）和园林4个本科专业，其中草业科学专业为首批国家一流建设专业、国家特色专业和自治区优势特色专业；林学专业为学院传统特色骨干专业。学院有草地学课程国家教学团队1个、草业科学自治区教学团队1个、草业科学教研室自治区一流基层教学组织1个、草业科学校级黄大年式教学团队1个，草业科学与生态工程自治区科技创新团队、盐碱地改良利用关键技术研究团队2个，院士咨询站1个。建有国家级精品课程1门，国家资源共享课1门，自治区一流课程2门、“课程思政”示范课1门，校级“课程思政”示范课2门、“互联网+”课程1门；建有12个校外教学科研基地。

学位点建设情况。2023年，招收全日制博士研究生21人、硕士研究生92人，其中全日制90人、非全日制2人；毕业生79人，初次就业去向落实率为88.61%，获自治区级优秀硕士学位论文2篇，获批全国梁希奖和草业科学王栋奖各1人。新增博士生导师3人、硕士生导师3人。草学学位点有博士生导师9人、硕士生导师18人，导师队伍中，教授12人，博士18人，国家“千百万人才工程”人选2人，自治区“313”人才6人，自治区教学名师1人，国家级教学团队1个，自治区级教学团队1个，自治区科技创新团队1个。林学学位点有专职导师28人，其中具有博士学位27人。

学科建设情况。2023年，草学学科引进优秀博士6人，有专任教师28名，其中教授11人，博导11人，硕导28人。承担省部级及以上项目28项、横向课题9项，其中，国家自然科学基金5项。授权实用新型技术专利3项、发明专利2项；发表高质量学术论文83篇，出版专著4部，参编规划教材2部，示范推广新品种新技术新成果12项，转化成果2项。林学学科2023年引进优秀博士3人，学科有专任教师14名，其中教授3人，博导1人，硕导12人。2023年，承担省部级及以上项目3项、横向课题2项。授权实用新型技术专利3项；发表高质量学术论文16篇。登记成果3项，转化成果2项。

科研平台建设情况。2023年，学院新批自治区野外观测站1个、创新联合体1个，获批科技小院4个。草学学科投入48.18万元完成盐池县四墩子教学实习基地基础设施改造项目并投入使用，加强10个野外观测站的建设，投入110.8万元新增平台仪器38台(件)，研发条件得到质的改善。2023年，林学新获批科技小院2个，投入20万元购买仪器28台(件)，参与林木资源高效生产全国重点实验室建设。学院有西北土地退化与生态恢复省部共建国家重点实验室培育基地草地生态研究室，参与建设林木资源高效生产全国重点实验室；建有农业农村部饲草高效生产模式创新重点实验室、宁夏草牧业工程技术研究中心、宁夏盐池北部荒漠草原野外科学观测研究站3个省部级以上平台；有3个院级平台；建有6个科技小院。

人才培养与师资队伍建设情况。2023年，学院引进博士7人，其中高层次人才1人，培养博士1人，博士学位人员占比88.9%；获评中国科学院“西部之光”人才计划2人，高层次人才达12人；按照学科方向和研究优势特色，初步形成10个研究团队。学院有教职工45人，其中教授12人、副教授17人、讲师14人；具有博士学位人员38人，博士占专任教师的86.36%，有10个月以上国外学习经历教师占比35%；有博士生导师11人、硕士生导师38人。国家“万人计划”青年拔尖人才1人，中国科学院“西部之光”青年学者2人，自治区高层次人才称号10人，自治区青年托举人才6人，全国宝钢优秀教师2人，自治区“塞上农业专家”1人，教育部普通高校学科教学指导委员会委员2人。

学术交流情况。2023年，选派1名教师和3名研究生赴加拿大、美国访学1年。先后邀请来自中国农业大学、中国农业科学院、兰州大学、中国科学院西北生态环境资源研究院、加拿大阿尔伯塔大学等科研院校的20余名专家学者开展学术交流活动。参加第八届中国林业学术大会、中国草学会年会、第四届中国水土保持学术大会、中国林学会经济林分会2023年年会、第八届全国生态修复研究生论坛等会议57人次，作报告或刊登墙报34人次；举办第二届林草研究生及青年学者论坛，联合承办全国农林院校研究生教育学术年会暨管理干部研修班会议。

【荣誉与奖励】 2023年，学院获评优秀创新创业导师2项，第十三届“挑战杯”全区大学生课外学术科技作品竞赛一等奖、优秀指导教师，中国国际大学生创新大赛(2023)银奖、铜奖各1项,第十三届全国大学生电子商务“创新、创意及创业”挑战赛宁夏赛区选拔赛三等奖。

4月7日至9日,中国草学会2022/2023年会在湖南长沙召开。其间,会议对获得2021年度和2022年度“王栋奖学金”的8名硕士研究生、12名博士研究生进行表彰。学院草学专业2022届博士研究生潘雅清同学获此殊荣。8月,中国林学会发布《中国林学会关于第十二届梁希优秀学子奖评选结果的通报》,学院2021级农艺与种业专业硕士研究生王博获此荣誉。

【获批建设宁夏野外科学观测研究站】 获批立项建设盐池县北部荒漠草原宁夏野外科学观测研究站,实现宁夏大学牵头建设省部级野外科学观测研究站零的突破。观测研究站的成功获批,有力支撑了草学自治区一流学科建设和相关学科的发展。该观测研究站是荒漠草原生态保护、生态建设、生态治理、生态修复的重要监测、试验、推广和示范基地,对于推动区域高质量发展和筑牢生态安全屏障至关重要。野外观测站汇集了荒漠草地生态系统水、土、气、生各生态要素定位观测数据,形成大量、直接、综合和长期的数据采集与研究体系,以此提升宁夏复合生态系统综合治理能力,强化原创性重大科技成果产出,为我国西部生态安全屏障建设及黄河流域生态保护和高质量发展提供科技支撑。

【新增4个科技小院】 2023年,学院获批新增宁夏隆德饲草科技小院、宁夏惠农玫瑰科技小院、宁夏灵武长枣科技小院和宁夏红寺堡枸杞科技小院。科技小院成立后,学院按照《中国农村专业技术协会科技小院联盟管理办法》加强监管,推进各项建设工作,主动搭建政产学研用平台,服务科技经济深度融合,带动和支撑农技协组织建设,提升农技协组织发展活力,促进当地农业产业发展和农民科学素质提升,为实施乡村振兴战略作出更大贡献。

【师资力量建设】 2023年,引进高层次人才1人、青年博士6人,新增博士生导师3人、硕士生导师3人,邱开阳和李志刚老师入选中国科学院“西部之光”人才计划,王国会和徐雪蕾老师入选自治区青年科技人才托举工程,张桂杰教授入选享受政府特殊津贴专家,获评自治区科技领军人才。

【宁夏回族自治区“草木葱茏”研究生暨青年学者学术论坛】 10月29日,宁夏大学、宁夏草原学会、宁夏林学会与宁夏大学林业与草业学院联合举办宁夏回族自治区“草木葱茏”研究生暨青年学者学术论坛,来自中国科学院西北生态环境资源研究院、中国农业大学、中国农业科学院、内蒙古自治区农牧业科学院、加拿大阿尔伯塔大学等的专家学者和青年学者300余人参加论坛。本次学术论坛的举办有助于培养宁夏地区林草业领域的青年学者,拓宽研究生的学术视野,提高林草科研水平,推动宁夏草牧业和林业的可持续发展。

【首届草学类本科专业技能大赛】 10月16日,学院举办宁夏大学第一届草学类本科专业技能大赛。本次竞赛设置草学综合知识、牧草和草坪植物标本制作、牧草和草坪草植物种子净度分析、创新创业(专利、产品、设计、规划等)等4个项目,共有20支参赛队98名学生参加比赛。此次大赛中,参赛同学展现了扎实的草业科学专业基础知识和丰富的实践经验，也充分体现了草业科学学科的卓越创新拔尖型人才精神。学院以此次大赛为契机，不断提升和强化学生创新实践能力，进一步培养草业科学的卓越创新拔尖型人才。

【科学研究与服务地方】 学院积极组织各类项目申报，立项38项，其中国家基金3项(面上1项)，立项经费1064万元；横向项目12项，立项经费395万元。出版专著3部，授权专利3项，发表高质量学术论文95篇，其中SCI 35篇、TOP论文8篇。广泛开展院企合作，与宁夏杞鑫种业有限公司、宁苗生态建设集团股份有限公司等单位签订教学科研实践基地合作协议，以产教融合、校企合作为抓手，共同走好产教融合发展之路。6月16日，学院同宁夏杞鑫种业有限公司在杞鑫种业中宁道地枸杞原生态种植基地签订校企合作协议。7月20日，学院同宁夏宁苗生态建设集团股份有限公司进行校企合作签约以及教学科研实践基地授牌。8月26日，学院承担的宁夏南华山国家级自然保护区2023年综合科学考察项目启动。

（撰稿人：田　佳　审稿人：贺海明）

葡萄酒与园艺学院

【概况】 葡萄酒与园艺学院成立于2023年3月，由原农学院园艺教研室和原食品与葡萄酒学院葡萄与葡萄酒系组建宁夏大学葡萄酒与园艺学院。学院设有2个系、4个工作组、8个研究所。学院有教职工47人，其中教授14人、副教授8人、讲师25人；博士占专任教师的86.67%，有10个月以上国外学习经历教师占比48%；博士生导师7人，硕士生导师42人。有国务院政府特殊津贴教师1人、国家产业技术体系岗位科学家1人、全国宝钢优秀教师1人、自治区产业首席专家4人、自治区“塞上名师”1人、自治区“313”人才3人、自治区“国内引才312计划”人选1人、自治区科技创新领军人才2人、自治区青年拔尖人才培养工程人选3人、教育部普通高校学科教学指导委员会委员1人。

学科建设情况。学科管理制度健全规范，设立工作组和专家咨询委员会。圆满完成园艺学一流建设(培育)学科年度建设任务，经费支出及时。邀请李天来等4名院士来校指导工作，邀请15名专家开展技术交流与研讨，获2024年园艺学会(设施园艺工程)分会的承办权。完成18次学校层面博士点申报汇报，完成园艺学博点的申报工作。2023年，通过葡萄与葡萄酒教育部工程研究中心评估验收；获批国家自然科学基金5项、自治区重点研发项目6项；新增纵向科研经费1284.39万元、横向科研经费179.38万元；制定颁布地方标准14项；成果登记16项，转化8项，累计转化经费97.5万元；发表高水平学术论文87篇；获批实用新型专利8项；出版专著(教材)4部。

学位点建设情况。2023年，招收研究生85人，其中全日制学术型研究生27人、全日制专业学位硕士生51人、非全日制专业学位硕士生7人。研究生学位论文抽检14篇，盲审合格率100%。研究生升学率达2.55%。完成2023年研究生质量报告、2022版研究生培养方案修(制)订、2023年研究生招生专业目录编制等工作。获批产教融合研究生联合培养示范基地1个、校级研究生创新项目1项，获批1个三部委科技小院，新增7个农技协科技小院；开展研究生学术论坛活动6次，邀请15名区外专家交流，13人次青年教师进行汇报交流，300余名学生参加。

专业建设情况。学院有葡萄与葡萄酒工程、园艺 2 个本科专业。其中，葡萄与葡萄工程专业始建于 2013 年，园艺专业始建于 1959 年。葡萄与葡萄酒工程专业是自治区一流建设专业、自治区级产教融合示范专业。园艺专业是国家一流建设专业、自治区产教融合专业和区级特色专业。园艺学科是自治区优势特色学科、自治区“双一流”建设重点学科。有 1 个园艺学一级学科，2021 年调整为自治区一流学科（A 类）。有园艺学一级学科硕士点，在农艺与种业领域设有园艺专业硕士。修订葡萄与葡萄酒人才培养方案，开展系列专业认知教育，推进班主任工作制和院领导联系班级等制度，学院初次就业率达 87.79%。加强新农科和新工科建设，深化葡萄与葡萄酒国际化办学，葡萄与葡萄酒中外合作办学实现首届招生。获批自治区一流基层教学组织 1 个，获批自治区级现代产业学院 1 个，组织申报国家现代产业学院 1 个，牵头获批本科教育卓越教学团队 1 个，参与获批本科教育卓越教学团队 2 个，获批学校第五批“互联网+教育”在线开放课程（双语课程专项）1 项，主持自治区级本科教育教学改革与实践项目 2 项。获批大学生创新创业训练计划项目国家级 1 项、自治区级 3 项、校级 21 项。

科研平台建设情况。学院有葡萄与葡萄酒教育部工程研究中心、农业农村部园艺作物节水抗逆高效生产创新重点实验室（部省共建）、宁夏葡萄与葡萄酒研究院、宁夏现代设施园艺工程技术研究中心等 13 个省部级科研平台和创新团队，1 个全国虚拟教研室，1 个全国教育科普基地，1 个自治区级研究生产教融合基地，1 个自治区级教学示范中心，11 个科技小院，49 个校外实习基地。

人才培养与师资队伍建设情况。2023 年，招收本科生 142 人，毕业 93 人，本科升学 41 人，升学率为 44.09%，其中园艺专业升学率达 81.5%。通过引智项目引进韩国专家 1 名、日本专家 2 名；引进博士 6 人；新增硕士生导师 2 人。获评宝钢优秀教师奖 1 人、“立德树人” 岗位标兵 1 人、全国“最美科技工作者”1 人，2 名教师通过自治区青年托举人才考察。学院成为宁夏贺兰山东麓葡萄酒产业技术协同创新中心副理事单位，1 人被推荐理事会副理事长，学院教师担任学术委员会秘书长、执行委员会副主任，新增 3 个产业首席、1 个创新团队。增加学会理事 2 人、园艺学会青年分会理事 1人。

学术交流情况。与国内外多所大学开展交流合作，先后走访南京农业大学等 10 余所高校，完成教育部、自治区政协、高校以及企业 50 余场调研座谈。承办第三届中法学术交流研讨会 1 次，邀请国内外专家来院讲学 8 人次，教师参加国内学术会议 48 余次，作会议报告 27 次。构建科技合作关系，联合银川市西夏区政协、西夏区科信局组织召开“送政策、问需求、解难题”系列活动暨宁夏大学葡萄酒与园艺学院“六特”产业成果专场推介会 1 场，签订校校合作项目 1 项、校地合作 3 项、校企合作 10 余项，开展各类技术培训 19 次，累计培训人员 799 人。

【招生工作】 葡萄与葡萄酒工程（中外合作办学）专业完成首届招生 46 人，其中区外学生 37 人、区内学生 9 人，区外生源占比 80.43%。开展新生专业认知和体验、葡萄与葡萄酒卓越工程师班暑期研学、葡萄酒销售技能大赛、第三届宁夏贺兰山东麓葡萄酒大赛等特色活动，全面提高了学生的专业技能水平，调动了学生对专业的学习热情。

【荣誉与奖励】 12 月 4 日，在天津大学承办的 2023 年中国国际大学生创新大赛中，学院的"绿色膜法"团队凭借出色的创新能力，勇夺金奖，成为宁夏地区唯一获此殊荣的团队。在张雪艳教授的带领下，"绿色膜法" 团队积极响应国家创新创业的号召，将理论知识与创新创业相结合，深入研究绿色膜技术在园艺领域的应用，为推动绿色农业的发展作出积极贡献。

【第三届中法葡萄学术交流研讨会暨国家自然科学基金区域创新发展联合基金(U20A2042)学术交流会】 9 月 15 日至 18 日，第三届中法葡萄学术交流研讨会暨国家自然科学基金区域创新发展联合基金(U20A2042)学术交流会在银川举办，会议邀请法国蒙彼利埃国际高等农业大学葡萄学教授 Alain Deloire 博士和 Elena Kraeva 博士及区内外专家学者参加。10 余名专家学者围绕我国葡萄栽培生理、土壤修复、节水栽培、产业发展等议题作了精彩的学术报告，并调研国家葡萄产业技术体系核心示范基地。此次会议通过国内外专家学者的交流讨论，为宁夏国家葡萄及葡萄酒产业开放发展综合试验区建设建言献策，为宁夏葡萄产业健康发展提供理论依据。

（撰稿人：孙 悦 审稿人：苏宇静）

生态环境学院(西北土地退化与生态恢复国家重点实验室培育基地)

【概况】 生态环境学院成立于 2020 年 12 月，由学校整合校内相关资源组建，全院有教职工 54 人，高级职称人员占全院专任教师总数的 65%；有博士学位教师占 94.44%；研究生导师共 50 人，其中博士生导师 8 人； 自治区级以上人才占比 40.38%。学院拥有西北土地退化与生态恢复部省共建国家重点实验室培育基地、教育部重点实验室、自治区重点实验室和人才小高地、生态文明智库等科研平台，拥有自治区生态水文、河湖水环境水生态科技创新团队；生态学参与教育部虚拟联合教研室建设。召开第一届生态环境学院党员大会，选举产生第一届党总支委员会，下辖 2 个教工党支部，进一步健全了基层党组织。

学科建设情况。重点建设生态学、环境科学与工程 2 个一级学科，明确学科带头人，根据学科建设方向生态学设置植物生态、修复生态、生态系统生态、旱区水文生态 4 个学科团队，环境科学与工程设置水环境、土壤环境、环境生态工程 3 个学科团队。生态学开展本科和研究生培养，积极筹备博士点，力争实现本硕博一体化学科建设，生态学学科建设向研究型路径发展；环境科学与工程本科生和环境化学与材料本硕培养，硕士点的学科与环境科学与工程一级学科还需要进一步调整，积极推进资源与环境专业学位点建设，围绕工科建设需求打造应用型人才培养和学科建设路径。

学位点建设情况。学院自有一个生态学一级学科硕士点，环境化学与材料专业硕士点为化学化工学院材料与化工专业硕士点的一个自设方向。学院不断加强学位点建设，积极谋划生态学一级学科博士点、资源与环境专业硕士点，成立学位点建设专班，2023 年凝练修改申报材料 16 次，生态学博士点围绕国家和自治区生态环境战略，结合自身研究特色和基础，凝练确定植物生态学、恢复生态学、生态系统生态学和旱区水文生态学 4 个学位点建设方向；资源与环境专业学位点建设，对标区域生态环境问题，结合专业学位点建设要求，凝练出流域水污染防控与水生态保护、土壤污染防控与修复、旱区环境生态工程 3 个方向。依托方向明确内容，逐步构建研发团队，学位点建设路径非常清晰。

专业建设情况。学院严格按照一级学科来布设专业，共有生态学、环境科学、环境科学与工程3个本科专业，生态学、环境化学与材料2个硕士专业。2023年，本科有生态学、环境科学与工程2个本科专业3个班91名学生；硕士招生50人。环境科学专业毕业生35人，就业率100%；生态学研究生毕业27人，就业率92.59%。与西安建筑科技大学同时开展专业建设，通过教师教学能力培训提升专业建设能力和水平。由学院资深老教授为新生开展专业研讨课，通过热点话题、学生研讨等多样化教学方式，引导学生加深对专业的认知，提升学生对所学专业的理解和热爱。

科研平台建设情况。联合上海交通大学筹备申请“黄河‘几字弯’资源与生态安全”全国重点实验室，实现申报全国重点实验室由院士牵头领衔的新的发展格局；召开西北土地退化与生态恢复部省共建国家重点实验室培育基地2023年度学术年会，公布2023年度重点实验室开放基金的申请指南、遴选及资助工作。资助重点项目3项，每项20万元；青年项目6项，每项10万元；完成自治区重点实验室五年绩效评估，获得优秀等次；向教育部提交重点实验室年度报告；与宁苗生态研究院联合获批自治区乡土林木资源应用工程技术研究中心。

人才培养与师资队伍建设情况。2023年，获批建设环境科学与工程卓越工程师班。学生获第二届大学生低碳循环科技创新大赛二等奖1项。2023届本科毕业生考研率达54.29%，上线率超过30%，就业率达100%。建立宁夏生态环境综合行政执法实战实训基地，联合西安建筑科技大学与宁夏京能宁东发电有限责任公司签订共建共享实践基地协议，成为全国生态环保行业产教融合共同体理事单位。举办第八届研究生论坛，邀请区外知名专家点评研究论坛。遴选12名教师与上海交通大学联合开展第二期ISW培训，举办青年教师基本功大赛，有效提高教师的教学能力。联合中国科学院西北院、中国科学院水保所、宁夏师范学院共同启动青年博士论坛，促进青年博士成长。

学术交流情况。与上海交大、南京大学、云南大学等高校开展20余次校际交流活动；与区内行业龙头企业合作，解决企业实际问题，提升科研成果转化和服务地方能力；通过共建银川市“双碳中心”，为银川市输送挂职干部，为政府决策建言献策；搭建国际化交流平台，在澳大利亚第六届生态学国际峰会举办期间，举办黄河流域生态保护和高质量发展国际研讨会，中国科学院院士、西北土地退化与生态恢复国家重点实验室培育基地学术主任傅伯杰等国内外30多位知名专家参加会议，显著提升学科国际影响力。学院引进“长江学者”Marcelo Sternberg教授来校访问交流，开展为期3周的研究生课程讲座。

【黄河流域生态保护和高质量发展国际研讨会】 6月15日，学院杨振东书记、刘任涛副院长一行5人在澳大利亚参加第六届国际生态学峰会期间，举办了黄河流域生态保护和高质量发展研讨会。中国科学院院士、西北土地退化与生态恢复国家重点实验室培育基地学术主任傅伯杰主持此次研讨会。出席研讨会的有第六届国际生态学峰会执行主席、美国科学院院士和欧洲科学院院士、美国加州大学河滨分校李百炼教授，澳大利亚联邦科学与工业组织水土研究所张橹教授，瑞士森林、景观和雪研究所李迈和研究员，瑞士工程科学院院士、华北水利水电大学学术副校长刘俊国教授，中国科学院地理科学与资源研究所岳天祥研究员，中国科学院生态环境研究中心吕一河研究员和卫伟研究员，北京林业大学、国际知名期刊 *Forest Ecosystem* 主编孙建新教授，清华大学刘雪华教授，自然资源部第一海洋研究所陈尚研究员，兰州大学巩杰教授，中国林业科学院周本智研究员等30余名国内外知名学者。

【科研成果】 学院麻冬梅老师在宁夏平罗作物耐盐碱机理十多年研究基础上，与中国科学院遗传发育研究所共同发现了作物主效耐碱基因 AT1，可显著提高高粱、水稻、小麦、玉米、谷子等作物在盐碱地上的产量。该成果2023年3月24日发表于 *Science*，被中国科学院院士和中国工程院院士投票评选为2023年中国十大科技进展新闻。

（撰稿人：吕　恺　审稿人：钟艳霞）

润泽书院

【概况】 润泽书院服务农学院、林业与草业学院、葡萄酒与园艺学院、生态环境学院学生，对应农林与生态学部，马骏任书院党委书记、院长，陈建丽、马浩谦任党委副书记，周约、陈楠任副院长。有11个本科专业、11个硕士学位点、1个博士学位点；80个自然班（本科47个、研究生26个、博士7个）；学生2495人（本科生1514人、硕士研究生904人、博士研究生77人）；党员352人（预备党员77人）；团支部69个（本科生47个、研究生22个），团员1569人（本科生1065人、研究生504人）。设综合办公室、党建思政中心、团委、学生事务管理服务中心、学生心理健康中心、学生就业指导中心等6个机构；有教职工11名。

育人理念。书院以习近平新时代中国特色社会主义思想为指导，立足立德树人根本任务，秉承"一体两翼"育人模式、要求，持续深化"三全育人"机制与"五育并举"培养体系，努力形成管理育人、服务育人长效机制，着力打造学科交叉、专业互补，富有宁大特色、符合思政要求、贴近学生实际，满足学生个性化成长发展需求的育人空间。

综合办公。书院秉承"一体两翼"育人要求，积极推进各项改革创新举措，团结带领党员、团员和青年，主动融入学校发展大局，在实践中加强探索研究。制定并严格执行《宁夏大学润泽书院党委会议议事规则》《宁夏大学润泽书院党政联席会议议事规则》等8项制度，并及时向全院教职工公开，从制度上确保"制度管人管事"、保证"三重一大"等重要工作科学论证、民主决策。全体教师秉持"润德、润智、润心、润行、润物"五润育人培养理念，加强对学生的理想信念教育、爱国主义教育、公民道德教育、素质教育，努力构筑育人"同心圆"。书院获评2023年度社会实践优秀组织单位等9项校级荣誉称号，教师获批校级及以上课题、项目6人次，研究生以第一作者发表论文45篇，其中SCI 6篇、CSCD 17篇，本科生以第一作者发表论文3篇，其中SCI 1篇。

党建与思政。党建思政中心认真开展学习贯彻习近平新时代中国特色社会主义思想主题教育，组织开展党委理论学习中心组学习11次、教职工理论学习13次。摸清底数、厘清关系，结合专业分布，优化调整学生党支部，召开书院第一次党员大会，选举产生书院党委第一届委员会；不断夯实党支部建设，推荐林业与草业学院党支部申报2023年全国高校研究生"样板党支部"。书院全面宣传和舆论引导工作，在"两微一站"发布信息700余篇，在宁夏大学新闻网发布25篇。联合校党委宣传部开展的"传承抗美援朝精神　赓续青春红色血脉”主题党日活动,被“学习强国”平台、《宁夏日报》等报道7次,易班平台发布推文,4次抢占全国头条。

团学工作。团委认真贯彻落实党的二十大精神和团的十九大精神,深入学习习近平新时代中国特色社会主义思想。扎实推进团员和青年主题教育,先后开展专题研讨学习活动10次、主题团日活动11次、主题活动12次;召开书院第一届学生(研究生)代表大会,举办书院第一期“青马班”,全年共发展共青团员15名;策划组织并开展2023年书院“挑战杯”“互联网+”等竞赛,参与学生超500人,获国家级金奖1项、银奖2项、铜奖1项,自治区级金奖2项、银奖2项、铜奖2项,校级奖13项;组织农科学子积极参与“三下乡”“返家乡”等社会实践,参与人数达200多人,立项9个社会实践项目;开展志愿服务活动10余项,累计参与志愿者400余人次,志愿服务中国(宁夏)国际葡萄酒文化旅游博览会活动;举办“云上”直播·助力乡村振兴农产品直播带货大赛,举办书院首届青春市集活动,努力开展建设品牌活动,形成品牌效应。

学生事务管理。学生事务管理服务中心积极探索“一站式”社区下事务中心的管理服务工作,努力形成管理育人、服务育人长效机制。建立四级网格员制度,将以专业为主的纵向组织网络和以年级为主的横向组织网络相结合,形成“组织覆盖、思想覆盖、学习覆盖、生活覆盖、宣传覆盖”等方面的全覆盖网格化组织育人模式;构建“院系—专业—班级—宿舍”和“社区—楼宇—楼层—宿舍”双线管理、协同并进的社区治理体系,选派学生党员干部担任社区辅导员(8名)、楼长(4名)、层长(21名);开展对1514名本科生进行贫困生资格审核认定、本科生奖学金的评审、800余人的国家助学金的评定,以及研究生学业奖学金、国家奖学金、近现代感恩科学家奖助学金、“应善良助学金”、“火箭军砺剑助学金”等300余万元的奖助学金评审;开展英语四六级辅导训练营9期、英语四级冲刺强化班2场、高数辅导4场、“青春领航,‘留’光溢彩”优秀毕业生留学经验分享会3场;开展学生禁毒教育4次、安全教育5次、消防教育4次等思想防线活动,召开年级大会8场、班级主题教育会议40余场,开展校园安全倡议书活动、暑期安全教育活动10余场,力争创建文明安全校园环境。

学生心理健康。学生心理健康中心夯实四级网格化管理体系,充分发挥朋辈互助作用,强化全员协同联动,不断创新提升书院心理育人水平。落实“学校—书院—班级—宿舍”四级网格化管理体系,2023年共报送重点关注学生统计表6次,累计98人次,完成书院2023级891名新生心理测评、回访工作和1491名其他年级学生心理测评工作;以“他助—互助—自助”为机制,开展心理委员技能培训,定期开展心理委员工作例会,搭建朋辈互助队伍互相交流与学习的平台,开展“悦纳·润心·慧智”心理健康教育宣传月系列活动和“润心·赋能·成长”系列心理培训,累计开展心理委员技能培训和心理委员工作例会10次;书院学生心理健康中心教师、辅导员定期与重点关注学生谈话,及时了解学生心理动态,有针对性地开展心理帮扶,累计谈话100余人,学生会诊跟诊8人;开展针对性较强的主题训练性心理辅导,如“撕掉标签,做不被定义的自己”、“提高国家认同感朋辈团体辅导”、“寻找最美笑脸”主题摄影、心理班会等活动60余次,让学生在体验互动中得到支持与赋能,培养理性平和、自信乐观、自尊自爱的健康心态。

学生就业指导。书院就业指导中心积极和学院及学部协调沟通，主动作为，通力合作完成各项毕业生就业工作。通过“三进三送”（进班级、进企业、进家庭，送岗位、送指导、送关怀）促就业行动，扎实做好“一站式”就业服务，2023届毕业生升学率为52.3%（其中9个本科班级毕业生升学率超30%，5个本科班级毕业生升学率超50%），毕业生去向落实率为89.6%，是全校第一个冲上85%指标的书院，2项指标均在全校名列前茅。主动配合学院开展访企拓岗工作，先后到20家单位访企拓岗，护送毕业生400多人次到企业带岗实习观摩，拓展就业岗位近500个；开展专场招聘会10次，发布就业信息95条；遴选322名毕业生享受政府补助64.4万元。书院获首届全国大学生职业规划大赛校赛优秀组织单位，学校2023届毕业生就业工作先进集体、2023年度创新创业教育优秀组织奖。

【“云上”直播·助力乡村振兴农产品直播带货大赛】 为更好地服务“三农”和乡村振兴，不断增强广大青年服务意识，书院于5月24日在怀远校区英才报告厅举办“云上”直播·助力乡村振兴农产品直播带货大赛决赛。通过直播带货的初步体验，同学们积极参与助农、创业等活动，展现了新时代青年的力量与担当，同时也为书院进一步建设注入了新鲜活力和蓬勃朝气。

【2023毕业季系列活动青春市集、青春歌会】 书院立足青年成长发展实际，积极探索开展广大团员和青年喜闻乐见、寓教于乐、渗透育人的校园文化活动。5月31日至6月1日，书院举办2023毕业季系列活动青春市集、青春歌会，努力开展建设品牌活动，形成品牌效应。

【志愿活动】 6月9日，第三届中国（宁夏）国际葡萄酒文化旅游博览会在银川国际会展中心开幕，书院56名志愿者积极参与博览会各项服务工作。志愿者们以积极的态度、饱满的热情投入到自己的工作岗位，恪尽职守、乐于助人，在服务过程中懂文明、讲礼貌，待人彬彬有礼，遇事沉着冷静，为博览会增添了一道亮丽的风景线。

【“传承抗美援朝精神　赓续青春红色血脉”抗美援朝纪念日主题党日活动】 10月25日，在第73个抗美援朝纪念日当天，学校党委宣传部与书院在影院联合开展“传承抗美援朝精神　赓续青春红色血脉”抗美援朝纪念日主题党日活动。耄耋老人、中国人民志愿军老战士席卫东同志应邀与70余名师生党员代表一起观看影片《志愿军：雄兵出击》。活动被“学习强国”宁夏学习平台、宁夏日报报道。

【“五润”“一站式”学生社区工程启动会暨2023年度表彰大会】 自学校推行“书院制”改革以来，书院积极推进各项改革创新举措，打造“五润”品牌工程，围绕“润德、润智、润心、润行、润物”五大目标，秉承“一体两翼”育人模式要求，不断加强和改进思想政治工作，努力形成管理育人、服务育人长效机制。12月8日晚，书院在学校学术交流中心召开“五润”“一站式”学生社区工程启动暨2023年度总结表彰大会。

（撰稿人：陈　楠　审稿人：马　骏）

前沿科学与技术学部

【概况】 前沿科学与技术学部于2023年3月正式成立，位于贺兰山校区，服务机械工程学院、化学化工学院、材料与新能源学院，对应鼎新书院，马玉山任学部部长，马建宏任党委书记，张波任常务副部长，罗正鸿、夏明许、杨金会任副部长，刘雪冰任副书记兼副部长。学部有教职工22人（含劳务派遣11人），下设综合办公室、本科生培养办公室、研究生培养办公室、科学研究与学科建设办公室、资产与实验室管理办公室、对外合作交流办公室等6个办公室，优质高效地为学院和老师做好服务保障工作。

构建服务型党委。高质量完成主题教育，学部制定方案，通过学习计划和重点工作有序推动主题教育向纵深发展；每月为学院提供政治理论指引，准备学习资料和PPT；学部党委和学院党总支联合开展主题党日活动；创新基层党支部“三会一课”活动，促进党支部、党小组和党员多元、多层次交流，推进“党建+教学”“党建+科研”融合发展。配合2个学院完成党总支换届；按期完成163名党员的党费收缴、组织关系转接等党务工作；推进学部学院行政工作共享机制。认真落实校党委副书记、校长彭志科工作指示，争做“一体两翼”落实排头兵，把服务融入各项工作中；学部班子、各办公室主动到学院调研，领取“任务清单”；各办公室根据学院和分管院领导工作特点，采取“一院一策”“一领导一策”，主动适应学院需求，完成好各项会议保障和人事人才工作。着力提升学部服务意识和工作本领，耐心周到做好教师绩效审核、教学安排、科研项目审核及学生事务等服务工作。

综合办公。制定学部行政工作数字化指标体系，强化工作精准化和数字化；保障学部、学院会议203次，公务接待139次；公文处理204次，信息报送223次；开展法律服务14次；学院临时交办事项1568项；制作政治理论学习指引PPT6次；发布新闻稿件158篇，公众号推文86条；协助学院完成新进博士招聘、考核等96人次；登记、报销人才培养经费264笔。

本科生培养。2023年，完成41名学生转专业、50名学生专业分流、55名学生推免研究生、551名毕业生论文选题及2023届472名毕业生成绩审核；审核132门教材，安排445门课程，安排补缓考、期末考试101门课程，整理教学档案1000余卷；制定学部期中教学检查方案、学部期末考试工作方案；填报2023年教学基本状态数据5000余条，选聘教学督导10人听课180余门，完成2023年期中教学检查，制定教学管理人员教学质量评价指标；获批自治区首批卓越工程师实践基地和协同创新中心1项，立项校级本科教育卓越教学团队2项、自治区普通本科高校高水平本科建设项目3项，申报第三批全国高校黄大年式教师团队2项。

研究生培养。修订9个学位点研究生培养方案，审核10名博士研究生招考资格，选拔11名硕博连读研究生，完成353名研究生开题、90名研究生中期考核、331名毕业生资格审核，完成320名毕业生学位论文预答辩、相似性检测、盲审、正式答辩，推荐23篇毕业论文参评自治区（校）级研究生优秀论文，排课81门；成立学部学位评定分委员会，选聘20名硕导，认定170名硕导招生资格，协助开展3个学位点申报，完成3个学位点专项核验；召开学位评定分委员会议4次，审议9名研究生博士学位、304名研究生硕士学位授予申请。

科学研究与学科建设。协助学院管理“双一流”学科建设经费、科研平台经费、院士工作站经费等，其中为化学工程与技术学科建设经费登记、审核、报销916笔，确保学科建设经费的合理使用；辅助学院教师申报立项国家自然科学基金36

项、自治区重点研发计划8项、中央引导地方发展专项—自由探索类基础研究3项、中央引导地方发展专项—科技创新基地建设1项，中国工程科技发展战略宁夏研究院战略咨询研究项目1项，自治区自然科学基金52项(创新群体1项、杰出青年1项,重点项目5项、优秀青年10项、一般项目35项)；审核、登记横向项目51项，共计3391.72万元;审核学院教师科研论文、成果鉴定等214项,保证学院教师科研活动的顺利开展;完成2023年绩效审核1000余项，确保学院教师科研绩效的准确性、及时性和公正性。

资产与实验室管理。完成3个学院实验室整体规划和布局,提高场地和资源的合理共享水平；根据学部改革的需要,完成学部、各学院444间房屋使用人、面积、功能用途等方面数据的收集测算和1000元以上8000余件设备使用条件、位置、用途等信息的统计;先后制定和修订《前沿科学与技术学部教学实验室特种设备安全管理制度和岗位责任制度》等相关制度4次;制订并落实2023年下半年学部特种设备培训计划；完成相关人员培训工作4次；对学部226间教学和科研实验室进行常态化安全检查、专项检查共35次。连续开展4次实验室安全准入制度专项检查，使实验室准入通过率从不足20%提升至94%,气瓶减压阀校验检测率达97%,确保实验室的安全运行;完成学部及学院9项采购工作，累计金额28068924.5元;完成学部及相关学院资产验收15次,累计金额5000余万元。

对外合作交流。开展与上海交通大学、大连理工大学等院际合作交流8次;与TCL瑞智(惠州)制冷设备有限公司等校企合作交流10次;做好张统一院士、葛兴福院士(德国)等访问交流工作。协助马来西亚Mazni博士来校开展教学工作；接待“111引智基地”6位专家及马来西亚“一带一路”总商会代表团来访；完成机械工程学院与马来西亚理工大学合作办学前期筹备工作;选送2021级机械工程（卓越工程师)43名本科生赴马来西亚彭亨大学访学；招收2名2022级留学生；报送2024年学生出国计划等其他工作。

【荣誉与奖励】 学部常务副部长张波获2023年全国五一劳动奖章。张波从事高等教育27年来，在“六卓越一拔尖”人才培养和“新工科”建设方面作出了卓有成效的贡献。2022年,由张波带领团队申报的宁夏大学首个中外合作办学项目获教育部批准,并实现首届招生,填补了宁夏高等教育此方面的空白。作为全国优秀教育工作者、国家级教学成果二等奖、宁夏高等教育自治区级教学成果特等奖等殊荣的获得者,张波积极抢抓国家“双一流”建议和“部区合建”机遇,连续10年深耕卓越工程师培养模式改革与探索,并在“新工科”建设方面做了大量卓有成效的工作。

【主题党日活动】 6月21日,学部党委、机械工程学院党总支前往银川中关村创新中心联合开展“学思想、强党性、重实践、建新功”主题党日活动，党员教师60余人参加。全体党员参观了银川中关村创新中心展厅、互联网党群服务活动中心等,听取银川中关村创新中心发展历程、“一中心、一基地”的空间发展规划、“一中心、十平台”创新服务平台搭建等方面工作取得的创新发展成果。同时，与园区企业负责人就校企合作模式、企业人才需求、产学研合作方向等方面进行了交流。

9月27日,学部党委组织机械工程学院过程装备与控制工程系教工党支部、汽车工程系教工党支部,化学化工学院化学教工党支部、新能源材料与器件教工党支部党员赴宁夏磐泰能源科技有限公司与宁夏百川通清洁能源有限公司党支部、宁夏磐泰能源科技有限公司党支部,联合开展“民族团结一家人 中华民族一家亲”主题党日活动。通过这次主题党日活动，进一步强化了全体党员干部对铸牢中华民族共同体意识的重要性和内涵的理解,增强了党员干部的思想自觉、政治自觉、行动自觉，为下一步工作的开展提供了有益的借鉴和帮助。

【马来西亚理工大学 Goh Pei Sean 博士一行来访】 为推动高等教育高质量对外开放,8 月 28 日至 30 日,马来西亚理工大学 Goh Pei Sean(吴佩璇)博士一行 4 人访问学部,并开展座谈交流和学术研讨。此次访问有效推进了宁夏大学与马来西亚理工大学之间的学术交流合作和创新发展，为今后两校深度开展科研合作、融合式发展奠定了扎实基础，也为宁夏大学国际合作和学术交流真正实现“走出去,引进来”的目标要求迈出了坚实的一步。

（撰稿人:张加琦 审稿人:马建宏）

机械工程学院

【概况】 机械工程学院前身是 1976 年的宁夏大学机械系。1978 年,机械系划归宁夏工学院机械工程系。1997 年,宁夏大学与原宁夏工学院、银川师专合并成立宁夏大学机械工程系,2002 年原宁夏农学院农业工程系划归宁夏大学机械工程系，2003 年成立宁夏大学机械工程学院。学院有教职工 86 人,其中,教授 13 人、副教授 27 人。学院教学科研团队有中国工程院院士 1 人、教育部“长江学者”特聘教授 1 人。学院下设机电工程系、过程装备与控制工程系、汽车工程系及机械基础课程实验教学中心 4 个教学单位。在校生 1415 名,其中本科生 1168 名、研究生 247 名。

学科建设情况。学院有自治区级重点实验室 1 个、自治区级科技创新团队 2 个。2023 年,以博士点申报为抓手,持续推进学科高质量发展。邀请国内多名专家学者到院作专题学术讲座。认真完成学校的多轮博士点推进工作,先后 38 次打磨博士点申报材料,2023 年 8 月，彭志科教授和马玉山院士带队参加国务院学位委员会第八届学科评议组(机械工程组)组织的学科建设交流会议,马玉山院士作机械工程学科博士点申报情况汇报，反响显著。获批国家自然科学基金项目 2 项,获批各类自治区科研项目 15 项，纵向科研经费到款 964.79 万元,横向到款 298.65 万元,全年发表学术论文 40 篇,授权发明专利 9 项,完成成果转化 1 项。

学位点建设情况。学院有 1 个机械工程一级学科硕士学位点。2023 年,完成机械工程(0820)与机械(0855)学位点新一轮人才培养方案修订;完成机械(0855)专业学位硕士培养点核验工作;组织完成 2 项校级“双一流”建设研究生优质课程建设项目和研究生实习基地的验收（验收结果为优秀)。召开学院“智造未来”研究生学术创新论坛。进一步建立健全学院研究生培养各类相关制度。研究生招生第一志愿录取率进一步提升,专业型硕士一志愿录取率达 72%。招生面试环节的具体做法得到研究生院的肯定和好评。

专业建设情况。学院设有机械工程、过程装备与控制工程、交通运输 3 个本科专业。其中,国家级一流本科专业建设点 2 个、教育部卓越工程师教育培养计划(简称“卓越计划”)试点专业 1 个、教育部“新工科”建设试点专业 1 个。过程装备与控制工程系获批2023年度自治区优秀基层教学组织；国家级一流本科专业建设点校内验收结果公布，机械工程专业获评唯一优秀等次；机械工程专业教师教学团队获评校级本科教育卓越教师教学团队。课程建设方面，与企业合作，牵头完成中国开放大学在线课程建设1门（工业机器人及其在铸造中的应用）；2门课程获批学校第五批“互联网+教育”在线开放课程立项建设，2门课程获批第五批校级“课程思政”示范课程立项建设。数字化教材方面，6门数字化教材获出版资助，参编校企合作教材1本。教学创新大赛方面，4个教学团队参加宁夏大学第三届教师教学创新大赛，获新工科组一等奖1项（李宏燕）、二等奖2项（詹银晓、高广娣），获课程思政组一等奖1项（丁文捷），学院获优秀组织奖。2个教学团队被学校推荐参加全区第三届教师教学创新大赛，获新工科组三等奖1项（李宏燕）、课程思政组二等奖1项（丁文捷）。专业认证方面，机械工程专业进入专家入校考察阶段，过程装备与控制工程专业认证申请获受理，进入自评阶段。

科研平台建设情况。获批自治区首批装备制造领域卓越工程师实践基地和协同创新中心。彭志科当选中国振动工程学会副理事长；马玉山、彭志科领衔的创新群体获批宁夏智能制造研究人才小高地，彭志科团队获批自治区级科技创新团队“装备智能运维与大数据分析创新团队”。2人被遴选为《机械工程学报》编委，1人被聘为教育部教指委委员，2人入选中国科学院“西部之光”青年学者。开展有组织的科研工作，组织完成2024年国家自然科学基金区域创新联合基金重点项目指南的编写和报送，组织完成2项自治区重大科研项目结题验收工作，组织国家重点研发计划和国家自然科学基金重大项目指南编写和申报。协助组织完成学院“十三五”期间的2项自治区重大科研项目和多项重点项目的结题验收工作。

人才培养与师资队伍建设情况。2023年，引进博士研究生6名，外出进修6人，在岗80人。其中，专任教师71人、实验教辅人员9人、工程训练中心教辅人员6人，专任教师中具有博士学位教师43人，博士占比60.56%。依托2个自治区级优秀基层教学组织和1个自治区级“课程思政”教学团队，已初步形成老中青结合的3个优秀教学团队，借助教学比赛和“课程思政”建设，充分发挥传帮带的团队建设效应。“校企深度协同的机械类专业卓越工程师培养”在第六十届中国高等教育博览会上获评中国高等教育学会“校企合作双百计划”典型案例。第二批国家级新工科建设项目2023年顺利完成结题验收，新工科建设稳步推进；过程装备与控制工程系获批自治区一流基层教学组织称号；重启“卓越计划”本科国际化人才培养工作，疫情之后首次派出2021级机械工程（卓越工程师）专业43名本科生赴马来西亚彭亨大学（UMPSA）、理工大学（UTM）、博特拉大学（UPM）等3所大学交换培养1年。截至年底，2023届毕业生就业去向落实率达92.16%，创历史新高。

学术交流情况。开放办学：完成2023级机械工程（中外合作办学）专业招生，引进1名外教完成2门课程的全英文教学任务；重启“卓越计划”国际化人才培养工作，43名同学赴马来西亚3所大学交换培养1年；邀请德国工程院院士葛兴福教授开展“院士宁夏行”活动，提升了学院知名度；社会资助：洛阳北玻技术股份有限公司捐赠学院21.6万元，中国平安保险股份有限公司捐赠学院6万元；协办中国力学学会宁夏行活动、全国动力学与控制学科课程建设与人才培养研讨会。

【本科国际交流周活动】 机械工程卓越工程师培养自招生以来，连续多年实行一年的国际化交换培养，受疫情影响近3年暂停了交换培养。疫情之后学院重启“卓越计划”本科国际化人才培养工作，2023年派出2021级机械工程（卓越工程师）专业43名本科生赴马来西亚彭亨大学、马来西亚理工大学、博特拉大学等3所大学交换培养1年。9月底43名同学顺利抵达马来西亚，在老师的指导下对照培养方案选好研修课程。同学们均能快速进入学习状态，并积极参与马来西亚的校园文化活动和中国文化的交流活动。

【与相关单位建立协同创新中心】 获批建设自治区流体控制装备卓越工程师实践基地和协同创新中心。该中心通过吴忠仪表有限责任公司和宁夏大学机械工程学院校企深度合作，以工程实际为背景，以行业人才需求为导向，紧紧围绕“六新”产业中的装备制造领域，构建“校企联动、学做结合、学工交替”的工程人才培养模式。

【社会资助】 10月，中国平安保险股份有限公司捐赠学院6万元，用于设立“平安励志奖学金”。12月，学院与洛阳北方玻璃技术股份有限公司签订产学研合作协议，同时出资设立“北玻奖学金”，用于奖励机械工程、过控和交通运输3个专业勤奋学习、品学兼优的本科生，每年设立奖学金7.2万元，连续3年共计21.6万元。

（撰稿人：郝洪涛　审稿人：杨术明）

化学化工学院（部省共建煤炭高效利用与绿色化工国家重点实验室）

【概况】 化学化工学院的前身是1958年成立的宁夏大学化学系。1997年，原宁夏大学化学科学与工程系、原银川师专（含宁夏教育学院）化学系、原宁夏工学院化学工程系化学工程专业合并组建宁夏大学化学科学与工程系，2002年成立化学化工学院。2017年，科技部批准建成了全区第一个部省共建煤炭高效利用与绿色化工国家重点实验室，同年化学工程与技术学科进入国家“双一流”建设学科行列。

学位点及学科建设情况。学院拥有水资源利用与化学化工二级学科博士学位点，化学、化学工程与技术2个一级学科硕士学位点，材料与化工1个工程硕士学位点和学科教学（化学）1个课程与教学论专业硕士学位点。聚焦国民经济中重大关键技术和工程问题，尤其是现代煤化工领域，学科重点建设绿色化学与化工、过程与装备强化、煤化工系统工程及新能源、资源循环利用4个方向；第五轮学科评估显著提升至前40%，工程学及化学学科均进入ESI前1%。

专业建设情况。学院设有化学工程与工艺（卓越工程师班、普通班）、应用化学、制药工程、化学（基础拔尖人才培养、师范、分析与检测）4个本科专业。化学工程与工艺、化学入选国家级一流专业建设点、自治区级优势特色专业，应用化学入选自治区一流专业，化学工程与工艺（应用化学）专业群为自治区“十三五”重点建设专业（群）。化学（师范）专业通过二级师范认证；化学专业入选自治区级“六卓越一拔尖”建设计划；化工原理教学团队被评为全国石油和化工教育优秀教学团队；化学国家级实验教学示范中心通过教育部考核评估；“化工专业课程群知识图谱”获评全国虚拟教研室建设典型教研成果；无机化学教研室获批自治区级一流基层教学组织。

科研平台建设情况。拥有部省共建煤炭高效

利用与绿色化工国家重点实验室、宁东煤化工资源循环利用国家地方联合工程实验室、宁夏天然药物工程技术研究中心等一批设施完善的高水平实验和科研平台。2023 年，学院立项总经费 5180.82 万元，到账经费 3430.34 万元。其中纵向课题立项 1516.60 万元，到账 1509.66 万元；横向课题立项 3664.22 万元，到账 1724.44 万元；成果转化 457 万元，到账 196.24 万元，学院争取企业总到账经费 1920.68 万元，学院总立项经费及到校经费均居全校第二，创历史新高。国家自然科学基金立项 14 项，首次获批国家自然科学基金重点项目，立项数和批准费用均为全校第一，企业立项经费及到校总经费数均居全校第一。共发表 SCI 论文 149 篇，二区及以上论文 112 篇，一区 TOP 论文 56 篇，其中在化工三大刊发表论文 9 篇(含 1 篇 AIChE Journal)，在上年零的突破基础上大幅增加。

人才培养与师资队伍建设情况。学院有教职工 164 人，博士 100 人，其中教授和研究员 40 人，国家杰出青年科学基金获得者 2 人，"长江学者"特聘教授 6 人，青年"长江学者"2 人，国家优秀青年基金获得者 1 人，享受国务院政府特殊津贴 5 人，国家"百千万人才工程"第一、二、三层次 5 人，教育部新世纪优秀人才 5 人，自治区级教学名师 2 名，自治区科技领军人才 4 人，自治区引进归国留学人员"百人计划"4 人，中组部、中国科学院"西部之光"人才培养计划 6 人，兼任中国化工学会、中国化学会、中国颗粒学会等国家级学会理事及以上职务 15 人次。部省共建煤炭高效利用与绿色化工国家重点实验室获第六届全国专业技术人才先进集体称号。2023 年，引进"长江学者"特聘教授 2 名，从上海交通大学、天津大学等引进青年博士 8 人。4 名青年学者入选全球前 2%顶尖科学家榜单。

学术交流情况。宁东煤炭高效利用与绿色化工学科创新引智基地入选高等学校学科创新引智计划，是宁夏获批的首个国家级"111"引智基地。主办 2023 年西部化工学科发展论坛暨部省共建国家重点实验室学术委员会扩大会议，与上海交通大学联合主办 2023 年华东地区高校化工学科前沿论坛暨沪宁高校化工学科交流会，协办和承办先进催化与 C1 化学国际研讨会、中国微米纳米技术学会微纳米技术与催化创新论坛、第五届全国疏水膜技术与工程应用研讨会。

【2023 年西部化工学科发展论坛暨部省共建国家重点实验室学术委员会扩大会议】 5 月 12 日至 14 日，2023 年西部化工学科发展论坛暨部省共建国家重点实验室学术委员会扩大会议在宁夏悦海宾馆召开。会议由宁夏大学主办，部省共建煤炭高效利用与绿色化工国家重点实验室、宁夏大学化学化工学院承办，宁东能源化工基地管委会协办。中国科学院大连化学物理研究所刘中民院士、清华大学岳光溪院士、吴忠仪表有限责任公司马玉山院士、宁东能源化工基地管委会副主任金政伟，以及化学工程与技术相关领域 120 余名专家受邀出席会议。大会以"西部化工学科发展"为主题，面向西北地区化工禀赋与宁东基地高质量发展，针对宁夏大学化工学科的科研短板、特色研究方向凝练、平台建设、博士点申报等问题进行了充分的交流与研讨。

【2023 年华东地区高校化工学科前沿论坛暨 2023 年沪宁高校化工学科交流会】 为促进宁夏与华东地区高校化工领域专家学者交流与合作，推动化工学科高质量发展，由上海交通大学化学

化工学院与宁夏大学化学化工学院共同主办的2023年华东地区高校化工学科前沿论坛暨2023年沪宁高校化工学科交流会于5月5日至6日在上海交大闵行校区举办。来自浙江大学、浙江工业大学、苏州大学、江南大学、同济大学、华东理工大学、上海交通大学、上海师范大学、上海应用技术大学、上海电力大学等高校及学校化工领域的专家和青年学者参加本次会议。会议旨在为宁夏和华东地区高校及高校化工领域专家学者提供一个相互学习和交流的平台。论坛围绕“适应新时代发展的化工学科”这一主题，探讨化工学科新理论、新方法、新技术，推动化工学科与新能源、新材料、节能减碳、生态环保、生物医药、人工智能等领域的紧密融合，为国民经济高质量发展贡献力量。

【中国微米纳米技术学会微纳米技术与催化创新论坛】 8月7日至9日，学院承办的中国微米纳米技术学会微纳米技术与催化创新论坛在银川召开，国内200余名专家学者围绕先进催化过程强化、能源转化与储存、微反应器与催化工艺、催化剂设计和双碳技术等领域开展系列研讨。

【先进催化与C1化学国际研讨会】 8月15日至18日，由学院(部省共建煤炭高效利用与绿色化工国家重点实验室)主办，天津大学、国家煤化工产业计量测试中心共同承办的先进催化与C1化学国际研讨会在银川召开。日本工程院院士、日本国立富山大学Noritatsu Tsubaki教授等60余名专家学者参加此次交流研讨，进一步提升了学校化学工程与技术学科国际影响力。

【第五届全国疏水膜技术与工程应用研讨会】 8月1日至3日，由中国膜工业协会主办、宁夏大学等单位承办的第五届全国疏水膜技术与工程应用研讨会在石嘴山召开。浙江工业大学高从堦院士、哈尔滨工业大学马军院士等近百位专家代表参加会议。会议充分展示了疏水膜技术与工程应用的最新成果，增进了学术交流与合作，扩大了宁夏大学在分离膜技术领域的学术影响力。

（撰稿人：任永胜　审稿人：张鹏飞）

材料与新能源学院

【概况】 材料与新能源学院的前身是宁夏光伏材料重点实验室(成立于2010年)，根据学校定位和学科、专业发展需要，于2022年正式成立，是集教学、科研和成果转化于一体的新能源、新材料产业研究和高层次人才培养基地。学院教师队伍学历层次高、年轻有活力，有教职员工35人，专任教师34人，教职工平均年龄38岁，100%全博士阵容，博士后进站经历8人，具有海外留学访学经历教师11人。学院以深入开展学习贯彻习近平新时代中国特色社会主义思想主题教育为契机，推行“党建+”工作模式，规范执行“三会一课”等党内制度，创新提出“532”学习方法和“五个一”工作举措，有关工作做法被自治区主题教育领导小组刊发。

学科建设情况。组织精干力量围绕学科建设方向成立本科专业建设专班，实行模块化课程建设，获批材料科学与工程本科一级专业。着眼提升学院整体建设质量，组织召开学科建设及平台建设咨询会议。有六大学科团队，主要研究方向为电化学储能材料与器件(学科带头人：王海龙教授)、光/电催化水净化技术（学科带头人：李海波教授)、团簇新材料(学科带头人：刘宽冠教授)、传感器材料与设计(学科带头人：梁森研究员)、增材制造与先进成型(学科带头人：吴斌涛教授)和光伏组件回收及高值利用(学科带头人:高忙忙研究员)。

学位点建设情况。学院有材料工程专业硕士学位点。该学位点于2020—2022年在材料与化工专业招生,2023年开始在材料工程专业招生,主要招生方向有材料科学与工程、材料学、材料工程,校内导师32人,2023级在校生59人,2022级在校生26人。2023年,在科学研究方面取得新突破,获批国家自然科学基金5项,其中面上2项、青基2项、地区基金1项;获批自治区级项目6项;新增企业横向课题15项。

专业建设情况。学院坚持以"营造风清气正政治环境、谋求高质量内涵式发展"为治学理念,以"绿色、低碳、智能"为办学特色,紧扣专业建设目标,深化教学改革。始终把人才培养作为根本任务,贯彻"新工科"教育理念,向国际一流专业看齐,不断加强专业建设。充分发挥学术带头人和学科带头人的作用,积极培养学术骨干,加大力度进行专业队伍建设。新入职教师导入模块化课程,通过开展试讲评教活动,每周召开教研室会议,养成OBE教学理念。选派17名教学骨干参加第十九届全国材料类基础课程研讨会等教学研究会议,积极向清华大学、南方科技大学等知名高校教学专家请教学习最新教学理念方法。

科研平台建设情况。通过认真规划,有序引导,学院凝聚科研力量,已建有服务全校的基础实验共享平台和服务全院的公共创新实验平台。有电化学储能材料与器件、光/电催化水净化技术、团簇新材料、传感器材料与设计、增材制造与先进成型和光伏组件回收及高值利用6个个性化实验室,用房面积2050平方米,拥有各类教学、实验设备1087套(件)。全年获批自治区创新联合体1个,新增校企中心1个、院企中心2个。2023年,学院经费首次突破千万元,人均经费44万元(不含新入职9人),完成自治区成果登记1项。

人才培养与师资队伍建设情况。学院坚持学生培养与教师引进同步推进、共同发力。2023年,本科生招生122人,研究生招生63人,在读学生总数达到308人,毕业生就业率达96.7%,跻身全校前列;引进优秀青年博士9名,教师规模达到34人。其中,1人入选自治区科技创新领军人才(李海波),2人入选自治区青年科技人才托举工程(王健、马品),2人入选2023年"西部之光"人才计划(吴斌涛、李普博)。获批全国大学生创新创业项目国家级1项、自治区级2项、校级9项。

学术交流情况。2023年,学院组织开展访企拓岗活动10余次,与中节能、银川经济技术开发区等部门(单位)开展校企交流合作10余次,组织筹办银川新材料产业对接会与新能源技术研讨会、第十届大中华汽车钢研讨会等,主动对接企业人才、技术需求,探索校企合作新模式。通过参与宁夏大学力学前沿交叉学科发展研讨会、贺兰山交叉学科论坛等,加强与学术圈的交流,引导学科交叉发展。首次承办2023年全国大学生金相技能大赛校内选拔赛,完成金相大赛训练场地建设,并对100多名报名的本科生开展培训。学院师生参加国内外学术会议并作报告28人次,教师在国内外学术机构任职4人次,教师担任国内外重要期刊负责人12人次。

【2023银川新材料产业对接会暨新能源材料与"双碳"目标交叉前沿学术论坛】 8月14日至16日,银川新材料产业对接会暨新能源材料与"双碳"目标交叉前沿学术论坛在银川举办。此次活动由学院和自治区政府驻上海办事处共同主办,旨在推动东部地区高校、科研机构专家教授与宁夏

开展新材料、新能源领域的协同创新和项目合作，促进东西部人才智力交流互动、科技成果转移转化，提升自主创新和开放合作能力。此次学术论坛设立多个分会场，分别聚焦光伏材料与智能制造、储能材料与器件、先进功能材料、能源转换与存储等主题，来自哈尔滨工业大学、中南大学、西安交通大学等高校的专家学者分享了最新研究成果。

【学科专业及平台建设咨询会】 8月16日，学院学科专业及平台建设咨询会在宁夏悦海宾馆召开，学校学术副校长王青云出席。来自哈尔滨工业大学、上海交通大学、西北工业大学、海南大学、大连理工大学、西安工业大学、西安交通大学等7所高校的9位业内专家，就推动学院学科专业建设及平台建设提出了真知灼见。

【校企合作对接会】 11月14日下午，学院与中国节能环保集团公司、银川中关村创新创业科技园相关人员共同前往国家大学科技园进行调研，随后在科技园会议室召开校企合作对接会，学术副校长王青云参加会议。会议由学院党总支书记刘国强主持，院长夏明许、副院长王政及部分教师参加会议。

【国家自然科学基金项目立项】 2023年，国家自然科学基金评审资助结果公布，学院申报20项，立项5项，中标率为25%，其中面上项目2项、青年项目2项、地区项目1项，资助经费总额193万元。基金命中总量、总经费、面上项目、青年基金项目等方面数量和质量再创新高。

【科研成果】 6月27日，学院引智专家、宁夏大学贺兰山讲席学者Ali Morsali教授先后在国际期刊*Coordination Chemistry Reviews*（IF=24.833，中国科学院一区TOP）和*Journal of Cleaner Production*（IF=11.072，中国科学院一区TOP）上发表题为*Metal organic framework composites for reduction of* CO_2和*Role of metal-organic framework composites in removal of inorganic toxic contaminants*的高水平综述文章。学院为论文第一单位，Ali Morsali为论文通讯作者，学院刘宽冠教授为论文第一作者。

9月27日，学院在二维范德瓦尔斯异质结载流子动力学研究领域取得重要研究进展，有关成果以*Selective Interfacial Excited-State Carrier Dynamics And Efficient Charge Separation in Borophene-based Heterostructures*为题发表于材料学国际顶级期刊*Advanced Materials*（IF=32.08，中国科学院一区TOP）上，宁夏大学为第一单位，学院马薇副教授为论文通讯作者，2020级微电子学与固体电子学硕士研究生康育冲为论文第一作者，学院李海波教授、德国马克斯·普朗克研究所张进博士和德国马克斯·玻恩研究所张佳博士为共同通讯作者。

【教育部产学合作协同育人项目立项】 12月，教育部发布2023年度产学合作协同育人项目立项公告，学院吴斌涛老师的“工程制图与Auto CAD信息化教学模式的探索与实践”通过审批。此项目是学院首个获批的教改类项目，也是学院“十四五”规划重要成果之一。学院将以此为契机，继续坚持发展与教师教学、科研工作相匹配，以“绿色、低碳、智能”为特色，坚持立足宁夏、辐射全国，力争达到5年“西部一流”、10年“国内特色”的办学目标，为国育才，为区域经济发展作出新的更大贡献。

（撰稿人：马　品　审稿人：刘国强）

鼎新书院

【概况】 鼎新书院成立于2023年3月，服务机械工程学院、化学化工学院、材料与新能源学院，对应前沿科学与技术学部。程胜利任书记、院长，马丽蓉、黄旭兴任副书记，陶佳玲、何佳任副院长。设有6个机构，分别是综合办公室、党建思政中心、团委、学生事务管理服务中心、学生心理健康中心、学生就业指导中心。书院有教职工12人。具体负责机械工程学院1415名、化学化工学院1713名、材料与新能源学院308名共计3436名学生党建、思想政治教育和日常管理工作。其中本科生2498名、硕士研究生878名、博士研究生60名；男生2222名，女生1214名。

综合办公。负责综合行政、综合治理、书院建设、书院文化、网站建设、党委会、党政联席会、精神文明建设、对外交流、资产管理、工会、关心下一代委员会办公室、导师选聘、班主任管理、师资培训等工作。建院以来，注重书院内设部门工作一体化、扁平化、专业化建设，有效落实"首问负责制"。加强制度建院，助推书院内部治理上台阶。制定书院党委会、党政联席会议议事规则等5项基础性制度，严格落实"末位"表态和"三重一大"决策机制，酝酿制定7项与学生密切关联的制度。加强书院信息化建设工作，率先完成书院网站和"青春之歌"融媒体中心建设。认真组织开展学生安全常态化教育，层层签订安全责任书，确保每名学生至少有一份"保险"，以"时时放心不下"的心态，提高风险意识。

党建思政。负责书院党委理论学习中心组学习、书院党建、民族团结、宣传(微信公众号、视频号等)、学生党建、思想政治教育、学生工作队伍建设、学风建设以及融媒体中心、鼎新之声(红豆诗社)等工作，组织学生开展、创作优秀网络文化产品和网络文化建设等活动。建院以来，扎实开展学习贯彻习近平新时代中国特色社会主义思想主题教育，认真学习贯彻落实自治区党委十三届四中、五中全会精神，完成纠治形式主义官僚主义专项整治和整治侵害群众利益不正之风两个专项治理工作，切实加强师德师风建设。着力做好基层党建和分党校工作，发展学生党员104人，举办2期分党校培训班，培训学员518人。10月22日，召开党员大会，选举产生书院党委第一届委员会；认真做好学生党建品牌建设工作，加强党支部规范化、标准化建设，完善"一站式"学生社区服务管理机制，建立学生公寓管理委员会。配强9个党支部支委，获批2个校级"样板党支部"。在公寓楼成立4个"青春之歌"功能党小组，试点推进"一站式"学生社区管理服务建设，在4栋学生公寓建立学生"自我服务、自我教育、自我管理"网格化治理新体系。运用书院微信公众号和视频号等新媒体平台，积极创作优秀网络文化作品。书院全体辅导员与所属学生建立全面覆盖的微信、QQ和相关群沟通网络。党委书记直接抓"三审三校"，高度重视意识形态、思想引领和网络思政工作。

团学工作。负责共青团建设、团员推优、校园文化、学科竞赛、学生社会实践、志愿服务、学生会、研究生会和学生公寓管理委员会(志愿者服务队)等工作。

紧扣学科特点，重视创新性、思想性、实践性相结合的培养模式，将培养实践创新型人才的目标落到实处。创设"鼎新讲坛"，邀请张虎、田俊秀、王换芳、程胜利等为书院师生讲授党的理论、职业生涯规划等相关知识；组织书院59个团支部开展"奔跑吧，鼎新"校园荧光夜跑健身运动暨"走出网络,走向图书馆”特色学风建设活动;举办体育竞技暨趣味运动会,参与人数1000余人次;开展17项富有书院特色的“我为同学做实事”系列活动;联合学部、学院举办“生涯·榜样”2023年表彰暨迎新生素质与能力拓展展示晚会;举办富有仪式感的迎新生活动;举办纸飞机大赛、纸桥承重大赛、舞蹈大赛、“律动青春”十佳乐手大赛、趣味运动会、辩论赛、笔记大赛、“民族团结进步月”系列活动、四六级辅导活动、主题电影展映等活动;在校级教学、团学竞赛中取得突出成绩。率先召开首个书院学生和研究生代表大会,举办基于“学部学院书院共同体意识”的欢送毕业生、迎新生“第二课堂”素质与能力拓展和17项“为学生办实事”系列活动。以“三下乡”社会实践活动和“大学生双创项目”为抓手,着力提升学生的创新意识、创新能力。组织申报2023年“三下乡”校级项目30项,获2023年“三下乡”社会实践优秀项目一等奖2项、二等奖1项、三等奖3项。书院团委荣获2023年“三下乡”社会实践优秀组织单位称号;程胜利等5位指导教师荣获社会实践优秀指导教师称号;丁振厅等16名学生荣获优秀社会实践个人称号,获评2023年“镜头中的三下乡”全国优秀视频奖。书院积极组织参加“挑战杯”“创青春”等学科竞赛,其中,李泽旭团队项目“探索者一号——钢丝绳芯输送带异常状态监测装置”获评第十三届“挑战杯”大学生课外学术科技作品区赛特等奖、国赛三等奖。

学生事务管理。负责学生日常管理(课内外考勤)、创新创业(创新创业教育分中心、分基地)、综合测评、奖惩、学生资助与勤工俭学、学生公寓事务管理(宿舍调整和卫生检查评比)、学生应急事件处置等工作。认真开展学风建设活动,持续抓考研,抓英语学习,抓考勤纪律,扎实推进优良学风班集体和优良学风宿舍创建工作。在文萃二教试点学校劳动教育实践课程改革中,取得的工作经验同第二批试点学院进行了分享交流,劳动教育实践课程受到学校主管部门的多次好评。率先试点公寓管理改革,在公寓楼成立4个“青春之歌”功能党小组,推进“一站式”学生社区管理服务建设,在4栋学生公寓建立学生“自我服务、自我教育、自我管理”网格化治理新体系。圆满完成资助育人工作,回访经济困难学生20人,倡导公平、公正、公开和营造风清气正的书院环境,完成20项学生奖助学金评选、审核、上报工作,累计4697人次获得资助,涉及资金1827.58万元,实现学生“零”投诉。建立考研学习室,3次慰问全体考研学生,发放考研资料1250份,抓英语学习,抓考勤纪律,打造14个优良学风班集体和24个优良学风宿舍。

学生心理健康。负责学生心理健康教育与咨询工作,开展个体心理咨询及团体辅导、心理危机预防与干预工作、心理健康知识宣传教育等工作。创建“鼎新树洞”“鼎新之声”“红豆诗社”等品牌载体,认真开展心理健康教育系列活动,建立健全四级网格工作体系,潜心做好心理育人工作。开展“心理配音”创意配音征集活动。组织开展“情绪大作战”撕名牌趣味心理解压活动,更好地推进了学生素质教育,全面提高了学生的心理素质,增强了心理健康教育实效。组织开展“青衿之志　履践致远”——提升国家认同感主题朋辈团体心理辅导活动。

学生就业指导。主要进行学生职业生涯教育、就业指导、重点单位联络发展、招聘服务、就业质量评价、就业引导实习实践等工作。2023届毕业生毕业去向落实率达89.35%,与学院协同联动,访企拓岗企业27家,开展职业生涯规划讲座11

场、考研考公等各类辅导讲座6场，举办80场专场招聘会和3场中型“双选”洽谈会。承办首届全国大学生职业规划大赛校赛、区赛，极大提升了学校、书院的对外影响力。把职业生涯规划教育打造为书院的鲜明底色，协助学生处承办首届全国大学生职业规划大赛校赛，使职业生涯规划教育成为书院“一院一品”理念下的鲜明特色。荣获学校创新创业教育先进集体奖。

【2023年春季学期升国旗仪式暨学风建设活动】 4月17日，书院在贺兰山校区德勤楼前举行2023年春季学期升国旗仪式暨学风建设活动启动大会。书院党委书记、院长程胜利，书院党委副书记黄旭兴，全体辅导员及全体非毕业年级学生参加此次大会，书院党委副书记马丽蓉主持启动仪式。

【习近平新时代中国特色社会主义思想专题宣讲】 5月6日，“感恩总书记　奋进新征程”——习近平新时代中国特色社会主义思想自治区宣讲团来校开展宣讲，自治区党委讲师团团长张虎受邀在文萃校区大学生活动中心为书院师生党员和团学骨干600余人作专题宣讲报告。

【第一次学生代表大会、研究生代表大会】 5月24日、31日，书院召开第一次学生代表大会、研究生代表大会。参会人员有书院党委书记、院长程胜利，校团委副书记蒋宇欢，书院党委副书记马丽蓉、黄旭兴，书院副院长陶佳玲，书院团委负责人王凤霞及学生代表。此次会议选举产生书院第一届学生会委员会委员及书院第一届学生会主席团成员和研究生会成员。

【2023届毕业生典礼暨欢送毕业生晚会】 6月2日，书院2023届毕业生典礼暨欢送毕业生晚会举行。校党委常委、副校长黄河，中国工程院院士马玉山，专职组织员王海文，学校职能部门领导马正亮、曹兵、朱学军、张启明、李浩、徐静、张惠、高媛、白雪梅、张建鑫，康师傅银川分公司人资处企业文化建设专员邢瑞，以及前沿科学与技术学部、机械工程学院、化学化工学院、材料与新能源学院、鼎新书院全体教师，校学生会、兄弟学院、书院团学组织代表，书院在校本科生、研究生参加活动。

【2024届毕业生校园秋季双选就业洽谈会】 9月27日，举办2024届毕业生校园秋季双选洽谈会。来自上海、河北、天津、湖南、内蒙古、宁夏等区内外的66家用人单位进校招聘。校党委常委、副校长黄河，校党委学生工作部(学生处)部(处)长马正亮，校团委书记肖功国，校党委组织部副部长张惠，机械工程学院党总支书记杨术明，材料与新能源学院党总支书记刘国强，书院党委书记、院长程胜利，化学化工学院党总支副书记、副院长李冰，书院党委副书记黄旭兴，副院长陶佳玲、何佳和书院就业指导中心主任王彬等到会场指导工作。

【党员大会】 10月22日，书院党员大会召开。本次党员大会设有1个主会场和6个分会场。出席大会的人员有：书院党委书记、院长程胜利，党委副书记马丽蓉、黄旭兴，副院长陶佳玲及书院全体党员师生。大会邀请马跃、户立文、杨艺琳、何丁红、海杰、刘晓静、罗辉等同学列席会议。大会由程胜利主持。

【2023年表彰暨迎新生素质与能力拓展展示晚会】 11月29日，前沿科学与技术学部、机械工

程学院、化学化工学院、材料与新能源学院、鼎新书院“生涯·榜样”2023 年表彰暨迎新生素质与能力拓展展示晚会在文萃校区大学生活动中心举行，大会由书院党委副书记马丽蓉主持。

（撰稿人：李　斌　审稿人：程胜利）

终身教育学部

【概况】 终身教育学部由继续教育学院和宁夏高等学校师资培训中心组成。学部设综合办公室、教育培训办公室、招生与学籍管理办公室、学历教育教学办公室、教师资格认定及教育信息化办公室 5 个内设机构，主要负责宁夏大学高等学历继续教育、非学历教育及各级师资培训工作，有教职工 30 名。学部聚焦“提升人才培养质量、发挥好四个教育培训基地作用、助力自治区高素质专业化教师队伍建设”中心任务，着力推进终身教育高质量发展。学部成立后，共修（制）订《终身教育学部党政联席会议议事规则》《终身教育学部“三重一大”制度实施办法》《终身教育学部财务审（会）签办法》《宁夏高校教师资格认定面试办法（试行）》等 12 项制度，确保工作运行规范化。为提升数字化水平，学部建成“益知”智慧党建暨业务学习平台，实现理论学习和业务服务智能化；建成“智慧高师平台”和宁夏社会人员普通话模拟测试站，实现面向社会人员所有业务“一网通”。

【交流合作】 7 月，根据《上海交通大学对口合建宁夏大学高质量发展全面合作协议（2022—2025 年）》，学部与上海交通大学终身教育学院签署合作备忘录，双方将在校级合作框架协议指导下，根据学校终身教育“拓宽渠道、打造品牌”的需求和上海交通大学综合性、创新型、国际化的办学优势，在企业高管培训、行政管理人员培训、继续教育人员培训等方面开展合作，并搭建学习交流的高端平台。

【业务合作与资源共享】 学部依托教育部中西部高校青年骨干教师国内访学工作协作会、Z14 联盟继续教育协作组等平台，初步构建了与区外 11 所高校的继续教育学院、高师培训中心“1+N”业务合作与资源共享的格局。

【宁夏终身教育学分银行试点项目】 为贯彻落实《宁夏回族自治区教育数字化战略行动计划（2023—2027 年）》，学部组织申报并获批宁夏终身教育学分银行试点项目 2 项，分别为“宁夏高校教师岗前培训学分互认机制研究”“宁夏高等教育自学考试学分认证、积累和转换模式研究”。

【服务乡村振兴】 学部的“高素质农民培育项目”因特色鲜明、课程丰富，得到中国农网、农民日报等新闻媒体的关注报道。同时，《给主心骨“补钙”为劳动者“充电”架乡村振兴“桥梁”——宁夏大学终身教育学部以高质量农民培训打造乡村人才培育阵地》案例入选 2023 年中国高校远程与继续教育优秀案例库。

（撰稿人：王　柳　审稿人：冯　奎）

继续教育学院

【概况】 2023 年，学院聚焦“提升人才培养质量、发挥好四个教育培训基地作用、加强继续教育数字化建设”中心任务，着力推进宁夏大学高等学历继续教育与非学历教育高质量内涵式发展。

招生及学籍管理工作。2023 年，高等学历继续教育录取新生 13123 人，注册 12780 人，注册率为 97%；在籍学生共计 21356 人，其中专科学生 7042 人、专升本学生 14103 人、高起本学生211 人；毕业生共计 6407 人，其中专科毕业生 2169 人、专升本毕业生 4034 人、高起本毕业生 204 人。

人才培养工作。2023 年，高等学历继续教育设置本科、专科专业 34 个，采用“线上+线下”混合模式开展教学，切实落实高等学历继续教育教学质量标准，将“学生践行”贯穿于整个培养过程。学院对 2023 年线上课程资源、平台支撑进行审核及匹配，对专科、专升本、高起本 3 个层次的 5 个年级组织实施教学，课程共计 510 门，同时聘请 178 名教师进行线上答疑、辅导。全年开展线下课程讲座 8 场，组织线下毕业论文指导 16 场，组织考试 28 场。为压实办学主体责任、提升办学质量，学院修（制）订高等学历继续教育各类各项规章制度 27 个，细化相关工作流程 19 个，并建立教学指导委员会章程、教学督导工作条例、教学事故认定及处理制度，加强高等学历继续教育教学全流程管理。

学士学位考试工作。高等学历继续教育 2023 年本科生学士学位考试共涉及 17 个高等学历继续教育专业、15 个自学考试专业，考生共计 1618 人。最终，经宁夏大学学位评定委员会会议审议，81 人被授予高等学历继续教育本科毕业生学士学位。

自学考试工作。学院积极履行宁夏大学作为自学考试主考院校的各项职责，配合、协助宁夏教育考试院完成全国高等教育自学考试入闱命题人员的选派工作、阅卷人员的聘请工作、107 门自治区自命题试卷命题教师的聘请工作、111 门自学考试教材推荐专家的聘请工作，自学考试实践性环节《英语（二）》《线性代数》《概率论与数理统计》《会计制度》等 11 门课程的考核及成绩汇总上报工作，并对自考助学衔接课、实践课考试、论文答辩，以及国考课程的申报、审核进行了组织实施。

非学历教育培训工作。2023 年，非学历教育培训依托国家级专业技术人员继续教育基地、自治区级专业技术人员继续教育基地、自治区军队转业干部教育培训基地、全区农民教育培训示范基地 4 个基地，完成人社部金保工程培训班、全区消防救援队伍干部培训班等区内外企事业单位专项培训 7 项；完成自治区高级研修项目 2 项；完成高素质农民培育项目 2 项；完成军转干部进高校专项培训。全年共计培训学员 740 人。

【重点工作】 全面推进体现继续教育特色的“课程思政”建设，探索线上与线下相结合的思政育人新模式。面向 1 万余名高等学历继续教育学生和各类非学历教育培训学员，开展以历史观、文化观为主题的思政教育。同时，聘请校内专家为高等学历继续教育学生开展《习近平法治思想概论》等线下专题思政讲座。

【创新举措】 推进数字化转型发展。利用高等学历继续教育网络课程项目，提升学历教育信息化管理能力，化解学生工学矛盾。以“百校千课共享联盟”为平台，积极探索教育强国背景下融媒体教学、融媒体教材发展及评价指标体系建设。

（撰稿人：王　柳　审稿人：冯　奎）

宁夏高等学校师资培训中心

【概况】 2023 年，宁夏高等学校师资培训中心承担全区各级各类教师资格认定制度实施工作。组织宁夏高校新入职教师岗前培训及高校教师资格笔试、面试工作，认定通过高校教师资格1205人。完成中小学、幼儿园教师资格认定工作，共10348人取得相应教师资格；完成中小学、幼儿园（含依法举办的民办学校）教师申请教师资格定期注册9017人。开展社会人员普通话测试3批次，总测试量13000人次。获批自治区基础教育培训基地项目统筹管理部门，成功申报5项"国培""区培"计划并圆满实施，累计培训357人。积极推进信息化建设工作，建成"智慧高师"小程序平台和宁夏社会人员普通话模拟测试站。

高校教师资格制度实施工作。组织1288人参加宁夏高校教师岗前培训考试暨教师资格笔试；组织1053名新入职教师面试工作，并安排专家督查组对4所自主测试高校面试工作进行督查；组织1263名高校教师参加高校教师资格认定工作，共有1205名教师取得高校教师资格认定；分4期对全区21所高校的954名新入职教师开展岗前培训。

中小学教师资格制度实施工作。上、下半年2批次组织完成宁夏中小学教师资格认定工作，共认定通过10348人，其中高中教师资格3868人、中职教师资格174人、中职实习指导教师资格6人、初中教师资格1370人、小学教师资格3158人、幼儿园教师资格1772人。组织宁夏9835名中小学、幼儿园教师申请教师资格定期注册，注册合格8864人，暂缓注册93人，不在注册范围60人。审核并向教育部上报宁夏大学和宁夏师范学院教育类研究生和师范生免试认定数据，2所院校共1249人通过申请取得相应教师资格认定。共向各地市教育局发放教师资格证书11000本、注册贴560张。

普通话测试工作。共开展普通话报名测试3次，总测试量13000人次。

培训项目实施。组织实施2023年"国培计划"及自治区专项培训计划5个培训班次，共计培训357人。受银川市兴庆区教育局委托，3月6日在中卫市承办银川市"国培计划"第三期市级统筹项目——银川市初中物理、化学县级骨干教师能力提升培训班，培训中学教师60人。6月27日，举办自治区普通话水平测试工作培训及业务座谈会，全区16个普通话测试站的33名教师参加本次会议。11月2日，举办石嘴山市美育骨干教师综合素养提升培训班，石嘴山市美育骨干教师共120人参加。

【修订《宁夏回族自治区高等学校教师资格面试实施办法》】 2023年，对《宁夏回族自治区高等学校教师资格面试实施办法》进行修订，并发布实施。该办法的实施，更好地落实了新时代教师队伍建设改革和教师资格认定制度实施工作的新趋向与新要求，对严格准入、强化专业并提高高校教师队伍质量和教育教学水平具有十分重要的意义。

（撰稿人：蔡荣之　审稿人：冯　奎）

前沿交叉学院

【概况】 2022年7月7日，学校以文化旅游学院、商学院、智能工程与技术学院3个学院及中卫校区公共教学部为基础，在中卫校区组建前沿交叉学院。2023年，学院有教职工75人，其中教授4人、副教授8人；博士研究生学历16人；硕士生导师13人，博士生导师1人。学院设有综合办公室、人才培养办公室、科研办公室、对外合作与交流办公室、实验室办公室5个办公室。拥有旅游管理（国家一流本科专业）、会计学（财务）、电子商务、软件工程（云计算、大数据）、软件工程（智能科学与技术)、大数据管理与应用6个专业。

党建与思政工作。学院有教师党员38人、预备党员8人,设立4个教工党支部,严格落实"三会一课"、主题党日、谈心谈话等组织生活制度,强化理论学习武装,深入贯彻落实党的二十大精神。全年累计开展理论学习中心组集中学习4次、组织生活会1次、谈心谈话1次、党员大会4次、主题党日活动12次、党员集中学习12次、教职工政治理论学习12次。以主题教育为契机,开展全院教职工理论学习4次、全体党员集中学习5次、教工支部理论学习8次、学院班子读书班集中学习4次、理论学习中心组学习3次、专题辅导报告2次。持续推进廉政建设,认真开展两个专项整治工作,开展集中学习2次、理论学习中心组学习1次、主题党日活动1次。坚持以文化建设为支点,编订《宁夏大学前沿交叉学院制度汇编》,精心打造"前沿十则""前沿五个一流""读书小屋"。与中卫市消防救援支队联合举办消防演练进校园主题党日活动,与宁夏水投中卫水务公司联合举办"智能化在城市应用"主题党日活动,与自治区外事办机关党委联合举办外事英语进校园主题党日活动,与中卫中学联合举办100余名中学生进大学的研学主题党日活动。实施"一抓手三驱动",即以班主任工作为抓手,以读书分享会、前沿视角、科研分享会为驱动,持续开展读书分享会14期、前沿视角7期,以及学术讲座和科研分享会13期。

综合办公。学院坚持以安全为底线,以"时时放心不下"的责任感,抓安全、防风险、护稳定。持续开展安全隐患排查20余次,整改安全隐患30多处,举办消防安全讲座等活动10余次。不断改善学院环境,建设学院多功能报告厅、教职工乒乓球室、瑜伽室等。做好日常服务保障工作,组织召开党政联席会议19次、院长办公会议6次、全体教职工会议5次,编印纪要30份,用心用情做好各项服务保障工作。做好资产与实验室管理工作,制定学院资产管理办法和实验室管理办法,组织学院实验室管理员和实验教师进行安全教育培训,学习《实验室安全管理规定》《危险化学品安全管理条例》等相关法律法规和规章制度。落实实验室安全检查工作、实验室安全整改工作、实验室安全自纠自查工作、值班工作、实验室教学保障工作。对学院所有实验室的电线、电路、机柜、消防设施等进行全面检查,按照学校实验室安全管理部门的要求对发现的问题进行上报整改,针对实验室可能存在的安全隐患,采取多项措施进行防范。加强新媒体阵地建设,全年累计报道176篇,向学校投稿44篇,被采纳25篇,采用率54.5%。

人才培养。2023年,招收本科生554人、MTA研究生33人,应届本科毕业生728人、硕士研究生33人。覆盖旅游管理、会计学(财务)、电子商务、软件工程(云计算、大数据)、软件工程(智能科学与技术)、大数据管理与应用6个专业。申报云计算与大数据现代产业学院,新开设大数据管理与应用和软件工程(智能工程与技术)2个专业,与中卫市大数据局开展深度合作,扩大校外实习、实训基地渠道,切实为提升教科融合质量打下坚实基础。积极开展丰富多彩的基层教学系列活动。与博雅书院共同荣获学校第四十九届田径运动会精神文明奖。顺利组织全院2108名在校本科生完成国家学生体质健康测试,组织全国大学生英语四六级考试2次、全国计算机等级考试2次。承办宁夏大学生企业资源计划模拟经营大赛校级选拔赛、华为ICT大赛2023—2024宁夏赛区初赛等学科竞赛。

科学研究。2023年,学院获批各类项目9项,其中省自科1项、省社科1项、新型智库课题1

项、教育部科技项目 1 项、部委级其他项目 3 项、自治区重大决策研究课题 2 项，科研成果一等奖 1 项、二等奖 3 项、三等奖 1 项。发表论文 46 篇。横向课题立项 20 项，纵向课题立项 10 项，累计到账经费 688.07 万元。指导大学生创新创业项目立项国家级 3 项、自治区级 9 项、校级 72 项。联合中卫市人民医院共同建立中卫市医学 3D 打印中心及中卫市人民医院与宁夏大学前沿交叉学院联合应用实验室；与潍坊学院合作建立智能农业装备技术服务黄河流域协同创新中心。举办各类科研活动 12 期。

师资队伍建设。引进高层次人才博士 3 名：北京大学张若楠、厦门大学博士后王歌、武汉大学梁佳琦。培养 6 名青年教师攻读博士学位：杨红喜、王存莲、崔瑶 3 人攻读上海交通大学博士，杨硕攻读北京化工大学博士，殷雅冰攻读大连理工大学博士，王怡博攻读华东理工大学博士。获聘准聘教授 2 名：刘华、朱江瑞。准聘副教授 3 名：王鹏、刘志林、杨莹莹。王磊教授获聘博士生导师，王帆和岳闺玲获聘硕士导师，王帆获聘副教授。3 名青年教师在宁夏大学第十届青年教师基本功大赛中脱颖而出，白雪冰获得工科组一等奖，孟颖获得文科组二等奖，李晓慧获得理科组三等奖，学院荣获优秀组织奖。

对外合作交流。在国内合作方面，参加中软国际教育科技集团第十一届校企合作人才培养高峰论坛暨 2023 年中软国际教育科技生态伙伴大会，与中软国际教育科技集团达成战略合作协议；与大武口区、中宁县、中卫人民医院等建立校地合作；与华为公司、中软国际、中国银行中卫分行等合作建立产学研基地；建立大武口区工业旅游联合创新中心。国际合作方面，与泰国宣素那他皇家大学、韩国又松大学、迪拜中乔嘉志文旅集团等高校就师资队伍建设、教师互访、学生联合培养等方面达成初步协议。学术交流方面，与自治区文旅厅举办西北文旅高峰会，联合大西北文旅管理部门与企业共建大西北康养旅游联盟，秘书处设在学院。举办第四届全国旅游生态与生态旅游学术年会。承办《旅游学刊》青年学者论坛 30 人会议，以及大西北康养旅游联盟中宁枸杞康养旅游联盟会议。

【宁夏第十五届哲学社会科学优秀成果奖】 1 月中旬，宁夏第十五届哲学社会科学优秀成果获奖名单公布，学院王磊教授的论文《全域旅游背景下宁夏葡萄酒旅游发展》和许丽君教授的论文《宁夏全域旅游发展突出问题研究报告》获得二等奖，王静副教授的论文《社交媒体应用对中国旅游者的社会化影响研究——基于社交媒体网站数据的分析》获得三等奖。

【2023 年文化和旅游部部级社科研究项目委托立项】 4 月中旬，2023 年文化和旅游部部级社科研究项目推荐完成委托立项，学院王磊教授申报的“文化和旅游新业态研究——以宁夏星空旅游为例”项目获批立项。

【荣获第八届管理科学奖】 4 月 15 日，由中国管理科学学会主办的 2023 中国管理科学大会暨第八届管理科学奖颁奖典礼在北京举行，学院万惠老师参与的组织管理系统理论荣获管理科学奖学术类奖。

【宁夏回族自治区人民政府重大决策咨询课题中标】 4 月中旬，根据《宁夏回族自治区人民政府重大行政决策咨询研究重点课题管理办法（试行）》有关规定，自治区政府研究室（发展中心）对

16 个重点课题进行公开招标，经专家评审和会议研究，学院周学勤教授主持的“宁夏广东‘东数西算’和‘数字经济飞地’合作模式研究”和许丽君教授主持的 “宁夏推进养老托育服务提质扩容对策研究”中标。

【2023 年度黄河文化研究征文大赛获奖】 8 月中旬，为深入贯彻落实党的二十大精神和习近平总书记在黄河流域生态保护和高质量发展座谈会上的重要讲话精神，自治区文化和旅游厅面向全区文艺哲学社科领域开展黄河文化研究论文征集。经专家组评审，学院教师汪克会的论文《宁夏地理标志与黄河文化旅游发展对策研究》荣获三等奖，学生王磊的论文《保护黄河流域宁夏段农业文化遗产旅游开发潜力评价研究》荣获优秀奖。

【第六届大学生绿色会展创新创意挑战赛获奖】 11 月 28 日，由江西省教育厅主办的第六届大学生绿色会展创新创意挑战赛在南昌举行，学院杨娜老师指导的团队田晓悦、闫瑾、邓露、张嘉伟、海嘉 5 位同学成功入围决赛。团队围绕本次大赛“促进人与自然和谐共生”主题，经过多番模拟和演练答辩，最终斩获全国三等奖，成为西北高校中唯一获奖队伍。

（审稿人：任　磊　撰稿人：刘前进）

博雅书院

【概况】 博雅书院是宁夏大学书院制试点建设单位，属学校教学机构。书院设党委书记 1 名、副书记兼院长 1 名、副书记 1 名、副院长 4 名；设综合办公室、党建思政中心、团委、学生事务管理服务中心、学生心理健康中心、学生就业指导中心、保卫办公室、服务保障中心 8 个机构。有教职工 24 名、本科生 2102 名、研究生 69 名。

育人理念。书院始终坚持立德树人根本任务，秉持“博学、慎思、明辨、笃行”院训，将素质教育和专才教育相结合，实行学生综合素质全面提升的学院、书院“双轨并行、协同育人”教育管理模式，着力打造学科交叉、文理渗透、专业互补，富有宁大特色、符合思政要求、贴近学生实际的“宁夏有特色、西北有亮点”的现代化书院。

综合办公。组织召开院务会 23 次、党委会会议 26 次、党委理论学习中心组（扩大）学习会 15 次，有效落实“三重一大”议事规则，确保各项重要工作科学民主决策、有力有效推动落实。建立公文签发审阅机制，规范文件管理，2023 年共签发文件 98 份（院发 54 份、党发 44 份），收文办结归档 120 份（密件 2 份、内部文件 23 份、中卫市文件 21 份、宁夏大学文件 74 份）。撰写工作总结、上报材料、领导讲话、工作方案等文字材料 30 余篇。常态化做细资产、印章、办公用品、财务、网站、各类统计上报等相关工作。协调配合做实书院绩效方案制定与落实、精神文明系统管理、师德师风建设、关工委、保密宣传教育、国家安全宣传教育、宪法宣传教育，书院贵宾室、会议室的院徽、院训、挂画等文化建设，专业技术岗位中期动态调整、学校相关信息报送、2023 年本科教学基本状态数据采集、校史馆建设汇总材料提供、师资培养计划等工作。做好接待和会务保障工作，迎接自治区、中卫市、本部领导等各级各类调研、检查 20 余次。加强与相关部门对接，提交中卫校区简介、中卫市领导包抓重点工作进展情况（支持中卫校区办好特色专业）等方面的资料，统计、上报中卫校区传染病防控“日报告”“零报告”情况，配合滨河镇做好医保政策宣传宣讲并督促学生及时缴纳费用。

党建与思政。举办1期主题教育读书班,开展理论学习30余次。发放理论学习书籍300余本,报送宣传报道、心得等38篇。解决急难愁盼问题13个。修订3项细则,制定8项制度。开展主题教育实践活动,开展“每周一测”等活动。指导开展团员和青年主题教育。制定《博雅书院2023年贯彻落实全面从严治党工作任务分工》。多形式开展警示教育、主题系列活动。聚焦重要环节和时间节点加强纪律提醒和警示教育。扎实开展形式主义官僚主义专项整治和教育领域侵害群众利益不正之风专项治理工作。制定《博雅书院意识形态工作实施方案》《2023年党委理论学习中心组学习计划》。党委会专题研究意识形态工作2次,及时向学校报告工作落实情况。加强网站、微信公众号等网络媒体管理。邀请专家、教授举办专题讲座。健全党员学习教育制度,规范开展党委理论学习中心组学习、教职工政治理论学习、“三会一课”。全年组织召开2次党员大会,举办2期入党积极分子暨发展对象培训班。在学生公寓设置功能党小组,进行党员宿舍挂牌管理。组织开展“志愿服务作表率 党员奉献展风采”等特色党建活动。到同心县中国工农红军西征纪念园等地参观学习。成立博雅宣讲团,推出关于学习党的二十大精神系列微课12期、微视频4期。

团学工作。制定《宁夏大学博雅书院学生组织部门量化考核实施办法(试行)》《博雅书院团委学生工作部门改革实施方案》《博雅书院团支部工作清单制度》等制度。分级分类培训,开办第一期“青马工程”团学骨干培训班、第一期“新生团支书”培训班。按照《博雅书院“第二课堂成绩单”学分认定实施办法》,开展科技、人文、艺术、体育等方面的活动865项。举办9次主题团日活动,参与团支部53个,参与团员青年1836人次。以“博雅青年说”为主题,在书院微信公众号发布12场讲演,阅读量8000余次。以文娱体育活动、学风建设、社会实践、志愿服务活动为载体,以校园科技文化艺术节、全民健身体育文化艺术节、宿舍文化节、社团文化节为抓手,组织开展各类校内外志愿服务活动,累计参与人数达2000余人次。

学生事务管理。构建“书院—辅导员—楼长—层长—宿舍”五级网格化管理体系,重组学生自管会,完成服务大厅和楼宇功能室建设,并以楼宇为单位组织开展各类党团和文体活动,累计服务学生5444人次。做好推荐25名优秀应届本科毕业生免试攻读硕士学位研究生,协助学院做好2022级13名学生转专业、2500余名学生普通话考试等事务性工作。书院2023年各类奖助学金受助学生达2176人次,总计受助金额1056.30万元。深入开展学生资助政策宣传、2023年暑期资助回访等活动。

学生心理健康。组织相关教师参加各类专业培训,组织61名心理委员参加高校“心理委员MOOC培训”。联合安排专业咨询师为学生提供5次心理咨询,帮助29名学生消除心理困惑。对普查的104名重点关注的大一新生进行“一对一”心理访谈。策划开展新生适应性团体心理辅导,举办交换心情盲盒、主题班会、心理漫画、观影、心理素质拓展等各类主题、各种形式的心理健康教育宣传系列活动。

学生就业指导。成立博雅书院就业工作领导小组和工作小组,实行“书院领导班子—教师—学生骨干(党员)—优秀就业生”四级就业引导教育机制。制定《博雅书院就业工作管理暂行办法》等多项制度,通过各种媒介载体多形式、多途径发布就业信息和就业政策,根据就业意向类别建立考公群、考研群、就业招聘信息分享群等。开展校园招聘双选会、万企进校园、企业专场宣讲会等大型活动。开展就业政策宣讲短视频大赛、就业创业大赛、职业生涯规划大赛等活动。扎实推进“访企拓岗促就业”专项行动，建立台账25份，开展5次行动。协调书院4名领导和1名教师参与到“五包一”就业帮扶工作中。深入开展入家访生精准帮扶家庭困难和就业困难毕业生工作，制定就业精准指导台账，通过打电话、入户走访形式，“一对一”提供就业信息和就业指导帮扶。

安全保卫。成立安全工作领导机构，制定校区各类安全预防应急处置预案。签订安全工作责任书，从制度和责任等方面建立安全工作联防联治机制。联合中卫市人民检察院、中卫市公安局沙坡头区分局等相关部门开展防电信网络诈骗、禁毒、国家安全教育等主题活动。对保安、楼管、新生等人员开展消防培训，通过理论授课、实际操练、观看直播安全公开课等多种方式组织培训累计30余次。维修更换监控设备、消防设施等1000余处。增开东南门、西南门2处大门，并安装人脸识别系统智能人工通道。新增电动自行车充电桩3处共计68个充电点位，引进100辆电动共享单车。

服务保障。重新修订完善校区后勤服务质量监督、投诉、受理、处置电话及服务指南，服务指南内容涉及餐饮、学生公寓管理及报修、开水房、大学生浴室、疫情防控及消杀、医疗、校园超市、一卡通充值、校园绿化等方面。加强校园绿化和环境整治，新增470余株花，面积达900平方米。联合市场监管部门更换摄像头，查找线路故障，开通网域，使校区“明厨亮灶”系统恢复正常。为校区9名新入职教职工调剂解决洗衣机、冰箱、微波炉等基本生活用具，为全体教职工提供晚餐补助服务。

【劳动教育实践课程建设】 建成劳动教育教学实践中心，制定《宁夏大学博雅书院本科生劳动教育课程实施方案》，构建“三个一”特色劳动教育实践课程体系，并作为通识必修课导入本科生人才培养方案。9月，317名大四学生开展劳动教育实践课程学习实践。与中卫品卫文创园合作建立博雅书院劳动教育实践教学中心陶艺教学实践基地。

【首届中卫市宁夏大学校地共建趣味运动会】 为落实《中卫市人民政府宁夏大学校地合作框架协议》精神，推进校地文化交流合作，构建校地协同育人新局面，5月28日下午，举办首届中卫市宁夏大学校地共建趣味运动会。中卫市教育工委专职副书记闫自立，中卫市教育工委委员、市教育局机关工会主席孙毅，宁夏大学工会副主席马艳军，书院党委副书记、院长李举等相关领导出席趣味运动会。

【服务保障自治区十六运】 4月7日，书院联合十六运志愿者工作部、中卫市团委、沙坡头区团委，在书院启动志愿者面试选拔工作，最终选拔出410余名青年志愿者参与十六运赛会及城市志愿服务工作。4月21日至22日，举办通用培训大会。6月11日，组织志愿者参加十六运开、闭幕式志愿者培训大会。6月16日至24日，组织志愿者投入到十六运开、闭幕式以及各项目的服务保障工作中。

【中国国际法名家与博雅青年“面对面”活动】 6月21日，举办“世界大变局下的国际法问题及国经贸热点事件”——中国国际法名家与博雅青年“面对面”活动，中国政法大学张丽英教授、中国人民大学韩立余教授、复旦大学龚柏华教授和东南大学肖冰教授来到书院，围绕国际法学及国际热点问题与书院青年共同交流探讨。

【校园春季“双选”洽谈会】 3月22日，在中卫校区智慧谷举办2023届毕业生校园春季“双选”洽谈会。双选会吸引36家企业来校招聘，为毕业生提供610余个优质岗位。书院党委书记张翼，学校就业指导中心王彬，书院党委副书记苏军峰，副院长聂义民、安瑞平到会场指导工作。

（撰稿人：吴佳辉　审稿人：张　翼）

宁夏大学新华学院

【概况】 宁夏大学新华学院是由宁夏大学按照新机制、新模式举办的全日制普通本科高等学校，2002年3月经自治区人民政府批准成立，2004年1月经教育部确认。学院校园占地面积252.34亩，校舍建筑面积11.16万平方米，新校区获批土地877.17亩。有全日制在校本科生8554人、教职工371人，博士8人，在读博士57人，有副高以上职称人员43人。设有7个学科门类29个本科专业。自2002年建院以来，已有18届23081名毕业生。

党建与思政工作。学院扎实开展学习贯彻习近平新时代中国特色社会主义思想主题教育，突出务求实效，坚持把开展主题教育同两个专项整治结合起来，同调动师生参与的积极性结合起来，同谋划推动学院内涵式发展结合起来，同解决实际民生问题结合起来，确定了“为民办实事”20条清单，建立台账，逐项销号。

人才培养情况。紧扣应用型定位、突出创新创业教育优势、强化应用型特色，修订《2023版人才培养方案》，建成“数字信息+双创产业”学院。学院创新创业教育在全国独立学院排名前三，在全国民办本科学院中位列第18名。学院创新创业中心被自治区科技厅认定为“自治区众创空间”。95%以上的学生参与各类比赛竞赛，一批学生在全国、全区各类大赛中获奖，在宁夏大学田径运动会上学院获得团体总分第一名。

师资队伍建设情况。坚持待遇、职称、环境一体化建设，调整院聘教职工薪酬待遇，用好职称评审自主权，营造良好发展环境，首次有博士毕业后选择留院工作。在2023年全国高校思想政治理论课教师数据统计中，学院思政课教师在全区同类高校优秀教师结构中排名第一、全国高校排名78位。立项省部级以上科研项目11项。在全国青年教师教学竞赛中，学院是宁夏唯一同时获得二等奖、三等奖2项表彰的高校。

招生就业方面。突出早、实、快，坚持一天一通报、一周一调度、一月一推进，全院上下一股劲抓就业，2023届毕业生落实率达95.71%，在全区本科院校排名第一。充分发挥在校生、毕业生以自身实际经历谈感受的作用，提升招生宣传的实效，招生计划完成率100%，新生报到首次突破90%，区内文史类高出资格线近40分，理工科高出资格线25分以上。在陕西等省份高出资格线接近60分。

学风建设方面。启动学风建设年活动，确立“三升两降三转变”学风建设长效机制（“三升”即提升学生毕业率、考研率、四六级通过率，“两降”即降低挂科率、违纪率，“三个转变”即被动学习向主动学习转变、他律向自律转变、无目标学习向有目标学习转变），完善“学业预警”制度，组织开展“晨读晚修”“一班一约”活动及“十个一”成长计划、考研训练营计划等。

【教学竞赛获奖】 3月20日，在自治区教育工委、自治区教育厅主办的“我心中的思政课”全区大中小学习近平新时代中国特色社会主义思想课程教学竞赛暨教学展示活动中，学院马克思主义教学科研部教师李天霞、马梦雨荣获2个一等奖。

4月24日，在第六届全国高校青年教师教学竞赛决赛中，学院教师吴军荣获理科组二等奖，王凡荣获工科组三等奖，取得历史最好成绩。教师连续3届在全国高校青年教师教学竞赛中荣获二等奖，是学院多年以来重视青年教师培养的又一硕果。

【自治区第十四届学生运动会再创佳绩】 在自治区第十四届学生运动会上，由142名运动员、14名教练员组成的学院代表团参加了大学甲组和大学丙组田径、武术、篮球、健美操等7个大项的所有比赛，最终斩获12金12银16铜，获得团体总分第四名和体育道德风尚奖。

【第九届宁夏“互联网+”大学生创新创业大赛获奖】 8月25日，在第九届宁夏“互联网+”大学生创新创业大赛总决赛中，学院师生获金奖5项、银奖7项、铜奖13项，总计25个项目获奖，学院荣获优秀组织奖。

（撰稿人：潘一贤　审稿人：罗进德）

教育服务与保障

2024 The Almanac of Ningxia University

怀远校区 （钟子杰 摄）

图书工作

【概况】 宁夏大学图书馆始建于1958年，由怀远校区逸夫图书馆、文萃校区文萃图书馆和金凤校区图书馆、宁夏大学图书馆（中卫）四部分组成，馆舍面积总计3.9万平方米。截至2023年底，共有纸质文献222万余册，馆藏历代古籍和再造善本近5万册，其中《汉石例》《香南精舍金石契》《河东先生集十五卷》3种善本先后入选《国家珍贵古籍名录》，经国务院批准，获得原文化部颁发的国家级珍贵古籍证书。在电子文献资源建设方面，共有中国知网、万方数据平台、维普知识服务平台、中国科学引文数据库、CSSCI、SCI、SSCI等各类数据库资源116个，电子图书本地镜像47万种，学术视频10万余集，远程访问资源近300万种。

党建工作。常态化抓好政治理论学习、理论学习中心组学习、各部门工作例会、支部“三会一课”等，领导班子坚持民主集中制原则，修订完善党政联席会议制度、“三重一大”制度、党务馆务公开制度等。认真学习贯彻习近平新时代中国特色社会主义思想，认真学习宣传贯彻落实党的二十大精神和自治区党委十三届四次、五次全会精神，全面贯彻落实学校第七次党代会确定的目标任务。2023年，开展理论学习中心组政治理论学习8次、教职工政治理论学习13次、领导干部讲党课8次、党务工作专题辅导8次，形成高质量调研报告6篇。全年召开2次理论学习中心组学习会、2次党员干部大会、2次党风廉政建设专题研究会、专项学习会5次，开展廉政警示教育活动2次。全面开展谈心谈话，征求意见，开展廉政风险排查，共组织廉政谈话30多人次。强化采购建设过程管理、甲方代表产生的办法等，加强廉政风险点防控。加强党支部标准化规范化建设。各支部采取理论学习、讲党课、志愿服务、读书沙龙等多种形式，全年共开展主题党日活动11次，与北方民族大学图书馆联合开展主题党日活动，举办“沿着总书记足迹，感悟思想伟力”主题实践活动，组织Z14高校图书馆参会人员和宁夏大学图书馆全体会议人员开展主题教育。图书馆分工会成立7个帮扶小组，常态化帮扶支持10余名困难职工。组织职工参加自治区级活动3项及校级活动3项、文化体育类活动10余项。

文献资源建设。订购图书20440种41863册，编目加工中文图书46771册，典藏入库图书18703种38456册。订购数据库资源45个。根据学校绩效改革要求，图书馆开发了机构知识库，对学校教师发表的论文进行著作权归属和收录数据库标注。参与制定学校出版学术专著和发表学术论文预警目录。2022年10月1日至2023年10月1日，数据库访问总量为173万人次，下载量为56万次。利用WITS数据库为师生提供1614人次、4633篇论文的查收查引服务。收缴、审核学位论文2349份。

读者服务工作。2023年，借书总量33658册，日均接待读者7600人次。办理读者离校、离职手续6000余人次。充分发挥图书馆文化育人的作用，加强校园文化建设。以“4·23”世界读书日为契机，开展“阅享新时代·书香润校园”宁夏大学2023年读书月系列活动。先后举办经典诵读、微视频大赛、诗词大会、茶艺大赛等形式多样的阅读推广活动，首次面向读者开放的图书馆藏古籍真本展、“数字悦读　与‘宁’同行”数字资源宣传推广活动。联合共青团宁夏大学委员会、守正书院、励行书院、勤学书院等面向全校学生组织开展以“踔厉奋发几十载　我与宁大共成长”喜迎65周年校庆为主题的第九届“书香校园”征文比赛等各类内涵丰富、形式多样的阅读推广活动17项，读书沙龙活动8场。创设主题教育资料共享区，加强与读者的互动。图书馆微信公众号全年累计阅读总数达83284人次，总用户数达39455人，比上年增长10%。

学科服务工作。开展本科生、研究生入馆教育22场次。近8000名新生参加了培训。为数学统计学院等学院各专业开设“文献检索”课程，近千名学生受益。全年完成查收查引报告1200份、3600篇，涉及SCI等6类成果。完成科技查新报告和馆际互借请求。配合学校相关专业认证提供空间、服务、文献资源等方面的保障和支撑。开发宁夏大学机构知识库，对全校师生的论文、专利等科研成果进行统计分析，嵌入教师画像系统的教师论文成果系统，为学校的绩效改革和“双一流”学科建设提供重要数据支撑。对全校2829位教师发表的90831篇论文进行著作权归属和收录数据库标注。

古籍保护工作。完成馆藏古籍善本、《中华再造善本》的盘点、古籍函套制作。接待参访者500多人次。完成65周年校庆系列丛书首发仪式暨古文献保护展示中心、古文献特藏库揭牌仪式。6月，编纂出版《宁夏大学图书馆藏古籍书目》。

技术保障工作。做好智慧图书馆技术运行保障工作，完成汇文系统的升级、门户网站更新改版、整馆数据迁移和图书馆出入管理系统(智慧化门禁)升级改造工作。完成逸夫图书馆基础保障建设与升级改造项目，建设可藏书100万册的校本文献服务中心，安装中央空调，完成恒温恒湿古籍书库建设，更换阅览桌书架，改善了图书馆的空间环境和设施设备条件，完成图书馆的家具设备资产盘点和报废，为广大读者提供舒适的学习环境。空间改造后，共接待中西部部省合建高校图书馆等调研访问团队24批1487人次。根据学校综合改革部署，完成暂存在朔方校区院系资料室图书（23万余册）的搬迁工作和各个院系资料室图书的搬迁、移交、加工整理工作。与宁夏大学新华学院达成师生共享校本部图书资源协议。按照自治区党委十三届四次全会精神，结合“1+37+8”系列文件要求，图书馆执行“三管三必须”，安排实行馆领导和馆员全年值班制度，以“各楼层承包制”为安全抓手，进行区域安全日检查，全年未发生安全事故，无违反师德师风行为。

制度建设。结合主题教育、巡察整改、专项整治工作，坚持“当下改”与“长久立”相结合，共修订完善制度34个，新建制度12个，废除制度2个。

【名作家进校园活动】 不断融入国内高校图书馆主流圈，3月，在宁夏文艺评论创研基地召开了作家杨友桐长篇小说《七月》座谈研讨会。8月，举办中西部部省合建高校图书馆协作联席会第三次工作会议。11月，与人民文学出版社、宁夏文艺评论创研基地联合举办“飞起来，高凯童诗进名校”系列活动，邀请知名作家、评论家进校园、进图书馆，与读者“面对面”进行交流。

【完成逸夫图书馆基础保障建设与升级改造项目】 1月至6月，建设可藏书100万册的校本文献服务中心，安装中央空调，改造古籍书库，更换阅览桌书架，改善了图书馆的空间环境和设施设备条件。

【“阅享新时代·书香润校园”宁夏大学2023年读书月系列活动】 4月19日，校党委副书记周震，校党委常委、宣传部部长高永兴，校团委书记肖功国，党委学生工作部（学生处）副部长郑毅以及图书馆领导班子出席活动启动仪式。此次读书月系列活动开展了包括首次面向读者开放的图书馆藏古籍真本展、“数字悦读与‘宁’同行”数字资源宣传推广活动、“你选书，我买单”书展、“以书陶冶情操，用笔感悟人生”书法比赛、第九届“书香校园”征文比赛、“一笺纸书”书信撰写等多项重点读书文化活动。活动由图书馆、校党委宣传部、共青团宁夏大学委员会、校党委学生工作部（学生处）主办，音乐学院、新闻传播学院、书海探微学社、茶艺社协办。

【中西部部省合建高校图书馆协作联席会第三次工作会议】 8月8日，在学校召开，由中西部部省合建高校图书馆协作联席会主办、图书馆承办。校党委副书记周震、教育部高等学校图书情报工作指导委员会秘书长陈凌、中西部部省合建高校图书馆协作联席会轮值主席肖珑先后致辞，来自14所部省合建高校的图书馆领导及业务骨干参加会议。

【建校65周年校庆系列丛书首发仪式暨古文献保护展示中心、古文献特藏库揭牌仪式】 9月26日举行，自治区党委宣传部副部长马英俊，校党委副书记周震，原副校长，自治区政府参事、文联副主席郎伟，自治区党委宣传部出版处处长李莉，校党委常委、统战部部长何风隽，校党委常委、宣传部部长高永兴出席仪式。马英俊、周震为古文献保护展示中心、古文献特藏库揭牌。北方民族大学图书馆党总支书记兼馆长陈永平，宁夏医科大学图书馆馆长王惠芳，宁夏师范学院图书馆馆长虎维尧，宁夏社会科学院古籍文献研究所所长张万静，宁夏古籍保护中心主任李海燕，学校离退休专家、相关职能部门及部分学院的负责人、图书馆及档案馆的相关负责人和馆员参加活动。

【“飞起来，高凯童诗进名校”系列活动】 11月18日，活动在怀远校区逸夫图书馆举办。著名儿童文学作家、诗人、甘肃省作协副主席高凯，自治区政府参事、宁夏大学原副校长郎伟，宁夏作家协会副主席、第十届全国优秀儿童文学奖获得者赵华，宁夏作家协会副主席、第十二届全国少数民族文学创作骏马奖获得者马占祥，评论家、宁夏大学文学院教授丁峰山，评论家、宁夏大学文学院副教授杨志云，青年评论家、宁夏社会科学院副研究员许峰，青年评论家、宁夏大学文学院副教授李丽参加活动。图书馆党总支书记王彦仓、馆长苗福生参加分享会。

（撰稿人：付泰森　审稿人：王彦仓）

档案工作

【概况】 宁夏大学档案馆于2003年1月成立，现为中国高等教育学会档案分会常务理事单位、中国高等教育学会校史研究分会会员单位、宁夏回族自治区档案学会理事单位。设有综合办公室、人事档案室和业务档案室（校史馆），馆舍建筑面积320平方米，库房总面积494平方米，有职工13人。2009年达到国家科技事业单位二级档案管理标准。馆藏档案资料历史跨度66年。

档案服务工作。2023年，接待档案利用者1683人次，学历、学位认证核查387人次，查阅6090多卷次，复制8600多张档案资料。全年接收新进干部人事档案181册、各类登记表4532份，人事调档17人次。接收博士后学籍34册，办理毕业生提档332册，接受各类咨询1500余人次。

档案编研工作。完成《贺兰山下种树人——宁夏大学口述实录（第三、四辑）》出版发行工作。9月26日，与图书馆联合举办建校65周年校庆系列丛书首发仪式暨古文献保护展示中心、古文献特藏库揭牌仪式，为挖掘宁大校史资源、传承“沙枣树精神”作出积极贡献。

档案宣传工作。2023年，档案馆统筹线上线下，创新方式方法加强宣传力度，增强档案意识。一是开通声像档案发布系统，将全校各单位的声像档案统一归口管理；二是积极组织全校专（兼）职档案员开展“奋进新征程　兰台谱新篇”主题征文活动，召开征文活动表彰暨档案业务培训会；三是在国际档案日举行主题展览，实现档案资源的开发再利用；四是主动与职能部门、教学科研单位对接，针对学校综合改革机构调整和人员变动的问题，深入调研交流，解决学校档案管理中存在的问题。

（撰稿人：翟　伟　审稿人：尹军利）

期刊与出版工作

【概况】 学术期刊中心为宁夏大学依法设立的学术刊物出版单位，是学校直属的处级办刊实体，负责全校学术刊物的出版工作。中心编辑出版4种学术刊物：《宁夏大学学报（社会科学版）》《宁夏大学学报（自然科学版）》《宁夏工程技术》《农业科学研究》。截至2023年底，在岗教职工17人，其中，书记兼主任1名，副主任1名，编辑13名，办公室工作人员1名，劳务派遣1名。中心在编在岗职工中，编审1名，副编审11名，副教授2名，编辑2名，博士4名。

党建工作。扎实推进主题教育取得实效。抓好理论学习，办好读书班，讲好党课，开展好主题研讨，深入开展调查研究，并做好检视整改、建章立制等工作。做好两个专项整治工作，切实转变工作作风。加强党的政治建设，认真抓好“三会一课”等制度落实，严格执行党内重要事项议事规则等民主决策机制。为增强编辑意识形态综合研判和政治把关能力，强化意识形态阵地建设，成立“学术论文写作”“媒体出版融合”2个功能党小组，开展新的组织架构、职责、分工及审稿流程研讨主题党日活动，促进党建与业务工作深度融合，全员签订意识形态工作、党风廉政建设责任书。

期刊出版与服务工作。坚持“三审三校一读”“清样交流”制度，保质保量完成4种刊物18期编辑出版工作，未出现政治性、思想性及学术性错误。2023年，处理来稿2977篇，刊发298篇，出版约420万字。加强特色专栏建设，建设特色专栏9个，出版专刊1期。完成自治区交办的图书、期刊审读工作，2023年共审读142.464万字。处理好历史遗留问题，做好期刊出版单位由各刊编辑部变更为学术期刊中心工作。做好《宁夏大学学报（社会科学版）》主编调整、4种刊物编审指导委员会调整、执行副主编遴选工作。高标准完成印刷厂招标、国债贴息贷款项目和学术期刊出版融合转型的验收工作。做好保密工作。做好学校发展规划与学科建设处、档案馆等部门安排的相关数据采集工作。2023年，在3种期刊封二封三宣传介绍世界一流学科——化学工程与技术2次、葡萄与葡萄酒专业1次、园艺学专业1次、材料学和生态学优秀科技团队3次、材料与新能源学院1次。印发《关于提供学校学术期刊引文信息服务的通知》，在学术期刊中心网站首页开辟“期刊服务”栏目，提供4种期刊已刊论文引用信息查询服务。

期刊质量评估工作。做好自治区新闻出版局关于期刊社会效益评价自查工作，4种期刊社会效益评价均为良好等次。按照自治区新闻出版局关于开展年度核验工作的要求,做好期刊自查、年度核验数据填报、核验报告撰写上报等工作。在2023年全区期刊质量检查中,4种期刊均达到万分之二合格标准,其中《宁夏大学学报(自然科学版)》排名第一。《宁夏大学学报(社会科学版)》《宁夏工程技术》《农业科学研究》期刊影响力指数(CI)排名分别较上年上升12位、18位、7位。《宁夏大学学报(自然科学版)》再次入选中国科技核心期刊。《宁夏大学学报(自然科学版)》和《宁夏工程技术》入选2023年度"中国高校科技期刊建设示范案例库·编辑团队"案例。

人才队伍建设与对外交流工作。做好编辑培训工作,2023年共有16人参加相关专业培训;组织3名编辑参加第三届全国报刊编校技能大赛。主动参与重大学术会议,加强对外宣传。组织参加学校举办的中国物理学会2023年秋季学术会议、2023交通运输综合执法装备展览会。加强对外交流,主动融入编辑出版圈,参加中国科协举办的第六届世界科技期刊论坛,参与西北五省(区)科技期刊高质量发展专题沙龙等相关活动。参加中国科技期刊编辑学会和中国高校科技期刊研究会年会。

期刊综合改革工作。起草制定《宁夏大学学术期刊中心综合改革方案》《宁夏大学学术期刊高质量发展绩效激励管理规定(试行)》;组织遴选4种期刊常务副主编、执行副主编、副主编,并召开宁夏大学学术期刊高质量发展工作会议;面向全国组建4种刊物的新一届编委会,增加青年委员,并颁发聘书。新一届编委会共185人,其中委员108人、青年委员77人。委员中"长江学者"占比达19%,"优青""杰青"占比达16%。高水平的编委会提高了期刊对外宣传层次,丰富扩大了学术资源,搭建了高水平学术交流平台。为保障4种期刊在新的组织架构下顺利运行,先后组织召开7次4种期刊工作推进会,发挥新任副主编在审稿、组约稿及有效他引方面的作用。构建全新的期刊建设治理体系,实现由编辑部办刊向专家办刊、行政化管理向学术化管理的转变;发挥学校专家学者学术资源优势,解决了以往办刊脱离学院学科、学术圈的问题;走出学校,面向全国组建编委会和青年编委会,由封闭办刊走向开放办刊;秉持专业的人做专业的事的改革理念,发挥期刊中心编辑出版方面专业优势,走集群化办刊道路。为保证新组织架构顺利运行,制定新的审稿流程,构建"3+3+3"的审稿机制,加强审稿力量,提高用稿质量。全面实施4种刊物XML自动化排版、整刊或单篇文章的精准推送及微信公众号的搭建工作。制作电子期刊及实现近8年过刊电子化,突破知网对期刊数据的使用限制,为未来期刊知识利用奠定基础。出版65周年校庆特刊,献礼学校65周年华诞。做好4种期刊2024年全面改版(封面设计、栏目设置、版面安排、内容约稿等)的准备工作。

(撰稿人:金桂琴　审稿人:奥海玮)

网络、信息化建设工作

【概况】 2023年,网络与信息管理中心在编在岗教职工12人,劳务派遣人员4人,编外用工2人。中心坚持以习近平新时代中国特色社会主义思想为指导,以党建和业务融合为引领,深入学习宣传贯彻党的二十大精神,对标学校第七次党代会目标任务和"双一流"建设及"十四五"规划,紧扣学校综合改革,结合主题教育,强化服务意识,深化服务能力,充分发挥信息化驱动引领作用,增动能促发展,为学校教学、科研、管理和服务的各项业务提供支撑,满足广大师生的信息化需要。

校园网络基础建设。校园网主干带宽40G，出口带宽21Gbps，有线信息点32985个，无线接入3700个，校园主要公共区域实现了Wi-Fi覆盖，全面支持IPv6协议。2023年，校园数据云中心新增6台高性能服务器和160T存储，总CPU频率达1.94THz，总内存16.24TB，总磁盘存储983TB，虚拟服务器320多台，支撑各类业务系统85个。

建章立制。制定《网络与信息管理中心印章管理办法》《网络与信息管理中心网站信息发布“三审三校”工作制度》《网络与信息管理中心接听电话规范》《网络与信息管理中心信息化项目验收规范》。修订《宁夏大学网络与信息管理中心信息系统密码管理办法》《宁夏大学网络与信息管理中心数据机房运行管理办法》《网络与信息管理中心“三重一大”决策制度与财务制度》等7项与业务相关的规章制度。

学校重点项目建设。网信中心紧扣学校“双一流”建设和综合改革需要，配合学校相关部门经过近8个月的系统迭代开发，完成了教师画像系统一期开发，有力支撑了学校绩效改革工作。该系统由52个大项模块120项子功能构成，对接教务、科研、研究生等多个校园业务系统。

参与国家重大科技基础设施建设。完成未来网络试验设施国家重大科技基础设施建设：未来互联网试验设施FITI项目宁夏大学试验节点建设，包括核心节点建设、试验站点建设、试验网络建设与机房改造，并顺利通过CERNET西北专家组验收。宁夏大学作为FITI全国40个试验节点之一，承担了二类子节点的建设任务。

推进线下业务线上化。充分发挥学校信息门户“一网通办”线上流程办理能力，新增校外访客和车辆登记预约、电子签章、校级可信证明文件打印系统及政府采购审批等线上流程14项。2023年，累计服务6.13万人次。基于“一网通办”流程实现学校二级单位考核，覆盖83个二级部门和400多名党员干部。

专题网站建设。6月19日，校庆专题网上线运行。9月15日，学校新主站上线运行。2023年，新建学部、书院、学院网站35个，其中包括8个书院、9个学部、11个学院和7个直属单位。

网络保障工作。网信中心利用网络态势感知系统，对校园网网络设备、服务器、个人电脑等设备开展安全排查工作，及时发现、排除挖矿、木马、病毒等网络安全隐患，及时进行阻断，并通知用户做好个人终端防护工作。密切关注学校信息门户、移动门户、行政办公系统、网站管理平台等公共系统的运行状况，及时处理出现的问题。保障在校师生平稳顺畅地工作、学习和生活。同时，加强信息发布管控、强化边界防护，扎实做好网络技术安全防护工作。在开学典礼、中国物理学会2023年秋季学术会议、中阿博览会和国庆等重要时期提供网络安全和信息化保障。

现代化IT运维管理体系。为师生提供更为方便的咨询反馈通道，实现值班人员建立工单、工单派发、运维人员处理、报修咨询人员评价闭环管理，做到凡事有交代、件件有着落、事事有回应。系统上线以来，接听处理电话约4600人次，解决问题1500项，创建工单1600条，工单完成率100%。

【网络安全防护】 在“护网2023”网络安全实战攻防对抗演习中，宁夏大学取得第16名的好成绩，首次进入前20名，颜永同志获得“护网2023”实战攻防对抗演习优秀防守选手和2023年区直机关网络安全等级保护工作先进个人称号。

（撰稿人：曹嘉碧　审稿人：杨　军）

校友总会、教育发展基金会工作

【概况】 2023年，宁夏大学校友总会、宁夏大学教育发展基金会以党建共建促发展为引领，以强化校友组织建设为载体，以服务校友协同发展为目标，以校友信息宣传服务平台为矩阵，以打造校友特色活动为先导，以汇聚资源募集资金为动力，创新工作举措，持续对校友和社会资源进行有效整合，变潜在优势为现实力量，服务学校"双一流"建设和年度重点工作。

服务校友。举办宁夏大学银川校友合唱团《爱你的365天》合唱专场音乐会；面向各学院选聘480名2023届校友班级联络员，实现校友联络无盲区；组织并接待校庆日1000余名校友返校；与企业家校友会合办"校友说"共19期；邀请2位行业内有影响力的校友回母校在毕业典礼和开学典礼上发言；举办校友乒乓球友谊赛、校友书画作品展、校友摄影作品展；聚焦学校"双一流"建设监测动态数据填报工作，建立各行各业30名突出贡献校友名单。成立甘肃校友会和"校友之家"、河南校友会驻银川办事处；举办首届全国校友创新创业论坛；成立"陕甘宁新豫"校友联谊会；上线"校友综合管理服务平台"小程序，多角度全方位拓宽校友服务平台；与校友企业达成校友卡专项消费优惠服务12项。

助力人才培养工作。举办校友企业招聘会3场，邀请200余家企业为毕业生提供近1100个工作岗位；建立30名校友创新创业导师人才专家库；促成宁夏大学与宁夏中房集团战略合作签约。5月26日上午，校友总会与教育发展基金会工作办公室携手13个省级校友会在怀远校区凌云广场举行校友企业专场招聘会。6月17日，建校65周年校友校庆主题活动暨全国校友创新创业论坛在创新创业学院启动。12月1日，举行2023年宁夏华远鑫和化工科技奖学金颁发仪式；12月22日，举行2023年"晓星奖学金"颁发仪式。

捐赠收入及支出情况。截至2023年底，教育发展基金会资产总额为9417351.08元。2023年，现金捐赠收入2687105.51元，发放各类奖助学金2790277.22元。

【银川校友合唱团《爱你的365天》合唱专场音乐会】 3月18日晚，银川校友合唱团《爱你的365天》合唱专场音乐会在宁夏人民剧院上演，以线上线下同步演出的方式向母校献礼，正式拉开65周年校庆系列活动的序幕。校党委书记李星，党委副书记、校长彭志科，党委副书记周震，党委常委、副校长李建设出席音乐会。

【建校65周年系列活动启动暨四川校友会第二届理事会成立大会】 3月25日，庆祝建校65周年系列活动启动暨四川校友会第二届理事会成立大会在成都举行。校友会会长、教育发展基金会理事长谢应忠，校党委常委、宣传部部长高永兴出席会议。大会通过了第二届理事会拟任名单。谢应忠、高永兴为第二届理事会授旗，并为理事会成员颁发聘书。

【甘肃校友会成立并成立首个省级"校友之家"】 4月15日，宁夏大学甘肃校友会成立大会暨母校建校65周年校友校庆活动在兰州举行。校党委书记李星，校友会会长、教育发展基金会理事长谢应忠出席大会。大会审议并通过了《宁夏大学甘肃校友会章程》。李星、谢应忠分别为甘肃校友会及"校友之家"揭牌。

【宁夏大学与宁夏中房集团战略合作签约暨“校友说”主讲嘉宾授牌仪式】 5月25日，校党委副书记、校长彭志科，党委副书记周震，校友会会长、教育发展基金会理事长谢应忠一行赴宁夏中房集团签署战略合作协议并为“校友说”主讲嘉宾授牌。彭志科为宁夏中房集团董事长、校友方陆颁发“宁夏大学客座教授”聘书，周震与中房集团总裁张君签署战略合作协议。

【校友作品展】 9月13日，“光影下的宁大”主题摄影展在贺兰山校区德勤楼广场开展，校领导李星、周震、李建设、刘炎胜、李学斌，校党委常委、统战部部长何风隽，校党委常委、宣传部部长高永兴同师生一同参观了主题摄影展。9月13日上午，建校65周年校庆校友书画作品展开幕。校党委书记李星、校党委副书记周震、自治区生态环境厅原一级巡视员罗莉、宁夏美术家协会副主席李东星、宁夏书法家协会副主席陈国鸿出席开幕式。

【文化长廊落成揭幕】 9月15日，由新疆校友会捐建的文化长廊在贺兰山校区落成揭幕。校党委副书记周震，校党委常委、副校长刘炎胜，校友会会长、教育发展基金会理事长谢应忠，校党委常委、宣传部部长高永兴出席揭幕仪式。新疆校友会会长韩险峰及各地校友代表参加了揭幕活动。

【《沙枣树精神》雕塑捐建奠基】 9月15日，由企业家校友会发起，甘肃、北京、河南、四川、上海、江苏、山东校友会参与共同捐建的《沙枣树精神》雕塑奠基仪式在贺兰山校区举行。校党委副书记周震，校党委常委、副校长刘炎胜，校友会会长、教育发展基金会理事长谢应忠，校党委常委、宣传部部长高永兴出席奠基仪式。企业家校友会及各地校友代表参加了奠基仪式。

【“陕甘宁新豫”校友会联谊会】 10月21日上午，“陕甘宁新豫”校友会首届联谊会在校友企业陕西中登文景时代26楼会议室召开。陕西校友会会长宋玉、新疆校友会会长韩险峰、甘肃校友会会长李德成、河南校友会副会长孙长灿、企业家校友会副秘书长刘元成等参加会议。会上通过了联谊会宗旨及运行机制。

（撰稿人：曾　华　审稿人：衡　亮）

教学运行保障工作

【概况】 教学运行保障主要为建立教育教学管理的长效机制，变多部门分散管理为统一的高效管理，增强面向教师和学生的教学服务功能，打造集科学、高效的教育教学运行保障职能于一体的机构。教学运行保障部主要负责教学计划实施安排、教学运行管理、成绩管理、实验实践教学管理、考试管理、教室管理、教学信息服务等工作。教学运行保障部主要职能包括：负责本科、研究生教学计划的执行；负责组织全校本科、研究生的考试及考试管理工作；负责毕业论文（设计）、实践课程、实践选修课等实践教学计划的组织实施及实践教学基地及实验室建设；负责全校教室及多媒体教室设备的管理和维护；负责整理和管理教学档案，做好教学统计工作及相关工作；完成上级交办的其他工作。

主题教育。教学运行保障部按照“学思想、强党性、重实践、建新功”总体要求，紧扣目标任务进行动员部署谋划，强化支部理论学习，带动提高业务水平，全面提升干部综合素质，在深入调查研究上狠下功夫，有力推动主题教育“学入心头、干在实处”。坚持实干与实效相结合,把开展主题教育与落实学校党代会确定的目标任务紧密结合,明确重点解决的问题、重点攻克的难关、重点推进的项目,以期中教学检查为契机,进一步优化全校课程资源,着力解决跨校区上课排课问题;坚持整改与整治相结合,对师生反映强烈、长期没有解决的难点问题,制定专项整治方案,采取领导抓包到底方式集中整治,联合保卫处、后勤保障部开放师生关切的 24 小时自习室。

信息化管理。结合学校整体绩效改革,教学运行保障部作为本科教学工作量指标核算工作的责任部门,负责全校本硕博课堂教学、本科生实习实践指导及论文指导的基本工作量绩效核算工作。为做好此项工作,保证数据的准确性,多次组织召开调研,就音乐学院“一对一”课程、美术学院及实验分组教学等特殊课程进行研讨,针对特殊课程研发相应的排课功能,实现全校所有课程均能在教务平台上安排课程。同时,针对实习指导、论文指导研发了相应的填报功能。组织学部教学秘书培训会进行专项培训,在排课及数据填报过程中安排专人指导,保障了全校课程安排合理、教师承担课时精准、教师个人填报数据准确,为学校 OA 画像抓取数据做好对接工作。

教学规范化建设。为践行“师生中心、便捷高效、持续优化”的管理、服务理念,教学运行保障部深入推进以制度化促规范化、以规范化促信息化,全面开展业务流程再规范、再优化工作,以师生办事的视角完成了工作流程再造,梳理“本科生课程替换办理流程”等 21 项工作流程。以教务运行过程中的重要问题为突破口,不断完善教务管理制度。修订《宁夏大学外聘教师管理办法》《宁夏大学教授、副教授为本科生授课管理办法》等 10 多个文件,并以此为基础,狠抓文件和制度落实,不断规范教学管理,加强内涵式建设,进一步提高人才培养质量。

学生成绩管理工作。精准完成本科生毕业和学位审核工作。2023 年,共审核本科毕业生 4548 人,审核辅修学生 311 人、留学生学位 18 人,并完成学信网毕业生学位信息上报工作。2023 年,累计开设课程 3806 门,其中本科开设课程 2765 门、研究生开设课程 1020 门,共涉及教师 3083 人。根据人才培养方案,完成 2 个批次共 413021 人次的选课工作;完成 2023 年度 112 人外聘教师的聘任及津贴核算工作;落实劳动教育方案,完成 2675 名学生《劳动教育通论》课程的实践安排工作。

规范考试管理。按照最高标准、最严要求做好各项考试的组织管理工作,确保考试安全平稳有序实施。2023 年,组织完成全国大学生英语四、六级考试(口试和笔试)29269 人,全国中小学教师资格考试 6654 人,教育类研究生和本科师范生教师职业能力测试 672 人,英语、日语、俄语、阿语专业四、八级统测 983 人,中小学教师资格现场认定 972 人。组织实施课程期末考试,积极发挥服务社会功能,完成 7500 人次社会化考试。

人才培养工作。严抓本科毕业论文(设计)质量,强化选题、开题、指导、查重、评阅、答辩等全过程管理,全校参加本科论文(设计)答辩学生共计 4565 人;全面做好教育部全国大学生实习公共服务平台应用,充分发挥其监管调控作用;完成教育部本科毕业论文(设计)抽检信息平台 4651 篇本科毕业论文(设计)、1387 人专家库的上报工作。积极开辟实习基地,推动集中实习,对教育实习和生产实习进行分类管理,努力提升学生实习效果。为满足实习学生需求、提升实习质量,2023 年,学校与石嘴山市政府达成协议,在石嘴山市各中小学新建立实习基地。2023 年,安排各类专业实习生 13045 人次，1059 人次教师参与专业实习指导；教育实习生 1019 人次，派出指导教师 238 人。

实验教学管理工作。加强实验室规范化管理，提升实验室建设和管理水平，协同资产与实验室管理处完成全校实验室的安全检查，并提交本科教学实验室安全工作报告；督促校级实验中心顺利完成实验教学任务；指导国家基础化学实验教学中心开展“教育部高等教育司关于开展国家级实验教学示范中心阶段性总结”工作。

改善实验教学条件。积极利用政府贴息贷款项目，加强本科实验室改造升级和新建。通过贴息项目的实施，学校实验教学条件和装备水平得到很大改善，在实验教学改革、构建创新实验环境、强化学生实践能力等方面发挥了重要作用。一是缓解了部分实验仪器设备不足及陈旧的矛盾，一些过去无法开设的实验已能开设。二是一些先进的仪器设备和实验教学手段的应用，对于加深学生对理论知识的理解、提高学生兴趣、增强学生动手操作能力起到了重要作用。

教学管理服务工作。持续推动信息技术与教育教学深度融合，以教学全过程信息化需求为牵引，系统整合功能模块，打造集成化智慧教学运行中心，确保日常教学各项工作高效运转。围绕编制教学计划、下达教学任务、编制学期课表、组织学生网上选课、受理临时调(停)课申请等重点工作，迭代升级教务管理系统，持续推进教务管理信息化。

档案管理工作。进一步明确学生档案管理的内容、程序、原则等一系列事项，开发学生档案管理软件系统，建立档案基础数据库，提高学生档案信息化管理水平。完成 2023 级本硕博新生 7105 人学籍档案接收、归档工作；完成 2023 届本硕博毕业生 5659 份档案的邮寄工作；完成本硕博 1345 份党团关系的归档工作。

【智慧化教学】 着眼未来，升级和改造智慧教室，完成笃行楼(未来教室)133 间教室及教学环境智慧教学空间建设，在 9 月投入使用，为中国物理学会 2023 年秋季学术会议提供了场地保障。提升多媒体教室的整体设备性能和管理水平，对 112 间普通多媒体教室进行升级改造；为有效维护考试招生安全和公平公正，完成 136 间标准化考场的建设工作。

【教学平台建设】 努力推动 Uclass、学习通平台及雨课堂等教学平台的整合，实现线上线下以及课前、课中、课后的课程数据全面贯通，并着力构建网络化、数字化、个性化的教育教学体系。继续推广使用尔雅课程教学平台，新选购未来学堂—教育资源及案例系统。探索全面推进国家智慧教学平台应用，运用多种教学资源，实现课前多途径预习、课堂多方式有效互动、课后多渠道复习答疑的多元混合式线上教学模式。

(撰稿人：马彩梅　审稿人：李　浩)

测试分析中心工作

【概况】 中心共有在编人员 12 名，其中博士 8 名，编外实验技术人员 2 名；设有综合办公室、技术服务部、信息化管理办公室 3 个部门；有各类实验室 17 个，包括电镜、质谱、光谱等实验室，涉及化学、材料、生物、农学、环境和食品等多学科多领域；有各类仪器 90 台(套)，总价值 4600 万元，其中价值 100 万元以上的仪器 11 台。

测试服务工作。中心依托宁夏大学大型仪器共享管理平台和大型分析检测仪器，为化学化工学院(含国家重点实验室)、材料与新能源学院、农学院、食品科学与工程学院、葡萄酒与园艺学院、机械工程学院、土木与水利工程学院等教学科研单位提供高效的测试技术服务。

土壤普查工作。积极参加自治区第三次全国土壤普查工作，通过第三次全国土壤普查质量控制实验室检测能力评价。承办2期自治区第三次全国土壤普查内业技术培训班,参加“三普”全程质量控制、内业质控等各类培训8次,参加质控检查和数据审核9次,完成样品流转超过400个,高质量完成年度土壤普查质控任务。

人才培养工作。为化学化工学院、物理学院、材料与新能源学院累计334名本科生和研究生进行专业理论课和实验开放课授课；结合分析测试新技术面向全校开展技术培训和讲座，先后开展原子荧光技术、葡萄酒检测新方法和新应用、多孔材料表征技术等交流培训会，累计培训师生150余人次。

日常工作。累计完成各类样品检测10432个；对大型仪器共享管理平台进行全面升级；面向校内用户进行测试收费标准调整;出台《宁夏大学测试分析中心校内用户科研成果奖励实施办法》;获得检验检测机构资质认定(CMA)证书,土壤、水质2个项目共22个检测项目通过检验检测机构认定。聚焦自治区“六新”产业,整合校内外人才和技术资源，获批工业和信息化部第五批产业技术基础公共服务平台。

对外合作交流。同自治区农业农村厅、宁夏农业勘查研究院、北方民族大学、宁夏盾源聚鑫半导体有限公司、宁夏中环新材料有限公司、宁夏苏利化工有限责任公司、江苏宿迁市质量技术监督局等单位开展技术合作交流。

实验室安全工作。开展实验室安全专项检查10次。增加消防沙箱8个、实验室应急器材柜3个;改造实验室气路,完善实验室气体泄漏报警和气体压力报警设置;采购实验室急救药品2套;组织实验室化学喷溅事故应急处理技术培训1次，培训人员30人；参加各类应急演练及培训3次；参加实验室安全培训学习7人次,获得证书7个。

【提质减费增效】 进一步强化测试服务水平和质量，提升大型仪器开放共享力度,2023年测试服务总量较上年大幅提升；进一步提升信息化管理水平,对大型仪器共享管理平台全面升级,平台功能更加完善,用户使用更加便捷;进一步激发校内科研人员使用大型仪器产出高水平成果的动力，测试服务收费标准整体下降20%，对校内科研人员和新入职教师实施测试费用奖励、支持;进一步强化实验室标准化建设能力，检验检测资质认证实现历史性突破，参与国家和地区重大战略部署任务的能力显著提升。

（撰稿人:王　鹏　审稿人:李海波）

后勤服务保障工作

【概况】 后勤保障部有在编职工117人、编外职工471人。机构设置:书记1名,部长1名(兼副书记),副书记1名(兼纪委书记),副部长4名(其中派驻中卫校区1名);科级机构12个,正科级岗位13个,副科级岗位25个。后勤保障部下设管理类科室5个:综合管理科、质检科、人力资源管理科、修缮管理科、中卫校区服务保障科;服务保障类中心7个:水电暖服务中心、校园管理服务中心、饮食服务中心、交通运输服务中心、校医院(卫生防疫办公室)、幼教服务中心、学术交流中心。

党建与思政工作。后勤保障部党委深入学习

贯彻习近平新时代中国特色社会主义思想，成立主题教育领导小组，扎实开展专题读书班、研讨交流、专题调研、检视整改，保障部召开动员会，制定工作推进表、学习计划、读书班实施方案等，推动主题教育有力有序开展。采用“3456”形式加强理论学习，即坚持理论与实践相结合、线上与线下相结合、校内学习与校外学习相结合；充分利用微信、“学习强国”、学习公社、党建专栏4个网络平台；采取中心组“理论学习+调查研究+党课+主题党日+讲座（报告）”5种学习途径；建立健全“集体研学、领导领学、个人自学、分享互学、以行见学、日常督学”等为主要内容的“六学”模式。制作主题教育知识问答，设置“主题教育”分栏等。2023年，组织召开党委理论学习中心组学习12次、主题教育学习会议16次、调查研究17次、专题讨论会4次。解决了各中心电脑配置老化问题（共调拨63台新电脑）、国交人员聘任问题、道路破损问题，以及国交运行与注销、幼儿园评估、并账、青年公寓收费、水电外包、校园绿植采购等16个问题，开展主题党日活动7次、交流座谈会4次，党委书记及各支部书记讲党课8次。召开高质量、富有成效的主题教育专题民主生活会和组织生活会。积极履行党建主体责任，以规范化、标准化建设为引领，以组织力提升为重点，严格遵守“三会一课”，切实加强改进基层党的建设。坚持以政治建设为统领，全面提升基层党组织的政治功能和服务功能。按照支部标准化建设要求，规范党组织生活、党员教育管理等基础性党务工作，顺利完成支部按期换届工作。为提高支部的凝聚力和组织效能，改变支部发展不均衡的情况，将之前的7个党支部优化整合为5个。开展“今天是我的政治生日”“重走总书记走过的路，庆建校六十五周年”等特色主题活动。全年组织召开5次党风廉政建设专题会议，集中观看警示教育专题片《为官之箴》，组织全体党员赴石嘴山监狱开展廉政警示教育活动。遴选并确定3名党员分别专岗从事党建宣传、工会活动、采购事务，责任归口明确后，成效明显，初步达到了后勤宣传活起来、群体活动搞起来、采购风险架起来的目的。高质量抓实抓好发展党员工作，2023年发展入党积极分子4名、预备党员3名。

后勤改革工作。设立纪委书记后，通过建立完善工作提醒、情况通报等机制，综合运用政治生态研判、述责述廉、提醒谈话等方式，将政治监督融入日常、抓在经常。以强有力的日常监督健全风腐同查的工作机制。紧盯重要时间节点，常态化组织开展交叉检查和暗访抽查，严防“四风”反弹回潮。通过修改、完善《宁夏大学后勤保障部制度汇编》《宁夏大学小型维修管理办法》《宁夏大学青年公寓（公租房）管理办法》《宁夏大学国际交流中心大型活动、会议安全疏散应急预案》《宁夏大学国际交流中心食品卫生安全应急预案》等规章制度，进一步加强内部规章制度建设，强化制度约束力。

工会工作。参加学校第八届教职工乒乓球比赛，取得混合团体第一名与男子单打第二名、第三名的好成绩。制定《后勤保障部职工荣誉退休仪式实施办法》；举办“岁月映初心，薪火永相传”退休职工荣休仪式。建立困难户档案，共慰问14名职工，为6名职工申请困难救助金。举办涵盖机关、校园、水电、饮食、交通、幼教、医保、交流中心8个组别的宁夏大学第一届后勤职工岗位技能大赛，300余名一线职工参加比赛，开创了宁夏高校后勤职工职业技能比赛的先例，得到了自治区总工会的高度评价。

饮食保障工作。饮食服务中心坚持食品安全底线思维，不断建立完善工作机制，夯实服务保障基础；坚持日管控、周排查、月调度制度，强化操作人员的操作规范意识、安全意识、爱岗敬业意识；严格管控食品、原材料和餐具采供渠道，严格做好学校食品安全风险监控工作；严格加工制作、消毒清洗、留样管理等重点环节和重点岗位管理，规范食品加工制作流程和分区管理，严防食品交叉污染；严抓成本核算，积极探索，增加花色品种，调整窗口功能，提高饭菜质量。开展“学生代表走进后厨”“学生代表现场考察”等主题活动，引导学生养成节约用餐、文明用餐、理性用餐的好习惯。利用暑假时间对贺兰山校区兰馨苑餐厅、兰芝苑餐厅进行升级改造，就餐氛围、就餐种类与质量均实现质的提升；宁夏名硕餐饮管理有限公司进驻文萃校区兰梅苑餐厅接替7个档口经营，解决了部分档口的历史遗留问题；宁夏宝元餐饮管理有限公司对文萃校区兰沁苑餐厅的装修改造极大提升了学校普通餐厅的就餐环境。积极配合学校基建处、保卫处等部门对学校餐厅进行彻底的消防改造并通过相关专业部门验收。根据国务院督导组巡视检查意见，安装各餐厅的燃气报警器及炉灶的燃气自动切断阀，有效保障了燃气使用安全。进一步明确学术交流中心的运行机制和业务范围，顺利通过自治区文旅厅组织的四星级旅游饭店评定性复核。全年共接待校内及学校相关协作单位会议229批次。

幼儿教育工作。怀远校区幼儿园打造“畅·雅文化”，坚持以人为本，以创新素养教育为抓手，形成以“畅美·雅美”为文化基点的园本课程。金凤校区幼儿园紧紧遵循“博雅文化”之路，实施“博雅教育”，深化博雅教育内涵，创新博雅管理机制，打造博雅文化环境，开发“博雅”课程。怀远校区幼儿园和金凤校区幼儿园顺利通过自治区级示范园评估复验。受属地教育主管部门委托管理的西夏区第六幼儿园、兴泾镇第一幼儿园、金凤区第八幼儿园、金凤区宁安幼儿园、金凤区熙湖幼儿园分别被评为银川市市级示范幼儿园。全年八园无一例群体性安全事故、较大意外伤害事件及家长投诉。

医疗保障工作。校医院开设预防保健、全科、内科、口腔科、医学检验科、医学影像科、中医科等全科医学，并开通医保卡刷卡支付，为师生提供更全面、更便捷的医疗服务。全年共完成22031人次的门诊工作量，完成2023级共计7669名新生的入学体检，为师生员工接种各类疫苗共2607人次。

维修与改造工作。修改完善《宁夏大学小型维修管理办法》，通过各种举措严把工程安全关、质量关、复核关，全年完成维修改造项目132项。完成逸夫楼整体改造，学生公寓外墙维修，3个校区学生餐厅的墙体、地面、屋顶外墙维修，德勤楼广场地面及周边地面维修，学仕园紫藤花架改造，过街天桥桥面改造，金波湖区卫生间改造，怀远校区离退休人员活动室广场改造等一批重点维修项目。

交通保障工作。交通运输服务中心开展出车前安全教育，并根据天气变化、出车路线等以手机短信的形式通知司机；精心组织交通安全月大排查及消防安全演练；制定《交通运输服务中心2023年重大事故隐患专项排查及整治工作实施方案》《机动车辆事故应急预案》《恶劣天气应急预案》《恶劣天气安全行车防范措施》，完善中心各项管理规章制度。全年召开安全例会10余次，所有车辆安全行驶30余万公里。

校园安全工作。成立校园安全领导小组、宁夏大学特种设备（锅炉、电梯）安全管理领导小组等工作小组；修改完善《宁夏大学食品安全突发事件应急预案》《宁夏大学供水、供电、燃气、供热事故应急预案》《宁夏大学锅炉安全事故应急预案》《宁夏大学电梯安全应急预案》，召开安全工作会议，深入排查并消除安全隐患。落实自治区党委十三届四次全会精神和“1+37+8”系列文件精神，完成电梯应急演练2次、电梯安全培训1次；为学校29部老旧电梯配备五方对讲装置。完成金凤校区锅炉房控制系统升级改造项目；水电暖漏水、冻裂、爆管等紧急抢修作业41次，开展全校用电安全排查，移除校区枯死树木。迎接国务院食品安全督查组食品安全督查2次，自治区、银川市、西夏区市场监管部门食品安全检查21次，哈纳斯燃气公司安全检查6次，西夏区消防安全检查5次。

【创新性工作】 实施环境整治、基础设施改造工程。各校区破损道路维修、过街天桥桥面维修、学仕园紫藤花架改造、金波湖区卫生间改造、逸夫楼维修改造、离退休活动室广场等一系列改造工程的实施，极大改善了学校基础设施与校园环境；积极与全校11个餐厅(含中卫校区)的所有档口协商，为全校3万余名师生免费发放65周年校庆午餐券，提升了全校师生对校庆的参与度与满意度，受到全校师生的一致好评；关心爱护师生，实施爱心便民项目，在所有校车上配备急救包，为受伤学生免费提供拐杖与轮椅；邀请宁夏医科大学总院各科室主任医师、专家团队进学校开展义诊活动，让师生学习更多健康知识；在校园“一网通办”及餐厅、浴室设立后勤服务留言板，广泛征求全校师生对后勤服务方面的意见与建议。

【采购“十个必须”】 为规范自主采购程序，加强对采购项目的全程监管，对所有采购项目提出“十个必须”：一是必须上网发布采购信息，二是必须上网发布成交公告，三是必须查阅近一年同类项，四是续签合同必须附评价考核支撑材料和合同，五是采购谈判环节公布竞价信息必须程序化和公开透明，六是采购谈判必须由非使用单位人员主持，七是保障部党委必须委派专人进行监督才能进行采购谈判，八是必须附各中心、科室班子成员联席会议研究说明才能上会(抓“关键少数”)，九是签订合同必须明晰宁夏大学主体地位，十是必须由综合科统筹报名，从制度上确保采购程序及结果公开公平公正、采购费用明显下降，提升各中心人员业务技能，促进了党风廉政建设，在全国高校后勤部门采购工作规范化方面走在了前列。全年顺利通过近110次服务类、货物类、工程类采购项目的立项和审批。

【宁夏大学第一届后勤职工岗位技能大赛】 10月，由校工会主办、后勤保障部分工会承办的为期一个月的宁夏大学第一届后勤职工岗位技能大赛举行，后勤保障部各中心的300余名一线职工参加比赛。比赛涵盖了机关、校园、水电、饮食、交通、幼教、医保、交流中心等8个组别。第一届后勤职工岗位技能大赛的成功举办，提高了后勤职工的专业素质和服务水平，为推动全校后勤工作的持续发展奠定了坚实基础。通过比赛，树立了标杆和旗帜，弘扬了职工们的工匠精神和厚植的工匠文化，营造了“比、学、赶、超”的良好氛围，营造了后勤职工劳动光荣的职业风尚和精益求精的敬业风气。

【荣誉退休职工座谈会】 为增强后勤职工荣誉感、幸福感和归属感，冬至，后勤保障部举行“一段后勤路、一生后勤人”荣誉退休职工座谈会。座谈会上，与会人员集体观看了荣誉退休职工工作回顾视频。荣退代表先后发表感言，回顾了在校期间工作的点点滴滴，阐释了作为后勤人的职业感受，表达了自己在校工作数十年对学校、后勤保障部的感谢之情。后勤保障部领导为荣誉退休职工颁发荣休纪念牌，向荣誉退休职工致以崇高的敬意和亲切的问候。

（撰稿人：吴　岩　审稿人：王智勇）

教学实验农场工作

【概况】 2023 年，在校党委、行政的正确领导下，在全体干部职工的共同努力下，教学实验农场圆满完成了各项工作任务。全场占地面积 2050.73 亩（教学实验农场本部 1188.36 亩、西玉片区 662.8 亩、置换地 199.57 亩），其中农田种植面积为 1613 亩(教学实验农场本部 1093 亩、西玉片区 520 亩)，建设用地面积 52.66 亩(综合楼、晾晒场、库房及师生餐厅 28.6 亩，职工家属区 24.06 亩)，其他用地面积 385.07 亩。农场共有职工 92 人(在职职工 14 人，退休职工 78 人)。场部下设办公室、生产科、财务科 3 个职能科室。

党建工作。农场有一个直属党支部，党员 17 人，其中在职党员 4 人、退休党员 13 人，在场实习师生党员纳入党支部动态管理。农场紧紧围绕习近平新时代中国特色社会主义思想这条主线，把党建工作紧密融入农场的改革发展进程中，认真学习贯彻习近平新时代中国特色社会主义思想，深入学习贯彻党的二十大精神、自治区第十三次党代会和学校第七次党代会精神。2023 年，按照“学思想、强党性、重实践、建新功”总要求，深入开展学习贯彻习近平新时代中国特色社会主义思想主题教育，扎实开展两个专项整治，组织党员参观学习、党支部书记讲党课，进行二次调查研究，结合调研形成专题报告。并以开展主题教育为契机，与在场有科研项目的教师和驻场实习的学生开展调研活动。以调研排查出的问题为导向，把主题教育与两个专项整治工作结合起来，不断增强服务意识，努力提升服务水平助推农场各项工作高质量发展。将在农场实习的学生党员及退休的老党员纳入主题教育中，并对退休老党员因身体等原因不能参加主题教育的采取送学上门的方式，确保主题教育全覆盖、无死角。

教学科研实习工作。2023 年，教师在农场开展科研项目 21 项，安排各类实习共 400 余人次，涉及农学院、林业与草业学院、葡萄酒与园艺学院、生态环境学院及土木与水利工程等学院。

现代农业示范基地建设。以建成一流的现代农业展示示范与成果转化基地为目标，完成现代农业示范基地各项工作。共承担区内外 10 余家企事业单位、公司的 10 项试验，参展参试的玉米品种近 580 个。通过各项试验筛选出了适合自治区种植的优良玉米新品种，为自治区现代农业发展贡献了宁大力量。

【调查调研】 为更好地服务教学科研实习工作，与农林与生态学部在农场进行科研项目的老师进行座谈，围绕农场发展的瓶颈，服务教师科研、学生实习等工作中存在的问题进行讨论，老师们提出了许多宝贵的意见建议。针对通过调研排查出来的问题，农场以问题为导向加强整改，不断增强服务意识，努力提升服务水平，更好地为教师科研、学生实习提供服务，努力推进农场各项工作，助推学校高质量发展。

【园区建设】 2023年,在作物生长关键时期与相关种业公司联合举办现场观摩培训会,对不同层次的农技、销售人员、农民以及大中专学生进行现场培训,同时接待近500人次国内外专家学者和领导到示范基地(园区)观摩考察。不断加强基地(园区)建设,使农场服务地方经济建设成效显著,社会效益和经济效益不断提高,同时也为教学、科研、实习实训搭建了更好的平台。

(撰稿人:金凤霞　审稿人:段晓阳)

附属单位

2024 The Almanac of Ningxia University

鸟瞰金波湖 （黄二宁 摄）

宁夏大学附属中学

【概况】 宁夏大学附属中学是一所公办完全中学，建于1958年，与宁夏大学毗邻，文化氛围浓厚。校园占地面积59059平方米，建筑面积35212.32平方米，有劳动教育农场14.333万平方米。

党建与思政工作。2023年，附属中学有教师党员80人、退休党员45人、预备党员6人。学校党委认真落实全面从严治党主体责任，严肃党内政治生活和组织生活，坚持思想建党、制度建党，切实提高党建工作的规范化、科学化水平，党组织的凝聚力、战斗力得到显著提升。学校党委认真履行党建主体责任，加强党的政治建设，强化支部的政治引领力，以脚踏实地为师生员工服务为新时代党建工作主旋律，紧扣“实”字展开，在实干中发展和创新。加强课堂主渠道建设，重视思政课建设，弘扬社会主义核心价值观，铸牢中华民族共同体意识，培养学生爱党、爱国、爱社会主义的情怀。加强支部建设，落实“一岗双责”，筑牢组织基础，强化支部战斗堡垒作用。重点抓好两项活动，即党员志愿服务活动、党员争创岗位先锋活动。加强团队建设，培养后备力量。强化党务工作队伍建设，选优配强党建工作人员。不断加强党员发展和党员教育管理工作。加强政治宣传和信息管理，形成正向舆论氛围，传递正能量。扎实开展党组织规范化建设和党员队伍建设工作，在办好令人民满意的教育和促进教育教学质量发展提升上持续努力，不忘教书育人初心，牢记立德树人使命，共同推进学校教育高质量发展。

基础设施建设。学校始终把学生发展放在第一位，基建工作为教育教学服务，学校拥有良好的信息技术教学条件，拥有设备完善的实验楼、办公楼、体育馆、师生餐厅、学生公寓，以及标准化塑胶运动场、篮球场、乒乓球等运动场地。2023年，在自治区教育厅和宁夏大学的支持下，学校办学条件进一步改善，实验教学条件、科学教学条件显著优化，为科技创新特色学校建设提供了基本保障。

师资队伍建设。有在职教师204人，其中正高级教师2人、高级教师70人，自治区“塞上名师”1人，自治区骨干教师23人，银川市骨干教师13人。共有52个教学班，其中高中34个教学班、初中18个教学班。

【第八届教职工代表大会第六次会议】 3月2日，学校在多功能厅召开第八届教职工代表大会第六次会议，通报了学校第八届教职工代表大会代表补选情况和第八届工会委员补选情况，审议并通过了学校《普通高中新课程新教材实施市级示范校建设工作三年规划(2022—2025年)》。

【参加宁夏大学、宁夏科技馆教学研讨会】 4月13日，宁夏大学组织召开STEM教学研讨会。宁夏科技馆负责人，宁夏大学本科生院、教学运行保障部、设有师范专业的各学院教学副院长及教师代表，学校科技创新课程团队参加了会议。亢燕校长介绍了新高考背景下学校的课程规划、课程体系、培养目标。李自明老师从教师团队，课程建设条件，科创课程开发、升级，课程形式及课程成果等方面详细介绍了学校在培养学生创新素养方面的探索与实践。

【第七届校园科技创新运动会】 为全面落实立德树人根本任务，使学生的综合素养得到全面提升，同时丰富校园文化生活，展示科技创新教育成果，5月6日，举办以“点燃创新火花　感悟科学魅力”

为主题的第七届校园科技创新运动会（科技节），宁夏大学、宁夏科技馆的专家及各兄弟学校的领导应邀参加运动会。

【第八届教职工代表大会第七次会议】 8月9日，学校第八届教职工代表大会第七次会议在多功能厅召开。经过全体代表会议、分组讨论、主席团会议及表决会议研究决定，通过了《宁夏大学附属中学高级教师专业技术职称评审办法（讨论稿）》《宁夏大学附属中学中级教师专业技术职称评审办法(讨论稿)》《宁夏大学附属中学专业技术岗位晋升设置实施方案(讨论稿)》《宁夏大学附属中学中层及以上管理干部考核办法》《宁夏大学附属中学教学人员年度考核量化表（试用稿）》等制度。

【合作交流】 8月30日，岛根县立大学来校访问，召开国际教育合作交流座谈会。会上，商议了开办日语班等留学事宜。

11月14日，参加西部科学教育研讨会暨第七届中国科普教育论坛的各位专家莅临学校观摩指导，亢燕校长、马廷喜书记和王永峰副校长陪同参观。亢燕校长以《中学生创新素养的培养在学科、课程与教学中的实践》为题，从科技创新课程初探、学校课程的创新、对改进课程及教学的探索"3个方面介绍了学校的创新素养培养工作。

【银川市普通高中"三新"改革示范校第二次阶段性成果展示暨培训活动】 5月30日，银川市普通高中"三新"改革示范校第二次阶段性成果展示暨培训活动在学校举办。银川市教育局副局长姜俐冰，银川市教科所所长张维科，各县(市、区)教(体)育局负责同志，各县(市、区)教研室(教师发展中心）负责人及高中教研员，银川市辖区各公办、民办普通高中学校校长或分管副校长，以及教务主任、年级组长、教研组长、备课组长等近200名领导嘉宾出席此次活动开幕式。会上，亢燕校长以"给学生合适的教育"为主题，介绍了学校的"三新"探索实践。

【学校在全区"双减"工作推进会上作经验汇报】 8月24日，全区"双减"工作推进会上，亢燕校长代表学校作经验交流发言，获得好评。

【"给学生适合的教育"——宁夏大学附属中学亢燕校长教育思想研讨】 9月，教育部中学校长培训中心在吉林省长春市举办"教育高质量发展与育人方式变革"——全国优秀中学校长教育思想研讨会。研讨会期间，亢燕校长作了"给学生适合的教育"的教育思想报告。"给学生适合的教育"是亢燕校长长期从事教育理论研究和教育实践所形成的教育思想内涵。亢校长介绍了宁夏大学附属中学进行探索的科技创新课程特色，力争通过特色课程使学生具备良好的创新素养；分享了自己带领学校管理团队、教职工在课程构建、赋能学生发展、教学改革和教师发展4个维度上的实践经验，提出给学生适合的教育，要从课程、教学、学生学习方式、教师教学行为等方面共同用力，也要发掘外部条件，充分利用社会资源，促进家校共育，实现办学质量持续提升。

（撰稿人：程明杰　审稿人：马廷喜）

表彰奖励

2024 The Almanac of Ningxia University

同行 （李明花 摄）

国家及自治区级表彰奖励

学　校

1. 2022 年度“易班”优秀共建高校

2. 2023 年全区高校辅导员主题班会展示活动优秀组织奖

3. 第七届全区高校大学生讲思政课公开课优秀创新设计大赛优秀组织奖

4. 全区驻村帮扶工作组织奖

5. 全区高校保密主题演讲比赛优秀组织奖

6. 第八届全国大学生水利创新设计大赛优秀组织奖

7. 2023 年全区高校毕业生就业工作考核优秀等次

8. 2023 年全区就业工作典型示范高校

部门及团体

1. 全国大学生结构设计竞赛暨分赛区优秀秘书处：土木与水利工程学院（宁夏赛区秘书处）

2. 第八届宁夏大学生结构设计竞赛区赛一等奖：土木与水利工程学院

3. 第八届全国学生军事训练营

（1）团体总评分全国第一名：宁夏代表队

（2）投弹考核团体一等奖：宁夏代表队

（3）识图用图考核团体一等奖：宁夏代表队

（4）战场医疗救护考核团体一等奖：宁夏代表队

（5）轻武器射击考核团体二等奖：宁夏代表队

（6）战术课目考核团体二等奖：宁夏代表队

4. 第五届全国高校混合式教学设计创新大赛

（1）一等奖：韩立团队

（2）三等奖：宋佳乾团队

5. 2023 年中国国际大学生创新大赛国赛金奖：宁夏大学“绿色膜法”团队

6. 2023 年度自治区优秀基层教学组织：机械工程学院过程装备与控制工程系

7. 第六届全国“互联网+化学反应工程”课模设计大赛二等奖：化学化工学院“不酮凡响队”“Ti（钛）小队”

8. “典赞·2023 科普宁夏”科普团队：宁夏大学体育与健康科普团队

9. 第三届全国高校教师教学创新大赛

(1)文科组一等奖:张启龙团队

(2)基础课程组三等奖:张艳团队

10. 自治区铸牢中华民族共同体意识教育教学优秀成果一等奖:中华民族共同体研究院

11. “强国杯”第五届牛精英挑战赛奶牛组一等奖:动物科技学院

12. 第四届全国大学生动物科学专业技能大赛

(1)单项一等奖:动物科学专业代表队

(2)团体二等奖:动物科学专业代表队

13. 第七届全国大学生动物医学专业(本科)技能大赛团体二等奖:动物医学专业代表队

14. 全区“学生美育社团”:守正书院雨巷文学社

15. 2023 年度自治区级“民族团结我践行”百佳社团:宁夏大学支教协会微光志愿者总队

16. 2023 年度全区青年理论学习“标杆小组”:博雅书院“红色蒲公英”青年理论学习小组

17. 第八届“华夏杯”全国物理教学创新大赛暨物理教育与普及研究论坛优秀组织奖:物理学院

18. 2023 年第十三届 MathorCup 高校数学建模挑战赛优秀组织单位:电子与电气工程学院

19. 2023 年 CIMC“西门子杯”中国智能制造挑战赛优秀组织奖:电子与电气工程学院

20. 2023 年中国大学生飞行器设计创新大赛优秀团队:电子与电气工程学院(航空科技创新实践工作室)

21. 宁夏第二届青年摄影展优秀组织奖:新闻传播学院

22. 全国第八届大学生经济新闻作品大赛优秀组织奖:新闻传播学院

23. 第八届宁夏公益广告大赛“支持宁夏公益事业传播贡献奖”:新闻传播学院

24. 第十四届中国青年志愿优秀组织奖:沙枣树志愿者协会

25. 铸牢中华民族共同体意识教育教学优秀成果征集优秀组织单位:中华民族共同体研究院

26. 全区关心下一代工作先进集体:新华学院关工委　民族预科教育学院关工委

27. 第四批新时代高校党建示范创建和质量创优工作全国党建工作“标杆院系”:信息工程学院党总支

28. 第三批全国高校“百个研究生样板党支部”:润泽书院林业与草业研究生党支部

个　人

1. 2023 年度宝钢教育奖优秀教师:张雪艳　顾　欣　马　玲

2. 2023 年度宝钢教育奖优秀学生:张雪婷　梁富源　诸正杰　田海艳　张泽豪

3. 2023 年全区“最美高校辅导员”:陶佳玲

4. 2023 年全区高校辅导员年度人物:王嘉豫

5. 首届全区高校创新创业教育优秀成果

(1)一等奖:刘海峰　毛明杰　白俊英　车佳玲　李王成

(2)二等奖:李雅楠　苏建宇　陈彦云　郎思睿

6. 第六届大学生绿色会展创新创意挑战赛三等奖:田晓悦　闫　瑾　邓　露　张嘉伟　海　嘉

7. 第八届全国学生军事训练营

(1)投弹科目考核个人一等奖:洪毓敏

(2)识图用图科目考核个人一等奖:洪毓敏

(3)轻武器实弹射击课目考核二等奖:洪毓敏

(4)个人作风优良奖:洪毓敏

8. 全区农业农村工作先进个人:张军翔

9. 中国农技协“最美科技工作者”:王晓敏

10. 2023 年全国五一劳动奖章获得者:张　波

11. 自治区“塞上文化名家”:梁祖萍

12. 全国大学生外语能力大赛金奖:卡哈尔·阿里木

13. 第六届全国高校青年教师基本功大赛文科组二等奖:张启龙

14. 第十三届发明创业奖人物奖:马　云

15. 享受国务院政府特殊津贴专家:马　云　张桂杰

16. 神农中华农业科技奖:周玉香

17. 产学研合作创新成果奖二等奖:马　云

18. 中国科学技术协会科技创新奖—杰出青年奖:刘　源

19. 自治区关心下一代工作先进个人:程胜利

20. 全区“最美就业工作者”:张振霞　咸云龙　杜　方　杨亚珺　雷丽霞　顾　珍　艾萨·阿尤普

21. 第三届中国(宁夏)国际葡萄酒文化旅游博览会先进个人:刘嘉鑫　赵徐宇睿

22. 全区青少年普法教育工作表现突出者:苏军峰　张光旭　黄彦天

23. 2023 年自治区“最美巾帼奋斗者”:汪西原

24. 中国国际大数据产业博览会 2023 领先科技成果奖:毛克彪　郭中华　李春树

25. 教育部 2023 年度“国家重大人才工程”入选者:胡　衡

26. 设计事业突出贡献奖:王胜泽

27. 中国遥感优秀成果一等奖:毛克彪　郭中华　李春树

28. 全国优秀共青团干部:蒋宇欢

29. 民进中央青工委“议政信息榜样奖”:金忠杰

30. 全国归侨侨眷先进个人:金忠杰　马永亮

31. 自治区铸牢中华民族共同体意识教育教学优秀成果一等奖:王淑兰

32. 第三届“智慧树杯”课程思政示范案例教学大赛普通本科教育赛道二等奖:姜爱平　许新忠

刘　琼　门秀琴　张玮玮　冀　阳　武立波　崔自治　李宏波

33. 全区民族团结进步模范个人:艾萨·阿尤普

34. 第二届全区高校心理健康教育教学竞赛

(1)一等奖:王文达　冯海如

(2)二等奖:陈　晶

35. 全区审计工作先进个人:马　萍

36. 自治区督查和信息工作先进个人:李雪洁

37. 2023 年全区高校辅导员主题班会展示活动

(1)一等奖:杨　阳

(2)二等奖:陈　晶

38. “领航计划”第七届全国高校大学生思政公开课三等奖:马永琴

39. 第六届全国大学生网络文化节摄影征集活动优秀奖:罗振强

40. 教育部“易班”发展评优活动 2022 年度优秀“易班”工作者:马登辉

41. 第十八届全区大学生年度人物:张雪婷　刘明康　肖博文

42. 2023 年 BICC 中英国际创意大赛优秀指导教师:贺生云　董　茜

43. 2023 年“建行杯”第十六届全国大学生节能减排社会实践与科技竞赛三等奖:马冬梅　刘　娟

44. 第十届全国大学生乡村振兴创新创业大赛暨农业建筑环境与能源工程相关专业双创竞赛本科生创新类指定项目组一等奖:徐　浩

45. 第十四届全国大学生数学竞赛非数学专业三等奖:刘明康

46. 第七届全国高校 GIS 青年教师讲课竞赛一等奖:李吉龙

47. 第十二届全国高校青年教师 GIS 教学研修班特等奖:李吉龙

48. “徕卡杯”第十二届全国大学生金相大赛

(1)一等奖:段彦忠

(2)二等奖:吕建宇

(3)三等奖:陈签吉　马彩峰　姬文雯　钱亚涛

49. 第九届中国国际“互联网+”大学生创新创业大赛宁夏赛区总决赛

(1)优秀创新创业导师:张瑞岩

(2)一等奖:杨巧南

50. 宁夏自然科学优秀学术论文

(1)一等奖:吴斌涛　李普博

(2)二等奖:王　健　吴斌涛　李海波　李普博

(3)三等奖:谭永涛　李海波　刘宽冠

51. 宁夏黄河文化研究征文大赛

(1)二等奖:胡玉冰

(2)三等奖:寇晓玮　张　莉　张丁丁

52. 全国英语类专业课程思政教学设计案例二等奖:王　燕

53. 宁夏第四届优秀教育科研成果三等奖:杨巧南

54. 第五届中华经典诵写讲大赛“诵读中国”经典诵读大赛

(1)优秀指导教师:刘文燕　张春波　张巨红

(2)大学生组一等奖:祁鹏辉　刘洪楷　谭昭喜　郑俊杰

(3)教师组三等奖:刘艳晖　苏　霞　丁文英　王奕文　刘文燕　乔　星

(4)留学生组一等奖:穆拉特 SOYUNOV GELDIMYRAT

(5)留学生组二等奖:姆西罗 MUZCIANO OBIANG OBIA

(6)留学生组三等奖:陆帝凰 PAMISTIANDINI IZATUN NABILAH　李之轩 ININAHAZWE ILDEPHONSE　金予 RICKYDIAS ANDRYANTO　马克西姆 ANDREEV MAKSIM

55. 宁夏高校第五届来华留学生汉语大赛

(1)优秀指导教师:丁文英　刘文燕

(2)个人组一等奖:姆西罗 MUZCIANO OBIANG OBIA　陆帝凰 PAMISTIANDINI IZATUN NABILAH

(3)个人组二等奖:倪思琳 ELABD NISRINE

(4)团体组一等奖:金予程 RICKYDIAS ANDRYANTO　酷雄 SEEYEE KHUXIONG　马杰 BAQIATULLAH

(5)团体组二等奖:王爱静 GYLYCHDURDYYEVA AYJAHAN　王爱莎 GYLYCHDURDYYEVA AYJEREN　米雪 SANDATI TANAKA MICHELLE

56. 第五届全国研究生汉语教学威客大赛

(1)学生组文化类三等奖:王爱莎 GYLYCHDURDYYEVA AYJEREN

(2)学生组文化类优秀奖:姆西罗 MUZCIANO OBIANG OBIA

57. 全国首届国际中文教育教学技能大赛优秀奖:许燕美 MARIA CHRISTINA

58. “以中文与世界相拥”——2023 HSK 短视频大赛学习进步奖:范梅兰 PHAM THIMAILAN　陆帝凰 PAMISTIANDINI IZATUN NABILAH　李之轩 ININAHAZWE ILDEPHONSE　金予程 RICKYDIAS ANDRYANTO　王爱莎 GYLYCHDURDYYEVA AYJEREN　刘伟龙 WAGIYANTO MUHAMMAD

59. 中华人民共和国第一届学生(青年)运动会金牌:田凤霞　周晓亮

60. 第二届全国体育教师教学与训练技能展示活动

(1)二等奖:樊　琛

(2)三等奖:刘　攀

61. 全区高校大学生教学技能大赛文科组(中学历史)一等奖:陈康灵

62. 第十三届“挑战杯”全区大学生课外学术科技作品竞赛特等奖:苗亚楠　巩嘉旭　靳兆雄　孙　潇

63. 第一届宁夏科技青年论坛最佳策论奖:李　乐

64. 第十七届宁夏自然科学优秀学术论文奖:贺泽帅(学)　陈良越(学)　赵富强(学)　张大冶　王猛(学)　梁文裕　王玲霞　朱强(学)　李晓旭(学)　陈彦云　辛国省

65. 第一届全国学生(青年)运动会武术项目比赛

(1)大学组男子自选剑术第四名:梁伟壮

(2)大学组女子自选枪术第六名:杨丽娜

66. 2022 年度“中国大学生自强之星”奖学金:凌天鹏

67. 2023 全国高校阿拉伯语专业学生征文大赛二等奖:冯　琪

68. 中国国际大学生创新大赛(2023)

(1)国家级金奖:祁烁锟　张倩男　张　静　马登辉　汪莫珊　唐志刚　徐梁语　马小红　李　增

(2)国家级银奖:冯学瑞　张　磊　李敬祖　马　红　张海军　马燕燕　李　振

(3)国家级铜奖:马雨佳　马　贝　黑文冉　徐梓涵　李　颖　马冰冰　贺彩凤　高　正　马境悦　杨飞雁　马阳阳　刘世雄　陈雨欣　贾晓凤　马祥臣

69. 第十三届“挑战杯”全区大学生课外学术科技作品竞赛

(1)特等奖:李小聪　张　硕　张焱清

(2)一等奖:代昕瑶　贾　慧　马　晶　苏　代　董吉鑫　金宁宇

(3)二等奖:马冬梅　徐　浩　赵文娟

70. 2023 年全国高等师范院校辅导员成长发展论坛(首届)论文评比三等奖:黄彦天

71. 第七届全国高校大学生讲思政课公开课本科组全国三等奖:马永琴　马学平　马鹏程

72. “团结奋斗新征程　保守秘密靠大家”——全区高校保密主题演讲比赛一等奖:米　众

73. 纪念毛泽东同志诞辰 130 周年理论研讨会征文一等奖:孙小宁

74. 新时代宁夏高校民族团结教育政策研究课题二等奖:马　楠

75. “论高校思想政治理论课的资本主义批判话语建构”论文二等奖:张建东

76. 第九届东方设计奖全国高校创新设计大赛三等奖:曹　睿

77. 第十五届全国大学生广告艺术大赛宁夏赛区一等奖:王　琨

78. “奋进新征程　齐声颂祖国”——全区大学生朗诵比赛一等奖:张佳楠

79. 保密公益宣传创意文案全国二等奖:黄弋雯　郑凤阳《共筑保密之墙》

80. 保密公益宣传创意文案自治区优秀奖:黄弋雯　郑凤阳《共筑保密之墙》

81. 保密工作宣传海报自治区优秀奖:钱正阳《保密千日　不松一时》

82. 第三届宁夏高校教师教学创新大赛

(1)新文新农科组(副高及以下)一等奖:张启龙　张淑红　孙　柳　白建灵

(2)新文新农科组(副高及以下)二等奖:梁　熠　代晓华　刘根红　刘万茂

(3)新文新农科组(正高)三等奖:韩　立　刘晓伟　聂毓敏　张锦文

(4)基础课程组(副高及以下)一等奖:张　艳　范映渊　杨晓燕　张建东

(5)基础课程组(正高)三等奖:张　炜　王昌伟　崔宏刚　孔德银

(6)新工新医科组(副高及以下)二等奖:刘　佳　马冬梅　燕宁娜　夏固萍

(7)新工新医科组(正高)三等奖:李宏燕　徐　楠　宿友亮　陶镛汀

(8)课程思政组二等奖:丁文捷　詹银晓　徐艳茹　辛　慧

83. 第七届全区高校大学生教学技能大赛

(1)一等奖:孙曦晨　邱慧倩　董益汎　王　艺　陈康灵　王嘉琪

(2)二等奖:郎芳亮　牛尚儒　梁世琦　刘　宇　沙　宣

(3)三等奖:贺佳梅　付玉苗　樊　翔　杜雨萌

(4)优秀奖:孙佳伟

校级表彰奖励

宁夏大学2022—2023学年研究生国家奖学金获得者

博士研究生

守正书院:苗亚嫡　闫中华

勤学书院:李　强

求是书院:杜艳艳　谢　军

励行书院:禹保军　张　颖　沈　聪　高海燕　赵增锋

润泽书院:吴梦瑶

鼎新书院:吴润民

硕士研究生

守正书院:李佳宸　边江鹤　梁甜甜　黑雅娜　吴嘉伟　赵杉杉　贾　乙

尚德书院:刘　清　孙小宁　程静强　王　博　史佳豪

勤学书院:童　鹏　杨长江　刘星源　胡烨君　高　兴　徐智妞　郝　鑫　黎乾宇

求是书院:李　振　王辰洋　陈　磊　王　颖　沈　瑶　李一航　李　鑫　潘云鸣　贺艺玮

励行书院:李浩宁　马晓燕　张远绿　胡梓颖　李文慧　王怡婧　马亚博　乔亚蕊　张天昊　范龙文　王仕成

润泽书院:李胜楠　马泰永　王新胜　张　娣　罗静怡　刘　阔　伏小可　贾继宝　刘秉青　王　真

鼎新书院：李泽旭　刘　骜　李欣辉　贾冬杰　马　静　李自琴　王庆云　吴若飞　徐　敏　蒋潇静　张泽群

宁夏大学 2022—2023 学年本科生国家奖学金获得者

求是书院

罗雨晨　秦晟博　朱刘慧　郝振超　陈佳润　毛英颖　杨志航

尚德书院

冯茹霜　雷　昊　林川微　王艺诺

勤学书院

王泽达　林　昆　赵　旭　王春涛　王子琪

博雅书院

贺冰玉　周婧楠　曹文靖　兰天升

鼎新书院

杨　锐　曹　琰　张庆敖　曹绪坤

守正书院

程　红　赵子涵　梁予菲　刘慧慧　黄一诺

励行书院

杜倩萍　邓紫瑶　念桐西　刘明康　陈　涛

润泽书院

马登辉　方晶莹　魏子钰

宁夏大学 2022—2023 学年本科生国家励志奖学金获得者

尚德书院

王珍珍　郭日娜　许效梅　李艳茹　马　瑞　樊佳苗　马登辉　张文昊　马　雯　王　丹　袁圣奥　赵明贺　李雨菲　王　磊　陈宝旦　俞　睿　马兴愉　胡玲玲　杨博伟　董佳琦　方佳龙　秦　媛　马丛珍　袁　虎　魏唤唤　肖金伶　梁巧荣　赵佳荣　张佳楠　邱玲川　李　熙　宋继东　李　佳　虎荣荣　孙舒悦　施方圆　刘舒扬　李　卓　杨　淡　沙　宣　丁奕珅　连维霞　罗　慧　任文莹　李文瑶　祁慧婷　谢宛晨　吴思梦　王雯静　田　艳　刘彦蓉　张　洁　姜　毅　马　婷　蒲海龙　张菲燕　席雅婷　杜文丽　马　丽　陈　婷　张宇彤　黄蓉可　杜雅妃

勤学书院

王　睿　陈江梅　田昕华　王建婷　樊亚萍　丁小梅　李　雪　杨　丽　刘　菲　马　妍　赵玉萍
杨淑慧　伊俊洁　马雨萱　万　瑞　罗　璇　王　琳　马福燕　袁　希　戴佩佩　马玉鹏　齐剑英
海旭花　付　娜　禹秀玲　贺佳梅　马　玲　张　艳　马文瑾　陈重庆　刘亦璠　程　笛　马秀花
王国琴　张美丽　徐蜀豫　汪莫珊　张　倩　黄定旺　陈振宇　何小燕　黄　娜　刘　玉　田　娜
牛娜娜　马　荣　马　欣　王　蓉　刘念念　李聪堂　陆嘉欣　张　荣　马　悦　杨雅然　马　芳
周婷婷　陈　郑　王　凤　杨美贞　时金睿　冉慧英　马　莉　王睿娴　冯树阳　邓江海　邓宏敏
段丽丽　杨　珊　张　粤　韩升浩　马小莉　杨常梅　李　阳　史成明　李纯瑞　李　琴　张焕焕
李　欢　普晓扬　马长毓　林　丹　雷海红　马双萍　李爱玲　鲍　硕　陈　媛　杨　南　赵家煦
伊琳娜·布尔力克

求是书院

王　娇　秦晨玉　马　妍　段银惠　潘春丽　陈思思　杨桂英　尹超男　单佩花　马　绘　万婧玥
全　蕊　邓　灿　冯燕萍　海静静　赵美琪　林文俊　马晓梅　周桐雨　贾婷媛　刘澎睿　刘星辰
杨　启　田思荣　杨晓静　王　彦　罗小玲　杨飞雁　冯小玲　马小荣　肖　勇　田新娅　敬晓雪
赵亚珍　罗进燕　娄亚平　郭琦浩　丁飞扬　肖　谊　李村珅　梁富源　宋建勇　孟素素　李秉信
王广熙　张梦晴　李飞扬　段　磊　王文慧　路珮艳　王志远　胡一鸣　向建军　李双宏　何文静
马金茹　霍寒雪　杨军威　郭银强　张雨静　梁耀贤　左江金　张健宝　祖一鸣　郭远航　兰国伟
陆浩晴　丁汀瑜　卢一凡　张天一　邢海烨　金主贵　鲁双新　魏涵博　张钊硕　杨晓燕　张铭杰
薛子琦　张传奇　王嘉志　闫　辉　杨　柳　姬晓芳　厉茂哲　王森玉　马海雯　赵宇鹏　王雨欣
李　懿　何召生　张盼盼　崔清宇　郑渝久　于志豪　赵浩天　王欣怡　刘原宾　高　敬　李　博
贺海龙　郭晓文　施若涵　林　熠　史浩然　李佳瑶　李泽胤　王　敏　张梦菲　解锦洋　陈治平
刘明玉珍

守正书院

马凤明　尹博文　杨书琴　蒋柯聪　施　娜　李　霏　刘嘉鸿　谭美玲　陈玥涵　杨宇笛　张　冉
张立力　张雪倩　刘紫妍　刘金垒　赵水晶　李海欣　海　萍　胡涵瑜　汤子澜　田函萌　陈康灵
杨　昕　齐晓文　王瑞雪　孙祉寰　高　铃　郭书晴　康小霞　郑燕燕　杨丽娇　杨宝娟　杨蓉蓉
温芸梦　吕欣茹　吴　文　赵真仪　邱慧倩　戚欣慧　胡道叶　马雨婕　罗晨旭　刘欣宇　李雨泽
刘佳妮　段梦茹　金子淳　肖雯倩　刘　欣　屈昱颖　柴改茹　姜姿屹　陈瑞祥　吕梦荷　陈奕凡
武秋彤　刘秀秀　李　颖　林生发　虎玉燕　张正阳　郝银霞　锁安娜　公丕帅　王辰宇　贠婧璇
梁伟壮　杜高云　杨浩栋　浦秀慧　王冠中　金　娜　王鋆杰　何欣月　彭　湃　王阿祥

励行书院

张一凡　刘　莹　马　婷　李建凤　张美芸　毛蓉蓉　牛渭通　龙　欢　冯宇宁　巩夏南　汪慧玲

严江博 马存虎 李振祥 柳苗苗 李向龙 李双轮 马亚蓉 李欣宇 安 涛 王 露 吕 磊
曾 林 线启龙 曾天赐 谢宇涛 马嘉华 龚旭栋 马 全 谢士武 谢洪轮 杜 佳 李丙花
马 伟 刘德生 陈 星 周立安 武正媛 王学兰 倪同欣 江美润 谢湘钰 王晨阳 邓春梅
李 丽 罗嘉静 马筱筱 姚诗雨 贾 鹏 魏嘉一 周玉芬 彭 惠 曹建华 王 燕 马小宏
喻方勇 王 华 马瑞娜 高心雨 浦伟娟 战晓雪 马慧敏 冯岳坤 张荣荣 黄梦肖 周炬龙
陈国儒 胡亚卓 张容容 王永霞 王娜娜 余志安 白牡丹 何娇利 孙 雯 刘泽武 周 叶
高荷力 王 月 陈婷婷 杨亚荣 马小兰 禹丽娟 梁世琦 王晓芹 王 佳 杨 敏 陶珊珊
张龙珠 刘庆春 杨 霞

润泽书院

孙晓庆 麻旭霞 马 媛 虎 娟 马春灵 李 铮 杨凤艳 蔡婷婷 张 新 马忠艳 苏 瑞
王菊叶 李 芳 兰艳艳 张智慧 张夏桐 张 涛 杨 艳 马 玲 潘冰洁 祁芬芬 李小梅
马全芳 李永佳 童银霜 王 彤 张文慧 哈金荣 祁 凯 张雨菲 刘嘉鑫 韩玉凤 李晓双
汪佳琪 张宸铭 郭学凤 魏亚雄 赵杨盼 李郭安 马 鑫 虎志瑞 贾珣攀 连绍伟

鼎新书院

王 利 刘 洋 马明民 马国虎 杨睿睿 王志国 马 涛 苏小娜 田 震 曹 敏 马建华
丁振厅 王小军 昝兆金 李晓赫 黑 帅 丁海洋 刘齐雄 刘晓静 苏双锦 吴皓月 杨玲玲
田小丽 薛金涛 昝鑫鑫 高 辉 文金良 张亚军 刘 皓 彭梓杰 刘 岩 郑茹尹 袁怀滔
张之鑫 糟小强 秦 晋 刘 潇 吴冠霄 杨艺琳 田丽霞 苏 琴 莫晨阳 马小玲 张 萌
曹乐乐 马 楠 高贝贝 马梅林 师永龙 赵儒莉 窦文卓 胡 敏 田静静 张启昂 薛 昊
孙 冉 马银成 穆玲玲 张 群 马 勇 杨小芳 梁梦娇 汤 潇 谭 鑫 张春静 楼晨阳
曹静蕾 李 芳 虎小琴 刘顺良 吴雨欣 马盈月 吴文涛

博雅书院

张振阳 井雨桐 乔子云 王浩伟 姬燕燕 王银萍 宋福利 米小兰 尹博文 王伟娜 柳文轩
王凯萍 李佳庆 古春雪 剡 静 马格夜 严家欣 张鹏烨 张天莹 周文华 赵银娟 杨雪儿
赵悦悦 孙天河 周玉兰 李向军 付 鹏 剡蓉丽 沈 婷 杨 帆 孙梦梦 陈 璐 李建英
安雪燕 马 博 牛广普 乔自洁 张敏敏 陈亚静 赵亚楠 田 兰 詹 欣 李 玲 谢朝怡
陈玉洁 李文霞 高 璇 马英莲 逯凤红 王怡婷 李嘉丽 郭军佳 黄瑞娟 李 静 何嘉仪
乔家祺 许 颖 赵文龙 岳海荣 张亮亮 许 浩 李甜甜 张沫雷 李朝朝 张 倩

宁夏大学 2023 届毕业生就业工作先进集体

体育学院 音乐学院 材料与新能源学院 美术学院 食品科学与工程学院 机械工程学院

生态环境学院　信息工程学院　民族与历史学院　地理科学与规划学院　林业与草业学院
外国语学院　马克思主义学院　守正书院　尚德书院　润泽书院　鼎新书院　励行书院　求是书院

宁夏大学 2023 届毕业生就业工作先进个人

文学院

杨学娟

民族与历史学院

于光建

阿拉伯学院

冯　燚

外国语学院

贾文娟

国际教育学院

杨　景

体育学院

咸云龙

马克思主义学院

林冬子

新闻传播学院

于鹏亮

音乐学院

查　芮

美术学院

张　睿

法学院

马　斌

经济管理学院

虎兴武

教师教育学院

焦岩岩

数学统计学院

李风军

物理学院

曹志杰

电子与电气工程学院

马　鑫

信息工程学院

杜　方

生命科学学院

徐春燕

动物科技学院

李继东

食品科学与工程学院

李文华

土木与水利工程学院

马熙伦

建筑学院

张居平

地理科学与规划学院

陈军胜

农学院

王　锐

林业与草业学院

田　佳

葡萄酒与园艺学院

苏宇静

生态环境学院

王世全

机械工程学院

王昱潭

化学化工学院

李　冰

材料与新能源学院

杨珮珮

前沿交叉学院

杨莹莹

守正书院

闫　蓉　顾　珍　李　丹

尚德书院

雷丽霞　刘利宁　钱佳乐

勤学书院

马　瑜　常　江　艾萨·阿尤普

求是书院

张振霞　王子超　玛伊拜尔·卡吾力

励行书院

周兴洋　常瑞敏　梁冀宁

润泽书院

周　约　马维宗　张玉萍

鼎新书院

何　佳　马　洁　吕　乐

博雅书院

吴笑江　简佩玲　孙淑静

职能部门

张建鑫　冯禹君　李瑞瑞　杨亚珺　何韶华　刘　龙

宁夏大学 2022—2023 学年优秀实习指导教师

外国语学院

贾文娟　杜　玮　杨　玲　吴　蓉　郭海英

体育学院

崔宏刚　邹建世　石　红

文学院

杨学娟　贾海燕　于　薇　杨志云　李国玲　赵彦龙　刘佳润

阿拉伯学院

马永亮

民族与历史学院

张淑红

国际教育学院

冯　雪

马克思主义学院

马拥军　林冬子

音乐学院

姜文静　查　芮　胡菁华

美术学院

卯　芳　孙春霞

新闻传播学院

王雅蕾　于　璇

教师教育学院

焦岩岩　郝振君　马晓凤　马　丽　王惠惠　茄学萍

经济管理学院

刘　涛　龙卫红　张淑萍

法学院

刘　芳　朱蓓予　许宝贵　张　琴　李俊群　崔朝阳

电子与电气工程学院

刘兴杰　杨国华　李春树　马　超　王　娜

物理学院

曹志杰　朱巧萍　郝　睿

数学统计学院

王　燕　伏春玲　王　丽　赵秉新

信息工程学院

苗　莉　贾　伟　纳利军

生命科学学院

梁新华　周续莲　徐春燕

食品科学与工程学院

康宁波　魏超昆

动物科技学院

王桂琴　李新海

地理科学与规划学院

牛震敏　张明鑫　张　鑫　成文浩　曹　萍　邓　宇　常　虹　赵小勇

土木与水利工程学院

金宝宏　包　超　王炳亮　林卫公

建筑学院

咸宝林

农学院

王　彬　王亚麒　贾　龙

林业与草业学院

宋丽华　马潇源　杨　鑫

葡萄酒与园艺学院

李　明　李茹一　张雪艳

生态环境学院

杨　帆　贺　婧　李　媛

机械工程学院

丁　璞　雍耀维　康少付　郭学东　孙来宁　唐　博　李　瑞　陶镛汀

化学化工学院

王富强　杨文远　王晓中　胡修德　张　霞

前沿交叉学院

张芳艳　王　迪　杨　娜　杨莹莹　李　波　井　微　高媛媛

宁夏大学 2022—2023 学年优秀实习学生

外国语学院

王　力　王雪娇　陈　娜　方　秀

体育学院

王正午　何　娜　凌天鹏　田风霞　蔡登敏

文学院

李煜珩　孙继伟　陈钰露　孔子儒　罗宜恒　周宇轩　朱文慧

阿拉伯学院

袁紫嫣

民族与历史学院

李钰婷

国际教育学院

范琦惠

马克思主义学院

马小兰　杨天硕

音乐学院

杨小贺　杨国强　李　宁

美术学院

赵彩凤　万家琳　赵子渊

新闻传播学院

武治瑾　王雯玥

教师教育学院

杨绍珂　罗小花　夏安妮　王　爱　徐康康

经济管理学院

马瑞品　崔文睿　成子洋　杨　佳　余晓静　孙祖豪　杨佳静　马　宁　时鑫荣　刘小蝶　孙佳洁

法学院

金佳然　郝庆顺　王晨龙　赵金涛　王胜宇

电子与电气工程学院

王志鸿　马小宝　刘文凯　南冬妮　邓　骁

物理学院

周艳青　梁梦越

数学统计学院

张晓哲　王彩霞　申玉荣　殷　铭

信息工程学院

郭振飞　包祥裕

生命科学学院

齐双捷　马　莹　雷心茹

食品科学与工程学院

马锁彦　郭元元

动物科技学院

王雪容　王正兴

地理科学与规划学院

杨千龙　余　玲　马　睿

土木与水利工程学院

刘志超　陈青亮　田宇哲　白嘉怡　李娜娜　马　伟

建筑学院

蒙文杰　李　鹏

农学院

建　伟　马宏财　苏生虎

林业与草业学院

王博涛　闫铭旭　臧家艺

葡萄酒与园艺学院

张宸铭　刘嘉鑫　邵旭兵　李家群

生态环境学院

王　传　杨　宁　张晓敏

机械工程学院

杨晓丽　李安乐　杨　哲　罗　翔　罗荣斌　高建雄　王瑞泽　袁小龙

化学化工学院

李文欣　胡　倩　白金孝　马　慧　海晓英　苏建军　尚　兴

前沿交叉学院

齐飞龙　张艳静　杨浩勤　张欢欢　毛莉涵　卫媛媛

宁夏大学第三届教师教学创新大赛优秀组织奖

机械工程学院　体育学院　物理与电子电气工程学院　生命科学学院

宁夏大学第三届教师教学创新大赛获奖教师(团队)

组　别	获奖等次	学　院	姓　名	课　程	团队(成员)/个人
基础课程组	一等奖	马克思主义学院	张　艳	思想道德与法治	范映渊　杨晓燕　张建东
		生命科学学院	杨　易	遗传学	徐金瑞　石　晶　张思浓
	二等奖	数学统计学院	田　芳	高等数学	许新忠　路新玲　赵丽萍
		物理与电子电气工程学院	高永伟	中学物理教具设计与制作	个　人
		体育学院	张　炜	足球运动学	王昌伟　崔宏刚　孔德银
	三等奖	创新创业学院	李雅楠	创新创业导论	郎思睿
		美术学院	鲁梦甜	创新创业导论	姜远东　王艳梅
		体育学院	谢　琴	运动生理学	徐芝芳　杨秋香　石　红
		体育学院	王太康	排球运动	王　飒　吴庭柱　孙祖浩
新文新农科组	一等奖	农学院	梁　熠	作物栽培学 I	代晓华　刘万茂
		民族与历史学院	张启龙	世界现代史	张淑红　孙　柳　张新军
	二等奖	经济管理学院	韩　立	政治经济学	刘晓伟　聂毓敏　张锦文
		经济管理学院	于艳丽	农产品物流与供应链管理	东　梅　许　昊　华　静
	三等奖	教育学院	韩　煦	小学英语教学论	个　人
		农学院	程国新	园林植物育种学	个　人
		阿拉伯学院	宋保军	阿拉伯经贸与中阿经贸往来	王　卓
新工科组	一等奖	机械工程学院	李宏燕	过程装备控制技术	丁文捷　徐　楠　陶镛汀
		土木与水利工程学院	刘　佳	中外园林史	马冬梅　燕宁娜　夏固萍
	二等奖	机械工程学院	詹银晓	热工基础	张　波　徐艳茹　辛　慧
		机械工程学院	高广娣	机械原理	曲爱丽　张佃平　侯才生
		信息工程学院	秦飞舟	数据结构	宋丽娟　宋丽亚　高锦涛
	三等奖	物理与电子电气工程学院	董雯浩	物理化学	曹志杰　马晓波　孙文海
		物理与电子电气工程学院	蔺金元	数字电路与逻辑设计课程设计	王学忠　伍永峰　周　虎
课程思政组	一等奖	机械工程学院	丁文捷	过程工程原理	李宏燕　詹银晓　徐艳茹
		物理与电子电气工程学院	宋佳乾	信号与系统	汤全武　李春树　李　虹
	二等奖	生命科学学院	魏智清	动物行为学	杨贵军　杨　英　杨文治
		数学统计学院	姜爱平	线性代数	许新忠　刘　琼　朱　琳
		体育学院	马志军	篮球运动	咸云龙　虎晓东　刘　攀
	三等奖	生命科学学院	杨　涓	保护生物学	徐婷婷　郑国琦　牛东玲
		民族预科教育学院	马占俊	中国文学经典作品研读	马亚琳　谢静雯　赵　谨
		信息工程学院	施文英	C 语言程序设计	谷萧君　王凤萍　杨　萍

宁夏大学 2022—2023 学年先进班集体

序号	书院	学院	年级	专业	班级
1	守正书院	文学院	2021 级	汉语言文学(师范)	1 班
2	守正书院	文学院	2022 级	汉语言文学(师范)	1 班
3	守正书院	民族与历史学院	2021 级	历史学(师范)	1 班
4	守正书院	阿拉伯学院	2021 级	阿拉伯语	2 班
5	守正书院	外国语学院	2021 级	英语翻译	2 班
6	守正书院	外国语学院	2021 级	日　语	1 班
7	守正书院	外国语学院	2021 级	俄　语	1 班
8	守正书院	外国语学院	2022 级	英语(教师教育)	1 班
9	守正书院	外国语学院	2022 级	英语翻译	1 班
10	守正书院	国际教育学院	2021 级	会计学	会计班
11	守正书院	体育学院	2020 级	体育教育	1 班
12	守正书院	体育学院	2021 级	体育教育	1 班
13	守正书院	体育学院	2022 级	体育教育	2 班
14	尚德书院	马克思主义学院	2021 级	思想政治教育(师范)	1 班
15	尚德书院	新闻传播学院	2021 级	新闻学(卓越新闻人才)	1 班
16	尚德书院	新闻传播学院	2021 级	广告学	1 班
17	尚德书院	音乐学院	2021 级	音乐学(教师教育)	3 班
18	尚德书院	音乐学院	2022 级	音乐学(教师教育)	3 班
19	尚德书院	美术学院	2021 级	视觉传达设计	1 班
20	尚德书院	美术学院	2021 级	环境设计	2 班
21	尚德书院	美术学院	2022 级	环境艺术设计	2 班
22	勤学书院	法学院	2021 级	法　学	2 班
23	勤学书院	法学院	2022 级	法　学	2 班
24	勤学书院	法学院	2022 级	法　学	3 班
25	勤学书院	经济管理学院	2020 级	会计学	2 班
26	勤学书院	经济管理学院	2021 级	经济学	1 班
27	勤学书院	经济管理学院	2021 级	会计学	1 班
28	勤学书院	经济管理学院	2022 级	会计学	1 班
29	勤学书院	经济管理学院	2022 级	会计学	2 班
30	勤学书院	教师教育学院	2021 级	学前教育(教师教育)	1 班
31	勤学书院	教师教育学院	2022 级	教育技术学	1 班
32	勤学书院	教师教育学院	2022 级	小学教育(师范)	1 班
33	求是书院	数学统计学院	2021 级	数学与应用数学(教师教育)	1 班
34	求是书院	数学统计学院	2021 级	数学与应用数学(金融数学)	1 班
35	求是书院	数学统计学院	2022 级	数学与应用数学(教师教育)	1 班
36	求是书院	数学统计学院	2022 级	数学与应用数学(基础拔尖人才培养班)	1 班
37	求是书院	物理学院	2021 级	物理学(师范)	1 班
38	求是书院	电子与电气工程学院	2020 级	电子信息工程	2 班
39	求是书院	电子与电气工程学院	2022 级	电气工程及其自动化	1 班
40	求是书院	信息工程学院	2020 级	计算机科学与技术	4 班

续表

序　号	书　院	学　院	年　级	专　业	班　级
41	求是书院	信息工程学院	2021 级	计算机科学与技术	1 班
42			2022 级	计算机类	5 班
43	励行书院	生命科学学院	2021 级	生物科学类(生科)	2 班
44			2022 级	生物科学	拔尖班
45		动物科技学院	2021 级	动物医学	1 班
46		食品科学与工程学院	2021 级	食品科学与工程	食科班
47		土木与水利工程学院	2021 级	工程管理	工程管理班
48		建筑学院	2020 级	建筑学	1 班
49			2021 级	建筑学	1 班
50		地理科学与规划学院	2021 级	地理科学(师范)	1 班
51	润泽书院	农学院	2020 级	农　学	1 班
52			2021 级	植物保护	1 班
53			2022 级	农业资源与环境	1 班
54		林业与草业学院	2020 级	林　学	1 班
55			2021 级	林　学	1 班
56			2021 级	园　林	1 班
57		葡萄酒与园艺学院	2020 级	葡萄与葡萄酒工程	工程班
58			2021 级	葡萄与葡萄酒工程	工程班
59			2021 级	园　艺	1 班
60		生态环境学院	2022 级	环境科学与工程	1 班
61	鼎新书院	机械工程学院	2020 级	机械工程	智能制造班
62			2021 级	机械制造	智能制造班
63			2022 级	交通运输	2 班
64			2022 级	机械类	3 班
65		化学化工学院	2020 级	化学(教师教育)	1 班
66			2021 级	化学工程与工艺	卓工班
67			2021 级	应用化学	1 班
68			2022 级	应用化学	1 班
69			2022 级	化学(师范)	化学师范班
70		材料与新能源学院	2022 级	新能源材料与器件	1 班
71	博雅书院	前沿交叉学院	2021 级	旅游管理	1 班
72			2020 级	旅游管理(旅游规划)	1 班
73			2020 级	软件工程(云计算、大数据)	4 班
74			2021 级	软件工程(云计算、大数据)	1 班
75			2020 级	网络工程(物联网技术)	2 班
76			2022 级	网络工程(物联网技术)	1 班
77			2021 级	会计学(财务)	1 班
78			2022 级	会计学(财务)	2 班

宁夏大学 2022—2023 学年三好学生

序号	书院	学院	年级	专业	学号	姓名
1	守正书院	文学院	2020 级	汉语言文学(教师教育)	12020***031	孟祥文
2			2020 级	汉语言文学(教师教育)	12020***033	郭雯玉
3			2020 级	汉语言文学(教师教育)	12020***038	杨书琴
4			2020 级	汉语言文学(教师教育)	12020***032	庄佳林
5			2020 级	汉语言文学(教师教育)	12020***052	孙曦晨
6			2020 级	汉语言文学(文秘方向)	12020***191	李　霏
7			2020 级	汉语言文学(文秘方向)	12020***192	刘嘉鸿
8			2021 级	汉语言文学(师范)	12021***031	谭美玲
9			2021 级	汉语言文学(师范)	12021***133	陈玥涵
10			2021 级	汉语言文学(师范)	12021***770	刘季杭
11			2021 级	汉语言文学(师范)	12021***020	何颖桥
12			2021 级	汉语言文学(文秘方向)	12021***115	黄一诺
13			2021 级	汉语言文学(文秘方向)	12021***134	刘紫妍
14			2022 级	汉语言文学(师范)	12022***925	刘金垒
15			2022 级	汉语言文学(师范)	12022***937	赵水晶
16			2022 级	汉语言文学(师范)	12022***907	谢利华
17			2022 级	汉语言文学(师范)	12022***918	成　璐
18			2022 级	汉语言文学(师范)	12022***926	朱雨霏
19			2022 级	汉语言文学(文秘)	12022***067	汤子澜
20			2022 级	汉语言文学(文秘)	12022***057	仓丽晨
21		民族与历史学院	2020 级	历史学(教师教育)	12020***232	孙　潇
22			2020 级	历史学(教师教育)	12020***206	马燕燕
23			2021 级	历史学(师范)	12021***152	程　红
24			2021 级	历史学(师范)	12021***158	杨　昕
25			2022 级	历史学(师范)	12022***707	孙祉襄
26			2022 级	历史学(师范)	12022***716	高　铃
27		阿拉伯学院	2020 级	阿拉伯语	12020***043	马悦茹
28			2020 级	阿拉伯语	12020***040	郑燕燕
29			2021 级	阿拉伯语	12021***038	祁弋琳
30			2021 级	阿拉伯语	12021***056	刘振东
31			2022 级	阿拉伯语	12022***021	孙雨婷
32			2022 级	阿拉伯语	12022***029	张　阳
33		外国语学院	2020 级	英语(教师教育)	12020***765	杜夏楠
34			2020 级	英语(教师教育)	12020***870	刘伊帆
35			2020 级	英语(教师教育)	12020***773	邓学梅
36			2020 级	英语(翻译)	12020***864	李萌倩
37			2020 级	英语(翻译)	12020***868	田海艳
38			2020 级	英语(翻译)	12020***857	陈　璐
39			2020 级	日　语	12020***914	吴　梦
40			2020 级	俄　语	12020***960	席　帆
41			2021 级	英语教师教育	12021***801	邱慧倩

续表 1

序　号	书　院	学　院	年　级	专　业	学　号	姓　名
42	守正书院	外国语学院	2021 级	英语教师教育	12021***890	吕欣茹
43			2021 级	英语教师教育	12021***868	罗晨旭
44			2021 级	英语翻译	12021***771	周邑欣
45			2021 级	英语翻译	12021***784	贾梦缘
46			2021 级	英语翻译	12021***804	戚欣慧
47			2021 级	日　语	12021***983	赵子涵
48			2021 级	俄　语	12021***954	赵真仪
49			2022 级	英语教师教育	12022***820	金子淳
50			2022 级	英语教师教育	12022***818	屈昱颖
51			2022 级	英语教师教育	12022***823	柴改茹
52			2022 级	英语翻译	12022***719	罗璟岚
53			2022 级	英语翻译	12022***722	陈瑞祥
54			2022 级	英语翻译	12022***721	林宇彤
55			2022 级	日　语	12022***664	陈奕凡
56			2022 级	俄　语	12022***604	康钰卿
57		国际教育学院	2020 级	会计学	12020***637	刘婧雅
58			2020 级	工商管理	12020***662	赵双娇
59			2021 级	会计学	12021***551	李　颖
60			2021 级	会计学	12021***553	张馨文
61			2021 级	工商管理	12021***533	梁予菲
62			2021 级	工商管理	12021***519	徐禾晨
63			2022 级	会计学	12022***766	李凌锐
64			2022 级	会计学	12022***772	尚姝岑
65			2022 级	工商管理	12022***708	黄馨钰
66			2022 级	工商管理	12022***714	李姿瑾
67		体育学院	2020 级	体育教育	12020***068	奇德力海
68			2020 级	体育教育	12020***036	李自燕
69			2020 级	体育教育	12020***041	虎玉燕
70			2020 级	体育教育	12020***010	赵容川
71			2020 级	运动训练	12020***125	郝银霞
72			2020 级	运动训练	12020***151	张静波
73			2020 级	运动训练	12020***134	锁安娜
74			2020 级	运动训练	12020***118	张　佳
75			2020 级	武术与民族传统体育	12020***181	孙宇轩
76			2021 级	体育教育	12021***930	刘慧慧
77			2021 级	体育教育	12021***924	杨浩栋
78			2021 级	体育教育	12021***917	胡羽森
79			2021 级	体育教育	12021***957	赵雪花
80			2021 级	运动训练	12021***038	贠婧璇
81			2021 级	运动训练	12021***037	梁　洁
82			2021 级	运动训练	12021***022	李　硕
83			2021 级	运动训练	12021***079	林星雨

续表 2

序 号	书 院	学 院	年 级	专 业	学 号	姓 名
84	守正书院	体育学院	2021 级	武术与民族传统体育	12021***009	杨丽娜
85			2022 级	体育教育	12022***922	彭 湃
86			2022 级	体育教育	12022***911	郑明涛
87			2022 级	体育教育	12022***924	王冠中
88			2022 级	体育教育	12022***914	郭贵博
89			2022 级	运动训练	12022***075	王鋆杰
90			2022 级	运动训练	12022***082	叶 霖
91			2022 级	运动训练	12022***086	何欣月
92	尚德书院	马克思主义学院	2020 级	思想政治教育(教师教育)	12020***665	王骞文
93			2020 级	思想政治教育(教师教育)	12020***648	虎荣荣
94			2020 级	思想政治教育(教师教育)	12020***601	沙 宣
95			2020 级	思想政治教育(教师教育)	12020***663	孙凤坤
96			2021 级	思想政治教育(师范)	12021***665	王艺诺
97			2021 级	思想政治教育(师范)	12021***666	史知新
98			2021 级	思想政治教育(师范)	12021***675	李欢语
99			2021 级	思想政治教育(师范)	12021***663	阙小平
100			2022 级	思想政治教育(师范)	12022***432	刘舒扬
101			2022 级	思想政治教育(师范)	12022***452	杨思琪
102			2022 级	思想政治教育(师范)	12022***431	孙舒悦
103			2022 级	思想政治教育(师范)	12022***415	孙佳豪
104		新闻传播学院	2020 级	新闻学(卓越新闻人才)	12020***345	方佳龙
105			2020 级	新闻学(网络与新媒体)	12020***305	杨玲玲
106			2020 级	新闻学(网络与新媒体)	12020***326	魏唤唤
107			2020 级	广告学	12020***277	周媛媛
108			2020 级	广告学	12020***335	侯怡军
109			2021 级	新闻学(卓越新闻人才)	12021***275	孙 悦
110			2021 级	新闻学(网络与新媒体)	12021***295	王一曳
111			2021 级	新闻学(网络与新媒体)	12021***820	连 正
112			2021 级	广告学	12021***298	杨烨瑄
113			2022 级	新闻学(卓越新闻人才)	12022***655	王柏儒
114			2022 级	新闻传播学类	12022***555	杨阿舌
115			2022 级	新闻传播学类	12022***575	李 佳
116			2022 级	新闻传播学类	12022***586	宋继东
117			2022 级	新闻传播学类	12022***609	高依可
118			2022 级	播音与主持艺术班	12022***502	王宇涵
119		音乐学院	2020 级	音乐学(教师教育)	12020***227	王珍珍
120			2020 级	音乐学(教师教育)	12020***281	韩 丹
121			2020 级	音乐学(教师教育)	12020***278	马 瑞
122			2020 级	音乐学(教师教育)	12020***296	郭日娜
123			2020 级	音乐学(教师教育)	12020***251	岳宏洋
124			2020 级	音乐学(教师教育)	12020***290	许效梅
125			2020 级	舞蹈表演	12020***347	刘伟博

续表 3

序号	书院	学院	年级	专业	学号	姓名
126	尚德书院	音乐学院	2020 级	舞蹈表演	12020***346	何思源
127			2020 级	舞蹈表演	12020***354	白　玲
128			2021 级	音乐学(教师教育)	12021***206	雷　昊
129			2021 级	音乐学(教师教育)	12021***223	张文昊
130			2021 级	音乐学(教师教育)	12021***266	陈玉文
131			2021 级	音乐学(教师教育)	12021***229	樊佳苗
132			2021 级	音乐学(教师教育)	12021***279	马登辉
133			2021 级	音乐学(教师教育)	12021***273	闫奕璇
134			2021 级	舞蹈表演	12021***138	黄奕婷
135			2021 级	舞蹈表演	12021***152	俞　睿
136			2021 级	舞蹈表演	12021***118	陈　菲
137			2022 级	音乐学(教师教育)	12022***236	袁圣奥
138			2022 级	音乐学(教师教育)	12022***207	王　丹
139			2022 级	音乐学(教师教育)	12022***206	杜锦雯
140			2022 级	音乐学(教师教育)	12022***231	赵明贺
141			2022 级	音乐学(教师教育)	12022***257	李雨菲
142			2022 级	舞蹈表演	12022***143	胡玲玲
143			2022 级	舞蹈表演	12022***106	杨博伟
144			2022 级	舞蹈表演	12022***116	董佳琦
145		美术学院	2020 级	美术学(教师教育)	12020***474	林川微
146			2020 级	美术学(教师教育)	12020***406	王　悦
147			2020 级	美术学(教师教育)	12020***460	王　昊
148			2020 级	美术学(教师教育)	12020***451	吴思梦
149			2020 级	视觉传达设计	12020***501	田伟玥
150			2020 级	视觉传达设计	12020***512	高天天
151			2020 级	环境设计	12020***553	任文莹
152			2020 级	环境设计	12020***551	王子龙
153			2021 级	美术学(教师教育)	12021***478	李艺璇
154			2021 级	美术学(教师教育)	12021***441	李星莹
155			2021 级	美术学(教师教育)	12021***406	滕　丽
156			2021 级	美术学(教师教育)	12021***476	杨森涵
157			2021 级	美术学(教师教育)	12021***480	郭　洛
158			2021 级	视觉传达设计	12021***354	刘彦蓉
159			2021 级	视觉传达设计	12021***353	吴诗雨
160			2021 级	环境设计	12021***323	姜　毅
161			2021 级	环境设计	12021***333	刘书怡
162			2022 级	美术学	12022***554	白佳玥
163			2022 级	美术学	12022***605	陈　婷
164			2022 级	美术学	12022***562	吴家祯
165			2022 级	美术学	12022***551	宋银浩
166			2022 级	视觉传达设计	12022***661	朱子怡
167			2022 级	视觉传达设计	12022***662	徐星月

续表 4

序 号	书 院	学 院	年 级	专 业	学 号	姓 名
168	尚德书院	美术学院	2022 级	环境艺术设计	12022***506	蒋子煊
169			2022 级	环境艺术设计	12020***419	秦 天
170	勤学书院	法学院	2020 级	法 学	12020***539	陈雨琳
171			2020 级	法 学	12020***478	林 丹
172			2020 级	法 学	12020***427	罗 璇
173			2020 级	法 学	12020***448	马玉鹏
174			2020 级	法 学	12020***889	刘龙震
175			2020 级	法 学	12020***449	慕 东
176			2020 级	行政管理	12020***536	许嘉灿
177			2020 级	行政管理	12020***505	杨俊虎
178			2020 级	社会学	12020***573	王泽达
179			2021 级	法 学	12021***371	马 悦
180			2021 级	法 学	12021***449	张 荣
181			2021 级	法 学	12021***435	何宛亭
182			2021 级	法 学	12021***407	陆嘉欣
183			2021 级	法 学	12021***429	申宏博
184			2021 级	法 学	12021***450	王春宇
185			2021 级	行政管理	12021***637	张铭轩
186			2021 级	行政管理	12021***638	杨舒媛
187			2021 级	社会学	12021***524	王莲绮
188			2022 级	法 学	12022***427	陈金灵
189			2022 级	法 学	12022***435	李欣怡
190			2022 级	法 学	12022***442	杨吕一冉
191			2022 级	法 学	12022***443	普晓扬
192			2022 级	法 学	12022***426	姜孜恒
193			2022 级	行政管理	12022***563	刘俪瑾
194			2022 级	行政管理	12022***587	李 琴
195			2022 级	社会学	12022***610	肖建瑞
196		经济管理学院	2020 级	农林经济管理	12020***363	孟佳琦
197			2020 级	农林经济管理	12020***456	丁小梅
198			2020 级	市场营销	12020***356	海晓月
199			2020 级	经济学	12020***136	赵玉萍
200			2020 级	经济学	12020***139	李 萌
201			2020 级	经济学	12020***145	石玉浩
202			2020 级	经济学(金融)	12020***169	何 璐
203			2020 级	经济学(金融)	12020***189	马 妍
204			2020 级	经济学(金融)	12020***381	何 野
205			2020 级	经济学(金融)	12020***656	康小花
206			2020 级	物流管理	12020***436	李扬帆
207			2020 级	会计学	12020***204	李 雪
208			2020 级	会计学	12020***209	金玉婷
209			2020 级	会计学	12020***289	杨淑慧

续表 5

序号	书院	学院	年级	专业	学号	姓名
210	勤学书院	经济管理学院	2020 级	会计学	12020***342	齐艳文
211			2020 级	会计学	12020***616	王　睿
212			2020 级	会计学	12020***029	孙　楠
213			2020 级	工商管理	12020***281	董钰佳
214			2020 级	工商管理	12020***254	王建婷
215			2021 级	农林经济管理	12021***432	李千祎
216			2021 级	农林经济管理	12021***411	马　荣
217			2021 级	市场营销	12021***201	田　娜
218			2021 级	市场营销	12021***217	王　东
219			2021 级	经济学	12021***339	徐蜀豫
220			2021 级	经济学	12021***335	刘希望
221			2021 级	经济学(金融)	12021***390	张　倩
222			2021 级	经济学(金融)	12021***386	程　爽
223			2021 级	物流管理专业	12021***483	代昕睿
224			2021 级	物流管理专业	12021***468	白如月
225			2021 级	会计学	12021***261	陈振宇
226			2021 级	会计学	12021***258	陈儒涵
227			2021 级	会计学	12021***259	王金凤
228			2021 级	会计学	12021***198	张　瑞
229			2021 级	工商管理	12021***237	张美丽
230			2021 级	工商管理	12021***270	方　乐
231			2022 级	农林经济管理	12022***262	康允泽
232			2022 级	农林经济管理	12022***261	史成明
233			2022 级	经济学	12022***214	卢芊桦
234			2022 级	经济学	12022***202	杨常梅
235			2022 级	金融学	12022***170	杨靖荣
236			2022 级	金融学	12022***167	刘韦彤
237			2022 级	物流管理	12022***309	李纯瑞
238			2022 级	物流管理	12022***313	阳　雷
239			2022 级	会计学	12022***063	张晓然
240			2022 级	会计学	12022***051	马丽娜
241			2022 级	会计学	12022***068	杨姝雯
242			2022 级	会计学	12022***082	姚晓雨
243			2022 级	工商管理	12022***930	刘胡盟
244			2022 级	工商管理	12022***978	林　莹
245			2022 级	工商管理类	12022***967	杨　博
246			2022 级	工商管理类	12022***943	覃　丹
247			2022 级	工商管理类	12022***941	邓宏敏
248			2022 级	工商管理类	12022***947	王　楠
249		教师教育学院	2020 级	教育技术学	12020***784	陈　慧
250			2020 级	教育技术学	12020***759	付　娜
251			2020 级	小学教育(教师教育)	12020***802	康　芳

续表 6

序 号	书 院	学 院	年 级	专 业	学 号	姓 名
252	勤学书院	教师教育学院	2020 级	小学教育(教师教育)	12020***831	马爱弟
253			2020 级	小学教育(教师教育)	12020***807	苏宗梅
254			2020 级	学前教育(教师教育)	12020***908	谭诗意
255			2020 级	学前教育(教师教育)	12019***553	王蕾媛
256			2020 级	学前教育(教师教育)	12020***867	陈重庆
257			2020 级	应用心理学	12020***737	张雪婷
258			2020 级	应用心理学	12020***711	刘亦璠
259			2020 级	应用心理学(教师教育心理健康)	12020***690	李浩润
260			2020 级	应用心理学(教师教育心理健康)	12020***685	张 丽
261			2021 级	教育技术学	12021***685	刘茄莉
262			2021 级	教育技术学	12021***684	冉慧英
263			2021 级	小学教育(教师教育)	12021***708	蔡祎梦
264			2021 级	小学教育(教师教育)	12021***711	刘 渝
265			2021 级	小学教育(教师教育)	12021***814	王 凤
266			2021 级	学前教育(教师教育)	12021***765	白婷婷
267			2021 级	学前教育(教师教育)	12021***752	谢 娜
268			2021 级	应用心理学	12021***807	周续珠
269			2021 级	应用心理学	12021***806	王睿娴
270			2021 级	应用心理学(教师教育心理健康)	12021***858	王子琪
271			2021 级	应用心理学(教师教育心理健康)	12021***857	王丹萍
272			2022 级	教育技术学	12022***606	李笑阳
273			2022 级	教育技术学	12022***613	孙梓浩
274			2022 级	小学教育(师范)	12018***106	章译文
275			2022 级	小学教育(师范)	12018***127	马双萍
276			2022 级	学前教育	12022***720	俞佳蕊
277			2022 级	学前教育	12022***715	李英阁
278			2022 级	应用心理学	12022***756	徐鑫哲
279			2022 级	应用心理学(师范)	12022***813	陈 植
280			2022 级	应用心理学(师范)	12022***812	赵双祐
281	求是书院	数学统计学院	2020 级	数学与应用数学(教师教育)	12020***521	刘美慧
282			2020 级	数学与应用数学(教师教育)	12020***546	马红艳
283			2020 级	数学与应用数学(教师教育)	12020***511	马 莉
284			2020 级	数学与应用数学(教师教育)	12020***562	张茹苑
285			2020 级	数学与应用数学(金融数学)	12020***713	罗雨晨
286			2020 级	数学与应用数学(金融数学)	12020***626	马吉芳
287			2020 级	数学与应用数学(金融数学)	12020***694	柴雨成
288			2020 级	数学与应用数学(金融数学)	12020***673	张 叶
289			2020 级	信息与计算科学	12020***716	田思雨
290			2020 级	应用统计学	12020***768	单佩花
291			2020 级	应用统计学	12020***760	田 晶
292			2021 级	数学与应用数学(教师教育)	12021***677	马 悦
293			2021 级	数学与应用数学(教师教育)	12021***695	姚改涛

续表 7

序 号	书 院	学 院	年 级	专 业	学 号	姓 名
294	求是书院	数学统计学院	2021 级	数学与应用数学(教师教育)	12021***694	李院飞
295			2021 级	数学与应用数学(教师教育)	12021***664	周玉花
296			2021 级	数学与应用数学(金融数学)	12021***510	海静静
297			2021 级	数学与应用数学(金融数学)	12021***573	盛耀扬
298			2021 级	数学与应用数学(金融数学)	12021***538	张惠蕊
299			2021 级	数学与应用数学(金融数学)	12021***547	余 菲
300			2021 级	信息与计算科学	12021***560	史 彪
301			2021 级	信息与计算科学	12021***580	林文俊
302			2021 级	应用统计学	12021***751	马晓梅
303			2021 级	应用统计学	12021***781	平 静
304			2022 级	数学与应用数学(教师教育)	12022***769	贾 硕
305			2022 级	数学与应用数学(教师教育)	12022***774	王 彦
306			2022 级	数学与应用数学(教师教育)	12022***783	刘 珂
307			2022 级	数学与应用数学(教师教育)	12022***773	段笑然
308			2022 级	数学与应用数学(基础拔尖人才培养班)	12022***703	刘澎睿
309			2022 级	数学与应用数学(金融数学)	12022***619	杨 启
310			2022 级	数学与应用数学(金融数学)	12022***617	邱奕航
311			2022 级	信息与计算科学	12022***612	张凯辰
312			2022 级	信息与计算科学	12022***662	贾婷媛
313			2022 级	应用统计学	12022***858	吴佳琛
314			2022 级	应用统计学	12022***864	谢能权
315		物理学院	2020 级	物理学(应用物理)	12020***869	马小荣
316			2020 级	物理学(应用物理)	12020***890	李佳欣
317			2020 级	物理学(教师教育)	12020***812	马 斌
318			2020 级	物理学(教师教育)	12020***815	董益汎
319			2020 级	新能源材料与器件	12020***165	朱刘慧
320			2020 级	新能源材料与器件	12020***178	马欣雨
321			2021 级	物理学(师范)	12021***901	赵亚珍
322			2021 级	物理学(师范)	12021***918	吴佩贤
323			2021 级	应用物理	12021***982	娄亚平
324			2021 级	应用物理	12021***966	李泽群
325			2021 级	新能源材料与器件	12021***185	丁飞扬
326			2021 级	新能源材料与器件	12021***178	王红娟
327			2022 级	物理学师范	12022***430	李 荣
328			2022 级	物理学师范	12022***413	肖 谊
329			2022 级	基础拔尖人才培养班	12022***361	黄 敏
330		电子与电气工程学院	2020 级	电气工程及其自动化	12020***921	杨乾浩
331			2020 级	电气工程及其自动化	12020***980	宋建勇
332			2020 级	电气工程及其自动化	12020***962	王广熙
333			2020 级	电气工程及其自动化	12020***411	曹静雯
334			2020 级	电子信息工程	12020***030	张梦晴
335			2020 级	电子信息工程	12020***031	杜文超

续表 8

序 号	书 院	学 院	年 级	专 业	学 号	姓 名
336	求是书院	电子与电气工程学院	2020 级	电子信息工程	12020***122	蒲柯伶
337			2020 级	电子信息工程	12020***806	蒋丽莎
338			2020 级	通信工程	12020***092	邓学浩
339			2020 级	通信工程	12020***134	吴一鸣
340			2021 级	电气工程及其自动化	12021***404	王志远
341			2021 级	电气工程及其自动化	12021***854	张明英
342			2021 级	电气工程及其自动化	12021***838	马 领
343			2021 级	电气工程及其自动化	12021***857	胡一鸣
344			2021 级	电子信息工程	12021***002	李 涛
345			2021 级	电子信息工程	12021***476	刘杨栋
346			2021 级	电子信息工程	12021***083	郝振超
347			2021 级	电子信息工程	12021***087	霍寒雪
348			2021 级	通信工程专业	12021***112	梁 露
349			2021 级	通信工程专业	12021***119	梁 诚
350			2022 级	电气工程及其自动化	12022***128	孔文硕
351			2022 级	电气工程及其自动化	12022***117	祖一鸣
352			2022 级	电气工程及其自动化	12022***114	张健宝
353			2022 级	电气工程及其自动化	12022***123	周雅迪
354			2022 级	电子信息类	12022***233	陈佳润
355			2022 级	电子信息类	12022***218	张 辽
356			2022 级	电子信息类	12022***217	王佳瑶
357			2022 级	电子信息类	12022***281	白莹莹
358			2022 级	电子信息类	12022***216	翟子慕
359			2022 级	电子信息类	12022***252	杜 彤
360		信息工程学院	2020 级	计算机科学与技术	12020***892	杨 柳
361			2020 级	计算机科学与技术	12020***393	陈丹妮
362			2020 级	计算机科学与技术	12020***518	卢一凡
363			2020 级	计算机科学与技术	12020***507	赵世华
364			2020 级	计算机科学与技术	12020***230	邢海烨
365			2020 级	计算机科学与技术	12020***238	张天一
366			2020 级	计算机科学与技术	12020***289	闫 辉
367			2020 级	计算机科学与技术	12020***457	金主贵
368			2020 级	软件工程	12020***388	张铭杰
369			2020 级	软件工程	12020***565	何 鑫
370			2020 级	软件工程	12020***536	王嘉志
371			2020 级	软件工程	12020***337	高嘉伟
372			2020 级	网络工程	12020***552	夏志丽
373			2020 级	网络工程	12020***263	刘 晴
374			2020 级	网络工程专业	12020***262	付培利
375			2020 级	网络工程专业	12020***306	杨晓燕
376			2021 级	计算机科学与技术	12021***577	厉茂哲
377			2021 级	计算机科学与技术	12021***528	王森玉

续表 9

序 号	书 院	学 院	年 级	专 业	学 号	姓 名
378	求是书院	信息工程学院	2021 级	计算机科学与技术	12021***278	马海雯
379			2021 级	计算机科学与技术	12021***312	赵宇鹏
380			2021 级	计算机科学与技术	12021***316	李 懿
381			2021 级	计算机科学与技术	12021***335	王雨欣
382			2021 级	网络工程	12021***340	杨志航
383			2021 级	网络工程	12021***300	崔清宇
384			2021 级	软件工程	12021***492	饶瑞祥
385			2021 级	软件工程	12021***550	李迎浩
386			2021 级	软件工程	12021***549	刘祎恒
387			2021 级	软件工程	12021***542	赵浩天
388			2021 级	软件工程	12021***539	张子阳
389			2021 级	软件工程	12021***509	孔庆涵
390			2021 级	计算机科学与技术师范班	12021***407	何召生
391			2021 级	计算机科学与技术师范班	12021***406	张盼盼
392			2022 级	计算机类	12022***740	施若涵
393			2022 级	计算机类	12022***750	郭晓文
394			2022 级	计算机类	12022***848	赵银阁
395			2022 级	计算机类	12022***701	葛昕雨
396			2022 级	计算机类	12022***724	李 博
397			2022 级	计算机类	12022***745	王晓涵
398			2022 级	计算机类	12022***742	林 熠
399			2022 级	计算机类	12022***752	李明航
400			2022 级	计算机类	12022***769	杨江林
401			2022 级	计算机类	12022***732	崔昀泽
402			2022 级	软件工程	12022***940	张梦菲
403			2022 级	软件工程	12022***917	王 敏
404			2022 级	软件工程	12022***935	樊雪儿
405			2022 级	软件工程	12022***909	吕志鹏
406			2022 级	软件工程	12022***921	解锦洋
407			2022 级	软件工程	12022***905	王晨宇
408	励行书院	生命科学学院	2020 级	生物科学	12020***057	黄婷婷
409			2020 级	生物技术	12020***075	王晓芹
410			2020 级	生物技术	12020***046	刘庆春
411			2020 级	生物科学(教师教育)	12020***976	魏锦宵
412			2020 级	生物科学(教师教育)	12020***957	王 佳
413			2020 级	生物科学(教师教育)	12020***989	刘迎雪
414			2020 级	生物科学(教师教育)	12020***986	杨 敏
415			2021 级	生物科学(师范)	12021***158	念桐西
416			2021 级	生物科学(师范)	12021***154	阳 震
417			2021 级	生物科学类	12021***107	高荷力
418			2021 级	生物科学类	12021***113	邓冬妮
419			2021 级	生物科学类	12021***104	谢志鹏

续表 10

序 号	书 院	学 院	年 级	专 业	学 号	姓 名
420	励行书院	生命科学学院	2021 级	生物科学类	12021***082	张金金
421			2021 级	生物科学类	12021***081	许文慧
422			2021 级	生物科学类	12021***052	田静儒
423			2022 级	生物科学(师范)	12022***057	孙 雯
424			2022 级	生物科学(师范)	12022***066	周珊艳
425			2022 级	生物科学	12022***011	兰 航
426			2022 级	生物科学类	12022***112	赵雅婷
427			2022 级	生物科学类	12022***176	何娇利
428			2022 级	生物科学类	12022***117	公琬婷
429			2022 级	生物科学类	12022***113	侯嘉翎
430		动物科技学院	2020 级	动物医学	12020***736	李 轩
431			2020 级	动物医学	12020***737	孙衍蕊
432			2020 级	动物科学	12020***680	沈延骏
433			2020 级	动物科学	12020***687	喻方勇
434			2021 级	动物医学	12021***501	石雨欣
435			2021 级	动物医学	12021***539	苏存林
436			2021 级	动物科学	12021***701	战晓雪
437			2021 级	动物科学	12021***458	魏传浩
438			2022 级	动物医学	12022***968	张 巧
439			2022 级	动物医学	12022***951	曹弘毅
440			2022 级	动物科学(卓越)	12022***916	田海英
441			2022 级	动物科学	12022***870	马 玲
442		食品科学与工程学院	2020 级	食品科学与工程	12020***832	刘佩鑫
443			2020 级	食品科学与工程	12020***783	张叶叶
444			2020 级	食品科学与工程	12020***811	余泓颖
445			2020 级	食品科学与工程	12020***823	陈小娟
446			2021 级	食品科学与工程	12021***940	陈国儒
447			2021 级	食品科学与工程	12021***908	冯煦雅
448			2021 级	食品科学与工程	12021***990	张霖卉
449			2021 级	食品科学与工程	12021***938	王永霞
450			2022 级	食品科学与工程	12022***470	孟 佳
451			2022 级	食品科学与工程	12022***493	梁珂欣
452			2022 级	食品科学与工程	12022***520	李娟霞
453			2022 级	食品科学与工程	12022***490	余志安
454		土木与水利工程学院	2020 级	工程管理	12020***582	张展鹏
455			2020 级	工程管理	12020***564	罗小梅
456			2020 级	交通工程	12020***520	蔡新元
457			2020 级	交通工程	12020***514	马 俊
458			2020 级	水利水电工程	12020***380	马亚蓉
459			2020 级	水利水电工程	12020***481	李金霞
460			2020 级	农业水利工程	12020***616	杜倩萍
461			2020 级	农业水利工程	12020***614	李康慧

续表 11

序号	书院	学院	年级	专业	学号	姓名
462	励行书院	土木与水利工程学院	2020 级	土木工程	12020***425	李双轮
463	励行书院	土木与水利工程学院	2020 级	土木工程	12020***382	高海海
464	励行书院	土木与水利工程学院	2020 级	土木工程	12020***377	顾彩霞
465	励行书院	土木与水利工程学院	2020 级	土木工程	12020***413	王丽萍
466	励行书院	土木与水利工程学院	2021 级	水利水电工程	12021***511	廖婉婷
467	励行书院	土木与水利工程学院	2021 级	水利水电工程	12021***534	陈　星
468	励行书院	土木与水利工程学院	2021 级	农业水利工程	12021***486	张珈闻
469	励行书院	土木与水利工程学院	2021 级	工程管理	12021***420	刘礼业
470	励行书院	土木与水利工程学院	2021 级	道路桥梁与渡河工程	12021***387	徐　睿
471	励行书院	土木与水利工程学院	2021 级	土木工程	12021***630	郑　翔
472	励行书院	土木与水利工程学院	2021 级	土木工程	12021***622	吴嘉琰
473	励行书院	土木与水利工程学院	2021 级	土木工程	12021***576	马嘉华
474	励行书院	土木与水利工程学院	2021 级	土木工程	12021***618	王晓菲
475	励行书院	土木与水利工程学院	2022 级	工程管理	12022***268	朱柏鸿
476	励行书院	土木与水利工程学院	2022 级	工程管理	12022***263	李　霜
477	励行书院	土木与水利工程学院	2022 级	道路桥梁与渡河工程	12022***232	李庆儒
478	励行书院	土木与水利工程学院	2022 级	道路桥梁与渡河工程	12022***216	赵　涛
479	励行书院	土木与水利工程学院	2022 级	水利水电工程	12022***459	曾　林
480	励行书院	土木与水利工程学院	2022 级	水利水电工程	12022***458	杨　钊
481	励行书院	土木与水利工程学院	2022 级	农业水利工程	12022***411	安　钊
482	励行书院	土木与水利工程学院	2022 级	农业水利工程	12022***416	高　洋
483	励行书院	土木与水利工程学院	2022 级	土木工程	12022***533	刘信志
484	励行书院	土木与水利工程学院	2022 级	土木工程	12022***520	兰培鑫
485	励行书院	土木与水利工程学院	2022 级	土木工程	12022***531	谭　政
486	励行书院	土木与水利工程学院	2022 级	土木工程	12022***514	郭忠达
487	励行书院	建筑学院	2019 级	城乡规划	12019***041	马　婷
488	励行书院	建筑学院	2019 级	建筑学	12019***002	杨泊宁
489	励行书院	建筑学院	2019 级	建筑学	12019***223	曹开鑫
490	励行书院	建筑学院	2020 级	城乡规划	12020***935	牛渭通
491	励行书院	建筑学院	2020 级	城乡规划	12020***002	毛蓉蓉
492	励行书院	建筑学院	2020 级	建筑学	12020***026	王　双
493	励行书院	建筑学院	2020 级	建筑学	12020***052	张成皓
494	励行书院	建筑学院	2021 级	城乡规划	12021***052	张　驰
495	励行书院	建筑学院	2021 级	城乡规划	12021***033	巩夏南
496	励行书院	建筑学院	2021 级	建筑学	12021***050	胡思璇
497	励行书院	建筑学院	2021 级	建筑学	12021***025	冯宇宁
498	励行书院	建筑学院	2022 级	建筑学	12022***324	严江博
499	励行书院	建筑学院	2022 级	建筑学	12022***332	汤怀杰
500	励行书院	建筑学院	2022 级	建筑学	12022***342	汪慧玲
501	励行书院	建筑学院	2022 级	建筑学	12022***313	张嘉鹏
502	励行书院	地理科学与规划学院	2020 级	人文地理与城乡规划	12020***225	高玉蓉
503	励行书院	地理科学与规划学院	2020 级	人文地理与城乡规划	12020***260	马筱筱

续表 12

序 号	书 院	学 院	年 级	专 业	学 号	姓 名
504	励行书院	地理科学与规划学院	2020 级	地理信息科学	12020***227	叶静雨
505			2020 级	地理信息科学	12020***220	张晓坤
506			2020 级	地理科学(教师教育)	12020***104	马治花
507			2020 级	地理科学(教师教育)	12020***132	黄欣慧
508			2021 级	人文地理与城乡规划	12021***350	江美润
509			2021 级	人文地理与城乡规划	12021***320	康文静
510			2021 级	地理科学(师范)	12021***253	王 越
511			2021 级	地理科学(师范)	12021***279	何嘉仪
512			2021 级	地理信息科学	12021***349	倪同欣
513			2021 级	地理信息科学	12021***378	吴孟杨
514			2022 级	人文地理与城乡规划	12022***363	李 亮
515			2022 级	人文地理与城乡规划	12022***361	刘煜丹
516			2022 级	地理科学类	12022***263	周思宇
517			2022 级	地理科学类	12022***271	李 昊
518			2022 级	地理科学类	12022***266	孙贻良
519			2022 级	地理科学(师范)专业	12022***205	罗嘉静
520			2022 级	地理科学(师范)专业	12022***208	兰豪辉
521	润泽书院	农学院	2020 级	农 学	12020***390	方晶莹
522			2020 级	农 学	12020***392	冉 杰
523			2020 级	植物保护	12020***333	袁 玲
524			2020 级	农业资源与环境	12020***584	贾 慧
525			2021 级	农业资源与环境	12021***578	党雪燕
526			2021 级	农业资源与环境	12021***582	禹若晨
527			2021 级	植物保护	12021***710	朱林黎
528			2021 级	植物保护	12021***724	白晓林
529			2021 级	农 学	12021***693	董 悦
530			2021 级	农 学	12021***729	高嘉琪
531			2022 级	植物生产类	12022***177	王雯妙
532			2022 级	植物生产类	12022***176	刘承典
533			2022 级	农业资源与环境	12022***112	张丹怡
534			2022 级	农业资源与环境	12022***106	王婧旖
535			2022 级	植物生产类	12022***178	张婷婷
536			2022 级	植物生产类	12022***183	姚宜佳
537		林业与草业学院	2020 级	草业科学	12020***608	梁瑞泽
538			2020 级	草业科学	12020***610	麻旭霞
539			2020 级	林 学	12020***482	顾雪雪
540			2020 级	园 林	12020***512	孙晓庆
541			2020 级	林学枸杞	12020***472	苏前程
542			2021 级	草业科学	12021***434	马小梅
543			2021 级	草业科学	12021***699	李 铮
544			2021 级	林 学	12021***654	马忠艳
545			2021 级	园 林	12021***610	马祥臣

续表 13

序号	书院	学院	年级	专业	学号	姓名
546	润泽书院	林业与草业学院	2021 级	林学枸杞	12021***647	徐　燕
547			2022 级	草业科学	12022***821	刘欣蓉
548			2022 级	草业科学	12022***817	李　芳
549			2022 级	林　学	12022***019	付立婧
550			2022 级	园　林	12022***027	李政岐
551			2022 级	林学枸杞	12022***031	罗　华
552		葡萄酒与园艺学院	2020 级	葡萄与葡萄酒工程	12020***895	刘嘉鑫
553			2020 级	葡萄与葡萄酒工程	12020***867	李晓双
554			2020 级	葡萄与葡萄酒工程	12020***886	张宸铭
555			2020 级	园　艺	12020***384	刘志慧
556			2021 级	葡萄与葡萄酒工程	12021***902	连绍伟
557			2021 级	葡萄与葡萄酒工程	12021***901	黄子洋
558			2021 级	葡萄与葡萄酒工程	12020***881	郭学凤
559			2021 级	葡萄与葡萄酒工程	12021***913	林思颖
560			2021 级	园　艺	12021***691	祁烁锟
561			2022 级	葡萄与葡萄酒工程	12022***312	吴　峥
562			2022 级	葡萄与葡萄酒工程	12022***359	杨开心
563			2022 级	葡萄与葡萄酒工程	12022***319	付博德
564			2022 级	葡萄与葡萄酒工程	12022***392	罗明辉
565			2022 级	葡萄与葡萄酒工程	12022***349	谭　鑫
566			2022 级	葡萄与葡萄酒工程	12022***301	伍若冰
567			2022 级	植物生产类	12022***174	刘浩琳
568			2022 级	植物生产类	12022***180	徐梁语
569		生态环境学院	2020 级	环境科学	12020***161	童银霜
570			2020 级	环境科学	12020***163	奚后容
571			2021 级	环境科学	12021***235	谢雨杰
572			2021 级	环境科学	12021***204	哈金荣
573			2022 级	环境科学与工程	12022***214	张雨菲
574			2022 级	环境科学与工程	12022***208	赵诗蕊
575			2022 级	生态学	12022***255	苏文杰
576			2022 级	生态学	12022***261	杨枫林
577	鼎新书院	机械工程学院	2020 级	机械工程(卓越工程师)	12020***138	马青淼
578			2020 级	机械工程(卓越工程师)	12020***127	马国虎
579			2020 级	机械工程	12020***191	张庆敖
580			2020 级	机械工程	12020***162	王志国
581			2020 级	机械工程	12020***283	田　新
582			2020 级	机械工程	12020***270	孟伟伟
583			2020 级	机械工程	12020***246	唐会凡
584			2020 级	过程装备与控制工程	12020***175	李小龙
585			2020 级	过程装备与控制工程	12020***163	苏小娜
586			2020 级	过程装备与控制工程	12020***316	刘晓强
587			2020 级	过程装备与控制工程	12020***245	马卫国

续表 14

序号	书院	学院	年级	专业	学号	姓名
588	鼎新书院	机械工程学院	2020 级	交通运输	12020***028	雷震宙
589			2020 级	交通运输	12020***044	杨　雪
590			2020 级	交通运输	12020***065	张馨月
591			2021 级	过程装备与控制工程	12021***020	王小军
592			2021 级	过程装备与控制工程	12021***143	屈向宇
593			2021 级	过程装备与控制工程	12021***305	顾　婷
594			2021 级	交通运输	12021***311	唐　洁
595			2021 级	交通运输	12021***315	李雅楠
596			2021 级	交通运输	12021***292	李梦琦
597			2021 级	机械制造	12021***049	马晓苘
598			2021 级	机械制造	12021***150	侯　博
599			2021 级	机械制造	12021***024	丁海洋
600			2021 级	机械制造	12021***070	黑　帅
601			2021 级	机械制造	12021***109	何鹏程
602			2021 级	机械制造	12021***113	贺小曦
603			2021 级	机械制造	12021***244	张文韬
604			2021 级	机械制造	12021***235	刘菲凡
605			2022 级	机械工程(卓越工程师)	12022***265	文金良
606			2022 级	机械工程(卓越工程师)	12022***257	赵文强
607			2022 级	机械工程(中外合作办学)	12022***206	高宇奇
608			2022 级	机械工程(中外合作办学)	12022***208	王舜禹
609			2022 级	交通运输	12022***516	张之鑫
610			2022 级	交通运输	12022***517	苑冬爱
611			2022 级	交通运输	12022***525	马馨媛
612			2022 级	机械类	12022***341	曹绪坤
613			2022 级	机械类	12022***373	赵　凡
614			2022 级	机械类	12022***363	昝鑫鑫
615			2022 级	机械类	12022***340	王亚璇
616			2022 级	机械类	12022***330	郑茹尹
617			2022 级	机械类	12022***338	周威铭
618			2022 级	机械类	12022***354	刘　皓
619			2022 级	机械类	12022***321	金昊天
620		化学化工学院	2020 级	化学(教师教育)	12020***629	张传艳
621			2020 级	分析与检测	12020***633	刘依萍
622			2020 级	分析与检测	12020***664	高贝贝
623			2020 级	材料化学	12020***925	段彦忠
624			2020 级	应用化学	12020***731	莫晨阳
625			2020 级	应用化学	12020***711	王彩云
626			2020 级	制药工程	12020***871	王妤婕
627			2020 级	化学工程与工艺	12020***782	史茹月
628			2020 级	化学工程与工艺	12020***853	毛君旭
629			2020 级	化学工程与工艺	12020***805	吴冠霄

续表 15

序号	书院	学院	年级	专业	学号	姓名
630	鼎新书院	化学化工学院	2020 级	化学工程与工艺	12020***807	宋芹芹
631			2021 级	化学(师范)	12021***709	曹　琰
632			2021 级	化学(师范)	12021***721	赵儒莉
633			2021 级	制药工程	12021***976	张雅颖
634			2021 级	化学(分析与检测)	12021***654	刘　嘉
635			2021 级	化学(分析与检测)	12021***657	张　琴
636			2021 级	化学工程与工艺	12021***792	马　斌
637			2021 级	化学工程与工艺	12021***854	彭琼栎
638			2021 级	化学工程与工艺	12021***777	田静静
639			2021 级	化学工程与工艺	12021***802	史文金
640			2021 级	应用化学	12021***933	张启昂
641			2021 级	应用化学	12020***737	唐雨晴
642			2021 级	材料化学	12021***619	吴潇桐
643			2022 级	化学(分析与检测)	12022***806	李艺红
644			2022 级	化学工程与工艺	12022***056	李泽芃
645			2022 级	制药工程	12022***173	徐瑞雪
646			2022 级	化学工程与工艺	12022***968	楼晨阳
647			2022 级	应用化学	12022***110	贾永翔
648			2022 级	化学(基础拔尖人才培养)	12022***862	刘兴晨
649			2022 级	化学工程与工艺	12022***961	张　航
650			2022 级	化学工程与工艺	12022***009	马　勇
651			2022 级	化学(师范)	12022***910	孙婷玉
652		材料与新能源学院	2022 级	新能源材料与器件	12022***118	陈　翀
653			2022 级	新能源材料与器件	12022***122	吴雨欣
654			2022 级	新能源材料与器件	12022***105	马盈月
655			2022 级	新能源材料与器件	12022***152	吴文涛
656	博雅书院	前沿交叉学院	2020 级	旅游管理	12020***728	张盼盼
657			2020 级	旅游管理	12020***702	胡晋昕
658			2021 级	旅游管理	12021***620	杨雪儿
659			2021 级	旅游管理	12021***654	闫　瑾
660			2021 级	旅游管理	12021***646	马　燕
661			2021 级	旅游管理	12021***668	乔　翔
662			2020 级	旅游管理(旅游规划)	12020***801	高　璇
663			2020 级	旅游管理(旅游规划)	12020***813	李红霞
664			2021 级	旅游管理(旅游规划)	12021***739	张嘉伟
665			2021 级	旅游管理(旅游规划)	12021***710	孙天河
666			2022 级	旅游管理	12022***520	王银萍
667			2022 级	旅游管理	12022***495	杜　琼
668			2022 级	旅游管理	12022***508	王　娜
669			2022 级	旅游管理	12022***463	杨玉麟
670			2022 级	旅游管理(旅游规划)	12022***563	李思宇
671			2022 级	旅游管理(旅游规划)	12022***572	杨佳欣

续表 16

序号	书院	学院	年级	专业	学号	姓名
672			2020 级	软件工程(云计算、大数据)	12020***315	李金芬
673			2020 级	软件工程(云计算、大数据)	12020***338	崔　雯
674			2020 级	软件工程(云计算、大数据)	12020***348	岳海荣
675			2020 级	软件工程(云计算、大数据)	12020***254	李　佳
676			2020 级	软件工程(云计算、大数据)	12020***264	赵文龙
677			2020 级	软件工程(云计算、大数据)	12020***341	马启东
678			2020 级	软件工程(云计算、大数据)	12020***357	李甜甜
679			2020 级	软件工程(云计算、大数据)	12020***407	颉严东
680			2021 级	软件工程(云计算、大数据)	12021***146	张晟玺
681			2021 级	软件工程(云计算、大数据)	12021***045	唐浩晨
682			2021 级	软件工程(云计算、大数据)	12021***074	曹　畯
683			2021 级	软件工程(云计算、大数据)	12021***071	孔德鑫
684			2021 级	软件工程(云计算、大数据)	12021***021	邵　羽
685			2021 级	软件工程(云计算、大数据)	12021***073	马思聪
686			2021 级	软件工程(云计算、大数据)	12021***050	熊思睿
687			2021 级	软件工程(云计算、大数据)	12021***098	杨艳雪
688			2022 级	软件工程(云计算、大数据)	12022***707	兰天升
689			2022 级	软件工程(云计算、大数据)	12022***655	郭芸嘉
690			2022 级	软件工程(云计算、大数据)	12022***702	李佳庆
691			2022 级	软件工程(云计算、大数据)	12022***732	张鹏烨
692	博雅书院	前沿交叉学院	2022 级	软件工程(云计算、大数据)	12022***624	李思颖
693			2022 级	软件工程(云计算、大数据)	12022***737	潘　嘉
694			2022 级	软件工程(云计算、大数据)	12022***636	马格夜
695			2022 级	软件工程(云计算、大数据)	12022***628	解茗宇
696			2020 级	网络工程(物联网技术)	12020***205	张沫雷
697			2020 级	网络工程(物联网技术)	12020***154	沙思齐
698			2020 级	网络工程(物联网技术)	12020***200	李嘉祥
699			2020 级	网络工程(物联网技术)	12020***178	杨素滢
700			2021 级	网络工程(物联网技术)	12021***244	张　慧
701			2021 级	网络工程(物联网技术)	12021***237	安雪燕
702			2021 级	网络工程(物联网技术)	12021***264	张梦琦
703			2021 级	网络工程(物联网技术)	12021***276	蔡静怡
704			2022 级	网络工程(物联网技术)	12022***877	杨路霞
705			2022 级	网络工程(物联网技术)	12022***816	田玉虎
706			2022 级	网络工程(物联网技术)	12022***823	仇雄兵
707			2022 级	网络工程(物联网技术)	12022***850	朱　伟
708			2020 级	会计学(财务)	12020***054	刘航睿
709			2020 级	会计学(财务)	12020***893	黄瑞娟
710			2020 级	会计学(财务)	12020***924	贺冰玉
711			2020 级	会计学(财务)	12020***890	李鸿莲
712			2021 级	会计学(财务)	12021***825	赵　好
713			2021 级	会计学(财务)	12021***824	赵亚楠

续表 17

序号	书院	学院	年级	专业	学号	姓名
714	博雅书院	前沿交叉学院	2021 级	会计学(财务)	12021***917	曹文靖
715			2021 级	会计学(财务)	12021***894	韩江塞
716			2021 级	会计学(财务)	12021***826	张铭仁
717			2021 级	会计学(财务)	12021***913	张鑫
718			2022 级	会计学(财务)	12022***395	井雨桐
719			2022 级	会计学(财务)	12022***379	杨雨乔
720			2022 级	会计学(财务)	12022***420	李雅茹
721			2022 级	会计学(财务)	12022***366	李慧
722			2020 级	信息管理与信息系统	12020***061	王怡婷
723			2020 级	信息管理与信息系统	12020***040	马英莲
724			2020 级	信息管理与信息系统	12020***082	马双双
725			2020 级	信息管理与信息系统	12020***056	李嘉丽
726			2020 级	信息管理与信息系统	12020***037	禹嘉怡
727			2020 级	信息管理与信息系统	12020***072	高丽文
728			2021 级	信息管理与信息系统	12021***962	单聪毅
729			2021 级	信息管理与信息系统	12021***988	杨文琪
730			2021 级	电子商务	12021***788	虎双星
731			2021 级	电子商务	12021***754	刘慧萍
732			2022 级	电子商务	12022***329	张振阳
733			2022 级	电子商务	12022***327	张芸芬
734			2022 级	信息管理与信息系统	12022***901	王伟娜
735			2022 级	信息管理与信息系统	12022***909	张福琳

宁夏大学 2022—2023 学年优秀学生干部

序号	书院	学院	年级	专业	学号	姓名
1	守正书院	文学院	2020 级	汉语言文学(教师教育)	12020***035	田少帮
2			2020 级	汉语言文学(教师教育)	12020***008	李佳
3			2020 级	汉语言文学(教师教育)	12020***012	韩丹
4			2020 级	汉语言文学(教师教育)	12020***059	王佳慧
5			2020 级	汉语言文学(文秘)	12020***190	姜祉旭
6			2020 级	汉语言文学(文秘)	12020***183	韩欣然
7			2021 级	汉语言文学(师范)	12021***080	海燕
8			2021 级	汉语言文学(师范)	12021***011	张琰钊
9			2021 级	汉语言文学(师范)	12021***030	李聪伟
10			2021 级	汉语言文学(文秘方向)	12021***111	张琦琦
11			2022 级	汉语言文学(师范)	12022***971	冯婧
12			2022 级	汉语言文学(师范)	12022***988	郭晶
13			2022 级	汉语言文学(师范)	12022***929	向翰飞
14			2022 级	汉语言文学(师范)	12022***908	海萍
15			2022 级	汉语言文学(师范)	12022***964	王嘉煜

续表 1

序　号	书　院	学　院	年　级	专　业	学　号	姓　名
16	守正书院	文学院	2022 级	汉语言文学(文秘)	12022***060	田函萌
17	守正书院	文学院	2022 级	汉语言文学(文秘)	12022***082	刘　阳
18	守正书院	民族与历史学院	2020 级	历史学(教师教育)	12020***239	谈　笑
19	守正书院	民族与历史学院	2020 级	历史学(教师教育)	12020***228	雍　政
20	守正书院	民族与历史学院	2021 级	历史学(师范)	12021***151	胡扬名
21	守正书院	民族与历史学院	2022 级	历史学(师范)	12022***711	郭书晴
22	守正书院	民族与历史学院	2022 级	历史学(师范)	12022***734	温　润
23	守正书院	民族与历史学院	2022 级	历史学(师范)	12022***738	王宇星
24	守正书院	阿拉伯学院	2020 级	阿拉伯语	12020***041	康小霞
25	守正书院	阿拉伯学院	2020 级	阿拉伯语	12020***050	刘千千
26	守正书院	阿拉伯学院	2021 级	阿拉伯语	12021***058	蔡方圆
27	守正书院	阿拉伯学院	2021 级	阿拉伯语	12021***044	姜承岐
28	守正书院	阿拉伯学院	2022 级	阿拉伯语	12022***018	何芳菲
29	守正书院	阿拉伯学院	2022 级	阿拉伯语	12022***016	耿澜芝
30	守正书院	阿拉伯学院	2022 级	阿拉伯语	12022***025	纳泽凡
31	守正书院	外国语学院	2020 级	英语(教师教育)	12020***771	张议云
32	守正书院	外国语学院	2020 级	英语(教师教育)	12020***741	田晓娜
33	守正书院	外国语学院	2020 级	英语(教师教育)	12020***767	杜　佳
34	守正书院	外国语学院	2020 级	英语(翻译)	12019***901	李雅文
35	守正书院	外国语学院	2020 级	英语(翻译)	12020***859	王圣刚
36	守正书院	外国语学院	2020 级	英语(翻译)	12020***821	何秀兰
37	守正书院	外国语学院	2020 级	俄　语	12020***963	杨　莹
38	守正书院	外国语学院	2021 级	英语(教师教育)	12021***851	何佳欣
39	守正书院	外国语学院	2021 级	英语(教师教育)	12021***870	阿钦婷
40	守正书院	外国语学院	2021 级	英语(教师教育)	12021***864	马雨婕
41	守正书院	外国语学院	2021 级	英语翻译	12021***752	宋婉瑜
42	守正书院	外国语学院	2021 级	英语翻译	12021***787	陈昕旖
43	守正书院	外国语学院	2021 级	英语翻译	12021***788	陈　曦
44	守正书院	外国语学院	2021 级	英语(翻译)	12021***821	吴　文
45	守正书院	外国语学院	2021 级	日　语	12021***990	胡道叶
46	守正书院	外国语学院	2021 级	俄　语	12021***944	耿　浩
47	守正书院	外国语学院	2022 级	英语(教师教育)	12022***826	刘　欣
48	守正书院	外国语学院	2022 级	英语(教师教育)	12022***812	武秋彤
49	守正书院	外国语学院	2022 级	英语(教师教育)	12022***817	宗洋洋
50	守正书院	外国语学院	2022 级	英语(教师教育)	12022***833	齐妙卓
51	守正书院	外国语学院	2022 级	英语翻译	12022***703	马佳鹏
52	守正书院	外国语学院	2022 级	英语翻译	12022***727	张文艳
53	守正书院	外国语学院	2022 级	英语翻译	12022***726	吕梦荷
54	守正书院	外国语学院	2022 级	日　语	12022***658	钟文楚
55	守正书院	外国语学院	2022 级	俄　语	12022***609	辛依凡
56	守正书院	国际教育学院	2020 级	会计学	12020***620	周靖颖
57	守正书院	国际教育学院	2020 级	工商管理	12020***652	杨雨彤

续表 2

序号	书院	学院	年级	专业	学号	姓名
58	守正书院	国际教育学院	2021 级	会计学	12021***581	李红悦
59			2021 级	会计学	12021***572	刘胤东
60			2021 级	工商管理	12021***501	武天齐
61			2021 级	工商管理	12021***507	刘旭锟
62			2022 级	会计学	12022***769	黄天赐
63			2022 级	会计学	12022***757	李嘉炜
64			2022 级	工商管理	12022***702	刘兆琦
65			2022 级	工商管理	12022***704	杨　婷
66		体育学院	2020 级	体育教育	12020***018	陶佳玉
67			2020 级	体育教育	12020***031	杨佳浩
68			2020 级	运动训练	12020***101	欧家俊
69			2020 级	运动训练	12020***124	李　芳
70			2020 级	武术与民族传统体育	12020***184	公丕帅
71			2021 级	体育教育	12021***951	杨会强
72			2021 级	体育教育	12021***936	何重阳
73			2021 级	运动训练	12021***070	王辰宇
74			2021 级	运动训练	12021***021	章依萍
75			2021 级	武术与民族传统体育	12821***004	梁伟壮
76			2022 级	体育教育	12022***950	梁伟华
77			2022 级	体育教育	12022***913	杜逸轩
78			2022 级	运动训练	12022***068	张一川
79	尚德书院	马克思主义学院	2020 级	思想政治教育(教师教育)	12020***607	丁奕珅
80			2021 级	思想政治教育(师范)	12021***709	李　卓
81			2021 级	思想政治教育(师范)	12021***668	曹滢滢
82			2021 级	思想政治教育(师范)	12021***673	杨　淡
83			2021 级	思想政治教育(师范)	12021***722	米　众
84			2021 级	思想政治教育(师范)	12021***664	吴枝腾
85			2022 级	思想政治教育(师范)	12022***403	吴海娟
86			2022 级	思想政治教育(师范)	12022***439	梁旭霞
87			2022 级	思想政治教育(师范)	12022***422	谭祈非
88		新闻传播学院	2020 级	新闻学(卓越新闻人才)	12020***340	冯茹霜
89			2020 级	新闻学(网络与新媒体)	12020***304	马丛珍
90			2020 级	广告学	12020***347	张　轩
91			2021 级	新闻学(卓越新闻人才)	12021***232	杨　彤
92			2021 级	新闻学(网络与新媒体)	12021***260	杨敏葭
93			2021 级	广告学	12021***303	肖金伶
94			2022 级	新闻学(卓越新闻人才)	12022***657	任　倩
95			2022 级	新闻学(卓越新闻人才)	12022***658	孔令辉
96			2022 级	新闻学(卓越新闻人才)	12022***667	李　熙
97			2022 级	新闻传播学类	12022***580	王泰然
98			2022 级	新闻传播学类	12022***614	李伟莲
99			2022 级	播音与主持艺术班	12022***521	周佳韵

续表 3

序 号	书 院	学 院	年 级	专 业	学 号	姓 名
100	尚德书院	音乐学院	2020 级	音乐学(教师教育)	12020***241	马凯钰
101			2020 级	音乐学(教师教育)	12020***247	田思杰
102			2020 级	舞蹈表演	12020***307	程静雯
103			2021 级	音乐学(教师教育)	12021***234	李巧娟
104			2021 级	音乐学(教师教育)	12021***220	罗海轩
105			2021 级	音乐学(教师教育)	12021***212	杨涵棋
106			2021 级	舞蹈表演	12021***114	马兴愉
107			2022 级	音乐学(教师教育)	12022***263	田依彤
108			2022 级	音乐学(教师教育)	12022***234	赵文暄
109			2022 级	音乐学(教师教育)	12022***280	侯嘉坤
110			2022 级	舞蹈表演	12022***105	许童格
111		美术学院	2020 级	美术学(教师教育)	12020***428	闫 硕
112			2020 级	美术学(教师教育)	12020***480	李庆瑞
113			2020 级	视觉传达设计	12020***533	米魏思琪
114			2020 级	环境设计	12020***552	王新卉
115			2020 级	环境设计	12020***583	顾 岳
116			2021 级	美术学(教师教育)	12021***473	郭亚楠
117			2021 级	美术学(教师教育)	12021***416	孟紫秋
118			2021 级	美术学(教师教育)	12021***455	蒲海龙
119			2021 级	美术学(教师教育)	12021***453	李嘉鑫
120			2021 级	美术学(教师教育)	12021***474	吴佳慧
121			2021 级	视觉传达设计	12021***357	赵乾隆
122			2021 级	视觉传达设计	12021***359	杨占杰
123			2021 级	环境设计	12021***316	马 婷
124			2022 级	美术学	12022***603	马文洁
125			2022 级	美术学	12022***553	韩欣洁
126			2022 级	美术学	12022***561	赵艳兰
127			2022 级	视觉传达设计	12022***663	杨晓丽
128			2022 级	环境艺术设计	12022***536	王浩楠
129	勤学书院	法学院	2020 级	法 学	12020***481	万 瑞
130			2020 级	法 学	12020***524	齐剑英
131			2020 级	法 学	12020***468	李佳鑫
132			2020 级	法 学	12020***405	王 琳
133			2020 级	法 学	12020***442	刘嘉榕
134			2020 级	行政管理	12020***528	石中玉
135			2020 级	社会学	12020***570	马永军
136			2021 级	法 学	12021***433	杨雅然
137			2021 级	法 学	12021***454	文双双
138			2021 级	法 学	12021***426	任政建
139			2021 级	法 学	12021***366	李 艺
140			2021 级	法 学	12021***955	冯靖惠
141			2021 级	行政管理	12021***609	丁小龙

续表 4

序 号	书 院	学 院	年 级	专 业	学 号	姓 名
142	勤学书院	法学院	2021 级	社会学	12021***507	谢奥辉
143			2022 级	法 学	12022***454	李 荣
144			2022 级	法 学	12022***440	谢汶桢
145			2022 级	法 学	12022***476	吴晓晓
146			2022 级	法 学	12022***431	李傲雪
147			2022 级	行政管理	12022***588	赵治伟
148			2022 级	社会学	12022***612	马 莉
149		经济管理学院	2020 级	农林经济管理	12020***460	吴雯雯
150			2020 级	农林经济管理	12020***375	陈凯斌
151			2020 级	市场营销	12020***355	马 勇
152			2020 级	经济学	12020***147	田昕华
153			2020 级	经济学(金融)	12020***163	鲁皓元
154			2020 级	经济学(金融)	12020***027	马飞旗
155			2020 级	物流管理	12020***414	桂 琳
156			2020 级	会计学	12020***243	杨 雪
157			2020 级	会计学	12020***374	林 昆
158			2020 级	会计学	12020***324	孙润莉
159			2020 级	工商管理	12020***340	姚 露
160			2021 级	农林经济管理	12021***407	海 瑞
161			2021 级	市场营销	12021***256	喜晓燕
162			2021 级	经济学	12021***334	汪莫珊
163			2021 级	经济学(金融)	12021***367	丁 洁
164			2021 级	物流管理专业	12021***473	徐爱爱
165			2021 级	会计学	12021***252	张怡凡
166			2021 级	会计学	12021***224	夏 宇
167			2021 级	会计学	12021***272	於志洋
168			2021 级	工商管理	12021***257	余瑞粉
169			2022 级	农林经济管理	12022***267	陈昱合
170			2022 级	农林经济管理	12022***269	郑博文
171			2022 级	经济学	12022***212	王春涛
172			2022 级	经济学	12022***218	冯杭敏
173			2022 级	经济学	12022***231	马小莉
174			2022 级	经济学	12022***216	毛风懿
175			2022 级	金融学	12022***171	马春燕
176			2022 级	金融学	12022***184	马 花
177			2022 级	物流管理	12022***310	常璇瑜
178			2022 级	物流管理	12022***305	马 飞
179			2022 级	会计学	12022***103	马 睿
180			2022 级	会计学	12022***072	张 粤
181			2022 级	会计学	12022***057	赵淑雅
182			2022 级	工商管理	12022***977	冯树阳
183			2022 级	工商管理类	12022***929	邓江海

续表 5

序号	书院	学院	年级	专业	学号	姓名
184	勤学书院	经济管理学院	2022 级	工商管理类	12022***935	毛新月
185			2022 级	工商管理类	12022***923	朱思远
186		教师教育学院	2020 级	教育技术学	12020***752	马渊博
187			2020 级	小学教育(教师教育)	12020***787	王　婧
188			2020 级	学前教育(教师教育)	12020***893	郭欣瑜
189			2020 级	应用心理学	12020***736	李仕龙
190			2020 级	应用心理学(教师教育心理健康)	12020***686	瞿　豪
191			2021 级	教育技术学	12021***678	张　恒
192			2021 级	教育技术学	12021***671	王　玲
193			2021 级	小学教育(教师教育)	12021***707	闫星光
194			2021 级	小学教育(教师教育)	12021***781	马吉艳
195			2021 级	小学教育(教师教育)	12021***715	杨丽丽
196			2021 级	学前教育(教师教育)	12021***788	顾贝贝
197			2021 级	学前教育(教师教育)	12021***783	时金睿
198			2021 级	应用心理学	12021***808	沙晓娟
199			2021 级	应用心理学	12021***813	白　雪
200			2021 级	应用心理学(教师教育心理健康)	12021***887	兰　松
201			2021 级	应用心理学(教师教育心理健康)	12021***888	马　月
202			2022 级	教育技术学	12022***607	金泓辰
203			2022 级	小学教育(师范)	12018***463	李　潜
204			2022 级	学前教育	12022***735	马丽娜
205			2022 级	应用心理学	12022***767	陈　媛
206			2022 级	应用心理学	12022***751	吴　双
207			2022 级	应用心理学(师范)	12022***811	张文博
208	求是书院	数学统计学院	2020 级	数学与应用数学(教师教育)	12020***508	王　娇
209			2020 级	数学与应用数学(金融数学)	12020***639	张　昕
210			2020 级	数学与应用数学(金融数学)	12020***671	柴佳黎
211			2020 级	信息与计算科学	12020***616	马　琴
212			2020 级	应用统计学	12020***792	王　宇
213			2021 级	数学与应用数学(教师教育)	12021***659	万婧玥
214			2021 级	数学与应用数学(教师教育)	12021***660	全　蕊
215			2021 级	数学与应用数学(金融数学)	12021***504	李玉灵
216			2021 级	数学与应用数学(金融数学)	12021***574	牛思远
217			2021 级	信息与计算科学	12021***582	艾厚霖
218			2021 级	应用统计学	12021***763	单佩英
219			2022 级	数学与应用数学(教师教育)	12022***759	马　静
220			2022 级	数学与应用数学(教师教育)	12022***761	耿悦博
221			2022 级	数学与应用数学(教师教育)	12022***816	叶　娟
222			2022 级	数学与应用数学(教师教育)	12022***812	海玉梅
223			2022 级	数学与应用数学(基础拔尖人才培养班)	12022***705	王浩哲
224			2022 级	数学与应用数学(金融数学)	12022***626	任宋梦悦
225			2022 级	信息与计算科学	12022***618	张羊涛

续表 6

序 号	书 院	学 院	年 级	专 业	学 号	姓 名
226	求是书院	数学统计学院	2022 级	应用统计学	12022***887	吕智强
227			2022 级	应用统计学	12022***885	马利利
228		物理学院	2020 级	物理学(应用物理)	12020***855	海佳辉
229			2020 级	物理学(教师教育)	12020***821	杨飞雁
230			2020 级	新能源材料与器件	12020***160	马 莹
231			2021 级	物理学(师范)	12021***925	尚建华
232			2021 级	应用物理	12021***976	闪金博
233			2021 级	新能源材料与器件	12021***152	虎 俊
234			2022 级	物理学(师范)	12022***418	李村珅
235			2022 级	基础拔尖人才培养班	12022***356	宗玉琢
236		电子与电气工程学院	2020 级	电气工程及其自动化	12020***901	丁 磊
237			2020 级	电气工程及其自动化	12020***976	许皓翔
238			2020 级	电子信息工程	12020***013	杨 微
239			2020 级	电子信息工程	12020***044	马 刚
240			2020 级	通信工程	12020***089	赵淑媛
241			2021 级	电气工程及其自动化	12021***812	喜清泉
242			2021 级	电气工程及其自动化	12018***040	马 龙
243			2021 级	电子信息工程	12021***006	马凯芸
244			2021 级	电子信息工程	12021***096	马小成
245			2021 级	通信工程专业	12021***044	郭银强
246			2022 级	电气工程及其自动化	12020***018	马 龙
247			2022 级	电气工程及其自动化	12022***133	程岩贺
248			2022 级	电气工程及其自动化	12022***110	罗 杰
249			2022 级	电子信息类	12022***214	李瑞国
250			2022 级	电子信息类	12022***235	王昱丹
251			2022 级	电子信息类	12022***213	何雅茹
252		信息工程学院	2020 级	计算机科学与技术	12020***222	姬晓芳
253			2020 级	计算机科学与技术	12020***398	丁汀瑜
254			2020 级	计算机科学与技术	12020***439	白静蓉
255			2020 级	计算机科学与技术	12020***535	赵一多
256			2020 级	软件工程	12020***392	王 鑫
257			2020 级	软件工程	12020***522	张传奇
258			2020 级	网络工程	12020***356	魏涵博
259			2020 级	网络工程专业	12020***367	何 龙
260			2021 级	计算机科学与技术	12021***319	武 婧
261			2021 级	计算机科学与技术	12021***352	张坤泉
262			2021 级	计算机科学与技术	12021***213	马建梅
263			2021 级	网络工程	12021***304	陈彤彤
264			2021 级	软件工程	12021***545	王 添
265			2021 级	软件工程	12021***540	于志豪
266			2021 级	软件工程	12021***453	刘原宾
267			2021 级	计算机科学与技术师范班	12021***415	胡俊楠

续表 7

序 号	书 院	学 院	年 级	专 业	学 号	姓 名
268	求是书院	信息工程学院	2022 级	计算机类	12022***833	马 乐
269			2022 级	计算机类	12022***809	马学梅
270			2022 级	计算机类	12022***726	王新蔚
271			2022 级	计算机类	12022***733	李 浩
272			2022 级	计算机类	12022***806	单耀琴
273			2022 级	计算机类	12022***776	李佳瑶
274			2022 级	计算机类	12021***232	师文彦
275			2022 级	计算机类	12022***872	闫奚雨
276			2022 级	计算机类	12022***825	马 昭
277			2022 级	计算机类	12022***779	吴雨欣
278			2022 级	计算机类	12022***708	王佳琦
279			2022 级	软件工程	12022***913	杨 博
280			2022 级	软件工程	12022***912	张涵之
281			2022 级	软件工程	12022***916	刘亚琴
282	励行书院	生命科学学院	2020 级	生物科学	12020***069	常昭溪
283			2020 级	生物科学	12020***061	马晓楠
284			2020 级	生物技术	12020***890	刘憬晨
285			2020 级	生物科学(教师教育)	12020***985	张龙珠
286			2020 级	生物科学(教师教育)	12020***954	金茹风
287			2020 级	生物科学(教师教育)	12020***007	王 婕
288			2021 级	生物科学(师范)	12021***161	陈会鹃
289			2021 级	生物科学类	12021***109	陈师哲
290			2021 级	生物科学类	12021***027	王艺杰
291			2021 级	生物科学类	12021***008	马 燕
292			2022 级	生物科学(师范)	12022***065	马 瑶
293			2022 级	生物科学(师范)	12022***088	黄会梅
294			2022 级	生物科学	12022***013	刘泽武
295			2022 级	生物科学	12022***170	王雪燕
296			2022 级	生物科学	12022***007	刘 璇
297			2022 级	生物科学	12022***110	黑 花
298		动物科技学院	2020 级	动物医学	12020***724	牛 岩
299			2020 级	动物科学	12020***658	李颀菡
300			2021 级	动物医学	12021***502	高心雨
301			2021 级	动物科学	12021***465	王 睿
302			2022 级	动物医学	12022***961	刘 睿
303			2022 级	动物科学(卓越)	12022***903	曲禹豪
304			2022 级	动物科学	12022***882	王 静
305		食品科学与工程学院	2020 级	食品科学与工程	12020***802	刘 天
306			2020 级	食品科学与工程	12020***765	马润宇
307			2021 级	食品科学与工程	12021***997	卢亚轩
308			2021 级	食品科学与工程	12021***934	胡亚卓
309			2022 级	食品科学与工程	12022***481	池 骋

续表 8

序号	书院	学院	年级	专业	学号	姓名
310	励行书院	土木与水利工程学院	2020 级	工程管理	12020***563	王 雪
311			2020 级	交通工程	12020***535	苏 银
312			2020 级	水利水电工程	12020***471	杨忠仁
313			2020 级	农业水利工程	12020***627	文凯歌
314			2020 级	土木工程	12020***429	姚 强
315			2020 级	土木工程	12020***408	吕 坤
316			2021 级	水利水电工程	12021***523	马 龙
317			2021 级	水利水电工程	12021***526	于娟娟
318			2021 级	农业水利工程	12021***464	刘 博
319			2021 级	工程管理	12021***416	武正媛
320			2021 级	道路桥梁与渡河工程	12021***386	史桉苹
321			2021 级	土木工程	12021***606	谢宇涛
322			2021 级	土木工程	12021***552	马 全
323			2022 级	工程管理	12022***262	李兴煊
324			2022 级	道路桥梁与渡河工程	12022***231	马靖一
325			2022 级	水利水电工程	12022***468	线启龙
326			2022 级	农业水利工程	12022***410	邢欣格
327			2022 级	土木工程	12022***553	白玉亮
328			2022 级	土木工程	12022***577	宋建宁
329		建筑学院	2019 级	城乡规划	12019***055	海燕贞
330			2019 级	建筑学	12019***043	陈 涛
331			2020 级	城乡规划	12020***365	周弘毅
332			2020 级	建筑学	12020***074	张美芸
333			2021 级	城乡规划	12021***039	朱萌萌
334			2021 级	建筑学	12021***068	曾若宽
335			2022 级	建筑学	12022***311	王宇晨
336			2022 级	建筑学	12022***340	虎 玲
337		地理科学与规划学院	2020 级	人文地理与城乡规划	12020***228	哈语典
338			2020 级	地理信息科学	12020***205	海 祥
339			2020 级	地理科学(教师教育)	12020***122	吴晓兰
340			2020 级	地理科学(教师教育)	12020***239	郎浩然
341			2021 级	人文地理与城乡规划	12021***371	王晨阳
342			2021 级	地理科学(师范)	12021***286	徐 静
343			2021 级	地理信息科学	12021***314	周雪娇
344			2022 级	地理科学类	12022***281	兰红红
345			2022 级	地理科学类	12022***256	马福成
346			2022 级	地理科学(师范)专业	12022***203	马 瑞
347	润泽书院	农学院	2020 级	农 学	12020***396	刘凯栋
348			2020 级	植物保护	12020***334	李飞飞
349			2020 级	农业资源与环境	12020***566	马 晶
350			2021 级	农业资源与环境	12021***558	宋晓慧
351			2021 级	植物保护	12021***788	杨应福

续表 9

序号	书院	学院	年级	专业	学号	姓名
352	润泽书院	农学院	2021 级	农 学	12021***781	闫棣楷
353			2022 级	植物生产类	12022***233	方雨婷
354			2022 级	农业资源与环境	12022***111	高 禹
355			2022 级	植物生产类	12022***186	蒋袁满
356		林业与草业学院	2020 级	草业科学	12020***620	李豫悦
357			2020 级	林 学	12020***510	王紫萱
358			2020 级	园 林	12020***466	马阳阳
359		葡萄酒与园艺学院	2020 级	园 艺	12020***404	马登辉
360		林业与草业学院	2020 级	林学枸杞	12020***456	赵小锐
361			2021 级	草业科学	12021***414	丁 莉
362			2021 级	林 学	12021***641	张 新
363			2021 级	园 林	12021***609	蔡桂梅
364			2021 级	林学枸杞	12021***639	杨文君
365			2022 级	草业科学	12022***826	宋晗玥
366			2022 级	林 学	12022***054	赵文婷
367			2022 级	园 林	12022***016	王皖玥
368			2022 级	林学枸杞	12022***017	逯淑壹
369		葡萄酒与园艺学院	2020 级	葡萄与葡萄酒工程	12020***884	韩玉凤
370			2020 级	葡萄与葡萄酒工程	12020***898	刘 健
371			2020 级	葡萄与葡萄酒工程	12020***943	殷旭东
372			2021 级	葡萄与葡萄酒工程	12021***893	李郭安
373			2021 级	葡萄与葡萄酒工程	12021***848	胡秋燕
374			2021 级	葡萄与葡萄酒工程	12021***900	马继昀
375			2021 级	园 艺	12021***698	唐志刚
376			2022 级	葡萄与葡萄酒工程	12022***313	李旺辉
377			2022 级	葡萄与葡萄酒工程	12022***304	贾珣攀
378			2022 级	葡萄与葡萄酒工程	12022***331	杜鹏展
379			2022 级	植物生产类	12022***244	傅芝倩
380			2022 级	植物生产类	12022***184	黄紫婷
381		生态环境学院	2020 级	环境科学	12020***178	王 彤
382			2021 级	环境科学	12021***201	兰思怡
383			2022 级	环境科学与工程	12022***216	祁 凯
384			2022 级	生态学	12022***267	雍文文
385	鼎新书院	机械工程学院	2020 级	机械工程(卓越工程师)	12020***141	彭祖琳
386			2020 级	机械工程	12020***192	康艺博
387			2020 级	机械工程	12020***051	杨蓉蓉
388			2020 级	机械工程	12019***115	周亚兵
389			2020 级	过程装备与控制工程	12020***156	马晓龙
390			2020 级	过程装备与控制工程	12020***223	田 震
391			2020 级	交通运输	12020***017	邓宝祎
392			2020 级	交通运输	12020***064	马伯赞
393			2021 级	过程装备与控制工程	12021***050	马 燕

续表 10

序号	书院	学院	年级	专业	学号	姓名
394	鼎新书院	机械工程学院	2021 级	过程装备与控制工程	12021***048	田小丽
395			2021 级	交通运输	12021***291	于圳文
396			2021 级	交通运输	12021***308	马国龙
397			2021 级	机械制造	12021***011	李忠全
398			2021 级	机械制造	12021***139	马路遥
399			2021 级	机械制造	12021***057	路　娜
400			2021 级	机械制造	12021***115	张倚帆
401			2021 级	机械制造	12021***312	张露丹
402			2021 级	机械制造	12019***007	程思维
403			2021 级	机械工程	12021***457	毛润东
404			2022 级	机械工程(卓越工程师)	12022***251	何　军
405			2022 级	机械工程(中外合作办学)	12022***209	刘泽林
406			2022 级	交通运输	12022***515	周会严
407			2022 级	交通运输	12022***528	张亚茹
408			2022 级	机械类	12022***361	雷雁雄
409			2022 级	机械类	12022***343	刘鸣佑
410			2022 级	机械类	12022***365	薛金涛
411			2022 级	机械类	12022***327	吴启文
412			2022 级	机械类	12022***315	何学涛
413		化学化工学院	2020 级	化学(教师教育)	12020***602	周　娟
414			2020 级	分析与检测	12020***678	孙梦祥
415			2020 级	材料化学	12020***926	吕建宇
416			2020 级	应用化学	12020***721	张应龙
417			2020 级	制药工程	12020***880	王毅飞
418			2020 级	化学工程与工艺	12020***796	吴婷婷
419			2021 级	化学(师范)	12021***712	窦文卓
420			2021 级	制药工程	12021***961	孙　冉
421			2021 级	化学(分析与检测)	12021***674	张永树
422			2021 级	化学工程与工艺	12021***852	文　洁
423			2021 级	化学工程与工艺	12021***755	马银成
424			2021 级	化学工程与工艺	12021***761	马　东
425			2021 级	应用化学	12021***935	薛　昊
426			2021 级	材料化学	12021***609	姚环宇
427			2022 级	化学(分析与检测)	12022***816	严可欣
428			2022 级	化学工程与工艺	12022***061	常亚妮
429			2022 级	制药工程	12022***178	何永元
430			2022 级	化学工程与工艺	12022***960	刘顺良
431			2022 级	应用化学	12022***109	尹彦淇
432			2022 级	化学(基础拔尖人才培养)	12022***853	郭佳妮
433			2022 级	化学工程与工艺	12022***953	杨欣雨
434			2022 级	化学(师范)	12022***934	张　全
435		材料与新能源学院	2022 级	新能源材料与器件	12022***137	张浩罕
436			2022 级	新能源材料与器件	12022***126	周泽飞

续表 11

序号	书院	学院	年级	专业	学号	姓名
437	博雅书院	前沿交叉学院	2020 级	旅游管理	12020***750	黄 潇
438			2021 级	旅游管理	12021***678	海 梅
439			2021 级	旅游管理	12021***637	马国才
440			2020 级	旅游管理(旅游规划)	12020***816	王科乂
441			2021 级	旅游管理(旅游规划)	12021***732	王晓东
442			2022 级	旅游管理	12022***509	马文静
443			2022 级	旅游管理	12022***530	袁新萍
444			2022 级	旅游管理(旅游规划)	12022***569	尹博文
445			2020 级	软件工程(云计算、大数据)	12020***257	成 薇
446			2020 级	软件工程(云计算、大数据)	12020***383	张 毅
447			2020 级	软件工程(云计算、大数据)	12020***403	陈炳桦
448			2020 级	软件工程(云计算、大数据)	12020***334	马峻屹
449			2021 级	软件工程(云计算、大数据)	12021***123	胡嘉蕊
450			2021 级	软件工程(云计算、大数据)	12021***063	赵 科
451			2021 级	软件工程(云计算、大数据)	12021***086	杨慧艺
452			2021 级	软件工程(云计算、大数据)	12021***030	任铭艺
453			2022 级	软件工程(云计算、大数据)	12022***622	高 璐
454			2022 级	软件工程(云计算、大数据)	12022***750	王凯萍
455			2022 级	软件工程(云计算、大数据)	12022***646	代 静
456			2022 级	软件工程(云计算、大数据)	12022***754	杨 春
457			2020 级	网络工程(物联网技术)	12020***173	吴玉琪
458			2020 级	网络工程(物联网技术)	12020***216	何晓慧
459			2021 级	网络工程(物联网技术)	12021***254	杨伊涵
460			2021 级	网络工程(物联网技术)	12021***266	李文秀
461			2022 级	网络工程(物联网技术)	12022***851	梁彦涛
462			2022 级	网络工程(物联网技术)	12022***824	赵银娟
463			2020 级	会计学(财务)	12020***865	杨 东
464			2020 级	会计学(财务)	12020***854	杨云舒
465			2021 级	会计学(财务)	12021***833	吴瑞琪
466			2021 级	会计学(财务)	12021***817	张炘杰
467			2021 级	会计学(财务)	12021***919	张云娟
468			2022 级	会计学(财务)	12022***411	段亚东
469			2022 级	会计学(财务)	12022***375	何静初
470			2020 级	信息管理与信息系统	12020***058	徐 灿
471			2020 级	信息管理与信息系统	12020***060	尹 悦
472			2021 级	信息管理与信息系统	12021***954	王佳楠
473			2021 级	电子商务	12021***757	赵彦飞
474			2022 级	电子商务	12022***340	王永刚
475			2022 级	信息管理与信息系统	12022***933	杨亚楠

宁夏大学2023届优秀毕业生(研究生)

序号	书院	学院	学号	姓名	专业	性别
1	守正书院	文学院	12021***187	黄　月	学科教学(语文)	女
2	守正书院	文学院	12019***221	温　乐	中国现当代文学	女
3	守正书院	文学院	12019***200	宣　莉	中国古典文献学	女
4	守正书院	文学院	12020***253	张雪琼	比较文学与世界文学	女
5	守正书院	民族与历史学院	12020***466	崔彦娟	中国古代史	女
6	守正书院	民族与历史学院	12020***462	薛　钰	中国少数民族史	女
7	守正书院	民族与历史学院	12021***228	宋雪雪	学科教学(历史)	女
8	守正书院	民族与历史学院	12020***017	马　慧	民族社会学	女
9	守正书院	阿拉伯学院	12020***613	刘金兮	阿拉伯语言文学	女
10	守正书院	外国语学院	12021***440	李　霄	英语笔译	男
11	守正书院	外国语学院	12020***444	丁梦娇	英语口译	女
12	守正书院	外国语学院	12021***474	张宇翔	英语口译	男
13	守正书院	体育学院	12021***557	李　慧	体　育	女
14	守正书院	体育学院	12020***550	李洁庆	体育教学	男
15	尚德书院	马克思主义学院	12020***149	徐　琛	马克思主义基本原理	男
16	尚德书院	马克思主义学院	12020***164	孙晓宇	思想政治教育	女
17	尚德书院	新闻传播学院	12021***927	李鹏强	新闻与传播	男
18	尚德书院	新闻传播学院	12021***920	郭璎慧	新闻与传播	女
19	尚德书院	音乐学院	12020***514	韩若雯	音　乐	女
20	尚德书院	音乐学院	12020***516	金佳怡	音　乐	女
21	尚德书院	美术学院	12020***599	马素君	美　术	女
22	尚德书院	美术学院	12020***589	杨艳宏	美　术	女
23	勤学书院	法学院	12020***011	潘文雯	法学理论	女
24	勤学书院	法学院	12019***008	向永慧	伦理学	女
25	勤学书院	经济管理学院	12020***053	周　涛	政治经济学	男
26	勤学书院	经济管理学院	12020***061	丁铎栋	世界经济	男
27	勤学书院	经济管理学院	12020***126	张晓红	MPAcc	女
28	勤学书院	经济管理学院	12020***116	苏志琴	MPAcc	女
29	勤学书院	教师教育学院	12020***400	卢　彬	教育技术学	男
30	勤学书院	教师教育学院	12020***286	卢晋媛	教育学	女
31	勤学书院	教师教育学院	12021***356	杨颖超	现代教育技术	女
32	勤学书院	教师教育学院	12021***394	王俊博	小学教育	男
33	勤学书院	教师教育学院	12021***352	吴　妍	现代教育技术	女
34	勤学书院	教师教育学院	12020***302	刘鸣杰	心理学	女
35	勤学书院	教师教育学院	12020***287	杨慧慧	教育学	女
36	求是书院	数学统计学院	12021***498	陈丽丽	学科教学(数学)	女
37	求是书院	数学统计学院	12020***036	王　芝	计算数学	女
38	求是书院	数学统计学院	12020***507	李　辉	运筹学与控制论	男
39	求是书院	物理学院	12020***571	韩泽宇	物理学	男
40	求是书院	物理学院	12020***573	胡伟伟	物理学	男
41	求是书院	物理学院	12020***588	徐尊豪	力　学	男
42	求是书院	电子与电气工程学院	12020***607	姜汉周	电子科学与技术	男

续表 1

序号	书院	学院	学号	姓名	专业	性别
43	求是书院	电子与电气工程学院	12020***597	贺愉婷	电子科学与技术	女
44			12020***593	王艳妮	电子科学与技术	女
45			12020***595	石甜甜	电子科学与技术	女
46			12021***682	刘雪纯	电子信息	女
47			12021***653	李彦昭	通信工程	男
48		信息工程学院	12021***683	张博洋	计算机技术	男
49			12021***726	张　朝	计算机技术	男
50			12020***627	董　鑫	计算机科学与技术	男
51			12021***704	延佳倩	计算机技术	女
52			12021***674	马璐沙	计算机技术	女
53	励行书院	生命科学学院	12020***069	李振凯	生物学	男
54			12020***070	王　猛	生物学	男
55			12020***813	刘占有	生物学	男
56		动物科技学院	12020***127	王晋鹏	畜牧学	男
57			12020***124	户春丽	畜牧学	女
58			12020***136	康馨匀	兽医学	女
59			12021***461	罗双燕	兽医学	女
60			12020***097	刘　军	畜牧学	男
61		食品科学与工程学院	12021***031	谢启文	食品加工与安全	男
62			12020***065	贾莉莉	食品科学与工程	女
63			12021***021	王梦松	食品加工与安全	女
64			12020***067	柳凤敏	食品科学与工程	女
65			12020***075	魏培媛	食品科学与工程	女
66		土木与水利工程学院	12020***112	杨振峰	水利水电工程	男
67			12020***087	吴　旭	水利水电工程	男
68			12020***898	刘巧玲	水利水电工程	女
69			12021***964	路　伟	土木水利	女
70			12021***953	韩强强	土木水利	男
71			12021***005	李　南	土木水利	男
72			12021***949	丁永发	土木水利	男
73		地理科学与规划学院	12020***766	陈睿华	自然地理	男
74			12020***771	李春环	自然地理	男
75	润泽书院	农学院	12020***085	翟勇全	作物学	男
76			12020***121	王若彤	农业昆虫与害虫防治	女
77			12021***427	李瑞宁	农村发展	女
78			12021***327	陈国峰	资源利用与植物保护	男
79			12021***347	高　龙	资源利用与植物保护	男
80			12021***250	张　龙	农艺与种业	男
81		林业与草业学院	12020***157	尤璟涛	草　学	男
82			12021***482	金学娟	林　业	女
83			12020***148	尉剑飞	草　学	男
84			12021***316	王　博	农艺与种业	男

续表 2

序　号	书　院	学　院	学　号	姓　名	专　业	性　别
85	润泽书院	葡萄酒与园艺学院	12021***254	毕雪婷	农艺与种业	女
86			12021***223	高迎东	农艺与种业	男
87			12020***088	刘德帅	园艺学	男
88			12020***094	马永杰	园艺学	男
89		生态环境学院	12020***844	谢沁宓	生态学	女
90	鼎新书院	机械工程学院	12020***989	孟志坚	机械工程	男
91			12020***994	邢振伟	机械工程	男
92			12020***992	张炳建	机械工程	男
93			12021***104	魏迟	机　械	男
94			12021***074	李佳园	机　械	女
95		化学化工学院	12020***051	史雨晨	水资源利用与化学化工	女
96			12020***050	马　萌	水资源利用与化学化工	男
97			12020***746	李玉柱	化　学	男
98			12020***739	王迎辉	化　学	女
99			12020***759	秦媛媛	化　学	女
100			12020***760	谭梦瑶	化　学	女
101			12020***747	赵　颖	应用化学	女
102			12020***728	别南西	化学工艺	男
103			12020***729	丁云云	化学工艺	女
104			12020***730	申　钰	化学工艺	女
105		材料与新能源学院	12021***885	何亚瑄	材料与化工	女
106			12021***907	祝钰灵	材料与化工	女

宁夏大学 2023 届优秀毕业生（本科生）

序　号	书院	学　院	学　号	姓　名	专　业	性　别
1	守正书院	文学院	12019****166	陈钰露	汉语言文学(教师教育)	女
2			12019****001	郭　博	汉语言文学(教师教育)	女
3			12019****028	孙继伟	汉语言文学(教师教育)	男
4			12019****008	李　霞	汉语言文学(教师教育)	女
5			12019****803	金紫玥	汉语言文学(教师教育)	女
6			12019****169	罗宜恒	汉语言文学(文秘)	男
7		民族与历史学院	12019****212	李钰婷	历史学(教师教育)	女
8			12019****225	耿迦南	历史学(教师教育)	女
9		阿拉伯学院	12019****103	王春艳	阿拉伯语	女
10		外国语学院	12019****815	袁樱七七	英语(教师教育)	女
11			12019****870	马彩云	英语(教师教育)	女
12			12019****866	马　玲	英语(教师教育)	女
13			12019****939	方　秀	英语(翻译)	女
14			12019****007	王雅妮	日　语	女
15		国际教育学院	12019****578	范琦惠	工商管理	女
16			12019****505	吴亦清	会计学	男

续表 1

序　号	书院	学　院	学　号	姓　名	专　业	性　别
17	守正书院	体育学院	12019****040	凌天鹏	运动训练	男
18			12019****962	赵　乐	体育教育	男
19			12019****963	牛馨雨	体育教育	女
20			12019****088	蔡登敏	武术与民族传统体育	女
21	尚德书院	马克思主义学院	12019****620	杨迎新	思想政治教育(教师教育)	女
22			12019****618	易　健	思想政治教育(教师教育)	男
23			12019****614	杜洁凡	思想政治教育(教师教育)	女
24		新闻传播学院	12019****322	林涵勋	新闻学(网络与新媒体)	男
25			12019****308	杨子涵	新闻学	女
26			12019****310	王雪蕊	广告学	女
27		音乐学院	12019****223	郭佳鑫	舞蹈表演	女
28			12019****163	李　晴	音乐学(教师教育)	女
29			12019****118	王相源	音乐学(教师教育)	男
30			12019****197	吴嘉颖	音乐学(教师教育)	女
31		美术学院	12019****417	高雅丽	视觉传达设计	女
32			12019****327	陈晓林	美术学(教师教育)	女
33			12019****367	马强龙	美术学(教师教育)	男
34			12019****338	宋嘉宁	美术学(教师教育)	女
35			12019****438	李婷婷	视觉传达设计	女
36	勤学书院	法学院	12019****537	吴　佳	法　学	女
37			12019****570	杨家荥	法　学	女
38			12019****711	郎琳智	行政管理	女
39			12019****753	赵培龙	社会学	男
40		经济管理学院	12019****570	虎亚茹	农林经济管理	女
41			12019****464	孔令怡	信息管理与信息系统	女
42			12019****330	权　旺	会计学	男
43			12019****328	梁振刚	会计学	男
44			12019****314	牛睿峥	经济学	女
45			12019****278	宋文静	经济学(金融)	女
46			12019****313	张清华	会计学	男
47			12019****705	王嘉欣	经济学(金融)	女
48			12019****217	马　花	经济学	女
49			12019****502	崔琳琳	物流管理	女
50			12019****255	张雪怡	经济学(金融)	女
51		教师教育学院	12019****656	程依静	应用心理学	女
52			12019****708	谌　琳	教育技术学	女
53			12019****702	王福浩	教育技术学	男
54			12019****766	王佳慧	小学教育	女
55			12019****825	黄　越	学前教育	女
56	求是书院	数学统计学院	12019****602	申玉荣	数学与应用数学(教师教育)	女
57			12019****720	苏侨彬	数学与应用数学(金融数学)	男
58			12019****770	殷　铭	数学与应用数学(金融数学)	女

续表 2

序　号	书院	学　院	学　号	姓　名	专　业	性　别
59	求是书院	数学统计学院	12019****712	张　晗	数学与应用数学(金融数学)	女
60			12019****723	杨志伟	数学与应用数学(金融数学)	男
61			12019****725	秦娟娟	信息与计算科学	女
62			12019****709	杨宗华	信息与计算科学	男
63		物理学院	12019****272	陆　楚	新能源材料与器件	男
64			12019****953	姚嘉毅	物理学(应用物理)	男
65			12019****912	王　梅	物理学(教师教育)	女
66		电子与电气工程学院	12019****085	刘文凯	通信工程	男
67			12019****002	王志鸿	电气工程及其自动化	男
68			12019****029	廖垠钦	电气工程及其自动化	男
69			12019****504	杨玉涛	电子信息工程	男
70			12019****103	焦英英	通信工程二班	女
71			12019****053	沈安琪	电气工程及其自动化	女
72		信息工程学院	12019****338	王文武	计算机科学与技术	男
73			12019****357	韩丽娜	计算机科学与技术	女
74			12019****391	屠晓雨	计算机科学与技术	女
75			12019****318	曹　健	软件工程	男
76			12019****340	贾倩倩	软件工程	女
77			12019****305	董培彬	网络工程	男
78	励行书院	生命科学学院	12019****906	雷心茹	生物技术	女
79			12019****756	何立言	生物科学(教师教育)	男
80			12019****877	梁转生	生物科学(教师教育)	女
81			12019****914	徐珺蕾	生物科学	女
82		动物科技学院	12019****605	王雪容	动物医学	女
83			12019****610	李榕榕	动物科学	女
84		食品科学与工程学院	12019****206	杨秉坤	食品科学与工程(生物工程)	男
85			12019****238	高　蝶	食品科学与工程	女
86		土木与水利工程学院	12019****475	朱泓宇	水利水电工程	男
87			12019****467	王雨欣	水利水电工程	女
88			12019****459	白嘉怡	农业水利工程	女
89			12019****351	高　昊	交通工程	男
90			12019****357	翟鸿漾	交通工程	男
91			12019****404	王斯腾	工程管理	男
92		建筑学院	12018****041	贾　浩	城乡规划	男
93			12018****069	张　利	建筑学	女
94		地理科学与规划学院	12019****006	褚　阳	地理科学(教师教育)	男
95			12019****105	杨千龙	人文地理与城乡规划	男
96			12019****149	皇甫霞丹	地理信息科学	女
97	润泽书院	农学院	12019****319	蒲艳丽	植物保护	女
98		林业与草业学院	12019****557	刘梦鸽	草业科学	女
99			12019****303	王　涵	园　林	女

续表 3

序 号	书院	学 院	学 号	姓 名	专 业	性 别
100	润泽书院	葡萄酒与园艺学院	12019****306	迟敬楠	园 艺	女
101			12019****711	张天玥	葡萄与葡萄酒工程	女
102			12019****759	程梦琳	葡萄与葡萄酒工程(营销)	女
103		生态环境学院	12019****064	哈佳慧	环境科学	女
104	鼎新书院	机械工程学院	12019****890	李佳霖	交通运输	女
105			12019****852	张晓童	交通运输	男
106			12019****854	张 璐	交通运输	女
107			12019****101	黄可尔	机械工程	女
108			12019****001	杨尚宗	机械工程	男
109			12019****030	李东旭	机械工程	男
110			12019****072	李安乐	机械工程	男
111		化学化工学院	12019****668	李嘉怡	化学工程与工艺	女
112			12019****502	谢国栋	化学(教师教育)	女
113			12019****565	屈 丽	化学(分析与检测)	女
114			12019****692	闫晓萱	化学工程与工艺	女
115			12019****812	尚 兴	材料化学	男
116			12019****602	潘铭铭	应用化学	女
117			12019****601	张楷晨	应用化学	男
118	博雅书院	前沿交叉学院	12019****475	叶晓倩	环境科学	女
119			12019****460	王嘉仪	环境科学	女
120			12019****303	惠昭君	软件工程(云计算、大数据)	女
121			12019****213	张 瑞	软件工程(云计算、大数据)	女
122			12019****294	宋星奥	软件工程(云计算、大数据)	男
123			12019****276	赵佳怡	软件工程(云计算、大数据)	女
124			12019****400	王元清	软件工程(NIIT)	女
125			12019****382	李旭阳	软件工程(NIIT)	女
126			12019****818	马发买	行政管理	女
127			12019****843	杨博宇	行政管理	男
128			12019****987	李 可	电子商务	女
129			12019****002	卫媛媛	电子商务	女
130			12019****983	庞照绮	电子商务	女
131			12019****051	王玲玲	市场营销	女
132			12019****138	徐从锦	市场营销	男
133			12019****611	买小亚	学前教育(教师教育)	女
134			12019****630	王 爱	学前教育(教师教育)	女
135			12019****676	尚 宇	汉语言文学(文秘)	女
136			12019****677	曹丽辉	汉语言文学(文秘)	女
137			12019****670	高雅静	汉语言文学(文秘)	女
138			12019****672	邵丽婷	汉语言文学(文秘)	女
139			12019****701	朱 迪	旅游管理	女

综合统计

2024 The Almanac of Ningxia University

拐角楼 （钟子杰 摄）

学校基本情况

学校基本情况一览表(2023)

项　目	数　量
一级学科博士学位授权点(个)	7
二级学科博士学位授权点(个)	46
一级学科硕士学位授权点(个)	31
二级学科硕士学位授权点(个)	176
专业硕士学位授权点(个)	22
本科专业(个)	84
国家“双一流”建设学科(个)	1
国家重点学科(个)	1
国家重点(培育)学科(个)	1
自治区级一流建设学科(个)	16
“部区合建”优势特色学科群(个)	2
“十三五”自治区重点学科(个)	8
“十三五”自治区优势特色学科(个)	8
博士后科研流动站(个)	4
自治区院士工作站(个)	2
国家级一流本科专业建设点(个)	28
国家级优势特色专业(个)	8
国家级一流本科课程(门)	7
国家级课程思政示范课(门)	1
国家级精品资源共享课(门)	1
省级一流本科专业建设点(个)	9
自治区级优势特色专业(个)	16
自治区级一流本科课程(门)	93
自治区级课程思政示范课(门)	31
全国重点实验室(个)	1
省部共建国家重点实验室(个)	1
教育部重点实验室(个)	2
省部共建国家重点实验室培育基地(个)	1
教育部国际联合实验室(个)	1

续表

项　目		数　量
教育部区域和国别研究培育基地(个)		1
农业农村部重点实验室(个)		2
国家民委中华民族共同体研究基地(个)		1
教育部工程研究中心(个)		2
省部共建协同创新中心(个)		2
教育部人文社科基地(个)		1
自治区工程技术研究中心(个)		8
自治区协同创新中心(个)		3
自治区人文社科基地(个)		4
自治区重点实验室(个)		13
自治区基础学科中心(个)		1
国家地方联合工程实验室(个)		1
自治区高校新型智库(个)		4
自治区技术创新中心(个)		1
自治区产学研合作基地(个)		1
机构与组织	党群、行政部门(个)	21
	教学科研单位(个)	52
	教辅单位(个)	12
	附属单位(个)	1
在校教职工(人)(不含离退休人员)		2707
全日制本科在校生(人)		19544
全日制研究生在校生(人)		5736
民族预科教育在校生(人)		990
教学科研仪器设备总值(万元)		123776
学校藏书(万册)		222.53
定期公开出版的专业刊物(种)		4
校园占地面积(平方米)(不含教学实验农场)		1961762.71(其中兴庆湖面积 52240.26)
教学实验农场面积(平方米)		1366783.384(其中未取得国有土地使用证面积 133047.884)
校舍建筑面积(万平方米)		92.41

(发展规划与学科建设处陈君飞提供)

2023年(本级)收入支出决算总表

单位:元

收入				
项 目	行 次	年初预算数	全年预算数	决算数
栏 次		1	2	3
一、一般公共预算财政拨款收入	1	1052256800.00	1342878841.17	1342878841.17
二、政府性基金预算财政拨款收入	2	700000.00	900000.00	900000.00
三、国有资本经营预算财政拨款收入	3	0.00	0.00	
四、上级补助收入	4	0.00	0.00	0.00
五、事业收入	5	340000000.00	465761844.26	465761844.26
六、经营收入	6	0.00	0.00	0.00
七、附属单位上缴收入	7	0.00	0.00	0.00
八、其他收入	8	0.00	57891869.26	57891869.26
本年收入合计	27	1392956800.00	1867432554.69	1867432554.69
使用非财政拨款结余和专用结余	28	0.00		0.00
年初结转和结余	29	202668500.00	250931160.09	250931160.09
总计	31	1595625300.00	2118363714.78	2118363714.78
支 出				
项目(按支出性质和经济分类)	行 次	年初预算数	全年预算数	决算数
栏 次		7	8	9
一、基本支出	32	958073700.00	1068729378.12	1012886306.54
人员经费	33	712664900.00	828102843.25	828102843.25
公用经费	34	245408800.00	240626534.87	184783463.29
二、项目支出	35	637551600.00	1049634336.66	897100703.41
其中:基本建设类项目	36	0.00	58687624.64	58687624.64
三、上缴上级支出	37	0.00	0.00	0.00
四、经营支出	38	0.00	0.00	
五、对附属单位补助支出	39	0.00	0.00	0.00
经济分类支出合计	42	—	—	1909987009.95
一、工资福利支出	43	—	—	771928764.40
二、商品和服务支出	44	—	—	606822956.68
三、对个人和家庭的补助	45	—	—	257250159.46
四、债务利息及费用支出	46	—	—	16703048.53
五、资本性支出(基本建设)	47	—	—	58687624.64

续表

六、资本性支出	48	—	—	198594456.24
七、对企业补助(基本建设)	49	—	—	0.00
八、对企业补助	50	—	—	0.00
九、对社会保障基金补助	51	—	—	0.00
十、其他支出	52	—	—	0.00
本年支出合计	58	1595625300.00	2118363714.78	1909987009.95
结余分配	59	—	—	0.00
年末结转和结余	60	0.00	0.00	208376704.83
总　计	62	1595625300.00	2118363714.78	2118363714.78

备注:本套报表金额单位转换时可能存在尾数误差。

(计划财务处赵凤萍提供)

2023年资助情况统计表

类　别	奖学金	资助单位	受助人数	资助金额(万元)
政府资助	本科生国家奖学金	教育部、财政部	37	29.6
	国家励志奖学金	教育部、财政部	611	305.5
	本科生国家助学金(春季)	教育部、财政部、自治区	4895	807.68
	本科生国家助学金(秋季)		5773	952.58
	退役士兵国家助学金	教育部、财政部、自治区	226	37.29
	大学生服兵役补偿代偿资金	教育部、财政部	82	158.6
	西藏师范及农牧林水地矿类专业免费教育补助	西藏自治区	25	24.42
社会资助	宝钢教育奖	宝钢教育基金会	6	6
	经叔平基金奖学金	中国宋庆龄基金会	10	4
	曾宪梓基金奖学金	教育部港澳台办	30	18
	筑梦奖学金	中国教育发展基金会	91	36.4
	华远鑫和化工科技奖学金	华远鑫和化工科技公司	50	25
	稻盛京瓷西部开发奖学金	中国友好和平发展基金会	15	4.5
	感恩中国近现代科学家奖学金	西南交通大学立德树人教育发展中心	12	24
	感恩中国近现代科学家助学金	西南交通大学立德树人教育发展中心	12	12
	应善良助学金	应善良福利基金会	120	42
	火箭军砺剑助学金	火箭军	60	18
	新长城自强助学金	中国乡村发展基金会	1	0.3
	本田梦想基金	中国宋庆龄基金会	1	1.935
合　计			12064	2507.805

(学生处曹楠提供)

2023 年接受大额捐赠一览表

序　号	项目类型	捐赠人/单位	金额(元)
1	协议捐赠	应善良福利基金会	420000
2	协议捐赠	中国银行股份有限公司宁夏回族自治区分行	400000
3	协议捐赠	四川西南交通大学教育基金会	360000
4	协议捐赠	曾宪梓教育基金会	180000
5	协议捐赠	火箭军政治工作部群工联络局	180000
6	协议捐赠	晓星氨纶(宁夏)有限公司	100000
7	协议捐赠	宁夏二泉环境科技有限公司	100000

(校友总会与教育发展基金会工作办公室曾华提供)

2023 年图书馆藏书情况

图书馆纸质藏书册数	2225362
非纸质图书资源数(电子图书)	470000

(图书馆付泰森提供)

组织机构与干部情况

宁夏大学 2023 年党政干部

中共宁夏大学第七届委员会

书　记:李　星

副书记:彭志科　王玉炯(—2023.02)　周　震

常　委:李　星　彭志科　王玉炯(—2023.02)　周　震　周运生(—2023.07)　李建设　刘炎胜　史金龙(—2023.05)　黄　河(2023.05—)　王忠静　李学斌　聂　丹(挂职,2023.09—)　张立杰(—2023.09)　何风隽　高永兴

委　员(按姓氏笔画排序):

马正亮　王玉炯(—2023.02)　王宏武　王忠静　车　进　史金龙(—2023.05)　刘双萍　刘炎胜　刘富祥　孙建军　李　星　李学斌　李建设　李胜刚　何风隽　沈岩东　张立杰(—2023.09)　罗进德　周　震　周运生(—2023.07)　胡玉冰　贺生斌

聂　丹(挂职,2023.09—)　高永兴　高继明　黄　河(2023.05—)　曹　兵(—2023.09)　彭志科

宁夏大学

校　长:彭志科

副校长:李建设　刘炎胜　史金龙(—2023.05)　黄　河(2023.05—)　王忠静　李学斌

聂　丹(挂职,2023.09—)　赵晓佳(2023.08—)

中共宁夏大学纪律检查委员会

书　记:周运生(—2023.07)

副书记:李正东　李海峰　刘　坤

委　员(按姓氏笔画排序):

马玉龙　井惠敏　朱学军　刘　坤　李正东　李海峰　邵淑宁　周运生(—2023.07)　党小龙

(组织部杜维民提供)

2023 年党组织、党员基本情况表

项　目		数量(个/人)
基层党组织	党　委	21
	党总支	34
	直属党支部	9
	基层党支部	262
党　员	教工党员	2233
	离退休党员	890
	学生党员	3698

统计数据截至 2023 年底,数据包含宁夏大学新华学院、宁夏大学附属中学。

2023 年学校中层党组织

序　号	党组织
1	机关党委
2	离退休人员服务处党委
3	人文与民族学部党委
4	哲学与艺术学部党委
5	教育与社会学部党委
6	数理与信息学部党委
7	生命与食品学部党委
8	工程与地理学部党委
9	农林与生态学部党委
10	前沿科学与技术学部党委
11	终身教育学部党总支
12	文学院党总支
13	民族与历史学院党总支
14	阿拉伯学院党总支

续表 1

序　号	党组织
15	外国语学院党总支
16	国际教育学院党总支
17	体育学院党总支
18	马克思主义学院党总支
19	新闻传播学院党总支
20	音乐学院党总支
21	美术学院党总支
22	法学院党总支
23	经济管理学院党总支
24	教师教育学院党总支
25	数学统计学院党总支
26	物理学院党总支
27	电子与电气工程学院党总支
28	信息工程学院党总支
29	生命科学学院党总支
30	动物科技学院党总支
31	食品科学与工程学院党总支
32	土木与水利工程学院党总支
33	建筑学院党总支
34	地理科学与规划学院党总支
35	农学院党总支
36	林业与草业学院党总支
37	葡萄酒与园艺学院党总支
38	生态环境学院党总支
39	机械工程学院党总支
40	化学化工学院党总支
41	材料与新能源学院党总支
42	守正书院党委
43	尚德书院党委
44	勤学书院党委
45	求是书院党委
46	励行书院党委
47	润泽书院党委
48	鼎新书院党委
49	民族预科教育学院党总支
50	前沿交叉学院党总支
51	博雅书院党委
52	新华学院党委
53	图书馆党总支
54	档案馆直属党支部
55	学术期刊中心直属党支部
56	网络与信息管理中心直属党支部

续表 2

序　号	党组织
57	校友总会与教育发展基金会工作办公室直属党支部
58	人民武装部(国防教育教学中心)直属党支部
59	创新创业学院直属党支部
60	教学运行保障部直属党支部
61	测试分析中心直属党支部
62	后勤保障部党委
63	教学实验农场直属党支部
64	附属中学党委

(组织部杜维民提供)

宁夏大学 2023 年组织机构设置及负责人

党群部门

纪委、监察专员办公室	副书记	李正东
宁夏大学办公室(法制工作办公室)	主　任	冯学文
党委组织部、机关党委	部　长	张立杰(—2023.09)
党委宣传部	部　长	高永兴
党委统战部	部　长	何风隽
党委巡察(督查)办公室	主　任	井惠敏
工会(妇女工作委员会、计划生育办公室)	主　席	孙建军
团委(国家大学生文化素质教育基地办公室)	书记(主任)	肖功国

行政部门

对外合作交流处(港澳台事务办公室)	处长(主任)	赵亚峰(2023.05—)
发展规划与学科建设处	处　长	倪　刚
人力资源部(党委教师工作部)【2023.04 人事处(党委教师工作部)更名为人力资源部(党委教师工作部)】	部　长	谭亚云(2023.05—)
本科生院	院　长	张亚红
科学技术研究院	院　长	王忠静(兼,—2023.11) 李学斌(兼,2023.11—)
	人文社会科学处处长	胡玉冰(—2023.11)
	科学技术处处长	孙学宏(2023.05—2023.11)
党委学生工作部(学生处)	部长(处长)	马正亮
研究生院	院　长	曹　兵(—2023.09) 车　进(2023.11—)
计划财务处	处　长	冯秀芳
审计处	处　长	邵淑宁
资产与实验室管理处	处　长	朱学军
保卫处(社会治安综合治理委员会办公室)	处长(主任)	张守荣
基建处	处　长	牛建军
离退休人员服务处	党委书记、处长	李思源(—2023.04) 贺生斌(2023.04—)

教学科研单位

人文与民族学部(2023.03 成立)	党委书记	李胜刚(2023.03—)
	部　长	杜建录(2023.03—)
文学院 (2023.03 成立学院党总支,撤销学院党委)	党委书记	张培松(—2023.03)
	党总支书记	王宏武(2023.03—)
	院　长	胡玉冰(2023.11—)
民族与历史学院 (2023.03 成立学院党总支,撤销学院党委)	党委书记	李胜刚(—2023.03)
	党总支书记	刘　杰(2023.05—)
	院　长	杜建录
	常务副院长(正处级)	杨　浣(2023.05—)
阿拉伯学院	党总支书记	李海燕(—2023.03)
		冯璐璐(2023.05—)
	院　长	李绍先
外国语学院 (2023.03 成立学院党总支,撤销学院党委)	党委书记	拜发奎(—2023.03)
	党总支书记	朱海燕(2023.05—)
	院　长	赵晓佳(—2023.09)
国际教育学院	党总支书记	闫　蓉(—2023.03)
		韩　勇(2023.03—)
	院　长	刘艳晖
体育学院 (2023.03 成立学院党总支,撤销学院党委)	党委书记	王志霄(—2023.03)
	党总支书记	王志霄(2023.03—)
	院　长	咸云龙
守正书院(2023.03 成立)	党委书记、院长	闫　蓉(2023.03—)
哲学与艺术学部(2023.03 成立)	党委书记	李海燕(2023.03—)
	部　长	周　震(兼,2023.03—)
马克思主义学院 (2023.03 成立学院党总支,撤销学院党委)	党委书记	党锐锋(—2023.03)
	党总支书记	党锐锋(2023.03—)
	院　长	范映渊
新闻传播学院	党总支书记	苏　洁(2023.03—)
	执行院长(正处级)	李世举
音乐学院 (2023.04 成立学院党总支,撤销学院党委)	党委书记	
	党总支书记	贾述道(2023.05—)
	院　长	雷兴明(—2023.03)
		陈　宏(2023.05—)
美术学院 (2023.04 成立学院党总支,撤销学院党委)	党委书记	王宏武(—2023.03)
	党总支书记	马树华(2023.05—)
	院　长	王胜泽(2023.05—)
尚德书院(2023.03 成立)	党委书记、院长	潘　瑞(2023.03—)
教育与社会学部(2023.03 成立)	党委书记	吕海军(2023.03—)
	部　长	史金龙(兼,2023.03—2023.05)
		黄　河(兼,2023.06—)
法学院 (2023.03 成立学院党总支,撤销学院党委)	党委书记	李治涛(—2023.03)
	党总支书记	李治涛(2023.03—)
	院　长	吕耀军

续表 1

经济管理学院 （2023.03 成立学院党总支，撤销学院党委）	党委书记	崔明堂（—2023.03）
	党总支书记	赵　军（2023.03—）
	院　长	杨国涛
教师教育学院（2023.03 成立）	党总支书记	拜发奎（2023.03—）
	院　长	王安全（2023.03—）
勤学书院（2023.03 成立）	党委书记、院长	马　瑜（2023.03—）
数理与信息学部（2023.03 成立）	党委书记	常海波（2023.03—）
	部　长	王青云（2023.03—）
数学统计学院 （2023.04 成立学院党总支，撤销学院党委）	党委书记	常海波（—2023.03）
	党总支书记	任克亮（2023.05—）
	院　长	王青云（2023.03—）
	常务副院长（正处级）	李风军（2023.05—）
物理学院（2023.03 成立）	党总支书记	王　恒（2023.05—）
	院　长	王旭明（2023.03—）
电子与电气工程学院（2023.03 成立）	党总支书记	何彦平（2023.05—）
	院　长	孙学宏（2023.11—）
信息工程学院 （2023.03 成立学院党总支，撤销学院党委）	党委书记	车　进（—2023.03）
	党总支书记	汪文帅（2023.05—）
	院　长	冯　锋
求是书院（2023.03 成立）	党委书记、院长	武林波（2023.03—）
生命与食品学部（2023.03 成立）	党委书记	王玉炯（2023.03—）
	部　长	张培松（2023.03—）
生命科学学院 （2023.04 成立学院党总支，撤销学院党委）	党委书记	
	党总支书记	邓光存（2023.04—）
	院　长	苏建宇
动物科技学院（2023.03 成立）	党总支书记	郑燕玲（2023.03—）
	院　长	
食品科学与工程学院（2023.03 成立）	党总支书记	
	院　长	刘　源（2023.07—）
工程与地理学部（2023.03 成立）	党委书记	陈晓敏（2023.03—）
	部　长	王忠静（兼，2023.03—）
土木与水利工程学院 （2023.04 成立学院党总支，撤销学院党委）	党委书记	陈晓敏（—2023.03）
	党总支书记	尹　娟（2023.05—）
	院　长	毛明杰
建筑学院（2023.03 成立）	党总支书记	崔明堂（2023.03—）
	院　长	
地理科学与规划学院 （2023.03 成立学院党总支，撤销学院党委）	党委书记	陈军胜（—2023.03）
	党总支书记	陈军胜（2023.03—）
	院　长	刘小鹏
励行书院（2023.03 成立）	党委书记、院长	张　强（2023.03—）
农林与生态学部（2023.03 成立）	党委书记	张　宁（2023.03—）
	部　长	李建设（兼，2023.03—）

续表 2

农学院 （2023.04 成立学院党总支，撤销学院党委）	党委书记	武林波（—2023.03）
	党总支书记	葛志军（2023.05—）
	院　长	马红彬（—2023.03）
		李培富（2023.05—）
林业与草业学院（2023.03 成立）	党总支书记	贺海明（2023.05—）
	院　长	马红彬（2023.03—）
葡萄酒与园艺学院（2023.03 成立）	党总支书记	苏宇静（2023.05—）
	院　长	
生态环境学院 （2023.03 成立学院党总支，撤销学院党委）	党委书记	杨振东（—2023.03）
	党总支书记	杨振东（2023.03—）
	院　长	钟艳霞（—2023.11）
		凌　文（2023.11—）
	执行院长（正处级）	钟艳霞（2023.11—）
润泽书院（2023.03 成立）	党委书记、院长	马　骏（2023.03—）
前沿科学与技术学部（2023.03 成立）	党委书记	马建宏（2023.03—）
	部　长	马玉山（2023.03—）
机械工程学院 （2023.04 成立学院党总支，撤销学院党委）	党委书记	程胜利（—2023.03）
	党总支书记	杨术明（2023.05—）
	院　长	马玉山
	执行院长（正处级）	张　波
化学化工学院 （2023.04 成立学院党总支，撤销学院党委）	党委书记	高继明（—2023.04）
	党总支书记	张鹏飞（2023.05—）
	院　长	罗正鸿
材料与新能源学院 （2023.03 成立学院党总支，撤销学院直属党支部）	直属党支部书记	马建宏（—2023.03）
	党总支书记	刘国强（2023.03—）
	院　长	夏明许
	常务副院长（正处级）	何力军
鼎新书院（2023.03 成立）	党委书记、院长	程胜利（2023.03—）
终身教育学部（2023.03 成立）	党总支书记	冯　奎（2023.03—）
	部　长	刘　明（2023.03—）
继续教育学院（高等职业技术学院） （2023.03 撤销党总支）	党总支书记	韩　勇（—2023.03）
	院　长	刘　明
前沿交叉学院	党总支书记	任　磊
	院　长	彭志科（兼）
	执行院长（正处级）	王　磊
博雅书院	党委书记	张　翼
	院　长	李　举
民族预科教育学院	党总支书记	倪　彬
	院　长	马小玲（2023.05—）
新华学院	党委书记	杨文刚
	常务副院长（正处级）	罗进德
宁夏大学·迪拜大学孔子学院	中方院长（副处级）	戴京倞

续表 3

教育学院(教师教育学院、教育研究院)(2023.03 撤销)	党委书记	吕海军(—2023.03)
	院　长	王安全(—2023.03)
物理与电子电气工程学院(2023.03 撤销)	党委书记	马　瑜(—2023.03)
	院　长	王旭明(—2023.03)
食品与葡萄酒学院(2023.03 撤销)	党委书记	张　宁(—2023.03)
	院　长	

教辅单位

图书馆	党总支书记	王彦仓
	馆　长	苗福生(2023.03—)
档案馆	直属党支部书记、馆长	王海文(—2023.04)
		尹军利(2023.05—)
学术期刊中心	直属党支部书记	赵智宏(—2023.04)
	主　任	苗福生(—2023.03)
	直属党支部书记、主任	奥海玮(2023.11—)
网络与信息管理中心	直属党支部书记、主任	王学明(—2023.04)
校友总会与教育发展基金会工作办公室	直属党支部书记、主任	衡　亮
人民武装部(国防教育教学中心)	直属党支部书记、部长(主任)	方　非(—2023.04)
		张启明(2023.05—)
创新创业学院(大学科技园办公室)	直属党支部书记、院长(主任)	冯　蛟
教学运行保障部	直属党支部书记、部长	李　浩
测试分析中心	直属党支部书记、主任	邓光存(—2023.04)
后勤保障部	党委书记	王智勇
	部　长	贺生斌(—2023.04)
		高继明(2023.04—)
教学实验农场	直属党支部书记	纳殿文(—2023.04)
		段晓阳(2023.05—)
	场　长	蒋　万
宁夏高等学校师资培训中心	主　任	王安全(—2023.03)
		冯　奎(2023.03—)
师生服务中心(2023.05 撤销)	主　任	郑燕玲(—2023.03)

附属单位

宁夏大学附属中学	党委书记	马廷喜
	校　长	亢　燕

(组织部杜维民提供)

2023年团组织建设基本情况统计表

项　目		数量(个)
团组织	团　委	8
	团总支	0
	教工团支部	1
	学生团支部	810
团　员	中学生	266
	本科生	14217
	硕士研究生	4139
	博士研究生	196

（团委高媛提供）

民主党派、人民团体基本情况一览表

民主党派、人民团体	负责人	成立时间	人员数		在职人员职称情况			
			在　职	总　数	正　高	副　高	中　级	其　他
民革宁夏大学支部	毛明杰	1999	19	24	9	6	3	1
民盟宁夏大学委员会	文　琦	1999	63	103	28	21	13	1
民建宁夏大学支部	马　萍	1999	17	22	10	3	4	0
民进宁夏大学委员会	刘　明	1997	52	80	23	13	14	2
农工党宁夏大学总支	苏建宇	2003	31	49	16	9	6	0
九三学社宁夏大学委员会	杨　浣	2001	43	77	18	18	7	0
合　计	—	—	225	355	104	70	47	4
宁夏大学归国华侨联合会	藏志勇	1999	41	88	7	12	12	10
宁夏大学台胞台属联谊会	雷　慧	1999	8	31	Θ3	3	1	1
宁夏大学党外知识分子联谊会	王　政	2012	50	50	25	15	6	4
宁夏大学留学人员联谊会	金忠杰	2016	92	92	33	29	13	17
合　计	—	—	416	616	169	129	79	36

（统战部高鹏翔提供）

宁夏大学学术委员会

主 任 委 员:彭志科

副主任委员:周　震　李建设　王忠静　李学斌　苏建宇　范映渊

秘 书 长:胡玉冰

副秘书长:倪　刚

委　员(按姓氏笔画排序):

于广锁　马　云　马冬雅　马红彬　王　磊　王玉炯　王旭明　王青云　王忠静　王胜泽
毛明杰　东　梅　刘　昊　刘小鹏　孙学宏　苏建宇　杜建录　李风军　李世举　李学斌
李建设　李海波　李新贵　何风隽　张　波　张亚红　张军翔　范映渊　罗正鸿　金忠杰
周　震　胡玉冰　胡笑瑛　柳玉宏　咸云龙　钟艳霞　谢延龙　倪　刚　潘　欢　曹　兵
戴新毅　梁文裕　彭志科

宁夏大学学术委员会专门委员会

1. 教学指导委员会

主 任 委 员:李建设

副主任委员:张亚红　曹　兵

委　员(按姓氏笔画排序):

马红彬　王　磊　王旭明　王安全　毛明杰　吕耀军　刘小鹏　苏建宇　杜建录　李世举
杨国涛　张　波　张　腾　范映渊　赵晓佳　咸云龙　钟艳霞　何力军

秘书处挂靠单位:本科生院

秘书处办公室主任:张　腾(兼)

2. 学术道德委员会

主 任 委 员:李学斌

副主任委员:何风隽　高永兴

委　员(按姓氏笔画排序):

孙学宏　苏建宇　张亚红　苗福生　李正东　胡玉冰　党锐锋　曹　兵　谭亚云　戴新毅

秘书处挂靠单位:人事处(党委教师工作部)

秘书处办公室主任:谭亚云(兼)

副主任:胡玉冰(兼)　孙学宏(兼)

3. 科学技术委员会

主 任 委 员:王忠静

副主任委员:王青云　罗正鸿

委　员(按姓氏笔画排序):

马红彬　王旭明　毛明杰　冯　蛟　冯　锋　刘小鹏　孙学宏　苏建宇　张　波　张军翔

钟艳霞　夏明许　倪　刚　曹　兵

秘书处挂靠单位:科学技术研究院科学技术处

秘书处办公室主任:孙学宏(兼)

4. 人文社会科学委员会

主 任 委 员:周　震

副主任委员:何风隽　胡玉冰

委　员(按姓氏笔画排序):

马冬雅　王　磊　王安全　王胜泽　吕耀军　杜建录　李世举　李新贵　杨国涛　范映渊

金忠杰　赵晓佳　柳玉宏　咸云龙

秘书处挂靠单位:科学技术研究院人文社会科学处

秘书处办公室主任:周学忠

5. 科技伦理委员会

主 任 委 员:王玉炯

副主任委员:苏建宇　孙学宏

委　员(按姓氏笔画排序):

丁凤琴　马　云　马红彬　邓光存　刘　昊　李　勇　张军翔　张惠玲　胡世恩　钟艳霞

梁文裕　魏凡华

秘书处挂靠单位:生命科学学院

秘书处办公室主任:李　勇(兼)

(科学技术研究院梁滨提供)

宁夏大学学位评定委员会

主　席:彭志科

副主席:周　震　李建设　黄　河　王忠静　王青云　王玉炯　杜建录　张　波　王　磊

委　员(按姓氏笔画排序):

马　云　马红彬　王旭明　王安全　王胜泽　车　进　毛明杰　方海田　冯　锋　吕耀军

刘　明　刘小鹏　刘艳晖　刘鸿雁　孙学宏　苏建宇　李　浩　李风军　李世举　李学斌

李培富　杨国涛　张亚红　张雪艳　张鹏飞　陈　宏　范映渊　罗正鸿　金忠杰　赵晓佳
胡玉冰　咸云龙　钟艳霞　夏明许　倪　刚　曹　兵　燕宁娜

校学位评定委员会办公室设在研究生院

办公室主任:曹　兵

副主任:张亚红　李　浩

（研究生院杨琼提供）

宁夏大学非常设机构及组成人员

1. 宁夏大学综合改革领导小组

组　长:李　星

副组长:彭志科

成　员:王玉炯　周　震　周运生　郎　伟　李建设　刘炎胜　史金龙　王忠静　李学斌　何风隽
张立杰　高永兴

领导小组办公室设在发展规划与学科建设处

办公室主任:李学斌(兼)

2. 部区合建与“双一流”建设领导小组

组　长:李　星　彭志科

副组长:王玉炯　周　震　周运生　郎　伟　李建设　刘炎胜　史金龙　王忠静　李学斌　罗正鸿
王青云　何风隽　张立杰　高永兴

成　员:冯学文　倪　刚　张亚红　胡玉冰　马正亮　曹　兵　冯秀芳　朱学军　牛建军　邵淑宁
王彦仓　王学明　冯　蛟　李　浩　贺生斌　马小玲　谭亚云　孙学宏

领导小组办公室设在发展规划与学科建设处

办公室主任:倪　刚

3. 宁夏大学党风廉政建设和反腐败工作领导小组

组　长:李　星　彭志科

副组长:王玉炯　周运生

成　员:张立杰　高永兴　李正东　冯学文　井惠敏　孙建军　胡玉冰　马正亮　曹　兵　冯秀芳
邵淑宁　朱学军　牛建军　王智勇　谭亚云　孙学宏

领导小组办公室设在纪委

办公室主任:李正东

4. 宁夏大学安全稳定工作委员会

主　任:李　星　彭志科

副主任:王玉炯　周　震　周运生　李建设　刘炎胜　史金龙

委　员:何风隽　张立杰　高永兴　冯学文　孙建军　肖功国　张亚红　胡玉冰　马正亮　曹　兵
冯秀芳　邵淑宁　朱学军　张守荣　牛建军　李思源　罗进德　李　举　王学明　贺生斌
马小玲　谭亚云　孙学宏

委员会办公室设在办公室

办公室主任:冯学文

副主任:张守荣

委员会下设工作领导小组:

(1)维护稳定综合研判工作领导小组(反恐防恐工作领导小组)

组　长:李　星　彭志科

副组长:王玉炯　周　震　周运生　李建设　刘炎胜　史金龙

成　员:何风隽　张立杰　高永兴　冯学文　孙建军　肖功国　张亚红　胡玉冰　马正亮　曹　兵
冯秀芳　张守荣　李世举　王学明　贺生斌　马小玲　谭亚云　孙学宏

领导小组办公室设在办公室

办公室主任:冯学文

(2)宁夏大学网络安全和信息化领导小组

组　长:李　星　彭志科

副组长:王玉炯　周　震

成　员:高永兴　冯学文　倪　刚　张亚红　胡玉冰　马正亮　冯秀芳　朱学军　张守荣　王学明
李　瑾　谭亚云　孙学宏　王　恒

领导小组办公室设在网络与信息管理中心

办公室主任:王学明

副主任:李　瑾　王　恒

(3)保密工作领导小组

组　长:周　震

副组长:冯学文

成　员:何风隽　张立杰　高永兴　肖功国　张亚红　马正亮　曹　兵　冯秀芳　邵淑宁　朱学军
张守荣　王海文　苗福生　王学明　白雪梅　马小玲　谭亚云

领导小组办公室设在办公室

办公室主任:白雪梅

5. 宁夏大学党务校务公开领导小组

组　长:李　星　彭志科

副组长:周　震

成　员:何风隽　张立杰　高永兴　冯学文　孙建军　冯秀芳　马正亮　朱学军　牛建军　贺生斌　谭亚云

领导小组办公室设在办公室

办公室主任:冯学文

副主任:马　亮

6. 略

7. 宁夏大学完善校园治理体系提高治理能力工作领导小组

组　长:李　星　彭志科

副组长:王玉炯　周　震　周运生　郎　伟　李建设　刘炎胜　史金龙　王忠静　李学斌　罗正鸿　王青云　何风隽　张立杰　高永兴

成　员:冯学文　孙建军　肖功国　倪　刚　张亚红　马正亮　曹　兵　冯秀芳　邵淑宁　朱学军　张守荣　王学明　吕耀军　沈岩东　贺生斌　谭亚云

领导小组办公室设在办公室

办公室主任:周　震(兼)

副主任:冯学文

8. 宁夏大学安全生产领导小组

组　长:彭志科

副组长:王玉炯　周　震　李建设　刘炎胜　史金龙　王忠静　李学斌

成　员:何风隽　张立杰　高永兴　冯学文　张亚红　胡玉冰　马正亮　曹　兵　冯秀芳　朱学军　张守荣　牛建军　李　举　刘　明　罗进德　贺生斌　马小玲　谭亚云　孙学宏

领导小组办公室设在办公室

办公室主任:冯学文

副主任:张守荣　朱学军　牛建军　贺生斌

9. 宁夏大学法制建设领导小组

组　长:周　震

副组长:高永兴　冯学文　张守荣

成　员:肖功国　吕耀军　白雪梅　朱晓明　阿利·热合买提　胡世恩

领导小组办公室设在办公室(法制工作办公室)

办公室主任:白雪梅

10. 宁夏大学教职工考核领导小组

组　长:李　星　彭志科

副组长:王玉炯　周运生　李学斌　史金龙

成　员:何风隽　张立杰　高永兴　冯学文　孙建军　倪　刚　张亚红　胡玉冰　曹　兵　马正亮

冯秀芳　贺生斌　蒋　万　谭亚云　孙学宏

领导小组办公室设在党委组织部、人事处

办公室主任:张立杰

副主任:谭亚云

11. 宁夏大学思想政治工作指导委员会

主　任:李　星　彭志科

副主任:王玉炯　周　震　李建设　刘炎胜　史金龙　王忠静　李学斌

委　员:何风隽　张立杰　高永兴　冯学文　谭亚云　孙建军　肖功国　张亚红　马正亮　曹　兵　张守荣　沈岩东　范映渊　王智勇

委员会办公室设在党委宣传部

办公室主任:高永兴

委员会下设工作领导小组:

(1)宁夏大学思想政治理论课建设领导小组

组　长:周　震　李建设

副组长:高永兴　张亚红　曹　兵　沈岩东

成　员:范映渊　党锐锋　任　磊　马　越　张　艳　刘翔未　钱容德　尹　强　张建东　毛　升　王换芳　赵　蓉　刘　洋　王思鸿　白宁芳　李　斌　祁莉霞

领导小组办公室设在马克思主义学院

办公室主任:范映渊

(2)宁夏大学课程思政建设领导小组

组　长:李建设

副组长:张亚红　曹　兵

成　员:李　浩　任　磊　李世举　王　磊　吕耀军　赵晓佳　杨国涛　赵　军　刘国军　王旭明　冯　锋　王怀柱　任永胜　苏建宇　刘小鹏　马红彬　张　波　毛明杰　王安全　咸云龙　雷兴明　王胜泽　沈岩东　范映渊　刘艳晖　钟艳霞　杜建录　梁向明　何力军　丁峰山

领导小组办公室设在本科生院

办公室主任:张亚红

(3)宁夏大学学生思想政治工作领导小组

组　长:史金龙

副组长:马正亮

成　员:肖功国　张守荣　李　举　方　非　王智勇　阿利·热合买提　秦　莉　马明亮

领导小组办公室设在学生处

办公室主任:阿利·热合买提

12. 宁夏大学精神文明建设指导委员会(宁夏大学校园文化建设领导小组)

主　任:李　星　彭志科

副主任:周　震

委　员:何风隽　张立杰　高永兴　冯学文　孙建军　肖功国　倪　刚　张亚红　曹　兵　马正亮　冯秀芳　张守荣　李　举　王彦仓　王海文　贺生斌　朱晓明　谭亚云

委员会办公室设在党委宣传部

办公室主任:高永兴

13. 宁夏大学政工系列专业职务评审委员会

主　任:周　震

委　员:何风隽　张立杰　高永兴　冯学文　孙建军　胡玉冰　曹　兵　马正亮　范映渊　朱晓明　谭亚云　孙学宏

委员会办公室设在党委宣传部

办公室主任:朱晓明

14. 宁夏大学党委统一战线工作领导小组

组　长:李　星　彭志科

副组长:王玉炯

成　员:何风隽　张立杰　高永兴　冯学文　井惠敏　孙建军　肖功国　马正亮　张守荣　马小玲　谭亚云

领导小组办公室设在党委统战部

办公室主任:何风隽

15. 宁夏大学民族宗教工作领导小组

组　长:李　星　彭志科

副组长:王玉炯　周　震　李建设　史金龙

成　员:何风隽　张立杰　高永兴　冯学文　井惠敏　孙建军　肖功国　张亚红　胡玉冰　马正亮　曹　兵　冯秀芳　张守荣　牛建军　沈岩东　闫　蓉　倪　彬　党锐峰　王智勇　马小玲　谭亚云　孙学宏

领导小组办公室设在党委统战部

办公室主任:何风隽

副主任:马正亮　曹　兵

16. 宁夏大学党委巡察工作领导小组

组　长:李　星

副组长:王玉炯　周运生

成　员:张立杰　高永兴　李正东　井惠敏

领导小组办公室设在党委巡察(督查)办公室

办公室主任:井惠敏

17. 宁夏大学党务校务公开监督领导小组

组　长:王玉炯

副组长:孙建军

成　员:何风隽　李正东　井惠敏　孙建军　肖功国　邵淑宁　李思源　王红枫

领导小组办公室设在工会

办公室主任:王红枫

18. 宁夏大学人民调解委员会(劳动人事争议调解委员会、劳动鉴定委员会、教职工申诉委员会)

主　任:王玉炯

副主任:孙建军

委　员:白雪梅　蒋志忠　谭亚云　冯淑萍　刘　斌　马　萍　曹　强　刘淑媛

委员会办公室设在工会

办公室主任:蒋志忠

19. 宁夏大学党委外事工作领导小组

组　长:李　星　彭志科

副组长:李学斌

成　员:何风隽　张立杰　高永兴　冯学文　倪　刚　张亚红　胡玉冰　马正亮　曹　兵　冯秀芳
　　　张守荣　闫　蓉　贺生斌　马小玲　谭亚云　孙学宏

领导小组办公室设在对外合作交流处

办公室主任:马小玲

　副主任:张立杰　马正亮　张守荣　闫　蓉　谭亚云

20. 宁夏大学人事人才工作领导小组

组　长:李　星　彭志科

副组长:王玉炯　周　震　李建设　王忠静　李学斌

成　员:何风隽　张立杰　高永兴　冯学文　孙建军　倪　刚　张亚红　胡玉冰　曹　兵　谭亚云
　　　孙学宏

领导小组办公室设在人事处(党委教师工作部)

办公室主任:谭亚云

21. 宁夏大学党委教师工作委员会

主　任:李　星　彭志科

副主任:王玉炯　周　震　郎　伟　李建设　刘炎胜　史金龙　王忠静　李学斌

成　员:何风隽　张立杰　高永兴　冯学文　井惠敏　孙建军　张亚红　胡玉冰　曹　兵　李　浩

马小玲　谭亚云　孙学宏

工作委员会设在人事处(党委教师工作部)

办公室主任:谭亚云

委员会下设宁夏大学师德师风建设领导小组

组　长:周　震　李学斌

副组长:郎　伟　李建设　王忠静

成　员:何风隽　张立杰　高永兴　冯学文　孙建军　肖功国　张亚红　胡玉冰　马正亮　曹　兵　苗福生　李　浩　谭亚云　孙学宏

领导小组办公室设在人事处(党委教师工作部)

办公室主任:谭亚云

副主任:孙建军　胡玉冰　孙学宏

22. 宁夏大学教材建设与管理领导小组

组　长:李　星　彭志科

副组长:王玉炯　周　震　李建设

成　员:何风隽　高永兴　倪　刚　张亚红　曹　兵　胡玉冰　杜建录　范映渊　张　波　苏建宇　马红彬　谭亚云　孙学宏

领导小组办公室设在本科生院

办公室主任:张亚红

领导小组下设教材建设专家咨询小组

文科组组长:范映渊

副组长:丁峰山

成　员:李世举　吕耀军　王安全　杨国涛　咸云龙　雷兴明　赵　军　王　磊　刘艳晖　金忠杰　王胜泽

工科组组长:张　波

副组长:毛明杰

成　员:冯　峰　王怀柱　任永胜　王松磊　汤全武

理科组组长:苏建宇

副组长:王旭明

成　员:刘小鹏　钟艳霞　刘国军　李　乐　杨　涛

农科组组长:马红彬

副组长:李培富

成　员:王建宇　武林波　张雪艳　王新谱　伏兵哲

23. 宁夏大学语言文字工作委员会

主　任:李建设

副主任:张亚红

委　员:马正亮　李世举　闫　蓉　马亦兵　王彦仓　苗福生　刘鸿雁　杨晓宇　张　腾　于光建

委员会办公室设在本科生院

办公室主任:张　腾

24. 宁夏大学本科教育教学工作指导委员会

主　任:李建设

副主任:张亚红

委　员:曹　兵　冯　蛟　方　非　李　浩　杨术明　张　腾　丁峰山　于鹏亮　戴晓琳　胡世恩　马菊玲　白　楠　张　逸　房彦兵　刘国军　杨　涛　杨　军　马　强　任永胜　李　乐　郑　芳　杜灵通　张雪艳　王松磊　李宏燕　李王成　焦岩岩　古雅辉　汪学政　马　桦　马　越　郅秀丽　马亚琳　李晓红　赵永生　赵俊峰

委员会办公室设在本科生院

办公室主任:杨术明

25. 宁夏大学研究生教育教学工作指导委员会

主　任:李建设

副主任:曹　兵

委　员:倪　刚　张亚红　何力军　郭中华　彭向前　刘海峰　李　敏　刘鸿雁　吕耀军　仇娟东　朱海燕　张鹏飞　郑　芳　李培富　王昱潭　方海田　丁凤琴　马兆明　马冬雅　王胜泽　钱容德　杨文笔　杜灵通　李风军　杜　方　金忠杰　张静涛　戴晓玲

委员会办公室设在研究生院

办公室主任:常　娟

26. 宁夏大学科技创新领导小组

组　长:王忠静

副组长:李建设　罗正鸿　王青云

成　员:倪　刚　张亚红　胡玉冰　曹　兵　冯秀芳　朱学军　苏建宇　钟艳霞　杜建录　王安全　冯　蛟　孙学宏　周学忠

领导小组办公室设在科学技术研究院

办公室主任:孙学宏

27. 科研成果转化与服务地方领导小组

组　长:王忠静

副组长:李学斌

成　员:高永兴　倪　刚　胡玉冰　冯秀芳　邵淑宁　朱学军　冯　蛟　孙学宏　张　龙

领导小组办公室设在科学技术研究院

办公室主任:孙学宏

28. 宁夏大学创新创业教育领导小组

主　任:王忠静

副主任:李建设

成　员:肖功国　倪　刚　张亚红　胡玉冰　马正亮　曹　兵　冯秀芳　李　浩　冯　蛟　孙学宏

领导小组办公室设在创新创业学院(大学科技园办公室)

办公室主任:冯　蛟

29. 宁夏大学科技园管理委员会

主　任:王忠静

副主任:李学斌

委　员:倪　刚　张亚红　胡玉冰　马正亮　冯秀芳　邵淑宁　朱学军　牛建军　冯　蛟　孙学宏

委员会办公室设在创新创业学院(大学科技园办公室)

办公室主任:冯　蛟

30. 宁夏大学招生工作领导小组

组　长:彭志科

副组长:周　震　李建设　史金龙

成　员:何风隽　高永兴　冯学文　倪　刚　张亚红　马正亮　曹　兵　冯秀芳　咸云龙　马亦兵　刘　明　罗进德　贺生斌

领导小组下设四个办公室

研究生招生办公室主任:曹　兵

普通本科、预科招生办公室主任:张亚红

成人、高职招生办公室主任:刘　明

新华学院招生办公室主任:罗进德

31. 宁夏大学大学生就业工作领导小组

组　长:李　星　彭志科

副组长:史金龙

成　员:高永兴　冯学文　肖功国　张亚红　马正亮　曹　兵　冯　蛟　张建鑫　杨亚珺

领导小组办公室设在学生处

办公室主任:马正亮

32. 宁夏大学学生资助管理工作领导小组(研究生、本科生奖助学金评审委员会)

组　长:史金龙

副组长:王忠静

成　员:肖功国　张亚红　马正亮　曹　兵　冯秀芳　邵淑宁　王智勇　何文栋

根据所设奖学金、助学金类别确定学科评审委员若干人

领导小组办公室设在学生处

办公室主任:马正亮

33. 宁夏大学心理健康教育工作领导小组

组　长:史金龙

副组长:马正亮　孙建军

成　员:肖功国　张亚红　曹　兵　张守荣　王安全　范映渊　王智勇　王红枫　张　航　秦　莉

领导小组办公室设在学生处

办公室主任:秦　莉

34. 宁夏大学学生事务领导小组

组　长:史金龙

副组长:马正亮

成　员:高永兴　肖功国　张亚红　曹　兵　张守荣　方　非　贺生斌　阿利·热合买提　邱嘉凌

领导小组办公室设在学生处

办公室主任:邱嘉凌

35. 宁夏大学学生申诉处理委员会

主　任:史金龙

副主任:马正亮

委　员:李正东　冯学文　张亚红　马正亮　张守荣　邱嘉凌　教师代表　本科生代表 1 名
研究生代表 1 名

委员会办公室设在学生工作委员会秘书处

办公室主任:邱嘉凌

36. 宁夏大学国防教育、征兵工作领导小组

组　长:李　星　彭志科

副组长:李建设　史金龙

成　员:张立杰　高永兴　冯学文　井惠敏　肖功国　张亚红　马正亮　曹　兵　冯秀芳　张守荣
方　非　王智勇　谭亚云

领导小组办公室设在人民武装部(国防教育教学中心)

办公室主任:方　非

37. 宁夏大学体育运动委员会

主　任:史金龙

副主任：冯学文　咸云龙

委　员：高永兴　孙建军　肖功国　张亚红　马正亮　张守荣　严　津　马兆明　徐　赟　古雅辉　任全江　刘　攀

委员会办公室设在体育学院

办公室主任：刘　攀

38. 宁夏大学财经工作领导小组

组　长：李　星　彭志科

副组长：王忠静

成　员：冯学文　孙建军　倪　刚　张亚红　胡玉冰　冯秀芳　朱学军　牛建军　邵淑宁　贺生斌　谭亚云　孙学宏

领导小组办公室设在计划财务处

办公室主任：冯秀芳

39. 宁夏大学内部审计工作领导小组

组　长：彭志科

副组长：王忠静

成　员：张立杰　冯学文　井惠敏　倪　刚　张亚红　冯秀芳　邵淑宁　朱学军　牛建军　王学明　谭亚云

领导小组办公室设在审计处

办公室主任：邵淑宁

40. 宁夏大学实验室安全工作领导小组

组　长：彭志科

副组长：李建设　刘炎胜　王忠静

成　员：冯学文　井惠敏　张亚红　胡玉冰　曹　兵　冯秀芳　朱学军　张守荣　贺生斌　谭亚云　孙学宏

领导小组办公室设在资产与实验室管理处

办公室主任：朱学军

副主任：张亚红　张守荣　孙学宏

41. 宁夏大学招标采购领导小组

组　长：李建设

成　员：冯学文　倪　刚　张亚红　胡玉冰　朱学军　邵淑宁　牛建军　邓光存　贺生斌　孙学宏　王惠荣

领导小组设在资产与实验室管理处

办公室主任：朱学军

42. 宁夏大学消防工作领导小组

组　长：彭志科

副组长：刘炎胜

成　员：冯学文　张亚红　胡玉冰　马正亮　曹　兵　冯秀芳　朱学军　张守荣　牛建军　王彦仓　王海文　贺生斌　孙学宏　张鹏飞

领导小组办公室设在保卫处

办公室主任：张守荣

43. 宁夏大学社会治安综合治理委员会

主　任：刘炎胜

副主任：冯学文　张守荣

委　员：何风隽　张立杰　高永兴　井惠敏　孙建军　肖功国　张亚红　胡玉冰　马正亮　曹　兵　冯秀芳　邵淑宁　朱学军　王智勇　马小玲　谭亚云　孙学宏　桂晓兵

委员会办公室设在保卫处

办公室主任：张守荣

44. 宁夏大学爱国卫生绿化委员会

主　任：刘炎胜

副主任：贺生斌

委　员：张亚红　冯秀芳　邵淑宁　牛建军　刘　杰　李　瑾　高　媛　阿利·热合买提　苏运霞

委员会办公室设在后勤保障部

办公室主任：苏运霞

45. 宁夏大学节能减排工作领导小组

组　长：彭志科

副组长：刘炎胜　王忠静

成　员：高永兴　冯学文　冯秀芳　马正亮　朱学军　牛建军　王学明　贺生斌　任全江

各单位负责人

领导小组办公室设在后勤保障部

办公室主任：任全江

46. 宁夏大学卫生健康工作领导小组（艾滋病防治工作领导小组）

组　长：刘炎胜

副组长：贺生斌　孙建军

成　员：高永兴　冯学文　肖功国　马正亮　张亚红　曹　兵　冯秀芳　张守荣　王红枫　苏运霞

领导小组办公室设在后勤保障部

办公室主任：苏运霞　王红枫

47. 宁夏大学基本建设项目工作领导小组

组　长:刘炎胜

成　员:冯学文　倪　刚　冯秀芳　邵淑宁　朱学军　张守荣　牛建军　王学明　贺生斌　刘　斌　李文柱

领导小组办公室设在基建处

办公室主任:牛建军

副主任:刘　斌　李文柱

48. 宁夏大学关心下一代工作委员会

主　任:李学斌　谢应忠

副主任:高永兴　李福明(常务副主任)　陆美石　肖功国　马正亮　张守荣　李思源

委　员:杨文刚　李　举　张培松　潘　瑞　马　俊　李治涛　拜发奎　李海燕　李胜刚　张　强　常海波　马　瑜　车　进　张　翼　高继明　李东宁　陈军胜　杨振东　武林波　张　宁　程胜利　陈晓敏　吕海军　王志宵　张建国　王宏武　沈岩东　闫　蓉　倪　彬　韩　勇　马廷喜

秘书长:李思源(兼)

委员会办公室设在离退休人员服务处

办公室主任:蔡永刚

副主任:陆美石(兼)

（宁夏大学办公室提供）

学科与专业情况

本科专业建设情况统计表

序　号	专　业	专业代码	授予学位类型
1	经济学	020101	经济学
2	金融学	020301K	经济学
3	法　学	030101K	法　学
4	社会学	030301	法　学
5	思想政治教育	030503	法　学
6	教育技术学(注:可授理学、工学或教育学学士学位)	040104	理　学
7	学前教育	040106	教育学
8	小学教育	040107	教育学
9	体育教育	040201	教育学
10	运动训练	040202K	教育学
11	武术与民族传统体育	040204K	教育学
12	汉语言文学	050101	文　学
13	英　语	050201	文　学
14	俄　语	050202	文　学
15	阿拉伯语	050206	文　学
16	日　语	050207	文　学
17	新闻学	050301	文　学
18	广告学	050303	文　学
19	历史学	060101	历史学
20	数学与应用数学	070101	理　学
21	信息与计算科学	070102	理　学
22	物理学	070201	理　学
23	化　学	070301	理　学
24	应用化学(注:可授理学或工学学士学位)	070302	工　学
25	地理科学	070501	理　学
26	地理信息科学	070504	理　学
27	人文地理与城乡规划(注:可授理学或管理学学士学位)	070503	理　学
28	生物科学	071001	理　学
29	生物技术(注:可授理学或工学学士学位)	071002	理　学
30	生态学	071004	理　学
31	应用心理学(注:可授理学或教育学学士学位)	071102	理　学
32	应用统计学	071202	理　学
33	机械工程	080201	工　学
34	过程装备与控制工程	080206	工　学
35	材料科学与工程	080401	工　学
36	材料化学(注:可授理学或工学学士学位)	080403	工　学
37	新能源材料与器件	080414T	工　学

续表 1

序　号	专　业	专业代码	授予学位类型
38	电气工程及其自动化	080601	工　学
39	电子信息工程(注:可授理学或工学学士学位)	080701	工　学
40	通信工程	080703	工　学
41	计算机科学与技术(注:可授理学或工学学士学位)	080901	工　学
42	网络工程	080903	工　学
43	软件工程	080902	工　学
44	土木工程	081001	工　学
45	水利水电工程	081101	工　学
46	化学工程与工艺	081301	工　学
47	制药工程	081302	工　学
48	交通运输	081801	工　学
49	交通工程	081802	工　学
50	农业水利工程	082305	工　学
51	环境科学与工程	082501	工　学
52	环境科学(注:可授理学或工学学士学位)	082503	理　学
53	食品科学与工程(注:可授工学或农学学士学位)	082701	工　学
54	葡萄与葡萄酒工程	082706T	工　学
55	建筑学	082801	工　学
56	城乡规划	082802	工　学
57	农　学	090101	农　学
58	园　艺	090102	农　学
59	植物保护	090103	农　学
60	农业资源与环境	090201	农　学
61	动物科学	090301	农　学
62	动物医学	090401	农　学
63	林　学	090501	农　学
64	园　林	090502	农　学
65	草业科学	090701	农　学
66	信息管理与信息系统(注:可授工学或管理学学士学位)	120102	管理学
67	工程管理(注:可授工学或管理学学士学位)	120103	管理学
68	大数据管理与应用	120108T	管理学
69	工商管理	120201K	管理学
70	市场营销	120202	管理学
71	会计学	120203K	管理学
72	农林经济管理	120301	管理学
73	行政管理	120402	管理学
74	物流管理	120601	管理学
75	电子商务(注:可授管理学或经济学或工学学士学位)	120801	管理学
76	旅游管理	120901K	管理学
77	音乐学	130202	艺术学
78	舞蹈表演	130204	艺术学
79	播音与主持艺术	130309	艺术学

续表 2

序　号	专　业	专业代码	授予学位类型
80	美术学	130401	艺术学
81	绘　画	130402	艺术学
82	视觉传达设计	130502	艺术学
83	环境设计	130503	艺术学
84	道路桥梁与渡河工程	081006T	工　学

国家级一流本科专业建设点

序　号	专　业	建设级别	获批时间	负责人
1	经济学	国家级	2020	杨国涛
2	法　学		2020	戴新毅
3	体育教育		2020	咸云龙
4	汉语言文学		2020	胡玉冰
5	英　语		2020	朱海燕
6	数学与应用数学		2020	韩惠丽
7	地理科学		2020	杨美玲
8	生物技术		2020	苏建宇
9	机械工程		2020	张　波
10	计算机科学与技术		2020	吴素萍
11	水利水电工程		2020	李王成
12	草业科学		2020	马红彬
13	新闻学		2021	李世举
14	物理学		2021	王旭明
15	化　学		2021	李　冰
16	化学工程与工艺		2021	李　平
17	应用心理学		2021	雍少宏
18	食品科学与工程		2021	方海田
19	园　艺		2021	张亚红
20	动物科学		2021	周玉香
21	阿拉伯语		2022	金忠杰
22	过程装备与控制工程		2022	李宏燕
23	电气工程及其自动化		2022	杨国华
24	电子信息工程		2022	郭中华
25	土木工程		2022	毛明杰
26	农　学		2022	李培富
27	行政管理		2022	吕耀军
28	文化旅游		2022	王　磊

国家级一流本科课程

序　号	课　程	类　型	教　师	学　院	获批时间
1	解读西夏	线上课程	杜建录	民族与历史学院	2019
2	新闻采访与写作	线下一流课程	李世举	新闻传播学院	2019
3	信号与系统	线下一流课程	汤全武	电子与电气工程学院	2019
4	遗传学	线上线下一流课程	杨　易	生命科学学院	2019
5	面对突发需求的生产资源配置决策虚拟仿真实验	虚拟仿真实验教学一流课程	杨国涛	经济管理学院	2023
6	合唱指挥	线下课程	陈　宏	音乐学院	2023
7	篮球运动	线上线下混合	咸云龙	体育学院	2023

（本科生院俞智彬提供）

重点学科建设情况一览表

类　别		学　科	依托单位
国家“双一流”建设学科		化学工程与技术 配合学科:化学、物理学、机械工程	化学化工学院(省部共建煤炭高效利用与绿色化工国家重点实验室)
国家重点学科		草业科学	林业与草业学院
国家重点(培育)学科		中国少数民族史	民族与历史学院(中华民族共同体研究院)
部区合建优势特色学科群		化学工程与技术学科群 牵头学科:化学工程与技术 配合学科:化学、物理学、机械工程、环境工程	化学化工学院(省部共建煤炭高效利用与绿色化工国家重点实验室)
		民族学学科群 牵头学科:民族学 配合学科:外国语言文学、中国史、旅游管理	民族与历史学院(中华民族共同体研究院)
自治区一流学科	A类(以国内一流为建设目标)	民族学	民族与历史学院(中华民族共同体研究院)
		草　学	林业与草业学院
		水利工程	土木与水利工程学院
		化学工程与技术	化学化工学院(省部共建煤炭高效利用与绿色化工国家重点实验室)
		园艺学	葡萄酒与园艺学院
	B类(以西部一流为建设目标)	计算机科学与技术	信息工程学院
		马克思主义理论	马克思主义学院
		生物学	生命科学学院
		机械工程	机械工程学院
		理论经济学	经济管理学院(西部发展研究院)
		生态学	生态环境学院
	重点培育学科	教育学	教师教育学院
		中国语言文学	文学院
		外国语言文学	外国语学院(宁夏大学·岛根大学国际联合研究所)
		数　学	数学统计学院
		畜牧学	动物科技学院

（发展规划与学科建设处陈君飞提供）

一级学科博士点一览表

序　号	学科代码	一级学科	批准时间	所在学院	备　注
1	0304	民族学	2011	各相关学院	一级博士学位授权点
2	0701	数　学	2006	数学统计学院	一级博士学位授权点
3	0702	物理学	2021	物理学院	一级博士学位授权点
4	0710	生物学	2017	生命科学学院	一级博士学位授权点
5	0815	水利工程	2011	土木与水利工程学院	一级博士学位授权点
6	0905	畜牧学	2011	动物科技学院	一级博士学位授权点
7	0909	草　学	2003	林业与草业学院	一级博士学位授权点

一级学科硕士点一览表

序　号	一级学科代码	一级学科	批准时间	所在学院	备　注
1	0101	哲　学	2011	法学院	一级硕士学位授权点
2	0201	理论经济学	2000	经济管理学院	一级硕士学位授权点
3	0301	法　学	2003	法学院	一级硕士学位授权点
4	0401	教育学	2011	教师教育学院	一级硕士学位授权点
5	0402	心理学	2017	教师教育学院	一级硕士学位授权点
6	0501	中国语言文学	2011	文学院	一级硕士学位授权点
7	0502	外国语言文学	2000	外国语学院	一级硕士学位授权点
8	0602	中国史	2011	民族与历史学院	一级硕士学位授权点
9	0702	物理学	2011	物理学院	一级硕士学位授权点
10	0703	化　学	2011	化学化工学院	一级硕士学位授权点
11	0705	地理学	2011	地理科学与规划学院	一级硕士学位授权点
12	0710	生物学	2003	生命科学学院	一级硕士学位授权点
13	0713	生态学	2011	生态环境学院	一级硕士学位授权点
14	0801	力　学	2011	数学统计学院	一级硕士学位授权点
15	0802	机械工程	2003	机械工程学院	一级硕士学位授权点
16	0809	电子科学与技术	2011	电子电气工程学院	一级硕士学位授权点
17	0812	计算机科学与技术	2011	信息工程学院	一级硕士学位授权点
18	0814	土木工程	2011	土木与水利工程学院	一级硕士学位授权点
19	0817	化学工程与技术	2011	化学与化工学院	一级硕士学位授权点
20	0832	食品科学与工程	2017	食品科学与工程学院	一级硕士学位授权点
21	0901	作物学	2011	农学院	一级硕士学位授权点
22	0902	园艺学	2000	葡萄酒与园艺学院	一级硕士学位授权点
23	0906	兽医学	2011	动物科技学院	一级硕士学位授权点
24	0903	农业资源与环境	2017	农学院	一级硕士学位授权点
25	1202	工商管理学	2017	经济管理学院	一级硕士学位授权点
26	1203	农林经济管理	2017	经济管理学院	一级硕士学位授权点
27	0304	民族学	2011	各相关学院	一级硕士学位授权点
28	0701	数　学	2006	数学统计学院	一级硕士学位授权点
29	0815	水利工程	2011	土木与水利工程学院	一级硕士学位授权点
30	0905	畜牧学	2011	动物科技学院	一级硕士学位授权点
31	0909	草　学	2003	林业与草业学院	一级硕士学位授权点

专业硕士学位点一览表

序号	学位点代码	专业	批准时间	所在学院	备注
1	0451	教育硕士	2003	教师教育学院、各相关学院	专业硕士学位点
2	0551	翻译硕士	2011	外国语学院	专业硕士学位点
3	0651	博物馆硕士	2023	民族与历史学院	专业硕士学位点
4	0854	电子信息硕士	2018	电子与电气工程学院	专业硕士学位点
5	0855	机械硕士	2018	机械工程学院	专业硕士学位点
6	0856	材料与化工硕士	2018	化学与化工学院	专业硕士学位点
7	0859	土木水利硕士	2018	土木与水利工程学院	专业硕士学位点
8	0951	农业硕士	2004	农学院	专业硕士学位点
9	1251	工商管理硕士	2003	经济管理学院	专业硕士学位点
10	1252	公共管理硕士	2014	法学院	专业硕士学位点
11	1352	音乐硕士	2023	音乐学院	专业硕士学位点
12	1353	舞蹈硕士	2023	音乐学院	专业硕士学位点
13	1356	美术与书法硕士	2023	美术学院	专业硕士学位点
14	1357	设计硕士	2023	美术学院	专业硕士学位点
15	1253	会计硕士	2014	经济管理学院	专业硕士学位点
16	0351	法律硕士	2017	法学院	专业硕士学位点
17	0352	社会工作硕士	2017	法学院	专业硕士学位点
18	0452	体育硕士	2017	体育学院	专业硕士学位点
19	0552	新闻与传播硕士	2017	新闻与传播学院	专业硕士学位点
20	0952	兽医硕士	2017	动物科技学院	专业硕士学位点
21	0954	林业硕士	2017	林业与草业学院	专业硕士学位点
22	1254	旅游管理硕士	2017	前沿交叉学院	专业硕士学位点

（研究生院杨琼提供）

2023年宁夏大学高等学历继续教育专业设置一览表

单位：个

培养层次	专业	合计
本科（专升本）	电气工程及其自动化	18
	动物医学	
	法学	
	工商管理	
	汉语言文学	
	化学工程与工艺	
	会计学	
	计算机科学与技术	
	林学	
	旅游管理	
	农学	
	市场营销	
	水利水电工程	
	体育教育	

续表

培养层次	专　业	合　计
本科(专升本)	土木工程	18
	小学教育	
	行政管理	
	学前教育	
本科(高起本)	电气工程及其自动化	9
	工商管理	
	化学工程与工艺	
	会计学	
	水利水电工程	
	土木工程	
	小学教育	
	行政管理	
	学前教育	
专　科	工商企业管理	7
	机电一体化技术	
	建筑工程技术	
	行政管理	
	学前教育	
	应用化工技术	
	大数据与会计	

（终身教育学部蔡荣之提供）

科 学 研 究

2023 年度科研立项项目数及经费统计表

项目类型	项目数(个)	立项经费(万元)	到账经费(万元)
人文社科类纵向项目	132	1092.50	1157.67
人文社科类横向课题	92	1841.19	1579.44
自然科学类纵向项目	396	16065.24	17988.45
自然科学类横向课题	211	6864.57	5962.50
平台、团队项目	8	2100.00	1355.00
成果转化	46	873.34	542.34
双创学院经营性活动产值	0	0.00	0
合　计	886	28836.84	28585.4

2023 年度科技成果统计表

单　位	专　著	SCIE 收录	CSSCI 收录	其他期刊论文
阿拉伯学院	1	0	3	0
行政单位	5	17	0	12
材料与新能源学院	0	46	0	8
地理科学与规划学院	1	24	4	52
法学院	3	0	4	0
化学化工学院	2	248	0	18
机械工程院	0	12	0	22
教育学院（教师教育学院、教育研究院、宁夏高等学校师资培训中心）	3	0	9	0
经济管理学院	2	8	7	10
马克思主义学院	5	0	6	1
美术学院	3	0	2	0
民族与历史学院（中华民族共同体研究院）	5	1	11	0
民族预科教育学院	0	3	1	3
农学院	8	60	0	207
前沿交叉学院	0	4	3	7
生命科学学院	2	19	0	33
生态环境学院	2	29	1	67
食品与葡萄酒学院	4	53	0	109
数学统计学院	2	12	0	50
体育学院	0	1	0	0
土木与水利工程学院	2	62	1	90
外国语学院	2	0	3	0
文学院	5	0	4	0
物理与电子电气工程学院	1	45	1	20
新闻传播学院	4	0	3	0
信息工程学院	0	21	0	26
建筑学院	1	1	0	8
音乐学院	1	0	0	0

2023 年度自然科学类纵向项目一览表

序号	项目编号	项　目	主持人	所在单位	总经费（万元）	自筹经费（万元）	专项经费（万元）	起止年限	课题来源	类　型	级　别
1	22379076	无钴层状正极材料表面 Li/O 活性的原位调控及高效抑制杂质的方法与机理研究	王海龙	材料与新能源学院	50	0	50	2024.1.1—2027.12.31	国家自然科学基金	面上项目	国家级
2	52303041	环状烯烃共聚物微相分离调控微/纳多孔结构发泡机制研究	张瑞岩	材料与新能源学院	30	0	30	2024.1.1—2026.12.31	国家自然科学基金	青年科学基金项目	国家级

续表1

序号	项目编号	项　目	主持人	所在单位	总经费（万元）	自筹经费（万元）	专项经费（万元）	起止年限	课题来源	类　型	级　别
3	52303057	干喷湿纺聚丙烯腈纤维微原纤结构塑性形变及均质化调控机理研究	高　权	材料与新能源学院	30	0	30	2024.1.1—2026.12.31	国家自然科学基金	青年科学基金项目	国家级
4	52361030	HEA 增强铝基复合材料固溶体界面形成机理及力学性能调控	李普博		33	0	33	2024.1.1—2027.12.31	国家自然科学基金	地区科学基金项目	国家级
5	52372112	提高 NTC 热敏材料电学性能一致性主动调控机理研究	梁　森		50	0	50	2024.1.1—2027.12.31	国家自然科学基金	面上项目	国家级
6	22366030	高盐废水中 Cu2+在纳米金属氧化物上选择性吸附的机制研究	刘邓超	地理科学与规划学院	32	0	32	2024.1.1—2027.12.31	国家自然科学基金	地区科学基金项目	国家级
7	32360321	黄土区土壤干化对人工杏树林水分运移过程影响及机制研究	白一茹		32	0	32	2024.1.1—2027.12.31	国家自然科学基金	地区科学基金项目	国家级
8	42301415	基于 Transformer 和风云四号卫星时序观测数据的气溶胶多参数反演	佘　璐		30	0	30	2024.1.1—2026.12.31	国家自然科学基金	青年科学基金项目	国家级
9	42361027	基于多尺度的宁夏限制开发生态区小农户生计脆弱性形成机理及调控路径	杨美玲		32	0	32	2024.1.1—2027.12.31	国家自然科学基金	地区科学基金项目	国家级
10	22301152	分子内环化诱导自组装及其调控机制研究	孙　辉	化学化工学院（省部共建煤炭高效利用与绿色化工国家重点实验室）	30	0	30	2024.1.1—2026.12.31	国家自然科学基金	青年科学基金项目	国家级
11	22308171	耦合折流-旋流的新型 BDO 浆态床内流动-传递-反应特性研究	李建涛		30	0	30	2024.1.1—2026.12.31	国家自然科学基金	青年科学基金项目	国家级
12	22308172	氢甲酰化催化剂固相球磨合成规律及反应特征研究	束　远		30	0	30	2024.1.1—2026.12.31	国家自然科学基金	青年科学基金项目	国家级
13	22308173	基于煤显微组分结构特征的低阶煤快速热解过程颗粒破碎及挥发分析炭机制研究	吕　鹏		30	0	30	2024.1.1—2026.12.31	国家自然科学基金	青年科学基金项目	国家级
14	22334007	$PM_{2.5}$ 及其对代谢影响的质谱成像研究	聂宗秀		230	0	230	2024.1.1—2028.12.31	国家自然科学基金	重点项目	国家级
15	22361037	三元 $AlSi_2$ 杂环芳香化合物的设计合成、成键本质及芳香性研究	丁　毅		32	0	32	2024.1.1—2027.12.31	国家自然科学基金	地区科学基金项目	国家级

续表 2

序号	项目编号	项　目	主持人	所在单位	总经费（万元）	自筹经费（万元）	专项经费（万元）	起止年限	课题来源	类　型	级　别
16	22361038	新型手性杂原子取代环丙烷羧酸铑催化剂的制备及其应用研究	苏　艳	化学化工学院（省部共建煤炭高效利用与绿色化工国家重点实验室）	32	0	32	2024.1.1—2027.12.31	国家自然科学基金	地区科学基金项目	国家级
17	22366031	典型煤化工基地多源废弃物协同固定化煤气化渣重金属过程与强化研究	吉文欣		32	0	32	2024.1.1—2027.12.31	国家自然科学基金	地区科学基金项目	国家级
18	22368039	基于二维 MXene 原位热转化的陶瓷纳滤膜可控制备及构效关系研究	魏逸彬		32	0	32	2024.1.1—2027.12.31	国家自然科学基金	地区科学基金项目	国家级
19	22368040	表面缺陷工程耦合二维纳米层限域协同催化木质素制轻质芳烃研究	孙永刚		32	0	32	2024.1.1—2027.12.31	国家自然科学基金	地区科学基金项目	国家级
20	22368041	Fe 基催化剂表面含氧基团构建及其调控费托合成产物分布作用机理	张建利		32	0	32	2024.1.1—2027.12.31	国家自然科学基金	地区科学基金项目	
21	22369014	载体再生型固定化脂肪酶在废油制备生物柴中的循环应用研究	张玮玮		32	0	32	2024.1.1—2027.12.31	国家自然科学基金	地区科学基金项目	国家级
22	52363008	基于动态共价交联网络的类玻璃弹性体材料的分子动力学模拟及理性设计	吴建波		32	0	32	2024.1.1—2027.12.31	国家自然科学基金	地区科学基金项目	国家级
23	52367023	冰晶诱导双梯度一体化硅厚电极的构筑及电化学性能调控机制	张　慧		32	0	32	2024.1.1—2027.12.31	国家自然科学基金	地区科学基金项目	国家级
24	32301695	酿酒葡萄生育期动态检测和多源信息融合的快速长势诊断方法研究	高德华	机械工程学院	30	0	30	2024.1.1—2026.12.31	国家自然科学基金	青年科学基金项目	国家级
25	52365015	浮置板轨道复杂振动中的多普勒效应及其短波磨演化影响机制研究	王誉蓉		32	0	32	2024.1.1—2027.12.31	国家自然科学基金	地区科学基金项目	国家级
26	32360206	后疫情时代青少年生命意义的认知加工特点及其干预:行为与神经机制	丁凤琴	教师教育学院	32	0	32	2024.1.1—2027.12.31	国家自然科学基金	地区科学基金项目	国家级
27	72361030	“日日更新”图式:组织与员工创新型心理契约建构及其交互作用机制研究	雍少宏		27	0	27	2024.1.1—2027.12.31	国家自然科学基金	地区科学基金项目	国家级

续表 3

序号	项目编号	项　目	主持人	所在单位	总经费（万元）	自筹经费（万元）	专项经费（万元）	起止年限	课题来源	类　型	级　别
28	72303122	绿色补贴政策激励下养殖户低碳生产转型研究:转换机理、减碳效应与政策优化	谭永凤	经济管理学院	30	0	30	2024.1.1—2026.12.31	国家自然科学基金	青年科学基金项目	国家级
29	72363029	擅治与善治:数字技术赋能乡村韧性治理机制、效果与实践研究	东　梅	经济管理学院	28	0	28	2024.1.1—2027.12.31	国家自然科学基金	地区科学基金项目	国家级
30	72364029	黄河流域生态保护省际政策协调效应及协同治理机制研究	哈梅芳	经济管理学院	28	0	28	2024.1.1—2027.12.31	国家自然科学基金	地区科学基金项目	国家级
31	72364030	“保基本”目标下“城乡居保”对农村老年人的经济福利效应研究	刘鹏飞	经济管理学院	27	0	27	2024.1.1—2027.12.31	国家自然科学基金	地区科学基金项目	国家级
32	32300276	DST 调控水稻幼穗发育过程中 Gn1a/OsCKX2 时空表达的分子机制	林立昊	农学院	30	0	30	2024.1.1—2026.12.31	国家自然科学基金	青年科学基金项目	国家级
33	32300375	中国蝼蛄科昆虫整合分类学研究	苗　颖	农学院	30	0	30	2024.1.1—2026.12.31	国家自然科学基金	青年科学基金项目	国家级
34	32301504	干旱风沙区荒漠草原柠条灌草系统水分耗散特征及其密度调控机制	王国会	林业与草业学院	30	0	30	2024.1.1—2026.12.31	国家自然科学基金	青年科学基金项目	国家级
35	32302496	山葡萄 VaMAPK3 与 VaERF45 互作调控抗灰霉病机理研究	尹　晓	葡萄酒与园艺学院	30	0	30	2024.1.1—2026.12.31	国家自然科学基金	青年科学基金项目	国家级
36	32302710	基于 CRISPR 文库筛选的 FNDC5 调控绒山羊毛乳头细胞增殖的分子机制研究	蔡　蓓	动物科技学院	30	0	30	2024.1.1—2026.12.31	国家自然科学基金	青年科学基金项目	国家级
37	32360407	宁夏枸杞抗坏血酸过氧化物酶 LbAPX1 与 LbTrx-h1 蛋白互作调控果实抗坏血酸 AsA 代谢机理研究	冯　美	葡萄酒与园艺学院	32	0	32	2024.1.1—2027.12.31	国家自然科学基金	地区科学基金项目	国家级
38	32360425	固沙豆科植物物种多样性对土壤多功能性影响的微生物驱动机制	邱开阳	林业与草业学院	32	0	32	2024.1.1—2027.12.31	国家自然科学基金	地区科学基金项目	国家级
39	32360432	玉米光谱图像特征模型构建及氮截获机制研究	贾　彪	农学院	32	0	32	2024.1.1—2027.12.31	国家自然科学基金	地区科学基金项目	国家级

续表 4

序号	项目编号	项　目	主持人	所在单位	总经费（万元）	自筹经费（万元）	专项经费（万元）	起止年限	课题来源	类　型	级　别
40	32360770	菊花 CmTIFY10A 与转录因子 CmbHLH62 互作参与褪黑素调控抗旱分子机理	严　瑞	葡萄酒与园艺学院	32	0	32	2024.1.1—2027.12.31	国家自然科学基金	地区科学基金项目	国家级
41	32360853	地衣芽孢杆菌抑制玉米青贮黄曲霉及黄曲霉毒素生成的作用机制	徐晓锋	动物科技学院	32	0	32	2024.1.1—2027.12.31	国家自然科学基金	地区科学基金项目	国家级
42	32360895	奶牛脂肪肝外泌体 miRNAs 表达特征及四君子散的调节机制	郭延生		32	0	32	2024.1.1—2027.12.31	国家自然科学基金	地区科学基金项目	国家级
43	32371783	禁牧封育对荒漠草原植物多样性的影响及其调控机制	马红彬	林业与草业学院	50	0	50	2024.1.1—2027.12.31	国家自然科学基金	面上项目	国家级
44	42365010	气候变化背景下西北复合干热事件特征及机制研究	葛　静	农学院	33	0	33	2024.1.1—2027.12.31	国家自然科学基金	地区科学基金项目	国家级
45	42367016	西瓜枯萎病生防哈茨木霉对过量施氮的响应机制	顾　欣		34	0	34	2024.1.1—2027.12.31	国家自然科学基金	地区科学基金项目	国家级
46	32301632	光合碳同化关键酶 GAPDH 琥珀酰化修饰对宁夏枸杞耐盐性的调控机制研究	王玲霞	生命科学学院	30	0	30	2024.1.1—2026.12.31	国家自然科学基金	青年科学基金项目	国家级
47	32360140	贺兰山冲积扇地表甲虫多样性空间异质性与形成机制	杨贵军		32	0	32	2024.1.1—2027.12.31	国家自然科学基金	地区科学基金项目	国家级
48	32360877	绵羊肺炎支原体 c-di-AMP 降解酶 PdeM 的结构与功能研究	郝秀静		32	0	32	2024.1.1—2027.12.31	国家自然科学基金	地区科学基金项目	国家级
49	32360882	基于不同纳米颗粒递送系统的 C 型产气荚膜梭菌毒素表位肽疫苗的设计及免疫学评价	曾　瑾		32	0	32	2024.1.1—2027.12.31	国家自然科学基金	地区科学基金项目	国家级
50	32370198	动物源性支原体与胞内模式识别受体 NOD2 互作的分子机制研究	李　敏		50	0	50	2024.1.1—2027.12.31	国家自然科学基金	面上项目	国家级
51	52303189	卤素调控三苯胺基发光材料的构效关系及抗肿瘤活性研究	马海军		30	0	30	2024.1.1—2026.12.31	国家自然科学基金	青年科学基金项目	国家级

续表 5

序号	项目编号	项　目	主持人	所在单位	总经费（万元）	自筹经费（万元）	专项经费（万元）	起止年限	课题来源	类　型	级　别
52	32360280	基于植物–土壤互作的荒漠植被斑块演变时空特征与调控机制	刘建康	生态环境学院	32	0	32	2024.1.1—2027.12.31	国家自然科学基金	地区科学基金项目	国家级
53	32360318	腾格里沙漠固沙植被区蚂蚁多样性对土壤多功能性的影响机制	刘任涛	生态环境学院	32	0	32	2024.1.1—2027.12.31	国家自然科学基金	地区科学基金项目	国家级
54	32360423	降水变化下荒漠草原优势种和邻近植物的竞争与共存机制	陈　林	生态环境学院	32	0	32	2024.1.1—2027.12.31	国家自然科学基金	地区科学基金项目	国家级
55	32371632	氮沉降下盐碱荒漠草原碳循环关键过程及其调控机制	黄菊莹	生态环境学院	50	0	50	2024.1.1—2027.12.31	国家自然科学基金	面上项目	国家级
56	42307439	干旱区灌淤土中钙介导有机肥驱动微团聚体形成机制研究	薛　斌	生态环境学院	30	0	30	2024.1.1—2026.12.31	国家自然科学基金	青年科学基金项目	国家级
57	52360029	盐碱地下水中 nZVI/BC 强化硝酸盐去除的效能与机制	王　珍	生态环境学院	32	0	32	2024.1.1—2027.12.31	国家自然科学基金	地区科学基金项目	国家级
58	32371964	荒漠草原灌丛化对土壤有机碳储量影响及稳定性维持机制研究	李学斌	生态环境学院	50	0	50	2024.1.1—2027.12.31	国家自然科学基金	面上项目	国家级
59	32302175	AchMYC2–ABCGs 模块调控猕猴桃果实愈伤木栓质前体跨膜转运的分子机制	魏晓博	食品科学与工程学院	30	0	30	2024.1.1—2026.12.31	国家自然科学基金	青年科学基金项目	国家级
60	32360592	宁夏葡萄酒工业化酿造过程中商业酵母的生态位解析	孙　悦	葡萄酒与园艺学院	32	0	32	2024.1.1—2027.12.31	国家自然科学基金	地区科学基金项目	国家级
61	32360804	贺兰山东麓保护性耕作葡萄园土壤团聚体有机碳固存机制	薛婷婷	葡萄酒与园艺学院	32	0	32	2024.1.1—2027.12.31	国家自然科学基金	地区科学基金项目	国家级
62	12301380	高维数据中具有低秩结构的标签噪声问题研究	马晓燕	数学统计学院	30	0	30	2024.1.1—2026.12.31	国家自然科学基金	青年科学基金项目	国家级
63	12301401	两类分式规划问题的全局优化方法研究	张　博	数学统计学院	30	0	30	2024.1.1—2026.12.31	国家自然科学基金	青年科学基金项目	国家级
64	12301630	随机因素影响的布鲁氏菌病传播建模及控制策略研究	胡　静	数学统计学院	30	0	30	2024.1.1—2026.12.31	国家自然科学基金	青年科学基金项目	国家级

续表 6

序号	项目编号	项　目	主持人	所在单位	总经费（万元）	自筹经费（万元）	专项经费（万元）	起止年限	课题来源	类　型	级　别
65	12302017	分数阶系统预设时间稳定性及自适应控制研究	曹博强	数学统计学院	30	0	30	2024.1.1—2026.12.31	国家自然科学基金	青年科学基金项目	国家级
66	12302070	忆阻型约瑟夫森结神经元的复杂放电节律及时空动力学	吴富强		30	0	30	2024.1.1—2026.12.31	国家自然科学基金	青年科学基金项目	国家级
67	12342006	第十七届全国动力学与控制青年学者学术研讨会	亢　婷		8	0	8	2023.8.1—2023.12.31	国家自然科学基金	专项项目	国家级
68	12361006	无限李共形超代数的若干问题研究	王　伟		27	0	27	2024.1.1—2026.12.31	国家自然科学基金	地区科学基金项目	国家级
69	62361051	启发式高光谱图像显著性目标检测方法研究	张　瑞		32	0	32	2024.1.1—2027.12.31	国家自然科学基金	地区科学基金项目	国家级
70	12362015	磁致伸缩声子晶体弹性波拓扑传输特性的磁-热-力耦合调控研究	张舜祖	土木与水利工程学院	31	0	31	2024.1.1—2027.12.31	国家自然科学基金	地区科学基金项目	国家级
71	42307272	储层时空非均质性对砂岩热储多场耦合过程影响机理与开发模式优化	丁朋朋		30	0	30	2024.1.1—2026.12.31	国家自然科学基金	青年科学基金项目	国家级
72	52368025	寒冷大温差地区 UHPC 引板及其无缝桥工作机理与设计方法研究	马熙伦		32	0	32	2024.1.1—2027.12.31	国家自然科学基金	地区科学基金项目	国家级
73	52368037	镁渣与 CO_2 联合对硫氧镁水泥性能的影响机理	王德志		32	0	32	2024.1.1—2027.12.31	国家自然科学基金	地区科学基金项目	国家级
74	52368038	包浆再生骨料的品质优化及其表面微火山灰效应	杨建森		32	0	32	2024.1.1—2027.12.31	国家自然科学基金	地区科学基金项目	国家级
75	52368044	地基不均匀沉降条件下基础隔震结构地震响应与灾变机理研究	包　超		32	0	32	2024.1.1—2027.12.31	国家自然科学基金	地区科学基金项目	国家级
76	52368050	多年冻土区锚杆-冻土蠕变耦合机理及锚固边坡长期稳定性研究	董旭光		32	0	32	2024.1.1—2027.12.31	国家自然科学基金	地区科学基金项目	国家级
77	52368056	温度日周期波动下寒区高铁隧道衬砌表面挂冰机制及预警	许　鹏		32	0	32	2024.1.1—2027.12.31	国家自然科学基金	地区科学基金项目	国家级

续表 7

序号	项目编号	项　目	主持人	所在单位	总经费（万元）	自筹经费（万元）	专项经费（万元）	起止年限	课题来源	类　型	级　别
78	52369005	适应变化环境的 GSI-GRESI 耦合城市雨水系统：韧性设计与评估	李超超	土木与水利工程学院	32	0	32	2024.1.1—2027.12.31	国家自然科学基金	地区科学基金项目	国家级
79	52369010	盐分胁迫下西瓜根系水分传导对根系形态结构和化感物质的响应机制	谭军利	土木与水利工程学院	32	0	32	2024.1.1—2027.12.31	国家自然科学基金	地区科学基金项目	国家级
80	52369015	宁南山区截流缓释生态坝渗透机理研究	马　轶	土木与水利工程学院	32	0	32	2024.1.1—2027.12.31	国家自然科学基金	地区科学基金项目	国家级
81	12304022	压力下具有超导和超离子态双重属性的富锂化合物的理论计算研究	王晓梦	物理学院	30	0	30	2024.1.1—2026.12.31	国家自然科学基金	青年科学基金项目	国家级
82	12304107	拓扑量子点中激子精细结构的理论研究及其外场调控	黄永巍	物理学院	30	0	30	2024.1.1—2026.12.31	国家自然科学基金	青年科学基金项目	国家级
83	12305391	氚水电化学辐射伏特效应同位素电池的增强机理研究	王　娜	电子与电气工程学院	30	0	30	2024.1.1—2026.12.31	国家自然科学基金	青年科学基金项目	国家级
84	12342017	中国物理学会 2023 年秋季学术会议	霍　杰	物理学院	20	0	20	2023.8.1—2023.12.31	国家自然科学基金	专项项目	国家级
85	12362020	电化学诱导高镍三元正极材料组织结构退化机理研究	任克亮	数学统计学院	31	0	31	2024.1.1—2027.12.31	国家自然科学基金	地区科学基金项目	国家级
86	12364032	2D CuS/LDHs 范德华异质结的构建及其 LSPR 增强电催化水分解制氧研究	王婷婷	物理学院	32	0	32	2024.1.1—2027.12.31	国家自然科学基金	地区科学基金项目	国家级
87	42361056	宁夏典型地物目标分类及其多源遥感影像信息处理模型与算法研究	汪西原	电子与电气工程学院	33	0	33	2024.1.1—2027.12.31	国家自然科学基金	地区科学基金项目	国家级
88	42361075	基于多芯光纤的跃移沙粒速度时空变化规律感测和仪器研制	马　鑫	电子与电气工程学院	32	0	32	2024.1.1—2027.12.31	国家自然科学基金	地区科学基金项目	国家级
89	52361035	磁性绝缘体/非磁金属异质结中自旋塞贝克效应研究	马　丽	数理与信息学部	32	0	32	2024.1.1—2027.12.31	国家自然科学基金	地区科学基金项目	国家级
90	52369020	饱和黄土抗冲蚀性能及宁南山区黄土堤坝渗透破坏机制研究	张　刚	学术期刊中心	33	0	33	2024.1.1—2027.12.31	国家自然科学基金	地区科学基金项目	国家级
91	62303252	面向可再生能源消纳的电动汽车智能补能决策理论与方法研究	万艳妮	电子与电气工程学院	30	0	30	2024.1.1—2026.12.31	国家自然科学基金	青年科学基金项目	国家级

续表 8

序号	项目编号	项　目	主持人	所在单位	总经费（万元）	自筹经费（万元）	专项经费（万元）	起止年限	课题来源	类　型	级　别
92	62361052	压电势调控二维 SnO2-x 基范德华异质结的丙酮气体气敏特性研究	程　亮	物理学院	32	0	32	2024.1.1—2027.12.31	国家自然科学基金	地区科学基金项目	国家级
93	62365016	基于高光谱遥感数据的银川城市湿地植被、土壤、水体特征信息提取方法与反演模型研究	郭中华	电子与电气工程学院	32	0	32	2024.1.1—2027.12.31	国家自然科学基金	地区科学基金项目	国家级
94	62306157	面向跨域异构时序网络表示学习的关系感知机制研究	莫　先	信息工程学院	30	0	30	2024.1.1—2026.12.31	国家自然科学基金	青年科学基金项目	国家级
95	62362056	基于自主学习的大规模多目标优化问题搜索空间缩减策略研究	武向娟	信息工程学院	32	0	32	2024.1.1—2027.12.31	国家自然科学基金	地区科学基金项目	国家级
96	62366042	融合多模态感知的跨摄像头行人多目标跟踪研究	车　进	电子与电气工程学院	31	0	31	2024.1.1—2027.12.31	国家自然科学基金	地区科学基金项目	国家级
97	G2023045001L	3D 打印低碳混凝土微结构演化与强韧化技术研究	杨秋宁	土木与水利工程学院	30			2023.01—2024.12	国家外国专家项目（个人类）		国家级
98	2023BCF01001	贺兰山东麓酿酒葡萄智慧化精准高效栽培技术研究与示范	王　锐	农学院	320	100	220	2023.04—2025.12（3 年）	自治区科技厅	重点研发（农村）	区　级
99	2023BCF01023	贺兰山东麓葡萄园可持续生态栽培土壤管理关键技术研究与示范	王雪飞 孙　权	农学院	290	70	220	2023.04—2025.12	自治区科技厅	重点研发（农村）	区　级
100	2023BCF01026	贺兰山东麓酿酒葡萄根部病害生物防控专用菌剂的研制与应用	顾沛雯	农学院	180	0	180	2023.04—2025.12（3 年）	自治区科技厅	重点研发（农村）	区　级
101	2023BCF01027	贺兰山东麓产区本土直投式葡萄酒发酵剂的开发及应用	金　刚	葡萄酒与园艺学院	145	0	145	2023.04—2025.12	自治区科技厅	重点研发（农村）	区　级
102	2023BCF01029	低二氧化硫葡萄酒酿造工艺研究与应用	马　雯	葡萄酒与园艺学院	165	0	165	2023.04—2025.12	自治区科技厅	重点研发（农村）	区　级
103	2023BCF01034	奶公犊成活保健及其育肥关键技术研究与示范应用	马燕芬	动物科技学院	1130	900	230	2023.04—2025.12	自治区科技厅	重点研发（农村）	区　级
104	2023BCF01035	基于稳定同位素技术提高奶牛低蛋白日粮精准饲喂的研究与应用	王　玲	动物科技学院	361	135	226	2023.04—2025.12	自治区科技厅	重点研发（农村）	区　级

续表 9

序号	项目编号	项 目	主持人	所在单位	总经费（万元）	自筹经费（万元）	专项经费（万元）	起止年限	课题来源	类 型	级 别
105	2023BCF01037	宁夏牛羊日粮豆粕减量替代关键技术研究与示范	辛国省	生命科学学院	363	200	163	2023.04—2025.12	自治区科技厅	重点研发（农村）	区 级
106	2023BCF01038	牛呼吸道疾病综合征和腹泻相关疫病新型疫苗研究	王玉炯		188	0	188	2023.04—2025.12	自治区科技厅	重点研发（农村）	区 级
107	2023BCF01041	滩羊肉预制菜加工贮藏关键技术研发与示范	刘贵珊	食品科学与工程学院	310	130	180	2023.04—2024.12	自治区科技厅	重点研发（农村）	区 级
108	2023BCF01042	设施高端瓜菜新品种创制及宜机轻简高效栽培模式创新与应用	叶 林	葡萄酒与园艺学院	405	185	220	2023.04—2025.12	自治区科技厅	重点研发（农村）	区 级
109	2023BCF01045	番茄潜叶蛾生物学生态学特性及防控技术研究与应用	白 明 王新谱	农学院	170	0	170	2023.04—2026.02	自治区科技厅	重点研发（农村）	区 级
110	2023BCF01046	炭气联产协同设施智能环控技术与装备优化及蔬菜低碳生产关键技术研究与示范	高艳明	葡萄酒与园艺学院	361	151	210	2023.04—2025.12	自治区科技厅	重点研发（农村）	区 级
111	2023BCF01003	葡萄重要抗逆性状关键基因挖掘及无痕基因编辑抗逆新种质的创制	徐伟荣		186	0	186	2023.04—2025.12	自治区科技厅	重点研发（农村）	区 级
112	2023BCF01006	固原黄牛重要经济性状分子育种关键技术研究与应用	杨润军 魏大为	动物科技学院	340	120	220	2023.04—2025.12	自治区科技厅	重点研发（农村）	区 级
113	2023BCF01012	小黑麦、无芒雀麦和湖南稷子耐盐碱多维精准鉴定及优异种质资源创制关键技术研究	王 彬	农学院	175	0	175	2023.04—2025.12	自治区科技厅	重点研发（农村）	区 级
114	2023BCF01017	宁夏主粮作物水量质效协同调控及高效精量智能灌溉关键技术装备研发与集成示范	徐利岗	土木与水利工程学院	309	55	254	2023.04—2025.12	自治区科技厅	重点研发（农村）	区 级
115	2023BCF01053	番茄褐色皱纹果病毒致害机制及防控技术研究与应用	史 娟	农学院	135	25	110	2023.09—2026.09	自治区科技厅	重点研发（农村）	区 级
116		日光温室环境智能管控下果蔬多元种植装备与绿色生态栽培技术研发与集成应用	葛 静		165	60	105	2023.09—2026.09	自治区科技厅	重点研发（农村）	区 级

续表 10

序号	项目编号	项　目	主持人	所在单位	总经费（万元）	自筹经费（万元）	专项经费（万元）	起止年限	课题来源	类　型	级　别
117	2023BEG02009	基于大数据辅助胶质瘤精准诊疗关键技术研究及应用	杜　方	信息工程学院	110	0	110	2023.06—2026.06	自治区科技厅	重点研发（社发）	区　级
118	2023BEG02030	重建脑卒中患者瘫痪手精细运动功能的系统研发及临床应用研究	鲍学亮	信息工程学院	100	0	100	2023.06—2027.06	自治区科技厅	重点研发（社发）	区　级
119	2023BEG02039	罗山保护区灌丛及荒漠草原植被近自然恢复技术研究与应用	曹　兵	研究生院	120	0	120	2023.06—2025.06	自治区科技厅	重点研发（社发）	区　级
120	2023BEG02041	宁夏荒漠沙地四翅滨藜接种肉苁蓉生态恢复和价值实现关键技术研究与示范	毛晓利 李　茜	地理科学与规划学院	110	0	110	2023.06—2025.06	自治区科技厅	重点研发（社发）	区　级
121	2023BEG02043	基于多源遥感的二氧化碳监测技术研究与应用	薛　勇 佘　璐	地理科学与规划学院	110	0	110	2023.06—2025.06	自治区科技厅	重点研发（社发）	区　级
122	2023BEG02047	宁夏引黄灌区畜禽养殖业典型新污染物风险评估及防控技术研究	李　虎	生态环境学院	110	0	110	2023.06—2025.06	自治区科技厅	重点研发（社发）	区　级
123	2023BEG02049	宁夏不同草地类型碳汇潜力评估与增汇技术研发	李学斌	生态环境学院	110	0	110	2023.06—2025.06	自治区科技厅	重点研发（社发）	区　级
124	2023BEG02053	多元生态补水驱动下城市景观湖泊水生态系统变化与预警调控示范研究	贺　婧	生态环境学院	110	0	110	2023.06—2025.06	自治区科技厅	重点研发（社发）	区　级
125	2023BEG02054	清水河流域生态经济林小降雨资源可持续利用与应用研究	张维江	土木与水利工程学院	120	0	120	2023.06—2025.06	自治区科技厅	重点研发（社发）	区　级
126	2023BEG02064	基于主动健康和人机协同的高血压数字疗法研发及应用研究	潘忠宇	法学院	100	0	100	2023.06—2026.06	自治区科技厅	重点研发（社发）	区　级
127	2023BEG02067	面向金融实时风控场景的数据与知识混合驱动高级认知模型研究及应用	赵　军	经济管理学院	200	80	120	2023.06—2026.06	自治区科技厅	重点研发（社发）	区　级
128	2023BEG02068	宁夏文化遗产数字化关键技术研发与应用	赵多平	地理科学与规划学院	100	0	100	2023.06—2026.06	自治区科技厅	重点研发（社发）	区　级

续表 11

序号	项目编号	项　目	主持人	所在单位	总经费（万元）	自筹经费（万元）	专项经费（万元）	起止年限	课题来源	类　型	级　别
129	2023BEG02069	宁夏智慧旅游景区数字化营销关键技术研究与应用示范	冯　蛟	双创学院	150	50	100	2023.06—2026.06	自治区科技厅	重点研发（社发）	区　级
130	2023BEG03053	基于宏基因组测序技术的银川市污水处理系统中病原微生物种群分布规律和耐药性研究	邓光存	生命科学学院	40	0	40	2023.06—2025.06	自治区科技厅	重点研发（社发）	区　级
131	2023BEG03058	贺兰山东麓岩土质文物泥石流风险防治关键技术研究与示范	杨有贞	物理学院	50	0	50	2023.06—2025.06	自治区科技厅	重点研发（社发）	区　级
132	2023BDE03001	CO_2加氢制甲醇高效膜催化反应过程及应用研究	魏逸彬	化学化工学院	130	30	100	2023.06—2024.06	自治区科技厅	重点研发（高新）	区　级
133	2022BEG02052	监所自学习AI视频分析技术的研究和应用	孙学宏	信息工程学院	62	0	62	2022.12—2025.12（3年）	自治区科技厅	重点研发（高新）	区　级
134	2023BDE03003	精准调控超细铂纳米颗粒的空间取向分布用于高效电催化制氢及大面积膜电极制备关键技术研发	孙　辉	化学化工学院	56	0	56	2023.01—2023.12	自治区科技厅	重点研发（高新）	区　级
135	2023BDE03004	大行程数控悬臂铣床的研制及应用研究	任重义	机械工程学院	130	49	81	2023.01—2024.12	自治区科技厅	重点研发（高新）	区　级
136	2023BDE03005	钢丝绳芯输送带故障预警技术研究	郝洪涛		70	0	70	2023.01—2023.12	自治区科技厅	重点研发（高新）	区　级
137	2023BDE03002	适于室外变电站智能巡检的轮足式机器人系统设计与监测方法研究	马　瑜	勤学书院	87	0	87	2023.01—2023.12	自治区科技厅	重点研发（高新）	区　级
138	2023BDE03006	宁夏三维颅面数据库构建及颅面特征分析技术研究	高宏娟	信息工程学院	46	0	46	2023.01—2023.12	自治区科技厅	重点研发（高新）	区　级
139		***	王松磊	食品科学与工程学院	80				自治区农业农村厅		区　级
140		***	剧　柠		80				自治区农业农村厅		区　级

续表 12

序号	项目编号	项　目	主持人	所在单位	总经费（万元）	自筹经费（万元）	专项经费（万元）	起止年限	课题来源	类　型	级　别
141		***	单守明	葡萄酒与园艺学院	100				自治区农业农村厅		区　级
142	2023BSB03007	宁夏奶产业产业链创新链融合路径研究	张淑萍	经济管理学院	5	0	5	2023.9—2024.9	自治区科技厅	软科学	区　级
143	2023BSB03008	宁夏高水平建设全国东西部科技合作引领区路径研究	马　静		5	0	5	2023.9—2024.9	自治区科技厅	软科学	区　级
144		宁夏打造区域科技创新高地路径研究	张锦文		5	0	5	2023.9—2024.9	自治区科技厅	软科学	区　级
145	2023BSB03010	提升宁夏开放创新协同联动效能政策优化研究	杨韶艳		5	0	5	2023.9—2024.9	自治区科技厅	软科学	区　级
146	2023BSB03011	宁夏“西部之光”人才培养计划实施成效调查研究	马　莉	计划财务处	3	0	3	2023.9—2024.9	自治区科技厅	软科学	区　级
147	2023FRD05014	宁夏大学科技成果转移转化服务平台建设	冯　蛟	双创学院	75	0	75	2023.05—2024.12	自治区科技厅	中央引导地方	区　级
148	2023FRD05030	低 CO_2 费托合成高选择性制长链 α-烯烃催化工艺研究	张建利	化学化工学院	30	0	30	2023.05—2024.12	自治区科技厅	中央引导地方	区　级
149	2023FRD05031	太阳能驱动双电极光电脱盐体系构筑及煤化工高盐废水脱盐机制研究	罗　民	化学化工学院	30	0	30	2023.05—2025.12	自治区科技厅	中央引导地方	区　级
150	2023FRD05032	植物免疫诱导剂 ZNC 诱导宁夏枸杞抗根腐病机制研究	郑　蕊	生命科学学院	30	0	30	2023.05—2025.12	自治区科技厅	中央引导地方	区　级
151	2023FRD05033	基于脲醛树脂和生物基磺酸盐改性的降解地膜制备及其对黄瓜越夏生长调控的作用机理研究	张雪艳	葡萄酒与园艺学院	30	0	30	2023.05—2025.12	自治区科技厅	中央引导地方	区　级
152	2023FRD05034	基于深度学习的遥感图像宁夏地区水体识别与水质反演算法研究	郭中华	物电学院	30	0	30	2023.05—2025.12	自治区科技厅	中央引导地方	区　级
153	2023FRD05035	季节性轮牧对荒漠草原土壤碳转化的影响及其驱动机制研究	马红彬	林业与草业学院	30	0	30	2023.05—2025.12	自治区科技厅	中央引导地方	区　级
154	2023FRD05041	宁夏食品微生物应用技术与安全控制重点实验室——科技创新建设	张惠玲	食品科学与工程学院	150	0	150	2023.7.1—2025.5.1	自治区科技厅	中央引导地方	区　级

续表 13

序号	项目编号	项　目	主持人	所在单位	总经费（万元）	自筹经费（万元）	专项经费（万元）	起止年限	课题来源	类　型	级　别
155		农业废弃物好氧堆肥虚拟仿真综合实训平台	顾　欣	农学院	10	0	10	2023.3.1—2024.2.29	教育部	中国高校产学研创新基金-贝斯林智慧教育项目	部委级
156		自治区第八批领军人才	张桂杰	科学技术处	100	0	100	2023.3—2028.3	自治区科技厅	自治区第八批领军人才	区　级
157			张俊华	生态环境学院	100	0	100	2023.3—2028.3	自治区科技厅		区　级
158			刘立波	信息工程学院	100	0	100	2023.3—2028.3	自治区科技厅		区　级
159			汪文帅	数学统计学院	100	0	100	2023.3—2028.3	自治区科技厅		区　级
160			杨金会	化学化工学院	100	0	100	2023.3—2028.3	自治区科技厅		区　级
161		第七批自治区青年科技人才托举工程	王婷婷	物理与电子电气工程学院	4.5	1.5	3	2023.3—2026.3	自治区科协	第七批自治区青年科技人才托举工程	区　级
162			刘佳嘉	农学院	4.5	1.5	3	2023.3—2026.3	自治区科协		区　级
163			李淑霞		4.5	1.5	3	2023.3—2026.3	自治区科协		区　级
164			刘建康	生态环境学院	4.5	1.5	3	2023.3—2026.3	自治区科协		区　级
165			刘晓霞		4.5	1.5	3	2023.3—2026.3	自治区科协		区　级
166			李振东	信息工程学院	4.5	1.5	3	2023.3—2026.3	自治区科协		区　级
167			柴明堂	土木与水利工程学院	4.5	1.5	3	2023.3—2026.3	自治区科协		区　级
168			邹业斌		4.5	1.5	3	2023.3—2026.3	自治区科协		区　级
169			宋旭东	化学化工学院	4.5	1.5	3	2023.3—2026.3	自治区科协		区　级
170			郝　健		4.5	1.5	3	2023.3—2026.3	自治区科协		区　级
171			王焦飞		4.5	1.5	3	2023.3—2026.3	自治区科协		区　级

续表 14

序号	项目编号	项目	主持人	所在单位	总经费（万元）	自筹经费（万元）	专项经费（万元）	起止年限	课题来源	类型	级别
172		第七批自治区青年科技人才托举工程	陶镛汀	机械工程学院	4.5	1.5	3	2023.3—2026.3	自治区科协	第七批自治区青年科技人才托举工程	区级
173			魏超昆	食品与葡萄酒学院	4.5	1.5	3	2023.3—2026.3	自治区科协		区级
174			耿朋勃	数学统计学院	4.5	1.5	3	2023.3—2026.3	自治区科协		区级
175	2023AAC01001	气流床煤气化协同处置工业危废应用基础研究	于广锁	化学化工学院	80	0	80	2023.7—2028.7	自治区科技厅	宁夏自然科学基金创新群体项目	区级
176	2023AAC01002	宁夏及毗邻区沙地生态系统结构、功能与稳定性及其尺度效应研究	赵文智	生态环境学院	80	0	80	2023.7—2028.7	自治区科技厅		区级
177	2023AAC02001	图的填装及列表堆积相关问题研究	高云澍	数学统计学院	24	0	24	2023.7—2026.7	自治区科技厅	宁夏自然科学基金重点项目	区级
178	2023AAC02002	基于复合钙钛矿固溶体的高效 CO_2 人工光还原系统的构建及作用机制研究	梁军	化学化工学院	24	0	24	2023.7—2026.7	自治区科技厅		区级
179	2023AAC02003	压电半导体器件的微尺度黏附接触力学研究	丁生虎	数学统计学院	24	0	24	2023.7—2026.7	自治区科技厅		区级
180	2023AAC02004	铜基光热转换材料的分子机制及其性能调控研究	刘宽冠	材料与新能源学院	24	0	24	2023.7—2026.7	自治区科技厅		区级
181	2023AAC02005	宁夏特色植物苦豆子中活性成分苦豆碱的不对称合成研究	顾培明	化学化工学院	24	0	24	2023.7—2026.7	自治区科技厅		区级
182	2023AAC02006	α 烯烃氢甲酰化 Rh 基限域催化剂的设计制备及构效关系研究	范素兵		24	0	24	2023.7—2026.7	自治区科技厅		区级
183	2023AAC02007	基于污染物微界面作用机制与流体流动特性的纳滤膜污染过程及机理研究	任永胜		24	0	24	2023.7—2026.7	自治区科技厅		区级
184	2023AAC02008	宁东煤气化渣无害化处理过程强化与机制研究	吉文欣		24	0	24	2023.7—2026.7	自治区科技厅		区级
185	2023AAC02009	无钴高镍正极材料的结晶机理与结构性能关系研究	王海龙	材料与新能源学院	24	0	24	2023.7—2026.7	自治区科技厅		区级
186	2023AAC02010	移动边缘计算智能卸载研究	杨军	网络与信息管理中心	24	0	24	2023.7—2026.7	自治区科技厅		区级

续表 15

序号	项目编号	项　目	主持人	所在单位	总经费（万元）	自筹经费（万元）	专项经费（万元）	起止年限	课题来源	类　型	级　别
187	2023AAC02011	智能制造中工业缺陷检测方法研究	毕　利	信息工程学院	24	0	24	2023.7—2026.7	自治区科技厅	宁夏自然科学基金重点项目	区　级
188	2023AAC02012	乳清中苜蓿源XenomiR-159a通过mTOR通路对奶牛乳蛋白合成的调控机制及作用研究	蔡小艳	动物科技学院	24	0	24	2023.7—2026.7	自治区科技厅	宁夏自然科学基金重点项目	区　级
189	2023AAC02013	盐池滩羊肌肉生长发育关键调控基因相关LncRNA的分离及功能研究	李惠侠	动物科技学院	24	0	24	2023.7—2026.7	自治区科技厅	宁夏自然科学基金重点项目	区　级
190	2023AAC02014	基于AMPK/mTOR/ULK1通路研究白藜芦醇对牛分枝杆菌感染巨噬细胞后的调控作用	许立华	动物科技学院	24	0	24	2023.7—2026.7	自治区科技厅	宁夏自然科学基金重点项目	区　级
191	2023AAC02015	TRAF6对结核分枝杆菌感染后细胞免疫调控的分子机制研究	吴晓玲	生命科学学院	24	0	24	2023.7—2026.7	自治区科技厅	宁夏自然科学基金重点项目	区　级
192	2023AAC02016	细胞外囊泡携带的非编码RNA在牛支原体与宿主细胞互作中的机制研究	李　敏	生命科学学院	24	0	24	2023.7—2026.7	自治区科技厅	宁夏自然科学基金重点项目	区　级
193	2023AAC02017	牛环形泰勒虫调控宿主细胞重编程的miRNA鉴定及功能研究	赵洪喜	动物科技学院	24	0	24	2023.7—2026.7	自治区科技厅	宁夏自然科学基金重点项目	区　级
194	2023AAC02018	压砂地土壤水力学参数反演及其溶质运移数值模拟	王幼奇	生态环境学院	24	0	24	2023.7—2026.7	自治区科技厅	宁夏自然科学基金重点项目	区　级
195	2023AAC02019	过量施氮影响哈茨木霉防控西瓜枯萎病的作用机制研究	顾　欣	农学院	24	0	24	2023.7—2026.7	自治区科技厅	宁夏自然科学基金重点项目	区　级
196	2023AAC02020	贺兰山低山区优势植物灰榆对干旱荒漠环境的适应性策略	倪细炉	生态环境学院	24	0	24	2023.7—2026.7	自治区科技厅	宁夏自然科学基金重点项目	区　级
197	2023AAC02021	风沙区不同固沙植被恢复模式下植物多样性与土壤异质性互作机制	邱开阳	林业与草业学院	24	0	24	2023.7—2026.7	自治区科技厅	宁夏自然科学基金重点项目	区　级

续表 16

序号	项目编号	项　目	主持人	所在单位	总经费（万元）	自筹经费（万元）	专项经费（万元）	起止年限	课题来源	类　型	级　别
198	2023AAC02022	水氮互作滴灌下枸杞连作-土壤酶活性响应机理研究	尹　娟	土木与水利工程学院	24	0	24	2023.7—2026.7	自治区科技厅	宁夏自然科学基金重点项目	区　级
199	2023AAC02023	基土/滤料界面上不同入渗角的接触侵蚀机理与反滤效应研究	王红雨	土木与水利工程学院	24	0	24	2023.7—2026.7	自治区科技厅	宁夏自然科学基金重点项目	区　级
200	2023AAC02024	黄土路基冲蚀水毁机理及抗冲蚀关键技术研究	张　刚	土木与水利工程学院	24	0	24	2023.7—2026.7	自治区科技厅	宁夏自然科学基金重点项目	区　级
201	2023AAC02025	盐渍土地基整体式渠道衬砌冻融响应机理及模型研究	李宏波	土木与水利工程学院	24	0	24	2023.7—2026.7	自治区科技厅	宁夏自然科学基金重点项目	区　级
202	2023AAC02026	水文连通性对大型底栖动物的影响机制研究	邱小琮	生命科学学院	24	0	24	2023.7—2026.7	自治区科技厅	宁夏自然科学基金重点项目	区　级
203	2023AAC02027	葡萄酚酸对葡萄连作障碍的诱因及调控机制	徐国前	葡萄酒与园艺学院	24	0	24	2023.7—2026.7	自治区科技厅	宁夏自然科学基金重点项目	区　级
204	2023AAC02028	秸秆还田与 AM 真菌对土壤有机碳固存的交互作用机制研究	贺　婧	生态环境学院	24	0	24	2023.7—2026.7	自治区科技厅	宁夏自然科学基金重点项目	区　级
205	2023AAC02029	荒漠草原植物多样性变化对土壤有机碳固持的影响及其驱动机制研究	李建平	林业与草业学院	24	0	24	2023.7—2026.7	自治区科技厅	宁夏自然科学基金重点项目	区　级
206	2023AAC02030	大肠杆菌高效合成胞苷的辅因子代谢调控研究	方海田	食品科学与工程学院	24	0	24	2023.7—2026.7	自治区科技厅	宁夏自然科学基金重点项目	区　级
207	2023AAC05001	基于再生核 Hilbert 空间分裂的无网格快速算法	刘智永	数学统计学院	16	0	16	2023.7—2026.7	自治区科技厅	宁夏自然科学基金重点项目	区　级
208	2023AAC05002	MXene 界面钝化提高钙钛矿太阳能电池的稳定性	马　薇	材料与新能源学院	16	0	16	2023.7—2026.7	自治区科技厅	宁夏自然科学基金重点项目	区　级
209	2023AAC05003	热处理制备 2D 材料/SiC 陶瓷复合纳滤膜及其分离性与稳定性同步调控研究	魏逸彬	化学化工学院	16	0	16	2023.7—2026.7	自治区科技厅	宁夏自然科学基金重点项目	区　级
210	2023AAC05004	沿面放电等离子体去除水中抗生素抗性大肠杆菌及其携带抗性基因的研究	李　虎	生态环境学院	16	0	16	2023.7—2026.7	自治区科技厅	宁夏自然科学基金重点项目	区　级
211	2023AAC05005	高端控制阀核心部件服役性能动态演化机理研究	王　冠	机械工程学院	16	0	16	2023.7—2026.7	自治区科技厅	宁夏自然科学基金重点项目	区　级

续表 17

序号	项目编号	项　目	主持人	所在单位	总经费（万元）	自筹经费（万元）	专项经费（万元）	起止年限	课题来源	类　型	级　别
212	2023AAC05006	基于聚类分析的肿瘤亚克隆及其基因组变异推断方法研究	余振华	信息工程学院	16	0	16	2023.7—2026.7	自治区科技厅	宁夏自然科学基金优青项目	区　级
213	2023AAC05007	缺陷铈基固溶体修饰合金协同催化木质素制低碳芳烃的研究	孙永刚	化学化工学院	16	0	16	2023.7—2026.7	自治区科技厅		区　级
214	2023AAC05008	基于多因素调控的酶级联催化放大构建电化学-光电化学双模式生物传感器研究	寇贝贝		16	0	16	2023.7—2026.7	自治区科技厅		区　级
215	2023AAC05009	面向元宇宙虚拟数字人的面部表情控制与语音驱动	刘　昊	信息工程学院	16	0	16	2023.7—2026.7	自治区科技厅		区　级
216	2023AAC05010	基于学习模型的大规模多目标智能优化算法研究	武向娟		16	0	16	2023.7—2026.7	自治区科技厅		区　级
217	2023AAC05011	原位激发微生物矿化修复加固土遗址的机理研究	姜　鲁	土木与水利工程学院	16	0	16	2023.7—2026.7	自治区科技厅		区　级
218	2023AAC05012	宁夏荒漠草原球囊霉素相关土壤蛋白分布特征及其碳汇功能研究	杨　鑫	林业与草业学院	16	0	16	2023.7—2026.7	自治区科技厅		区　级
219	2023AAC05013	基于无人机观测信息与SWAP模型同化的作物精准灌溉研究	丁一民	土木与水利工程学院	16	0	16	2023.7—2026.7	自治区科技厅		区　级
220	2023AAC05014	蒸发-冻融驱动下区域尺度土壤水-热-盐互馈机制研究	柴明堂		16	0	16	2023.7—2026.7	自治区科技厅		区　级
221	2023AAC05015	基于高烈度区既有建筑隔震改造的串联隔震体系动力稳定性研究	包　超		16	0	16	2023.7—2026.7	自治区科技厅		区　级
222	2023AAC05016	转录因子VaERF45调控葡萄抗灰霉病机理研究	尹　晓	葡萄酒与园艺学院	16	0	16	2023.7—2026.7	自治区科技厅		区　级
223	2023AAC05017	生物炭调控盐旱复合胁迫玉米根-叶际环境及水分养分高效利用机理研究	刘学智	土木与水利工程学院	16	0	16	2023.7—2026.7	自治区科技厅		区　级
224	2023AAC05018	枸杞副产物生物活性成分挖掘及其对饲草青贮品质的调控研究	柯文灿	林业与草业学院	16	0	16	2023.7—2026.7	自治区科技厅		区　级

续表 18

序号	项目编号	项目	主持人	所在单位	总经费（万元）	自筹经费（万元）	专项经费（万元）	起止年限	课题来源	类型	级别
225	2023AAC05019	类钙调蛋白 MsCML29 介导褪黑素调控紫花苜蓿耐盐性的分子机制	李淑霞	林业与草业学院	16	0	16	2023.7—2026.7	自治区科技厅	宁夏自然科学基金优青项目	区级
226	2023AAC05020	生态修复措施下宁夏退化荒漠草原生物多样性—生态系统多功能性的关系	周瑶	林业与草业学院	16	0	16	2023.7—2026.7	自治区科技厅	宁夏自然科学基金优青项目	区级
227	2023AAC05021	西北地区地形极端降水的重力波波流相互作用研究	马淑萍	地理科学与规划学院	16	0	16	2023.7—2026.7	自治区科技厅	宁夏自然科学基金优青项目	区级
228	2023AAC05022	基于深度学习和多源数据的沙尘遥感监测研究	佘璐	地理科学与规划学院	16	0	16	2023.7—2026.7	自治区科技厅	宁夏自然科学基金优青项目	区级
229	2023AAC05023	基于 DEM 的六盘山东西两侧黄土地貌分类不确定性研究	李吉龙	地理科学与规划学院	16	0	16	2023.7—2026.7	自治区科技厅	宁夏自然科学基金优青项目	区级
230	2023AAC05024	宁夏枸杞响应盐胁迫的蛋白质琥珀酰化修饰及重要耐盐基因功能研究	王玲霞	生命科学学院	16	0	16	2023.7—2026.7	自治区科技厅	宁夏自然科学基金优青项目	区级
231	2023AAC05025	灵武长枣果皮光泽度形成的分子机制研究	李翔	林业与草业学院	16	0	16	2023.7—2026.7	自治区科技厅	宁夏自然科学基金优青项目	区级
232	2023AAC05026	热驱动预锂化聚丙烯酸–植酸复合黏结剂在锂离子电池 Si 负极构筑过程中的界面重构及结构调控机制	张慧	化学化工学院	16	0	16	2023.7—2026.7	自治区科技厅	宁夏自然科学基金优青项目	区级
233	2023AAC05027	双亲性 AIE 纳米诊疗剂用于荧光成像引导光疗肿瘤的研究	马海军	生命科学学院	16	0	16	2023.7—2026.7	自治区科技厅	宁夏自然科学基金优青项目	区级
234	2023AAC03001	解析函数空间算子动力系统分析	龙品红	数学统计学院	10	5	5	2023.7—2025.7	自治区科技厅	宁夏自然基金一般项目	区级
235	2023AAC03002	非线性分布阶时间分数阶扩散波动方程的快速高精度数值方法	张现强	数学统计学院	10	5	5	2023.7—2025.7	自治区科技厅	宁夏自然基金一般项目	区级
236	2023AAC03003	基于无网格离散的辐射输运方程的预处理技术	许秋燕	数学统计学院	10	5	5	2023.7—2025.7	自治区科技厅	宁夏自然基金一般项目	区级
237	2023AAC03004	半退化草原修复模型有限时间的稳定性及生态阈值算法研究	李西宁	数学统计学院	10	5	5	2023.7—2025.7	自治区科技厅	宁夏自然基金一般项目	区级
238	2023AAC03005	基于 L1–L2 极小化稀疏信号重构方法在贺兰山岩画修复中的应用	耿朋勃	数学统计学院	10	5	5	2023.7—2025.7	自治区科技厅	宁夏自然基金一般项目	区级

续表 19

序号	项目编号	项　目	主持人	所在单位	总经费（万元）	自筹经费（万元）	专项经费（万元）	起止年限	课题来源	类　型	级　别
239	2023AAC03006	YIG/WMo 异质结自旋塞贝克效应研究	马　丽	物理学院	10	5	5	2023.7—2025.7	自治区科技厅	宁夏自然基金一般项目	区　级
240	2023AAC03007	TiNi、Ti2Ni 和 TiNi3 金属间化合物掺杂 Mg、Ca 的综合性能预测	陈焕铭	物理学院	10	5	5	2023.7—2025.7	自治区科技厅	宁夏自然基金一般项目	区　级
241	2023AAC03008	锗宾稳定的氮宾的合成、表征及反应机理研究	丁　毅	化学化工学院	10	5	5	2023.7—2025.7	自治区科技厅	宁夏自然基金一般项目	区　级
242	2023AAC03009	二维多孔 H-ZSM-5 限域双金属催化转化木质素制芳烃的研究	林　枫	化学化工学院	10	5	5	2023.7—2025.7	自治区科技厅	宁夏自然基金一般项目	区　级
243	2023AAC03010	氮化碳负载单原子催化剂结构设计及其催化二氧化碳转化机理	刘英涛	化学化工学院	10	5	5	2023.7—2025.7	自治区科技厅	宁夏自然基金一般项目	区　级
244	2023AAC03011	梯度共聚物的介电与介电储能性能调控及其机理研究	冒　杰	化学化工学院	10	5	5	2023.7—2025.7	自治区科技厅	宁夏自然基金一般项目	区　级
245	2023AAC03012	致密聚丙烯腈预氧化纤维径向微原纤结构转变及高效均质预氧化机理的研究	高　权	材料与新能源学院	10	5	5	2023.7—2025.7	自治区科技厅	宁夏自然基金一般项目	区　级
246	2023AAC03013	手持式临床质谱离子源的研发与应用	李玉泽	化学化工学院	10	5	5	2023.7—2025.7	自治区科技厅	宁夏自然基金一般项目	区　级
247	2023AAC03014	锗卡宾负离子稀土 Dy3+配合物的合成及磁性研究	郭　燕	化学化工学院	10	5	5	2023.7—2025.7	自治区科技厅	宁夏自然基金一般项目	区　级
248	2023AAC03015	量子点修饰型钙钛矿基催化材料的构筑及其光热协同催化 CO_2 转化性能研究	詹海鹃	化学化工学院	10	5	5	2023.7—2025.7	自治区科技厅	宁夏自然基金一般项目	区　级
249	2023AAC03016	金属卟啉共价有机框架脂质体用于声动力抗肿瘤	张　俊	化学化工学院	10	5	5	2023.7—2025.7	自治区科技厅	宁夏自然基金一般项目	区　级
250	2023AAC03017	网络攻击下的非线性网络化系统事件触发控制研究	马维军	信息工程学院	10	5	5	2023.7—2025.7	自治区科技厅	宁夏自然基金一般项目	区　级
251	2023AAC03018	基于枸杞多糖功能化纳米凝胶载药系统的制备及其给药性能研究	孟　哲	化学化工学院	10	5	5	2023.7—2025.7	自治区科技厅	宁夏自然基金一般项目	区　级
252	2023AAC03019	可逆型固定化脂肪酶的构建及其在废弃油脂生物柴油转化中的再生循环应用研究	张玮玮	化学化工学院	10	5	5	2023.7—2025.7	自治区科技厅	宁夏自然基金一般项目	区　级

续表 20

序号	项目编号	项　目	主持人	所在单位	总经费（万元）	自筹经费（万元）	专项经费（万元）	起止年限	课题来源	类　型	级　别
253	2023AAC03020	典型煤基固废转化制备介孔分子筛材料中关键金属迁移落位机理及调控	吴玉花	化学化工学院	10	5	5	2023.7—2025.7	自治区科技厅	宁夏自然基金一般项目	区　级
254	2023AAC03021	基于颗粒分布特征的水煤浆煤粒碎裂堆积作用机制	李和平	化学化工学院	10	5	5	2023.7—2025.7	自治区科技厅	宁夏自然基金一般项目	区　级
255	2023AAC03022	动态报价模式下多主体演化博弈的绿电交易行为策略与消纳潜力研究	纳春宁	电子与电气工程学院	10	5	5	2023.7—2025.7	自治区科技厅	宁夏自然基金一般项目	区　级
256	2023AAC03023	面向复杂环境下降质图像增强的视觉 Transformer 计算模型与方法研究	王　博	电子与电气工程学院	10	5	5	2023.7—2025.7	自治区科技厅	宁夏自然基金一般项目	区　级
257	2023AAC03024	基于人工智能的可再生能源与传统电网双供电下的 B5G 绿色基站能耗优化策略研究	李　波	电子与电气工程学院	10	5	5	2023.7—2025.7	自治区科技厅	宁夏自然基金一般项目	区　级
258	2023AAC03025	高强铝合金热变形条件下韧性损伤微观机理与断裂行为研究	寇琳媛	机械工程学院	10	5	5	2023.7—2025.7	自治区科技厅	宁夏自然基金一般项目	区　级
259	2023AAC03026	摆线针轮行星传动精度演化规律及齿面修形方法研究	任重义	机械工程学院	10	5	5	2023.7—2025.7	自治区科技厅	宁夏自然基金一般项目	区　级
260	2023AAC03027	基于振动激励下籽粒运动特性的稻种高效分选关键技术及机理研究	高广娣	机械工程学院	10	5	5	2023.7—2025.7	自治区科技厅	宁夏自然基金一般项目	区　级
261	2023AAC03028	非线性应变路径下的高强铝合金板材韧性断裂模型研究及成形极限预测	贾　哲	机械工程学院	10	5	5	2023.7—2025.7	自治区科技厅	宁夏自然基金一般项目	区　级
262	2023AAC03029	极端工况下基于全耦合失效机理的控制阀服役寿命预测研究	陶镛汀	机械工程学院	10	5	5	2023.7—2025.7	自治区科技厅	宁夏自然基金一般项目	区　级
263	2023AAC03030	组织及细胞特异性条件下功能性非编码变异的鉴定方法研究	史方圆	信息工程学院	10	5	5	2023.7—2025.7	自治区科技厅	宁夏自然基金一般项目	区　级
264	2023AAC03031	基于混合神经网络与注意力机制的虚假评论检测研究与应用	孙　莉	信息工程学院	10	5	5	2023.7—2025.7	自治区科技厅	宁夏自然基金一般项目	区　级

续表 21

序号	项目编号	项　目	主持人	所在单位	总经费（万元）	自筹经费（万元）	专项经费（万元）	起止年限	课题来源	类　型	级　别
265	2023AAC03032	基于图像迁移的西夏文字手写样本数据增强研究	孟一飞	电子与电气工程学院	10	5	5	2023.7—2025.7	自治区科技厅	宁夏自然基金一般项目	区　级
266	2023AAC03033	基于改进粒子群算法和三维变饱和溶质运移模型的地下水污染物溯源研究	朱　磊	土木与水利工程学院	10	5	5	2023.7—2025.7	自治区科技厅	宁夏自然基金一般项目	区　级
267	2023AAC03034	基于 HEC-HMS 模型的贺兰山东麓山洪模拟与预警研究	李超超	土木与水利工程学院	10	5	5	2023.7—2025.7	自治区科技厅	宁夏自然基金一般项目	区　级
268	2023AAC03035	截流缓释生态坝渗透机理和削峰滞洪机理研究	马　轶	土木与水利工程学院	10	5	5	2023.7—2025.7	自治区科技厅	宁夏自然基金一般项目	区　级
269	2023AAC03036	考虑土体空间变异性的淤地坝边坡可靠度研究	万愉快	土木与水利工程学院	10	5	5	2023.7—2025.7	自治区科技厅	宁夏自然基金一般项目	区　级
270	2023AAC03037	基于机器学习的中小跨径既有桥梁抗震性能评价方法研究	惠迎新	土木与水利工程学院	10	5	5	2023.7—2025.7	自治区科技厅	宁夏自然基金一般项目	区　级
271	2023AAC03038	基于透明土和示踪技术的含裂隙边坡渗流侵蚀及稳定性研究	董旭光	土木与水利工程学院	10	5	5	2023.7—2025.7	自治区科技厅	宁夏自然基金一般项目	区　级
272	2023AAC03039	荷载和冻融环境作用下沙漠砂混凝土力学性能劣化机理	刘海峰	土木与水利工程学院	10	5	5	2023.7—2025.7	自治区科技厅	宁夏自然基金一般项目	区　级
273	2023AAC03040	硫酸盐腐蚀和冻融作用下再生细骨料超高性能混凝土研究	王德志	土木与水利工程学院	10	5	5	2023.7—2025.7	自治区科技厅	宁夏自然基金一般项目	区　级
274	2023AAC03041	宁夏平原湿地水资源的季节性变化及其对年内季相干旱效应的响应机理	邹业斌	土木与水利工程学院	10	5	5	2023.7—2025.7	自治区科技厅	宁夏自然基金一般项目	区　级
275	2023AAC03042	白藜芦醇介导 PGC-1α 改善奶牛肝细胞线粒体功能损伤的机制研究	马燕芬	动物科技学院	10	5	5	2023.7—2025.7	自治区科技厅	宁夏自然基金一般项目	区　级
276	2023AAC03043	不同管理方式下荒漠草原土壤有机碳库及其稳定性机制研究	沈　艳	林业与草业学院	10	5	5	2023.7—2025.7	自治区科技厅	宁夏自然基金一般项目	区　级
277	2023AAC03044	宁夏天然草原优势植物养分重吸收策略及其对菌根真菌的响应机制	沈　月	林业与草业学院	10	5	5	2023.7—2025.7	自治区科技厅	宁夏自然基金一般项目	区　级

续表 22

序号	项目编号	项　目	主持人	所在单位	总经费（万元）	自筹经费（万元）	专项经费（万元）	起止年限	课题来源	类　型	级　别
278	2023AAC03045	渗流通风条件下大气颗粒物经弯曲型建筑缝隙进入室内的穿透率机理研究	高永伟	物理学院	10	5	5	2023.7—2025.7	自治区科技厅	宁夏自然基金一般项目	区　级
279	2023AAC03046	基于 GIS 和机器学习的银川农田土壤重金属空间预测及来源解析	白一茹	地理科学与规划学院	10	5	5	2023.7—2025.7	自治区科技厅		区　级
280	2023AAC03047	区域突发公共事件风险评估——基于多源数据的 PHV 集成模型构建与应用	杨美玲		10	5	5	2023.7—2025.7	自治区科技厅		区　级
281	2023AAC03048	深部地热开发多场耦合作用机理及采灌模式研究	丁朋朋	土木与水利工程学院	10	5	5	2023.7—2025.7	自治区科技厅		区　级
282	2023AAC03049	lncRNATCONS_013158 调控奶牛乳腺上皮细胞炎症反应的分子机制	王兴平	动物科技学院	10	5	5	2023.7—2025.7	自治区科技厅		区　级
283	2023AAC03050	不同生长阶段安格斯牛瘤胃微生物宏基因组及其代谢组的研究	顾亚玲		10	5	5	2023.7—2025.7	自治区科技厅		区　级
284	2023AAC03051	肠道菌群在哺乳犊牛隐孢子虫感染相关性腹泻中的作用机制研究	余永涛		10	5	5	2023.7—2025.7	自治区科技厅		区　级
285	2023AAC03052	不同种植年限枸杞土壤反硝化作用及其功能微生物演替机制研究	王世全	生态环境学院	10	5	5	2023.7—2025.7	自治区科技厅		区　级
286	2023AAC03053	宁南山区土壤有机碳流失阈值及其机制模拟研究	张　祎		10	5	5	2023.7—2025.7	自治区科技厅		区　级
287	2023AAC03054	宁南山区侵蚀过程团聚体破碎及其有机碳释放机制	刘晓君	农学院	10	5	5	2023.7—2025.7	自治区科技厅		区　级
288	2023AAC03055	宁夏黄河流域典型内分泌干扰物的污染特征与风险评价	高　礼	地理科学与规划学院	10	5	5	2023.7—2025.7	自治区科技厅		区　级
289	2023AAC03056	基于神经网络及其优化模型预测河东沙区典型防护林树种蒸腾耗水研究	韩　磊		10	5	5	2023.7—2025.7	自治区科技厅		区　级

续表 23

序号	项目编号	项　目	主持人	所在单位	总经费(万元)	自筹经费(万元)	专项经费(万元)	起止年限	课题来源	类　型	级　别
290	2023AAC03057	含油污泥与石油焦混合浆体协同气化对微量元素迁移转化的影响机制研究	王焦飞	化学化工学院	10	5	5	2023.7—2025.7	自治区科技厅	宁夏自然基金一般项目	区　级
291	2023AAC03058	大豆花叶病毒抗性基因GmMLRK1 的功能研究	车志军	农学院	10	5	5	2023.7—2025.7	自治区科技厅	宁夏自然基金一般项目	区　级
292	2023AAC03059	DIP1 协同转录因子DST 调控水稻产量形成的分子机理研究	林立昊	农学院	10	5	5	2023.7—2025.7	自治区科技厅	宁夏自然基金一般项目	区　级
293	2023AAC03060	基于 SNP 基因芯片技术小麦籽粒蛋白质含量QTL 分析与关键基因预测	王掌军	农学院	10	5	5	2023.7—2025.7	自治区科技厅	宁夏自然基金一般项目	区　级
294	2023AAC03061	微生物介导下的荒漠草原植物-土壤反馈机制	陈　林	生态环境学院	10	5	5	2023.7—2025.7	自治区科技厅	宁夏自然基金一般项目	区　级
295	2023AAC03062	产 ACC 脱氨酶根际促生菌筛选及其促进植物生长和耐旱的机理研究	代金霞	生命科学学院	10	5	5	2023.7—2025.7	自治区科技厅	宁夏自然基金一般项目	区　级
296	2023AAC03063	赤霞珠葡萄 VvFBA 基因功能鉴定及转录调控机制研究	郎思睿	生命科学学院	10	5	5	2023.7—2025.7	自治区科技厅	宁夏自然基金一般项目	区　级
297	2023AAC03064	贺兰山东麓葡萄园自然生草措施对土壤微生物群落组装机制影响研究	薛婷婷	葡萄酒与园艺学院	10	5	5	2023.7—2025.7	自治区科技厅	宁夏自然基金一般项目	区　级
298	2023AAC03065	真空预冷中带柄鲜枸杞传热传质机理研究	康宁波	食品科学与工程学院	10	5	5	2023.7—2025.7	自治区科技厅	宁夏自然基金一般项目	区　级
299	2023AAC03066	亚麻籽成熟过程中油脂累积及脂肪酸组分变化的分子生理机制	傅　婧	食品科学与工程学院	10	5	5	2023.7—2025.7	自治区科技厅	宁夏自然基金一般项目	区　级
300	2023AAC03067	VaPIF3 与 VaMYB4a 蛋白互作调控葡萄抗寒性的分子机制研究	杨始锦	葡萄酒与园艺学院	10	5	5	2023.7—2025.7	自治区科技厅	宁夏自然基金一般项目	区　级
301	2023AAC03068	CmTIFY 调控菊花抗旱性的分子机理解析	严　瑞	葡萄酒与园艺学院	10	5	5	2023.7—2025.7	自治区科技厅	宁夏自然基金一般项目	区　级
302	2023AAC03069	番茄转录因子SlERF001 灰霉侵染过程中靶蛋白筛选及靶蛋白功能初步分析	杨玉婷	葡萄酒与园艺学院	10	5	5	2023.7—2025.7	自治区科技厅	宁夏自然基金一般项目	区　级
303	2023AAC03070	VvMYBA3 转录因子通过砧穗互作调控葡萄抗寒的分子机理研究	郝新意	葡萄酒与园艺学院	10	5	5	2023.7—2025.7	自治区科技厅	宁夏自然基金一般项目	区　级

续表 24

序号	项目编号	项　目	主持人	所在单位	总经费（万元）	自筹经费（万元）	专项经费（万元）	起止年限	课题来源	类　型	级　别
304	2023AAC03071	葡萄 VvPRP 基因响应干旱胁迫的功能研究	焦淑珍	林业与草业学院	10	5	5	2023.7—2025.7	自治区科技厅	宁夏自然基金一般项目	区　级
305	2023AAC03072	贺兰山东麓不同红色酿酒葡萄品种果实中花色苷指纹图谱研究	单守明	葡萄酒与园艺学院	10	5	5	2023.7—2025.7	自治区科技厅		区　级
306	2023AAC03073	蜡蚧轮枝菌诱导甘蓝对桃蚜的抗性研究	贾彦霞	农学院	10	5	5	2023.7—2025.7	自治区科技厅		区　级
307	2023AAC03074	不同抗性苜蓿品种和苜蓿斑蚜互作过程中的防御与反防御研究	王新谱		10	5	5	2023.7—2025.7	自治区科技厅		区　级
308	2023AAC03075	宁夏灌区玉米田块尺度氮流失污染物通量估算与 DNDC 时空模拟	贾　彪		10	5	5	2023.7—2025.7	自治区科技厅		区　级
309	2023AAC03076	二维 MOFs 材料的可控制备及其电催化析氧性能研究	杨庆凤	化学化工学院	10	5	5	2023.7—2025.7	自治区科技厅		区　级
310	2023AAC03077	多重修饰磁性分子印迹聚合物制备及快速吸附性能研究	戴小军		10	5	5	2023.7—2025.7	自治区科技厅		区　级
311	2023AAC03078	杂化组装的功能配合物对宁夏枸杞真菌类病害的抑菌量热学研究	麻晓霞		10	5	5	2023.7—2025.7	自治区科技厅		区　级
312	2023AAC03079	非磁性中间层对 FeCoHf 成分梯度膜的磁性调控	郑　富	物理学院	10	5	5	2023.7—2025.7	自治区科技厅		区　级
313	2023AAC03080	锂离子电池正极材料 NCM811 中氧阴离子氧化还原反应活性调控机理的第一性原理研究	马　玲		10	5	5	2023.7—2025.7	自治区科技厅		区　级
314	2023AAC03081	锂离子扩散诱发高镍三元正极材料应力演化机理研究	任克亮	数学统计学院	10	5	5	2023.7—2025.7	自治区科技厅		区　级
315	2023AAC03082	复杂加载工况下闭孔泡沫铝的屈服行为及性能预测研究	胡　阳	机械工程学院	10	5	5	2023.7—2025.7	自治区科技厅		区　级
316	2023AAC03083	中等应变率范围内颅脑损伤机理的预测研究	曲爱丽		10	5	5	2023.7—2025.7	自治区科技厅		区　级
317	2023AAC03084	基于多主体价值共创的宁夏枸杞产业数字生态系统构建与治理研究	马志云	经济管理学院	10	5	5	2023.7—2025.7	自治区科技厅		区　级

续表 25

序号	项目编号	项　目	主持人	所在单位	总经费（万元）	自筹经费（万元）	专项经费（万元）	起止年限	课题来源	类　型	级　别
318	2023AAC03085	随机阿尔茨海默病模型最优控制及数值计算方法	胡　静	数学统计学院	10	5	5	2023.7—2025.7	自治区科技厅	宁夏自然基金一般项目	区　级
319	2023AAC03086	多斑块随机年龄结构布鲁氏菌病动力学行为与最优控制研究	亢　婷	数学统计学院	10	5	5	2023.7—2025.7	自治区科技厅	宁夏自然基金一般项目	区　级
320	2023AAC03087	功能梯度准晶材料中裂纹断裂问题研究	杨　娟	民族预科教育学院	10	5	5	2023.7—2025.7	自治区科技厅	宁夏自然基金一般项目	区　级
321	2023AAC03088	无标度网络上带有非单调发病率的随机 SIQR 传染病模型研究	胡　华	数学统计学院	10	5	5	2023.7—2025.7	自治区科技厅	宁夏自然基金一般项目	区　级
322	2023AAC03089	具有人口移动的多斑块传染病模型动力学研究	崔倩倩	数学统计学院	10	5	5	2023.7—2025.7	自治区科技厅	宁夏自然基金一般项目	区　级
323	2023AAC03090	基于脉冲状态反馈控制的枸杞蚜虫防控策略研究	王　丽	数学统计学院	10	5	5	2023.7—2025.7	自治区科技厅	宁夏自然基金一般项目	区　级
324	2023AAC03091	新型手性双三氮唑双恶唑啉配体的设计、合成与应用	苏　艳	化学化工学院	10	5	5	2023.7—2025.7	自治区科技厅	宁夏自然基金一般项目	区　级
325	2023AAC03092	氮添加对荒漠草原短花针茅（Stipa breviflora）根-土界面碳流过程的影响	陈　婧	农林与生态学部	10	5	5	2023.7—2025.7	自治区科技厅	宁夏自然基金一般项目	区　级
326	2023AAC03093	甘露寡糖对奶牛瘤胃纤维降解菌的调控作用及机制研究	徐晓锋	动物科技学院	10	5	5	2023.7—2025.7	自治区科技厅	宁夏自然基金一般项目	区　级
327	2023AAC03094	蒲公英黄酮对柠条青贮抗氧化活性和发酵品质的调控作用及其机制研究	黄　帅	林业与草业学院	10	5	5	2023.7—2025.7	自治区科技厅	宁夏自然基金一般项目	区　级
328	2023AAC03095	Al12M12（M=Al，C，Si）催化剂的电子性质及其对 CO 和 O_2 吸附活化性能的理论研究	黎康宁	物理学院	10	5	5	2023.7—2025.7	自治区科技厅	宁夏自然基金一般项目	区　级
329	2023AAC03096	宁夏中部干旱带移民安置社区“三生空间”演化机制与优化路径研究	赵多平	地理科学与规划学院	10	5	5	2023.7—2025.7	自治区科技厅	宁夏自然基金一般项目	区　级
330	2023AAC03097	水足迹视角下宁夏农业用水绿色效率、时空分异及区域水资源优化配置研究	东　梅	经济管理学院	10	5	5	2023.7—2025.7	自治区科技厅	宁夏自然基金一般项目	区　级

续表 26

序号	项目编号	项　目	主持人	所在单位	总经费（万元）	自筹经费（万元）	专项经费（万元）	起止年限	课题来源	类　型	级　别
331	2023AAC03098	基于数字高程模型和数字表面模型的沙丘形态指标提取及其空间格局和环境意义	牛震敏	地理科学与规划学院	10	5	5	2023.7—2025.7	自治区科技厅	宁夏自然基金一般项目	区　级
332	2023AAC03099	宁夏黄土高原地区草地生态系统服务价值评估及优化调控	丁金梅	地理科学与规划学院	10	5	5	2023.7—2025.7	自治区科技厅	宁夏自然基金一般项目	区　级
333	2023AAC03100	S100A4 介导的 NF-κB/NLRP3 信号对结核分枝杆菌诱导巨噬细胞焦亡的调控作用	徐金瑞	生命科学学院	10	5	5	2023.7—2025.7	自治区科技厅	宁夏自然基金一般项目	区　级
334	2023AAC03101	基于宏基因组和代谢组解析静原鸡 IMF 沉积的调控机制	张　娟	动物科技学院	10	5	5	2023.7—2025.7	自治区科技厅	宁夏自然基金一般项目	区　级
335	2023AAC03102	静原鸡肌苷酸特异性沉积关键 lncRNAs 的筛选及靶基因功能解析	蔡正云	生命与食品学部	10	5	5	2023.7—2025.7	自治区科技厅	宁夏自然基金一般项目	区　级
336	2023AAC03103	TMAO 诱导奶牛脂肪肝的多组学机制研究	郭延生	动物科技学院	10	5	5	2023.7—2025.7	自治区科技厅	宁夏自然基金一般项目	区　级
337	2023AAC03104	PVDF 基复合电介质材料的结构设计及其储能性能研究	王　健	材料与新能源学院	10	5	5	2023.7—2025.7	自治区科技厅	宁夏自然基金一般项目	区　级
338	2023AAC03105	基于光伏背板循环材料超临界 CO_2 制备导电复合泡沫材料	张瑞岩	材料与新能源学院	10	5	5	2023.7—2025.7	自治区科技厅	宁夏自然基金一般项目	区　级
339	2023AAC03106	基于温敏聚合物功能化氧化石墨烯的新型温度响应液相色谱固定相的制备及应用研究	李媛媛	化学化工学院	10	5	5	2023.7—2025.7	自治区科技厅	宁夏自然基金一般项目	区　级
340	2023AAC03107	磁性碳纳米管对葡萄酒萜烯香气成分的萃取机理与方法研究	郑浩博	化学化工学院	10	5	5	2023.7—2025.7	自治区科技厅	宁夏自然基金一般项目	区　级
341	2023AAC03108	石墨相氮化碳(g-C3N4)膜分离噻吩/正辛烷的理论研究	李院珍	化学化工学院	10	5	5	2023.7—2025.7	自治区科技厅	宁夏自然基金一般项目	区　级
342	2023AAC03109	城市固体废弃物化学链燃烧过程中砷的转化与迁移释放机理研究	马晶晶	化学化工学院	10	5	5	2023.7—2025.7	自治区科技厅	宁夏自然基金一般项目	区　级
343	2023AAC03110	基于 CNN 与 LSTM 多组合策略的碳市场价格预测方法研究	石　荣	经济管理学院	10	5	5	2023.7—2025.7	自治区科技厅	宁夏自然基金一般项目	区　级

续表 27

序号	项目编号	项　目	主持人	所在单位	总经费（万元）	自筹经费（万元）	专项经费（万元）	起止年限	课题来源	类　型	级　别
344	2023AAC03111	PRB 阻控盐碱地暗管排水中硝酸盐的效能与机理研究	王　珍	生态环境学院	10	5	5	2023.7—2025.7	自治区科技厅	宁夏自然基金一般项目	区　级
345	2023AAC03112	银川市多介质环境中全氟/多氟化合物的污染特征、源解析和环境风险研究	刘邓超	地理科学与规划学院	10	5	5	2023.7—2025.7	自治区科技厅		区　级
346	2023AAC03113	贺兰山东麓葡萄酒生产废水冬灌还田的生态效应研究	郑兰香	生态环境学院	10	5	5	2023.7—2025.7	自治区科技厅		区　级
347	2023AAC03114	污染环境中具有尺度结构的竞争种群系统的最优控制	王战平	数学统计学院	10	5	5	2023.7—2025.7	自治区科技厅		区　级
348	2023AAC03115	自由 Reynolds 代数的研究	张天杰		10	5	5	2023.7—2025.7	自治区科技厅		区　级
349	2023AAC03116	离散曲率与图的体积增长和体积比较性质若干问题研究	刘永涛		10	5	5	2023.7—2025.7	自治区科技厅		区　级
350	2023AAC03117	无场势薛定谔方程柯西问题的正则化方法研究	朱　琳		10	5	5	2023.7—2025.7	自治区科技厅		区　级
351	2023AAC03118	甘草酸通过调控 lncRNA 表达及胞内定位在延缓骨髓间充质干细胞衰老中的分子机制研究	高力扬	生命科学学院	10	5	5	2023.7—2025.7	自治区科技厅		区　级
352	2023AAC03119	双圆弧齿廓圆弧齿线圆柱齿轮精度演化规律及齿面修形方法研究	姜碧琼	机械工程学院	10	5	5	2023.7—2025.7	自治区科技厅		区　级
353	2023AAC03120	油溶性脂肪酸衍生离子液体对低硫柴油抗磨性能影响研究	王泽云	化学化工学院	10	5	5	2023.7—2025.7	自治区科技厅		区　级
354	2023AAC03121	铁磁性材料的力-磁效应理论及应用研究	张富臣	机械工程学院	10	5	5	2023.7—2025.7	自治区科技厅		区　级
355	2023AAC03122	武器装备野外自保护药芯焊丝电弧增材工艺机理及智能修复关键技术	张恒铭		10	5	5	2023.7—2025.7	自治区科技厅		区　级
356	2023AAC03123	多组学解析雄性不育枸杞四分体胼胝质异常降解机制	石　晶	生命与食品学部	10	5	5	2023.7—2025.7	自治区科技厅		区　级

续表 28

序号	项目编号	项　目	主持人	所在单位	总经费（万元）	自筹经费（万元）	专项经费（万元）	起止年限	课题来源	类　型	级　别
357	2023AAC03124	哈巴湖植物群落功能性状对水分梯度的响应和适应策略	杨君珑	林业与草业学院	10	5	5	2023.7—2025.7	自治区科技厅	宁夏自然基金一般项目	区　级
358	2023AAC03125	宁夏枸杞果皮蜡质积累相关基因的挖掘与表达分析研究	杨　涓	生命科学学院	10	5	5	2023.7—2025.7	自治区科技厅	宁夏自然基金一般项目	区　级
359	2023AAC03126	可解释增量学习方法研究	刘进锋	信息工程学院	10	5	5	2023.7—2025.7	自治区科技厅	宁夏自然基金一般项目	区　级
360	2023AAC03127	统一模型下的细粒度图像描述及视觉问答增强研究	车　进	电子与电气工程学院	10	5	5	2023.7—2025.7	自治区科技厅	宁夏自然基金一般项目	区　级
361	2023AAC03128	三维人体姿态估计及动作识别技术研究	张　鹏	信息工程学院	10	5	5	2023.7—2025.7	自治区科技厅	宁夏自然基金一般项目	区　级
362	2023AAC03129	宁夏典型气候环境与盐蚀下临水 RC 柱的修复机制研究	杨淑雁	土木与水利工程学院	10	5	5	2023.7—2025.7	自治区科技厅	宁夏自然基金一般项目	区　级
363	2023AAC03130	干旱寒冷风沙区住宅建筑与环境交互式影响研究	胡思斯	土木与水利工程学院	10	5	5	2023.7—2025.7	自治区科技厅	宁夏自然基金一般项目	区　级
364	2023AAC03131	半刚性整体式无缝桥受力机理研究	马熙伦	土木与水利工程学院	10	5	5	2023.7—2025.7	自治区科技厅	宁夏自然基金一般项目	区　级
365	2023AAC03132	宁夏南部山区村镇适灾韧性评价及规划策略研究	马冬梅	建筑学院	10	5	5	2023.7—2025.7	自治区科技厅	宁夏自然基金一般项目	区　级
366	2023AAC03133	腾格里沙漠风积砂力学特性及公路基碎石桩加固数值计算	夏国平	土木与水利工程学院	10	5	5	2023.7—2025.7	自治区科技厅	宁夏自然基金一般项目	区　级
367	2023AAC03134	葡萄果实细胞壁大分子结构与葡萄酒酚类物质萃取及稳定机制关联研究	高　宇	葡萄酒与园艺学院	10	5	5	2023.7—2025.7	自治区科技厅	宁夏自然基金一般项目	区　级
368	2023AAC03135	红枣多酚提取物缓解小鼠溃疡性结肠炎的作用机制解析	魏晓博	食品科学与工程学院	10	5	5	2023.7—2025.7	自治区科技厅	宁夏自然基金一般项目	区　级
369	2023AAC03136	热物理场耦合山梨酸钾杀灭枯草杆菌芽孢的机理研究	章　中	食品科学与工程学院	10	5	5	2023.7—2025.7	自治区科技厅	宁夏自然基金一般项目	区　级
370	2023AAC03137	黄花菜总黄酮对 H_2O_2 诱导 HepG2 细胞氧化应激损伤影响研究	李海峰	食品科学与工程学院	10	5	5	2023.7—2025.7	自治区科技厅	宁夏自然基金一般项目	区　级

续表 29

序号	项目编号	项　目	主持人	所在单位	总经费(万元)	自筹经费(万元)	专项经费(万元)	起止年限	课题来源	类　型	级　别
371	2023AAC03138	宁夏沿黄城市群水-碳-生态空间关联变化特征及其适水均衡性研究	唐　莲	土木与水利工程学院	10	5	5	2023.7—2025.7	自治区科技厅	宁夏自然基金一般项目	区　级
372	2023AAC03139	基于高光谱遥感的滴灌枸杞水分状况反演模型	沈　晖	土木与水利工程学院	10	5	5	2023.7—2025.7	自治区科技厅	宁夏自然基金一般项目	区　级
373	2023AAC03140	宁夏黄河灌溉水中化学污染物的生态风险、源解析及空间预测研究	刘　平	电子与电气工程学院	10	5	5	2023.7—2025.7	自治区科技厅	宁夏自然基金一般项目	区　级
374	2023AAC03141	宁夏典型盐渍化土壤有机碳-微生物-团聚体互作机制研究	张俊华	生态环境学院	10	5	5	2023.7—2025.7	自治区科技厅	宁夏自然基金一般项目	区　级
375	2023AAC03142	基于植物电信号分析干旱半干旱地区典型植被对空气负离子的影响机制及贡献潜力的研究	施光耀	生态环境学院	10	5	5	2023.7—2025.7	自治区科技厅	宁夏自然基金一般项目	区　级
376	2023AAC03143	贺兰山东麓赤霞珠葡萄根区土壤有机碳固存的微生物机理	张　亮	葡萄酒与园艺学院	10	5	5	2023.7—2025.7	自治区科技厅	宁夏自然基金一般项目	区　级
377	2023AAC03144	褪黑素和一氧化氮调控碱胁迫下水稻种子萌发和幼苗生长的机理研究	罗成科	农学院	10	5	5	2023.7—2025.7	自治区科技厅	宁夏自然基金一般项目	区　级
378	2023AAC03145	枸杞行间套种油菜绿肥对土壤有机碳库的影响及机制研究	李惠霞	农学院	10	5	5	2023.7—2025.7	自治区科技厅	宁夏自然基金一般项目	区　级
379	2023AAC03146	转录因子 VaWRKY72 调控山葡萄响应低温胁迫的分子机制	张修铭	葡萄酒与园艺学院	10	5	5	2023.7—2025.7	自治区科技厅	宁夏自然基金一般项目	区　级
380	2023AAC03147	园林小菊盐胁迫响应关键基因挖掘及其功能解析	唐　燕	林业与草业学院	10	5	5	2023.7—2025.7	自治区科技厅	宁夏自然基金一般项目	区　级
381	2023AAC03148	苜蓿根瘤象先天免疫系统对球孢白僵菌免疫应答机制研究	辛　明	农学院	10	5	5	2023.7—2025.7	自治区科技厅	宁夏自然基金一般项目	区　级
382	2023AAC03149	秋耕覆盖影响旱作马铃薯水分利用效率的生理生态机理研究	侯贤清	农学院	10	5	5	2023.7—2025.7	自治区科技厅	宁夏自然基金一般项目	区　级
383	2023AAC03150	半干旱区环保型可降解地膜覆盖下降解机制及其环境效应研究	李　荣	农学院	10	5	5	2023.7—2025.7	自治区科技厅	宁夏自然基金一般项目	区　级

续表 30

序号	项目编号	项　目	主持人	所在单位	总经费（万元）	自筹经费（万元）	专项经费（万元）	起止年限	课题来源	类　型	级　别
384	2023AAC03151	基于多源遥感数据的宁夏灌区滴灌玉米生长监测与氮素营养诊断研究	谢铁娜	科学技术处	10	5	5	2023.7—2025.7	自治区科技厅	宁夏自然基金一般项目	区　级
385	2023AAC03152	密度配置对间作苜蓿/小黑麦复合群体水分高效利用的影响机制	胡海英	林业与草业学院	10	5	5	2023.7—2025.7	自治区科技厅	宁夏自然基金一般项目	区　级
386		“双碳”目标下宁夏氢能与燃料电池发展战略研究	夏明许	材料与新能源学院	166.74	0	166.74	2023.01—2023.12	自治区科技厅	自治区重点研发计划（对外科技合作专项）中国工程院战略咨询项目	区　级
387		宁夏装备制造工业基础能力建设战略咨询研究	马玉山	前沿科学与技术学部	162.5	0	162.5	2023.01—2023.12	自治区科技厅	自治区重点研发计划（对外科技合作专项）中国工程院战略咨询项目	区　级
388		宁夏河湖水生态安全保障战略研究	钟艳霞	生态环境学院	105	0	105	2023.01—2023.12	自治区科技厅	自治区重点研发计划（对外科技合作专项）中国工程院战略咨询项目	区　级
389		河套灌区盐碱地改良利用重大战略咨询研究	许　兴	校领导	120	0	120	2023.01—2023.12	自治区科技厅	自治区重点研发计划（对外科技合作专项）中国工程院战略咨询项目	区　级
390		宁夏冷凉蔬菜产业发展战略研究	李建设	校领导	55	0	55	2023.01—2023.12	自治区科技厅	自治区重点研发计划（对外科技合作专项）中国工程院战略咨询项目	区　级
391		宁夏高碳原料减量替代与高质量发展路径战略研究	杨金会	化学化工学院	50	0	50	2023.01—2023.12	自治区科技厅	自治区重点研发计划（对外科技合作专项）中国工程院战略咨询项目	区　级
392		马铃薯预制菜的研制及产品特性研究	方海田	食品科学与工程学院	10	0	10		自治区科技厅	自治区国（境）外智力引进项目	区　级
393		宁夏菜田土壤生物改良技术及有机地膜的研发与技术交流	张雪艳	葡萄酒与园艺学院	20	0	20		自治区科技厅	自治区国（境）外智力引进项目	区　级
394		荒漠草原生态系统多功能性、稳定性及其对全球变化的响应	刘任涛	生态环境学院	42	0	42		自治区科技厅	自治区国（境）外智力引进项目	区　级
395		基于高光谱遥感信息的冷凉蔬菜种类识别及生长状态建模研究	曹云娥	葡萄酒与园艺学院	18	0	18		自治区科技厅	自治区国（境）外智力引进项目	区　级
396		亚塑性理论在宁夏黑山峡滑坡灾害中的应用	李学丰	物理学院	10	0	10		自治区科技厅	自治区国（境）外智力引进项目	区　级

2023 年人文社科类纵向项目一览表

序号	项目编号	课　题	主持人	所在单位	经费(万元)	起止年限	课题来源	级别
1	23BZX050	王夫之与伊本·赫勒敦历史哲学思想比较研究	冯杰文	法学院	20	2023.09.22—2028.06.15	国家社科基金一般项目	国家级
2	23CFX072	央行数字货币跨境支付的法律规制研究	庞冬梅		20	2023.09.22—2028.06.15		国家级
3	23BSH053	新发展阶段西北民族地区乡村青年教师“留驻”机制研究	马晓凤	教师教育学院	20	2023.09.22—2028.06.15	国家社科基金一般项目	国家级
4	23BSH076	民族地区社区治理与社区共同体建设的心理机制	何晓丽		20	2023.09.22—2026.12.30		国家级
5	23BJY152	西北地区农村宅基地“三权分置”改革与政策优化研究	韩秀丽	经济管理学院	20	2023.09.22—2026.09.30	国家社科基金一般项目	国家级
6	23BGJ057	马格里布国家民族政策研究	独　乐	阿拉伯学院	20	2023.09.22—2028.06.15	国家社科基金一般项目	国家级
7	23BZS056	黑水城出土农田水利文书整理与研究	尤　桦	民族与历史学院	20	2023.09.22—2028.06.15	国家社科基金一般项目	国家级
8	23BYY127	儒学经典漫画英译易读性研究	干丽丽	外国语学院	20	2023.09.22—2028.06.15	国家社科基金一般项目	国家级
9	23CKS017	中国共产党推进和拓展中国式现代化的方法论研究	刘　攀	马克思主义学院	20	2023.09.22—2028.06.06	国家社科基金青年项目	国家级
10	23XMZ037	唐蕃古道文化线路遗产关联性研究	曾丽荣	民族与历史学院	20	2023.09.22—2026.09.30	国家社科基金西部项目	国家级
11	BMA230237	“强师计划”背景下西部民族地区高质量教师队伍建设研究	谢延龙	教师教育学院	20	2023.08.28—2026.11.12	全国教育科学“十四五”规划2023 年度课题国家一般项目	国家级
12	22VRC120	辽宋西夏金时期的“中国观”研究	彭向前	民族与历史学院	50	2023.02.20—2027.12.20	国家社科基金哲学社会科学领军人才项目	国家级
13	21ZD03	黄河流域文化和旅游市场要素分析	陆筱璐	法学院	6	2021.07.09—2023.07.07	国家社科基金艺术学重大项目子课题	国家级
14	22&ZD219	敦煌—河西石窟西夏文题记调查整理与研究	王　龙	民族与历史学院	5	2022.12.08—2027.12.30	国家社科基金重大项目子课题	国家级
15	无编号	文艺评论《日常生活的图景——新时代中国乡土题材美术作品中的日常生活》	王　艳	美术学院	8	2023.03.03—2024.12.31	国家艺术基金青年艺术创作人才项目	国家级
16	23FZSB013	唐后期黄淮海平原讨藩战争后勤补给地理研究（795—845）	高正亮	民族与历史学院	25	2023.11.14—2026.06.15	国家社科基金后期资助项目	国家级
17	22CZS021	西夏告牒文书研究	田晓霈		20	2022.09.13—2027.06.30		国家级

续表 1

序号	项目编号	课　题	主持人	所在单位	经费(万元)	起止年限	课题来源	级别
18	22JJD770047	辽宋夏金时期西北地区民族交往交流交融史研究	杜建录	民族与历史学院	40	2023.10.12—2025.12.01	教育部人文社会科学重点研究基地重大项目	部委级
19	22JJD770048	民族交往交流交融视域下西夏物质文化研究	高奕睿	民族与历史学院	40	2023.01.19—2025.12.01	教育部人文社会科学重点研究基地重大项目	部委级
20	22JJD770049	民族交往交流交融视域下的西夏精神文化研究	佟健荣	民族与历史学院	40	2023.01.18—2025.12.01	教育部人文社会科学重点研究基地重大项目	部委级
21	SF-SX-ZCFW2022009DY/01	中华民族交往交流交融史料汇编(宁夏卷)	杜建录	民族与历史学院	199.2	2022.07.30—2024.12.30	中央统战部办公厅、国家民委办公厅	部委级
22	2022-GMG-018	构建人类命运共同体和创造人类文明新形态视野下的中华民族共同体建设意义和价值研究	李绍先	中国阿拉伯国家研究院	15	2022.11.01—2023.10.31	国家民委民族研究项目	部委级
23	22YHXZ1049	宁夏回族自治区国际中文教育基本情况调查研究	刘艳晖	国际教育学院	15	2022.12.28—2023.10.31	教育部中外语言交流合作中心国际中文教育协作机制项目	部委级
24	22YHXZ1050	共建宁夏国际中文教育协作联盟	刘文燕	文学院	10	2022.12.28—2023.11.30	教育部中外语言交流合作中心国际中文教育协作机制项目	部委级
25	无编号	中俄人文合作专项的中俄西夏学联合研究项目	杜建录	民族与历史学院	10	2022.07.30—2023.12.31	教育部国际合作与交流司	部委级
26	无编号	中俄人文合作专项的中俄西夏学联合研究项目	杜建录	民族与历史学院	5	2023.06.20—2024.12.30	教育部国际合作与交流司	部委级
27	22JZD031	黄河文明与文物遗址图像志研究	王胜泽	美术学院	10	2023.06.20—2025.12.30	教育部哲学社会科学研究重大课题攻关项目子课题	部委级
28	23DY25	文化和旅游新业态研究——以宁夏星空旅游为例	王　磊	前沿交叉学院	5	2023.06.01—2024.05.31	2023年文化和旅游部部级社科研究项目委托书	部委级
29	23XJAZH001	中华文化认同视阈下的汉文回鹘文《金光明经》异本对勘研究	曹庆峰	马克思主义学院	10	2023.04.01—2026.12.01	2023年度教育部人文社会科学研究规划基金项目	部委级
30	23XJA730002	宋代道教雷法研究	刘　莉	马克思主义学院	10	2023.10.18—2026.10.18	2023年度教育部人文社会科学研究规划基金项目	部委级
31	23XJA710006	新时代社会组织协商的实践探索与实践趋向研究	杨晓梅	法学院	10	2023.10.18—2026.12.31	2023年度教育部人文社会科学研究规划基金项目	部委级
32	23YJCZH181	脱贫地区乡村转型发展多元分化的典型模式、影响机制及振兴路径研究	施琳娜	地理科学与规划学院	8	2023.10.18—2026.04.01	2023年度教育部人文社会科学研究规划基金项目	部委级
33	23YJC880002	学习分析技术支持的认知临场感过程模式挖掘与提升策略研究	白雪梅	教师教育学院	8	2023.10.18—2025.12.01	2023年度教育部人文社会科学研究规划基金项目	部委级
34	2023-GMD-032	共同富裕目标下职业教育赋能西部民族地区乡村振兴的实践研究	周学忠	人文社科处	自筹	2023.11.08—2024.10.13	2023年国家民委民族研究自筹项目	部委级

续表 2

序号	项目编号	课　题	主持人	所在单位	经费（万元）	起止年限	课题来源	级别
35	2023-GMI-079	辽宋夏金之间商业交换及其影响	杜建录	民族与历史学院	3.2	2023.10.01—2024.12.30	2023 年国家民委民族研究委托项目	部委级
36	2023-GMI-080	辽宋夏金时期北方各民族互嵌杂居与文化、血缘交融研究	邓文韬		3.2	2023.09.25—2024.03.28		部委级
37	2023-GMI-081	交往交流交融视野下的辽宋夏金文化艺术一体性研究	于光建		3.6	2023.10.01—2024.03.08	2023 年国家民委民族研究委托项目	部委级
38	2023-GMI-082	辽宋夏金时期农耕与游牧经济的互动与融合	田晓霈		3.2	2023.10.01—2024.03.28	2023 年国家民委民族研究委托项目	部委级
39	2023-GMI-083	辽夏金儒道佛并行与融通研究	王　龙		3.2	2023.10.01—2024.03.28		部委级
40	GBOY2023WT-13	全力构建面向新时代的	白　楠	阿拉伯学院	5	2023.02.21—2023.06.30	2023 年教育部高校国别和区域研究委托课题	部委级
41	无编号	中东地区地缘政治及安全研究	张前进		10	2023.09.19—2023.12.31		部委级
42	无编号	中阿经贸合作对策研究	张前进		5	2023.09.19—2023.12.31		部委级
43	2022LTQN601	西夏语译十三经集存和研究	王　龙	民族与历史学院	18	2023.09.01—	中国历史研究院“兰台青年学者计划”	部委级
44	2023-GMG-042	中华民族现代文明与西方现代文明在民族问题上的比较研究	王淑兰	马克思主义学院	5	2023.11.01—2024.10.31	2023 年度国家民委民族研究项目（铸牢专项）	部委级
45	23NXBYJ03	共同富裕的阶段性评价标准、指标体系构建及宁夏实施路径研究	李文佳	经济管理学院	3	2023.09.21—2024.12.31	自治区社科规划一般项目	区级
46	23NXBYJ02	宁夏易地扶贫搬迁安置区融入新型城镇化发展的路径优化研究	王雅俊		3	2023.10.23—2024.12.01		区级
47	23NXBYJ04	基于“三生”功能的宁夏沿黄城市群协同发展路径研究	马　静		3	2023.09.01—2024.12.31		区级
48	23NXBYJ05	宁夏文化赋能旅游产业高质量发展机理与路径研究	刘淑萍		3	2023.10.01—2024.12.31		区级
49	23NXBYJ06	现代化进程中宁夏实现共同富裕路径研究	李鸿雁		3	2023.10.13—2025.09.30		区级
50	23NXBGL06	宁夏山林权改革与经济发展的协同机制研究	许　昊		3	2023.10.17—2026.09.30		区级
51	23NXCYJ01	金融发展影响西部地区民营企业成长的路径和机制研究	代　乾		2	2023.11.08—2024.12.31	自治区社科规划青年项目	区级

续表 3

序号	项目编号	课　题	主持人	所在单位	经费(万元)	起止年限	课题来源	级别
52	23NXZX02	中华优秀传统文化与科学社会主义价值观主张的高度契合性研究	潘忠宇	法学院	5	2023.10.01—2025.09.01	自治区社科规划研究专项	区级
53	23NXBGL07	宁夏推进市域社会治理现代化路径研究	杨晓梅	法学院	3	2023.10.17—2024.12.31	自治区社科规划一般项目	区级
54	23NXBGL08	国家文化数字化战略视角下宁夏数字化文化消费新场景建设路径研究	杨文林	法学院	3	2023.10.30—2024.12.31	自治区社科规划一般项目	区级
55	23NXBFX02	黄河流域宁夏段综合治理的法律机制研究	肖　融	法学院	3	2023.10.13—2025.09.30	自治区社科规划一般项目	区级
56	23NXBZS01	黄河流域出土元代碑石所见中华民族交往交流交融史研究	邓文韬	民族与历史学院	3	2023.10.17—2026.03.31	自治区社科规划一般项目	区级
57	23NXBZS02	民国时期宁夏中华民族交往交流交融史料研究	白建灵	民族与历史学院	3	2023.10.17—2026.09.30	自治区社科规划一般项目	区级
58	23NXBMZ01	宁夏多民族易地扶贫搬迁安置区促进各民族交往交流交融路径研究	王丽宏	民族与历史学院	3	2023.10.13—2024.12.31	自治区社科规划一般项目	区级
59	23NXBZW02	《唐诗纪事》“本事”批评研究	杨志云	文学院	3	2023.10.13—2026.09.30	自治区社科规划一般项目	区级
60	23NXBZW01	比较视野中宁夏文学构筑中华民族文化传承的叙事路径研究	王琳琳	文学院	3	2023.10.17—2026.09.30	自治区社科规划一般项目	区级
61	23NXBTQ01	明清时期宁夏民俗资料辑录与研究	苗　丽	文学院	3	2023.10.17—2026.09.30	自治区社科规划一般项目	区级
62	23NXBGJ01	沙特主流媒体涉华报道翻译及舆情研究	马洋洋	阿拉伯学院（中国阿拉伯国家研究院）	3	2023.10.13—2024.12.30	自治区社科规划青年项目	区级
63	23NXCGL04	基于数智经济视阈下的农村中低收入群体增收问题研究	魏　雪	阿拉伯学院（中国阿拉伯国家研究院）	2	2023.10.01—2024.12.31	自治区社科规划青年项目	区级
64	23NXBTY01	体医融合背景下宁夏青少年体质健康促进发展路径研究	燕小妮	体育学院	3	2023.09.01—2025.07.01	自治区社科规划一般项目	区级
65	23NXCTY02	文化强国视域下银川市社区“体医结合”信息化服务平台建设的路径研究	沙彦茹	体育学院	2	2023.10.13—2024.12.31	自治区社科规划青年项目	区级
66	23NXZX03	践行习近平生态文明思想绘就人与自然和谐共生的宁夏新画卷研究	范映渊	马克思主义学院	5	2023.10.17—2026.09.30	自治区社科规划研究专项	区级
67	23NXCTJ01	互联网＋背景下宁夏旅游客流量的多尺度组合预测模型研究	李晓慧	前沿交叉学院	2	2023.10.17—2024.12.31	自治区社科规划青年项目	区级

续表 4

序号	项目编号	课　题	主持人	所在单位	经费(万元)	起止年限	课题来源	级别
68	23NXBYJ07	黄河流域宁夏段古村落的文化价值与旅游开发探究	焦晓琼	美术学院	3	2023.10.01—2024.12.30	自治区社科规划一般项目	区级
69	23NXBXW01	数字媒介与宁夏乡村文化治理能力提升研究	顾广欣	新闻传播学院	3	2023.10.13—2025.09.30	自治区社科规划一般项目	区级
70	23NXBYY01	新时代"宁夏故事"国际传播效能提升的语言因素及有效途径研究	周　震	外国语学院	3	2023.10.03—2024.10.01	自治区社科规划一般项目	区级
71	23NXCYY02	增强中华文明在阿拉伯国家传播力影响力路径研究：发挥宁夏优势	冯汝源	国际教育学院	2	2023.10.13—2025.09.30	自治区社科规划青年项目	区级
72	23NXBZW03	新时代宁夏移民题材文学研究	马占俊	民族预科教育学院	3	2023.10.17—2026.09.30	自治区社科规划一般项目	区级
73	23NXBSH04	新就业形态下宁夏高校毕业生就业问题与对策研究	张振霞	求是书院	3	2023.10.20—2025.09.30	自治区社科规划一般项目	区级
74	23NXJB14	宁夏中小学课后服务高质量发展的政策研究	周福盛	教师教育学院	1	2023.11.25—2025.06.25	自治区社科规划(教育学)一般项目	区级
75	23NXJB01	教育高质量发展背景下宁夏高校教师教学胜任力提升策略研究	郝振君	教师教育学院	1	2023.10.13—2025.05.20	自治区社科规划(教育学)一般项目	区级
76	23NXJB05	宁夏大学生心理健康状况及应对研究	茹学萍	教师教育学院	1	2023.10.23—2024.12.31	自治区社科规划(教育学)一般项目	区级
77	23NXJB20	宁夏普惠性托育服务体系构建研究	马　娥	教师教育学院	1	2023.10.13—2024.12.31	自治区社科规划(教育学)一般项目	区级
78	23NXJB04	宁夏高校艺术类师范教育模式创新研究	孙春霞	美术学院	1	2023.10.13—2025.04.30	自治区社科规划(教育学)一般项目	区级
79	23NXJB08	共同富裕目标下宁夏职业教育赋能乡村振兴的路径研究	张　惠	组织部	1	2023.10.13—2024.10.30	自治区社科规划(教育学)一般项目	区级
80	23NXYACDD01	"大众合唱"铸牢中华民族共同体意识研究	陈　宏	音乐学院	2	2023.12.10—2024.12.28	自治区社科规划(艺术学)重点项目	区级
81	23NXYCDD13	艺术创新设计助推宁夏乡村文化振兴策略研究	张　莉	美术学院	1.3	2023.09.30–2024.12.30	自治区社科规划(艺术学)一般项目	区级
82	23NXYBDH02	高校音乐教育助力宁夏乡村文化振兴的路径研究	闫　楠	音乐学院	1	2023.10.20—2024.12.31	自治区社科规划(艺术学)青年项目	区级
83	无编号	数字经济驱动宁夏畜牧业绿色低碳转型的实现路径与政策优化研究	谭永风	经济管理学院	1.5	2023.12.27—2024.06.30	第六批宁夏新型智库课题	区级

续表 5

序号	项目编号	课　题	主持人	所在单位	经费(万元)	起止年限	课题来源	级别
84	无编号	打好环境保护人民战：宁夏公众参与环境治理路径及对策研究	刘　洋	经济管理学院	1.5	2023.12.27—2024.06.30	第六批宁夏新型智库课题	区级
85	无编号	宁夏加快推进安全工作治理体系和治理能力现代化研究	段瑞娟	经济管理学院	1.5	2023.12.27—2024.06.30	第六批宁夏新型智库课题	区级
86	无编号	多源空间大数据下宁夏工业企业安全生产风险评估与防范策略研究	蒋紫艳	经济管理学院	1.5	2023.12.27—2024.06.30	第六批宁夏新型智库课题	区级
87	无编号	黄河文化遗产资源赋能宁夏文化产业高质量发展的对策研究	张　蕊	法学院	1.5	2023.12.27—2024.06.30	第六批宁夏新型智库课题	区级
88	无编号	习近平文化思想在宁夏高校“三进”的路径和方式	何　磊	法学院	1.5	2023.12.27—2024.06.30	第六批宁夏新型智库课题	区级
89	无编号	碳排放配额约束下“双碳”达标宁夏方案及法治保障研究	张云雁	法学院	1.5	2023.12.27—2024.06.30	第六批宁夏新型智库课题	区级
90	无编号	宁夏提高安全生产法治化制度化规范化水平的对策建议	张媛媛	法学院	1.5	2023.12.27—2024.06.30	第六批宁夏新型智库课题	区级
91	无编号	加快宁夏葡萄酒全产业链绿色低碳转型的对策建议	郑兰香	生态环境学院	1.5	2024.01.01—2024.06.30	第六批宁夏新型智库课题	区级
92	无编号	习近平生态文明思想在宁夏的实践研究	杨振东	生态环境学院	1.5	2024.01.23—2024.06.30	第六批宁夏新型智库课题	区级
93	无编号	贯彻全国生态环境保护大会精神的宁夏实践研究	罗玲玲	生态环境学院	1.5	2024.01.23—2024.06.30	第六批宁夏新型智库课题	区级
94	无编号	宁夏着力激发非物质文化遗产创新创造活力的对策建议	汪克会	前沿交叉学院	1.5	2023.12.27—2024.06.30	第六批宁夏新型智库课题	区级
95	无编号	推动宁夏哲学社会科学高质量发展的对策建议	胡冰君	发展规划与学科建设处	1.5	2023.12.27—2024.06.30	第六批宁夏新型智库课题	区级
96	无编号	充分挖掘宁夏非物质文化遗产资源提升对外宣传效能的对策研究	韩永静	民族与历史学院	1.5	2023.12.27—2024.06.30	第六批宁夏新型智库课题	区级
97	无编号	中阿合作背景下宁夏国际传播能力建设对策研究	王　榕	阿拉伯学院	1.5	2024.01.03—2024.06.30	第六批宁夏新型智库课题	区级
98	无编号	宁夏提升新闻舆论传播力引导力影响力公信力的对策研究	叶　刚	新闻传播学院	1.5	2024.01.11—2024.06.11	第六批宁夏新型智库课题	区级
99	无编号	新时代更好地担负起新的文化使命的决策和建议	余伟如	马克思主义学院	1.5	2023.12.27—2024.06.30	第六批宁夏新型智库课题	区级

续表 6

序号	项目编号	课 题	主持人	所在单位	经费（万元）	起止年限	课题来源	级别
100	无编号	宁夏打好生态网络保护修复系统战对策研究	马彩虹	地理科学与规划学院	1.5	2023.12.28—2024.06.30	第六批宁夏新型智库课题	区级
101	202301	宁夏产业体系提质升级对策研究	张前进	阿拉伯学院	15	2023.04.13—2023.10.06	宁夏回族自治区人民政府重大行政决策咨询研究重点课题重大课题	厅局级
102	202306	宁夏推进居民增收致富对策研究	杨国涛	经济管理学院（西部发展研究院）	15	2023.04.28—2023.10.31		厅局级
103	202308	宁夏广东“东数西算”和“数字经济飞地”合作模式研究	周学勤	前沿交叉学院	15	2023.05.01—2023.10.08	宁夏回族自治区人民政府重大行政决策咨询研究重点课题重大课题	厅局级
104	202311	宁夏推进养老托育服务提质扩容对策研究	许丽君		10	2023.04.13—2023.10.08		厅局级
105	202314	宁夏推动教育高质量发展对策研究	周学忠	人文社科处	10	2023.06.16—2024.10.13	宁夏回族自治区人民政府重大行政决策咨询研究重点课题一般性课题	厅局级
106	YCSZ-2021-08	幼儿园思政教育策略与途径的研究	闫秋菊	南校区幼儿园	2	2021.12.03—2023.12.03	银川市教育局	厅局级
107	22YCSKXM05	着力打造铸牢中华民族共同体意识示范市路径研究	阿利·热合买提	学生处	1.5	2022.07.18—2023.07.31	银川市哲学社会科学规划综合应用类重点项目	厅局级
108	22YCSKXM06	银川市深化产业园区改革研究	杨学燕	民族与历史学院	1.2	2022.07.30—2023.07.30	银川市哲学社会科学规划综合应用类一般项目	厅局级
109	RKPCZB01	宁夏人口与消费关系研究	李鸿雁	经济管理学院（西部发展研究院）	2	2022.05.26—2022.11.30	宁夏统计学会	厅局级
110	23NXHAB02	黄河流域宁夏段非物质文化遗产研究——基于乡村振兴的视角	朱淑娥	美术学院	2.5	2023.05.10—2023.11.30	宁夏黄河文化研究项目	厅局级
111	23NXHAB03	黄河流域宁夏段历史文化研究——遗产廊道视野下的考察	宋 娟		2.5	2023.05.01—2023.11.30		厅局级
112	23NXHAB04	黄河流域宁夏段文化内涵和表现形式研究	甘 田	法学院	2.5	2023.05.30—2024.04.30	宁夏黄河文化研究项目	厅局级
113	23NXHBB02	文化旅游带动产业转型升级实践研究	刘淑芳	马克思主义学院	2.5	2023.06.25—2023.11.30	宁夏黄河文化研究项目	厅局级
114	23NXHBB03	宁夏文化和旅游高质量发展研究	王 磊	前沿交叉学院	2.5	2023.03.03—2023.11.30	宁夏黄河文化研究项目	厅局级

续表 7

序号	项目编号	课　题	主持人	所在单位	经费（万元）	起止年限	课题来源	级别
115	23NXHBB04	文化旅游促进群众增收致富路径研究	苗　红	地理科学与规划学院	2.5	2023.06.01—2023.11.30	宁夏黄河文化研究项目	厅局级
116	23NXHCB01	宁夏乡村旅游助推乡村振兴研究	马艳艳	经济管理学院（西部发展研究院）	4.0	2023.06.01—2023.12.30	宁夏黄河文化研究项目	厅局级
117	Y2023FXH05	新时代我区退役军人权益保障若干问题研究	张　驰	法学院	0.3	2023.04.28—2023.08.31	宁夏法学会一般课题	厅局级
118	Y2023FXH06	黄河流域宁夏段生态文化建设的制度创新研究	肖　融	法学院	0.3	2023.04.28—2023.08.30	宁夏法学会一般课题	厅局级
119	Y2023FXH10	宁夏贺兰山东麓葡萄酒地理标志法律保护研究	张云雁	法学院	0.3	2023.04.28—2023.08.31	宁夏法学会一般课题	厅局级
120	Y2023FXH12	宁夏促进共同富裕相关法规研究	朱爱农	法学院	0.3	2023.04.28—2023.09.30	宁夏法学会一般课题	厅局级
121	Y2023FXH13	“三治融合”视域下宁夏乡村治理的法治路径研究	张　蕊	法学院	0.3	2023.04.28—2023.08.31	宁夏法学会一般课题	厅局级
122	Y2023FXH24	习近平法治思想在智慧法院建设中的应用研究	何　磊	法学院	0.3	2023.04.28—2023.08.31	宁夏法学会一般课题	厅局级
123	Z2023FXH07	宁夏“司法救助 +”未成年人保护工作研究	张　弛	法学院	自筹	2023.04.28—2023.08.31	宁夏法学会自筹课题	厅局级
124	Q2023FXH13	未成年人保护诉源治理实证研究——以公益诉讼为视角	江兆涛	法学院	自筹	2023.04.28—2023.08.31	宁夏法学会青年课题	厅局级
125	W2023FXH02	基于知识图谱分析的地方立法整体性治理策略研究	胡世恩	法学院	0.8	2023.04.28—2023.09.30	宁夏法学会委托课题	厅局级
126	无编号	宁夏深化要素市场化配置改革法治保障研究	张　弛	法学院	0.8	2023.08.07—2023.10.31	宁夏法学会委托课题（个人备案）	厅局级
127	23YCSKXM01	银川文化和旅游高质量融合发展路径研究	刘淑萍	经济管理学院	1.5	2023.08.01—2024.07.30	银川哲学社会科学规划项目（个人备案）	厅局级
128	zckt2023001	产教融合背景下“校地企”模式促进乡村振兴的政策研究	郑燕玲	动物科技学院	1.0	2023.10.15—2024.09.20	自治区教育厅2023 年度教育政策研究课题	厅局级
129	zckt2023002	乡村振兴背景下耕读教育育人体系研究	张　惠	组织部	1.0	2023.10.15—2024.10.30	自治区教育厅2023 年度教育政策研究课题	厅局级
130	zckt2023003	宁夏推动现代职业教育高质量发展政策研究	周学忠	人文社科处	1.0	2023.11.06—2024.10.13	自治区教育厅2023 年度教育政策研究课题	厅局级
131	zckt2023005	促进高校毕业生就业与产业需求对接策略研究	余　洁	尚德书院	1.0	2023.10.18—2024.09.18	自治区教育厅2023 年度教育政策研究课题	厅局级
132	zckt2023006	宁夏构建“大中小学思政课一体化”区域共同体的政策研究	赵　丽	马克思主义学院	1.0	2023.10.18—2024.09	自治区教育厅2023 年度教育政策研究课题	厅局级

2023年社会科学类结题项目

序号	项　目	项目来源	主持人	所在单位	鉴定等级
1	伊战后伊拉克重建问题研究	国家社科基金一般项目	王　卓	中国阿拉伯国家研究院	合　格
2	“儒学化”转向与金元医学知识的建构研究	国家社科基金青年项目	张园园	人文学院	合　格
3	习近平总书记思想政治教育观研究	国家社科基金一般项目	钱容德	马克思主义学院	合　格
4	宁夏回族传统体育跨文化传播研究	国家社科基金青年项目	虎晓东	体育学院	合　格
5	“丝绸之路经济带”对外贸易中的语言经济价值研究	国家社科基金西部项目	周　震	外国语学院	合　格
6	卢梭“道德人”理论研究	国家社科基金西部项目	尹　强	政法学院	合　格
7	元代西夏遗裔碑碣石刻调查辑佚与整理研究	国家社科基金青年项目	邓文韬	西夏学研究院	优　秀
8	宁夏当代作家数据库建设与研究	国家社科基金西部项目	王琳琳	人文学院	合　格
9	法庭科学视阈下刑事科学证据采信标准研究	国家社科基金一般项目	王丽婷	政法学院	合　格
10	美国对中东的援助及对我国的启示	国家社科基金青年项目	冯　燚	阿拉伯学院	合　格
11	甘宁青伊斯兰教中国化调查研究	国家社科基金西部项目	马清虎	法学院	合　格
12	创新生态系统视角下的知识产权文化研究	国家社科基金一般项目	李丽婷	法学院	合　格
13	西北少数民族女性经济能人社会发展作用调查研究	国家社科基金一般项目	张宗敏	民族与历史学院	合　格
14	中国共产党建党百年解决社会主要矛盾的理论和实践原创性研究	国家社科基金一般项目	毛　升	马克思主义学院	合　格
15	西部乡村振兴中的教师教育供给制度研究	国家社科基金重点项目	王安全	教师教育学院	合　格
16	西夏文草书《孝经传》研究	国家社科基金重点项目	彭向前	民族与历史学院	优　秀
17	《朔方文库》编纂	国家社科基金重大项目	胡玉冰	人文社科处	优　秀
18	俄藏西夏文草书佛典解读研究	国家社科基金西部项目	杨志高	民族与历史学院	良　好
19	敦煌曹氏归义军家窟研究	国家社科基金青年项目	高秀军	美术学院	合　格
20	西夏对外交聘研究	国家社科基金西部项目	马旭俊	民族与历史学院	合　格
21	古代阿拉伯史学史研究	国家社科基金青年项目	梁道远	阿拉伯学院	合　格
22	改革开放四十年中国马克思主义民族理论的发展研究	国家社科基金青年项目	王淑兰	马克思主义学院	合　格
23	马来西亚华裔流散作家英文创作中的文化认同研究	国家社科基金一般项目	乔　幪	外国语学院	合　格
24	西北农村教学点信息化演进的质性研究	国家社科基金西部项目	马晓玲	教师教育学院	合　格
25	离婚纠纷解决机制研究	国家社科基金一般项目	朱蓓予	法学院	合　格
26	西夏佛典选译和西夏佛教史研究	国家社科基金青年项目	王　龙	民族与历史学院	合　格
27	六盘山区易地扶贫搬迁的多民族“互嵌社区”研究	国家社科基金西部项目	沙彦奋	民族与历史学院	良　好
28	阿拉伯世界伊斯兰教事务管理研究	2022年教育部高校国别和区域研究委托课题	雷昌伟	阿拉伯学院	无等级
29	“一带一路”沿线国家民间社会涉华民调统计分析及对策建议	2022年教育部高校国别和区域研究委托课题	李绍先	阿拉伯学院	无等级
30	中国与阿富汗、巴基斯坦、尼泊尔、斯里兰卡、孟加拉国六国合作研究	2022年教育部高校国别和区域研究委托课题	冯璐璐	阿拉伯学院	无等级
31	美国从阿富汗撤军对中巴经济走廊安全形势影响及对策研究	2022年教育部高校国别和区域研究委托课题	冯　燚	阿拉伯学院	无等级

续表 1

序号	项　目	项目来源	主持人	所在单位	鉴定等级
32	以少数民族海外华人为媒介面向世界讲好中华民族共同体的故事	2022 国家民委民族研究决策咨询项目	马　巍	民族历史学院	良　好
33	高校美术助力宁夏乡村文化振兴实践研究	宁夏哲学社会科学(艺术学)规划一般项目	卯　芳	美术学院	良　好
34	新时期黄河题材绘画的时代价值研究	宁夏哲学社会科学(艺术学)规划青年项目	陈　博	美术学院	合　格
35	乡村振兴背景下宁夏乡村旅游文创产品发展研究	宁夏哲学社会科学(艺术学)规划一般项目	李　颖	经济管理学院	合　格
36	宁夏红色旅游文创产品的创新设计研究	宁夏哲学社会科学(艺术学)规划一般项目	杜天蓉	美术学院	合　格
37	“十四五”时期宁夏葡萄酒产业人才培养问题研究	宁夏哲学社会科学规划年度一般项目	周福盛	教育学院	优　秀
38	宁夏中宁宽口井生态移民社区发展变迁研究	宁夏哲学社会科学规划青年项目	徐　舒	新闻传播学院	优　秀
39	张贤亮小说英文译介研究	宁夏哲学社会科学规划年度一般项目	贾海燕	人文学院	良　好
40	清代宁夏满营治理研究	宁夏哲学社会科学规划项目(引才专项)	张　航	人事处	良　好
41	埃及涉华舆论影响因素分析及对策研究	宁夏哲学社会科学规划一般项目	王　榕	阿拉伯学院	良　好
42	基于创业心理和关键胜任力的宁夏科技型企业人才管理策略研究	宁夏哲学社会科学规划青年项目	刘梦琼	经济管理学院	良　好
43	创新驱动发展战略背景下宁夏企业创新动力提升的路径研究	宁夏哲学社会科学规划一般项目	仇娟东	经济管理学院	良　好
44	脱贫攻坚和乡村振兴耦合背景下宁夏农村电商可持续发展路径研究	宁夏哲学社会科学规划一般项目	赵燕妮	经济管理学院	良　好
45	宁夏文化地理与宁夏诗歌四十年的生长研究	宁夏哲学社会科学规划一般项目	沈秀英	民族预科教育学院	合　格
46	王朝体系下丝绸之路与古代固原变迁史研究	宁夏哲学社会科学规划年度一般项目	张　腾	研究生院	合　格
47	用好红色资源传承红色基因研究	宁夏哲学社会科学规划年度一般项目	武玲娥	法学院	合　格
48	红色记忆与当代大学生中国共产党认同研究	宁夏哲学社会科学规划项目(引才专项)	范映渊	马克思主义学院	合　格
49	依托文旅融合推动宁夏黄河流域高质量发展研究	宁夏哲学社会科学规划项目(引才专项)	陆筱璐	法学院	合　格
50	全域旅游背景下宁夏黄河文化旅游品牌建设研究	宁夏哲学社会科学规划年度一般项目	张　莉	美术学院	合　格
51	马克思主义视域下的媒介文化理论重要命题研究	宁夏哲学社会科学规划项目(引才专项)	宫京成	新闻传播学院	合　格
52	明代宁夏镇水头研究	宁夏哲学社会科学规划年度一般项目	徐　静	马克思主义学院	合　格

续表 2

序号	项　目	项目来源	主持人	所在单位	鉴定等级
53	中东涉华舆情监测分析——以埃及、沙特为例	宁夏哲学社会科学规划一般项目	郝诗羽	中国阿拉伯国家研究院	合　格
54	提升宁夏制造产业链供应链现代化水平的共融路径研究	宁夏哲学社会科学规划一般项目	蒋紫艳	经济管理学院	合　格
55	乡村振兴战略下宁夏乡村教育高质量发展路径研究	宁夏哲学社会科学规划一般项目	咸富莲	教育学院	合　格
56	宁夏文化旅游产业融合水平测度与“双循环”发展策略研究	宁夏哲学社会科学规划一般项目	许丽君	文化旅游学院	合　格
57	高质量发展驱动下宁夏旅游公共服务体系优化研究	宁夏哲学社会科学规划一般项目	王　静	文化旅游学院	合　格
58	基于机器学习的相对贫困识别与预警研究	宁夏哲学社会科学规划一般项目	孙　莉	信息工程学院	合　格
59	基于集群式供应链视角的宁夏葡萄酒产业高质量发展瓶颈及对策研究	宁夏哲学社会科学规划一般项目	高桂英	经济管理学院	合　格
60	数字经济赋能黄河流域高质量发展的空间优化对策及宁夏的战略选择	第四批新型智库课题	马　静	经济管理学院	同意结项
61	巩固拓展宁夏脱贫攻坚成果与乡村振兴有效衔接机制研究	第四批新型智库课题	杨　琼	经济管理学院	同意结项
62	“一带一路”背景下西部高校人才培养的战略研究	第五批新型智库课题（委托项目）	周　震	校长办公室	同意结项
63	宁夏有效参与“一带一路”建设路径研究	第五批新型智库课题（委托项目）	史金龙	校长办公室	同意结项
64	宁夏农业绿色发展创新模式与协同推进机制研究	第五批新型智库课题	于艳丽	经济管理学院	同意结项
65	宁夏推进民族事务治理体系和治理能力现代化建设研究	第五批新型智库课题	刘振宇	法学院	同意结项
66	风险承载力视角下宅基地退出农户福利变化及保障机制研究	宁夏哲学社会科学规划一般项目	韩秀丽	经济管理学院	优　秀
67	宁夏推进葡萄酒产业高质量发展路径研究	宁夏哲学社会科学规划重点项目	熊莉萍	教师教育学院	良　好
68	地域文化视野下的宁夏儿童文学研究	宁夏哲学社会科学规划青年项目	李　丽	文学院	良　好
59	中东重点国家主流媒体涉华舆情分析研究	宁夏哲学社会科学规划一般项目	张前进	阿拉伯学院	良　好
70	“双碳”目标下宁夏多主体低碳消费作用机制及推进策略研究	宁夏哲学社会科学规划一般项目	马晓云	经济管理学院	良　好
71	宁夏黄河沿岸汉语方言语音研究	宁夏哲学社会科学规划一般项目	马晓玲	文学院	良　好
72	宁夏大中小学思想政治理论课一体化建设研究	宁夏哲学社会科学规划一般项目	白宁芳	马克思主义学院	合　格
73	新时代强化党的理想信念教育机制研究	宁夏哲学社会科学规划一般项目	党锐锋	马克思主义学院	合　格

续表 3

序号	项　目	项目来源	主持人	所在单位	鉴定等级
74	西部地区历史文化名城知名度提升研究——以宁夏银川为例	宁夏哲学社会科学规划一般项目	杨文笔	民族与历史学院	合　格
75	解放后西海固地区汉族民间祭文整理与研究	宁夏哲学社会科学规划一般项目	杨学娟	文学院	合　格
76	西周金文词典	自治区规划项目（引才专项）	杨　敏	文学院	合　格
77	新时代宁夏经济高质量发展的法治保障	宁夏哲学社会科学规划一般项目	刘　芳	法学院	合　格
78	基于工业互联网的宁夏装备制造业数字化转型路径研究	宁夏哲学社会科学规划一般项目	付　森	经济管理学院	合　格
79	宁夏实施百万移民致富提升行动路径研究	宁夏哲学社会科学规划一般项目	杨海娟	新华学院	合　格
80	基于 SWOT 分析法的宁夏地区沙漠体育旅游发展研究	宁夏哲学社会科学规划一般项目	吴广宏	体育学院	合　格
81	宁夏古代引黄灌溉工程开发及其保护研究	宁夏哲学社会科学规划一般项目	尤　桦	地理科学与规划学院	合　格
82	习近平中华优秀传统文化观研究	宁夏哲学社会科学规划一般项目	倪富静	法学院	合　格
83	新时代历史虚无主义对高校的危害及对策研究	宁夏哲学社会科学规划青年项目	马　斌	法学院	合　格
84	“四个自信”教育融入高校思政课教学研究	宁夏哲学社会科学规划青年项目	暴文婷	中卫校区公共教学部	合　格
85	宁夏中小学“互联网+教育”绩效评估与深化发展策略研究	宁夏哲学社会科学规划一般项目	贾　巍	教师教育学院	合　格
86	科技创新与产业结构升级协同驱动宁夏经济高质量发展效应与路径研究	宁夏哲学社会科学规划一般项目	哈梅芳	经济管理学院	合　格
87	大健康时代宁夏旅游康养产业布局与创新发展研究	宁夏哲学社会科学规划一般项目	刘晓伟	经济管理学院	合　格
88	多主体协同参与下宁夏村集体经济发展研究	宁夏哲学社会科学规划一般项目	马　平	经济管理学院	合　格
89	伊朗主流媒体涉华报道翻译及舆情研究	宁夏哲学社会科学规划青年项目	陈玉香	阿拉伯学院	合　格
90	宁夏打造科技创新高地路径研究	第六批新型智库课题	张锦文	经济管理学院	合　格
91	宁夏产业数字化的动力机制、主要挑战和政策选择研究	第六批新型智库课题	齐拓野	生态环境学院	合　格
92	“互联网+教育”助力宁夏薄弱学校创新发展路径研究	宁夏教育科学“十四五”规划“互联网+教育”示范区建设专项研究课题规划课题	马晓玲	教育学院	良　好
93	基于“三个课堂”的优质教育资源共享模型构建及其实现路径研究	宁夏教育科学“十四五”规划“互联网+教育”示范区建设专项研究课题规划课题	咸富莲	教育学院	合　格

续表 4

序号	项　目	项目来源	主持人	所在单位	鉴定等级
94	智慧环境下新型教学模式构建与应用案例研究	宁夏教育科学"十四五"规划"互联网+教育"示范区建设专项研究课题规划课题	贾　巍	教育学院	优　秀
95	人工智能推动新时代乡村教师队伍建设策略探究	宁夏教育科学"十四五"规划"互联网+教育"示范区建设专项研究课题规划课题	崔　瑶	前沿交叉学院	优　秀
96	"互联网+"背景下集团化幼儿园教研共同体构建研究	宁夏教育科学"十四五"规划"互联网+教育"示范区建设专项研究课题委托一般课题	马　娥	教师教育学院	良　好
97	"5W"模式下新冠疫情前后宁夏高校线上教学模式研究——以宁夏大学为例	宁夏教育科学"十四五"规划"互联网+教育"示范区建设专项研究课题规划课题	于鹏亮	新闻传播学院	良　好
98	宁夏"互联网+教育"示范区建设推进路径、成效及实践案例研究	宁夏教育科学"十四五"规划"互联网+教育"示范区建设专项研究课题规划课题	安旺国	教师教育学院	良　好
99	"互联网+教育扶贫":脱贫地区教育均衡化路径研究	宁夏教育科学"十四五"规划"互联网+教育"示范区建设专项研究课题规划课题	文　琦	地理科学与规划学院	良　好
100	课程思政的实施逻辑、实践困境及构建体系研究	2022 年教育政策研究课题	任　磊	前沿交叉学院	无等级
101	"双减"政策下宁夏中小学课后体育服务困境及治理路径研究	2022 年教育政策研究课题	马志军	体育学院	无等级
102	体教融合背景下宁夏高校学生体质健康促进困境与策略研究	2022 年教育政策研究课题	石　红	体育学院	无等级
103	宁夏高校师范专业本科生国际化素质培养的问题与对策研究	2022 年教育政策研究课题	韩　煦	教师教育学院	无等级
104	智慧校园提升学校管理质量研究——以构建宁夏大学绩效管理系统为例	2022 年教育政策研究课题	王建宁	人力资源部	无等级
105	地方高校后勤社会化改革研究	2022 年教育政策研究课题	刘炎胜	校　办	无等级

2023 年度自然科学类验收、结题项目

序号	项　目	项目来源	负责人	所在单位
1	Cocycle Hopf 代数和 Reynolds 算子的研究	国家自然科学基金	张天杰	数学统计学院
2	纳米流体流动与传热问题的高精度紧致差分格式和数值模拟研究	国家自然科学基金	田　芳	数学统计学院
3	可见光诱导的自由基构建 C–P 键反应研究	国家自然科学基金	李典军	化学化工学院
4	氮掺杂钙钛矿/氮掺杂石墨烯复合材料的构筑及其光催化还原 CO_2 性能研究	国家自然科学基金	詹海鹏	化学化工学院
5	光催化制氢中贵金属/非贵金属 Mo 基 W 基化合物复合产氢助催化剂研究	国家自然科学基金	马保军	省部共建煤炭高效利用与绿色化工国家重点实验室
6	钛酸锌基固溶体复合半导体的构筑及其可见光光催化 CO_2 还原性能研究	国家自然科学基金	梁　军	化学化工学院
7	双离子嵌入型杂化电容去离子电极的设计、制备及性能调控	国家自然科学基金	李海波	光伏材料实验室
8	溶液、界面复杂环境中石墨炔与核酸碱基的相互作用及其用于 DNA 测序的探索：多尺度计算模拟研究	国家自然科学基金	白红存	省部共建煤炭高效利用与绿色化工国家重点实验室
9	镝酰腙配合物制备的微量热学及磁性研究	国家自然科学基金	刘翔宇	化学化工学院
10	新型高能过渡金属氮化物固溶体的设计制备及储锂性能研究	国家自然科学基金	李　莉	化学化工学院
11	磁性多脂肪酶复合固定化模型构建及其在生物柴油转化中的应用研究	国家自然科学基金	张玮玮	化学化工学院
12	煤炭/载氧体化学链气化过程硒在气固相中的迁移机理	国家自然科学基金	郭庆杰	省部共建煤炭高效利用与绿色化工国家重点实验室
13	负载型金属纳米粒子与固体碱协同催化解聚和选择转化碱木质素的机制研究	国家自然科学基金	马玉龙	
14	超薄 Cu_2O 肖特基结[M/Cu_2O, M=(Pt, Pd, Au)]的构筑及其界面调控对电催化还原 CO_2 性能研究	国家自然科学基金	李　晶	化学化工学院
15	解淀粉芽孢杆菌 UMP 与 PRPP 代谢对胞苷过量合成的协同调控机理研究	国家自然科学基金	方海田	农学院
16	甜叶菊糖苷 rebaudiosides–C、rebaudiosides–F 生物合成途径关键酶基因的克隆及功能研究	国家自然科学基金	张　虹	生命科学学院
17	贺兰山植物叶片功能性状分异及环境驱动机制研究	国家自然科学基金	杨君珑	农学院
18	毛乌素沙地灌丛水分利用特征及植被–土壤水分互馈机制研究	国家自然科学基金	朱　林	西北土地退化与生态恢复省部共建国家重点实验室培育基地
19	固氮植物氮同位素组成随降雨变化格局的形成机制研究–以 3 种锦鸡儿属植物为例	国家自然科学基金	马　飞	环境工程研究院
20	道德与净脏：具身隐喻映射及其神经机制	国家自然科学基金	丁凤琴	教育学院
21	Wnt/β–catenin 调控肺泡微环境炎性信号在小鼠矽肺模型病理发生中的作用机制研究	国家自然科学基金	刘晓明	生命科学学院
22	旱区马铃薯块茎淀粉形成对高温胁迫的响应机制研究	国家自然科学基金	康建宏	农学院
23	盐碱地柳枝稷根际微生态特征与磷高效利用机制研究	国家自然科学基金	刘吉利	环境工程研究院
24	春小麦花后高温早衰对氮肥运筹的响应机制研究	国家自然科学基金	吴宏亮	农学院

续表 1

序号	项　目	项目来源	负责人	所在单位
25	宁南山区少免耕条件下马铃薯—蚕豆间作体系温室气体排放的影响机制	国家自然科学基金	禄兴丽	农学院
26	旱作马铃薯水分高效利用对深松覆盖的响应机制研究	国家自然科学基金	侯贤清	农学院
27	灵武长枣质构的微观力学解析及其在贮运过程中的应变模式研究	国家自然科学基金	张海红	农学院
28	滩羊宰后肌细胞代谢动态演化及其通路转换机制研究	国家自然科学基金	罗瑞明	农学院
29	E3 泛素连接酶 HOS1 介导泛素化修饰调控葡萄抗寒应答的作用机制	国家自然科学基金	徐伟荣	农学院
30	番茄 SlMLO4 参与白粉菌胁迫应答的机制研究	国家自然科学基金	王晓敏	农学院
31	贺兰山紫色丝膜菌抗心肌纤维化活性的物质基础及作用机制研究	国家自然科学基金	白明生	生命科学学院
32	压砂西瓜氯离子毒害临界值及氮、氯互作机制研究	国家自然科学基金	王西娜	农学院
33	人工固沙区景观格局变化对沙生植物害虫–天敌的影响及生态学效应	国家自然科学基金	张大治	生命科学学院
34	静原鸡肌肉 IMP 特异性沉积关键 miRNAs 和 lncRNAs 的鉴定及调控机制研究	国家自然科学基金	张　娟	农学院
35	荒漠草原灌丛引入过程土壤水分响应及生态阈值	国家自然科学基金	王红梅	农学院
36	基于脂质组学研究归芪益母散对能量负平衡奶牛产后脂肪动员的调节机制	国家自然科学基金	郭延生	农学院
37	基于功能多样性的荒漠草原植物群落时间稳定性维持机制	国家自然科学基金	王　兴	西北土地退化与生态恢复省部共建国家重点实验室培育基地
38	压砂地砾石分布特征对土壤水分性质影响机制研究	国家自然科学基金	王幼奇	资源环境学院
39	腾格里沙漠固沙造林后植被恢复对土壤节肢动物多样性分布的影响	国家自然科学基金	刘任涛	西北土地退化与生态恢复省部共建国家重点实验室培育基地
40	金属纤维磁性控制及不对称巨磁阻效应机制研究	国家自然科学基金	张树玲	机械工程学院
41	微结构调控提高 NTC 材料热敏性能研究	国家自然科学基金	梁　森	光伏材料实验室
42	先进飞机复合材料柔性件保形加工中变形控制的基础研究	国家自然科学基金	宿友亮	机械工程学院
43	提高风电功率预测精度关键技术研究	国家自然科学基金	于新花	土木与水利工程学院
44	基于优化本土形态特征的宁夏城市街廓控制方法研究	国家自然科学基金	高彩霞	资源环境学院
45	西北典型气候环境与盐蚀条件下 RC 桥柱墩服役行为及其机理研究	国家自然科学基金	杨淑雁	土木与水利工程学院
46	宁夏干旱生态脆弱区土壤蒸发对季节性植被自适应性影响的研究	国家自然科学基金	李王成	土木与水利工程学院
47	银北灌区节水灌溉与暗管排水耦合调控对生态环境影响及数值模拟	国家自然科学基金	田军仓	土木与水利工程学院
48	农田干缩裂隙网络与土壤裂隙优先流观测体系构建及精准模拟	国家自然科学基金	朱　磊	土木与水利工程学院
49	热解耦合光催化定向转化工业木质素制备轻质芳烃	国家自然科学基金	常国璋	省部共建煤炭高效利用与绿色化工国家重点实验室
50	基于深度学习的行人再识别及其在广域摄像机网络中的跟踪研究	国家自然科学基金	车　进	物理与电子电气工程学院
51	能量收集信息物理系统能量管理机制及其关键技术研究	国家自然科学基金	葛永琪	信息工程学院
52	生成对抗网络在图像文本跨模态检索中的研究	国家自然科学基金	刘立波	信息工程学院

续表 2

序号	项　目	项目来源	负责人	所在单位
53	扩展目标跟踪算法及其性能评估的研究	国家自然科学基金	韩玉兰	物理与电子电气工程学院
54	基于动态节点运动的网络社区发现方法研究	国家自然科学基金	刁　晨	信息工程学院
55	面向单细胞测序数据的瘤内异质性检测方法研究	国家自然科学基金	余振华	信息工程学院
56	基于张量稀疏性的高光谱影像地物分类方法研究	国家自然科学基金	杨丽霞	数学统计学院
57	员工参与对消费者宽恕及危机企业品牌形象修复的跨层影响机理研究:基于社会资本视角	国家自然科学基金	冯　蛟	经济管理学院
58	六盘山片区农民工贫困代际传递表现、机理及干预对策研究	国家自然科学基金	李鸿雁	经济管理学院
59	贫困地区进城农民生计转型的福利保障研究——以西北贫困地区为例	国家自然科学基金	李金香	经济管理学院
60	宁夏农牧交错带贫困农户生计策略时空规律、发生机制及优化调控	国家自然科学基金	卞莹莹	农学院
61	化学链气化铁基复合载氧体反应活性和循环稳定性调控机制	宁夏自然科学基金	安　梅	化学化工学院
62	滩羊尾脂共轭亚油酸微胶囊的制备及其降胆固醇功效评估	宁夏自然科学基金	曹松敏	食品科学与工程学院
63	介质手性光子晶体拓扑态	宁夏自然科学基金	曹雨生	物理学院
64	超高韧性沙漠砂水泥基复合材料耐久性研究	宁夏自然科学基金	车佳玲	土木与水利工程学院
65	不同耕作方式对马铃薯根际土壤微生物多样性的影响	宁夏自然科学基金	陈彦云	生命科学学院
66	kisspeptin 调控滩羊卵巢颗粒细胞甾体激素生成的作用及信号通路	宁夏自然科学基金	淡新刚	动物科技学院
67	A2B7 新型稀土无镁镍系储能材料的结构和性能研究	宁夏自然科学基金	邓安强	地理科学与规划学院
68	克柔念珠菌 14-3-3 蛋白原核表达及免疫调控机制的研究	宁夏自然科学基金	杜　军	生命科学学院
69	枸杞叶黄酮的降脂减肥作用机理研究	宁夏自然科学基金	范艳丽	食品科学与工程学院
70	基于 RFID 和 WSN 融合技术的仓储定位与追踪管理研究及应用	宁夏自然科学基金	冯　锋	信息工程学院
71	亚麻籽油基于细胞模型调控氧化应激及其机理研究	宁夏自然科学基金	傅　婧	食品科学与工程学院
72	基于数据剪枝技术的数据库等值连接查询鲁棒性和性能问题的研究	宁夏自然科学基金	高锦涛	信息工程学院
73	基于 GC—MS 技术的沙芦草种子萌发内源抑制物研究	宁夏自然科学基金	高雪芹	林业与草业学院
74	大西洋海温对南亚强度年际变率的影响及机制研究	宁夏自然科学基金	葛　静	农学院
75	参数共享的混合多任务学习神经网络及其在间歇过程监控中的应用研究	宁夏自然科学基金	郭　辉	信息工程学院
76	宁夏河东沙区防风固沙林生态水文过程研究	宁夏自然科学基金	韩　磊	地理科学与规划学院
77	不规则形状扩展目标跟踪中形状估计的研究	宁夏自然科学基金	韩玉兰	电子与电气工程学院
78	基于能耗优化的多级带式输送机协同控制方法研究	宁夏自然科学基金	郝洪涛	机械工程学院
79	“莲藕”结构硅碳复合材料的储锂性能调控及机理研究	宁夏自然科学基金	郝　健	化学化工学院
80	开放式异构地球空间网络服务集成方法研究	宁夏自然科学基金	何　杰	地理科学与规划学院
81	一种综合的本体匹配方法研究	宁夏自然科学基金	何　杰	地理科学与规划学院
82	膜下滴灌水稻水氮交互效应对产量及蛋白质含量影响研究	宁夏自然科学基金	何进宇	土木与水利工程学院
83	宁夏某铜矿尾矿库周边土壤对重金属的吸持—释放特征研究	宁夏自然科学基金	贺　婧	生态环境学院
84	银川市城市共同配送网络优化研究	宁夏自然科学基金	黑秀玲	经济管理学院
85	宁夏生态脆弱区生态韧性时空演化研究	宁夏自然科学基金	侯景伟	地理科学与规划学院
86	深松结合施氮对旱作马铃薯产量形成和氮肥利用的耕层调控机制研究	宁夏自然科学基金	侯贤清	农学院

续表 3

序号	项　目	项目来源	负责人	所在单位
87	宁夏沿黄地区农田干旱结构的三维解剖分析	宁夏自然科学基金	侯　迎	地理科学与规划学院
88	Lévy 风险模型中最优分红与注资问题研究	宁夏自然科学基金	胡　华	数学统计学院
89	森林蓄积量遥感估测饱和点定量化研究	宁夏自然科学基金	胡　杨	生态环境学院
90	基于 ABM 的农村家庭人力资本投资的决策机制及仿真研究	宁夏自然科学基金	华　静	经济管理学院
91	基于 RNGκ-ε 紊流模型的黄河宁夏段水沙水质数值模拟及水生态评价预测	宁夏自然科学基金	黄凌霄	信息工程学院
92	高分子材料活化生物炭对宁杞药用品质的改良机理研究	宁夏自然科学基金	姬　强	教学运行保障部
93	土地利用视角下宁夏碳排放效应及时空演变研究	宁夏自然科学基金	贾科利	地理科学与规划学院
94	微生物与酶共驱动下的巴氏杀菌乳冷藏过程中品质劣变机制研究	宁夏自然科学基金	剧　柠	食品科学与工程学院
95	滴灌水肥一体化玉米籽粒淀粉形成对钾素的响应机理研究	宁夏自然科学基金	康建宏	农学院
96	宁夏地区风电叶片气候老化后的抗冲击性能及损伤机理研究	宁夏自然科学基金	康少付	机械工程学院
97	牛采食量相关线粒体编码蛋白基因的甲基化修饰研究	宁夏自然科学基金	康晓龙	动物科技学院
98	调控酿酒葡萄苹果酸脱氢酶基因的转录因子的筛选与功能鉴定	宁夏自然科学基金	郎思睿	生命科学学院
99	复杂环境下 GFRP 管-钢管混凝土新型组合桥墩承载性能研究	宁夏自然科学基金	雷　婷	新华学院
100	银川市不同污染天气下细颗粒物的混合态及来源研究	宁夏自然科学基金	黎康宁	物理学院
101	DNA 自组装纳米结构靶向控释杂环配合物的热力学研究	宁夏自然科学基金	李　冰	化学化工学院
102	有机膦诱导的含氟碳自由基的串联胺化及与氰胺反应研究	宁夏自然科学基金	李典军	化学化工学院
103	考虑磁路饱和及交叉饱和效应的永磁同步电动机精确数学模型研究	宁夏自然科学基金	李　峰	电子与电气工程学院
104	不确定性知识图谱的表示学习方法研究	宁夏自然科学基金	李贯峰	信息工程学院
105	煤焦化硫铵工段氨分缩器的腐蚀机理研究	宁夏自然科学基金	李宏燕	机械工程学院
106	宁夏中南部调水工程水源区生态补偿评估研究	宁夏自然科学基金	李金燕	机械工程学院
107	肿瘤蛋白 TAp73 调控磷酸戊糖途径的分子机制研究	宁夏自然科学基金	李　乐	生命科学学院
108	磷化物固溶体电极材料的制备及其储钠性能研究	宁夏自然科学基金	李　莉	化学化工学院
109	盐胁迫对贺兰山东麓"赤霞珠"葡萄浆果花色苷的影响机理研究	宁夏自然科学基金	李　明	葡萄酒与园艺学院
110	铜基催化剂表面亲水结构制备及其在醇类重整制氢中的应用	宁夏自然科学基金	李　鹏	化学化工学院
111	气化条件下煤灰熔融流动与结晶行为的调控机制研究	宁夏自然科学基金	李　平	化学化工学院
112	含高比例新能源的电力系统优化调度研究	宁夏自然科学基金	李　萍	物理与电子电气工程学院
113	基于多尺度界面改性的镁基复合材料强化及耐蚀机理研究	宁夏自然科学基金	李普博	材料与新能源学院
114	贺兰山东麓葡萄园土壤微生物多样性时空动态变化研究	宁夏自然科学基金	李　茜	地理科学与规划学院
115	基于置换群论的分组密码算法研究	宁夏自然科学基金	李　帅	信息工程学院
116	双曲守恒律方程的高精度 WENO 差分方法研究	宁夏自然科学基金	李小纲	土木与水利工程学院
117	宁夏草原针茅属植物叶片功能性状分异及地理替代分布机制研究	宁夏自然科学基金	李小伟	林业与草业学院
118	Mxene-CoOx 光催化材料的可控制备及其光催化	宁夏自然科学基金	李晓曼	化学化工学院
119	银川市快速公交与常规公交协同机理与控制策略研究	宁夏自然科学基金	李耀南	机械工程学院
120	基于 PE/PPE 蛋白家族结核病快速诊断标识物的筛选及方法的建立	宁夏自然科学基金	李　勇	生命科学学院
121	人工光合成还原 CO_2 的复合尖晶石型铬酸钴基固溶体的构筑及催化作用机制	宁夏自然科学基金	梁　军	化学化工学院
122	二氧化钒智能材料相变温度提高及性能优化	宁夏自然科学基金	梁　森	材料与新能源学院
123	宁夏枸杞响应盐胁迫的蛋白质乙酰化修饰调控机制研究	宁夏自然科学基金	梁文裕	生命科学学院

续表 4

序号	项　目	项目来源	负责人	所在单位
124	基于公共天气预报的宁夏地区参考作物蒸发蒸腾量预报模型研究	宁夏自然科学基金	梁云峰	机械工程学院
125	基于交流阻抗谱分析的掺杂煤炭在线检测技术研究	宁夏自然科学基金	凌　菁	物理与电子电气工程学院
126	基于高光谱图像及神经网络的枸杞叶片叶绿素监测	宁夏自然科学基金	刘大铭	电子与电气工程学院
127	枸杞叶黄酮改善肉鸡运输应激介导“铁代谢”异常的分子机制研究	宁夏自然科学基金	刘敦华	食品科学与工程学院
128	封育恢复对荒漠草原植被-土壤空间格局及其互作机制调控	宁夏自然科学基金	刘建康	生态环境学院
129	基于可解释神经网络的持续学习方法研究	宁夏自然科学基金	刘进锋	信息工程学院
130	具有 Dahl 摩擦的碰撞振动系统的随机动力学研究	宁夏自然科学基金	刘　莉	数学统计学院
131	荒漠蚂蚁群落与植物间的互作关系对固沙造林生态恢复的影响	宁夏自然科学基金	刘任涛	生态环境学院
132	面向 ACPS 的宁夏引黄灌区紫花苜蓿水氮精准调控技术研究	宁夏自然科学基金	刘　瑞	信息工程学院
133	CYP450 调控紫花苜蓿应答盐胁迫的分子机制研究	宁夏自然科学基金	刘晓霞	生态环境学院
134	CAMKⅡ调控原始卵泡发育的分子机制	宁夏自然科学基金	刘新峰	生命科学学院
135	miR-370 在奶牛乳房炎中的功能研究	宁夏自然科学基金	罗仍卓么	动物科技学院
136	肌细胞基因组断裂对宰后滩羊成熟后期肉质劣变的引发机制研究	宁夏自然科学基金	罗玉龙	食品科学与工程学院
137	煤与费托合成含蜡滤渣的共热解行为及富氢蜡油对煤热解过程的供氢机制研究	宁夏自然科学基金	吕　鹏	化学化工学院
138	太阳能驱动生物质高温气化耦合焦油光热催化重整制氢的过程机制研究	宁夏自然科学基金	吕　鹏	化学化工学院
139	城乡一体化视角下宁夏沿黄经济带层级生态网络构建与优化研究	宁夏自然科学基金	马彩虹	地理科学与规划学院
140	产气荚膜梭菌 CPB 毒素单克隆抗体的制备筛选及应用	宁夏自然科学基金	马臣杰	生命与食品学部
141	构筑新型金属—有机框架物晶态材料及其在煤化工废气中烃类物质回收的应用	宁夏自然科学基金	马景新	化学化工学院
142	淀粉合成关键基因在宁夏水稻品种中的分析及育种利用	宁夏自然科学基金	马天利	农学院
143	宁夏三线建设工业遗产价值评价研究	宁夏自然科学基金	马小凤	建筑学院
144	应力调控下窄带隙硅纳米晶的相变行为与多激子特性研究	宁夏自然科学基金	马晓波	物理学院
145	AlGaN 基深紫外 LED 器件可靠性及失效机理研究	宁夏自然科学基金	马占红	电子与电气工程学院
146	基于大数据的宁夏全域旅游数据存储及客流量预测模型研究	宁夏自然科学基金	马子睿	信息工程学院
147	密码计算的 Cache 侧信道攻击关键技术研究	宁夏自然科学基金	马自强	信息工程学院
148	银北灌区节水与暗管排水条件下地下水文过程演变模拟与调控研究	宁夏自然科学基金	米丽娜	生态环境学院
149	用于柔性电阻式传感的导电纳米颗粒填充聚合物的电阻黏性研究	宁夏自然科学基金	母全祎	物理学院
150	功能化量子点荧光探针分子逻辑门的构建及其对抗生素的智能检测应用研究	宁夏自然科学基金	倪　刚	化学化工学院
151	AM 真菌对贺兰山灌丛群落灌木-草本植物间养传输与分配的作用机制	宁夏自然科学基金	倪细炉	生态环境学院
152	宁夏六盘山国家级自然保护区叶状地衣物种多样性研究	宁夏自然科学基金	牛东玲	生命科学学院
153	宁夏道地药材银柴胡代谢物特征及其与产地生境因子相关性研究	宁夏自然科学基金	彭　励	生命科学学院
154	风沙环境下典型灌木种群自然更新过程及其障碍机制研究	宁夏自然科学基金	曲文杰	农林与生态学部
155	基于深度神经网络的 FY4A 气溶胶反演研究	宁夏自然科学基金	佘　璐	地理科学与规划学院
156	基于生态改善的西部干旱地区城市水资源协同配置方法研究	宁夏自然科学基金	申晓晶	土木与水利工程学院
157	固体废料粉煤灰的功能化改性制备及其应用	宁夏自然科学基金	史可人	化学化工学院
158	褪黑素对滩羊毛囊周期的调控机制研究	宁夏自然科学基金	宋亮丽	动物科技学院

续表 5

序号	项　目	项目来源	负责人	所在单位
159	基于光谱诊断的气态烃非催化转化机理研究	宁夏自然科学基金	宋旭东	化学化工学院
160	CU/C 催化 CO_2 加氢制甲醇反应的孔道限域、尺寸与氮磷掺杂效应研究	宁夏自然科学基金	苏玮光	化学化工学院
161	多种交通拥堵状态下机动车排放颗粒物的统计特性及其动力学行为研究	宁夏自然科学基金	孙文海	物理学院
162	双波段极化干涉 SAR 植被 DEM 模型与反演方法研究	宁夏自然科学基金	孙学宏	电子与电气工程学院
163	基于水—经济社会—生态环境的虚拟水调控策略及其适宜性——以宁夏沿黄城市带为例	宁夏自然科学基金	唐　莲	土木与水利工程学院
164	季节冻土区刚柔复合衬砌渠道冻胀机理及试验研究	宁夏自然科学基金	唐少容	土木与水利工程学院
165	不同剩余采食量滩羊瘤胃微生物及瘤胃液代谢物研究	宁夏自然科学基金	陶金忠	动物科技学院
166	封闭腔内纳米流体自然对流换热问题的高精度数值模拟研究	宁夏自然科学基金	田　芳	数学统计学院
167	降雨条件下黄土边坡三维失稳破坏机理研究	宁夏自然科学基金	万愉快	土木与水利工程学院
168	基于区位配置模型的“地震应急避难场所+”空间规划研究——以海原老城区为例	宁夏自然科学基金	王炳亮	土木与水利工程学院
169	枸杞/覆盖作物复合种植土壤高效固碳机制及碳饱和特征研究	宁夏自然科学基金	王　芳	地理科学与规划学院
170	穿心莲内酯对牛源金黄色葡萄球菌生物被膜形成抑制及相关耐药机制的研究	宁夏自然科学基金	王桂琴	动物科技学院
171	结合注意力机制基于深度学习的网络入侵检测研究	宁夏自然科学基金	王　恒	物理学院
172	基于 VSG 的混合微网协同控制系统研究	宁夏自然科学基金	王金梅	物电学院
173	暴恐、枪击、械斗等案件中手掌上金属凶器(工具)遗留印痕显现机理研究	宁夏自然科学基金	王丽婷	经济管理学院
174	蛋白质丙二酰化修饰调控发菜耐旱性的生理与分子机制研究	宁夏自然科学基金	王玲霞	生命科学学院
175	半纤维素高效制备 1,2-戊二醇反应机理的密度泛函理论和动力学研究	宁夏自然科学基金	王乃良	化学化工学院
176	FeV 双金属氧化物三维异质界面构建及其电催化水分解性能研究	宁夏自然科学基金	王　薇	化学化工学院
177	荒漠草原柠条人工林群落结构对生态系统功能的维持作用与机理	宁夏自然科学基金	王　兴	生态环境学院
178	银川市农业土壤中抗生素污染特征及生态风险评价	宁夏自然科学基金	王亚娟	经济管理学院
179	奶油发酵过程中脂质与多肽对特征风味形成的作用机制研究	宁夏自然科学基金	魏超昆	食品科学与工程学院
180	LATS2 基因调控牛骨骼肌细胞增殖和分化的转录机制研究	宁夏自然科学基金	魏大为	动物科技学院
181	基于模糊数学的统计假设检验理论及其在图像质量评价中的应用研究	宁夏自然科学基金	魏立力	数学统计学院
182	宁夏冷凉区芹菜连作障碍及轮作调控的土壤微生物学机制	宁夏自然科学基金	吴宏亮	农学院
183	二维过渡金属氧化物/BixOy 型异质结的构筑及其界面载流子在光催化反应中的作用机制研究	宁夏自然科学基金	邢永雷	化学化工学院
184	宁夏枸杞根腐病的病原菌拮抗菌及相关微生物群落的研究	宁夏自然科学基金	徐春燕	生命科学学院
185	基于哑变量和混合模型的灌木生物量时空耦合关系研究	宁夏自然科学基金	许　昊	经济管理学院
186	环境污染下随机种群模型数值解收敛性研究	宁夏自然科学基金	许新忠	数学统计学院
187	荒漠草原土壤团聚体中有机碳组分及结构对氮磷添加的影响	宁夏自然科学基金	薛　斌	生态环境学院
188	考虑不确定性因素与多模型融合负荷预测的宁夏综合能源系统协同优化调度	宁夏自然科学基金	杨国华	电子与电气工程学院
189	基于机器学习的产业政策评估模型改进	宁夏自然科学基金	杨国涛	经济管理学院
190	宁夏移民安置区资源环境承载力动态评价与乡村振兴路径选择	宁夏自然科学基金	杨　蓉	地理科学与规划学院

续表 6

序号	项　目	项目来源	负责人	所在单位
191	液-固-土耦合下强震区大型储油罐群多维地震动响应及减隔震控制研究	宁夏自然科学基金	杨文伟	土木与水利工程学院
192	传统木结构建筑榫卯节点老化损伤监测及修复研究	宁夏自然科学基金	杨文伟	土木与水利工程学院
193	iMSC 来源的外泌体对小鼠卵巢早衰模型中颗粒细胞作用机理研究	宁夏自然科学基金	杨　易	生命科学学院
194	温室黄瓜对光气耦合效应的响应及其机理研究	宁夏自然科学基金	叶　林	葡萄酒与园艺学院
195	宁夏旱区水肥耦合对滴灌枸杞生长和土壤酶活性协同作用机制研究	宁夏自然科学基金	尹　娟	土木与水利工程学院
196	低温诱导下山葡萄 VaCBF4 基因启动子功能分析	宁夏自然科学基金	尹　晓	葡萄酒与园艺学院
197	基于 WRF 中小尺度天气预报模式的风电功率预测技术研究	宁夏自然科学基金	于新花	土木与水利工程学院
198	典型区土壤污染诊断及修复植物的响应机制	宁夏自然科学基金	余海龙	地理科学与规划学院
199	施肥对硒砂瓜根际微生物多样性及响应连作障碍机理研究	宁夏自然科学基金	岳思君	生命科学学院
200	微通道内纳米流体过渡流与传热强化机理研究	宁夏自然科学基金	詹银晓	机械工程学院
201	药物成瘾性精神及行为障碍的基因多态性筛查与蛋白组学干预一体化技术研发	宁夏自然科学基金	张　晨	教师教育学院
202	带有智能骨料的玻璃钢复合材料管约束混凝土柱损伤监测与评估方法研究	宁夏自然科学基金	张　刚	学术期刊中心
203	大理石花纹窗口期维生素 A 对奶公犊肌内脂肪沉积的程序化作用及营养调控	宁夏自然科学基金	张桂杰	动物科技学院
204	宁南山区无资料地区分布式水沙物理模型应用与研究	宁夏自然科学基金	张汉辰	地理科学与规划学院
205	基于 GRNN 的双变量外槽轮排肥器排肥特性研究	宁夏自然科学基金	张季琴	葡萄酒与园艺学院
206	宁夏沿黄经济区乡村聚落空间演变及其影响因素	宁夏自然科学基金	张佳瑜	地理科学与规划学院
207	固原乌鸡体内黑色素的分布特征及其调控因子的表达变化规律	宁夏自然科学基金	张　莉	动物科技学院
208	区域地理环境对人口呼吸系统疾病的发病影响	宁夏自然科学基金	张明鑫	地理科学与规划学院
209	基于分位数视野的相依信度模型及其应用	宁夏自然科学基金	张　强	数学统计学院
210	银川市西夏区道路交叉口透化-亮化 VR 设计模式研究	宁夏自然科学基金	张　强	建筑学院
211	聚吡咯/纳米碳纤维复合材料单层作动器的研究	宁夏自然科学基金	张　帅	机械工程学院
212	梁杆状磁致伸缩声子晶体弹性波拓扑边界态调控研究	宁夏自然科学基金	张舜祖	土木与水利工程学院
213	基于水盐运移规律的宁夏地区硫酸盐渍土盐冻胀量响应研究	宁夏自然科学基金	张卫兵	土木与水利工程学院
214	寒旱区基于海绵城市的建筑垃圾再生复合透水砖性能分析研究	宁夏自然科学基金	张晓华	土木与水利工程学院
215	宁夏引黄灌区枸杞园水氮运移特性及 HYDRUS 模型应用研究	宁夏自然科学基金	张学科	土木与水利工程学院
216	灵武长枣果实 AGPs 组织化学定位特征研究	宁夏自然科学基金	章英才	生命科学学院
217	综合能源价值挖掘建模及相关算法研究	宁夏自然科学基金	赵国栋	网络与信息管理中心
218	煤泥生物降解菌的筛选及其降解效果的研究	宁夏自然科学基金	赵　辉	生命科学学院
219	宁夏奶牛规模化健康养殖生产模型及智慧管控研究	宁夏自然科学基金	赵　军	经济管理学院
220	基于“城市双修”的银川市失落空间识别与空间再造研究	宁夏自然科学基金	郑　芳	地理科学与规划学院
221	基于简化基因组测序技术的湖南稷子与其近缘种遗传关系分析及分子标记开发	宁夏自然科学基金	朱　林	生态环境学院
222	以考古发掘报告为中心:基于建筑学视角的西夏三号陵建筑形制和初始样貌复原探究	宁夏自然科学基金	庄　青	图书馆
223	基于 RS 和 GIS 的黄河流域宁夏平原湿地动态变化监测与季相干旱效应研究	宁夏自然科学基金	邹业斌	土木与水利工程学院

续表 7

序号	项　目	项目来源	负责人	所在单位
224	优质肉牛精准化养殖技术研究与示范	重大科技项目	史远刚	农学院
225	水溶性生物高分子及多功能新型系列肥料研发	重大科技项目	苏建宇	生命科学学院
226	宁夏枸杞抗心肌纤维化活性的物质基础及其作用机制研究	自治区重点研发	白明生	生命科学学院
227	气流床煤气化细渣制备活性炭-分子筛复合功能材料技术研究	自治区重点研发	白永辉	化学化工学院
228	碱(土)金属催化作用下煤焦-H_2O/CO_2共气化反应协同机制的原位研究	自治区重点研发	白永辉	化学化工学院
229	大气表面层中剪切流和热对流对近地表风沙两相流中沙粒运动的作用	自治区重点研发	薄天利	物理学院
230	宁夏沿黄城市带城市林业系统主要生态功能研究与示范	自治区重点研发	曹　兵	研究生院
231	高性能锂离子电池三元正极材料的可控制备与改性研究	自治区重点研发	曹志杰	物理学院
232	煤炭/MFOC联产芳烃与合成气的机理与关键技术	自治区重点研发	常国璋	化学化工学院
233	强激光驱动原子分子产生高次谐波的研究	自治区重点研发	杜玲玲	物理学院
234	宁夏产业关键共性技术分析与供给研究-以冷链物流业为例	自治区重点研发	段瑞娟	经济管理学院
235	生物活性水凝胶基质负载间充质干细胞来源外泌体促皮肤创面修复材料的研发	自治区重点研发	高力扬	生命科学学院
236	万吨级煤炭/碎焦化学链气化制备清洁燃气关键技术及示范	自治区重点研发	郭庆杰	化学化工学院
237	宁夏特色果蔬冷链关键技术装备研发与示范	自治区重点研发	何建国 刘贵珊	食品科学与工程学院
238	水氮耦合对膜下滴灌水稻蛋白质含量及产量影响研究	自治区重点研发	何进宇	土木与水利工程学院
239	黄河宁夏段河湖水动力数值模拟和水生态分析预测研究	自治区重点研发	黄凌霄	信息工程学院
240	宁夏地区震后桥梁快速维修加固关键技术研究与应用	自治区重点研发	惠迎新	土木与水利工程学院
241	煤气化渣处理及资源化关键技术研究与应用	自治区重点研发	吉文欣	化学化工学院
242	带柄鲜枸杞采后无损杀菌预冷包装的综合保鲜关键技术研究	自治区重点研发	康宁波	食品科学与工程学院
243	酿酒葡萄酒石酸合成代谢关键基因发现及功能鉴定	自治区重点研发	郎思睿	生命科学学院
244	银川市黑炭气溶胶的特性研究	自治区重点研发	黎康宁	物理学院
245	太阳能发电系列科普视频制作	自治区重点研发	李国龙	材料与新能源学院
246	基于石墨烯Fabry-Perrot腔结构的太赫兹光电探测器研发	自治区重点研发	李国龙	材料与新能源学院
247	马铃薯淀粉加工废弃物资源化利用关键技术研究与示范	自治区重点研发	李海峰	食品科学与工程学院
248	煤化工废气中CO_2电化学还原催化剂的定向合成及催化性能研究	自治区重点研发	李　晶	化学化工学院
249	牛羊畜骨高值化关键技术研发及产业化示范	自治区重点研发	刘贵珊	食品科学与工程学院
250	宁夏畜禽养殖粪污中抗生素及抗性基因污染防控关键技术研究与示范	自治区重点研发	刘吉利	生态环境学院
251	红枣高值化健康产品加工关键技术研究与示范	自治区重点研发	路福平 刘慧燕	食品科学与工程学院
252	基于煤基聚丙烯的汽车塑件3D绿色智能打印材料开发	自治区重点研发	罗发亮	化学化工学院
253	α-硫辛酸激活AMPK途径调控滩羊肌纤维类型转化的机制研究	自治区重点研发	罗玉龙	食品科学与工程学院
254	澳大利亚抗蚜虫苜蓿品种资源引进及其蚜虫综合治理	自治区重点研发	吕昭智 王新谱	农学院
255	宁夏中部干旱带水资源多元化调度体系及高效灌水技术制约因子研究	自治区重点研发	马　波	土木与水利工程学院
256	“双一流”背景下宁夏高校创新创业环境对策研究	自治区重点研发	马　莉	计划财务处

续表 8

序号	项　目	项目来源	负责人	所在单位
257	镓铝共掺杂铜铟硒纳米粉末与靶材的研制	自治区重点研发	马　强	前沿交叉学院
258	基于高通量组学联合分析的水稻抗性淀粉性状关键候选基因鉴定	自治区重点研发	马天利	农学院
259	宁夏地区重要肉用草食家畜肌肉发育和 IMF 生成相关基因的筛选及其调控机制研究	自治区重点研发	马　云	动物科技学院
260	多材料混合 3D 打印中金属纳米墨水闪灯烧结工艺优化研究	自治区重点研发	母全祎	物理学院
261	环氧树脂基复合材料的常压溶剂法回收机理及回收效率研究	自治区重点研发	母全祎	物理学院
262	促进可再生能源消纳的燃煤机组灵活运行经济决策研究	自治区重点研发	纳春宁	电子与电气工程学院
263	宁夏东部风沙区退化草地生态修复技术研发——基于草方格造林与水氮调控耦合技术	自治区重点研发	邱开阳	林业与草业学院
264	太阳山温泉国家湿地公园水质改善与生态修复关键技术研究与示范	自治区重点研发	邱小琮	生命科学学院
265	基于水生态足迹模型的宁夏气候变化环境下水资源安全形势研究	自治区重点研发	申晓晶	土木与水利工程学院
266	宁东基地生态环境监测评估与环境调控关键技术集成与示范	自治区重点研发	石　云	地理科学与规划学院
267	基于水文过程特征的沙漠湿地生态维护研究	自治区重点研发	宋乃平	生态环境学院
268	宁东气化用煤结渣机理及渣内残碳赋存行为光谱研究	自治区重点研发	宋旭东	化学化工学院
269	纳米肥药研发与宁夏优势特色作物肥药减施增效关键技术集成示范	自治区重点研发	孙　权	农学院
270	枸杞酒中多糖与多酚的相互作用及对枸杞酒品质的影响	自治区重点研发	田晓菊	食品科学与工程学院
271	多点、多向地震动作用下三维边坡稳定性分析研究	自治区重点研发	万愉快	土木与水利工程学院
272	宁南山区干化土壤背景下的土壤水分循环及苜蓿耗水机制研究	自治区重点研发	汪　星	林业与草业学院
273	微通道反应器在乙基麦芽酚氯化工艺中的应用研究	自治区重点研发	王富强	化学化工学院
274	锂电池大容量 SiOx/C 复合负极材料的制备与性能调控研究	自治区重点研发	王海龙	材料与新能源学院
275	基于低温挥发分原位吸附的宁东煤与畜禽废弃物共热解焦油提质研究	自治区重点研发	王焦飞	化学化工学院
276	宁夏引黄灌区盐碱地生态农业及其产业技术研究与示范	自治区重点研发	王　静	生态环境学院
277	全域旅游背景下宁夏葡萄酒旅游资源评价与优化研究	自治区重点研发	王　磊	前沿交叉学院
278	宁夏冷凉区特色优质蔬菜绿色冷链物流保鲜技术规程集成研究（六大产业标准）	自治区重点研发	王梦泽	食品科学与工程学院
279	宁夏固原冷凉区牛肉品质形成调控及分级评估体系建立	自治区重点研发	王松磊	食品科学与工程学院
280	奶牛乳房炎血液标志性 miRNAs 的鉴定、功能及隐性乳房炎早期分子诊断技术研发	自治区重点研发	王兴平	动物科技学院
281	基于不确定性的宁夏引黄灌区水资源合理配置及其综合效益评价研究	自治区重点研发	王战平	数学统计学院
282	PRB 修复宁夏引黄灌区地下水硝酸盐污染的研究	自治区重点研发	王　珍	生态环境学院
283	季节冻土山区路基不均匀冻胀变形机理及防治措施研究	自治区重点研发	武立波	土木与水利工程学院
284	基于“互联网+”的青少年毒品预防教育创新机制的研究和示范应用	自治区重点研发	肖　军	信息工程学院
285	Bi2O4 基异质结的构筑及其光催化降解有机污染物的机理研究	自治区重点研发	邢永雷	化学化工学院
286	覆盖对贺兰山东麓葡萄越冬性的影响研究	自治区重点研发	薛婷婷	葡萄酒与园艺学院
287	2-氨基-4-乙酰氨基苯甲醚的绿色硝化关键工艺技术研究	自治区重点研发	杨金会	化学化工学院
288	大掺量粉煤灰泡沫混凝土自保温墙体材料的关键技术研究与应用	自治区重点研发	杨秋宁	土木与水利工程学院

续表 9

序号	项　目	项目来源	负责人	所在单位
289	宁夏酿酒葡萄智能化农机装备研发与应用	自治区重点研发	杨术明	机械工程学院
290	复杂地形马铃薯收获装备研制与示范	自治区重点研发	杨术明	机械工程学院
291	从枝菌根真菌对宁南山区豆禾混播草地建植的作用机制	自治区重点研发	杨　鑫	林业与草业学院
292	植物激素茉莉酸(JA)参与调控酿酒葡萄赤霞珠抗寒的功能研究	自治区重点研发	姚文孔	葡萄酒与园艺学院
293	撞击流气流床气化炉高温热态行为及耐火衬里蚀损特性研究	自治区重点研发	于广锁	化学化工学院
294	生物发酵床工程化肉牛养殖技术集成创新与示范	自治区重点研发	余永涛	动物科技学院
295	高速高精度伺服卡盘研发	自治区重点研发	张东峰	机械工程学院
296	宁夏水文区划及精细化降雨径流水文模型研究	自治区重点研发	张汉辰	地理科学与规划学院
297	食品微生物应用技术与安全控制重点实验室健康食品生物制造基础条件建设	自治区重点研发	张惠玲 方海田	食品科学与工程学院
298	一类耦合随机系统的联合最优控制及应用研究	自治区重点研发	张　强	数学统计学院
299	高效全自动瓜菜带盘移栽技术与装备研究	自治区重点研发	张文毅 叶　林	葡萄酒与园艺学院
300	宁夏贺兰山北段花岗岩和晚三叠世沉积岩锆石 Hf-O 同位素对比研究	自治区重点研发	张　鑫	地理科学与规划学院
301	设施番茄、西瓜提质高效生产肥料开发与关键技术集成	自治区重点研发	张雪艳 姬　强	葡萄酒与园艺学院
302	功能米制品加工技术研究与示范	自治区重点研发	章　中	食品科学与工程学院
303	宁夏智能装备 CAE 重点实验室基础条件建设	自治区重点研发	朱学军	资产与实验室管理处
304	剩余格及其子类上 Rota-Baxter 算子的研究	自治区重点研发	邹宇晰	数学统计学院

2023年度获得授权的专利一览表

序号	申请号	专　利	法律状态	维持年限	发明人	所在单位
1	CN202210457366.6	一种利用马蔺DFR基因获得基因转化植物的方法	有效	2	张　虹　陈　任　虎　娟　路国栋　刘　慧	生命与食品学部
2	CN202111524169.3	一种银柴胡HPLC-ELSD指纹图谱建立方法	有效	3	彭　励　李振凯　马　玲　宋　乐　王　红　吴　巍　冯　璐	生命与食品学部
3	CN202322009088.0	一种测波浪动能的小型浮漂杠杆装置	有效	1	范家杨　娄　亮　周娅楠　杜　斌　曹福生	工程与地理学部
4	CN202320032939.0	一种活体采卵保定架	有效	2	刘新峰　王相燕　于建杰　张　涛　李知新	生命与食品学部
5	CN202310158746.4	一种紫花苜蓿IPT基因在调控植物耐旱性中的应用	有效	2	马巧利　麻冬梅　兰　剑　胡海英　邓建强　陈云鑫　王　毓	农林与生态学部
6	CN202320697476.X	一种腐蚀液pH值及温度可控的应力腐蚀试验装置	有效	1	李欣辉　张　沛　王　冠　刘宏平　杜佳龙　李宙真	前沿科学与技术学部
7	CN202210292575.X	一种Ru/N-FeVO电催化剂及制备应用	有效	3	马保军　王　佳　王　薇	前沿科学与技术学部
8	CN202010252768.3	一种研究葡萄需水需肥规律和养分生理实验体系及其使用方法	有效	5	王振平　李栋梅　王振莉	农林与生态学部
9	CN202320695679.5	一种恒位移及恒载荷的应力腐蚀加载装置	有效	1	李欣辉　张　沛　王　冠　尚　欣　马永翔　王文辉　包绍亿	前沿科学与技术学部
10	CN202320796834.2	一种基于渗灌系统的多功能种植架	有效	1	马宏秀　孙　权　王　锐　蒋　鹏　张晓娟	农林与生态学部
11	CN202320711922.8	浮游生物定性采集网	有效	1	刘双羽　付永亮　蒙俊杰　王楚尤　邱小琮	生命与食品学部
12	CN202321736205.7	一种细胞工程用细胞培养装置	有效	1	魏大为　梁小军　张久盘　郭亚男　王　锦　王建东　马丽娜　杨宇为　于有利　杨炜迪	生命与食品学部
13	CN202010272373.X	一种盐碱地葡萄不下架免埋土越冬栽培方法	有效	4	王振平　李栋梅　王振莉	农林与生态学部
14	CN202320344467.2	一种运输无人机的吊装机构	有效	2	张虹波　匡银虎	数理与信息学部
15	CN202320761793.3	花梗固定器	有效	1	严　瑞　张　黎　郝　杨　霍芸芸　高晓芬　梁松旺	农林与生态学部
16	CN202320900437.5	一种实时在线检测土壤中二氧化碳浓度的检测装置	有效	1	卜晓燕　史　舸　王佳蕊　王潇敏　李小伟　刘媛媛　司惠宁　吴　颖　沈　娟　李　彦	工程与地理学部
17	CN202321602079.6	一种生物活性肽反应器用酶定量投放装置	有效	1	魏超昆　马晓蕊　陈　涛　翁亚楠	生命与食品学部

续表 1

序号	申请号	专　利	法律状态	维持年限	发明人	所在单位
18	CN202321131651.5	一种振动式枸杞采摘机	有效	1	王昱潭　田　新　邵金龙　马　斌　马　鹏　许芷琦　赵佳鹏　马雅芹　李嘉欣　姚　源　董　婕　马国虎　唐建宁　曲爱丽　马利奋　禹瑞丽　高垚垚　李进海　高德华	前沿科学与技术学部
19	CN202010179418.9	一种利用抗寒砧木高接的葡萄不下架免埋土越冬栽培方法	有效	5	王振平　苏旺春　范　永	农林与生态学部
20	CN202110501590.6	一种烯烃氢甲酰化高效非均相催化剂及其制备方法	有效	3	范素兵　谢　平　吕俊敏　赵天生	前沿科学与技术学部
21	CN202210008416.2	一种废旧铅酸蓄电池破碎物干式分离装置及方法	有效	3	丁文捷　汪前进　吴　军　杨文礼　杨文玉　李桐满　史兴龙　赵　楠　张　颖	前沿科学与技术学部
22	CN202321458495.3	磁吸式组培接种工具冷却架	有效	1	白　茹　曹　爽　尹　晓　于泽洋　李　珊	农林与生态学部
23	CN202330448100.0	保温杯(校园系列)	有效	1	曾发茂　胡珈琼　任文莹	哲学与艺术学部
24	CN202210720694.0	一种基于苄基醚的树枝状有机小分子凝胶硅基固定相材料及其制备方法	有效	2	李媛媛　李绍荣　马玉龙　吉文欣　孙永刚	前沿科学与技术学部
25	CN202330448183.3	手镯(贺兰山岩画首饰系列)	有效	1	曾发茂　兰海蓓　石浩然	哲学与艺术学部
26	CN202321272164.0	一种田间划小区取土样工具	有效	1	张　刚　朱　林　张　扬　聂豪杰　包玉国　李林熬　荆庆芳　程云龙	农林与生态学部
27	CN202330448255.4	玩偶(吉祥物-贺兰山岩画系列)	有效	1	曾发茂　张曦月　郎大霖	哲学与艺术学部
28	CN202310110565.4	一种太阳能电池串组模板加工设备	有效	2	张　波　马成虎　马龙龙　陈小飞　马德仁　刘浩浩　胡　鹏　刘杲杲	宁夏大学
29	CN202211070834.0	一种金属掺杂自组装催化剂	有效	2	赵天生　邓雪平　李添明　范素兵　高新华　张建利　马清祥	前沿科学与技术学部
30	CN202321424421.8	一种锂离子动力电池用双层液冷及空冷复合冷却系统	有效	1	曹志杰　段刚刚　吴傲天　罗　文	数理与信息学部
31	CN201810146186.X	分段式植物根系培养装置	有效	7	张雪艳　王　林　田　蕾　江　力　兰挚谦　周海霞　刘吉青　韩泽宇　王晓敏　杨　岚	农林与生态学部
32	CN202110699753.6	氮化碳高负载分散 NiS 光催化降解材料及制备方法	有效	3	赖小勇　陈恬洁　王晓中　杨庆凤　孙　辉	前沿科学与技术学部
33	CN202320451879.6	超临界萃取装置	有效	2	马建龙　张　鑫　周　婷	宁夏大学
34	CN202210234044.5	非晶态合金光热催化剂及其制备方法及应用	有效	3	李　莉　梁　军　安绍云	宁夏大学

续表 2

序号	申请号	专　利	法律状态	维持年限	发明人	所在单位
35	CN201911278676.6	一种二甲醚、合成气和氨气一步法制乙胺并联产甲胺的方法	有效	5	高新华　张建利　卢鹏飞　王康洲　陈静宇　赵太奇　邢　闯　赵天生　马清祥　范素兵	前沿科学与技术学部
36	CN202320486843.1	一种植物原生质体高效分级纯化装置	有效	2	姚文孔　郝新意　冯　美　张　阁　刘德帅　张雪梅　王　烨	农林与生态学部
37	CN202210096153.5	一种青蒿素-哌嗪-磷酰胺氮芥杂化物及其制备方法和应用	有效	3	魏梦雪　张思思	前沿科学与技术学部
38	CN202321142289.1	一种节能型绿洲农田蒸散监测装置	有效	1	吴宏玥　杜灵通　罗　霄　乔成龙	农林与生态学部
39	CN202330275558.0	枸杞采摘机	有效	1	王昱潭　田　新　邵金龙　马　斌　马　鹏　许芷琦　赵佳鹏　马雅芹　李嘉欣　姚　源　董　婕　马国虎　唐建宁　曲爱丽　马利奋　禹瑞丽　高垚垚　李进海　高德华	前沿科学与技术学部
40	CN201910432083.4	变角度果实采摘机理研究装置及其操作方法	有效	5	王昱潭　李乐凯　李　萍　刘向南　朱超伟　赵　琛　冯朝旭	前沿科学与技术学部
41	CN202321080506.9	一种具有加热功能的真空冷冻干燥设备	有效	1	苏克军　吴煜萱　李海峰	生命与食品学部
42	CN202222975286.8	一种用于音乐教育的新型可折叠式便携谱架	有效	2	曹茗茗　李曼莉	哲学与艺术学部
43	CN202211139047.7	鲜枸杞清洗分级装置	有效	2	何建国　康宁波　刘贵珊　杨　佳　邓改革　马　翔　弋伟国	生命与食品学部
44	CN202320071166.7	一种甘蓝种子精选机	有效	2	吴龙国　张　瑶　李建设　高艳明　张祎洋　马思艳　马　燕　王　静	农林与生态学部
45	CN202320141522.8	晶体硅光伏组件用拆解装置	有效	2	李　进　安百俊　马少波　夏明许　张润岩　周春玲	前沿科学与技术学部
46	CN202321061198.5	用于测定深部热储层变形的温控超高压试验系统	有效	1	丁朋朋　贾　超　冯克印　魏茂杰　王　辉　王明珠	工程与地理学部
47	CN202320424961.X	一种利于容器存放的棚架	有效	2	严　瑞　张　黎　霍芸芸　高晓芬　梁松旺	农林与生态学部
48	CN202321141874.X	一种多功能碳汇测量同化箱结构	有效	1	罗　霄　吴宏玥　杜灵通　苏　丽　易志远	农林与生态学部
49	CN201811206881.7	一种二氧化碳变电容吸脱附装置	有效	6	郝　健　夏洪强　郭庆杰	前沿科学与技术学部
50	CN202320668372.6	一种花卉自动装卸装置	有效	1	刘建康　庞丹波　张潇月　黄祥祥　余　殿　王益涛　兰慧琴　冯锦彦　张彩华　武志嘉　张博华	农林与生态学部
51	CN201610966068.4	一种双环结构多模态 OAM 电磁涡旋波阵列天线	有效	8	孙学宏　范玉堂　刘丽萍　孙牧歌　常　伟　席国法	数理与信息学部
52	CN202111492939.0	盲孔特征零部件氮化热处理装置	有效	3	郑浩博　郜雪楠　宿友亮　慕　松	前沿科学与技术学部

续表 3

序号	申请号	专利	法律状态	维持年限	发明人	所在单位
53	CN202321132837.2	一种株间环绕避障除草装置	有效	1	王昱潭 田新 邵金龙 马斌 马鹏 许芷琦 赵佳鹏 马雅芹 李嘉欣 姚源 董婕 马国虎 唐建宁 曲爱丽 马利奋 禹瑞丽 高垚垚 李进海 高德华	前沿科学与技术学部
54	CN202210453596.5	一种大黄酸-哌嗪-二硫代氨基甲酸酯杂化物及其制备方法和应用	有效	2	魏梦雪 周怡萱	前沿科学与技术学部
55	CN202320594259.8	一种种植土消毒设备	有效	2	严瑞 张黎 郝春磊 尹晓 虎淘淘 王玲玲	农林与生态学部
56	CN202320550905.0	一种菊花便捷采摘种植架	有效	2	严瑞 张黎 郝春磊 尹晓 虎淘淘 王玲玲	农林与生态学部
57	CN202320520857.0	一种便于固定的叠合板吊装设备	有效	2	马肖彤 包超 毛明杰 杨秋宁 张尚荣 曹福生 田佳岐	工程与地理学部
58	CN202320890472.3	一种作物快速育苗装置	有效	1	张银霞 苏思荣 沈文娟	农林与生态学部
59	CN202110370637.X	一种益生菌发酵枣粉及其制备方法	有效	3	方海田 张振民 刘慧燕 潘琳 王彤 王艳萍 马妮	生命与食品学部
60	CN202320118240.6	一种林业调查样地精确布设辅助装置	有效	2	马泰永 孙忠秋 魏文轩 胡杨 庞丹波 陈林 倪细炉 施光耀 李学斌	农林与生态学部
61	CN202321034066.3	一种动力电池用微通道液冷和空气冷的复合冷却系统	有效	1	曹志杰 罗文	数理与信息学部
62	CN202320410122.2	一种测定土壤理化性质用土的自动收集装置	有效	2	刘建康 张潇月 赵媛媛 黄祥祥 余殿 王益涛 兰慧琴 武志嘉 冯锦彦 张博华 庞丹波	农林与生态学部
63	CN202111230597.5	一种电催化还原 CO_2 制备甲酸的催化剂及其制备方法与应用	有效	3	彭娟 杨婵 张楠 叶佳妮 马涛	前沿科学与技术学部
64	CN202210350491.7	硒化硫钒铜固溶体制备方法、负极材料和钠离子电池	有效	2	梁军 高明慧 李莉	前沿科学与技术学部
65	CN202211254697.6	一种实现中等 DO 浓度条件下稳定亚硝化-厌氧氨氧化脱氮的方法	有效	2	吕恺 彭党聪 钟艳霞 齐娅荣	农林与生态学部
66	CN202320580819.4	一种菊花移植装置	有效	2	严瑞 张黎 慕波 郝春磊 虎淘淘 王玲玲	农林与生态学部
67	CN202223224130.2	一种节能环保的农业育苗培育箱	有效	2	吴龙国 张瑶 张祎洋 马思艳 马燕 王静	农林与生态学部
68	CN202321181925.1	温室大棚用育苗秧盘传送装置	有效	1	吴龙国 张瑶 马思艳 张祎洋 王静 马燕 李建设 高艳明 邓维贤	农林与生态学部

续表 4

序号	申请号	专　利	法律状态	维持年限	发明人	所在单位
69	CN202330182526.6	乐器挂钩	有效	1	张竞元	哲学与艺术学部
70	CN202320618465.8	测量大气中不同空间位置霾电性质的仪器携带装置	有效	2	薄天利	数理与信息学部
71	CN201710724925.4	一种自动变速器试验台	有效	7	郝洪涛　陈　亮　倪凡凡　严　冬　丁文捷　郝怡萱	前沿科学与技术学部
72	CN202320622832.1	用于同步测量大气中霾电性质和环境参量的系统	有效	2	薄天利	数理与信息学部
73	CN202320393210.6	一种凋落物分解袋	有效	2	邱开阳　鲍平安　张　硕　张丁丁　谢应忠	农林与生态学部
74	CN202320518412.9	一种用于昆虫诱集捕获装置	有效	2	顾沛雯　赵　楠	农林与生态学部
75	CN202320385837.7	镁水泥板蜂巢状固沙障	有效	2	朱志昊　屈建军　孟　晨	农林与生态学部
76	CN202320193054.9	沙地保水化施肥装置	有效	2	张雪艳　马登辉　祁烁锟　张　静　江　力　田　蕾　张倩男　沈婷婷　罗雁馨　王欣怡　李　浩　曹行行	农林与生态学部
77	CN202110047105.2	一种提高大米淀粉的酶敏感性的方法	有效	4	章　中　张惠玲　方海田　张倩倩　曹俊英	生命与食品学部
78	CN202320486303.3	一种应用于渗灌的雨水收集设备	有效	2	单　龙　康鑫睿　程银银　赵　静　李宏波	宁夏大学
79	CN202320137023.1	一种树木胸径测量装置	有效	2	马泰永　孙忠秋　魏文轩　胡　杨　庞丹波　陈　林　倪细炉　施光耀　李学斌	农林与生态学部
80	CN202010693621.8	基于增量半监督核极限学习机的在线手写体数字识别方法	有效	4	杨丽霞　张　瑞　魏立力　刘国军	数理与信息学部
81	CN201910560295.0	用于检测牛支原体的组合物、试剂盒和方法	有效	5	郝秀静　李　敏　韩　杨　马春骥	生命与食品学部
82	CN202320747481.7	一种利用 PLC 控制的黄花菜智能杀青房	有效	1	李小宁　禹石磊　张海红　詹志彪　杨双喜　马　慧	生命与食品学部
83	CN201910614546.9	用于检测绵羊肺炎支原体的组合物、试剂盒和方法	有效	5	李　敏　郝秀静　金　华　马春骥　王玉炯	生命与食品学部
84	CN202320479663.0	一种提高植物愈伤组织继代效率的工具	有效	2	姚文孔　尹　晓　冯　美　张　阁　孙雨桐	农林与生态学部
85	CN202320620695.8	霾系统中一次排放污染物颗粒的带电性质测量系统	有效	2	薄天利	数理与信息学部
86	CN202320513681.6	一种线虫孵化装置	有效	2	顾沛雯　裴　伟　范芮甫	农林与生态学部
87	CN202010564172.7	一种双吲哚基甲烷类化合物的制备方法	有效	4	刘万毅　吴志强　王　刚　刘睿波　段　斌　相庆雨　王旭军　陈小燕	前沿科学与技术学部
88	CN202010563877.7	一种氧杂蒽类化合物的制备方法	有效	4	刘万毅　吴志强　王　刚　刘睿波　段　斌　相庆雨　王旭军　陈小燕	前沿科学与技术学部

续表 5

序号	申请号	专 利	法律状态	维持年限	发明人	所在单位
89	CN202010564151.5	一种 3,4–二氢嘧啶–2(1H)–酮类化合物的制备方法	有效	4	刘万毅 吴志强 王 刚 刘睿波 段 斌 相庆雨 王旭军 陈小燕	前沿科学与技术学部
90	CN201910948546.2	一种标准重塑土样双向压样装置及方法	有效	5	马文国 张 刚 杨有贞 张帆宇	工程与地理学部
91	CN202320776287.1	种子定量播种装置	有效	1	刘彩霞 马斯霜 陈 虎 王掌军 李清峰 刘凤楼 郜雪楠	农林与生态学部
92	CN202320082548.X	一种可视化树高测量杆	有效	2	马泰永 魏文轩 胡 杨 庞丹波 陈 林 倪细炉 李学斌	农林与生态学部
93	CN202011526978.3	基于 CaC_2 催化的 β–酮亚砜制备方法	有效	4	魏梦雪 刘昕鑫 李学强 杨培文	前沿科学与技术学部
94	CN202320201954.3	一种林业用非接触式钉树牌枪	有效	2	刘 清 徐雪蕾 胡 杨 曹 兵 马泰永	农林与生态学部
95	CN202223009900.1	一种马铃薯种植用集雨垄面成垄器	有效	2	陈彦云 杨国恒 曾 明 于 浩 李玉红 刘庆春 曹君迈	生命与食品学部
96	CN202222937799.X	一种马铃薯起垄覆膜种植用覆土装置	有效	2	陈彦云 杨国恒 于 浩 曾 明 魏固宁 李玉红 曹君迈 刘亚亚	生命与食品学部
97	CN202222937806.6	一种马铃薯旱作覆膜种植打孔装置	有效	2	陈彦云 杨国恒 李 群 赵红霞 李玉红 魏固宁 王 丽 曹君迈 李佳欣	生命与食品学部
98	CN202223347820.7	一种森林碳汇计量检测装置	有效	2	庞丹波 李学斌 陈 林 吴梦瑶 马进鹏 胡 杨 张雅琪 倪细炉	农林与生态学部
99	CN202223033788.5	便携式牛生殖道分泌物无菌采样装置	有效	2	淡新刚 丁宝隆 马子明 赵洪喜	生命与食品学部
100	CN202222589688.4	一种用于牛子宫冲洗及获取子宫内容物的便携式装置	有效	2	淡新刚 丁宝隆 马子明 赵洪喜	生命与食品学部
101	CN202210829921.3	番茄幼胚的离体培养方法	有效	2	王晓敏 王凯彬 王 林 赵 雯 马海霞 程国新 郭 猛 高艳明 李建设	农林与生态学部
102	CN202223245766.5	一种提高灌木成活率的栽植装置	有效	2	刘建康 黄祥祥 余 殿 王益涛 武志嘉 张博华 兰慧琴 庞丹波	农林与生态学部
103	CN202320204420.6	油松、云杉种子收集器	有效	2	李尚玉 刘佳欣 曹 兵 刘 超 谭松伟	农林与生态学部
104	CN202223479221.0	一种全天候植物杂交育种装置	有效	2	包玉国 朱 林 李林傲 张 杨 张 刚 聂豪杰 刑庆芳 程云龙	农林与生态学部
105	CN202011324721.X	宁夏枸杞子提取物和枸杞子多糖在制备防治心脏纤维化药物中的应用	有效	4	白明生 许惺博 马治华 张自萍 牛丕莲 吴 悦	生命与食品学部
106	CN202223159329.1	一种污泥填料处理设备	有效	2	吕 恺 钟艳霞 王世全 齐娅荣 杨 帆 罗玲玲 贺婧	农林与生态学部
107	CN202223367015.0	组培接种器具放置架	有效	2	尹 晓 马红义 白 茹 李 珊	农林与生态学部

续表 6

序号	申请号	专利	法律状态	维持年限	发明人	所在单位
108	CN202223526179.3	种绳用起垄播种装置	有效	2	张雪艳 王旭路 叶挺 李浩 张倩男 王星明 田伟 姚红武 伏小刚 罗雁馨 王欣怡 李昭轩 褚睿	农林与生态学部
109	CN202223277795.X	一种应用草地生态领域的盖度测量装置	有效	2	吴梦瑶 庞丹波 陈林 李学斌 马进鹏 张雅琪 何文强	农林与生态学部
110	CN202223371290.X	基于雨水收集再利用的工业厂房降温除尘装置	有效	2	詹疆淮 程银银 龚正洋 康鑫瑞 赵静 单龙 李宏波	宁夏大学
111	CN202223173972.X	一种提供低溶解氧浓度的曝气装置	有效	2	吕恺 钟艳霞 杨帆 齐娅荣 王世全 贺婧 罗玲玲	农林与生态学部
112	CN202111429048.0	利用常规三轴仪实现三维空间应力或应变路径的方法	有效	3	李学丰 马志刚	宁夏大学
113	CN202210202429.3	一种恶臭假单胞菌及其在降解马铃薯淀粉废水中应用	有效	3	李海峰 胡羚 张惠玲 周慧宁 侯正平	生命与食品学部
114	CN202110536606.7	一种空间限域蒸汽转化法制备 LTL 型分子筛膜的方法	有效	3	王政 黄锐 王宁宁	宁夏大学
115	CN202223193582.9	一种太阳能无蓄电绿色智能灌溉系统	有效	2	何俊 张嘉敏 高富东 李敏 马雅荣 孙兆军 李茜	工程与地理学部
116	CN202010421612.3	一种聚合物刷型磁性氧化石墨烯吸附材料及其制备方法	有效	4	卜春苗 贾转红	宁夏大学
117	CN201910871216.8	以转酮醇酶基因为靶标检测绵羊肺炎支原体的组合物、试剂盒和方法	有效	5	李敏 郝秀静 金华 马春骥 王玉炯	生命与食品学部
118	CN202223336194.1	一种组合双壁空心柱内外双管定位装置	有效	2	杨文伟 陈志伟 王痛快 颜军	工程与地理学部
119	CN202230749274.6	可折叠式乐谱架	有效	2	曹茗茗	哲学与艺术学部
120	CN202010468142.6	一种复合催化剂及其制备和应用	有效	4	马保军 李欣	前沿科学与技术学部
121	CN202010987027.X	一种 CeO_2/Bi_2O_4 复合可见光催化剂及其制备方法	有效	4	倪刚 武丹萍 邢永雷 晋晓勇 彭娟	前沿科学与技术学部
122	CN202222182561.0	气动播种及线播一体机	有效	2	张雪艳 马云虎 田伟 姚红武 伏小刚 罗雁馨 王欣怡 李昭轩 李家群 张倩男	农林与生态学部
123	CN202210277373.8	一种超疏水碳化硅陶瓷膜及其制备方法	有效	3	魏逸彬 魏晶晶 年佩 徐楠	前沿科学与技术学部
124	CN202010174001.3	一株苏云金芽孢杆菌菌株 YN-2-2 及其应用	有效	5	仲乃琴 石莹莹 赵盼 宋双伟	宁夏大学

续表 7

序号	申请号	专　利	法律状态	维持年限	发明人	所在单位
125	CN202223375005.1	蒺藜盾状移动式固沙障	有效	2	陆文赋　屈建军　孟　晨	农林与生态学部
126	CN202111487938.7	一种基于金属有机骨架材料可切换表面润湿性的油水分离膜及其制备方法	有效	3	年　佩　王小娟　魏逸彬　张建利	宁夏大学
127	CN202111188176.0	一种铒铕掺杂锗酸锌基蓝色长余辉纳米材料	有效	3	孟　哲　王迎辉　郭　信　彭　媛	前沿科学与技术学部
128	CN202111311847.8	基于黄河水灌溉用具备间歇式刮除结构的过滤装置	有效	3	尹　娟　冯　娜　孙富斌　杨莹攀	工程与地理学部
129	CN201911028250.5	Q 型烟粉虱特异性 SS-COI 引物及快速 PCR 检测方法和试剂盒	有效	5	宋鲜梅　王新谱　顾　欣	农林与生态学部
130	CN202110695238.0	一种毛线团状 SiOx/C 及其制备方法和应用	有效	3	王海龙　何　苗	宁夏大学
131	CN202222490357.5	用于日光温室的物料运输装置	有效	2	曹云娥　徐广亚　穆晓坤　董丽华　马英成　尹　翠　朱红艳　魏彦凤　王　帅　李文慧　张宝娣	农林与生态学部
132	CN202222156717.8	原位利用养殖场粪污的蚯蚓生态养殖装置	有效	2	曹云娥　徐广亚　董丽华　王晓卓　尹　翠　魏彦凤　李文慧　朱红艳　张宝娣　马　兰	农林与生态学部
133	CN202010744109.1	一种二氧化碳加氢合成甲醇的催化剂及其制备方法	有效	4	马清祥　杨文兵　赵天生　张建利　高新华　李　鹏	前沿科学与技术学部
134	CN202222996762.4	一种混凝土原材料的筛选设备	有效	2	路　宇　高海燕	宁夏大学
135	CN202010995191.5	一种 CO 加氢催化剂及其制备方法	有效	4	张建利　郭新雨　高新华　赵天生　马清祥	前沿科学与技术学部
136	CN202110540160.5	一种核-壳型脱水-加氢双功能催化剂、制备方法及其在木糖制备二元醇中的应用	有效	3	王乃良　席　荣　郭庆杰	宁夏大学
137	CN202223336193.7	一种双壁中空夹层混凝土圆形管柱混凝土浇筑装置	有效	2	王痛快　杨文伟　陈志伟　吕博文	工程与地理学部
138	CN202230746336.8	乐谱架	有效	2	张竞元	哲学与艺术学部
139	CN202221505975.6	旱地土壤渗漏液采集装置	有效	2	王亚麒　伏小可　王　锐	农林与生态学部
140	CN201911306760.4	一种利用低压静电场、低温保鲜长枣的方法及装置	有效	5	方海田　张光弟　刘慧燕　张浩宇　杨亚丽　焦中高　潘　琳　马江涛　尹　晶	生命与食品学部
141	CN202110695318.6	一种连续流微通道反应器合成 3-硝基-4-甲氧基乙酰苯胺的方法	有效	3	杨金会　杨加乐　李文爽　李典军	前沿科学与技术学部
142	CN202221487387.4	一种装配式蓄热日光温室	有效	2	王晓卓　毕雪婷　金　鑫　张雪艳　张倩男　马　强	农林与生态学部

续表 8

序号	申请号	专利	法律状态	维持年限	发明人	所在单位
143	CN202222420923.5	骑行式幼苗植株徒长抑制装置	有效	2	李建设 马聪 曹树槟 高艳明 吴龙国	农林与生态学部
144	CN202210655045.7	多功能可切换润湿性油水分离网膜、其制备方法及应用	有效	2	年佩 王小娟 陆世鹏 魏逸彬 张建利	宁夏大学
145	CN201910389620.1	一种补气血的药膳鸡肉粉调味料及其制备方法	有效	5	刘敦华 马浩然 颉向红 孔维洲 徐昊 张喜康 刘军	生命与食品学部
146	CN202223177192.2	一种昆虫低温控温解剖盘	有效	2	苗颖 朱玲 马燕	农林与生态学部
147	CN202222246506.3	一种具有渗沥液自动回收功能的蚯蚓养殖床	有效	2	高洪香 王德全	宁夏大学
148	CN202230815980.6	摆件(藏族)	有效	2	布穷 贡桑百玛 阿若 丁璞	宁夏大学
149	CN202222234228.X	产生多模态 OAM 波束的同心均匀圆环阵列和电子设备	有效	2	孙学宏 王艳妮 刘丽萍	数理与信息学部
150	CN202222917672.1	一种五陷波超宽带天线及电子设备	有效	2	孙学宏 李一航 刘丽萍 王艳妮	数理与信息学部
151	CN202010360409.X	一种(Ru/WC)或(Pd/WC-P)复合助催化剂及制备和应用	有效	4	马保军 冯力 林克英	前沿科学与技术学部
152	CN202010554036.X	金属复合改性纳米氧化锆催化剂及其制备方法和应用	有效	4	张建利 张建红 高新华 马清祥 赵天生	前沿科学与技术学部
153	CN202111533210.3	一种蜡蚧轮枝菌可分散油悬浮剂及其制备方法与应用	有效	3	贾彦霞 王芳 柴军发 洪波 赵雪怡 郭佳茹	农林与生态学部
154	CN202010059784.0	一种地衣子实体显微结构的永久制片方法	有效	5	牛东玲 韩晓鹏 余德菊 苗申奥	生命与食品学部
155	CN202110417516.6	一种掺杂 Zn 元素的固溶体催化剂及制备和应用	有效	3	马保军 马小莲	前沿科学与技术学部
156	CN202210078389.6	智能灌溉系统及使用方法	有效	3	丁文捷 李桐满 韩小龙 徐利岗 鲍子云 王海永 杨翔	前沿科学与技术学部
157	CN202222786030.2	一种高延性 UHPC 搭板及其无缝桥桥头结构	有效	2	马熙伦 惠迎新 杨傲雄 冀伟 马伟	工程与地理学部
158	CN202111217264.9	自动煮熟主食的食品智能化加工售卖一体机	有效	3	王松磊 邓维贤 王松涛 刘佩鑫 张昌艳 宋佳 张伟军	生命与食品学部
159	CN202111335025.3	铅酸蓄电池可阵列打孔输送装置及其打孔操作方法	有效	3	丁文捷 杨文玉 张颖 庞海峰 史兴龙 吴军 杨文礼 李宏燕 张佃平 赵楠 汪前进 李桐满	宁夏大学
160	CN202222250013.7	枣树抹芽装置	有效	2	王博涛 宋丽华 赵钰磊 张悦 程楠 李骐丞 张立强 万仲武	农林与生态学部
161	CN202210441732.9	液压支架掩护梁组件装夹装配装置及装配方法	有效	2	宿友亮 倪朝晖 慕松 刘新华 刘伟	前沿科学与技术学部

续表 9

序号	申请号	专　利	法律状态	维持年限	发明人	所在单位
162	CN202222397412.6	苗床自走式幼苗健壮生长装置	有效	2	李建设　马　聪　曹树槟　高艳明　吴龙国	农林与生态学部
163	CN202210134523.X	一种智能化降雨集流灌溉装置及其使用方法	有效	3	李　娟　张维江　黄　艳	宁夏大学
164	CN201910171086.7	一株萎缩芽孢杆菌及其用途	有效	6	熊悯梓　仲乃琴　钞亚鹏　杨　敬　赵　盼　刘　宁　宋双伟　郝辽洋	宁夏大学
165	CN202011064024.5	一种花瓣状三维纳米碳材料及其制备方法	有效	4	孙　辉　李　霄　赖小勇　王晓中　杨庆凤	前沿科学与技术学部
166	CN202222223164.3	光伏组件的回收系统	有效	2	李　进　瞿　立　韩耀璋　周春玲　安百俊　徐尊豪　马少波　赵国彦	前沿科学与技术学部
167	CN201710043713.X	多垄单行宝塔菜精密播种机	有效	8	尚　欣　李金川　慕　松　张呈彬　伍渊远　谢新义　赵　威	前沿科学与技术学部
168	CN202222361825.9	田间枸杞果实无接触采集装置	有效	2	姚文孔　冯　美	农林与生态学部
169	CN202222362259.3	枸杞果实百粒重及干鲜比测定装置	有效	2	姚文孔　冯　美	农林与生态学部
170	CN202221271565.X	一种环保节能型保温补温苗床	有效	2	吴龙国　张　瑶　李建设　高艳明　马　玲	农林与生态学部
171	CN202222230939.X	一种用于土壤盐分含量监测的便携预警装置	有效	2	潘海珠　王　磊　岳健敏	农林与生态学部
172	CN202221857558.8	微生物培养器	有效	2	孙　悦　李芮芮　柳　斌	农林与生态学部
173	CN202111362941.6	一种用于治疗特应性皮炎的组合物及其用途	有效	3	彭　励　宋　乐　吴　薇　冯　璐　王　红　李振凯　张桂杰　李　乐	生命与食品学部
174	CN202222753794.1	一种测定植被点格局的工具	有效	2	王　星　田小龙　刘梦鸽　许冬梅　史佳梅　刘万龙　许爱云　撒春宁　李永康　宋珂辰　杨　越	农林与生态学部
175	CN202230543892.5	胸针	有效	2	纪光耀　高天天　菅　驰　权子馨	哲学与艺术学部
176	CN202222162818.6	葡萄霜霉菌孢子采集与保存装置	有效	2	尹　晓　王　昊　严　瑞　贾　彪	农林与生态学部
177	CN202221552271.4	一种数控型棱柱体试件制备脱模一体机	有效	2	赵　静　詹疆淮　师　皓　董继春　丁永发　华树东　朱一丁	宁夏大学
178	CN202222246529.4	一种蚯蚓养殖用粪便分离装置	有效	2	邱　晨　王德全	宁夏大学
179	CN202222248573.9	一种防扎手的拔草钳	有效	2	贾　帅　王德全	宁夏大学

2023年度横向合作项目一览表

序号	项　目	负责人	承接单位	甲　方	合同金额（万元）
1	金属铍微力学行为(性能)研究	何力军	材料与新能源学院	西北稀有金属材料研究院宁夏有限公司	5.00
2	宁南山区水资源潜力挖掘与模拟方法设计	张汉辰	地理科学与规划学院	宁夏润沣水利工程有限公司	32.00
3	红寺堡区—宁夏大学校地合作任务书	车　进	电子与电气工程学院	吴忠市红寺堡区科技局	8.00
4	二氧化碳–沥青重整制CO催化剂开发	张鹏飞	化学化工学院	内蒙古鄂尔多斯循环经济技术研发有限公司	30.00
5	二氧化碳加氢制甲醇小试技术开发	马保军	化学化工学院	青岛绿色发展研究院有限公司	420.00
6	低温磁化裂解处理医废工艺的研发	史可人	化学化工学院	石嘴山市洁达环保产业有限公司	4.50
7	红寺堡区饲草高效生产及加工技术开发	张桂杰	科学技术处	吴忠市红寺堡区农业农村局	11.00
8	苜蓿抗旱新品系示范推广服务	兰　剑	林业与草业学院	西吉县润禾草业有限公司	6.00
9	优质牧草提质增效关键技术研究与集成示范(2023)	兰　剑	林业与草业学院	宁夏农林科学院林业与草地生态研究所	8.00
10	罗山退化荒漠草原修复技术及其生态效应	沈　艳	林业与草业学院	吴忠市红寺堡区自然资源局	15.00
11	麦属饲草—青贮玉米一年两熟水肥一体化高产高效栽培技术研究与示范	孙　权	农学院	吴忠市红寺堡区农业农村局	14.00
12	基于目标市场的高品质樱桃番茄关键节点管理系统开发与示范	曹云娥	葡萄酒与园艺学院	吴忠市红寺堡区农业农村局	11.00
13	基于机器视觉与光谱分析的温室果菜全过程本体信息在线检测装备开发与示范	吴龙国	葡萄酒与园艺学院	吴忠市天禾农牧开发服务有限公司	37.00
14	红寺堡区栽培羊肚菌的关键技术研究与示范	徐春燕	生命科学学院	吴忠市红寺堡区科学技术厅	9.00
15	平罗县2023年地膜污染治理试验与示范	贺　婧	生态环境学院	平罗县农业机械化综合服务中心	30.00
16	平罗县2023年秸秆还田生态效应监测	贺　婧	生态环境学院	平罗县农业机械化综合服务中心	8.00
17	宁夏红寺堡区生物结皮与植物结合修复项目可行性研究	齐拓野	生态环境学院	吴忠市红寺堡区科学技术局	9.00
18	宁夏罗山国家级自然保护区浅层地下水变化特征研究及标本采集制作	孟　晨	生态环境学院	宁夏罗山国家级自然保护区管理局	23.50
19	红寺堡区建筑垃圾资源化产业发展策略研究	张晓华	土木与水利工程学院	吴忠市红寺堡区住房城乡建设交通局	6.00
20	水联网与能微网聚合构建宁夏灌排失衡区水盐协同调控机制的研究	冯克鹏	土木与水利工程学院	清华大学	8.00
21	超高层建筑结构有限元模型建立及地震响应分析	张尚荣	土木与水利工程学院	中国地震局地球物理研究所	8.00
22	气候变化对西北地区谷子水分利用效率的影响及适应性调控	丁一民	土木与水利工程学院	清华大学	6.00
23	电力监控系统网络安全风险轻量无损探测技术	汪文帅	信息工程学院	国网宁夏电力有限公司	6.00
24	电子级高纯硅制备工艺的研发	史可人	化学化工学院	宁夏海盛实业有限公司	5.00

续表 1

序号	项　目	负责人	承接单位	甲　方	合同金额（万元）
25	贺兰山昆虫科学考察项目（三标段）	王新谱	农学院	贺兰山国家级自然保护区管理局	54.95
26	黄花菜一体化干制技术示范推广	张海红	食品科学与工程学院	吴忠市农业农村局	8.00
27	永宁黄河公路大桥抗震能力评价研究	惠迎新	土木与水利工程学院	陕西交控工程技术有限公司	35.00
28	CO_2 催化转化制高值化学品基础研究（一）	高新华	化学化工学院	国家能源集团宁夏煤业有限责任公司煤炭化学工业技术研究院	2.00
29	基于太阳能驱动界面蒸发的浓盐水高效脱盐关键技术服务	邢永雷	化学化工学院	宁夏佰斯特科源化工有限公司	53.75
30	海原县 2021 年旱作节水农业技术研究	贾　彪	农学院	海原县农业技术推广服务中心	14.00
31	盐碱地设施葡萄种植技术	李栋梅	葡萄酒与园艺学院	平罗县崇岗镇崇福村股份经济合作社	20.00
32	设施阳光玫瑰葡萄栽培技术应用示范	李栋梅	葡萄酒与园艺学院	新堡村经济合作社	20.00
33	邻近建构筑物隧道开挖影响研究	吕龙龙	土木与水利工程学院	宁夏万道森工程有限公司	8.30
34	宁夏水资源均衡配置与高效利用战略研究基本信息收集与分析	申晓晶	土木与水利工程学院	中国水利水电科学研究院	9.50
35	中间层结构多孔硅/碳负极性能调控及其储锂机制研究	郝　健	化学化工学院	红寺堡区科技局	8.00
36	铅酸电池多孔打孔装置及壳体锯切机研发	张佃平	机械工程学院	宁夏瑞银有色金属科技有限公司	32.00
37	铅灰压制成型试验机的研制	张佃平	机械工程学院	宁夏瑞银有色金属科技有限公司	5.00
38	工业氟石膏固废资源化利用关键技术开发	吴玉花	化学化工学院	石嘴山市高新能达科技有限公司	15.00
39	DAP 单体及预聚物制备工艺路线开发	冒　杰	化学化工学院	山东清水化工有限公司	50.00
40	2023 年全区农业面源污染治理	侯贤清	农学院	彭阳县农业机械化推广服务中心	30.00
41	中卫南站黄河大桥结构静动载试验研究	惠迎新	土木与水利工程学院	中路高科交通检测检验认证有限公司	45.00
42	挤塑板配比及成型关键技术研发	李宏波	土木与水利工程学院	银川四海丰盈保温材料有限公司	10.00
43	西夏区巩固拓展脱贫攻坚成果与乡村振兴有效衔接调研	汪文帅	信息工程学院	银川市西夏区农业农村和水务局	28.50
44	苦水河（暖泉湖）水生生物调查及生物完整性评估	赵红雪	生命科学学院	宁夏环境科学研究院（有限责任公司）	10.00
45	基于智慧牧场对肉牛高效育肥技术研究与示范	李　乐	生命科学学院	吴忠市红寺堡区红寺堡镇人民政府	16.00
46	山区输电铁塔边坡稳定性评价及灾害防治	董旭光	土木与水利工程学院	陕西恒巨软件科技有限公司	3.00
47	红寺堡区沙泉村黄花菜高效节水灌溉分散式水肥一体化施肥“卡脖子”关键技术研究	尹　娟	土木与水利工程学院	吴忠市红寺堡区农业农村局	14.00
48	碳基电极材料掺杂改性与性能调控	王　鑫	化学化工学院	湖北新冶储能科技有限公司	10.00

续表 2

序号	项　目	负责人	承接单位	甲　方	合同金额（万元）
49	输电线路杆塔基础土性参数随机概率分布下的稳定性分析	余　鹏	土木与水利工程学院	陕西恒巨软件科技有限公司	3.00
50	银川平原绿洲土地盐渍化和作物类型时空演化遥感监测及互馈关系研究	潘海珠	生态环境学院	清华大学	10.00
51	活性炭检测与综合性能开发	王　政	测试分析中心	宁夏天福活性炭有限公司	5.00
52	鸡球虫病六价活疫苗的研制	龚振兴	动物科技学院	天津赫莱恩特生物科技有限公司	10.00
53	农村黑臭水体原位生物修复技术研发	王世全	生态环境学院	宁夏中科精科检测技术有限公司	10.00
54	高海拔地区输电铁塔基础黄土地基初始结构强度确定方法	吕龙龙	土木与水利工程学院	陕西恒巨软件科技有限公司	3.00
55	中卫市照壁山水库水生生物资源调查	邱小琮	生命科学学院	中卫市天阔渔业农民专业合作社	3.00
56	牛场粪污水处理工艺与关键设备研发	张佃平	机械工程学院	宁夏圣有德实业有限公司	70.00
57	赤峰地区土壤和苜蓿矿物元素相关性分析	张巧娥	动物科技学院	河北永和荣达生物科技股份有限公司	30.00
58	隆德暖锅预制菜产品加工技术研究	王梦泽	食品科学与工程学院	宁夏德隆福文化旅游有限公司	15.00
59	宁夏大学—华远鑫和联合研发中心	张鹏飞	化学化工学院	宁夏华远鑫和化工科技有限公司	500.00
60	桃核（杏仁）脱壳及深加工技术研发	张东峰	机械工程学院	宁夏金誉生物科技有限公司	4.00
61	哈国与巴基斯坦新冠肺炎疫情防控研究	崔倩倩	数学统计学院	中国科学院新疆生态与地理研究所	7.00
62	共建“宁夏大学—维尔铸造材料加工与应用联合实验室”	李普博	材料与新能源学院	宁夏维尔铸造有限责任公司	150.00
63	高端绿色化工装备与过程开发联合实验室	罗正鸿	化学化工学院	泰和新材集团股份有限公司	1000.00
64	水肥一体化关键技术研究及智能装备研发	谭军利	土木与水利工程学院	宁夏农林科学院农业经济与信息技术研究所	9.00
65	罗山保护区鸟类资源专项调查	杨贵军	生命科学学院	宁夏罗山国家级自然保护区管理局	29.80
66	汉中市汉台区殡葬服务设施建设用地专项规划项目技术服务	杨　蓉	地理科学与规划学院	汉中市汉台区民政局	1.50
67	汉中市汉台区养老服务设施建设用地专项规划项目技术服务	杨　蓉	地理科学与规划学院	汉中市汉台区民政局	1.50
68	中老年犬专用日粮开发	辛国省	生命科学学院	佩蒂动物营养科技股份有限公司	37.20
69	咬合力设备工业化设计及市场应用	辛国省	生命科学学院	佩蒂动物营养科技股份有限公司	42.20
70	宠物口腔保健关键技术开发	辛国省	生命科学学院	佩蒂动物营养科技股份有限公司	50.00
71	银川市农业农村局渔业养殖用水及尾水排放监测	邱小琮	生命科学学院	银川市农业农村局	29.60

续表 3

序号	项　目	负责人	承接单位	甲　方	合同金额（万元）
72	新烟碱类杀虫剂中间体开发	郑庆忠	化学化工学院	宁夏谷多多农业开发有限公司	12.00
73	宁东电厂矿井水淡化与零排放处理结垢趋势试验演技	任永胜	化学化工学院	国能国华(北京)电力研究院有限公司	35.80
74	基于湿法冶金-膜反应器耦合工艺的废旧锂电池提锂技术研究	魏逸彬	化学化工学院	上海深申测科技发展有限公司	100.00
75	植被树轮测试	侯　迎	地理科学与规划学院	中国地质科学院水文地质环境地质研究所	6.10
76	2023 年主要草原病害调查	王新谱	农学院	宁夏回族自治区草原工作站	6.00
77	中卫市香山湖国家级湿地公园植物园建设	钟艳霞	生态环境学院	宁夏弘地设计院有限公司	8.00
78	基于富勒烯和碳纳米管组合结构的新型碳纳米芽稳定性结构特征及电子性质的量子调控	吴建波	化学化工学院	鸿之微科技(上海)股份有限公司	3.00
79	粉煤灰制备无机纤维	梁　森	材料与新能源学院	中科嘉创碳金(宁夏)新材料科技有限公司	60.00
80	2023 年草原外来入侵物种普查项目	王新谱	农学院	宁夏回族自治区草原工作站	12.62
81	宁夏菊花台庄园枸杞种植有限公司校企技术合作	王梦泽	食品科学与工程学院	宁夏菊花台庄园枸杞种植有限公司	50.00
82	油莎豆初级产品加工与综合利用生产技术	刘敦华	食品与葡萄酒学院	中科金莎科技发展(宁夏)有限公司	18.00
83	设施日光温室(瓜菜型)水肥利用技术提升研究	徐利岗	土木与水利工程学院	宁夏大学	35.00
84	设施日光温室(育苗型)水肥利用技术提升研究	沈　晖	土木与水利工程学院	宁夏大学	35.00
85	高品质营养强化型枸杞产品开发及组合电场快速干燥装备研发	王松磊	食品科学与工程学院	宁夏华信达健康科技有限公司	13.70
86	基于共同富裕战略的宁夏乡村地区空间品质提升研究	燕宁娜	建筑学院	宁夏回族自治区自然资源厅	39.00
87	多氢源制氢、储氢、加氢、用氢示范	张建利	化学化工学院	榆林学院	18.00
88	2023 年云雾山保护区草原有害生物防治	史　娟	农学院	宁夏云雾山国家级自然保护区管理局	20.00
89	草地土壤地物光谱，无人机高光谱，无人机激光雷达委托测量分析评估	胡　杨	生态环境学院	中国农业大学	15.00
90	室温养护条件下煤底灰基地质聚合物力学性能与反应机理	沙　东	土木与水利工程学院	陕西恒巨软件科技有限公司	3.00
91	设施日光温室(拱棚型)水肥利用技术研究	刘学智	土木与水利工程学院	清华大学	35.00
92	设施温室大棚作物栽培水肥循环利用技术提升研究	冯克鹏	土木与水利工程学院	清华大学	200.00
93	2023 年林业外来入侵物种普查样地调查	王新谱	农学院	宁夏回族自治区森林病虫防治检疫总站	35.00
94	新一代钽(铌)酸锂晶体材料的理性设计及智能制造	吴建波	化学化工学院	宁夏钜晶源晶体科技有限公司	100.00

续表 4

序号	项　目	负责人	承接单位	甲　方	合同金额（万元）
95	微生物发酵系统研发	张佃平	机械工程学院	宁夏圣友德实业有限公司	23.80
96	山桐子突变体库构建研究	李　翔	林业与草业学院	六盘水市林业局	5.00
97	水中苯胺化合物的气相色谱-质谱检测技术开发	王　政	测试分析中心	西部第三方检测集团（宁夏）有限公司	2.00
98	国电投宁夏能源铝业有限公司（盐池—宁东）降碳减排绿电替代示范光伏复合项目生态恢复的植被配置实施方案	陈　林	生态环境学院	国电投宁夏盐池县能源科技有限公司	17.50
99	西吉县 2023 年农作物草谷比、秸秆可收集系数监测	顾　欣	农学院	西吉县农业机械化技术推广服务中心	7.00
100	乡村工匠培训教材编写	车佳玲	土木与水利工程学院	宁夏住房和城乡建设厅	2.99
101	原州区 2023 年农作物草谷比、秸秆可收集系数监测	顾　欣	农学院	原州区农业机械化技术推广服务中心	14.00
102	循环水系统防垢及节水技术研发	任永胜	化学化工学院	宁夏瑞沃水资源工程研究院（有限公司）	100.00
103	2023 年宁夏回族自治区生态质量样地监测	李吉宁	生态环境学院	宁夏回族自治区生态环境监测中心	41.20
104	中药材种植期智能田间管理的人工智能关键技术开发	杨丽霞	数学统计学院	宁夏恒瑞元中药材科技有限公司	20.00
105	甲基环己烷脱氢催化剂性能表征与分析	王康洲	材料与新能源学院	榆林学院	19.00
106	污盐攻关专项-课题二	魏海琴	测试分析中心	中化环境控股有限公司	1.80
107	基于遥感影像提取地类变化信息研究	邹业斌	土木与水利工程学院	湖南湘地工程咨询有限公司	2.00
108	智慧梁场施工技术及管理研究	包　超	土木与水利工程学院	宁夏第五建筑有限公司	4.68
109	高原高寒高海拔条件下高速公路建造关键技术研发	李宏波	土木与水利工程学院	中铁建大桥工程局集团第四工程有限公司	56.95
110	CO_2 加氢制甲醇膜反应器性能测评	魏逸彬	化学化工学院	中国华能集团清洁能源技术研究院有限公司	17.39
111	宁夏回族自治区移动源环境管理年报（2023 年）编制	唐　博	机械工程学院	宁夏回族自治区应对气候变化与机动车污染防治中心	11.00
112	2023 年宁夏回族自治区生态质量样地监测项目-动物指示生物监测	杨贵军	生命科学学院	宁夏大学生态环境学院	9.00
113	贺兰山东麓酿酒葡萄精准种植与葡萄品质研究	李　明	葡萄酒与园艺学院	清华大学	50.00
114	装配式内装修部品部件性能研究	包　超	土木与水利工程学院	宁夏绿歌环保科技发展有限公司	10.00
115	中卫市 2023 年湖泊水域资源调查评估	邱小琮	生命科学学院	中卫市畜牧水产技术推广服务中心	7.90
116	宁夏生活性服务业发展现状及对策研究	马东彦	机械工程学院	政协宁夏回族自治区委员会办公厅	5.00
117	高浓度有机无机混合废水分离与资源化利用	王康洲	材料与新能源学院	宁夏享誉生物科技有限公司	30.00
118	基于高浓度磷酸一铵与聚磷酸铵的北方玉米水肥一体化技术	侯　鹏	农学院	西南大学	40.00

续表 5

序号	项　目	负责人	承接单位	甲　方	合同金额（万元）
119	基于地面高光谱和无人机多光谱的宁夏引黄灌区土壤盐渍化监测研究	张俊华	生态环境学院	清华大学	11.00
120	风电光伏制氢及绿色甲醇一体化项目研究	李广宇	化学化工学院	西安久安能源科技有限公司	5.00
121	外热式密闭无氧高效节能活性炭炭化炉的研制与产业化工艺研发及分析测试	杨金会	化学化工学院	宁夏恒基环保科技有限公司	12.60
122	高浓度双氧水氧化硫醚制 DMSO 工艺技术开发	罗发亮	化学化工学院	宁夏中伟科技有限公司	150.00
123	2023 年全区野生固沙植物生产力样地调查	沈　艳	林业与草业学院	宁夏回族自治区草原工作站	6.00
124	贺兰山地衣科学考察	牛东玲	生命科学学院	宁夏贺兰山国家级自然保护区管理局	24.90
125	基于半开放式根域限制的盐碱地葡萄优质高效标准化栽培技术示范推广	李栋梅	葡萄酒与园艺学院	同心县科学技术局	100.00
126	山海关长城博物馆陈展配套三维动态展示研究	拓晓龙	建筑学院	天津数字长城有限责任公司	10.00
127	重油加氢浆态床流场调控与过程强化研究	李建涛	化学化工学院	中国石油大学（北京）	6.00
128	加氢反应器底部液体分布特性冷模实验研究	李建涛	化学化工学院	新疆天业祥泰新材料有限公司	12.00
129	黄土丘陵区农林废弃物及动物畜禽粪便的高效处理处置及资源化利用	孙　权	农学院	宁夏宁苗生态园林（集团）股份有限公司	2.00
130	永宁县 2023 年农作物秸秆还田生态效应监测及台账建设技术服务	罗玲玲	生态环境学院	永宁县农业技术推广服务中心	13.4500
131	装配式高韧性砼联肢剪力墙研发	车佳玲	土木与水利工程学院	中联玉德设计咨询有限公司	30.00
132	高效高品质 N 型单晶硅关键制备技术研究及集成应用科技创新成果申报研究	高忙忙	材料与新能源学院	隆基绿能科技有限公司	15.00
133	煤矸石高效利用的产业化开发	高忙忙	材料与新能源学院	彭阳县鑫卓能源科技发展有限公司	30.00
134	平罗县沙地瓜菜水肥高效调控及高产栽培关键技术研发及应用	孙　权	农学院	宁夏华泰农农业科技发展有限公司	20.00
135	银川市重点河湖水生态环境质量调查评估项目（水生生物调查）	赵红雪	生命科学学院	宁夏环境科学研究院（有限责任公司）	15.00
136	汉中市城固县养老服务设施建设用地专项规划	杨　蓉	地理科学与规划学院	城固县中心敬老院	2.50
137	汉中市城固县殡葬服务设施建设用地专项规划	杨　蓉	地理科学与规划学院	汉中市城固县殡葬管理所	2.50
138	高性能金属材料先进制造工艺研发与应用	李普博	材料与新能源学院	宁夏沃博增材材料科技发展有限公司	20.00
139	添加过瘤胃叶酸对荷斯坦奶牛繁殖性能提升的技术集成研发与示范	陶金忠	动物科技学院	银川市畜牧技术推广服务中心	10.00
140	奶犊牛成活保健关键技术研究与示范应用	马燕芬	动物科技学院	宁夏博瑞饲料有限公司	10.00
141	泌乳期奶牛健康养殖营养调控技术推广应用	马燕芬	动物科技学院	宁夏新澳农牧有限公司	7.20

续表 6

序号	项　目	负责人	承接单位	甲　方	合同金额（万元）
142	活性炭微观性能分析(三)	魏海琴	测试分析中心	宁夏华辉环保科技股份有限公司	1.00
143	新型甲烷化催化剂的制备及其在合成 LNG 中关键技术的研究与应用合作协议	史可人	化学化工学院	宁夏渝丰化工股份有限公司	5.00
144	原州区双泉村泉眼水资源调查	钟艳霞	生态环境学院	宁夏谷草堂生态农业科技发展有限公司	15.00
145	贺兰县森林草原湿地生态系统外来入侵物种普查	辛　明	农学院	贺兰县自然资源局	9.00
146	西吉县马铃薯产业高质量发展内涵建设	陈彦云	生命科学学院	宁夏一山科技有限公司	60.00
147	高密度氧化聚乙烯蜡的合成与制备	郝洪涛	机械工程学院	佛山市康庭日用化工科技有限公司	30.00
148	黄土地震滑坡成灾机理与风险评估土动力测试	马文国	土木与水利工程学院	甘肃省地震局(中国地震局兰州地震研究所)	4.80
149	2023 年度饲草料良种繁育基地建设项目	兰　剑	林业与草业学院	宁夏回族自治区畜牧工作站	6.00
150	电线电缆生产工艺优化技术服务	张佃平	机械工程学院	宁夏瑞银有色金属科技有限公司	5.75
151	外来入侵物种危害评估与扩散风险测算	王新谱	农学院	农业农村部科技教育司	75.00
152	苜蓿新品种选育及制繁种关键技术研发	高雪芹	林业与草业学院	中国农业大学	90.00
153	中国区域长时间序列土壤水分和地表温度反演专题产品生产	毛克彪	电子与电气工程学院	中国科学院国家空间科学中心	19.00
154	亚麻籽低温磋磨耦合脱胶技术研究	丁文捷	机械工程学院	宁夏君星坊食品科技有限公司	10.00
155	复合寡糖(植物营养素)在水果番茄种植中的示范与研究	尹　娟	土木与水利工程学院	吴忠市利通区科学技术局	20.00
156	喀斯特石漠化水肥耦合与生物多样性恢复	李国旗	生态环境学院	贵州师范大学	40.00
157	宁夏黄河湿地生态系统定位监测（2022 年）	张　雪	生态环境学院	银川市湿地保护中心	9.00
158	高水效农业分布式量化模型系统封装与测试	李王成	土木与水利工程学院	中国水利水电科学研究院	25.00
159	深埋薄基岩综放工作面大阻力液压支架关键技术研究与应用	慕　松	机械工程学院	河南能源化工集团重型装备有限公司	20.00
160	煤矿综采工作面大坡度—长距离—大步距自移设备列车研制	慕　松	机械工程学院	天地宁夏支护装备有限公司	30.00
161	煤矿顺槽巷道单元格支架搬运车研制	慕　松	机械工程学院	天地宁夏支护装备有限公司	9.00
162	兆瓦级风机检测平台技术合作开发	慕　松	机械工程学院	宁夏银星能源股份有限公司	25.00
163	奶牛酮病营养调控关键技术的研究及产品开发	高巧仙	生命科学学院	宁夏九盛牧业科技研究院（有限公司）	8.00
164	青铜峡市 2023 年秸秆还田生态效益监测	薛　斌	生态环境学院	青铜峡市农业农村局	8.00
165	青铜峡市 2023 年农作物草谷比和秸秆可收集系数调查测算	薛　斌	生态环境学院	青铜峡市农业农村局	6.00
166	功能性微生物菌剂、肥料开发与产业化应用	曹云娥	葡萄酒与园艺学院	宁夏万辉生物环保科技有限公司	30.00

续表 7

序号	项　目	负责人	承接单位	甲　方	合同金额（万元）
167	干旱区土壤溶质通量变化过程实验研究及数值模拟	李王成	土木与水利工程学院	清华大学	7.00
168	宁夏电网绝缘护套电场仿真及组分优化	冒　杰	化学化工学院	国网宁夏电力有限公司电力科学研究院	6.18
169	耐高温复杂嵌段共聚物介电储能材料的制备与性能调控研究	冒　杰	化学化工学院	清华大学	12.00
170	驼源化纳米抗体库筛选	李　敏	生命科学学院	宁夏柏石生物科技有限公司	5.00
171	宁夏城镇发展活力监测评价关键技术研究	咸宝林	建筑学院	北京威特空间科技有限公司	10.00
172	宁夏回族自治区耕地保护与粮食安全现状、问题及对策研究	常　虹	地理科学与规划学院	政协宁夏回族自治区委员会办公厅	5.00
173	5G 终端电磁辐射高效测试系统样机研制	马　辽	电子与电气工程学院	北京航空航天大学	20.00
174	阿拉善新能源事业部万亩数字化农业示范	叶　林	葡萄酒与园艺学院	大唐(阿拉善左旗)电力有限公司	6.00
175	银川市城乡小微湿地鸟类多样性及其生境选择	张大治	生命科学学院	银川市湿地保护中心	14.79
176	新能源材料与器件技术研发	王　娜	物理与电子电气工程学院	惠州市城市燃气发展有限公司	10.00
177	哈巴湖国家级自然保护区生态环境保护成效自评估报告	田　佳	林业与草业学院	宁夏哈巴湖国家级自然保护区管理局	7.00
178	宁夏哈巴湖国家级自然保护区生态监测+	李小伟	林业与草业学院	宁夏哈巴湖国家级自然保护区	29.50
179	长大隧道绿色智能建造关键技术研发	李宏波	土木与水利工程学院	中国铁建大桥工程局集团西北工程有限公司	95.00
180	物种品种资源保护费	李吉宁	生态环境学院	宁夏农业环境保护监测站	8.00
181	钼基共限域双原子光解水催化剂设计与性能调控	刘英涛	化学化工学院	湖北新冶储能科技有限公司	15.00
182	煤基油洗石脑油组成中痕量杂质的研究	张建利	化学化工学院	宁夏计量质量检验检测研究院	8.00
183	煤矸石制备透水混凝土的研究及数据分析	朱海峰	土木与水利工程学院	宁夏启辰智能低碳科技有限公司	0.30
184	疏勒县阿拉力乡拉依旦艾日克(3)村乡村振兴规划项目——室外给水管网文本编制及图纸绘制	申晓晶	土木与水利工程学院	中联合创设计有限公司新疆第三分公司	12.50
185	2023 年中央财政林业草原生态保护恢复资金南华山国家级自然保护区补助项目科研监测与能力提升服务	曹　兵	林业与草业学院	宁夏南华山国家级自然保护区管理处	185.00
186	蓝宝石晶片检测与综合性能开发	王　政	测试分析中心	宁夏晶环新材料科技有限公司	4.00
187	直拉法单晶硅低能耗关键制备技术研究	李　进	材料与新能源学院	银川隆基硅材料有限公司	14.00
188	灵武市外来入侵物种普查	张大治	生命科学学院	灵武市自然资源局	7.70
189	乙氧氟草醚硝化微通道连续流工艺研发	杨金会	化学化工学院	宁夏一帆生物科技有限公司	16.00

续表 8

序号	项　目	负责人	承接单位	甲　方	合同金额（万元）
190	工业固废制备自清洁透水砖的技术研究	珠海峰	土木与水利工程学院	宁夏正德源科技发展股份有限公司	1.00
191	兆瓦级风电机组智能化检测关键技术及应用平台项目平台建设技术服务	慕　松	机械工程学院	宁夏银星能源股份有限公司	27.00
192	季节冻土区煤基固废改良黄土填料的冻融特性与微观机理	武立波	土木与水利工程学院	同济大学岩土及地下工程教育部重点实验室	3.00
193	贺兰山岩画职工之家设计改造	王彩君	土木与水利工程学院	宁夏震春雕塑工程设计有限公司	15.00
194	2023 年耕耘者振兴计划·宁夏新型农业经营主体培训	葛志军	农学院	腾讯臻益(深圳)企业发展有限公司	19.20
195	碳纤维复合材料高质高效加工技术研究	宿友亮	机械工程学院	南京辰茂新材料科技有限公司	20.00
196	灵武市 2023 年农作物秸秆综合利用中重点县项目监测评价	徐　坤	生态环境学院	灵武市农业机械化推广服务中心	12.00
197	宁夏基于水分平衡条件下碳汇营造林优选植被群调查(二标段)	胡　杨	生态环境学院	宁夏回族自治区林业调查规划院	87.98
198	城市水文模型培训 1	李超超	土木与水利工程学院	宁夏首创海绵城市建设发展有限公司	1.80
199	城市水文模型培训 2	李超超	土木与水利工程学院	宁夏首创海绵城市建设发展有限公司	1.80
200	石嘴山市黄河流域入河排污口“一口一策”规范化整治可行性研究报告和建设方案编制项目(一标段)	杨　帆	生态环境学院	石嘴山市生态环境保护综合执法支队	21.00
201	生活污水黑灰水分类处理及资源化利用技术及产品研发	刘　娟	建筑学院	银川市规划建筑设计研究院有限公司	2.00
202	预制柱竖向钢筋创新连接技术开发	车佳玲	土木与水利工程学院	宁夏城建设计研究院(有限公司)	50.00
203	耐养殖固废腐蚀混凝土研发及新施工工艺研究(第一阶段)	车佳玲	土木与水利工程学院	宁夏农垦建设有限公司	50.00
204	沙漠砂混凝土耐久性能及在水利工程中应用研究	刘海峰	土木与水利工程学院	宁夏农垦建设有限公司	130.00
205	高纯度一水肌酸制备技术开发与应用	王康洲	材料与新能源学院	高纯度一水肌酸制备技术开发与应用	100.00
206	沙湖水生生物调查评估	赵红雪	生命科学学院	宁夏环境科学研究院(有限责任公司)	25.00
207	雅砻江两河口水电站 300m 级高土心墙堆石坝安全性评价指标体系和关键技术研究基础技术服务	余　鹏	土木与水利工程学院	中国水利水电建设工程咨询有限公司	38.50
208	土石坝流固耦合大规模高性能数值计算方法开发	余　鹏	土木与水利工程学院	清华大学	19.40
209	永宁县 2023 年农作物草谷比及秸秆可收集系数监测技术服务	徐　坤	生态环境学院	永宁县农业机械安全监理站	5.00

续表 9

序号	项　目	负责人	承接单位	甲　方	合同金额（万元）
210	煤层低浓度甲烷燃烧催化剂开发	张鹏飞	化学化工学院	内蒙古鄂尔多斯循环经济技术研发有限公司	30.00
211	铝合金微合金化技术研发	李建梅	化学化工学院	宁夏天净时代环保有限公司	30.00
212	红寺堡区法治政府建设研究	朱爱农	法学院	吴忠市红寺堡区司法局	3.00
213	红寺堡区政府搭台+龙头企业带动产业发展的路径	李金香	经济管理学院	吴忠市红寺堡农业农村局	3.00
214	基于河套水利历史文献整理的节水控盐研究	高正亮	民族与历史学院	清华大学	7.00
215	《中华民族交往交流交融史》编纂工程	杜建录	人文与民族学部	中央民族大学	15.00
216	宁夏红寺堡区中小学生铸牢中华民族共同体意识的路径研究	马　莉	民族与历史学院	吴忠市红寺堡区教育局	10.00
217	土地经营托管服务实现路径研究	韩秀丽	经济管理学院	宁夏科葡农业技术推广服务中心	6.00
218	宁夏教育发展研究评估项目建设	田养邑	教师教育学院	宁夏立德树人教育发展研究评估中心	10.00
219	《中国与阿拉伯国家合作故事集》国际中文系列教辅教材的开发应用研究	姜克银	阿拉伯学院	教育部中外语言交流合作中心	50.00
220	同心县文化旅游标志形象设计	杨　娜	前沿交叉学院	宁夏智信管理咨询有限公司	1.50
221	红寺堡区农特产品网络传播、风险诊断与破解路径研究	于　璇	新闻传播学院	吴忠市红寺堡区工业信息化和商务局	3.00
222	村集体经济对推进农村共同富裕的作用机制研究	李文佳	经济管理学院	吴忠市利通区农业农村局	6.00
223	中宁县黄河枸杞康养旅游度假区总体规划	王　磊	前沿交叉学院	中宁县文化旅游广电局	15.00
224	2023 年耕耘者振兴计划·宁夏乡村治理骨干培训	东　梅	经济管理学院	腾讯臻益（深圳）企业发展有限公司	100.50
225	现代化生态灌区云平台开发	胡春生	前沿交叉学院	宁夏夏禹节水科技有限公司	14.00
226	宁夏枸杞农户社会化服务需求研究	韩秀丽	经济管理学院	宁夏葡杞农业技术服务中心	5.00
227	宁夏大学助力红寺堡乡村教育振兴的路径和策略研究	郝振君	教师教育学院	吴忠市红寺堡区教育局	3.00
228	宁夏商务厅法治政府建设	胡世恩	法学院	宁夏回族自治区商务厅	9.80
229	馆校合作中小学人工智能与创客教育课程资源设计与开发	张　玲	教师教育学院	宁夏科技馆	9.93
230	宁夏四季鲜农产品综合批发市场交通问题研究	黑秀玲	经济管理学院	宁夏四季鲜果品蔬菜批发市场有限公司	35.00
231	音诗画《黄河永远是家乡》	李　黎	音乐学院	宁夏演艺集团歌舞剧院有限公司	13.10
232	加强东西协作推动宁夏侨务工作扩容增效	雷安琪	法学院	宁夏回族自治区归国华侨联合会	1.00
233	酒店员工服务质量提升研究	周司洋	前沿交叉学院	北京市北控国际会都房地产开发有限公司雁栖岛分公司	0.80
234	宁夏清洁能源产业发展路径研究	仇娟东	经济管理学院	国网宁夏电力有限公司经济技术研究院	34.90

续表 10

序号	项 目	负责人	承接单位	甲 方	合同金额（万元）
235	海原县生态观光自驾游配套设施项目可研报告	周司洋	前沿交叉学院	中联合创设计有限公司	5.58
236	自治区“十四五”规划《纲要》实施中期评估	仇娟东	经济管理学院	宁夏回族自治区发展和改革委员会	48.00
237	宁夏创建国家科技成果转移转化示范区实施路径研究	周学忠	人文社会科学处	宁夏回族自治区生产力促进中心	1.60
238	盐池县麻黄山文创及包装设计	王胜泽	美术学院	麻黄山乡人民政府	6.14
239	十翼产品外观设计服务	王 艳	美术学院	兰州十翼文化传播有限公司	9.00
240	“自治区知识产权保护条例”立法专项法律服务	赵雅洁	新闻传播学院	宁夏回族自治区市场监督管理厅	30.00
241	宁夏知识产权保护白皮书（2018—2022）项目服务	赵雅洁	新闻传播学院	宁夏回族自治区市场监督管理厅	19.00
242	银川市工业和信息化局银川市平台经济高质量发展报告研究	马志云	经济管理学院	银川市工业和信息化局	25.00
243	宁夏回族自治区烟草公司吴忠市公司专题培训和数理模型搭建技术指导	冯 蛟	创新创业学院（大学科技园办公室）	宁夏回族自治区烟草公司吴忠市公司	4.90
244	2023 庆七一主题演出	王 楠	音乐学院	吴忠市悦祥养老服务中心	2.00
245	宁夏回族自治区第十七届运动会接旗仪式	金 晖	音乐学院	银川艺术剧院有限公司	4.00
246	区直机关“七一”主题党日活动	陈 宏	音乐学院	宁夏贺兰山东麓葡萄酒产业园区管理委员会	2.98
247	联合开展阿拉善地区民族交往交流交融史料汇编	杜建录	人文与民族学部	阿拉善博物馆	3.60
248	自治区文联文艺维权宣传工作	王一播	法学院	宁夏回族自治区文学艺术界联合会	2.00
249	南澳县全域旅游产品规划设计与南澳生态旅游区资源—景观质量评价报告	王 磊	前沿交叉学院	中国科学院地理科学与资源研究所	46.00
250	宁夏关键物流节点供应链协同发展现状调研	黑秀玲	经济管理学院	宁夏回族自治区商务厅	9.90
251	银川市国家骨干冷链物流基地建设方案	黑秀玲	经济管理学院	宁夏四季鲜果品蔬菜批发市场有限公司	100.00
252	新文科建设背景下卓越新闻传播人才课程建设研究	于鹏亮	新闻传播学院	上海睿亚训软件技术服务有限公司	7.50
253	《合作、交流、共赢——中国—阿拉伯国家博览会这十年》编撰	张前进	阿拉伯学院	宁夏回族自治区商务厅	30.00
254	多彩丝路哈密故事文创研发设计项目报告	于光建	民族与历史学院	陕西十月文物保护有限公司	2.00
255	宁夏回族自治区文化和旅游资源普查二期项目（宁夏文化和旅游资源管理与决策支持系统）	王 磊	前沿交叉学院	宁夏回族自治区文化和旅游厅	390.00
256	红寺堡地区特色农产品数字化营销关键技术研究及示范推广	冯 蛟	创新创业学院（大学科技园办公室）	红寺堡区工业信息化和商务局	14.00
257	酒店员工服务质量提升研究	刘 华	前沿交叉学院	上海舟济企业管理咨询有限公司	0.64

续表 11

序号	项　目	负责人	承接单位	甲　方	合同金额（万元）
258	红寺堡区学前教育质量提升路径研究与实践探索	马　娥	教师教育学院	红寺堡区教育局	7.00
259	中卫市消防事业发展“十四五”规划中期评估	万　惠	前沿交叉学院	中卫市消防救援支队	3.20
260	海原县消防事业发展“十四五”规划中期评估	万　惠	前沿交叉学院	海原县消防救援大队	2.00
261	中国高等教育学会教育规划项目重大课题：西部乡村教师教育协同提质路径研究	王安全	教师教育学院	中国高等教育学会教师教育专业委员会	3.00
262	全国青少年体校俱乐部田径资格赛（中西部赛区）	邹建世	体育学院	银川市田径运动协会	25.228
263	单星自主任务规划边缘计算及效能评估系统开发	胡春生	前沿交叉学院	航天东方红卫星有限公司	18.00
264	阿拉善岩画展厅改陈提升设计施工一体化工程	庄　青	图书馆	阿拉善博物馆	2.88
265	青铜峡市旅游融合发展	王　磊	前沿交叉学院	青铜峡市文化旅游体育广电局	59.80
266	宁夏大学—大武口区工业文旅产业融合发展研究中心共建协议	王　磊	前沿交叉学院	石嘴山市大武口区文化旅游广电局	100.00
267	阿拉善博物馆《黄河从草原上流过——内蒙古黄河流域古代文明展》（横向课题项目）方案设计及艺术咨询服务	庄　青	图书馆	阿拉善博物馆	0.92
268	盐池县麻黄山乡窑洞党校文创设计制作	王胜泽	美术学院	麻黄山乡人民政府	12.8802
269	盐池县麻黄山小杂粮包装设计项目	王胜泽	美术学院	麻黄山乡人民政府	4.3981
270	吴忠市加快建设铸牢中华民族共同体意识示范市第三方评估	潘忠宇	法学院	中共吴忠市委统战部	16.00
271	酒店人力资源服务管理研究	徐丽君	前沿交叉学院	上海吉祥房地产有限公司静安香格里拉大酒店	0.80
272	教育部 2023 年度国家乡村振兴重点帮扶县西吉县教师国家通用语言文字能力提升在线示范培训	杨晓宇	文学院	教育部语用司	18.00
273	红寺堡区产业与铸牢中华民族共同体意识联动发展模式绩效评估及优化路径研究	阿利·热合买提	学生处	中共吴忠市红寺堡区委统战部	3.00
274	银川市若橙艺术培训中心品牌策划设计服务	张　莉	美术学院	银川市若橙艺术培训中心	27.00
275	2023 年四川大剧院演出秦腔现代戏《王贵与李香香》	陈　宏	音乐学院	宁夏演艺集团秦腔剧院有限公司	23.00
276	基于顾客满意度的酒店服务质量提升研究	杨　娜	前沿交叉学院	厦门佰翔汇馨有限责任公司威斯汀酒店	0.60
277	2023 年杞福天下中宁县红枸杞原创音乐征集活动项目	王瑞星	美术学院	洛客科技（宁夏）有限公司	2.00
278	禁毒课题研究	杨晓梅	法学院	银川市公安局	12.00
279	基于 AIGC 的元宇宙虚拟直播系统开发	朱俊松	新闻传播学院	宏强文化传媒集团（宁夏）有限公司	45.00

续表 12

序号	项　目	负责人	承接单位	甲　方	合同金额（万元）
280	科技小学堂	张　玲	教师教育学院	华为技术有限公司	20.00
281	珠海会同集文旅项目前期市场调研	王双祺	经济管理学院	侦心不改（宁夏）文化科技有限公司	1.00
282	20 世纪中国革命史研究	张新军	民族与历史学院	宁夏旭源建设工程有限公司	5.00
283	新文科建设背景下新闻学一流本科专业课程建设研究与实践	李世举	新闻传播学院	上海睿亚训软件技术服务有限公司	25.00
284	产教融合背景下融媒体师资培养体系建构	李世举	新闻传播学院	北京北大方正电子有限公司	2.00
285	宁夏党委国家安全委员会办公室合作服务机构咨询	张前进	阿拉伯学院	宁夏回族自治区委员会国家安全委员会办公室	5.1515
286	全区市场监督管理系统新闻宣传联络员网评员能力提升培训班	赵雅洁	新闻传播学院	宁夏回族自治区市场监督管理厅	8.355
287	宁夏水投中卫水务有限公司中高层管理人员素质提升服务	戴晓琳	前沿交叉学院	宁夏水投中卫水务有限公司	10.6607
288	中卫市消防救援队伍干部政治轮训、晋升暨党组织书记服务	戴晓琳	前沿交叉学院	中卫市消防救援支队	8.9892
289	中国及宁夏葡萄酒历史文化研究	毛凤玲	葡萄酒与园艺学院	宁夏贺兰山东麓葡萄酒产业园区管委会	37.00
290	中国葡萄酒史（上）	张　訸	葡萄酒与园艺学院	毛凤玲	6.00
291	中国葡萄酒史（下）	邱守刚	葡萄酒与园艺学院	毛凤玲	5.00
292	宁夏葡萄酒业四十年	李　明	葡萄酒与园艺学院	毛凤玲	5.00
293	宁夏葡萄栽培和葡萄酒酿造技术发展历史研究	张军翔	葡萄酒与园艺学院	毛凤玲	5.00
294	宁夏回族自治区总工会合作开展重点调研课题研究	肖　融	法学院	宁夏回族自治区总工会	5.80
295	2022 年企业对外投资信息采集与分析	鲍旺虎	经济管理学院	农业农村部对外经济合作中心	0.96
296	宣传视频、文化手册及网站平台的中英文校对及翻译咨询服务	杨巧南	外国语学院	宁夏星承文化传媒有限公司	46.70
297	阿拉善左旗沙产业企业科技特派员专题培训服务	戴晓琳	前沿交叉学院	阿拉善左旗沙产业服务中心	3.696
298	学习贯彻党的二十大精神　加快宜居宜业宜游示范市建设暨推动文旅产业高质量发展专题服务	周司洋	前沿交叉学院	中卫市旅游和文化体育广电局	6.30
299	宁夏宁红演艺集团国家艺术基金歌舞剧《杨岭村的故事》及重大节庆文旅项目	金　晖	音乐学院	宁夏宁红演艺集团有限公司	125.00
300	新文科建设专题研究	周学勤	前沿交叉学院	北京百智享科技有限公司	0.50
301	价值增强汉语与国际公民教育主题学术活动设计与研究	赵世芳	国际教育学院	世界汉语教学学会	1.00
302	课堂教学案例研究专家服务	咸富莲	教师教育学院	银川市金凤区第三小学	1.00
303	耕耘者振兴计划专题培训班	马艳艳	经济管理学院	蝻讯臻益（深圳）企业发展有限公司	15.576
合计					8722.34

2023年度教职工出版著作一览表

著 作	第一作者	所属单位	出版社	出版社级别	资助渠道
降水量变化及氮添加下荒漠草原碳源汇特征研究	黄菊莹	生态环境学院	科学出版社	A级	科研项目
枸杞种质遗传多样性及组学研究	郑 蕊	生命科学学院	中国农业出版社	A级	科研项目
园艺植物研究法	曹云娥	葡萄酒与园艺学院	中国农业出版社	A级	其 他
新闻传播对西部文化产业的协同创新作用研究	俞运宏	新闻传播学院	企业管理出版社	B级	宁夏大学其他专项资金
现代园艺绿色生产	张雪艳	葡萄酒与园艺学院	中国农业出版社	A级	其 他
当代甘宁青慈善组织运作研究	杨晓梅	法学院	人民出版社	A级	宁夏大学其他专项资金
钱伟长治学理念与教育思想	冯秀芳	计划财务处	上海大学出版社	B级	科研项目
中国西部诗歌之当代重构	沈秀英	文学院	中国矿业大学出版社	B级	其 他
CHINA'S PATENT EXPERIENCE OF INTELLECTUAL PROPERTY SYSTEM	赵雅洁	新闻传播学院	社会科学文献出版社	A级	其 他
六盘山国家级自然保护区地衣图鉴	牛东玲	生命科学学院	河南科学技术出版社	B级	科研项目
中东现代民族国家构建典型个案研究·伊拉克卷	冯 燚	阿拉伯学院	人民出版社	A级	其 他
新时代中国社会建设研究	马 越	马克思主义学院	社会科学文献出版社	A级	其 他
唐前期陇右防御体系研究	李新贵	民族与历史学院	中国社会科学出版社	A级	宁夏大学其他专项资金
朔方文库补编	胡玉冰	文学院	国家图书馆出版社	A级	科研项目
乡村文化建设中的社交媒介	顾广欣	新闻传播学院	中国社会科学出版社	A级	宁夏大学其他专项资金
西夏文《孙子兵法三注》研究	彭向前	民族与历史学院	社会科学文献出版社	A级	其 他
兵部问宁夏案	胡玉冰	人文社会科学处	上海古籍出版社	A级	科研项目
锦心问诊	郭延生	动物科技学院	中国农业科学技术出版社	B级	其 他
大学生创新创业教育项目化教程研究	党锐锋	马克思主义学院	线装书局	B级	科研项目
保障性住房法律制度比较研究	张 涛	法学院	中国社会科学出版社	A级	其 他
DSP原理及应用	伍永峰	电子与电气工程学院	西安电子科技大学出版社	A级	宁夏大学其他专项资金
宁夏草地	马红彬	林业与草业学院	科学出版社	A级	宁夏大学其他专项资金
边界、通道与流动性——对昆曼国际公路的村落研究	马 巍	民族与历史学院	云南大学出版社	B级	宁夏大学其他专项资金
宁夏扬黄灌区秸秆还田的培肥及玉米增产效应研究	李 荣	农学院	阳光出版社	B级	科研项目

续表 1

著　作	第一作者	所属单位	出版社	出版社级别	资助渠道
乡村振兴背景下新型城镇化建设研究	邹淑燕	终身教育学部	九州出版社	B 级	其　他
新媒体语境下的诗学重构——数字文学概观	李　洁	外国语学院	天津大学出版社	B 级	其　他
澳门传统当铺	查　娜	美术学院	遗产学会	B 级	其　他
宁夏三河源地区水文要素演变规律与水文模拟研究	张汉辰	地理科学与规划学院	中国水利水电出版社	A 级	科研项目
心灵揭示	金忠杰	阿拉伯学院	商务印书馆	A 级	其　他
宁夏文艺评论 2022 卷(上、下)	郎　伟	宁夏大学办公室(法制工作办公室)	阳光出版社	B 级	其　他
民法总论案例教程	戴新毅	法学院	法律出版社	B 级	宁夏大学其他专项资金
新媒体营销(数字教材版)	冯　蛟	经济管理学院	中国人民大学出版社	A 级	其　他
宁夏中部干旱区滴灌枸杞试验研究	尹　娟	土木与水利工程学院	中国水利水电出版社	A 级	科研项目
海原大地震百年认识	郭安宁	土木与水利工程学院	陕西科学技术出版社	B 级	科研项目
宁夏乡村规划整治与宜居农宅设计图则	燕宁娜	建筑学院	中国建筑工业出版社	A 级	科研项目
宁夏草地植物图鉴	李小伟	林业与草业学院	科学出版社	A 级	宁夏大学其他专项资金
污染环境中生物种群系统的建模与研究	王战平	数学统计学院	电子工业出版社	A 级	其　他
特殊教育的学生文化研究	杨丽恒	教师教育学院	东北师范大学出版社	B 级	宁夏大学优秀学术著作出版基金
中国网络流行语发展史(1994—2018)	于鹏亮	新闻传播学院	中国传媒大学出版社	B 级	科研项目
复合型抗菌材料的制备及抗菌性能研究	麻晓霞	化学化工学院	化学工业出版社	A 级	其　他
宁夏清水河流域水环境功能分区及水承载力研究	邱小琮	生命科学学院	中国水利水电出版社	A 级	其　他
“一带一路”沿线国家科技创新合作研究	马志云	经济管理学院	经济科学出版社	A 级	宁夏大学其他专项资金
企业危机中员工参与对消费者宽恕意愿的影响研究	冯　蛟	经济管理学院	阳光出版社	B 级	其　他
高校舞蹈教学研究	王　楠	音乐学院	朗文出版社	B 级	其　他
新编数码钢琴教程	胡菁华	音乐学院	中国文联出版社	A 级	宁夏大学其他专项资金
盐池县地名故事	米文宝	地理科学与规划学院	宁夏人民出版社	B 级	科研项目

续表 2

著　作	第一作者	所属单位	出版社	出版社级别	资助渠道
西夏译玄奘所传“法相唯识”经典研究	王　龙	民族与历史学院	中国社会科学出版社	A 级	其　他
有趣的矩阵:看得懂又好看的线性代数	马婧瑛	数学统计学院	北京大学出版社	A 级	其　他
身体过山车	徐廷廷	外国语学院	河南美术出版社	B 级	其　他
中国应急管理制度创新:国家治理现代化视角(阿文版)	马成文	阿拉伯学院	阿联酋指南针出版社	B 级	其　他
黄土高原丘陵区典型草原植被土壤对人工修复的响应	马红彬	林业与草业学院	科学出版社	A 级	其　他
影像的叙说——电影理论与经典	于鹏亮	新闻传播学院	兰州大学出版社	B 级	其　他
清代宁夏驻防八旗研究	张　航	人力资源部(党委教师工作部)	人民出版社	A 级	宁夏大学其他专项资金
家禽生产学	张　娟	动物科技学院	中国农业出版社	A 级	宁夏大学优秀学术著作出版基金
化工原理(上册)	任永胜	化学化工学院	清华大学出版社	A 级	其　他
西部乡村教师专业发展与制度建设研究	王安全	教师教育学院	中国人民大学出版社	A 级	其　他
道德与净脏:具身隐喻映射	丁凤琴	教师教育学院	科学出版社	A 级	科研项目
西夏文《类林》译注	孙伯君	民族与历史学院	甘肃人民出版社	B 级	其　他
金融风险管理与监管科技	冯　蛟	创新创业学院(大学科技园办公室)	清华大学出版社	A 级	其　他
水处理过程金属腐蚀过程与机理	任永胜	化学化工学院	化学工业出版社	A 级	其　他
青春的记忆——于婧油画作品集	于　婧	美术学院	四川美术出版社	B 级	其　他

2023年度成果转化项目和经费情况一览表

序号	名 称	受让方	转化方式	转化金额（万元）	到账金额（万元）	所在部门	项目负责人
1	间/对苯二甲酰氯产业化秘密技术转让	宁夏丰华生物科技有限公司	技术秘密转让	295	118	化学化工学院	史可人
2	一种内陆湖泊水环境生态治理系统	金田产业发展(山东)集团有限公司	专利实施许可	5	5	生命科学学院	邱小琮
3	一种半干旱区露水和雨水联合收集灌溉系统	金田产业发展(山东)集团有限公司	专利实施许可	5	5	土木与水利工程学院	尹 娟
4	枸杞果功能性调和油产品开发及其胃黏膜保护作用研究	宁夏马季食用油有限公司	技术秘密许可	3	3	食品与葡萄酒学院	刘敦华
5	牛传染性鼻气管炎血清学检测技术	灵武市犇鑫牧业有限公司	技术秘密许可	8	8	农学院	李继东
6	一种虚拟桌面压缩的方法	宁夏禾舜生态科技有限公司	专利实施许可	0.2	0.2	信息工程学院	张 鹏
7	一种由二氧化碳、氢气和氨气一步制备二甲胺的方法	宁夏赛鹭鑫技术有限公司	专利实施许可	0.24	0.24	化学化工学院	高新华
8	一种基于无人机载高光谱成像的BRDF数据采集系统和方法	华朴生态科技(宁夏)有限公司	专利实施许可	0.2	0.2	生态环境学院	王 磊
9	一种快速正反馈主动移频式孤岛检测方法	宁夏阿迪特教育科技有限公司	专利实施许可	0.2	0.2	电子电气工程学院	郭中华
10	罗布麻育苗和种植技术	宁夏宁苗生态建设集团股份有限公司	技术秘密许可	5	5	生态环境学院	李国旗
11	“‘盐池’沙芦草新品种”生产技术转让	蒙草生态环境(集团)股份有限公司	技术秘密许可	40	40	科学技术研究院	伏兵哲
12	设施葡萄丰产高质栽培技术秘密	银川市西夏区兴泾镇十里铺村集体经济合作社	技术秘密许可	5	5	葡萄酒与园艺学院	叶 林
13	青贮饲草料品质提升及功能型生物饲料开发关键技术	宁夏犇牛牧业有限公司	技术秘密许可	10	10	动物科技学院	张桂杰
14	一种诱导蝴蝶兰抽生多梗的方法	宁夏宏茂农林科技有限公司	技术秘密许可	5	5	葡萄酒与园艺学院	严 瑞
15	颗粒材料孔隙组构的定量测试与图像分析技术	西安盛驰瑞机械科技有限公司	专利实施许可	8	8	物理学院	李学丰
16	纳米片层结构ZSM-5分子筛的制备方法	友连(宁夏)科技有限公司	技术秘密许可	102	102	能源与材料学院	王 政
17	一种促进蝴蝶兰开花调节剂的制备	宁夏玉松旺园艺有限公司	技术秘密许可	5.5	5.5	葡萄酒与园艺学院	严 瑞
18	履带式喷雾机技术秘密转让	宁夏海原国华农机制造有限责任公司	技术秘密转让	3	3	机械工程学院	杨术明

续表 1

序号	名　称	受让方	转化方式	转化金额（万元）	到账金额（万元）	所在部门	项目负责人
19	不同作物农田深松耕技术的技术秘密许可	宁夏海原县生俊农业机械化作业服务有限公司	技术秘密许可	4	4	农学院	侯贤清
20	环保型材料覆盖技术的技术秘密许可	宁夏海原县生俊农业机械化作业服务有限公司	技术秘密许可	4	4	农学院	李　荣
21	2-萘酚电化学合成技术	石嘴山市弘耀化工有限公司	技术秘密许可	10	5	化学化工学院	冀　阳
22	一种林业用非接触式钉树牌枪专利转让	北京唯思德科技有限公司	专利权转让	5	5	林业与草业学院	徐雪蕾
23	一种树木胸径测量装置专利转让	北京唯思德科技有限公司	专利权转让	5	5	林业与草业学院	徐雪蕾
24	一种森林调查用冠幅快速测量装置专利转让	北京唯思德科技有限公司	专利权转让	7.5	7.5	生态环境学院	胡　杨
25	一种可视化树高测量杆专利转让	北京唯思德科技有限公司	专利权转让	7.5	7.5	生态环境学院	胡　杨
26	掺杂纳米颗粒的新型炭基吸附剂的制备及其在水处理中的应用研究	宁夏富杨食品有限公司	技术秘密许可	50	50	化学化工学院	李媛媛
27	煤液化费托渣腊中费托蜡/废催化剂多能量场梯级分离与增值化关键技术	夏江(宁夏)环保科技有限公司	技术秘密许可	120	60	创新创业学院	全晓虎
28	羊全混合日粮颗粒饲料加工技术	宁夏宁羊农牧科技有限公司	技术秘密许可	6	6	生命科学学院	辛国省
29	玉米深加工副产物赖氨酸渣饲料资源化高效利用技术研究与示范	平罗县鑫绿源农牧开发专业合作社	技术秘密许可	6	6	生命科学学院	辛国省
30	《酿酒葡萄节水节肥优质高效栽培技术示范推广》—系列之酿酒葡萄节水节肥技术措施技术秘密转让	宁夏宝源大地酒庄有限公司	技术秘密许可	20	20	葡萄酒与园艺学院	李栋梅
31	智慧农业管理系统 V1.0 软件著作权转让	宁夏顺宝农业科技有限公司	软件著作权转让	3	3	信息工程学院	张　鹏
32	智慧水肥决策系统 V1.0 软件著作权转让	宁夏顺宝农业科技有限公司	软件著作权转让	3	3	信息工程学院	张　鹏
33	具有温度动态调控的双层保温日光温室及智能调节方法专利实施许可	宁夏垣懿农业科技有限公司	专利实施许可	7	7	土木与水利工程学院	王　斌

续表 2

序号	名 称	受让方	转化方式	转化金额（万元）	到账金额（万元）	所在部门	项目负责人
34	一种智能化降雨集流灌溉装置及其使用方法专利实施许可	宁夏元一空间信息科技有限公司	专利实施许可	6	6	土木与水利工程学院	李 娟
35	一种葡萄抗寒节水灌溉系统及栽培方法	银川宝实葡萄酒庄有限公司	技术秘密许可	35	35	葡萄酒与园艺学院	李栋梅
36	一种水质中微量元素含量的原位连续检测装置	宁夏测衡联合实业有限公司	专利实施许可	10	10	土木与水利工程学院	王战平
37	农业有机废弃物资源化利用及功能菌肥开发研究与示范	宁夏万辉生物环保科技有限公司	技术秘密许可	8	8	葡萄酒与园艺学院	曹云娥
38	碳库–多重生境协同重构菜田土壤健康及蔬菜高质高效生产关键技术创新与应用	银川泉园种植养殖农民专业合作社	技术秘密许可	8	8	葡萄酒与园艺学院	曹云娥
39	日光温室群智能卷闭帘、卷闭膜及智能灌溉控制系统	宁夏顶上盛夏农业技术有限公司	技术秘密许可	5	5	本科生院	张亚红
40	旱区节水灌溉系列设备专利实施许可	宁夏懋源生态科技有限公司	专利实施许可	10	10	土木与水利工程学院	尹 娟
41	一种便携式内陆湖泊采水器专利实施许可	宁夏懋源生态科技有限公司	专利实施许可	5	5	土木与水利工程学院	邱小琮
42	羊肚菌设施光气高效调控优质生产关键技术	兴泾镇十里铺村集体经济合作社	技术秘密许可	7	7	葡萄酒与园艺学院	叶 林
43	一种电磁排水抗滑桩及其施工方法	西安汇智创科工程技术有限公司	专利实施许可	3	3	土木与水利工程学院	董旭光
44	间歇供水火灾救援样机制作	银川市消防救援支队	技术秘密许可	3	3	物理学院	曾建成
45	一种 2–已基咪唑的制备方法	宁夏锦华化工有限公司	专利权转让	10	10	化学化工学院	杨金会
46	一种发酵型马铃薯营养糊产品以及制备方法	宁夏佳利源生物科技有限公司	专利权转让	5	5	食品科学与工程学院	张惠玲
合计				873.34	631.34		

（科学技术研究院梁滨提供）

教职工情况

2023 年教职工基本情况统计表

	管理人员	教学人员	科研人员	思政人员	教辅人员	附属机构人员	离退休人员	合计(不含离休人员)
正高级	11	450	31	6	13	1	15	512
副高级	118	605	54	26	106	20	22	929
中　级	119	431	27	40	129	24	4	770
初　级	66	57	10	59	36	11	0	239
无职称	59	0	0	4	17	105	6	185
合　计	373	1543	122	135	301	161	47	2615

2023 年专任教师职称、学历情况

职　称				学　历			合　计
正高级	副高级	中　级	初　级	博　士	硕　士	本科及以下	
460	651	652	79	1082	485	275	1842

2023 年专任教师年龄情况

	35 岁以下	36—40 岁	41—45 岁	46—50 岁	51—55 岁	56—60 岁	61 岁以上	合　计
正高级	3	13	88	120	128	106	2	460
副高级	38	87	237	171	85	33		651
中　级	320	153	104	39	23	13		652
初　级	68	5	5	1				79
小　计	429	258	434	331	236	152	2	1842

在职的各类专家人才(包含返聘人员)

中国工程院院士

何季麟　马玉山

教育部“长江学者奖励计划”

1. 特聘教授

杜建录　彭志科　王青云　于广锁　罗正鸿　王胜平　刘　晰　胡　衡

2. 青年学者

王智文

3. 讲座教授

Sternberg

国家高层次人才特殊支持计划(“万人计划”)

1. 百千万工程领军人才

李　星

2. 科技创新领军人才

马玉山　彭志科　罗正鸿

3. 哲学社会领军人才

杜建录　胡玉冰　彭向前

4. 青年拔尖人才

潘　洁　魏凡华　张桂杰

国家杰出青年科学基金获得者

彭志科　王青云　罗正鸿　聂宗秀

何梁何利基金科学与技术创新奖获得者

田军仓　李　星

国家优秀青年基金获得者

刘　源

国家高层次人才计划青年项目

张鹏飞

百千万人才工程国家级人选

李　星　许　兴　田军仓　杜建录　马玉龙　胡玉冰　马玉山　郭庆杰　马　云　赖小勇

全国宣传文化系统“四个一批”人才

杜建录　胡玉冰　彭向前

国家有突出贡献的中青年专家

何建国　胡玉冰　郭庆杰　马　云　赖小勇

享受国务院政府特殊津贴人员

李　星　何季麟　何建国　王　俊　王玉炯　田军仓　许　兴　赵天生　郭庆杰　马玉山　杜建录　刘万毅　马玉龙　李建设　陈彦云　胡玉冰　薛　屏　蔡永贵　赖小勇　王忠静　罗瑞明　马　云　彭向前　张桂杰

国家级教学名师

王玉炯　田军仓

教育部新世纪优秀人才支持计划人选

王玉炯　杜建录　马玉龙　王旭明　李国旗　郭庆杰　王新谱　赵天生　胡玉冰　杨金会　肖国举　王青云　顾培明　王胜平

教育部高校骨干教师资助计划人选

王玉炯　田军仓　李　星　赵天生

教育部高校优秀青年教师教学科研奖励计划人员

李　星

农业农村部"神农英才计划"人员

张桂杰

中国科协青年人才托举工程

刘　昊　李　乐

全国宝钢优秀教师奖获得者

王玉炯(特等奖)　刘万毅　陈焕铭　崔自治　张亚红　王旭明　任克亮　朱学军　汪西原　周玉香　邓光存　王安全　党锐锋　马红彬　孙学宏　倪　刚　张　波　王新谱　王岩森　李　平　丁凤琴　燕宁娜　周学章　冯　蛟　白俊英　方海田　汪文帅　胡世恩　李　冰　汤全武　王昱潭　仇娟东　李风军　张雪艳　顾　欣　马　玲

享受自治区政府特殊津贴人员

杜建录　刘万毅　霍维洮　王　锋　张维江　李建设　胡玉冰　薛　屏　高桂英　张自萍　张亚红　顾培明　王安全　杨文伟　李　斌　张　波

自治区"塞上英才"

何季麟　马玉山　田军仓　王玉炯　杜建录　马玉龙

自治区"塞上农业专家"

陈彦云　孙　权

自治区"塞上文化名家"

蔡永贵　雷兴明　杨　浣　李　斌　陈　宏　梁祖萍

自治区“塞上名师”

郎　伟　张亚红　王岩森

宁夏高校教学名师

霍维洮　田军仓　谢应忠　郎　伟　刘万毅　孙振玉　郭鸿雁　张轶炳　王岩森　王　盛　袁　红　朱学军　白宁芳　张　波　李　平

自治区“海外引才百人计划”人选

王　政　毛明杰　顾培明　王治文　杨秋宁　藏志勇　马保军　王海龙　罗海霞　陈　任　李海波　彭　娟　周　震　马清祥

自治区“国内引才312计划”人选

文　琦　任　军　赵天生　贾科利　赖小勇　张雪艳　周学章　张自萍　丁生虎　徐利岗　韩　磊　李兴财　李学丰　张建利　张桂杰　范素兵　雷兴明

自治区“新世纪313人才工程”人选

1. 国家百千万人才工程第三层次人选

何建国　许　兴　史远刚　王玉炯　赵天生　谢应忠　王　锋　王旭明　杨金会　王新谱　冯秀芳　彭向前　东　梅　杨国涛

2. 自治区新世纪学术、技术带头人

蔡永贵　王　俊　王振平　杜建录　霍维洮　马玉龙　张军翔　李建设　刘万毅　孙　权　张启敏　薛　屏　张维江　胡玉冰　彭　励　马红彬　蔡　超

自治区科技创新领军人才培养工程人选

张军翔　顾培明　肖国举　王海龙　王　政　徐利岗　张雪艳　邓光存　赖小勇　文　琦　彭　娟　马红彬　李学丰　张建利　马　云　丁生虎　刘贵珊　李兴财　李风军　马保军　周学章　王　磊　王昱潭　范素兵　张桂杰　张俊华　刘立波　汪文帅　杨金会

自治区哲学社会科学和文化艺术领军人才培养工程人选

佟建荣　任　军　李世举　段玉泉　钱容德　冯　蛟　李新贵　潘　珅

自治区青年拔尖人才培养工程人选

邓光存　文　琦　杨　浣　肖国举　倪细炉　徐利岗　钟艳霞　张雪艳　王松磊　刘任涛　杜灵通　刘小鹏　李茹一　白红存　李　虎　王梦泽　孙学宏　方海田　王幼奇　李王成　白永辉　马　佳　王　冠　王思鸿　王换芳　朱　磊　安　慧　李　乐　李　勇　赵多平　贾　巍　高云澍　曹云娥　谢延龙　戴新毅　亢　婷　朱海燕　麻冬梅　伏兵哲　王德志　杨庆凤　于光建　马燕芬　王怀柱　王胜泽　刘宽冠　刘智永　刘翔宇　张　娟　柳玉宏　黄菊莹

自治区青年科技人才托举工程人选

王　冠　苏　艳　白红存　李兴财　邓　箴　张玮玮　李海波　张尚荣　惠迎新　詹海鹏　白一茹　李　荣　李志刚　车佳玲　魏梦雪　马　薇　刘　昊　刘宽冠　刘智永　刘翔宇　齐拓野　何进宇

张桂杰	陈　林	金　刚	侯　迎	展秀丽	曹志杰	宿友亮	董旭光	潘　欢	高雪芹	李清峰
吴龙国	禄兴丽	魏大为	王　芳	王泽云	王玲霞	包　超	邢永雷	许秋燕	高新华	李超超
李普博	杨珮珮	班　伟	康宁波	王　兴	孙　辉	孙永刚	李　晶	李典军	李晓曼	余振华
张汉辰	郑浩博	孟　晨	姚文孔	姬　强	崔倩倩	寇琳媛	傅　婧	潘　琳	黎康宁	吕鹏远
孙　悦	张舜祖	罗玉龙	岳健敏	冒　杰	程　亮	谭永涛	王焦飞	王婷婷	刘佳嘉	刘建康
刘晓霞	李振东	李淑霞	邹业斌	宋旭东	郝　健	耿朋勃	柴明堂	陶镛汀	魏超昆	

自治区青年哲学社会科学和文化艺术人才托举工程人选

于光建	王丽婷	朱丽娅	刘振宇	杨文笔	高秀军	马　静	仇娟东	冯　燚	田养邑	刘东宁
许　昊	焦岩岩	王　艳	邓文韬	王　龙	华　静	余伟如	周　易	咸富莲	于鹏亮	王淑兰
张建东	于艳丽	马志云	王雅蕾	马　巍	刘　攀	陆筱璐	张启龙	雷安琪	鱼　彬	查　娜

（人力资源部李学武提供）

教职工在各民主党派、人民团体中央、区委会任职情况

一、民主党派任职

中国国民党革命委员会宁夏第十二届委员会副主任委员:毛明杰

中国民主同盟宁夏回族自治区第十二届副主任委员:文　琦

中国民主促进会宁夏区委会第九届委员会常委:刘　明

中国农工民主党宁夏第八届委员会常委:苏建宇

九三学社宁夏第七届委员会副主任委员:张亚红

中国民主同盟宁夏回族自治区第十二届委员会委员:杨晓宇

中国民主建国会宁夏区委会第八届委员:杨文笔

中国民主促进会宁夏区委会第九届委员会委员:金忠杰

九三学社宁夏第七届委员会委员:杨　浣

中国民主促进会宁夏区委会直属工委副主委:倪　刚

中国民主促进会宁夏第二届区直工委副主委、区委会第九届委员会常委:刘 明

民进区委会青年工作委员会主任:金忠杰

民进中央第十四届青年工作委员会副主任:金忠杰

二、统战团体任职

自治区党外知识分子联谊会副会长:白　楠

自治区党外知识分子联谊会理事:王安全

欧美同学会德奥分会第七届理事会副会长:李　星

欧美同学会留加分会第七届理事会理事:曹　兵

欧美同学会留日分会第五届理事会理事:毛明杰　藏志勇
欧美同学会北欧分会第七届理事会理事:王　政　陈亚敏
欧美同学会留苏分会第七届理事会理事:赵晓佳　马　桦
欧美同学会留美分会第七届理事会理事:文　琦
欧美同学会东南亚和南亚分会第二届理事会理事:金忠杰　马永亮　王海龙　张　涛
欧美同学会东南亚和南亚分会第一届专家咨询委员会副主任委员:金忠杰
欧美同学会留意分会第八届理事会理事:金英敏
欧美同学会东南亚和南亚分会第三届青年工作委员会副主任:王海龙
宁夏欧美同学会会长:李　星
宁夏欧美同学会副会长:金忠杰
宁夏欧美同学会常务理事:毛明杰　王　政　文　琦　杨　浣　赵雅洁
宁夏欧美同学会秘书长:苗福生
中国侨联委员:藏志勇
自治区侨联副主席:藏志勇　马永亮
自治区侨联常委:金忠杰
银川市侨联副主席:金忠杰
银川市党外知识分子联谊会第二届理事会理事:韩永静

宁夏大学现任各级人大代表、政协委员及政府参事

中国人民政治协商会议第十四届全国委员会委员:李　星
自治区第十三届人大代表:文　琦(常委)　郎　伟(常委)
自治区第十二届政协委员:张亚红(常委)　毛明杰(常委)　杨文笔(常委)　党锐锋　苏建宇　杨　浣　刘　明　赵晓佳　金忠杰
银川市第十六届人大代表:戴新毅
银川市第十四届政协委员:马永亮(常委)　阿利·热合买提　杨学燕
中卫市第五届政协委员:李　举　张建军
西夏区第五届人大代表:王　彬　马　佳　韩　婷
西夏区第五届政协委员:杨　浣(常委)　张军翔(常委)　曹云娥　王　磊(文旅学院)　陈　勇　戴新毅
自治区政府参事:郎　伟　李　进　张小盟
自治区文史馆研究员:齐　岳　撤学文　杨开飞　杨满忠
自治区文史馆员:刘志才　郎　伟　孙振玉　霍维洮　张尔闻

(统战部高鹏翔提供)

2023年聘请的校外专家

序　号	姓　名	工作单位	聘任职务
1	赵　磊	中共中央党校（国家行政学院）	兼职教授
2	石宏强	宏强文化传媒集团	客座（兼职）教授
3	陈应龙	西澳大学农业与环境学院、西澳大学农业研究所	客座教授
4	危　岩	清华大学	客座（兼职）教授
5	程金科	上海交通大学医学院	客座（兼职）教授
6	方　陆	宁夏中方实业集团有限公司	客座（兼职）教授
7	周少青	中国社会科学院	客座（兼职）教授
8	张　锦	北京大学	荣誉教授
9	李　蓝	中国社会科学院/南方科技大学	客座（兼职）教授
10	陆廷荃	中国东方演艺集团	客座教授
11	陈永峰	中国民族男高音声乐艺术委员会	客座教授
12	王泽南	天津歌剧院	客座教授
13	马小明	中国铁路文工团	客座教授
14	郭江滨	四川音乐学院	客座教授
15	凌　文	上海交通大学	特聘教授

（人力资源部李学武提供）

2023年职称晋升人员

一、高教系列

教　授：万　磊　王智文　车佳玲　冯克鹏　吴斌涛　王　艳　张启龙　王松磊　于鹏亮
王丽婷　王　冠　王晓敏　田　蕾　白永辉　任永胜　刘振宇　李建平　杨　易
张淑萍　范艳丽　郭延生　章　中　韩秀丽　魏梦雪

副教授：李栋梅　时朋朋　班　伟　王　帆　刘东宁　罗玉龙　查　娜　姚文孔　丁一民
乃永强　于艳丽　邓建强　吕　鹏　刘兴满　张　慧　苗　颖　赵　刚　姜　鲁
高瑞丽　郭　飞　郭　燕　寇贝贝　谭永涛　薛　斌

讲　师：丁　腾　马巧利　马珊珊　叶晨露　吉　喆　李晨之　张雪丹　孟　颖　柳燕妮
贺紫剑　聂　静　高冬鹤　李　慧

讲　师（辅导员）：马晓娜　王凤霞　王文浩　石　栋　冯禹君　刘东平　余晓玲　张光旭
姚　硕　高文静　雷小梅

二、自然科学研究系列

研究员：李媛媛　魏逸彬

助理研究员：胡冰君

三、哲学社会科学研究系列

研究员:樊新刚

副研究员:田晓霈　张　航

四、实验系列

高级实验师:马臣杰

实验师:王　鹏　黄春麟

五、档案系列馆员

吕梦莹　任　迎　张加琦　岳　蓓　强巧丽

六、会计系列

高级会计师:崔　俐

会计师:张西霞

（人力资源部李学武提供）

2023年新增博士生指导教师一览表

序　号	姓　名	指导专业	备　注
1	王磊(前沿交叉学院)	中国少数民族经济	
2	仇娟东	中国少数民族经济	
3	王　艳	中国少数民族史	
4	于光建	中国少数民族史	
5	田养邑	民族心理与民族教育	
6	胡　衡	应用数学	外　聘
7	冯　锋	应用数学	
8	王建军	应用数学	外　聘
9	赵秉新	计算数学	
10	葛永斌	计算数学	外　聘
11	马玉山	计算数学	
12	杨丽霞	概率论与数理统计	
13	万　磊	无线电物理	
14	陈玉萍	无线电物理	外　聘
15	李海波	凝聚态物理	
16	王海龙	凝聚态物理/材料物理与化学	
17	张良顺	理论物理	外　聘
18	郭慧琛	病原生物学与宿主免疫	外　聘
19	王宏伟	病原生物学与宿主免疫	外　聘
20	王智文	微生物资源开发与利用	
21	麻冬梅	植物生物学	
22	唐　勇	动物生物学	外　聘
23	谭军利	水利水电工程	

续表

序　号	姓　名	指导专业	备　注
24	魏加华	水利水电工程	外　聘
25	李超超	水文学及水资源	
26	李　茜	水文学及水资源	
27	吉文欣	水资源利用与化学化工	
28	马清祥	水资源利用与化学化工	
29	魏逸彬	水资源利用与化学化工	
30	白永辉	水资源利用与化学化工	
31	王胜平	水资源利用与化学化工	
32	刘　晰	水资源利用与化学化工	
33	车佳玲	水工结构工程	
34	王　芳	土水工程与计算科学	
35	淡新刚	动物遗传育种与繁殖	
36	魏大为	动物遗传育种与繁殖	
37	吕文发	动物遗传育种与繁殖	外　聘
38	李俊雅	动物遗传育种与繁殖	外　聘
39	王勇胜	动物遗传育种与繁殖	外　聘
40	刘　源	动物生产	
41	王　磊	草原学	
42	田　佳	草原学	
43	李志刚	草原学	
44	胡海英	饲草学	
45	贾　彪	饲草学	

2023 年新增硕士生指导教师一览表

序　号	姓　名	专　业	备　注
1	高正亮	中国史	
2	田晓霈	中国史	
3	曾丽荣	博物馆	
4	陈雪飞	博物馆	
5	张海娟	博物馆	
6	王　艳	博物馆	
7	赵晓晨	体育硕士	
8	张志荣	体育硕士	
9	季春燕	学科教学(英语)	
10	独　乐	民族学	
11	杨明托	中国语言文学、学科语文	
12	刁　俊	中国语言文学、学科语文	
13	苗　丽	中国语言文学、学科语文	
14	刘嘉圣	马克思主义理论、思想政治教育	
15	付　蓉	音　乐	

续表 1

序 号	姓 名	专 业	备 注
16	何 微	音 乐	
17	王瑞星	音 乐	
18	张 强	美术与书法	
19	张媛媛	法律硕士(法学)	
20	庞冬梅	法律硕士(法学)	
21	肖 融	法律硕士(法学)	
22	姬飞霞	社会工作	
23	雷晓庆	教育学、教育管理	
24	刘历红	教育管理	外 聘
25	刘鹏飞	理论经济学	
26	谭永风	农林经济管理	
27	薛 梅	工商管理学、工商管理(MBA)	
28	武向娟	计算机科学与技术、计算机技术	
29	曾 升	计算机科学与技术、计算机技术	
30	万艳妮	电子科学与技术、电子信息	
31	王 娜	电子科学与技术、电子信息	
32	覃国车	电子科学与技术、电子信息	
33	李金荣	电子信息	外 聘
34	吴学红	电子信息	外 聘
35	蒙 飞	电子信息	外 聘
36	聂 静	电子科学与技术	
37	李斌全	物理学	
38	刘会龙	物理学	
39	张曜勃	物理学	
40	冯 楠	学科教学(物理)	外 聘
41	马 静	学科教学(物理)	外 聘
42	高 翔	学科教学(物理)	外 聘
43	杨 波	数 学	
44	吴富强	数 学	
45	海旭东	数 学	
46	张现强	数 学	
47	赵 璇	数 学	
48	曹博强	数 学	
49	刘建强	学科教学(数学)	
50	于 淼	生物学	
51	高蔚丰	生物学	
52	马 茜	生物学	
53	赵 刚	生物学	
54	张建英	生物学	
55	马臣杰	生物学	
56	杨文治	生物学	

续表 2

序　号	姓　名	专　业	备　注
57	陈　强	生物学	
58	刘　源	食品科学与工程	
59	李　莹	农业硕士(食品加工与安全)	
60	张红瑞	畜牧学、农业硕士(畜牧)	
61	张令锴	畜牧学、农业硕士(畜牧)	
62	胡亚美	畜牧学、农业硕士(畜牧)	
63	马玉林	畜牧学、农业硕士(畜牧)	
64	许　鹏	土木工程	
65	吕龙龙	土木水利	
66	沙　东	土木水利	
67	丁朋朋	土木水利	
68	景明海	土木水利、土木工程	
69	徐利岗	土木水利、土木工程	
70	吴　平	土木水利、土木工程	
71	黄　伟	水利工程	外　聘
72	张立新	水利工程	外　聘
73	拓晓龙	土木水利、土木工程	
74	王彩君	土木水利、土木工程	
75	丁金梅	地理学	
76	牛震敏	地理学	
77	施琳娜	地理学	
78	代豫杰	地理学	
79	谢　潇	地理学	外　聘
80	卢　强	草学、农艺与种业	
81	王国会	草学、农艺与种业	
82	李　翔	林　业	
83	郑　翔	林　业	
84	马　骅	园艺学、农艺与种业	
85	张　亮	园艺学、农艺与种业	
86	邵冬南	作物学、农艺与种业	
87	林立昊	作物学、农艺与种业	
88	郭文慧	农业昆虫与害虫防治、资源利用与植物保护	
89	刘　涛	农业昆虫与害虫防治、资源利用与植物保护	
90	李昱龙	农业资源与环境、资源利用与植物保护	
91	杨海娟	农村发展	
92	魏慧龙	化学工程与技术	
93	束　远	化学工程与技术	
94	吴　鹏	化　学	
95	林　枫	化学、材料与化工	
96	张艳娥	化　学	
97	吕俊敏	化学、学科教学(化学)	

续表 3

序　号	姓　名	专　业	备　注
98	魏建宇	电子科学与技术、材料与化工	
99	李　骞	材料与化工	外　聘
100	王康洲	电子科学与技术、材料与化工	
101	马　品	电子科学与技术、材料与化工	
102	高德华	机械工程、机械	
103	王麒瑜	机械工程、机械	
104	李　宁	机械工程、机械	
105	辛　慧	机械工程、机械	
106	纪　华	机械工程、机械	
107	马伏龙	机械工程、机械	
108	王学朋	机械工程、机械	外　聘
109	胡相捧	机械工程、机械	外　聘
110	方贵盛	机械工程、机械	外　聘
111	邱丰冠	机械工程、机械	外　聘
112	王　帆	旅游管理硕士	
113	岳闺玲	旅游管理硕士	

（研究生院杨琼提供）

2023 年聘请外籍教师人员一览表

序　号	姓　名	国　籍	性　别	所在单位
1	Wagdy Wahib Metry Kalds	埃　及	男	阿拉伯学院
2	Basma Ossama Sarwat Ahmed Abdelhafiz	埃　及	女	阿拉伯学院
3	Natalia Matryenko	吉尔吉斯斯坦	女	外国语学院
4	Syuzanna Brutyan	亚美尼亚	女	外国语学院
5	Melissa Kay Smith	美　国	女	外国语学院
6	Igor Kriukov	俄罗斯	男	外国语学院
7	Sucharita Kundu	印　度	女	信息工程学院
8	Nitesh KumarSingh	印　度	男	信息工程学院
9	Noor Mazni Binti Ismail	马来西亚	女	机械工程学院

（国际教育学院刘美玲提供）

学生情况

2023年优秀博士、硕士学位论文

序号	学部	学院	学号	姓名	导师	攻读学位类别	论文
1	工程与地理学部	土木与水利工程学院	12020140112	杨振峰	田军仓	博士	基于高光谱信息的作物水氮胁迫理化响应机理及预测模型研究
2		化学化工学院	12020140050	马萌	于广锁	博士	煤/含碳废弃物共气化过程挥发分—半焦交互作用解耦及半焦失活机制
3		土木与水利工程学院	12020130898	刘巧玲	李王成	硕士	干湿循环下压砂砾石元素释放对土壤环境及枣果产量和品质的影响
4			12020130900	农睿	朱磊	硕士	土壤干缩开裂三维数值模型研究
5			12020130893	闫超	王红雨	硕士	基于极限分析上限解的复杂边坡稳定性研究
6			12020130894	刘臻祥	张卫兵	硕士	宁夏地区硫酸盐渍土盐冻胀特性分析与地基评价
7			12019130706	李仕浩	张尚荣	硕士	三相邻结构优化控制及减震性能研究
8		地理科学与规划学院	12020130763	林妍敏	王芳	硕士	基于遥感信息的宁夏"三山"生态环境质量及其驱动因子量化分析
9			12020130764	柳利利	韩磊	硕士	宁夏河东沙区刺槐和丝棉木水分利用研究
10			12020130794	王云	苗红	硕士	乡村旅游发展下生态移民聚居区乡村空间治理及其驱动机制研究——以宁夏镇北堡镇为例
11			12020130765	张嘉敏	何俊	硕士	青铜峡市农田防护林小气候效应和对玉米光合特性及生长的影响
12			12020130788	杨晨	佘璐	硕士	基于深度学习的遥感影像语义分割与目标检测研究
13		土木与水利工程学院	12021130964	路伟	姜鲁	硕士	裂缝修复功能微生物在水泥基材料中长期活性的研究
14			12021130983	张轩硕	李宏波	硕士	C-ASSB稳定再生碎石强度机理及路用性能试验研究
15			12021130996	高欣悦	朱磊	硕士	考虑土体空间变异性的土质边坡可靠度分析
16	农林与生态学部	林业与草业学院	12019140080	赵亚楠	王红梅	博士	荒漠草原灌丛人为转变过程中土壤碳氮耦合特征及机制
17		生态环境学院	12020130841	刘姝萱	安慧	硕士	氮磷添加对荒漠草原植物-微生物-土壤生态化学计量特征的影响
18			12020130863	赵明涛	何彤慧	硕士	银川平原湿地典型沉水植物群落的环境响应研究

续表 1

序号	学部	学院	学号	姓名	导师	攻读学位类别	论文
19	农林与生态学部	生态环境学院	12020130846	张雅琪	李学斌	硕士	宁夏中部荒漠草原土壤氨氧化微生物对施氮和枯落物输入的响应
20	农林与生态学部	生态环境学院	12020130838	侯晖	倪细炉	硕士	AM 真菌对蒙古扁桃-短花针茅群落养分传输与分配的作用机制
21	农林与生态学部	农学院	12020131087	姚明明	王掌军	硕士	1 个小麦-冰草 6P 易位类型白粉病抗性及生理学性状研究
22	农林与生态学部	农学院	12020131120	马燕	苗颖	硕士	东方蝼蛄不同地理种群比较线粒体基因组及系统发育研究
23	农林与生态学部	农学院	12020131116	柳雪	王西娜	硕士	氯盐对西瓜生长的抑制作用及氮素调控研究
24	农林与生态学部	葡萄酒与园艺学院	12020131105	李俊铎	徐伟荣	硕士	褪黑素缓解‘赤霞珠’萌芽期低温胁迫的分子机制
25	农林与生态学部	葡萄酒与园艺学院	12020131091	张悦	宋丽华	硕士	基于 SNP 基因分型的宁夏野生酸枣抗旱性状 QTL 定位
26	农林与生态学部	葡萄酒与园艺学院	12020131107	孙静娴	马雯	硕士	希氏乳杆菌 Q19 耐乙醇胁迫关键基因挖掘及功能验证
27	农林与生态学部	葡萄酒与园艺学院	12020131088	刘德帅	姚文孔	硕士	不同采收期宁夏枸杞果实品质差异研究
28	农林与生态学部	林业与草业学院	12020131157	尤璟涛	张桂杰	硕士	菌酶联用对不同留茬高度甜高粱青贮品质、微生物群落结构及体外瘤胃发酵特性的影响
29	农林与生态学部	林业与草业学院	12020131148	尉剑飞	李建平	硕士	降水变化下荒漠草原生物多样性与生态系统多功能性的联系及调控机制研究
30	农林与生态学部	林业与草业学院	12021131500	吴晶晶	田佳	硕士	黄河上中游年输沙量变化的驱动力分析与趋势预测
31	农林与生态学部	农学院	12021131347	高龙	贾彦霞	硕士	一种小麦细菌性叶枯病病原鉴定、检测及全基因组测序分析
32	农林与生态学部	农学院	12021131343	张舒	王锐	硕士	贺兰山东麓酿酒葡萄差异化水肥管理策略
33	农林与生态学部	农学院	12021131250	张龙	李荣	硕士	耕作深度结合施氮对旱地土壤理化性质、马铃薯产量及品质的影响
34	农林与生态学部	葡萄酒与园艺学院	12021131273	马玲	吴龙国	硕士	光环境调控下不同时期甜瓜生理指标的快速检测研究
35	教育与社会学部	教师教育学院	12020130282	李先花	周福盛	硕士	促进深度学习的小学高年级语文课堂即时评价研究
36	教育与社会学部	教师教育学院	12020130274	李晓宇	马晓凤	硕士	乡村学生乡土文化教育认同研究——以甘肃 G 县为例
37	教育与社会学部	教师教育学院	12020130270	崔苗苗	谢延龙	硕士	一位西部高校教学名师专业成长的个案研究——以 N 大学 A 教师为例
38	教育与社会学部	教师教育学院	12021130384	刘新星	曹二磊	硕士	小学科学教师教学胜任力的现状调查与提升策略研究——以 Y 市为例

续表 2

序号	学 部	学 院	学 号	姓 名	导 师	攻读学位类别	论 文
39	教育与社会学部	教师教育学院	12021130343	苏 航	张 玲	硕 士	校园创客教育生态系统视角下创客课程的规划与开发——以银川市Y校为例
40			12021130404	达雯娟	张鸿宇	硕 士	民办托育机构成本分担机制研究——以银川市为例
41			12021130414	糟冥叶	马 娥	硕 士	幼儿园大班语言活动中师幼互动研究——基于iFIAS互动分析系统
42			12020130061	丁铎栋	杨韶艳	硕 士	创新型城市试点政策与企业出口国内附加值率
43		法学院	12020130003	霍嘉楠	吕耀军	硕 士	阿卜杜卡拉姆·索罗什的哲学思想研究
44			12020130016	陈一准	张 驰	硕 士	国有企业参与社会治理的法治化探析
45			12020130011	潘文雯	刘振宇	硕 士	市域社会治理背景下宁夏地方立法问题研究
46			12020130028	韩晓旭	王丽婷	硕 士	侦查人员出庭作证之困境及对策
47	前沿科学与技术学部	材料与新能源学院	12021131907	祝钰灵	谭永涛	硕 士	钼基金属化合物超级电容器电极材料的制备与电化学性能研究
48			12020131621	徐 超	李海波	硕 士	铜/碳基复合光热膜的设计及其界面光蒸汽脱盐特性的研究
49		化学化工学院	12020130746	李玉柱	刘翔宇	硕 士	低配位过渡金属单分子磁体的构筑及性能研究
50			12020130736	贾立涛	晋晓勇	硕 士	Bi基半导体异质结的构建及其光电催化降解四环素的性能及机理研究
51			12020131730	申 钰	白永辉	硕 士	不同类型煤显微组分气化所形成残炭的结构解析研究
52			12020131725	袁鹏星	郭庆杰	硕 士	煤与生物质化学链气化的自热过程模拟及协同反应特性研究
53			12020131728	别南西	于广锁	硕 士	煤和生物质共热解/气化过程中碱金属释放的原位研究
54			12020131718	柴 禛	白永辉	硕 士	煤气化细渣制备分子筛功能材料及其吸附性能研究
55			12020130760	谭梦瑶	李晓曼	硕 士	MIL-68-In衍生物改性制备及其光催化固氮性能研究
56			12020130733	蔡 荣	李 晶	硕 士	Cu_2O催化剂表界面调控及其电催化CO_2还原反应机制研究
57			12021131808	李亚男	魏逸彬	硕 士	高性能MXene基复合纳滤膜的制备及其性能调控研究
58			12021131860	周晓燕	孙 辉	硕 士	均聚物自组装可控制备碗状纳米颗粒及其聚集行为研究
59			12021131810	刘国瑞	李 丰	硕 士	$CuBi_2O_4$基光电阴极的构筑及其二氧化碳还原性能研究

续表 3

序号	学部	学院	学号	姓名	导师	攻读学位类别	论文
60	前沿科学与技术学部	机械工程学院	12020130992	张炳建	郝洪涛	硕士	基于机器视觉的煤矿输送带异物检测方法研究
61			12020130989	孟志坚	宿友亮	硕士	切削 CFRP 中金刚石涂层刀具多尺度磨损研究
62			12021131104	魏迟	王昱潭	硕士	针对枸杞采摘动作的上肢外骨骼设计
63			12021131123	张龙	朱学军	硕士	基于视觉导引的机器人自动下挂控制系统设计
64			12021131112	闫志鹏	曲爱丽	硕士	基于电力驱动的枸杞采收平台驱动控制策略研究
65	人文与民族学部	民族与历史学院	12020140017	马慧	梁向明	博士	中华民族文化符号共享的空间叙事与认同表征——对呼和浩特大召空间的考察
66			12020130466	崔彦娟	彭向前	硕士	西夏文写本《孙子兵法》研究
67			12020130131	布瑞丰	梁莉莉	硕士	遗产的记忆与再生产：宁夏引黄古灌区灌溉工程遗产的民族志研究
68			12020130130	王昌	杨文笔	硕士	“杞有此理”：宁夏中宁企业枸杞生产的个案研究
69		文学院	12020130236	李晓芳	田富军	硕士	明代宁夏巡抚涉宁著述研究
70			12020130249	叶紫微	蔡永贵	硕士	《说文解字注》第十四篇至第十五篇“今正”研究
71			12020130225	班云雷	王永	硕士	汉魏六朝《楚辞》神话接受研究
72			12020130245	石越帆	苏涛	硕士	新时期以来宁夏小说的电影改编研究
73		外国语学院	12020130404	刘佳慧	胡笑瑛	硕士	热奈特互文性理论视角下的《逃往加拿大》解读
74			12019130327	曾文星	郭鸿雁	硕士	显性归纳与演绎相结合的写作教学对母语负迁移的影响研究
75		体育学院	12021131549	沈慧	马兆明	硕士	基于师范专业认证视角宁夏高校体育教育专业课程与教学研究
76		文学院	12020130248	杨蓉	丁峰山	硕士	近代小说“缠足书写”的转型及其意义
77			12020130253	张雪琼	黄学军	硕士	莫拉维亚长篇小说的叙事空白研究——以《冷漠的人》《罗马女人》《乔恰里亚女人》《鄙视》《内心生活》为例
78	生命与食品学部	生命科学学院	12020140064	张嘉美	邓光存	博士	RIPK3 对 BCG 感染诱导宿主细胞自噬的调控作用及分子机制研究
79			12020130828	宋繁	王玲霞	硕士	宁夏枸杞响应盐胁迫的蛋白质琥珀酰化修饰调控机制研究
80			12020130824	高建中	徐婷婷	硕士	荒漠锦鸡儿群体遗传多样性及谱系地理学研究
81			12020130813	刘占有	李武	硕士	DUSP1 通过 MAPKs/NF-κB 信号通路介导 BCG 诱导的细胞凋亡和炎症反应

续表 4

序号	学　部	学　院	学　号	姓　名	导　师	攻读学位类别	论　文
82	生命与食品学部	生命科学学院	12020130829	王　红	彭　励	硕　士	银柴胡多糖的提取、纯化、鉴定及对肠道微生物的影响研究
83			12020130816	孙　山	李　敏	硕　士	驼源天然纳米抗体库的构建及鼠伤寒沙门氏菌 FlgE 蛋白纳米抗体的筛选
84			12020131127	王晋鹏	王兴平	硕　士	奶牛乳腺上皮细胞炎症相关 lncRNAs 的筛选及关键 lncRNA 的功能研究
85			12020131141	孙佳琳	何生虎	硕　士	鸡滑液囊支原体基因组表达文库的构建及体内诱导基因的筛选与鉴定
86			12020131124	户春丽	马　云	硕　士	CircADAMTS16 调控牛脂肪细胞增殖和分化的机制探究
87			12021131394	孙昊然	李新海	硕　士	绵羊脱毛性状相关 lncRNA 和 circRNA 的筛选及 ceRNA 调控网络的构建
88			12021131461	罗双燕	王桂琴	硕　士	奶牛乳房炎主要病原菌耐药性调查及槲皮素对铜绿假单胞菌生物被膜的抑制作用研究
89			12021131393	宋雅萍	魏大为	硕　士	FoxO1 基因调控牛脂肪细胞增殖、分化和脂质代谢的作用机制研究
90		食品科学与工程学院	12020131065	贾莉莉	何建国	硕　士	酸性电解水对采后灵武长枣衰老调控机制的研究
91			12021131984	胡丽筠	李亚蕾	硕　士	秦川牛宰后肉品质变化对蛋白酶体活性的响应机理
92			12021132019	王金霞	罗瑞明	硕　士	滩羊宰后贮藏期间色泽稳定性对氧化磷酸化的响应
93	数理与信息学部	数学统计学院	12020140039	王　宗	张启敏	博　士	两类随机传染病模型的最优控制研究
94			12020130509	巨月娟	刘智永	硕　士	变阶分数阶对流扩散方程的无网格方法
95			12020130511	王帅康	葛永斌	硕　士	求解非线性波动方程的六阶显式有限差分格式
96		物理学院	12020130571	韩泽宇	郑　富	硕　士	FeCo 基软磁薄膜的结构与磁性研究
97			12020130573	胡伟伟	李兴财	硕　士	荒漠化地区光伏组件表面热特性及温度场研究
98		电子与电气工程学院	12020130593	王艳妮	刘丽萍	硕　士	基于轨道角动量的毫米波天线设计与研究
99			12020130597	贺愉婷	车　进	硕　士	基于目标检测和重识别的行人多目标跟踪
100		信息工程学院	12020131627	董　鑫	刘　昊	硕　士	基于因果学习的人脸活体检测
101			12020131642	杨　博	马维军	硕　士	几类非线性网络化系统的实用稳定性研究

续表 5

序号	学　部	学　院	学　号	姓　名	导　师	攻读学位类别	论　文
102	数理与信息学部	数学统计学院	12021130509	林海强	苏克义	硕　士	基于深度学习的高中不等式单元教学研究
103		物理学院	12021130576	卢佳文	朱巧萍	硕　士	基于问题链的原始物理问题作业设计研究
104		电子与电气工程学院	12021130708	冯雪莲	潘　欢	硕　士	基于卷积神经网络的智能电网虚假数据注入攻击检测方法研究
105		信息工程学院	12021131675	马　梅	王　恒	硕　士	基于深度特征的跨模态医学图像合成
106			12021131683	张博洋	吴素萍	硕　士	复杂场景下三维人体重建算法及并行研究与实现
107			12021131726	张　朝	冯　锋	硕　士	基于多源传感的煤矿瓦斯监测预警机制研究与实现
108	哲学与艺术学部	马克思主义学院	12020130163	孙博文	范映渊	硕　士	建党百年历程中中华民族认同培育研究
109			12020130149	徐　琛	党锐锋	硕　士	马克思对施蒂纳“唯一者”思想的批判研究
110			12020130170	王晨阳	张　艳	硕　士	弘扬新时代劳动精神的路径研究
111			12020130140	杜妤姣	王思鸿	硕　士	马克思劳动理论的历史生成及当代价值
112			12019130143	余　花	范映渊	硕　士	建党百年历程中国家认同培育研究
113		音乐学院	12020131513	郭　青	沈　洋	硕　士	二胡协奏曲《楚颂》独奏与双胡琴两种演奏版本艺术效果的比较研究
114		美术学院	12020131578	刘苗苗	王　艳	硕　士	北周李贤墓葬艺术的空间研究
115			12020131589	杨艳宏	周一新	硕　士	吴彬与陈洪绶变形风格人物画比较研究
116		新闻传播学院	12021131931	刘付枫荷	谢明辉	硕　士	央视春晚小品中的女性形象建构研究——基于性别表演理论
117	工程与地理学部	化学化工学院	12019140054	张　轩	王　政	博　士	二维材料 / 玻璃纤维复合膜的设计、制备及 H_2/CO_2 分离性能研究
118	哲学与艺术学部	马克思主义学院	12020130150	姜明军	党锐锋	硕　士	数字资本主义生产方式的新特征研究
119	数理与信息学部	数学统计学院	12020130507	李　辉	高云澍	硕　士	二部图上稀疏图的堆积问题研究
120			12020130523	马　晗	张启敏	硕　士	随机多群组 SIR 流行病模型的数值计算方法研究
121		物理学院	12020130577	苏高琴	曹志杰	硕　士	阴离子氧化还原反应对 P2 型钠离子电池正极材料电化学性能的影响及机理研究
122			12020130579	吴芳芳	陈焕铭	硕　士	Ca、Mg 掺杂 Ti-Ni 形状记忆合金的电子结构和力学性能

续表 6

序号	学 部	学 院	学 号	姓 名	导 师	攻读学位类别	论 文
123	数理与信息学部	数学统计学院	12020130588	徐尊豪	李 进	硕 士	工艺参数对 Φ300mm 直拉单晶硅缺陷形成及能耗影响的模拟研究
124		电子与电气工程学院	12020130595	石甜甜	郭中华	硕 士	基于深度学习的遥感图像水体分割及水质反演研究
125			12020130600	王 帆	王 博	硕 士	基于视觉 Transformer 的医学图像分割算法研究
126			12020130607	姜汉周	潘 欢	硕 士	复杂工况下微电网逆变器的虚拟振荡器控制策略研究
127	生命与食品学部	生命科学学院	12020130799	刘 莉	吴晓玲	硕 士	LncRNA NR_003508 对铜绿假单胞菌感染诱导巨噬细胞自噬的调控作用研究
128	农林与生态学部	生态环境学院	12020130862	袁洪艺	杜灵通	硕 士	盐池荒漠草原区人工灌丛生态系统碳水通量及气候变化对其影响模拟
129	工程与地理学部	土木与水利工程学院	12020130881	陈小龙	杨淑雁	硕 士	基于 ABAQUS 的硫酸盐侵蚀条件下钢筋混凝土结构的数值模拟与分析
130			12020130885	李承璐	李超超	硕 士	贺兰山东麓苏峪口流域洪水模拟及预警指标研究
131			12020130886	穆 敏	李王成	硕 士	冻融干湿循环条件下土壤粗颗粒裂化及微观结构的影响研究
132			12020130903	李 杰	王红雨	硕 士	基于灌溉回归水再利用的农田排水暗管外包滤料的选型研究
133	前沿科学与技术学部	机械工程学院	12020130994	邢振伟	王昱潭	硕 士	基于深度学习的摆动枸杞枝条图像去模糊和识别与定位研究
134	生命与食品学部	食品科学与工程学院	12020131068	马瑞雪	范艳丽	硕 士	基于多组学技术的不同产地“宁杞 1 号”枸杞黄酮类化合物生物合成差异研究
135	农林与生态学部	农学院	12020131085	翟勇全	贾 彪	硕 士	减量施氮对玉米产量和土壤氮素淋失与分布特征的影响
136			12020131121	王若彤	顾沛雯	硕 士	苦豆子内生真菌群落特征及其高活性菌株的代谢组学研究
137	哲学与艺术学部	音乐学院	12020131506	王 贺	马冬雅	硕 士	中国少数民族题材男中音声乐作品研究
138		美术学院	12020131581	常 乐	杨开飞	硕 士	觉罗崇恩书法观研究
139	前沿科学与技术学部	材料与新能源学院	12020131625	康育冲	马 薇	硕 士	硼烯稳定性及激发态动力学的第一性原理研究
140	数理与信息学部	信息工程学院	12020131639	李天煜	刘立波	硕 士	基于深度学习的图文跨模态检索研究
141	前沿科学与技术学部	化学化工学院	12020131719	杜亚飞	任永胜	硕 士	低温多效降膜蒸发矿井水过程中 304、2205 不锈钢管道腐蚀特性及机理研究

续表 7

序号	学部	学院	学号	姓名	导师	攻读学位类别	论文
142	前沿科学与技术学部	化学化工学院	12020131723	向晓菊	郭庆杰	硕士	金属杂原子改性 13X 分子筛的制备及空气 CO_2 吸附性能研究
143	工程与地理学部	化学化工学院	12020140051	史雨晨	于广锁	博士	In_2O_3 催化剂制备及二氧化碳加氢制甲醇机理研究
144	工程与地理学部	化学化工学院	12020140053	张林民	于广锁	博士	煤与煤间接液化残渣共气化过程中灰渣流动行为及机制研究
145	生命与食品学部	生命科学学院	12020140069	李振凯	彭励	博士	宁夏银柴胡道地性形成相关因子研究
146	数理与信息学部	物理学院	12021130569	赖毅标	高永伟	硕士	基于 Arduino 的高中物理实验教学资源开发及应用
147	农林与生态学部	葡萄酒与园艺学院	12021131297	张俊霞	徐伟荣	硕士	基于酿酒葡萄“霞多丽”未成熟合子胚遗传转化体系的建立
148	农林与生态学部	林业与草业学院	12021131316	王博	李志刚	硕士	乡土牧草补播对荒漠草地土壤性状及生态系统多功能性的影响
149	生命与食品学部	动物科技学院	12021131413	张宁	张力莉	硕士	日粮添加琥珀酸对滩羊肉品质及肌纤维类型影响的研究
150	哲学与艺术学部	新闻传播学院	12021131937	陆熙燕	于鹏亮	硕士	重大突发公共卫生事件中政府响应效果的影响因素研究
151	前沿交叉学院	前沿交叉学院	22020132273	卢沛然	李陇堂	硕士	乡村振兴背景下贺堡河流域乡村旅游发展研究
152	前沿交叉学院	化学化工学院	12020130759	秦媛媛	刘翔宇	硕士	高对称性 Co(Ⅱ)/Dy(Ⅲ)单分子磁体的构筑及性能研究
153	农林与生态学部	生态环境学院	12020130839	荆庆芳	朱林	硕士	三种稗属牧草生物学特性对不同光周期的响应
154	农林与生态学部	农学院	12020131119	赵雪怡	贾彦霞	硕士	木贼镰刀菌培养条件优化及其对桃蚜的侵染机制研究

2023 年授予博士学位人员

法　学

李　晨　郭海良　马　慧　古乐天　方　璐　张明辉　龙寸英　高国富　罗媛月　任　敏　周泽鸿　王　凯

理　学

王　芝　王　宗　薛　菁　张嘉美　周鑫韬　李振凯　王　猛　徐兆坤　张力凡　马丽丽　张晨熙　蒲　浩　张　凯

工　学

吴江龙　刘　朋　马　萌　史雨晨　张林民　苏森达　马　娜　张　轩　泰　米　吴　旭　杨振峰

常留成　连海东　张　娟　赵睿智　王海东　马正虎　刘晓红

农　学

马春骥　刘　军　王永瑞　吴　琼　汪书哲　虎红红　郭　成　毛彦妮　张　祥　王誉陶　王晓佳　王　燕　刘　静

2023年授予硕士学位人员

学术型硕士学位人员

哲　学

景晓瑞　霍嘉楠　姜亮亮　尹志博　向永慧　郝　琦　李雪玉　田　茜　白　云

经济学

杨　诣　朱东升　曾从维　刘　素　王雅蕾　张晨鹏　朱嘉宝　金小雨　陶　乐　谢瑞杰　周　涛　马嘉欣　宋翰林　李若萱　吴运锦　张娟悦　丁铎栋　郑焜雪　刘彩玉　郭光庭　谢　怡　陈雪莉　车亚楠　王小琴

法　学

潘文雯　宋召杰　杨小雪　于　骞　袁晓燕　陈一准　韩玉彪　李佩燕　马锐杰　牛存龙　浦永菊　王　雪　杨园园　于　聪　池苏珍　韩晓旭　李相甫　王艳军　荀　倩　易晓轩　张　垚　刘宛松　丁家琪　罗玲玲　马小丽　陈雅静　续璟怡　杨　沙　程蕊蕊　何希贤　王　昌　布瑞丰　毕常新　史聪玲　余慧娟　银　阳　张盼伟　何佳雪　薛雅欣　陈志阳　马浩强　万　明　郑佳茜　吕姝莹　吴丽敏　薛　钰　叶林卓　马淑婷　杜好姣　高　雪　刘一聪　刘一含　倪雨林　王　杉　熊理明　李　娜　卢甜甜　徐　琛　姜明军　晋文钰　孔德姝　李晓妮　刘立娜　余　花　顾　悦　黄雅欣　雷伊伊　李　欢　李晓艳　刘可心　路亚迪　强原新　孙博文　孙晓宇　王美童　王毓环　姚佳丽　余劲草　周　璇　王晨阳　贺立林　王　贺　张敏敏　黄漫芝　刘苗苗　刘馨阳　邬　楠　常　乐　孙晓瑄　苏　蕾　王雅婕　陆思伟　苏　珊　马立明

教育学

陈浩钱　陈漫玉　陈莎莎　崔苗苗　党春苗　高　欢　高志华　李晓宇　刘婷婷　苗婷婷　魏国红　徐琦梅　赵　萌　曹雯雯　李先花　刘静宜　刘　露　刘　念　卢晋媛　杨慧慧　黄雪艳　李　健　李守梅　郑梦瑶

文　学

宣　莉　温　乐　班云雷　林　敏　贾雨晴　蔡　伦　丁雪莲　董守轩　范怡捷　韩亚卿　何丽君　侯　槟　纪蒙山　李晓芳　李宇晖　李正梅　刘萍萍　潘　飞　王海英　吴爱玲　韩冰冰　石越帆　孙玉欣　夏　洋　杨　蓉　叶紫微　赵鲁婷　吴佳瑶　张雪琼　周文文　李　柯　刘佳慧　沈思月　孙琪琪　王语婷　向小可　曾文星　马凯悦　王思遥　张婉婷　周丽姣　冯星芮　王玲玲　何　叶

蒋学梅 刘金兮 强 媛 王菲菲 杨 伟

历史学

李 碧 强晓林 肖 鑫 石奇伟 王 晨 王若麟 贺紫瑞 李涛涛 汪 茵 赵紫旭 于 凡 陈虹伊 崔彦娟 何 川 梁鑫磊 孙濛奇 赵成仁 郑子稷 巩嘉旭 郑子龙 冯 倩

理 学

伏 麟 路美玉 陈星又 张 蓉 冯茹钰 马红杰 宋秀萍 张 洁 郑姣姣 郭 童 刘鸣杰 马昊学 雷 欢 李子怡 刘佳玉 卢 彬 牛天娇 郑 苏 陈进伟 侯力佳 李 辉 钦佳丽 巨月娟 刘 雨 王帅康 周 娜 周 奇 李 敏 曹茹瑜 杜香如 伏雪倩 李 娜 李 政 刘那兵 马 晗 王 何 王 婷 杨 玲 张永玉 陈伟城 刘圣恩 韩泽宇 侯 毅 胡伟伟 黄志梅 龙 庆 陆 睿 苏高琴 王同帅 吴芳芳 张贺翔 张旭龙 张 杨(12020130582) 张志才 赵文静 李三秀 兰丽萍 田汾奕 赵晓婷 蔡 荣 郭 信 贾立涛 李绍荣 唐培文 王迎辉 朱 惠 常雅娟 陈 杰 高学智 贺 瑜 李 昊 李玉柱 刘 慧 刘茹胭 任一铭 汪 圳 王 倩 叶家俊 张 恒 张秋萍 周鹏晟 秦媛媛 谭梦瑶 王晨宇 钱 瑞 董智今 林妍敏 柳利利 张嘉敏 陈睿华 李秀静 刘 旭 马 娴 李春环 李凌云 潘新宇 王融融 张扣扣 张舒欣 冯康利 唐朝朝 卫宇曦 程珍媛 翟嘉港 侯凯元 滑雨琪 王莹婧 魏慧敏 杨 晨 张桂琴 朱晓雯 屈国兴 刘亚楠 罗教盛 王 云 易洁琰 安 琪 蔡明玉 耿 雪 刘 莉 马 磊 王崇年 徐娅秀 常勇勇 范文强 高惠惠 郭 红 韩 琴 姜玲玲 刘 爽 刘占有 马伯利 马嘉琦 孙 山 谢贤国 张 君 张仙宏 赵富强 朱滕滕 高建中 胡进红 胡永超 马 佳 宋 繁 王 红 王 甜 姚晓翠 李瑞国 俞嘉鑫 袁 鹏 周春梅 海珍珍 车金凤 何文强 侯 晖 荆庆芳 李嘉文 刘姝萱 苏立娜 王金朋 谢沁宓 张 庆 张雅琪 张 杨(12020130847) 曾飞越 常道琴 吉雪茹 姜琴芳 陆文赋 米 扬 孙亚菲 曹萌豪 李 琴 潘昱伶 田 静 王培源 王 玥 袁洪艺 赵明涛 张海龙 董 莹 王泽华 买尔比亚·依米提

工 学

杜晨妍 徐尊豪 张亚婷 赵诣深 洪欣欣 方 亮 王艳妮 张恒博 石甜甜 郭姝琪 贺愉婷 姜文超 石 硬 王 帆 杨 健 韩 朔 柳 萱 郭佳兴 薛 鸿 尹江杰 姜汉周 柴 禛 杜亚飞 耿 畅 蒙亮亮 向晓菊 袁鹏星 赵 曦 朱 兵 别南西 丁云云 申 钰 蒋正彩 沈 聪 陈 妍 胡文凤 贾 娟 罗 丽 施含旭 宋 昊 孙 禹 王宁宁 王莹莹 张 昊 张 静 赵 颖 钟玉丹 吴泓钢 余 帅 李仕浩 吕大海 束世玮 王晋浩 陶仁光 周海洋 曹金生 冉文君 张辉映 张宇航 郑传磊 郭紫薇 徐盼盼 杨仁泽 陈小龙 宋盛达 李 霖 李承璐 穆 敏 钱昆仑 王文娟 丁昌峰 宋璐璐 闫 超 刘臻祥 张晓静 马明泽 龚 雪 刘巧玲 孙富斌 农 睿 杨宗凯 鲁舒心 李 杰 万永鹏 李博豪 成芳娟 韩棒斌 王文辉 包绍亿 邢 媛 张 沛 柯泽荣 马心知 孟志坚 韩帅帅 徐天艺 张炳建 谯又铭 邢振伟

王　珂　贾莉莉　李瑞林　柳凤敏　马瑞雪　马小梅　辛伟山　袁江涛　魏培媛　陈文雨　侯琳琳
麻博超　徐　超　左郁琳　程　洵　崔景贺　康育冲　彭凯旋　董　鑫　巩建昌　贾美宁　李　虓
李志峰　廖康康　王海鹏　张　凯　陈运昌　黄　凯　李天煜　任嘉睿　魏佳圆　杨　博　马红艳
吕鑫鑫　杨圣傲　朱海峰

农　学

李亚军　刘德帅　马　冲　杨永娥　张　悦　李海俊　刘文娟　马永杰　杨东亚　胡　莉　张芙蓉
魏彦凤　游宏建　袁　苗　李光宗　孙晓涵　汪月宁　陈泽平　李俊铎　吕　茜　孙静娴　王　宁
王　瑞　许文娣　殷梦婷　郑明朋　卢圆明　麻仲花　项伟洋　辛江风　赵　匆　刘　素　杜怀东
宋佳伟　王科捷　翟勇全　石亚飞　姚明明　刘　喆　王敬尧　刘恒青　柳　雪　汤文轲　马银香
赵雪怡　马　燕　王若彤　王　涛　戴天姝　户春丽　李家博　孟　科　王晋鹏　周小南　刘佳敏
张岩峰　赵　薇　桂瑞麒　贾晶莹　赵保才　戴莎莎　康馨匀　梁晓珊　王　业　孙佳琳　程燕明
黄业芸　贾晓辉　李旭梅　梁晓谦　尉剑飞　谢小伟　陈彦硕　高福洁　曹立娟　倪　旺　尤璟涛
薛佳祺　崔省委　包　婕　霍新茹

管理学

陈娜娜　虎娜娜　虎亚菲　黄艳妮　金银花　赵　勇　杜泰霖　范晨露　刘　倩　徐　达　张　馨
沈小诗　王欣悦

专业硕士学位人员

法　律

单雨生　丁莉媛　贾半半　刘　元　马小英　马渊博　汪　丹　吴　奎　安若梦　胡纪康　马　瑢
马　媛　王融英　杨　藜　赵媛媛　敏　晶　马建非　马立阳　谢　婧　张　岩　李青洲　马志燕
周李雪娃

社会工作

梁玉玲　刘宇晶　马巧梅　马　霞　马　馨　王小宏　夏静文　肖　荣　袁　旭　张佳欣　贺湘渊
李玉雯　杨　梅　袁博文

教　育

蔡勇平　陈　蕾　陈天皎　陈月红　丁仙仙　董春雨　顾志蓉　黄　月　贾雅琪　李　锦　李　蓉
李诗妮　李小燕　李雪玲　李　莹　罗学丽　马　莲　马堂玲　毛　宇　彭　行　史莹莹　宋苗苗
唐　甜　王荣荣　王雪平　王玉萍　王子阳　吴昊昊　吴　娜　夏丽丽　肖赛男　许　铮　郁昌琪
杨家玲　杨彦花　余　黎　张　宁　张艺博　郑　晨　郑玉露　蔡婉茹　崔　宇　冯茜雅　霍庆珍
李小艳　马小辉　马　璇　牛苗苗　宋雪雪　孙　浩　王　芳　王　婷　杨育茹　于桂美　张文嫔
赵文锋　朱冬芝　鲍鑫扬　陈润兰　邓恢英　邓玉超　冯慧敏　冯丽敏　符　建　付炜婕　盖思淇
高莉茹　高　琳　郭　洋　韩金博　韩亚丽　贾浩杰　焦　静　孔　晶　李子昕　梁馨月　刘　玮

马　瑛　任小倩　盛　密　苏　航　童佩佩　汪雨楠　王宇含　王子越　闻秋燕　邬家晨　吴丽娜
吴　妍　武　芳　武　洁　杨抒然　杨颖超　禹娟娟　詹晓杭　张　欢　张芝源　张志梅　赵梦袁
郑　钰　杜亚红　白凡凡　曹晓慧　董春娣　杜　维　段　晨　段　青　段小媛　韩锦西　何佳慧
何思清　黄　静　吉璐璐　贾茸茸　蒋瑞博　景嘉旭　孔　佳　李寒菲　林子义　刘嘉潾　刘新星
卢凤霞　鲁文珍　马　荣　宋晓婷　汤　蕾　妥莉莉　万吉娟　王变涛　王　静　王俊博　王林岚
王小燕　王晓坤　王　晔　薛丹妮　尤建宁　岳雪琴　白菁如　常婧娴　达雯娟　苟海勇　郭　睿
李霞霞　马晨阳　马治芳　蒙晓娜　庞芷月　孙宇婷　王盈乐　糟冥叶　周洁萍　陈丽丽　程　欢
丁明璐　冯宝林　何思漫　胡崇嘉　虎　博　李成昌　李　珂　李　娜　李　琦　林海强　刘恩昊
刘　涵　刘金鹤　马溶薇　米雯雯　宁　静　乔心怡　佘　颖　宋明桦　王满言　王澎婕　杨婉晴
张　娜(12021130523)　张巧霞　张小岩　赵明明　祝李娟　曹　瑾　陈国富　陈晓静　丁　聪
段波宇　付仁双　高　欢　海明兰　何党连　何志灵　江心成　赖毅标　李俊儒　李美霖　李荣耀
李悦童　刘　超　刘　彤　卢佳文　马　芳　马小花　潘　咪　苏　炀　王昌恒　王　刚　王瑶瑶
徐冰艳　徐嘉君　闫子璇　颜仁泽　杨　琼　杨艺涵　叶文佳　张金萍　张　娜　张　宁　赵明慧
祝颂娴　陈明月　陈　倩　丁永梅　高　敏　高　玥　李　英(12021130737)　李　英(12021130738)
马海霞　马　芹　苗春雨　卿焱丽　尚李静　宋晓宇　田明慧　田　琴　王婵婵　王佳佳　王旖旎
杨婷婷　杨亚情　杨燕宁　禹圆圆　张佳敏　赵　童　沈　慧　杨　晋　曹　齐　陈　放　黄怀庆
李彤彤　李薇薇　石海霞　王明月　王　蕊　王　尚　王　雪　奚　田　马丽娜　苏耀霞　杨晓硕
杜　丽　郭　茹　姬艳丽　贾伟伟　李韵婷　浦旭颖　史正东　苏盼盼　杨　静　杨文婷　于晓梅
张亚菁　赵　茹　马　璐　马　伟　马燕燕　孙文静　文　仪　杨芳霞　柳雯琪　李　莉　梁西峰
张少梅　邢　正

体　育

李洁庆　白乾赟　曹靖东　陈沼东　承　彪　高　阳　李　慧　刘　勇　吕　鑫　马　勇　齐　季
王卧龙　魏东旭　谢万排　徐唐娇　杨社儿　张晓东　张雪娟　赵凤娇　周加兵　董安锐　刘　霞
司海颖　王　鑫　谢　凡　于　尧　杜盼弟　汪　洋　鄢列臣　冯健鹏　袁宝川　李慧斌　徐佳军
齐庞博　谷胜乔

翻　译

丁佳媛　封　雪　蒋楚婷　李慧锋　李　霄　练文森　梁济韬　梁金焕　刘　伟　马　洁　马　莉
任文敏　孙　丽　田海心　万金玉　王　凯　王可欣　王　威　肖　玲　许　珂　闫海慧　杨玉萍
尹子燕　张　婧　丁梦娇　高财湘　卜新月　崔艳波　高利如　贾翎霄　蒋晗蕾　李　婧　李晓霞
林澍希　毛成硕　王子帆　王紫玉　杨　丹　于　越　张宇翔　张芷宁　赵恒宇　胡　洋

新闻与传播

刘雪茹　苏军丽　陈朝姗　陈　欣　崔士萍　崔秀玲　崔亚芝　邓　铭　范红锐　冯　凤　高源泽
关瑶瑶　郭小立　郭璎慧　何佳辉　胡洛岩　黄思源　李嘉淇　李久榕　李居正　李鹏强　李秋红

李　遥　林　烨　刘红彬　刘　婷　刘文生　刘　骁　刘小舟　陆熙燕　马灵慧　沙建梅　邵秋露
苏　畅　谭露露　杨丽坤　杨丽竹　杨曼琳　杨　逸　于晨曦　于　巧　张　萌　张　睿　张雨萌
郑　彬　周煜皓　朱佳璐　刘思琪　赵宇卿　周　代　吕　晶　刘付枫荷

工　程

田　乾　张　舜

电子信息

陈劲烨　蔡永琪　李海昇　李　雪　李彦昭　刘坤斌　刘若晨　罗永虎　马若曦　冉　博　田　璞
杨　晶　张云飞　张兆坤　赵艺青　周淼淼　李　玉　马　雯　张　刚　郑情畅　朱成成　倪萌萌
徐乐园　龚　轩　顾旭璐　李　闯　宁远浩　王亚楠　吴　庭　昝煦森　张　楠　何小成　胡永琴
黄　潇　梁志洋　廖乾国　刘贤根　王　赐　邬迎节　徐嘉琪　杨晓伟　张永亮　马鹏森　常佳鑫
陈　旺　黄宇航　简定辉　景怡萱　刘雪纯　罗同澜　罗志成　吕文涵　马　军　马鸣杜　石瑛琪
王　博　王浩宇　王丽思　王龙其　王若呈　王潇翰　薛永霞　张建峰　张泽鑫　赵　瑞　常　凡
崔登帅　丁文玉　樊　露　冯雪莲　冯媛媛　胡泽民　孔　鹏　兰布莉　李自红　陆昕妍　马　东
任　浩　尚　彬　邵　茹　田子陌　王　婧　王琦锋　王　馨　魏士钦　伍　晗　赵泽纬　周文彬
贾方瑞　易诗凡　张佳豪　卢晓彤　彭雨欣　王　旭　王喆霖　于城香　郭耀华　李博文　李宏斌
刘冰瑶　刘　飞　刘润祥　马克华　马璐沙　马　梅　马　朔　孙　浩　郗思宇　杨乐洋　杨则嵘
余艳英　张博洋　张晓玉　张　英　郑　洁　邹　华　党　进　高　玉　黄　岩　嵇　谦　李　博
栗　盘　林　灵　马　丫　牛飞扬　王　欢　王俊杰　王天骄　武　蕊　夏慧敏　延佳倩　闫玉杰
杨　栋　杨鹏云　袁重阳　张博凯　张　婷　曹小敏　胡耀刚　姜文辉　金朝亮　林　磊　路立凤
马　丁　孙　岩　王嘉鹏　王天辉　文　昊　吴仁翰　徐子怡　余佳佳　张　朝　曹灵枝　常晴晴
房　洁　冯金春　顾灵晨　郝　赫　李喜娟　刘博文　刘嘉华　宋子硕　陶苏皖　王　彬　王　林
王堂志　王维淇　王馨宁　王志凌　魏铭辰　杨淑婷　袁智翔　张鹏飞　赵毛毛　王　静　石凯博
樊新宇　许金明　胡晓雨　欧阳哲昊

机　械

包　楠　曹艺超　戴宏伟　邓松林　董昌生　杜佳龙　范博文　郜雪楠　古锐鹏　郭　旭　郝掌权
贺一丁　洪　斌　洪步林　侯良森　胡　建　虎小雅　贾智勇　江奇风　姜重阳　靳一帆　康　文
李冰洋　李佳园　李林洪　李乾峰　李泽宇　李争光　李志平　李宙真　凌玉施　刘　健　刘　岩
刘宇鹏　罗康宁　率宝奇　马　彪　马　辉　马　凯　马明学　马　腾　马卫成　马　侦　孟　圆
孙泽程　唐嘉泽　王　刚　王建安　王瑞方　王振秋　魏　迟　魏　鑫　吴纪钢　夏振宇　効振宁
徐纪刚　徐铭涵　徐志立　闫志鹏　杨　丰　杨　耀　杨英杰　杨玉坤　雍　许　余　伟　郁　凯
袁向东　张东峰　张海林　张　龙　张伟伟(12021131124)　张伟伟(12021131125)　赵明伟　郑德勇
郑克诚　周东熠　周　帅　朱　浩　孔　怡　王淮玉　马永翔

材料与化工

曹朋伟　安国栋　白博坤　陈　财　陈飞扬　陈浩文　陈健雄　陈姿名　冯　柔　高静丹　高瑞瑞
郭嘉懿　郭文倩　韩　鹏　胡晨烨　黄爱君　黄红恒　黄祥杰　焦乃斌　靳雨薇　康　琼　冷　颖
李　平　李树铭　李　娴　李亚男　李　艳　刘国瑞　刘　丽　娄长拴　陆国梁　吕　良　宁沛娜
潘国香　庞庆鑫　石恒杰　石晓慧　苏莉萍　王聪聪　王佳爽　王　静　王蒙恩　王若彤　王欣宇
王　鑫　王颖馨　王永达　王雨轩　王元臻　王赵鹤　吴　舸　项羽翔　徐文慧　杨　帅　尹　旺
尹银梅　雍正冬　于　沛　袁登辉　翟东东　张　祥　张　鑫　张雄雄　张　阳　张迎归　张　勇
张哲凯　张紫莹　赵思傲　赵潇霞　周晓燕　周　瑶　周智超　陈云辉　郭　涛　哈　郁　黄　群
江梓硕　李国强　马统统　马雪琴　潘新品　唐　强　田冬梅　王铎民　王　睿　吴玉松　尹　峤
余智文　臧　影　张荣静　何亚瑄　胡隆生　黄开涛　李瑞杰　刘嘉霖　马　伟　马晓雲　任宇翔
石微迪　孙博康　王晓雪　王　中　袁　源　张婧雯　张云舒　赵国彦　赵琪鲜　周　统　祝钰灵
巩成伟　吴言聪　翟晓坤　施汉祥　石燕松　牛紫瑜　滕　浩　王毅婕　曾　帅　吴　琼

土木水利

陈世超　丁孟成　丁　森　丁永发　高　铭　高　翔　韩强强　胡伟依　江宇嘉　姜宝龙　李昊天
李建奎　李淑翔　李希虎　刘飞杨　刘统伟　路　伟　马继树　毛诚安　彭立国　商立宏　史文洁
孙萌萌　王亚凡　吴巧智　吴向峰　辛守银　薛成广　杨童鑫　袁宜红　张　弛　张茂正　张轩硕
赵　琪　赵颂凯　郑凯旋　曹翠萍　陈恩民　陈君洁　陈　欣　崔逸枫　董嘉琪　傅迎豪　高　爽
高欣悦　管小龙　贺英豪　黑正军　胡　凯　金铭锐　李丹丹　李梦婷　李　南　李阳阳　刘华茹
刘　钦　刘庆鑫　罗　园　马桂平　钱泽宇　石慧群　苏荟琰　万思思　王金鹏　韦广源　魏怡敏
席　睿　徐　磊　许德浩　张青青　周弋玲　庄淏然　卓宝著　蔡伟涵　刘玉飞　周　闯　郭　嘉
马俊毅　汪一铖　张媛媛　马　伟

农　业

李逸凡　马小英　高迎东　摆福红　毕雪婷　卜虎柏　蔡　洁　陈　帆　陈思宇　高　含　高　虎
郜雅欣　何　曦　雷　昊　李国英　李亚川　李　悦　梁小娟　罗　艳　马　聪　马　军　马丽娟
马　玲　马　龙（12021131274）　马小梅　马　莹　穆晓国　穆晓坤　撒晓梅　沙晓蓉　邵洁玲
苏海者　苏晓兰　田　伟　王　欢　王凯彬　王　玲　王星明　魏　锋　吴洁萍　徐梓凯　杨文忠
杨彦朋　张宝娣　张俊霞　张学青　张雪梅　张云伟　张　莹（12021131300）　鲍平安　高嘉慧
高龙飞　虎学锋　李　冰　李国强　李奇铮　李永康　鲁国庆　马风华　马　龙（12021131313）
马　霜　撒春宁　王　博　王　琴　王　腾　王腾飞　王旭成　王　园　杨轩宇　张　飞　赵梦雨
周欣扬　金　帅　马瑞萍　白小艳　摆小蓉　樊亚雷　伏晓昭　付　龙　高　燕　郭慧荣　韩志阳
胡媛媛　李天顺　李战魁　刘春彩　龙姣卉　马东海　马健祯　马　楠　马　伟（12021131234）
屈　洁　茹素龙　孙　刚　田　娜　王建鹏　王巧玲　王晓苹　王寅萍　向　峰　杨　辉　杨宁艳
杨伊玲　张　恩　张风琴　张　昊　张　龙（12021131250）　张　龙（12021131251）　周　霞

曾博玲 陈国峰 陈贺婷 戴鹏飞 高 明 金春娥 刘鹏飞 田海梅 王 磊 王灵娟 王 能
王月梅 徐瑾瑜 薛 旭 杨 娜 张晋美 张 舒 赵富贵 朱建伟 陈雨薇 高 龙 郭佳茹
海永强 韩勐扬 胡耀龙 蒋朝阳 李国龙 李江洪 路金博 马嘉瑜 马乔女 裴 伟
马 伟(12021131359) 申 昊 汤新杰 田海龙 张红艳 张 鑫 赵 楠 程瑨津 邓皓喆
方帅玉 高文杰 郭园昊 韩成梅 季顺顺 金向琴 来积琴 黎 鹏 李楠楠 李瑞宁 李思媛
李永胜 刘 梅 刘 敏 路 婷 罗忠明 马灵琴 马正虎 任 旭 田新杰 王 超 王 丹
王雪茹 王兆菊 吴旭冉 杨小兰 杨智奇 张 莹(12021131448) 梁晓伟 王 忠 魏士昊
安彦昊 包斌武 曾 灵 董益闻 窦文丽 杜冰沁 冯 芬 郭晨浩 郭 帅 郭星汝 李德生
李蕾蕾 李彦霞 刘宝宝 马步仓 马利鑫 马瑞聪 马子明 明文轩 聂 玮 沈 露 施建川
宋雅萍 孙昊然 孙奕烁 陶毛孩 陶 然 妥 强 王浩睿 王小伟 魏 榕 薛晓姝 杨广军
杨嘉翊 杨 靖 杨梦蝶 杨双鸣 杨晓斌 杨紫嫣 袁晓春 张 迪 张腱皓 张 宁 朱志强
包文毅 查晓彤 陈雪妍 崔佳锐 丁雨红 董 蕴 范 敏 伏棋画 付俊维 付玉虎 高鹏燕
巩丽莉 郭方圆 郭佩佩 何小玲 胡丽筠 金丽娜 李俊松 李 琳 李 荣 李晓静 李 秀
刘 慧 刘 媛 吕 宁 吕 钰 马彩霞 马 慧 马进花 马麦迈 马小菊 马燕飞 马一凡
裴慧敏 裴宇芳 邵芳芳 苏晓凤 孙媛媛 唐 新 田 云 王嘉俊 王金霞 王 亮 王梦松
王雯雯 王旭娟 王延尧 王 玉 吴婧娇 武思睿 谢启文 谢心如 烟小霞 杨 启 杨世虎
杨双喜 杨 雯 杨小燕 于恒和 鱼 灏 俞 佳 翟慧楠 张春雷 张佩华 张 倩 周银娜
朱晓雪 贾毅男 王江龙 王 维 陈方圆 何高吉 殷巧玉 万红红 王宏杰 严 磊 周君猛
姜守勇 刘 杰 郭变丽 韩亚芳 祁菊芳 宋秋茹 王静娴 黄小兰 李亚凤 马 聪 孟 芳
潘思弋 夏尚帆 岳洋洋 张海燕 龚汉林 盛 琳 田 燕 曹 阳 金 烨 韩小梅 刘 丹
杨 洋 柯 强 曹亚亚 杜文源 王 封 高 航 何海龙 贺丽霞 李芮芮 苏克军

兽 医

王玉霞 于 鲲 周子成 鲍显伟 陈苏徽 丁宝隆 伏文博 高 鹰 孔维怡 李彩霞 李 韦
李小龙 刘红燕 刘晓波 罗双燕 马正兵 毛首会 石亚楠 孙若菡 田兴苗 王景松 王 莉
邢安琪 杨 斌 叶宇恒 岳 康 张 林 张正刚 潘 昊 张 雪

林 业

陈改莲 丁晓梅 高元亢 虎雅玲 金学娟 李 慧 李林傲 李尚玉 刘佳欣 陆 晖 吕英泽
聂晓萌 彭 妞 沙 欢 王 博 王广平 王家辉 王 坤 王 朔 吴晶晶 颜培轩 杨思思
杨志强 于晓燕 余雅尧 禹瑞丽 张博华 周 鹏 王书砚

工商管理

郭晓阳 蒋 坤 田晓阳 王 静 尹 迪 张敏敏 柏 鹤 何 佳 姜莹莹 陆 畅 万睿娜
王静怡 魏博雅 吴 瑕 许 苗 俞 青 岳 媛 张佳亮 张 婧 安一方 白程旭 卞 源
蔡 洁 蔡 明 柴 桦 陈 锐 陈晓红 陈筱静 陈旭鹏 陈仰道 程振宁 褚亚楠 崔 晶

代　旭　丁晓燕　冯佳丽　高佳南　高雨辰　海艳红　韩亚强　郝　洁　何　瑾　贺梦洁　虎　薇
扈　洁　黄　欣　贾孟磊　蒋佳丽　焦济舟　康　娟　康　微　康晓娟　李　丹　李浩男　李　强
李　欣　李　臻　林　南　刘　斌　刘佳瑞　刘敬琳　刘俊锋　刘思显　刘婷瑜　刘亚楠　卢　蒙
陆辉仲　马丁丁　马恩来　马　杰　马莉莉　马伊莎　马　莹　马玉涛　孟佳丽　纳　瑜　牛祎洁
彭树立　强精圆　强亚婷　乔　萍　沙旭虹　施树金　宋　洁　宋怡婷　宋玉洁　孙婉婉　索　海
田丽敏　万芳丽　万　鹏　王　琛　王春旭　王　冠　王　龙　王巧颖　王　爽　王　涛　王文萱
王小华　王　旭　韦　冉　吴靖昊　吴秀钰　吴　雪　吴燕辉　咸　静　徐莉莉　徐梦媛　许华苗
薛寒逸　闫明思　杨　博　杨　静　杨　倢　杨旭华　杨滢颖　杨智杰　姚欣然　尹小青　岳诗芸
岳　阳　张建丽　张　晶　张莉莉　张　亮　张　文　张学刚　张学智　张雅倩　张艺楠　张赢月
赵彬瑶　赵春晖　赵　钦　郑凯方　周晨颖　周子琦　邹少坤　刘　通　辛佳雯　岳雯娜　张　良
张世豪　张雅昕　孙　晨　田旭东　李雪旎　牛　慧　俞　翔　刘茜茜　陈　飞　郭武强　韩梦雨
苏　芸　孙　丽　王　鹭　夏荣华　尹　颖　龚卢阳子

公共管理

李佳美（12015130054）　杨荟琳　李佳美（22018131196）　李鹏昊　马娣兰　郄彩萍　尚　欢
王睿坤　吴　楠　杨翔宇　岳迎荣　赵　楠　白亚勤　包新伟　陈　琛　陈富忠　陈海斌　陈佳林
道佳玮　丁　华　高　敏（22020131979）　高　敏（22020131980）　贾梦鸽　李　静　李梦瑶
李沐恩　李婷晖　李亚楠　梁春波　刘金凤　刘月园　卢晓曦　罗金花　罗倩倩　罗秀婧　马福珍
马凯愉　马丽春　马　瑞　马雯雯　马　啸　勉　天　莫润丹　桑嘉荠　盛　超　宋小丽　汤艺华
唐　薇　铁　欣　王锦榕　王曼泽　王能江　王舒荷　王　烁　王煦骅　王雪阳　王昱麟　王　卓
武慧慧　杨丹彤　杨　帆　杨家文　杨嘉钦　余佳睿　袁佳慧　张彩霞　张红岩　张钊溪　周奇凡
吕晓庆　王卉尧　王学燕　蔡　霞　陈芳怡　郭　琳　林梦璐　尚海燕　王　宁　王　鹏　王小龙
邢楠楠　张　娜　张文瑞　张一驰　赵　琳　赵　烨　周始兴

会　计

苏志琴　张晓红　邴　晨　陈楠楠　高　原　郭依青　韩　娜　贺　睿　李　青　李思佳　李　雪
林　昕　刘通美　马依敏　齐可心　秦嘉媛　苏佳明　苏馨楠　田书宜　王浩东　王旭娟　谢晓阳
徐海昭　徐　昊　张一涵　赵鹤茹　高　源　韩　欢　卫浩然　张　越　韩秋乐　龙源娇　马凯丽
唐秀秀　王树铭　吴　静　张一博　赵帅浩

旅游管理

高一凡　巩　娟　靳旭旭　王　凯　张锦荣　张　璐　段　惠　乌日娜　赵子帆　卢沛然　王家麟
熊履义　杨　墨　张玉龙　宗　悦　陶妍宏

艺　术

曹　兴　陈亦好　方文静　高东悦　巩子毓　郭　青　韩若雯　籍紫荃　金佳怡　李澄芳　林天翼
刘　甜　刘云霞　卢沛杭　田　媛　王　静　王盛敏　魏舒宇　吴　豪　肖　杨　谢淑惠　薛博超

姚静玉 余梦瑶 袁 巍 苑 梦 张婧雯 张 茜 刘 薇 宋亚强 胡媛媛 李 敏 孙宇航
王 晶 张玲雅 江 南 解 夏 刘 萱 乔 楚 王露瑶 杨艳宏 张冰祎 张 杰 张 婷
张宇慈 查 雪 陈小青 龚安格 何佩玉 胡艺培 马素君 齐娅楠 秦文涛 施学顺 魏安惠
张 爽 赵杰文 冯建鹏 李军霞 苗静文 尚靖珍 尚平平

（研究生院杨琼提供）

2023年高等学历继续教育本科生学士学位获得者

法 学

刘小玲 李 芳 张 婷 苏 蓉 张 鑫 康秀婷 王瞳荣 颜 钰 杨雅婷 卢 杰 孙艳霞
魏桃蓉 徐 甜 吴少风 丁翠文 第五雅楠

工 学

吕艳艳 于海涛 张 萌 赵海红 张余山

教育学

贾景辉 叶娟娟 马晓庆 沈 怡 张 燕 童璐瑶 陈玉钰 康 莉 刘 颖 杨 清 吴凤英
何同亮 马婷芳 李彦妮 杨晓英 苏小兰 马付梅 王瑞霞 马小梅 贾文莲 郭亚丽 王 婧
郭银霞 王苗苗 马存连 杨 花 张 燕 田进兰 许盼盼 何 英 王蓉蓉 李 娟

文 学

马如梅 马 伟 苟建红 陈燕花 王香梅 孙红权 张 蓉 刘 彤 魏志颖 丁效禹 靳 娜
田 芳 马嘉欣 洪翠萍 凌 琳 姚园园 王 兵 张志诚 马 花 安红娟

管理学

刘雨佳 王 鹤 王 玲 常 婷

艺术学

崔梦龙 王文博 张亚琴

农 学

郭燕萍

2023 年高等学历继续教育在籍学生人数统计表

年　级	学历层次			合　计
	高起专	专升本	高起本	
2020 级	79	131	32	242
2021 级	233	461	34	728
2022 级	2385	4845	40	7270
2023 级	4301	8411	68	12780
合　计	6998	13848	174	21020

（终身教育学部蔡荣之提供）

国际学生层次、来源地、经费来源情况

项　目		毕(结)业生数	授予学位数	招生数	在校生(注册)
总　计					131
其中:女					55
按学历分	专　科	0	0	0	0
	本　科	18	18	70	88
	硕　士	1	1	16	27
	博　士	2	2	4	7
	语　言	0	0	9	9
按大洲分	亚　洲	15	21	77	99
	非　洲	2	2	16	24
	欧　洲	1	1	5	7
	北美洲	0	0	0	0
	南美洲	0	0	1	1
	大洋洲	0	0	0	0
按经费来源分	国际组织资助	0	0	0	0
	中国政府资助	0	0	3	6
	本国政府资助	0	0	0	0
	地方政府资助	1	1	62	59
	学校资助	17	17	29	61
	自　费	0	0	5	5

按国别统计留学生学历规模

序　号	国　籍	本　科	硕　士	博　士
1	哈萨克斯坦	1	0	0
2	老　挝	18	6	0
3	蒙　古	2	2	0
4	吉尔吉斯斯坦	3	2	0
5	乌兹别克斯坦	8	1	1
6	越　南	11	2	0
7	俄罗斯	4	0	0
8	埃　及	1	2	1
9	孟加拉国	6	1	0
10	喀麦隆	0	2	0
11	塔吉克斯坦	5	0	1
12	土库曼斯坦	3	4	0
13	泰　国	5	0	0
14	印度尼西亚	8	1	0
15	巴基斯坦	5	1	2
16	阿富汗	2	0	0
17	布隆迪	0	2	0
18	几内亚比绍	0	2	0
19	科摩罗	0	1	0
20	尼日利亚	0	1	0
21	伊　朗	1	0	0
22	东帝汶	2	0	0
23	摩洛哥	1	0	1
24	坦桑尼亚	0	1	0
25	赤道几内亚	0	1	0
26	刚果(布)	1	0	0
27	津巴布韦	0	1	0
28	马　里	0	0	1
29	叙利亚	0	1	0
30	也　门	2	2	0

（国际教育学院刘美玲提供）

文件与规章

2024 The Almanac of Ningxia University

金波湖　（钟子杰 摄）

2023 年党发文件目录

序号	文　件	文　号
1	关于公布二级单位 2022 年度工作考核结果的通知	宁大党发〔2023〕1 号
2	关于肖功国等同志任职试用期满正式任用的通知	宁大党发〔2023〕2 号
3	关于张淑红等同志任职试用期满正式任用的通知	宁大党发〔2023〕3 号
4	关于印发《宁夏大学学部制改革实施方案》的通知	宁大党发〔2023〕4 号
5	关于 2022 年度中层党组织书记抓党建述职评议考核结果的通报	宁大党发〔2023〕5 号
6	关于王换芳等同志任职试用期满正式任用的通知	宁大党发〔2023〕14 号
7	关于胡玥、刘宁同志免职的通知	宁大党发〔2023〕15 号
8	关于成立宁夏大学教师教育学院等学院的通知	宁大党发〔2023〕17 号
9	关于成立宁夏大学人文与民族学部等学部的通知	宁大党发〔2023〕18 号
10	关于成立宁夏大学守正书院等书院的通知	宁大党发〔2023〕19 号
11	关于成立中共宁夏大学人文与民族学部委员会等党组织的通知	宁大党发〔2023〕20 号
12	关于李胜刚等同志职务任免的通知	宁大党发〔2023〕21 号
13	关于印发《宁夏大学 2023 年工作要点》的通知	宁大党发〔2023〕24 号
14	关于印发《中共宁夏大学委员会 2023 年巡察整改“回头看”工作方案》的通知	宁大党发〔2023〕25 号
15	关于印发《关于在全校深入开展学习贯彻习近平新时代中国特色社会主义思想主题教育的实施方案》的通知	宁大党发〔2023〕27 号
16	关于高媛等同志任职试用期满正式任用的通知	宁大党发〔2023〕28 号
17	关于蒋宇欢同志任职试用期满正式任用的通知	宁大党发〔2023〕29 号
18	关于成立音乐学院党总支等党组织的通知	宁大党发〔2023〕30 号
19	关于人事处(党委教师工作部)更名的通知	宁大党发〔2023〕31 号
20	关于印发《宁夏大学党群行政部门(机构)编制方案》的通知	宁大党发〔2023〕32 号
21	关于贺生斌等同志职务任免的通知	宁大党发〔2023〕33 号
22	关于印发《宁夏大学党委常委领导班子 2022 年度民主生活会整改方案》的通知	宁大党发〔2023〕34 号
23	关于印发《宁夏大学 2023 年度经费预算编制安排意见》的通知	宁大党发〔2023〕36 号
24	关于尚晓东等同志免职的通知	宁大党发〔2023〕37 号
25	关于刘杰等同志职务任免的通知	宁大党发〔2023〕39 号
26	关于印发《宁夏大学全面从严治党党风廉政建设和反腐败工作主要任务分工方案》的通知	宁大党发〔2023〕40 号
27	关于印发《宁夏大学关于加强新时代离退休教职工党的建设工作的实施意见》的通知	宁大党发〔2023〕41 号
28	关于印发《关于加强新时代关心下一代工作委员会工作的实施意见》的通知	宁大党发〔2023〕42 号
29	关于调整关心下一代工作委员会的通知	宁大党发〔2023〕43 号
30	关于谭亚云同志任职的通知	宁大党发〔2023〕45 号
31	关于郑燕玲等同志任职试用期满正式任用的通知	宁大党发〔2023〕46 号
32	关于黄河等同志职务任免的通知	宁大党发〔2023〕47 号
33	关于成立中国共产党宁夏大学人民武装部(国防教育教学中心)直属支部委员会的通知	宁大党发〔2023〕49 号
34	关于黄海楠等同志职务任免的通知	宁大党发〔2023〕50 号
35	关于刘源同志任职的通知	宁大党发〔2023〕52 号
36	关于印发《宁夏大学学术期刊中心综合改革方案》的通知	宁大党发〔2023〕53 号
37	关于印发《关于学习宣传贯彻习近平总书记在中央政治局第五次集体学习时重要讲话精神专项实施方案》的通知	宁大党发〔2023〕56 号
38	关于李涛等同志职务任免的通知	宁大党发〔2023〕57 号
39	关于张玉萍等同志任职的通知	宁大党发〔2023〕58 号

续表

序号	文 件	文 号
40	关于印发《宁夏大学人才引进管理办法》的通知	宁大党发〔2023〕60 号
41	关于印发《宁夏大学乡村振兴研究院组建方案》的通知	宁大党发〔2023〕61 号
42	关于张立杰同志免职的通知	宁大党发〔2023〕66 号
43	关于曹兵等同志免职的通知	宁大党发〔2023〕67 号
44	关于刘国强同志任职试用期满正式任用的通知	宁大党发〔2023〕68 号
45	关于李晨之同志任职的通知	宁大党发〔2023〕72 号
46	关于表彰"立德树人奖"获奖人员的决定	宁大党发〔2023〕73 号
47	关于印发《宁夏大学师资培养管理办法》的通知	宁大党发〔2023〕156 号
48	关于胡玉冰等同志职务任免的通知	宁大党发〔2023〕157 号
49	关于印发《宁夏大学管理干部岗位工资绩效补差暂行办法》的通知	宁大党发〔2023〕158 号
50	关于印发《中共宁夏大学委员会关于在二级党组织设立纪委和纪检委员的工作方案》的通知	宁大党发〔2023〕159 号
51	关于沈建东同志任职的通知	宁大党发〔2023〕160 号
52	关于奥海玮等同志职务任免的通知	宁大党发〔2023〕200 号
53	关于蒋志忠同志免职的通知	宁大党发〔2023〕201 号
54	关于印发《宁夏大学二级单位年度工作考核办法》的通知	宁大党发〔2023〕202 号
55	关于印发《中共宁夏大学委员会巡察工作规程》的通知	宁大党发〔2023〕204 号
56	关于做好 2023 年度二级单位工作考核的通知	宁大党发〔2023〕205 号
57	关于印发《宁夏大学本科教育教学审核评估工作方案》的通知	宁大党发〔2023〕208 号
58	关于印发《宁夏大学教师师德失范行为处理办法》的通知	宁大党发〔2023〕210 号
59	关于推荐李学斌同志为宁夏教育国际交流协会第三届理事会理事、副会长候选人的请示	宁大党发〔2023〕212 号
60	关于做好 2023 年度考核工作的通知	宁大党发〔2023〕213 号

注：缺号为涉密文件

2023 年校发文件目录

序号	文 件	文 号
1	关于印发《宁夏大学采购项目履约验收管理暂行办法》的通知	宁大校发〔2023〕1 号
2	关于马玲等同志专业技术职称任职资格的通知	宁大校发〔2023〕2 号
3	关于公布 2022 年年度考核评定为优秀等次人员名单的通知	宁大校发〔2023〕3 号
4	关于表彰宁夏大学第三届教师教学创新大赛获奖教师和单位的决定	宁大校发〔2023〕6 号
5	关于赵银川等 4 名工勤技能人员岗位晋级聘任的通知	宁大校发〔2023〕9 号
6	关于印发《〈关于进一步支持优秀青年教师成长成才的实施意见(试行)的补充规定〉的通知》	宁大校发〔2023〕16 号
7	关于开展 2023 届毕业生春季促就业攻坚行动的通知	宁大校发〔2023〕18 号
8	关于认定金刚等准聘高级专业技术职称的通知	宁大校发〔2023〕21 号
9	关于贾鹏等同志免职的通知	宁大校发〔2023〕22 号
10	关于保留张云等入伍学生学籍的决定	宁大校发〔2023〕23 号
11	关于马玲等 129 人专业技术岗位聘任的通知	宁大校发〔2023〕29 号
12	关于杜建录等同志职务任免的通知	宁大校发〔2023〕30 号
13	关于贺生斌等同志职务任免的通知	宁大校发〔2023〕36 号
14	关于杨明托等 10 人考核定职高教系列讲师职称的通知	宁大校发〔2023〕39 号
15	关于杨明托等 12 人专业技术岗位聘任的通知	宁大校发〔2023〕40 号
16	关于保留瞿文等 11 名入伍学生学籍的决定	宁大校发〔2023〕43 号
17	关于做好马悦等 15 名退伍学生复学有关事项的通知	宁大校发〔2023〕44 号
18	关于谭亚云等同志职务任免的通知	宁大校发〔2023〕46 号
19	关于严利民、甄乐平同志免职的通知	宁大校发〔2023〕47 号
20	关于印发《关于学院书院学部协同推进就业工作的实施方案》的通知	宁大校发〔2023〕53 号
21	关于赵亚峰等同志职务任免的通知	宁大校发〔2023〕50 号
22	关于表彰 2022—2023 学年优秀实习指导教师和学生的决定	宁大校发〔2023〕63 号
23	关于印发《宁夏大学本科教育卓越教学团队建设与管理办法(试行)》的通知	宁大校发〔2023〕64 号
24	关于印发《宁夏大学本科课堂教学质量评价管理办法》的通知	宁大校发〔2023〕66 号
25	关于张媛媛等 10 人考核定职中级职称的通知	宁大校发〔2023〕67 号
26	关于谭亚云同志任职的通知	宁大校发〔2023〕68 号
27	关于表彰 2023 届校级优秀毕业生的决定	宁大校发〔2023〕69 号
28	关于张媛媛等 11 人专业技术岗位聘任的通知	宁大校发〔2023〕70 号
29	关于黄河等同志职务任免的通知	宁大校发〔2023〕74 号
30	关于高红霞同志职务解聘的通知	宁大校发〔2023〕75 号
31	关于印发《宁夏大学研究生提前毕业管理办法(试行)》的通知	宁大校发〔2023〕76 号
32	关于印发《宁夏大学研究生学籍管理规定》的通知	宁大校发〔2023〕77 号
33	关于印发《宁夏大学研究生暂不公开学位论文管理办法(试行)》的通知	宁大校发〔2023〕78 号
34	关于印发《宁夏大学研究生学位论文相似性检测管理办法(试行)》的通知	宁大校发〔2023〕79 号
35	关于印发《宁夏大学研究生导师岗位管理办法(试行)》的通知	宁大校发〔2023〕80 号
36	关于印发《宁夏大学外聘研究生指导教师选聘与管理规定》的通知	宁大校发〔2023〕81 号
37	关于免去张亚红等同志兼任职务的通知	宁大校发〔2023〕85 号
38	关于陈君飞等同志职务任免的通知	宁大校发〔2023〕86 号
39	关于姚荣等 10 人考核定职高教系列讲师职称的通知	宁大校发〔2023〕87 号
40	关于印发《宁夏大学本科生赴福州大学访学工作方案》的通知	宁大校发〔2023〕88 号
41	关于姚荣等 12 人专业技术岗位聘任的通知	宁大校发〔2023〕90 号

续表 1

序号	文 件	文 号
42	关于刘源同志职务聘任的通知	宁大校发〔2023〕91 号
43	关于李宁同志职务聘任及解聘的通知	宁大校发〔2023〕92 号
44	关于印发《宁夏大学 2023 年绩效岗位定级聘用实施方案》的通知	宁大校发〔2023〕93 号
45	关于印发《宁夏大学教育类研究生、师范生免试认定中小学教师资格教育教学能力考核办法》的通知	宁大校发〔2023〕96 号
46	关于李世福等同志职务任免的通知	宁大校发〔2023〕98 号
47	关于印发《宁夏大学乡村振兴研究院工作实施方案》的通知	宁大校发〔2023〕102 号
48	关于徐利岗等 5 人专业技术岗位聘任的通知	宁大校发〔2023〕103 号
49	关于印发《宁夏大学横向科研项目管理办法(试行)》的通知	宁大校发〔2023〕105 号
50	关于印发《宁夏大学纵向科研项目管理办法(试行)》的通知	宁大校发〔2023〕106 号
51	关于印发《宁夏大学推荐优秀本科毕业生免试攻读硕士学位研究生工作管理办法(试行)》的通知	宁大校发〔2023〕107 号
52	关于印发《宁夏大学本科生转专业规定》的通知	宁大校发〔2023〕108 号
53	关于印发《宁夏大学本科生学籍管理规定》的通知	宁大校发〔2023〕109 号
54	关于印发《宁夏大学优秀毕业生评选办法》的通知	宁大校发〔2023〕114 号
55	关于印发《宁夏大学先进班集体评选办法》的通知	宁大校发〔2023〕115 号
56	关于印发《宁夏大学研究生学业奖学金评定办法》的通知	宁大校发〔2023〕116 号
57	关于印发《宁夏大学本科生奖学金评定办法》的通知	宁大校发〔2023〕117 号
58	关于印发《宁夏大学本科三好学生、优秀学生干部评选办法》的通知	宁大校发〔2023〕118 号
59	关于印发《宁夏大学学生违纪处分规定》的通知	宁大校发〔2023〕119 号
60	关于印发《宁夏大学学生考试违规处理办法》的通知	宁大校发〔2023〕120 号
61	关于印发《宁夏大学本科生综合素质测评办法》的通知	宁大校发〔2023〕121 号
62	关于王琳琳等 337 人专业技术岗位聘任的通知	宁大校发〔2023〕122 号
63	关于印发《宁夏大学教学差错与事故认定及处理办法》的通知	宁大校发〔2023〕123 号
64	关于印发《宁夏大学学术期刊高质量发展绩效激励管理规定(试行)》的通知	宁大校发〔2023〕127 号
65	关于印发《宁夏大学教学督导员工作管理办法》的通知	宁大校发〔2023〕130 号
66	关于曹兵、赵晓佳同志免职的通知	宁大校发〔2023〕131 号
67	关于高雪芹、周亮同志免职的通知	宁大校发〔2023〕132 号
68	关于聘任学校学术期刊常务副主编、副主编的决定	宁大校发〔2023〕138 号
69	关于马雯等同志任职的通知	宁大校发〔2023〕139 号
70	关于陈雪飞等 6 人考核定职高教系列讲师职称的通知	宁大校发〔2023〕143 号
71	关于陈雪飞等 6 人专业技术岗位聘任的通知	宁大校发〔2023〕144 号
72	关于印发《宁夏大学国有资产管理暂行办法》的通知	宁大校发〔2023〕159 号
73	关于印发《宁夏大学实验室安全分类分级管理办法(试行)》的通知	宁大校发〔2023〕160 号
74	关于印发《宁夏大学实验室安全隐患排查整改督导销号实施办法(试行)》的通知	宁大校发〔2023〕161 号
75	关于做好马晓燕等 23 名退伍学生复学有关事项的通知	宁大校发〔2023〕164 号
76	关于李学斌等同志职务任免的通知	宁大校发〔2023〕169 号
77	关于王建宁、刘莉同志免职的通知	宁大校发〔2023〕171 号
78	关于 2023 年绩效岗位聘任的通知	宁大校发〔2023〕174 号
79	关于表彰 2023 届本科毕业论文(设计)优秀指导教师的决定	宁大校发〔2023〕180 号
80	关于印发《宁夏大学科研创新团队建设与管理办法》的通知	宁大校发〔2023〕184 号
81	关于李斌全等 3 人考核定职中级职称的通知	宁大校发〔2023〕185 号

续表 2

序号	文　件	文　号
82	关于聂丹、沈建东同志职务任免的通知	宁大校发〔2023〕186 号
83	关于李斌全等 3 人专业技术岗位聘任的通知	宁大校发〔2023〕189 号
84	关于表彰 2022—2023 学年先进班集体、三好学生、优秀学生干部的决定	宁大校发〔2023〕190 号
85	关于印发《宁夏大学会议费管理办法》的通知	宁大校发〔2023〕191 号
86	关于印发《宁夏大学国内差旅费管理办法》的通知	宁大校发〔2023〕192 号
87	宁夏大学关于恳请大力支持“双一流”建设的报告	宁大校发〔2023〕193 号
88	关于奥海玮等同志职务任免的通知	宁大校发〔2023〕194 号
89	关于表彰 2022—2023 学年本科生国家励志奖学金获奖学生的决定	宁大校发〔2023〕196 号
90	关于杨大伟同志任职的通知	宁大校发〔2023〕197 号
91	关于丁秀芹、宫京成同志职务解聘的通知	宁大校发〔2023〕198 号
92	关于安荣等 23 人考核定职高教系列讲师职称的通知	宁大校发〔2023〕199 号
93	关于安荣等 23 人专业技术岗位聘任的通知	宁大校发〔2023〕200 号
94	关于同意保留黄诚等 6 名入伍学生学籍的通知	宁大校发〔2023〕201 号
95	关于表彰第十届青年教师教学基本功大赛获奖单位和个人的决定	宁大校发〔2023〕203 号
96	关于印发《宁夏大学公务用车管理暂行办法》的通知	宁大校发〔2023〕204 号
97	关于公布预警学术期刊目录的通知	宁大校发〔2023〕205 号
98	关于印发《宁夏大学自然灾害应急预案》等 13 个应急预案的通知	宁大校发〔2023〕206 号
99	关于印发《宁夏大学外聘教师管理办法》的通知	宁大校发〔2023〕207 号
100	关于印发《宁夏大学本科生实习实践教学经费管理办法》的通知	宁大校发〔2023〕208 号
101	关于印发《宁夏大学教授、副教授为本科生授课管理办法》的通知	宁大校发〔2023〕209 号
102	关于印发《宁夏大学考试工作管理办法》的通知	宁大校发〔2023〕210 号
103	关于印发《宁夏大学教室使用管理办法》的通知	宁大校发〔2023〕211 号
104	关于印发《宁夏大学印章管理办法》的通知	宁大校发〔2023〕212 号
105	关于印发《宁夏大学优秀博士、硕士学位论文评选办法》的通知	宁大校发〔2023〕217 号
106	关于印发《宁夏大学本科生实习工作管理办法》的通知	宁大校发〔2023〕218 号
107	关于印发《宁夏大学师范生教育研习管理办法》的通知	宁大校发〔2023〕219 号
108	关于印发《宁夏大学师范生教育见习管理办法》的通知	宁大校发〔2023〕220 号
109	关于印发《宁夏大学本科人才培养质量评价管理办法》的通知	宁大校发〔2023〕221 号
110	关于万磊等同志专业技术职称任职资格的通知	宁大校发〔2023〕222 号

注:缺号为涉密文件

2023 年纪发文件目录

序　号	文　件	文　号
1	关于成立"纠治形式主义官僚主义专项整治"与"侵害群众利益不正之风专项治理"工作督导检查组的通知	宁大纪发〔2023〕1 号
2	关于印发宁夏大学"纠治形式主义官僚主义专项整治""侵害群众利益不正之风专项治理"领导小组、办公室人员组成及工作职责的通知	宁大纪发〔2023〕2 号
3	关于印发《宁夏大学纪检监察干部队伍教育整顿实施方案》的通知	宁大纪发〔2023〕3 号
4	关于印发《宁夏大学纪委、监察专员办公室 2023 年工作要点》的通知	宁大纪发〔2023〕4 号
5	关于专项整治工作第一轮督导检查情况的通报	宁大纪发〔2023〕5 号
6	关于征求形式主义、官僚主义及侵害群众利益不正之风等方面问题意见的通知	宁大纪发〔2023〕6 号
7	关于印发《宁夏大学纪委 2023 年开展政治监督工作实施方案》的通知	宁大纪发〔2023〕7 号
8	关于加强 2023 年五一、端午期间纪律作风建设的通知	宁大纪发〔2023〕8 号
9	关于开展 2023 年领导干部廉政警示教育活动的通知	宁大纪发〔2023〕9 号
10	关于召开 2023 年新任职处级干部集体谈话会议的通知	宁大纪发〔2023〕10 号
11	关于开展 2023 年领导干部警示教育活动的通知	宁大纪发〔2023〕11 号
12	关于报送《宁夏大学纪委+监察专员办公室 2023 年上半年履行全面从严治党监督责任情况报告》的报告	宁大纪发〔2023〕12 号
13	关于 2023 年中秋国庆期间严明纪律要求确保廉洁过节的通知	宁大纪发〔2023〕13 号
14	关于开展纠治形式主义官僚主义专项整治满意度测评工作的通知	宁大纪发〔2023〕14 号
15	关于印发《中共宁夏大学纪律检查委员会工作规则》等制度的通知	宁大纪发〔2023〕18 号
16	关于报送《宁夏大学纪委+监察专员办公室 2023 年履行全面从严治党监督责任情况报告》的报告	宁大纪发〔2023〕19 号
17	关于严肃 2024 年元旦春节期间纪律作风的通知	宁大党发〔2023〕20 号

2023 年学术委员会文件

序　号	文　件	文　号
1	关于印发《宁夏大学学术委员会章程》的通知	宁大学术发〔2023〕1 号
2	关于印发《宁夏大学学术委员会议事规程(试行)》《宁夏大学学术委员会秘书处工作规程(试行)》的通知	宁大学术发〔2023〕2 号
3	关于印发《宁夏大学学术委员会教学指导委员会工作规程》《宁夏大学学术委员会学术道德委员会工作规程》《宁夏大学学术委员会科学技术委员会工作规程》《宁夏大学学术委员会人文社会科学委员会工作规程》《宁夏大学学术委员会科技伦理委员会工作规程》的通知	宁大学术发〔2023〕3 号
4	关于公布宁夏大学各学部学术委员会名单的通知	宁大学术发〔2023〕4 号

注:缺号为涉密文件

2023年学位委员会文件

序　号	文　件	文号
1	关于授予李剑等人学士学位的决定	宁大学位发〔2023〕1号
2	关于授予周霄等人辅修学士学位的决定	宁大学位发〔2023〕2号
3	关于调整学位评定委员会组成人员的通知	宁大学位发〔2023〕3号
4	关于授予李晨等28人博士学位、景晓瑞等2167人硕士学位的决定	宁大学位发〔2023〕4号
5	关于授予尹恩超等人学士学位的决定	宁大学位发〔2023〕5号
6	关于授予洪海林等人辅修学士学位的决定	宁大学位发〔2023〕6号
7	关于授予刘小玲等81人高等学历继续教育本科毕业生学士学位的决定	宁大学位发〔2023〕7号
8	关于授予刘洋等人学士学位的决定	宁大学位发〔2023〕8号
9	关于授予罗凯等人辅修学士学位的决定	宁大学位发〔2023〕9号
10	关于选聘高正亮等113名同志为硕士研究生指导教师的决定	宁大学位发〔2023〕10号
11	关于授予方璐等6人博士学位、车亚楠等70人硕士学位的决定	宁大学位发〔2023〕12号
12	关于聘任于光建等43人为博士生导师的通知	宁大学位发〔2023〕13号
13	关于授予杨德琛等人学士学位的决定	宁大学位发〔2023〕14号
14	关于授予杨德琛等人辅修学士学位的决定	宁大学位发〔2023〕15号
15	关于公布2024年博士生导师招生资格认定人员名单的通知	宁大学位发〔2023〕16号
16	关于聘任王胜平等3人为博士生导师的通知	宁大学位发〔2023〕17号
17	关于公布2024年博士生导师招生资格认定人员名单的通知	宁大学位发〔2023〕18号
18	关于授予张明辉等22人博士学位、马立明等66人硕士学位的决定	宁大学位发〔2023〕19号
19	关于印发《宁夏大学高等学历继续教育学士学位授予管理办法》的通知	宁大学位发〔2023〕20号
20	关于印发《宁夏大学学士学位授予办法》的通知	宁大学位发〔2023〕21号
21	关于印发《宁夏大学学士学位授予办法补充规定》的通知	宁大学位发〔2023〕22号

注:缺号为涉密文件

2023年综合治理委员会文件

序　号	文　件	文　号
1	关于开展消防安全隐患排查整改的通知	宁大综治发〔2023〕1号
2	关于开展2023年"安全生产月"活动的通知	宁大综治发〔2023〕2号
3	关于印发《宁夏大学2023年重大事故隐患专项排查整治行动工作实施方案》的通知	宁大综治发〔2023〕3号

注:缺号为涉密文件

规章制度汇总

党发	关于印发《宁夏大学学部制改革实施方案》的通知	宁大党发〔2023〕4号
	关于印发《宁夏大学2023年工作要点》的通知	宁大党发〔2023〕24号
	关于印发《中共宁夏大学委员会2023年巡察整改"回头看"工作方案》的通知	宁大党发〔2023〕25号
	关于印发《关于在全校深入开展学习贯彻习近平新时代中国特色社会主义思想主题教育的实施方案》的通知	宁大党发〔2023〕27号
	关于印发《宁夏大学党群行政部门(机构)编制方案》的通知	宁大党发〔2023〕32号
	关于印发《宁夏大学党委常委领导班子2022年度民主生活会整改方案》的通知	宁大党发〔2023〕34号
	关于印发《宁夏大学2023年度经费预算编制安排意见》的通知	宁大党发〔2023〕36号
	关于印发《宁夏大学全面从严治党党风廉政建设和反腐败工作主要任务分工方案》的通知	宁大党发〔2023〕40号
	关于印发《宁夏大学关于加强新时代离退休教职工党的建设工作的实施意见》的通知	宁大党发〔2023〕41号
	关于印发《关于加强新时代关心下一代工作委员会工作的实施意见》的通知	宁大党发〔2023〕42号
	关于印发《宁夏大学学术期刊中心综合改革方案》的通知	宁大党发〔2023〕53号
	关于印发《关于学习宣传贯彻习近平总书记在中央政治局第五次集体学习时重要讲话精神专项实施方案》的通知	宁大党发〔2023〕56号
	关于印发《宁夏大学人才引进管理办法》的通知	宁大党发〔2023〕60号
	关于印发《宁夏大学乡村振兴研究院组建方案》的通知	宁大党发〔2023〕61号
	关于印发《宁夏大学师资培养管理办法》的通知	宁大党发〔2023〕156号
	关于印发《宁夏大学管理干部岗位工资绩效补差暂行办法》的通知	宁大党发〔2023〕158号
	关于印发《中共宁夏大学委员会关于在二级党组织设立纪委和纪检委员的工作方案》的通知	宁大党发〔2023〕159号
	关于印发《宁夏大学二级单位年度工作考核办法》的通知	宁大党发〔2023〕202号
	关于印发《中共宁夏大学委员会巡察工作规程》的通知	宁大党发〔2023〕204号
	关于印发《宁夏大学本科教育教学审核评估工作方案》的通知	宁大党发〔2023〕208号
	关于印发《宁夏大学教师师德失范行为处理办法》的通知	宁大党发〔2023〕210号
校发	关于印发《宁夏大学采购项目履约验收管理暂行办法》的通知	宁大校发〔2023〕1号
	关于印发《〈关于进一步支持优秀青年教师成长成才的实施意见(试行)〉的补充规定》的通知	宁大校发〔2023〕16号
	关于印发《关于学院书院学部协同推进就业工作的实施方案》的通知	宁大校发〔2023〕53号
	关于印发《宁夏大学本科教育卓越教学团队建设与管理办法(试行)》的通知	宁大校发〔2023〕64号
	关于印发《宁夏大学本科课堂教学质量评价管理办法》的通知	宁大校发〔2023〕66号
	关于印发《宁夏大学研究生提前毕业管理办法(试行)》的通知	宁大校发〔2023〕76号
	关于印发《宁夏大学研究生学籍管理规定》的通知	宁大校发〔2023〕77号
	关于印发《宁夏大学研究生暂不公开学位论文管理办法(试行)》的通知	宁大校发〔2023〕78号
	关于印发《宁夏大学研究生学位论文相似性检测管理办法(试行)》的通知	宁大校发〔2023〕79号
	关于印发《宁夏大学研究生导师岗位管理办法(试行)》的通知	宁大校发〔2023〕80号
	关于印发《宁夏大学外聘研究生指导教师选聘与管理规定》的通知	宁大校发〔2023〕81号
	关于印发《宁夏大学本科生赴福州大学访学工作方案》的通知	宁大校发〔2023〕88号
	关于印发《宁夏大学2023年绩效岗位定级聘用实施方案》的通知	宁大校发〔2023〕93号

续表 1

校　发	关于印发《宁夏大学教育类研究生、师范生免试认定中小学教师资格教育教学能力考核办法》的通知	宁大校发〔2023〕96 号
	关于印发《宁夏大学乡村振兴研究院工作实施方案》的通知	宁大校发〔2023〕102 号
	关于印发《宁夏大学横向科研项目管理办法(试行)》的通知	宁大校发〔2023〕105 号
	关于印发《宁夏大学纵向科研项目管理办法(试行)》的通知	宁大校发〔2023〕106 号
	关于印发《宁夏大学推荐优秀本科毕业生免试攻读硕士学位研究生工作管理办法(试行)》的通知	宁大校发〔2023〕107 号
	关于印发《宁夏大学本科生转专业规定》的通知	宁大校发〔2023〕108 号
	关于印发《宁夏大学本科生学籍管理规定》的通知	宁大校发〔2023〕109 号
	关于印发《宁夏大学优秀毕业生评选办法》的通知	宁大校发〔2023〕114 号
	关于印发《宁夏大学先进班集体评选办法》的通知	宁大校发〔2023〕115 号
	关于印发《宁夏大学研究生学业奖学金评定办法》的通知	宁大校发〔2023〕116 号
	关于印发《宁夏大学本科生奖学金评定办法》的通知	宁大校发〔2023〕117 号
	关于印发《宁夏大学本科三好学生、优秀学生干部评选办法》的通知	宁大校发〔2023〕118 号
	关于印发《宁夏大学学生违纪处分规定》的通知	宁大校发〔2023〕119 号
	关于印发《宁夏大学学生考试违规处理办法》的通知	宁大校发〔2023〕120 号
	关于印发《宁夏大学本科生综合素质测评办法》的通知	宁大校发〔2023〕121 号
	关于印发《宁夏大学教学差错与事故认定及处理办法》的通知	宁大校发〔2023〕123 号
	关于印发《宁夏大学学术期刊高质量发展绩效激励管理规定(试行)》的通知	宁大校发〔2023〕127 号
	关于印发《宁夏大学教学督导员工作管理办法》的通知	宁大校发〔2023〕130 号
	关于印发《宁夏大学国有资产管理暂行办法》的通知	宁大校发〔2023〕159 号
	关于印发《宁夏大学实验室安全分类分级管理办法(试行)》的通知	宁大校发〔2023〕160 号
	关于印发《宁夏大学实验室安全隐患排查整改督导销号实施办法(试行)》的通知	宁大校发〔2023〕161 号
	关于印发《宁夏大学科研创新团队建设与管理办法》的通知	宁大校发〔2023〕184 号
	关于印发《宁夏大学会议费管理办法》的通知	宁大校发〔2023〕191 号
	关于印发《宁夏大学国内差旅费管理办法》的通知	宁大校发〔2023〕192 号
	关于印发《宁夏大学公务用车管理暂行办法》的通知	宁大校发〔2023〕204 号
	关于印发《宁夏大学自然灾害应急预案》等 13 个应急预案的通知	宁大校发〔2023〕206 号
	关于印发《宁夏大学外聘教师管理办法》的通知	宁大校发〔2023〕207 号
	关于印发《宁夏大学本科生实习实践教学经费管理办法》的通知	宁大校发〔2023〕208 号
	关于印发《宁夏大学教授、副教授为本科生授课管理办法》的通知	宁大校发〔2023〕209 号
	关于印发《宁夏大学考试工作管理办法》的通知	宁大校发〔2023〕210 号
	关于印发《宁夏大学教室使用管理办法》的通知	宁大校发〔2023〕211 号
	关于印发《宁夏大学印章管理办法》的通知	宁大校发〔2023〕212 号
	关于印发《宁夏大学优秀博士、硕士学位论文评选办法》的通知	宁大校发〔2023〕217 号
	关于印发《宁夏大学本科生实习工作管理办法》的通知	宁大校发〔2023〕218 号
	关于印发《宁夏大学师范生教育研习管理办法》的通知	宁大校发〔2023〕219 号
	关于印发《宁夏大学师范生教育见习管理办法》的通知	宁大校发〔2023〕220 号
	关于印发《宁夏大学本科人才培养质量评价管理办法》的通知	宁大校发〔2023〕221 号

续表 2

学　术	关于印发《宁夏大学学术委员会章程》的通知	宁大学术发〔2023〕1 号
	关于印发《宁夏大学学术委员会议事规程(试行)》《宁夏大学学术委员会秘书处工作规程(试行)》的通知	宁大学术发〔2023〕2 号
	关于印发《宁夏大学学术委员会教学指导委员会工作规程》《宁夏大学学术委员会学术道德委员会工作规程》《宁夏大学学术委员会科学技术委员会工作规程》《宁夏大学学术委员会人文社会科学委员会工作规程》《宁夏大学学术委员会科技伦理委员会工作规程》的通知	宁大学术发〔2023〕3 号
学　位	关于印发《宁夏大学高等学历继续教育学士学位授予管理办法》的通知	宁大学位发〔2023〕20 号
	关于印发《宁夏大学学士学位授予办法》的通知	宁大学位发〔2023〕21 号
	关于印发《宁夏大学学士学位授予办法补充规定》的通知	宁大学位发〔2023〕22 号
综　治	关于印发《宁夏大学 2023 年重大事故隐患专项排查整治行动工作实施方案》的通知	宁大综治发〔2023〕3 号

大事记

2024 The Almanac of Ningxia University

魅力宁大　青春校园　（苏宇静 摄）

【教育部党组成员、副部长孙尧来校考察调研】 1月3日，教育部副部长孙尧一行来校考察调研“部区合建”工作，实地考察了民族与历史学院、国家重点实验室等，听取汇报并肯定学校一流学科发展。他希望学校优化资源，突出特色，服务国家战略和地方产业。

【体育与健康促进科普基地入选首批国家级科普基地】 1月10日，学校体育与健康促进科普基地入选首批国家级科普基地，全国共有58个基地入选。

【校领导春节前夕看望慰问在岗一线教职员工】 1月18日，在新春佳节来临之际，校领导代表学校党委和行政看望慰问坚守岗位的一线教职员工和国际教育学院留学生，送上节日问候和祝福。

【校党委书记李星当选第十四届全国政协委员】 1月19日，校党委书记李星当选第十四届全国政协委员。同时，副校长郎伟等9名教授当选自治区人大代表或政协委员，其中张亚红等3人当选常务委员会委员。

【举行留校师生新春联谊会】 1月22日农历大年三十，学校举行留校师生新春联谊会，校领导与师生、国际留学生共庆新春。

【梁言顺、张雨浦与留校师生共贺新春佳节】 1月22日农历大年三十，自治区领导梁言顺、张雨浦来校，与留校师生共贺新春，并向外国留学生转达了习近平总书记和党中央的亲切问候。他们与师生一起包饺子、唠家常，欣赏文艺节目，关心留校师生的生活，并叮嘱学校做好物资保障等工作。

【获批宁夏首个高等学校学科创新引智基地】 2月2日，学校获批宁夏首个国家级高校学科创新引智基地——宁东煤炭高效利用与绿色化工学科创新引智基地。该基地依托化学化工学院及国家重点实验室，以宁夏新型煤化工和新材料产业需求为导向，旨在建设一流能源化工基地，支撑宁东基地高质量发展。

【艾俊涛来校调研科技创新工作】 2月16日，自治区党委常委艾俊涛一行来校调研科技创新工作，参观了煤炭高效利用与绿色化工国家重点实验室，听取了建设进展汇报，了解了碳中和技术等情况，并与科研骨干交流。

【校党委书记李星荣获何梁何利基金科学与技术创新奖】 2月18日，校党委书记李星教授荣获2022年度何梁何利基金科学与技术创新奖。李星教授在复分析、积分法方程理论等领域有开创性研究，并将理论应用于先进功能材料研究。李星教授在宁夏师范学院和宁夏大学推动多项创新性工作和改革，提升学校治理水平和综合实力，同时积极宣传宁夏。

【召开2023年校党委理论学习中心组第一次学习会】 2月20日，2023年校党委理论学习中心组第一次学习会召开，马克思主义学院党委书记党锐锋作专题辅导报告，深刻阐释中国式现代化的宏大立意和深远影响。

【召开党委常委领导班子党员领导干部2022年度民主生活会】 2月19日，学校召开党委常委领导班子党员领导干部2022年度民主生活会。会议通报了准备情况和整改措施落实情况，班子成员进行了对照检查和批评与自我批评。督导组对会议给予肯定，并提出加强学习、完善制度、加大整改力度等建议。

【获批教育部大中小学思政课一体化共同体建设牵头高校】 2月21日，学校获批教育部大中小学思政课一体化共同体建设宁夏牵头高校。作为牵头高校，学校将联合各建设单位，以习近平新时代中国特色社会主义思想为指导，完善工作机制，打造理论与实践相结合的创新平台，形成一批高水平成果，培养优秀师资队伍，为思政课一体化提供工作平台、实践经验、理论支撑和决策咨询。

【材料与新能源学院名誉院长何季麟院士荣获何梁何利基金科学与技术进步奖】 2月22日，材料与新能源学院名誉院长何季麟院士荣获2021年度何梁何利基金科学与技术进步奖。何季麟是冶金与材料工程专家，长期致力于稀有金属冶炼与加工技术研究，实现多项技术突破。他积极推进科技创新，捐献奖金支持科研工作，为宁夏引进先进技术和人才。在宁夏大学，他提出学科建设建议，分享工作经验，强调科研要服务地方经济社会发展。

【召开春季学期重点工作部署会】 2月23日，学校召开2023年春季学期重点工作部署会，校领导围绕学校主要目标任务进行安排部署。

【召开2022年学校领导班子和领导干部年度考核会】 2月24日，2022年学校领导班子和领导干部年度考核会召开。校党委书记李星代表领导班子作述职报告，总结学校一年来的工作成果，包括加强党建、推进“双一流”建设、服务地方经济社会发展等。与会人员进行了民主测评和评议。

【与盐池县召开校地共建座谈会】 2月28日，学校与盐池县召开校地共建座谈会。会上，与会人员围绕盐池县麻黄山乡高质量发展需求和校地共建合作事项等展开了充分热烈的讨论。

【召开“纠治形式主义官僚主义专项整治”与“侵害群众利益不正之风专项治理”工作动员部署会议】 3月3日召开，会议传达学习了自治区纪委监委关于“纠治形式主义官僚主义专项整治”和“教育领域侵害群众利益不正之风专项治理”的工作要求，学习了学校《关于开展纠治形式主义官僚主义专项整治工作方案》《关于开展侵害群众利益不正之风专项治理工作方案》。

【召开2023年校党委理论学习中心组（扩大）第二次学习会】 3月3日，校党委理论学习中心组（扩大）第二次学习会召开，邀请中央党校韩庆祥教授作党的二十大精神专题辅导报告。

【召开2023年春季学期党外代表人士联席会议】 3月3日，学校召开2023年春季学期党外代表人士联席会议，通报了学校2022年改革发展情况。校党委副书记王玉炯介绍了学校在党建引领、“双一流”建设、管党治党、依法治校等方面的成果，并希望党外人士积极建言献策。

【学习宣传党的二十大精神暨“扛起新使命　谱写新篇章　宣讲进校园”主题活动拉开帷幕】 3月4日，学校举办学习宣传党的二十大精神主题活动，银川市公安局民警分享人民警察的奉献精神和优良风貌。活动旨在推动党的二十大精神走进基层、走进群众，希望青年学子肩负历史责任和时代使命，让青春在奋斗中绽放。

【自治区科学技术厅厅长徐龙调研科技创新工作】 3月6日，自治区科学技术厅厅长徐龙、副厅长桑长清一行调研学校科技创新工作。

【获评2022年度政府采购先进高校】 3月7日，在中国政府采购峰会和18届政府采购集采年会上，学校获评2022年度政府采购先进高校，这是宁夏高校首次获此荣誉。

【文萃校区19号学生公寓项目正式开工】 3月7日上午，学校举行文萃校区19号学生公寓项目开工仪式。

【召开2023届毕业生春季促就业攻坚行动部署会】 3月9日，学校在文荟楼一楼东报告厅召开2023届毕业生春季促就业攻坚行动部署会。会议结合学校2023届毕业生春季促就业攻坚行动的目标任务和工作要求，对就业工作作部署安排。

【获批自治区级教材建设研究基地】 3月10日，自治区教育厅公布了自治区级教材建设研究基地名单，认定6个单位、2所高校为2022年自治区级教材建设研究基地，学校获批高校专业类课程思政教材研究基地。

【举办2023年春季校园国企央企专场招聘会】 3月10日，学校在文萃校区举办2023年春季校园国企央企专场招聘会，150家单位参加了线上线下招聘，共提供就业岗位13821个。

【石河子大学副校长马春晖一行来校调研】 3月13日，石河子大学副校长马春晖一行来校调研。双方围绕国际化办学、区域与国别研究、创新创业工作等进行了探讨交流。

【召开校党委理论学习中心组（扩大）学习会传达学习全国两会精神】 3月13日，校党委理论学习中心组第三次（扩大）学习会召开，校党委书记李星介绍了政协第十四届全国委员会第一次会议和第十四届全国人民代表大会第一次会议盛况、《中国人民政治协商会议章程修正案（草案）》和《中华人民共和国立法法（修正草案）》主要精神，解读了政府工作报告、全国政协常委会工作报告、“两高”工作报告、全国人民代表大会常务委员会工作报告、国务院机构改革的主要精神。

【我敢闯　我会创——“建行杯”第九届宁夏“互联网+”大学生创新创业大赛正式启动】 3月17日，“建行杯”第九届宁夏“互联网+”大学生创新创业大赛启动仪式在学校国家大学科技园正式启动。

【宁夏大学银川校友合唱团举办专场音乐会】 3月18日晚，宁夏大学银川校友合唱团《爱你的365天》合唱专场音乐会在宁夏人民剧院上演，来自全国各地的师生、校友以乐会友，欢聚一堂，传递出宁大人的深情厚谊，共同为建校65周年送出祝福。

【校友何杰创造男子马拉松全国新纪录】 3月19日，在2023无锡马拉松比赛中，国家级马拉松运动员、体育学院2022届运动训练专业毕业生何杰以2小时07分30秒的优异成绩打破全国纪录，获得马拉松锦标赛（无锡站）马拉松男子组亚军，并获得布达佩斯世锦赛和杭州亚运会的参赛资格。

【3个现代产业学院挂牌成立】 3月21日，在德勤楼六楼会议室举行宁夏大学奶业现代产业学院、地理信息现代产业学院、文化旅游现代产业学院挂牌成立大会。3个现代产业学院的成立，进一步提升学校服务地方产业发展能力。

【召开传达学习贯彻全国两会精神会议】 3月21日，学校召开全国两会精神传达学习会，会上，作为亲历者和参与者，校党委书记李星从两会盛况，《中国人民政治协商会议章程修正案（草案）》《中华人民共和国立法法（修正草案）》主要精神，政府工作报告、“两高”工作报告要点，国务院机构改革和习近平总书记“下团组”重要讲话精神等7个方面传达了全国两会的主要精神，并结合学校实际，就学习贯彻落实作出了部署安排，提出了具体要求。

【召开2023年全面从严治党工作会】 3月21日下午，学校在贺兰山校区文荟楼东报告厅召开2023年全面从严治党工作会，总结分析学校2022年全面从严治党工作情况及存在问题，安排部署2023年全面从严治党重点工作任务。

【承办全区大中小学思政课教学竞赛暨教学展示活动】 3月23日，由自治区教育工委、教育厅主办，宁夏大学、全区学校思政课一体化建设委员会承办，宁夏理工学院、石嘴山市教体局协办的“我心中的思政课”——全区大中小学习近平新时代中国特色社会主义思想课程教学竞赛暨教学展示活动在石嘴山市举行。马克思主义学院教师谢婧、研究生马海艳、本科生王艺诺在决赛环节脱颖而出，分别荣获教师组特等奖、学生组特等奖和学生组二等奖，学校总分排名第一并获得优秀组织奖。

【举行庆祝建校65周年校友系列活动启动暨四川校友会第二届理事会成立大会】 3月25日，40余名宁大校友在四川齐聚一堂，举行庆祝建校65周年校友系列活动启动暨四川校友会第二届理事会成立大会。

【以第二完成单位发表首篇SCIENCE论文】 3月24日，宁夏大学（第二完成单位）与中国科学院遗传与发育生物学研究所在国际学术期刊《科学》（IF=63.7）在线发表题为*A Gy protein regulates alkaline sensitivity in crops*的研究论文。这是宁夏大学首次以第二完成单位在《科学》刊发研究成果，实现了科研工作的历史性突破，是重大科技原创成果。该论文第一作者张会丽是农学院作物栽培专业硕士研究生、草业科学专业博士研究生，博士毕业后，在中国科学院遗传与发育生物学研究所做博士后，在博士期间工作基础上发表了该论文。

【新农科人才培养与创新研究院项目主体正式封顶】 3月29日，在自治区发展改革委、财政厅、教育厅有关部门的大力支持和学校相关部门的通力协作下，历经10个多月的建设，学校新农科人才培养与创新研究院项目主体正式封顶。

【举办2023届毕业生校园春季“双选”洽谈会暨“宏志助航计划”招聘会】 4月1日，宁夏大学2023届毕业生校园春季“双选”洽谈会暨“宏志助航计划”招聘会在文萃校区举办。来自宁夏大学、北方民族大学、宁夏大学新华学院等高校的6000余名毕业生参加双选会。

【留学生在“魅力汉语　映像宁夏”——宁夏高校第五届来华留学生汉语大赛中斩获佳绩】 4月2日，由自治区党委宣传部、自治区教育厅主办，宁夏大学承办，银川市新闻传媒中心协办的“魅力汉语　映像宁夏”——宁夏高校第五届来华留学生汉语大赛总决赛在银川落幕。学校派出了2支团体、3位选手参加总决赛，并斩获团体赛一、二等奖和个人赛一、二等奖。

【清明时节寄哀思　缅怀英烈祭忠魂——“开学第一课”之课程思政原创音乐剧《我要找到你》隆重上演】 4月4日晚，由本科生院与音乐学院共同主办、音乐学院师生联袂上演的课程思政音乐剧《我要找到你》在文萃校区大学生活动中心正式上演。

【校领导现场调研学部、书院建设工作情况】 4月11日上午，校领导李星、彭志科、刘炎胜带队到各校区现场调研学部、书院建设工作情况。

【召开2023年校党委理论学习中心组第四次学习会】 4月13日，2023年校党委理论学习中心组第四次学习会召开，学习习近平总书记在学习贯彻习近平新时代中国特色社会主义思想主题教育工作会议上的重要讲话精神和梁言顺在全区学习贯彻习近平新时代中国特色社会主义思想主题教育工作会议上的讲话精神。

【召开学习贯彻习近平新时代中国特色社会主义思想主题教育动员部署会】 4月13日，学校召开学习贯彻习近平新时代中国特色社会主义思想主题教育动员部署会。校党委书记李星从“一个高度三个维度”深刻认识主题教育的重大意义、“五个贯穿五个做到”确保主题教育在宁夏大学取得实效、“五个切实”加强对主题教育的组织领导等方面对开展学习贯彻习近平新时代中国特色社会主义思想主题教育进行动员部署。

【第三届宁夏高校教师教学创新大赛取得佳绩】 4月15日，由自治区教育厅主办、北方民族大学承办、超星集团协办的第三届宁夏高校教师教学创新大赛在北方民族大学落下帷幕。经过激烈角逐，学校教师张艳（团队）、张启龙（团队）荣获一等奖，丁文捷（团队）、梁熠（团队）及刘佳（团队）荣获二等奖，张炜（团队）、韩立（团队）、李宏燕（团队）荣获三等奖；学校荣获优秀组织奖。

【2023年读书月系列活动正式启动】 4月19日，“阅享新时代·书香润校园”——宁夏大学2023年读书月系列活动在怀远校区逸夫图书馆正式启动。

【校党委常委班子学习贯彻习近平新时代中国特色社会主义思想主题教育集中学习读书班开班】 4月20日，在德勤楼十三楼会议室举行校党委常委班子学习贯彻习近平新时代中国特色社会主义思想主题教育集中学习读书班开班式。

【彭志科校长带队赴郑州大学、云南大学交流调研并出席云南大学建校 100 周年校庆活动】 4 月 18—21 日，校党委副书记、校长彭志科带队赴郑州大学、云南大学交流调研，并出席云南大学建校 100 周年校庆活动。

【召开“纠治形式主义官僚主义专项整治”与“侵害群众利益不正之风专项治理”工作推进会】 4 月 21 日下午，学校在贺兰山校区德勤楼六楼会议室召开“纠治形式主义官僚主义专项整治”与“侵害群众利益不正之风专项治理”工作推进会。

【第六届全国高校青年教师教学竞赛取得佳绩】 4 月 20 日至 24 日，由中华全国总工会和教育部联合主办的第六届全国高校青年教师教学竞赛在清华大学举办。经过激烈角逐，民族与历史学院教师张启龙、新华学院教师吴军分别荣获文科组、理科组二等奖，新华学院教师王凡荣获工科组三等奖。

【彭志科校长一行赴中国海洋大学访问并签署合作协议】 4 月 25 日至 26 日，校党委副书记、校长彭志科，校党委常委、副校长李学斌，学术副校长王青云一行赴中国海洋大学访问并签署两校合作交流协议。

【举行纪念五四运动 104 周年暨宁夏大学五四表彰、“两节”开幕式】 4 月 26 日晚，“学习二十大　永远跟党走　奋进新征程”——纪念五四运动 104 周年暨宁夏大学五四表彰、“两节”开幕式在文萃校区国家大学生文化素质教育基地举行。会议表彰了全国优秀共青团干部，学校 2022 年度五四红旗团委、五四红旗团支部、优秀共青团干部、优秀共青团员。与会领导分别为获奖集体和个人颁发了奖牌及证书。

【获评 2022 年度高校毕业生就业工作考核优秀等次及 2022 年度全区就业工作典型示范高校】 5 月 2 日，学校获评 2022 年度高校毕业生就业工作考核优秀等次和 2022 年度全区就业工作典型示范高校。

【教育部民族教育司副司长纪智一行来校调研】 5 月 5 日，教育部民族教育司副司长纪智、挂职干部霍仁龙一行来校调研少数民族学生教育培养情况。

【举行多语种《习近平谈治国理政》系列图书捐赠仪式】 5 月 8 日，北京崇学文化发展有限公司向学校捐赠多语种《习近平谈治国理政》系列图书仪式在怀远校区逸夫图书馆举行。

【举行宁夏国际中文教育协作联盟成立大会揭牌仪式】 5 月 9 日下午，由自治区教育厅委托宁夏大学发起成立的宁夏国际中文教育协作联盟大会在贺兰山校区德勤楼六楼会议室举行揭牌仪式。

【教育部中外语言交流合作中心党委书记、主任马箭飞一行来校调研】 5 月 9 日，教育部中外语言交流合作中心党委书记、主任马箭飞一行来校调研，并围绕乡村振兴对口支援暨国际中文教育工作召开座谈会。

【本科生院获评国家通用语言文字推广普及先进集体】 5 月 10 日，在教育部、国家语委举办的国家通用语言文字推广普及工作表彰大会暨 2023 年国家语委全体委员会议上，本科生院获评国家通用语言文字推广普及先进集体。

【自治区第十四届学生运动会荣获佳绩】 5月8日至14日，由自治区教育厅、自治区体育局等单位联合举办的自治区第十四届学生运动会在银川举行。最终，学校以27金24银11铜的成绩荣获大学丙组团体总分第一名，7个项目打破赛会纪录。学校获评突出贡献奖，并与体育学院双双荣获体育道德风尚奖。

【13项科研成果获表彰奖励4个创新团队获批组建】 5月15日，全区科学技术奖励大会在银川召开。学校主持或参与的13项科研成果获表彰奖励。会议还宣读了2022年组建自治区科技创新团队名单，学校4个创新团队获批组建。

【与自治区党委第九巡回指导组联合开展“学思想强党性”主题党日活动】 5月16日下午，学校与自治区党委第九巡回指导组前往宁夏志辉源石葡萄酒庄开展“学思想强党性”联合主题党日活动，开展同过一次“政治生日”“沿着总书记足迹，感悟思想伟力”学习实践活动等多项内容。

【校长彭志科一行赴中国电信股份有限公司宁夏分公司调研并签署战略合作协议】 5月23日下午，校党委副书记、校长彭志科，校党委常委、副校长李学斌，校党委常委、宣传部部长高永兴一行前往中国电信股份有限公司宁夏分公司调研并签署战略合作协议。双方就产业、科技、人才、市场的深度融合进行了广泛探讨和交流。

【召开学部、学院、书院干部任职宣布暨工作推进会】 5月24日，学校召开学部、学院、书院干部任职宣布暨工作推进会。会上，学部、学院和书院代表作了现场交流和表态发言。

【举办宁夏大学与中房实业集团有限公司战略合作签约暨“校友说”主讲嘉宾授牌仪式】 5月25日，校党委副书记、校长彭志科一行赴中房实业集团有限公司出席签署战略合作协议暨“校友说”主讲嘉宾授牌仪式，向“校友说”主讲嘉宾授牌，并签署《宁夏大学与中房实业集团有限公司校企战略合作协议》。

【召开2023年校党委理论学习中心组第六次学习会】 5月26日，2023年校党委理论学习中心组第六次学习会召开，专题学习习近平总书记关于教育的重要论述，围绕深入推进学校“双一流”建设和“部区合建”开展交流研讨。

【召开2023届毕业生就业工作推进会暨“百日冲刺”专项行动启动会】 5月29日，学校召开2023届毕业生就业工作推进会暨“百日冲刺”专项行动启动会，对2023届毕业生就业工作及“百日冲刺”专项行动进行了安排部署。

【举办贺兰山论坛主题教育辅导报告会】 5月29日，学校邀请中国科学院院士、北京大学副校长、博雅讲席教授、国家杰出青年科学基金获得者、教育部“长江学者”、特聘教授张锦以《加强基础研究布局　筑牢高水平科技自立自强根基　助力实现中国式现代化》为题作学习贯彻习近平新时代中国特色社会主义思想主题教育辅导报告。

【召开2023年科技工作者日座谈会】 5月30日，在以“点亮精神火炬　促进高质量发展”为主题的第七个全国科技工作者日，学校召开2023年科技工作者日座谈会。会上，校领导慰问了6名优秀科研工作者代表。

【上海交通大学党委书记杨振斌为学校干部作主题教育专题辅导报告】 6月1日下午，上海交通大学党委书记杨振斌应邀在贺兰山校区文荟楼一楼东报告厅作题为《对我国高教发展和高校党建及育人工作的思考》的主题教育专题辅导报告。杨振斌系统梳理了党的二十大报告的框架内容，从中国实际和教育国情出发，通过大量生动的事例和翔实的数据，分析了新中国成立以来，特别是改革开放以来基础教育和高等教育大发展取得的成绩和面临的新发展形势。

【上海交通大学代表团来校访问并召开对口合建第十七次联席会议】 6月2日，上海交通大学与宁夏大学对口合建第十七次联席会议在贺兰山校区德勤楼召开。会上，宁夏大学化学化工学院与上海交通大学化学化工学院、宁夏大学生态环境学院与上海交通大学环境科学与工程学院签署了院级合作协议。与会人员还就下一步合作的目标、方向、领域、内容等进行深入交流探讨。

【召开校党委理论学习中心组第七次(扩大)学习会】 6月8日，校党委理论学习中心组第七次(扩大)学习会召开。按照主题教育“坚持目标导向和问题导向相统一”的要求和党中央、自治区党委关于大兴调查研究的部署，学习会以学校综合改革为契机，聚焦师生关心关切的热点难点，聚焦“双一流”建设和学校改革发展过程中的重点问题进行交流研讨。

【音乐传递思想　艺术致敬时代——学习贯彻习近平新时代中国特色社会主义思想主题教育音乐党课精彩上演】 6月9日，由自治区党委宣传部、自治区文明办、自治区文化和旅游厅、自治区财政厅联合举办，宁夏大学承办的“音乐传递思想　艺术致敬时代”——学习贯彻习近平新时代中国特色社会主义思想主题教育音乐党课在光明广场精彩上演。

【宁夏数学基础学科研究中心正式揭牌】 6月10日，宁夏数学基础学科研究中心第一次学术委员会会议暨宁夏数学基础学科研究中心揭牌仪式在银川举行，并召开宁夏数学基础学科研究中心学科发展方向研讨会。

【周少青作客贺兰山论坛作主题教育辅导报告】 6月12日，中国社会科学院民族学与人类学研究所研究员、世界民族研究室主任周少青受邀在贺兰山校区文荟楼东报告厅为学校师生作题为《中西比较视角下的民族事务治理之道：理念、政策及效果》的主题教育专题辅导报告，周震为周少青颁发宁夏大学兼职教授聘书。

【召开校领导与2023届毕业生代表座谈会】 6月16日，校领导与2023届毕业生代表座谈会在德勤楼召开。与会校领导认真听取了毕业生代表们提出的意见建议，就同学们关心的问题进行了回答和交流，并表示会对同学们提出的建议进一步跟进与完善，倾心为学生的成长成才提供更全面细致的服务。

【建校65周年“校友校庆”主题活动暨全国校友创新创业论坛正式启动】 6月17日，举办建校65

周年“校友校庆”主题活动暨全国校友创新创业论坛，并为学校创新创业“雄鹰计划”导师颁发聘书。

【赵磊受邀在贺兰山论坛作主题教育专题辅导报告】 6月17日，中共中央党校（国家行政学院）国际战略研究院副院长、教授、博士研究生导师、创新工程首席专家赵磊受邀作客贺兰山论坛，作学习贯彻习近平新时代中国特色社会主义思想主题教育专题辅导报告。赵磊以《习近平总书记关于总体国家安全观重要论述》为题，阐释了总体国家安全观提出的脉络，就相关问题与现场师生进行了交流互动。

【举行2023年毕业典礼暨学位授予仪式】 6月20日，2023年毕业典礼暨学位授予仪式在文萃校区田径场和中卫校区应理报告厅同时举行，28名博士研究生、2167名硕士研究生、4658名本科生圆满完成学业，踏上新的人生旅途。校党委书记李星和校长彭志科为博士毕业生授予学位，校领导为优秀毕业生代表颁奖，并为2023届校友联络员代表颁发聘书。

【举办宁夏高校专业类课程思政教材研究基地成立大会暨首届宁夏高校教材建设论坛】 6月21日，宁夏高校专业类课程思政教材研究基地成立大会暨首届宁夏高校教材建设论坛在学校举办。校领导李玮、李建设为宁夏高校专业类课程思政教材研究基地揭牌，与会人员围绕“大思政”背景下高校双导师教材建设实施路径、西部高校数字化教材建设与实践等主题进行探讨交流。

【开展全区高校主题教育互观互促交流会首场观摩交流】 6月21日，自治区党委主题教育第九巡回指导组互观互促交流会首场观摩交流在学校开展。观摩团成员参观了学校主题教育领导小组办公室，听取了学校关于主题教育开展情况的总体汇报，查阅了相关档案材料，通过现场“看、学、检、听”，就主题教育工作中的经验做法和特色亮点进行互学互鉴。

【何建国教授团队研发的鲜枸杞分级机亮相第六届枸杞产业博览会】 6月22日，食品科学与工程学院何建国教授领衔的宁夏特色农产品保鲜加工科技创新团队研发的鲜枸杞分级机亮相第六届枸杞产业博览会。何建国教授申请了国家发明专利（CN202211139047.7）。鲜枸杞分级机有效实现了鲜枸杞无损、准确、高效的分级，解决了鲜枸杞分级分选的技术瓶颈，为浆果类果品分级提供了理论与实践指导。

【自治区第十六届运动会（高校组）获得佳绩】 6月16日至24日，由自治区人民政府主办，自治区体育局和中卫市人民政府承办，自治区直属机关工委、教育厅、总工会协办的自治区第十六届运动会在中卫市举行，学校体育代表团共斩获24枚金牌、16枚银牌、15枚铜牌，学校获评道德风尚奖。

【内蒙古大学党委书记刘志彧一行来校调研并召开座谈会】 6月25日，内蒙古大学党委书记刘志彧，党委委员、副校长额尔很巴雅尔一行来校调研并召开座谈会。与会人员围绕人才培养、学科建设、实验室重组、对外合作交流、师资队伍建设、服务地方等方面进行交流沟通。

【校长彭志科一行到黄河出版传媒集团有限公司调研交流】 6月25日，校党委副书记、校长彭志科，校党委常委、副校长李建设一行到黄河出版传媒集团有限公司参观调研，双方举行合作交流座谈会，双方围绕图书期刊出版，大学生实习、定向培养，馆配图书和教材采购合作，未来教室阅读和文创空间建设等方面合作进行了深入交流。

【召开2023年校党委理论学习中心组第八次学习会暨学习贯彻习近平新时代中国特色社会主义思想主题教育专题研讨交流会】 6月26日，2023年校党委理论学习中心组第八次学习会暨学习贯彻习近平新时代中国特色社会主义思想主题教育调研成果专题研讨交流会召开。

【举办"学思想、强党性、重实践、建新功"书画摄影作品展】 6月28日，"学思想、强党性、重实践、建新功"主题书画摄影展在贺兰山校区德雅楼展厅举办。书画摄影展共征集160余幅作品，经过评选，共计80幅作品入展，展示了中国画、油画、摄影、设计海报等作品。

【跻身2022年中国本科院校创新创业教育指数榜"全国百强"】 6月28日，第三方高校创新创业教育评价研究咨询服务机构"创指数"正式推出2022年中国高校创新创业教育指数榜。宁夏大学在2022年中国本科院校创新创业教育指数榜中位列第99位，成功进入全国百强行列。

【召开学部、书院工作交流研讨会】 7月5日，学校分别召开学部、书院工作交流会。会上，各学部、书院负责人围绕机构调整后本单位工作推进情况、取得的成效及经验、存在的主要问题和下半年重点工作计划等方面进行汇报、交流和研讨。

【召开2023年校党委理论学习中心组第九次学习会】 7月7日，2023年校党委理论学习中心组第九次学习会召开，传达学习习近平总书记关于推动高质量发展的重要论述及关于正确理解和大力推进中国式现代化的重要讲话精神。

【民进中央副主席黄震来校调研"双一流"建设并召开座谈会】 7月13日，全国政协常委、民进中央副主席黄震一行来校调研"双一流"建设并召开座谈会。与会人员围绕品牌形象建设、区位资源优势、服务地方等话题进行深入交流。

【举办"学思想、强党性、重实践、建新功"2023年党支部书记培训班】 7月10日至14日，学校在江西井冈山举办"学思想、强党性、重实践、建新功"2023年党支部书记培训班，64名学员参加培训。

【举行宁夏普通本科院校首批现代产业学院挂牌仪式暨现代产业学院建设研讨会】 7月17日，由自治区教育厅主办、宁夏大学承办的宁夏普通本科院校首批现代产业学院挂牌仪式暨现代产业学院建设研讨会在学校国际交流中心举行。专家学者分别围绕现代产业学院的探索与实践、枸杞产业高质量发展的产教融合育人模式及实践探索、教育数智化推动产业学院升级转型、校企协同提高人才培养质量等主题作了报告。

【九三学社中央副主席、北京市政协副主席、中国科学院院士刘忠范一行来校调研座谈】 7月24日，九三学社中央副主席、北京市政协副主席、中国科学院院士刘忠范一行来校调研并召开座谈会。双方就学校发展及区域联合创新中心的建设进行了交流讨论。

【举办辅导员队伍暑期培训班】 7月23日至27日，学校组织辅导员骨干赴教育部高校思想政治工作队伍培训研修中心(华中师范大学)进行专题培训学习。培训聚焦"辅导员职业化专业化专家化成长"，涵盖辅导员业务能力提升、素质能力提升、专业化能力提升、主题教育现场教学等环节。

【召开专题会议传达学习自治区党委十三届四次全会精神】 7月28日，学校在贺兰山校区德勤楼以线上线下相结合的方式召开专题会议，传达学习自治区党委书记梁言顺在自治区党委十三届四次全会上的两次讲话、《中国共产党宁夏回族自治区第十三届委员会第四次全体会议公报》。

【"强国杯"第五届牛精英挑战赛获得佳绩】 8月7日，中国研究生乡村振兴科技强农+"强国杯"第五届牛精英挑战赛在银川圆满落幕。经过激烈角逐，宁夏大学奶牛组参赛队获得一等奖，肉牛组参赛队获得二等奖。

【教育部部省合建工作专项调研组来校调研并召开座谈会】 8月11日，教育部部省合建工作专项调研组第12组在组长，厦门大学党委常委、副校长江云宝带领下来校调研并召开座谈会。会上，化学化工学院、科学技术研究院、阿拉伯学院、民族与历史学院、材料与新能源学院相关负责人和教师代表，厦门大学人类学与民族学系助理教授李晋等分别围绕科研项目建设、资金和人才支持、学位点建设、青年教师发展、校际学科交流合作等内容进行了深入交流。

【自治区党委主题教育第九巡回指导组到校开展主题教育评估走访调研座谈交流和随机测评】 8月11日，自治区党委主题教育第九巡回指导组在校开展主题教育评估走访调研座谈交流和随机测评。学校"两代表一委员"、行政后勤人员、管理服务对象和党员、群众20余位师生代表参加座谈交流，围绕理论学习、调查研究、推动发展、检视整改、建章立制等5个方面对学校主题教育开展情况和取得的成效谈实际感受，并提出意见建议。

【召开2023年校党委理论学习中心组第十次学习会】 8月14日，2023年校党委理论学习中心组第十次学习会召开，学习习近平总书记关于党的建设的重要思想和关于以学铸魂、以学增智、以学正风、以学促干的重要论述，传达学习全区组织工作会议精神。

【承办中国物理学会2023年秋季学术会议】 8月18日，由中国物理学会主办，宁夏大学承办，宁夏物理学会、北方民族大学、宁夏师范学院协办的中国物理学会2023年秋季学术会议在宁夏大学召开。本次会议共设粒子物理，场论与宇宙学，核物理与加速器物理，原子分子物理，光物理等离子体物理，纳米与介观物理，表面与低维物理，半导体物理，强关联与超导物理，磁学，软凝聚态物理与生物物理，量子信息(中英联合)，计算物理，统计物理与复杂体系，电介质物理，液晶，超快物理，高能量密度物理，拓扑材料、物理与器件(中美联合)，物理教育等分会论坛。

【"反贫困理论创新"国际研讨会、中国国外农业经济研究会2023年会暨学术研讨会召开】 8月16日至20日，由中国社会科学院农村发展研究所、贫困问题研究中心，宁夏大学联合主办的“反贫困理论创新”国际研讨会、中国国外农业经济研究会2023年会暨学术研讨会在银川举办，学者们就反贫困理论、贫困治理、减贫机制与效应，粮食安全、农业国际贸易、农业绿色发展、数字经济与农业农村发展等问题展开了热烈讨论。

【西北师范大学校长王占仁一行来校座谈交流】 8月20日，西北师范大学党委副书记、校长王占仁一行来校座谈交流，双方围绕评价激励机制、人才培养模式、职称分类评价体系等方面进行了深入探讨。

【干部理论素养提升及业务赋能培训班正式开班】 8月21日，学校干部理论素养提升及业务赋能培训班正式开班。此次干部培训为期4天，包括专题辅导、经验交流及政策宣讲三部分内容，主要对党的二十大精神、推进学校高质量发展总体思路及工作措施、学院建设进行专题辅导。

【召开学习贯彻习近平新时代中国特色社会主义思想主题教育专题民主生活会】 8月23日，学校学习贯彻习近平新时代中国特色社会主义思想主题教育专题民主生活会在德勤楼十一楼会议室召开。校党委常委领导班子成员紧紧围绕主题教育专题民主生活会主题，结合学校改革发展稳定实际逐一认真做了对照检查，并开展了批评和自我批评。

【荣获全区铸牢中华民族共同体意识教育教学优秀成果奖】 8月24日，自治区教育厅发布了《关于铸牢中华民族共同体意识教育教学优秀成果的通报》（宁教函〔2023〕371号），学校荣获铸牢中华民族共同体意识教育教学优秀成果征集优秀组织单位，中华民族共同体研究院、马克思主义学院王淑兰老师荣获铸牢中华民族共同体意识教育教学优秀成果一等奖。

【“建行杯”中国国际第九届“互联网+”大学生创新创业大赛宁夏赛区总决赛暨颁奖典礼落幕】 8月25日，“建行杯”中国国际第九届“互联网+”大学生创新创业大赛宁夏赛区总决赛暨颁奖典礼在文萃校区大学生活动中心圆满落幕。宁夏大学团队在本次大赛中荣获金奖10项、银奖10项、铜奖19项，再创历史新高。

【华东理工大学校长轩福贞一行来校调研】 8月26日，华东理工大学校长轩福贞，党委常委、副校长李涛、朱为宏一行来校调研，并在贺兰山校区德勤楼召开对口合建工作交流座谈会。

【中国电工技术学会电力电子专委会电力电子高峰论坛召开】 8月26日至27日，由中国电工技术学会电力电子专委会主办、宁夏大学电子与电气工程学院承办的中国电工技术学会电力电子专委会十届一次委员会议暨电力电子技术高峰论坛在银川召开，与会者探讨了电力电子技术及产业热点问题，促进了学术前沿与产业需求相互融合及电力电子学科发展。

【图书馆工会喜获全国教科文卫体系统模范职工小家荣誉称号】 9月1日，在中国教科文卫体工会组织的全国教科文卫体系统模范职工之家、模范职工小家评选中，学校图书馆工会喜获全国教科文卫体系统模范职工小家荣誉称号。

【教育部高教司副司长武世兴一行来校调研创新创业工作】 9月2日,教育部高教司副司长武世兴、综合处处长高巍巍,自治区教育厅副厅长吴保军一行到学校创新创业学院调研国家级创新创业学院、国家级创新创业教育实践基地建设情况。

【举行化工“双一流”学科硕士生导师聘任仪式】 9月5日,学校在贺兰山校区德勤楼举行化工“双一流”学科硕士生导师聘任仪式。校长彭志科为新聘任的硕士生导师颁发了聘任证书。

【获批自治区基础教育教师培训基地】 9月6日,自治区教育厅公布了全区首批基础教育教师培训基地,包括清华大学、北京大学、浙江大学、北京师范大学、华东师范大学、陕西师范大学在内的56所高校入围,宁夏大学位列其中。

【自治区副主席马宗保来校调研安全生产、基础设施建设和“双一流”建设工作并召开座谈会】 9月7日,自治区副主席马宗保一行到学校调研指导安全生产、基础设施建设和“双一流”建设工作并召开座谈会。

【艾萨·阿尤普荣获全区民族团结进步模范个人称号】 9月11日,全区第九次民族团结进步表彰大会在银川召开,表彰为民族团结进步事业作出突出贡献的模范集体和模范个人。勤学书院辅导员艾萨·阿尤普荣获全区民族团结进步模范个人称号。

【65周年校庆校友书画作品展开幕】 9月13日,在65周年校庆来临之际,由校友会、美术学院主办的65周年校庆校友书画作品展正式开幕。此次书画展共收集到校友们的书画作品近120幅,展出的作品涵盖书法、国画、油画等多种类型。

【庆祝建校65周年原创史诗舞台剧《沙枣树·根与魂》首演】 9月14日,庆祝建校65周年原创史诗舞台剧《沙枣树·根与魂》在文萃校区大学生活动中心成功首演。该剧共分《贺兰晴雪》《激情似火》《书山有路》《国家栋梁》《信仰的力量》5个篇章。

【召开体育教育专业认证专家组现场考察见面会】 9月25日,体育教育专业认证专家组现场考察见面会在德勤楼会议室召开。

【举行建校65周年校庆系列丛书首发仪式暨古文献保护展示中心、古文献特藏库揭牌仪式】 9月26日,建校65周年校庆系列丛书首发仪式暨古文献保护展示中心、古文献特藏库揭牌仪式在怀远校区逸夫图书馆举行。

【召开面向全校广大团员和青年开展学习贯彻习近平新时代中国特色社会主义思想主题教育工作会议】 9月27日,学校召开面向全校广大团员和青年开展学习贯彻习近平新时代中国特色社会主义思想主题教育工作会议,对全校团员和青年主题教育进行动员部署。

【校友何杰夺得中国男子马拉松首枚亚运金牌】 10月5日,在第十九届杭州亚运会赛场上,宁夏籍运动员、体育学院2022届毕业生何杰在男子马拉松决赛中以2小时13分02秒的成绩获得冠军,为中国队再添一枚金牌。这是继1986年汉城亚运会祁春霞获得射击项目团体金牌后,宁夏运动员在亚运会个人项目上首度摘金。

【召开学院高质量发展及学科建设交流研讨会】 10月8日至9日，学校召开学院高质量发展及学科建设交流研讨会。研讨会以学院为单位，31个学院围绕高质量发展及学科建设的主要任务、规划思路、落实举措、学院发展建设经验等方面作主题汇报。

【召开2023年校党委理论学习中心组第十一次学习会】 10月11日，2023年校党委理论学习中心组第十一次学习会召开。会议专题学习铸牢中华民族共同体意识及生态文明建设相关内容。

【成为“一带一路”语言教育文化组织联盟首届理事单位】 10月16日，在第三届“一带一路”国际合作高峰论坛开幕前夕，“一带一路” 语言教育文化组织联盟成立大会在北京举行，学校成为“一带一路”语言教育文化组织联盟首届理事单位，有利于加强与共建“一带一路”国家相关高校和组织的交流与合作。

【机械工程卓越工程师培养模式入选2022年度中国高等教育学会“校企合作　双百计划”典型案例】 10月18日，中国高等教育学会公布了2022年度“校企合作　双百计划”典型案例，由宁夏大学和吴忠仪表有限责任公司合作并共同申报的“校企深度协同的机械类专业卓越工程师培养”的产教融合人才培养项目成功入选。

【校党委书记李星一行赴天津大学访问交流】 10月16日至17日，校党委书记李星一行赴天津大学访问并召开座谈会。与会人员就学生培养、学科建设、科学研究、师资队伍建设等方面进行深入交流。

【宁夏建材集团股份有限公司来校交流座谈】 10月20日，宁夏建材集团股份有限公司党委副书记、副总裁、工会主席武雄一行来校就校企合作等事宜交流座谈。

【与国网宁夏电力有限公司电力科学研究院签署合作协议】 10月20日，宁夏大学与国网宁夏电力有限公司电力科学研究院合作协议签约仪式在电科院综合科研楼召开。

【举办2023年新入职教职工培训】 10月23日至27日，2023年新入职教职工培训在贺兰山校区文荟楼报告厅举办，97名新入职教职工参加培训。培训围绕师德师风、职业发展、教学科研、规程制度、素质拓展等主题开展。

【举行宁夏生态环境综合行政执法实战实训基地揭牌仪式】 10月24日，自治区生态环境厅和宁夏大学生态环境学院共建的宁夏生态环境综合行政执法实战实训基地揭牌仪式在贺兰山校区科技楼举行。

【举行宁夏“东数西算”人工智能科技攻关青年科学家论坛】 10月28日，宁夏“东数西算”人工智能科技攻关青年科学家论坛在学校笃行楼报告厅开幕。大会邀请著名学者和青年科学家聚焦“东数西算”区域战略及宁夏“六新六特六优”产业数字化、数字产业化需求，围绕教育、科技、人才3个角度的人工智能交叉前沿科学研究与人才培养进行深入研讨。

【与宁夏银行股份有限公司举行校企战略合作协议签约仪式暨宁夏银行高端客户沙龙】 10月29日，宁夏大学—宁夏银行股份有限公司校企战略合作协议签约仪式暨宁夏银行高端客户沙龙在宁夏银行股份有限公司总行举行。会上，校长彭志科与宁夏银行董事长沙建平共同为宁夏大学实习基地揭牌，副校长赵晓佳代表学校签署新一轮战略合作协议。

【自治区执法检查组检查学校《工会法》实施和工会工作情况】 11月3日，根据自治区人大2023年监督工作计划，自治区人大常委会组成执法检查组对学校贯彻落实《中华人民共和国工会法》和《宁夏回族自治区实施〈中华人民共和国工会法〉办法》及工会工作开展情况进行检查。

【启动宁夏民企高校携手促就业行动现场招聘会和直播带岗活动】 11月8日，由自治区工商联、教育厅、人力资源和社会保障厅联合开展的宁夏民企高校携手促就业行动现场招聘会和直播带岗活动在文萃校区正式启动。

【北京语言大学党委书记倪海东一行来校调研】 11月10日，北京语言大学党委书记倪海东一行来校调研交流，并召开合作交流座谈会。双方围绕学科建设、人才培养、科学研究、服务地方、对口合建、实习实践等方面开展了深入交流。

【陕西师范大学党委书记李忠军一行来校访问交流】 11月15日，陕西师范大学党委书记李忠军一行到访学校并召开合作交流座谈会。与会人员围绕两校合作方向、人才培养等展开了深入交流。

【召开2023年校党委理论学习中心组第十二次学习会】 11月17日，2023年校党委理论学习中心组第十二次学习会召开，专题学习习近平文化思想、铸牢中华民族共同体意识相关内容。

【第一届全国学生（青年）运动会取得佳绩】 11月5日至15日，第一届全国学生（青年）运动会在广西举行。学校田凤霞同学夺得女子甲组3000米障碍赛金牌，周晓亮同学获得男子三级跳远项目金牌，武术队荣获体育道德风尚奖，张雏同学荣获武术套路（校园组）优秀运动员。

【召开教育部“部区合建”工作专项课题研究调研座谈会】 11月22日，以运城学院党委副书记郎永杰为组长的教育部“部区合建”工作专项课题研究调研组一行到校调研“部区合建”工作并召开座谈会。与会人员围绕“部区合建”工作进展，学校特色办学，化学工程与技术、民族学两个学科群的建设经验等方面展开了深入交流。

【举行首届宁夏翻译人才培养与翻译专业建设研讨会】 11月25日，由宁夏翻译协会主办、宁夏大学外国语学院承办的首届宁夏翻译人才培养与翻译专业建设研讨会在学校举行。

【自治区教育厅依法治校评估验收组来校考察验收】 12月6日，由自治区教育厅政策法规处一级调研员孙金忠一行6人组成的自治区教育厅依法治校评估验收组来校实地评估验收。评估组专家在文萃校区大学生活动中心实地考察了国家安全观教育基地、禁毒教育基地普法教育开展情况，到贺兰山校区文荟楼《国际私法课》课堂听课，观摩了模拟法庭辩论赛，考察法治人才培养情况，在德勤楼法务信访办公室检查了法律咨询和法务信访工作。

【召开学院高质量发展暨学科科研“四定”专题会议】 11月29日至12月7日，学校召开学院高质量发展暨学科科研“四定”专题会议。会上，各学院负责人汇报了学科建设规划、本科专业认定及团队建设、教学工作、学位点建设规划以及科研平台建设规划等方面的情况。与会人员围绕学科、专业、学位点和科研平台建设等方面进行交流研讨。

【在中国国际大学生创新大赛(2023)上获得1金2银6铜】 12月3日至6日，中国国际大学生创新大赛(2023)在天津大学举行。本届大赛，学校共有9个项目入围国赛总决赛，其中3个项目通过网评进入全国总决赛现场赛。经过激烈角逐，最终斩获国赛总决赛金奖1项、银奖2项、铜奖6项，是宁夏唯一连续三年获得金奖的高校。

【主办贺兰山交叉学科论坛暨学科发展研讨会】 12月7日至10日，由宁夏大学主办的贺兰山交叉学科论坛暨学科发展研讨会在银川召开。研讨会上，与会专家学者围绕固体力学、工程力学、流体力学、材料力学、基础数学、计算数学、概率论与数理统计、应用数学、运筹学与控制论等学科，针对宁夏大学数学、力学和材料等学科建设以及交叉融合发展问题，积极建言献策，提出意见建议。

【召开本科教学工作会议】 12月13日，学校在贺兰山校区笃行楼报告厅召开本科教学工作会议。会上，校领导为获得国家级一流本科课程、国家级课程思政示范课程、课程思政教学名师和教学团队的教师，获得自治区课程思政教学名师和教学团队的教师，获得自治区级一流基层教学组织代表颁奖。

【举行宁夏“东数西算”人工智能与信息安全重点实验室揭牌仪式】 12月16日，宁夏“东数西算”人工智能与信息安全重点实验室揭牌仪式在德勤楼举行。校长彭志科与自治区科技厅副厅长桑长清为重点实验室揭牌，彭志科为学术委员会委员代表颁发聘书。

【举办宁夏大学第十届青年教师教学基本功大赛】 12月20日，由校工会联合人力资源部、本科生院、教学运行保障部举办的宁夏大学第十届青年教师教学基本功大赛决赛圆满落幕。全校31个教学单位共选送了57名选手参加决赛，通过教学设计、课堂讲授、课后反思3个环节的激烈角逐，经大赛专家评委共同打分和组委会审议，许昊等8位老师获得一等奖，刘淑萍等16位老师获得二等奖，王炜晨等22位老师获得三等奖，谢静雯等10位老师获得优秀奖，马克思主义学院等16个单位获得优秀组织奖。

【召开自治区党委十三届六次全会暨自治区党委经济工作会议精神传达学习会】 12月26日，学校召开自治区党委十三届六次全会暨自治区党委经济工作会议精神传达学习会。会议要求统筹好高水平安全和高质量发展，做好年度工作冲刺收官，提前统筹谋划2024年各项工作，做到收好官、开好局。

【第七届全区高校大学生教学技能大赛获得佳绩】 12月27日，由自治区教育厅主办的第七届全区高校大学生教学技能大赛总决赛在宁夏师范学院落下帷幕。学校文学院孙曦晨等16名参赛选手在大赛中脱颖而出，经过激烈角逐，获得一等奖6项、二等奖5项、三等奖4项、优秀奖1项。

【召开2023年度中层党组织书记抓党建工作述职评议考核会】 12月27日，在贺兰山校区笃行楼121报告厅召开2023年度中层党组织书记抓党建工作现场述职评议考核会。现场述职采取“一述一评”的形式进行，与会校领导、中层党组织书记、党员代表现场对各单位2023年党建工作进行评价定档。

【2024新年音乐会盛大上演】 12月29日，2024新年音乐会在贺兰山校区德艺楼音乐厅盛大上演。

【校党委书记李星当选宁夏欧美同学会会长】 12月29日，宁夏欧美同学会（宁夏留学人员联谊会）第一次会员代表大会在银川召开。大会听取和审议通过了李星所作《宁夏欧美同学会（宁夏留学人员联谊会）第一届理事会工作报告》，选举产生宁夏欧美同学会（宁夏留学人员联谊会）第二届理事会会长、副会长、理事。校党委书记李星教授当选会长。

（宣传部李瑾、彭伟提供）

媒体宁大

2024 The Almanac of Ningxia University

相伴 （李明花 摄）

新闻媒体上的宁夏大学

序号	媒　体	报道时间	标　题
1	新华社客户端	2023年1月12日	《全球连线丨在华外国人的2022——在“塞上江南”书写青春故事的留学生们》
2	宁夏日报客户端	2023年1月22日	《梁言顺张雨浦与宁夏大学留校师生共贺新春佳节》
3	宁夏日报客户端	2023年2月16日	《见证履职丨李星：参政议政要多说有用的话》
4	宁夏新闻联播	2023年2月20日	《宁夏基础研究学科带头人李星获2022年度何梁何利奖》
5	人民日报	2023年2月20日	《宁夏大学党委书记李星荣获何梁何利基金科学与技术创新奖》
6	光明日报	2023年2月20日	《宁夏大学党委书记李星教授获得2022年度何梁何利奖》
7	华兴时报	2023年2月20日	《喜讯！我区学科带头人荣获2022年度何梁何利奖》
8	人民日报社民生周刊	2023年2月21日	《宁夏回族自治区人大常委会委员、宁夏大学地理科学与规划学院副院长文琦：乡村振兴要把“特色”做足》
9	光明日报	2023年2月27日	《贺兰山下砥初心 广袤西部砺青春——宁夏大学深入学习宣传贯彻党的二十大精神》
10	光明日报	2023年2月27日	《推动高等教育发展 助力文化自信自强》
11	光明日报	2023年2月27日	《为国家能源“金三角”培养更多创新人才 讲述人——宁夏大学化学化工学院化工系主任、教授李平》
12	人民网	2023年3月7日	《全国政协委员李星：实施教育科技人才兴农 助推乡村全面振兴》
13	宁夏日报客户端	2023年3月7日	《委员议政录丨李星委员：教育科技人才三位一体助力乡村振兴》
14	光明日报	2023年3月8日	《宁夏大学党委书记李星委员 加强农村薄弱环节建设》
15	光明日报	2023年3月9日	《教育科技人才助乡村振兴》
16	中国教育电视台	2023年3月9日	《以高质量发展实际行动为新征程开好局 起好步》
17	宁夏新闻联播	2023年3月10日	《两会话民生丨促进教育公平和质量提升》
18	华兴时报	2023年3月10日	《捍卫社会公平正义 守护人民美好生活——住宁全国政协委员讨论“两高”报告侧记》
19	新华网	2023年3月10日	《中国经济的信心丨全国政协委员李星：立足科技创新 加快向数学强国迈进》
20	央视新闻客户端	2023年3月10日	《两会声音丨科协、科技界委员共话如何实现高科技自立自强》
21	华兴时报	2023年3月10日	《提案建议丨李星委员：加强沿黄城市与世界著名河流沿河城市的交流合作》
22	中国教育电视台	2023年3月10日	《以高质量发展实际行动为新征程开好局 起好步》
23	宁夏新闻联播	2023年3月10日	《住宁全国政协委员围绕“两高”工作报告展开讨论》
24	宁夏新闻联播	2023年3月10日	《住宁全国政协委员为高质量发展积极建言献策》
25	人民政协报	2023年3月20日	《“我的家乡可建物流枢纽”》
26	中新网	2023年3月20日	《宁夏第九届“互联网+”大学生创新创业大赛启动》

续表 1

序号	媒　体	报道时间	标　题
27	光明日报	2023 年 3 月 20 日	《宁夏第九届“互联网+”大学生创新创业大赛开幕》
28	宁夏新闻联播	2023 年 3 月 20 日	《宁夏启动第九届“互联网+”大学生创新创业大赛》
29	宁夏新闻联播	2023 年 3 月 21 日	《联播快讯丨宁夏大学银川校友合唱团举办专场音乐会庆祝学校建校 65 周年》
30	中国日报	2023 年 3 月 21 日	《宁夏大学银川校友合唱团专场音乐会为学校建校 65 周年献礼》
31	中国新闻网	2023 年 3 月 21 日	《宁夏大学银川校友合唱团举办专场音乐会献礼建校 65 周年》
32	中国新闻网	2023 年 3 月 24 日	《宁夏大学成立多个现代产业学院校企联合助产业发展》
33	宁夏日报	2023 年 3 月 24 日	《上新了！宁夏大学新成立 3 个现代产业学院助力区域经济高质量发展》
34	人民政协报	2023 年 3 月 28 日	《全国政协委员李星建议：让“部省合建高校”再提速》
35	宁夏日报	2023 年 3 月 29 日	《【沪浙苏“宁”有约】代表团手记①丨把创新根植于发展“血脉”深处》
36	中国新闻网	2023 年 3 月 29 日	《宁夏大学举办乡村振兴专场招聘会》
37	宁夏日报	2023 年 3 月 29 日	《宁夏大学举办毕业生专场招聘会　助力乡村振兴》
38	宁夏新闻联播	2023 年 3 月 31 日	《宁夏大学举行乡村振兴专场招聘会 110 家单位现场抢人才》
39	宁夏新闻联播	2023 年 4 月 3 日	《宁夏大学举行 2023 届校园春季“双选”洽谈会　200 余家用人单位提供近 1.2 万个岗位》
40	中国新闻网	2023 年 4 月 3 日	《宁夏大学举办 2023 届毕业生校园春季“双选”洽谈会　近 1.2 万岗位“招贤纳士”》
41	中国新闻网	2023 年 4 月 7 日	《宁夏大学原创思政音乐剧〈我要找到你〉精彩上演》
42	新消息报	2023 年 4 月 7 日	《校园丨宁夏大学思政原创音乐剧〈我要找到你〉隆重上演》
43	银川新闻网	2023 年 4 月 10 日	《在银川，来华留学生上演了一场“巅峰对决”！》
44	宁夏日报	2023 年 4 月 10 日	《10 多个国家的来华留学生在银川“巅峰对决”PK 汉语》
45	中国日报网	2023 年 4 月 10 日	《他们在宁夏感受中国式现代化发展的地方实践》
46	中国日报	2023 年 4 月 10 日	*Foreigners in Ningxia tell the story of local development*
47	宁夏日报	2023 年 4 月 14 日	《宁夏两单位联袂培养工程建设标准领域“专业人才”》
48	人民网	2023 年 4 月 14 日	《王磊：组建“大西北康养旅游联盟”打造优质文旅康养目的地》
49	宁夏日报	2023 年 4 月 15 日	《打造大西北超级文旅 IP！第二届大西北文旅高峰会暨黄河文化和旅游发展论坛在银启幕》
50	人民网	2023 年 4 月 15 日	《第二届大西北文旅高峰会暨黄河文化和旅游发展论坛启幕》
51	科技日报	2023 年 4 月 18 日	《他们，扎进六盘 1000 天！》
52	中国日报	2023 年 4 月 21 日	《宁夏留学生学秦腔　把秦韵唱给世界》
53	新华社	2023 年 4 月 21 日	《全球连线丨多国留学生零距离感受中国秦腔魅力》
54	中国新闻网	2023 年 4 月 21 日	《画脸谱、穿戏服　在宁留学生感受秦腔魅力》

续表 2

序号	媒　体	报道时间	标　题
55	银川新闻网	2023 年 4 月 21 日	《让优秀传统文化走出国门　数十名留学生在宁夏感受秦腔魅力》
56	宁夏日报客户	2023 年 5 月 1 日	《全国五一劳动奖章获得者张波——用奋斗点染人生多彩画卷》
57	新华社	2023 年 5 月 8 日	《昔日荒滩种下梦想——在葡萄园绽放青春的年轻人》
58	宁夏新闻联播	2023 年 5 月 8 日	《“感恩总书记　奋进新征程”习近平新时代中国特色社会主义思想自治区宣讲团今天开始宣讲》
59	新华社	2023 年 5 月 15 日	《宁夏首家自治区基础学科研究中心获批建设》
60	宁夏新闻联播	2023 年 5 月 15 日	《自治区党委主题教育第九巡回指导组高标准高质量推动主题教育走深走实》
61	宁夏日报	2023 年 5 月 16 日	《在“课训赛创产”深度融合中培养创新创业人才》
62	央视频	2023 年 5 月 16 日	《〈我爱发明〉20230511“滩羊的新食谱”》
63	新华社	2023 年 5 月 16 日	《中国—中亚峰会丨土库曼斯坦“姐妹花”求学中国——学好中文做两国友谊使者》
64	新华社	2023 年 5 月 16 日	《中国—中亚峰会丨塔吉克斯坦小伙王子晨:愿为“一带一路”经贸往来做点事》
65	宁夏日报	2023 年 5 月 22 日	《宁夏首部原创交响音诗画〈黄河永远是家乡〉首演》
66	宁夏教育厅官网	2023 年 5 月 29 日	《教育部党组成员副部长吴岩调研宁夏教育工作情况》
67	宁夏新闻联播	2023 年 5 月 30 日	《宁夏 2023 届高校毕业生就业“百日冲刺”行动暨“就业促进周”在宁夏大学启动》
68	宁夏新闻联播	2023 年 6 月 6 日	《学习贯彻习近平新时代中国特色社会主义思想主题教育丨上海交通大学党委书记杨振斌在宁夏大学作主题教育专题辅导报告》
69	宁夏日报	2023 年 6 月 6 日	《自治区政府宁夏大学分别与上海交通大学签订战略合作框架协议深化对口合建携手开启校地合作新篇章　梁言顺张雨浦会见杨振斌并见证签约》
70	宁夏日报	2023 年 6 月 15 日	《推动主题教育走深走实！宁夏大学润泽书院激发青年学子报国之志》
71	黄河云视	2023 年 6 月 15 日	《宁夏大学科技创新赋能基础教育公益活动正式启动》
72	科技日报	2023 年 6 月 15 日	《相信榜样的力量！宁夏大学科技创新赋能基础教育》
73	新华社	2023 年 6 月 19 日	《瞭望访谈丨宁夏大学校长彭志科:打造西部教育科技人才高地》
74	宁夏新闻网	2023 年 7 月 31 日	《宁夏肉牛奶牛滩羊产业科技成果供需对接会在银川开幕》
75	黄河云视	2023 年 8 月 8 日	《“强国杯”第五届牛精英挑战赛在银川开幕》
76	新华社	2023 年 8 月 17 日	《2023 银川新材料产业对接会暨新能源材料与“双碳”目标交叉前沿学术论坛举行》
77	宁夏日报	2023 年 8 月 17 日	《智力碰撞,百舸争流！2023 银川新材料产业对接会暨新能源材料与“双碳”目标交叉前沿学术论坛在银举办》

续表 3

序号	媒　体	报道时间	标　题
78	宁夏新闻联播	2023 年 8 月 28 日	《中国物理学会 2023 年秋季学术会议在银川开幕》
79	宁夏日报	2023 年 8 月 28 日	《群英云集贺兰山下　共襄物理学术盛会丨中国物理学会 2023 年秋季学术会议在宁夏大学开幕》
80	宁夏新闻联播	2023 年 8 月 28 日	《"反贫困理论创新"国际研讨会在宁夏举行》
81	宁夏日报	2023 年 9 月 1 日	《以科技创新引领宁夏民营经济发展航向》
82	宁夏教育厅	2023 年 9 月 1 日	《教师风采展丨张波:躬身立德　匠心育人》
83	中国青年报客户端	2023 年 9 月 7 日	《宁夏大学技术"出海"助推中阿科技合作》
84	宁夏日报	2023 年 9 月 8 日	《视频丨 10 名在宁留学生的"邀请函":欢迎来宁夏,吃美食看美景,参加第六届中阿博览会！》
85	宁夏日报客户端	2023 年 9 月 18 日	《为梦想播下种子！这场活动成为乡村孩子的筑梦启航之旅》
86	中国教育报	2023 年 9 月 25 日	《宁夏大学校长彭志科:改革是如何落地的》
87	新华社	2023 年 9 月 25 日	《中阿大学联盟交流机制中方研究院在宁夏大学揭牌成立》
88	光明日报	2023 年 9 月 25 日	《中阿大学联盟交流机制研究院揭牌成立》
89	人民日报	2023 年 9 月 25 日	《第六届中阿博览会丨中阿大学联盟交流机制研究院成立》
90	宁夏日报客户端	2023 年 9 月 28 日	《宁夏大学建校 65 周年校庆系列丛书首发古文献保护展示中心、古文献特藏库揭牌》
91	中国日报网	2023 年 9 月 28 日	《宁夏大学建校 65 周年校庆系列丛书首发仪式暨古文献保护展示中心、古文献特藏库揭牌仪式举行》
92	中国日报网	2023 年 9 月 28 日	《宁夏大学 2023 年科学技术创新与哲学社会科学高质量发展大会助力科研工作取得新成效》
93	宁夏新闻联播	2023 年 10 月 7 日	《宁夏大学举行 2023 年科学技术创新与哲学社会科学高质量发展大会》
94	宁夏日报客户端	2023 年 10 月 8 日	《亚运会上的宁夏精彩丨王涛:要把亚运会上的故事讲给学生们听》
95	宁夏日报	2023 年 10 月 9 日	《聚厚德笃行之英才　建完备弘深之高校　宁夏大学深挖人才"蓄水池"引得满江"春水流"》
96	人民日报	2023 年 10 月 10 日	《第三届西北地区食品学院院长论坛在宁夏大学成功举办》
97	宁夏新闻联播	2023 年 10 月 11 日	《宁夏大学举办第四十九届田径运动会》
98	宁夏日报	2023 年 10 月 12 日	《抗美援朝纪念日里,宁大学子听老战士讲述抗美援朝的故事……》
99	中国新闻网	2023 年 10 月 13 日	《品中国茶　做中国面　摩洛哥姑娘在宁夏邂逅浪漫爱情》
100	科技日报	2023 年 10 月 14 日	《西部科学教育研讨会举行全国专家宁夏"论道"》
101	宁夏日报	2023 年 10 月 15 日	《大学生缺"发现美的眼睛"？宁夏大学润泽书院千方百计帮学子提"美商"》
102	中国日报	2023 年 10 月 16 日	《宁夏大学志愿星火暖寒冬》

续表 4

序号	媒　体	报道时间	标　题
103	宁夏日报	2023 年 10 月 17 日	《“志”在一起，“愿”在行动！宁夏大学举办志愿服务交流展传递冬日温情》
104	华兴时报	2023 年 10 月 18 日	《慈善丨“公益达人”万江：十三载善行路上无问西东》
105	宁夏日报	2023 年 10 月 19 日	《你相信光吗？他们就是！》
106	宁夏日报客户端	2023 年 10 月 20 日	《宁夏大学以“科技之花”浇灌宁夏产业新发展》
107	光明日报	2023 年 10 月 22 日	《2023 丝绸之路文化遗产保护与利用国际产学研用合作研讨会召开》
108	光明日报	2023 年 10 月 23 日	《宁夏“东数西算”人工智能与信息安全重点实验室揭牌》
109	宁夏新闻联播	2023 年 10 月 24 日	《宁夏“东数西算”人工智能与信息安全重点实验室揭牌成立》
110	科技日报	2023 年 11 月 20 日	《西部科学教育研讨会举行 全国专家宁夏“论道”》
111	中国日报	2023 年 12 月 25 日	《国内外专家学者齐聚宁夏银川 研讨丝绸之路文化遗产保护与利用国际产学研用合作》
112	中国新闻网	2023 年 12 月 29 日	《纪录电影〈人民万岁〉宁夏首映》

（宣传部彭伟提供）